G-TELP KOREA 공식 지정

시원스쿨
지텔프 LEVEL 2
65+

시원스쿨
지텔프 65+

초판 1쇄 발행 2021년 6월 29일
초판 7쇄 발행 2024년 6월 3일

지은이 시원스쿨어학연구소
펴낸곳 (주)에스제이더블유인터내셔널
펴낸이 양홍걸 이시원

홈페이지 www.siwonschool.com
주소 서울시 영등포구 영신로 166 시원스쿨
교재 구입 문의 02)2014-8151
고객센터 02)6409-0878

ISBN 979-11-6150-487-2 13740
Number 1-110404-02020407-02

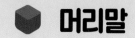

머리말

20일만에 끝내는 『시원스쿨 지텔프 65+』

지텔프 Level 2 시험은 군무원 및 소방·경찰 공무원, 7급 공무원 및 세무사, 노무사, 회계사, 감정평가사 등 전문직 자격증 시험에도 영어능력검정시험으로 인정받고 있습니다. 그 중에서 7급 공무원을 비롯하여 세무사, 노무사, 회계사, 감정평가사 지원 자격 요건에 지텔프 Level 2 시험 65점이 영어능력시험 기준 점수입니다. 지텔프 65점은 많은 시험에서 요구하는 점수인 만큼 대다수의 지텔프 수험생이 목표로 하는 점수이며, 본인의 현재 영어 수준에 상관없이 단기간에 달성해야 하는 점수이기도 합니다.

하지만 시중에 나와 있는 교재들은 대부분 영역별로 나뉘어진 난이도가 너무 높은 기본서 교재이거나 기초적인 설명은 생략되어 있고 실제 문제만 모아 놓은 실전 모의고사, 기출 문제집이기 때문에 지텔프 입문자가 학습하는데 어려움을 겪을 수 밖에 없습니다. 시원스쿨은 이러한 입문자들의 고민을 깊이 공감하여 지텔프를 처음 시작하시는 분들이 시간적·경제적 부담을 느끼지 않고 단 한권으로 지텔프 65점 또는 그 이상의 목표 점수를 달성할 수 있도록 문법, 청취, 독해, 보카, 실전 모의고사를 단 한권으로 집약한 『시원스쿨 지텔프 65+』를 개발하였습니다.

목표한 시험의 필수 과목인 국어, 국사, 행정법/헌법/세법 등을 공부하기도 바쁜 고시생에게 영어 점수를 위해 할애할 수 있는 시간은 많지 않습니다. 빠르고 효율적으로 목표 점수를 달성하여 필수 과목을 공부해야 하기 때문에 『시원스쿨 지텔프 65+』는 딱 한 권으로 20일만에 목표 점수를 달성할 수 있도록 구성되어 있습니다.

시원스쿨 지텔프 65+는

① 딱 한 권으로 지텔프 65점 목표 달성이 가능합니다.
지텔프 문법, 청취, 독해 및 어휘 영역의 실전 문제 풀이에 필요한 내용을 한 권에 담았으며, 교재 학습이 모두 끝난 후 실제 시험처럼 풀어볼 수 있도록 모의고사 2회분과 해설, 해설강의를 무료로 제공합니다. 문법, 독해, 보카, 실전 모의고사 교재를 따로 구매할 필요 없이 이 책 한권만 학습하여 목표를 달성할 수 있습니다.

② 20일 단기 완성 학습플랜을 제공합니다.
각 챕터는 일 단위(DAY)로 나뉘어져 있으며, 문법 DAY 1~10, 독해 DAY 11~15, 청취 DAY 16~20으로 순서대로 학습할 수 있도록 구성되어 있습니다. 또한 지텔프 기본 어휘 30개씩 총 DAY 20으로 학습할 수 있는 보카 섹션으로 20일 동안 매일 보카 학습도 하실 수 있습니다. 개인별 학습 일정에 따라 최소 20일, 최대 30일 완성 학습플랜을 각각 제공합니다.

③ 지텔프 전문 강사가 초밀착 코칭을 해드립니다.
모바일 기기를 이용하여 QR 이미지를 카메라 앱으로 찍으면 전문 강사의 심층 설명을 동영상 강의를 무료로 볼 수 있고, 메신저 앱을 통해 온라인 스터디방에 참여하여 지텔프 문제 질문 답변 및 공부 방법에 대한 코칭을 받으실 수 있습니다. (강의 결제 시 온라인 스터디방 참여코드 전송)

이 책으로 지텔프 목표 점수 달성의 기초 발판을 마련하고 여러분들의 꿈을 이룰 수 있다는 자신감을 얻기를 바랍니다.

시원스쿨어학연구소 드림

목차

문법

독해

청취

시원스쿨
지텔프 65+

보카

부록

시원스쿨LAB 홈페이지 (lab.siwonschool.com)
[교재/MP3] 메뉴 내 『시원스쿨 지텔프 65+』교재 검색

◀ MP3 및 각종 자료 다운로드 바로가기 QR

왜 『시원스쿨 지텔프 65+』인가?

① **[지텔프코리아 공식 지정] 공식 출제 문제 5회분과 기출 유형 문제로 구성된 교재**

▷ 지텔프 시험의 시행사이자 주관사인 지텔프코리아에서 공식 출제한 실전 모의고사 5회분으로 교재 내의 본문과 실전 감잡기, 부록 실전모의고사를 구성하여 65점 목표 전략에 필수적인 실전 감각을 키우는데 최적 화된 교재입니다.

▷ 실제 시험 문제의 유형과 출제 경향, 난이도가 동일한 공식 출제 문제를 풀이함으로써 시험에 필요한 문제 풀이 이론과 방식을 체득할 수 있어 효율적인 학습이 가능합니다.

② **[문법 + 독해 + 청취 + 보카 + 실전 모의고사] 한 권으로 지텔프 65점 이상 달성**

▷ 영어 왕초보라고 해서 천천히, 오랫동안 공부할 필요가 없습니다. 짧고 굵게 학습하는 것을 목표로 단기간에 지텔프 문제 풀이에 필요한 이론 및 풀이 방법을 학습하고 실전 문제 풀이 단계로 올라갈 수 있도록 [문법 + 독해 + 청취 + 보카 + 실전 모의고사]를 한 권으로 구성하였습니다.

▷ 문법, 독해, 청취, 보카, 모의고사 교재를 따로 구매할 필요가 없어서 경제적이고, 빠릅니다.

③ **QR로 부르는 나만의 선생님**

▷ 교재 학습 중 좀 더 자세한 추가 설명이 필요할 때, QR특강으로 선생님의 도움을 받을 수 있습니다. 교재 내 QR이미지를 카메라 앱으로 스캔하면 시원스쿨랩 지텔프 전문 강사인 최서아 선생님이 영상을 통해 머리에 쏙쏙 들어오도록 직접 설명해줍니다.

▷ QR특강은 교재에서 학습하는 분량에 만족하지 못하는 분들, 좀 더 깊이 있는 공부를 하고 싶은 분들이 주 어진 핵심 사항을 완벽히 이해할 수 있도록 구성하였습니다.

▷ 지텔프 학습자들에 대한 깊은 이해를 바탕으로 본강의, QR특강을 통해 혼동하기 쉬운 문법, 해석하기 어려 운 문장, 듣기 어려운 단어나 문장을 콕콕 집어 시원하게 해결해 줍니다. 특히 자주 헷갈리는 요소를 명확하 게 구분하여 암기하는 방법을 알려줍니다.

④ 65점 목표 달성을 위한 따라 하기 쉬운 학습 플랜

▷ 90점 이상 받아야 하는 문법은 10일, 30~40점을 목표로 학습하는 청취는 5일, 70점 이상을 목표로 하는 독해는 5일 학습 커리큘럼으로 구성하였습니다. 목표 점수 달성에 필요한 기초 영어 실력을 뒷받침해줄 기초 어휘 학습에 해당하는 보카는 20일 커리큘럼으로 문법, 청취, 독해와 동시에 진행합니다.

▷ 시원스쿨LAB(lab.siwonschool.com)에서 유료로 제공하는 동영상 강의를 수강할 경우 더욱 쉽고 빠르게 목표 달성이 가능합니다. 강의 시간은 한 강의 당 30분 내외이기 때문에 강의 시청, 문제 풀이, 복습을 위해 하루에 1시간 30분~2시간 정도 지텔프 공부에 할애할 수 있다면, 단 20일 안에 학습을 완료할 수 있습니다.

⑤ 지텔프 공식 출제 실전 모의고사 2회분

▷ 부록으로 제공되는 지텔프 공식 출제 실전 문제 2회분으로 실제 지텔프 시험의 난이도 및 유형을 직접 체험 하면서 실전 연습을 할 수 있습니다. 본 교재의 학습을 완료한 후 실력 점검 및 실전 경험을 위해 풀이해보세요.

▷ 본 교재의 표지에 있는 쿠폰 코드를 시원스쿨LAB 홈페이지에 입력하여 최서아 강사의 명품 해설 강의를 무료로 수강할 수 있습니다. 실전 모의고사의 음원, 스크립트도 모두 무료로 제공됩니다.

⑥ 다양한 온라인 부록 제공

▷ [노베이스 기초 문법] 기초가 부족한 지텔프 왕초보를 위해 주어-동사-목적어의 구분부터 구와 절, 동사와 준동사의 정의까지 지텔프 문법 영역에서는 다루지 않는 문법까지 알기 쉽게 정리하였습니다.

▷ [불규칙 동사 리스트] 문법과 독해, 청취의 문제에 자주 등장하여 수험생들에게 혼동을 주는 동사의 과거형 과 과거분사형이 서로 다른 불규칙 동사의 3단 변화를 정리하였습니다.

▷ [DAY별 보카 시험지] 보카 DAY 1~20에서 학습한 총 600개 단어에 대해 DAY별로 영어 단어를 보고 뜻을 쓰는 방식의 시험지입니다.

▷ [QR특강 자료] QR특강의 내용을 그대로 보실 수 있도록 특강 자료를 제공해 드립니다.

이 책의 구성과 특징

아기자기한 일러스트로 이해도 UP!

본문의 내용과 관련된 일러스트를 삽입하여 쉽고 재미있게 학습 내용의 이해를 도울 수 있도록 하였습니다. 일러스트와 학습 내용을 연관시켜 학습 내용이 오래 기억에 남도록 해줍니다.

QR로 부르는 나만의 선생님

교재 학습 중 좀 더 자세한 추가 설명이 필요할 때, QR을 찍어 선생님의 도움을 받을 수 있습니다. 교재 내 QR이미지를 카메라 앱으로 스캔하면 시원스쿨랩 지텔프 전문 강사인 최서아 선생님이 영상을 통해 머리에 쏙쏙 들어오도록 직접 설명해줍니다.

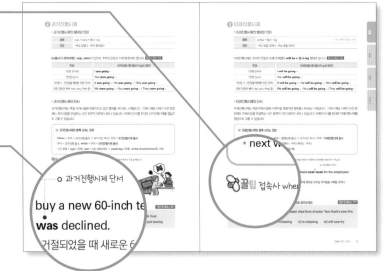

꿀팁! 제공

본문 내용에 대한 이해를 돕고 출제 유형과 실전 문제 풀이 전략에 관련된 꿀팁을 제공하여 수험생들에게 든든한 지텔프 길잡이가 될 수 있도록 하였습니다.

실전 대비 예문과 정답 단서

실제 시험에 출제되는 문장과 유사한 난이도의 예문에 정답의 단서가 되는 부분을 표시하여 문제 풀이에 적용할 수 있도록 합니다.

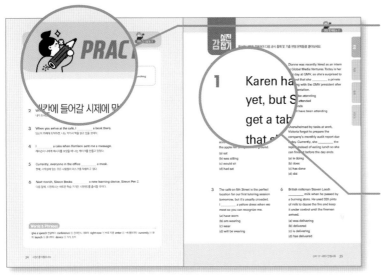

PRACTICE (연습 문제)

실제 시험에 나왔던 기출 포인트나 해당 챕터(DAY)에서 배운 내용을 복습하면서 실전 문제 풀이에 활용할 수 있도록 연습하는 기초 문제로 구성되어 있습니다. 그래서 PRACTICE의 문제는 출제 유형은 아니지만 기본 이론을 다지고 복습할 수 있는 유형으로 제작되었습니다.

실전감잡기 (실전 문제)

지텔프 공식 출제 문제 및 기출 변형 문제로 이루어진 실전 문제로 구성되어 있습니다. 해당 DAY의 학습이 끝나면 실제 시험과 비슷한 난이도의 문제들을 풀면서 학습이 잘 되었는지 점검합니다. 특히 문법 영역의 실전감잡기 문제는 18문항씩, 청취와 독해는 2~3개의 지문(13~21문항)으로 구성되어 있습니다.

청취와 독해 영역에서의 점수 향상을 위한 기초 보카 학습

지텔프 실제 기출, 실전 모의고사에서 가장 많이 출제된 단어 중에서 기본 단어를 선정하였습니다. 단어의 의미와 출제된 독해/청취의 PART에 따라 주제별로 나누어 매일 30개씩 20일간 학습하고, 확인문제까지 풀이하여 지텔프 최빈출 기본 어휘들을 정복할 수 있습니다. DAY별로 단어 학습 후 보카 시험지를 다운로드 받거나, 시원스쿨랩 사이트의 보카 시험지 만들기 서비스 <리얼마이보카>를 이용하여 단어 TEST를 보실 수 있습니다.

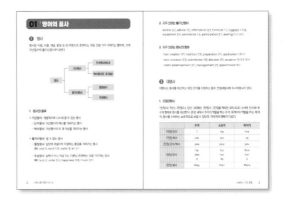

노베이스 기초 문법 [온라인]

기초가 부족한 지텔프 왕초보를 위해 주어-동사-목적어의 구분부터 구와 절, 동사와 준동사의 정의까지 지텔프 문법 영역에서는 다루지 않는 문법까지 알기 쉽게 정리한 노베이스 기초 문법 부록을 제공합니다. 어려운 문법사항에 막힐 때 마다 언제든지 열람하여 참고할 수 있도록 PDF 파일 형식으로 제작되어 온라인으로 제공됩니다.

G-TELP, 접수부터 성적 확인까지

G-TELP를 선택해야 하는 이유

- **빠른 성적 확인:** 시험일 기준 5일 이내 성적 확인 가능
- **절대평가:** 전체 응시자의 수준에 상관없이 본인의 점수로만 평가
- **세 영역(문법, 청취, 독해)의 평균 점수:** 각 영역별 과락 없이 세 영역의 평균 점수가 최종 점수
  ex) 문법 100점 + 청취 28점 + 독해 67점 = 총점 195점 → 평균 65점
       문법 92점 + 청취 32점 + 독해 71점 = 총점 195점 → 평균 65점
- **타 시험 대비 쉬운 문법:** 7개의 고정적인 출제 유형, 총 26문제 출제, 문제 속 단서로 정답 찾기
- **타 시험 대비 적은 분량의 독해:** 지문 4개, 총 28문제 출제
- **청취(Listening)에 취약한 사람들도 통과 점수 획득 가능:** 세 개의 영역의 평균 점수가 최종 점수이므로 청취에서 상대적으로 낮은 점수를 받아도 문법과 독해 및 어휘로 목표 점수 달성 가능

G-TELP 소개

G-TELP(General Tests of English Language Proficiency)는 국제 테스트 연구원(ITSC, International Testing Services Center)에서 주관하는 국제적으로 시행하는 국제 공인 영어 테스트입니다. 또한 단순히 배운 내용을 평가하는 시험이 아닌, 영어 능력을 종합적으로 평가하는 시험으로, 다음과 같은 구성으로 이루어져 있습니다.

- **시험 구성**

구분	구성 및 시간	평가기준	합격자의 영어구사능력	응시자격
LEVEL 1	· 청취 30문항 (약 30분) · 독해 60문항 (70분) · 전체 90문항 (약 100분)	원어민에 준하는 영어 능력: 상담 토론 가능	일상생활 상담, 토론 국제회의 통역	2등급 Mastery를 취득한 자
LEVEL 2	· 문법 26문항 (20분) · 청취 26문항 (약 30분) · 독해 28문항 (40분) · 전체 80문항 (약 90분)	다양한 상황에서 대화 가능 업무 상담 및 해외 연수 가능한 수준	일상생활 업무 상담 회의 세미나, 해외 연수	제한 없음
LEVEL 3	· 문법 22문항 (20분) · 청취 24문항 (약 20분) · 독해 24문항 (40분) · 전체 70문항 (약 80분)	간단한 의사소통과 단순 대화 가능	간단한 의사소통 단순 대화 해외 여행, 단순 출장	제한 없음
LEVEL 4	· 문법 20문항 (20분) · 청취 20문항 (약 15분) · 독해 20문항 (25분) · 전체 60문항 (약 60분)	기본적인 문장을 통해 최소한의 의사소통 가능	기본적인 어휘 구사 짧은 문장 의사소통 반복 부연 설명 필요	제한 없음
LEVEL 5	· 문법 16문항 (15분) · 청취 16문항 (약 15분) · 독해 18문항 (25분) · 전체 50문항 (약 55분)	극히 초보적인 수준의 의사소통 가능	영어 초보자 일상 인사, 소개 듣기 자기 표현 불가	제한 없음

시원스쿨
지텔프 65+

● 시험 시간

시험 문제지는 한 권의 책으로 이루어져 있으며 각각의 영역이 분권으로 나뉘어져 있지 않고 시험이 시작되는 오후 3시부터 시험이 종료되는 오후 4시 30분까지 자신이 원하는 영역을 풀 수 있습니다. 단, 청취 음원은 3시 20분에 재생됩니다. 그래도 대략적으로 각 영역의 시험 시간을 나누자면, 청취 음원이 재생되는 3시 20분 이전을 문법 시험, 그리고 청취 음원이 끝나고 시험 종료까지를 독해 시험으로 나누어 말하기도 합니다.

오후 3시: 시험 시작

오후 3시 20분: 청취 시험 시작

오후 3시 45~47분: 청취 시험 종료 및 독해 시험 시작

오후 4시 30분: 시험 종료

● 시험 시 유의사항

1. 신분증과 컴퓨터용 사인펜 필수 지참

지텔프 고사장으로 출발 전, 신분증과 컴퓨터용 사인펜은 꼭 가지고 가세요. 이 두 가지만 있어도 시험은 칠 수 있습니다. 신분증은 주민등록증, 운전면허증, 여권 등이 인정되며, 학생증이나 사원증은 해당되지 않습니다. 또한 컴퓨터용 사인펜은 타인에게 빌리거나 빌려줄 수 없으니 반드시 본인이 챙기시기 바랍니다.

2. 2시 30분부터 답안지 작성 오리엔테이션 시작

2시 20분까지 입실 시간이며, 2시 30분에 감독관이 답안지만 먼저 배부하면, 중앙 방송으로 답안지 작성 오리엔테이션이 시작됩니다. 이름, 수험번호(고유번호), 응시코드 등 답안지 기입 항목에 대한 설명이 이루어집니다. 오리엔테이션이 끝나면 휴식 시간을 가지고 신분증 확인이 실시됩니다. 고사장 입실은 2시 50분까지 가능하지만, 지텔프를 처음 응시하는 수험자라면 늦어도 2시 20분까지는 입실하시는 것이 좋습니다.

3. 답안지에는 컴퓨터용 사인펜과 수정테이프만 사용 가능

답안지에 기입하는 모든 정답은 컴퓨터용 사인펜으로 작성되어야 합니다. 기입한 정답을 수정할 경우 수정테이프만 사용 가능하며, 액체 형태의 수정액은 사용할 수 없습니다. 수정테이프 사용 시 1회 수정만 가능하고, 같은 자리에 2~3회 여러 겹으로 중복 사용시 정답이 인식되지 않을 수 있습니다. 문제지에 샤프나 볼펜으로 메모할 수 있지만 다른 수험자가 볼 수 없도록 작은 글자로 메모하시기 바랍니다.

4. 영역별 시험 시간 구분 없이 풀이 가능

문제지가 배부되고 모든 준비가 완료되면 오후 3시에 시험이 시작됩니다. 문제지는 문법, 청취, 독해 및 어휘 영역 순서로 제작되어 있지만 풀이 순서는 본인의 선택에 따라 정할 수 있습니다. 단, 청취는 음원을 들어야 풀이가 가능하므로 3시 20분에 시작되는 청취 음원에 맞춰 풀이하시기 바랍니다.

5. 소음 유발 금지

시험 중에는 소음이 발생하는 행위를 금지하고 있습니다. 문제를 따라 읽는다거나, 펜으로 문제지에 밑줄을 그으면서 소음을 발생시키는 등 다른 수험자에게 방해가 될 수 있는 행위를 삼가시기 바랍니다. 특히, 청취 음원이 재생되는 동안 청취 영역을 풀지 않고 다른 영역을 풀이할 경우, 문제지 페이지를 넘기면서 큰 소리가 나지 않도록 주의해야 합니다.

6. 시험 종료 후 답안지 마킹 금지

청취 음원의 재생 시간에 따라 차이가 있을 수 있지만 대부분의 경우 4시 30분~4시 35분 사이에 시험이 종료됩니다. 시험 종료 시간은 청취 시간이 끝나고 중앙 방송으로 공지되며, 시험 종료 5분 전에도 공지됩니다. 시험 종료 알림이 방송되면 즉시 펜을 놓고 문제지 사이에 답안지를 넣은 다음 문제지를 덮고 대기합니다.

2024년 G-TELP 정기시험 일정

회차	시험일자	접수기간	추가 접수기간 (~자정까지)	성적공지일 (오후 3:00)
제531회	2024-05-26(일) 15:00	2024-05-03 ~ 2024-05-10	~2024-05-15	2024-05-31
제532회	2024-06-09(일) 15:00	2024-05-17 ~ 2024-05-24	~2024-05-29	2024-06-14
제533회	2024-06-23(일) 15:00	2024-05-31 ~ 2024-06-07	~2024-06-12	2024-06-28
제534회	2024-07-07(일) 15:00	2024-06-14 ~ 2024-06-21	~2024-06-26	2024-07-12
제535회	2024-07-21(일) 15:00	2024-06-28 ~ 2024-07-05	~2024-07-10	2024-07-26
제536회	2024-08-04(일) 15:00	2024-07-12 ~ 2024-07-19	~2024-07-24	2024-08-09
제537회	2024-08-18(일) 15:00	2024-07-26 ~ 2024-08-02	~2024-08-07	2024-08-23
제538회	2024-09-01(일) 15:00	2024-08-09 ~ 2024-08-16	~2024-08-21	2024-09-06
제539회	2024-09-22(일) 15:00	2024-08-23 ~ 2024-09-06	~2024-09-11	2024-09-27
제540회	2024-10-06(일) 15:00	2024-09-13 ~ 2024-09-20	~2024-09-25	2024-10-11
제541회	2024-10-20(일) 15:00	2024-09-27 ~ 2024-10-04	~2024-10-09	2024-10-25
제542회	2024-11-03(일) 15:00	2024-10-11 ~ 2024-10-18	~2024-10-23	2024-11-08
제543회	2024-11-17(일) 15:00	2024-10-25 ~ 2024-11-01	~2024-11-06	2024-11-22
제544회	2024-12-01(일) 15:00	2024-11-08 ~ 2024-11-15	~2024-11-20	2024-12-06
제545회	2024-12-15(일) 15:00	2024-11-22 ~ 2024-11-29	~2024-12-04	2024-12-20

● 시험 접수 방법

정기 시험 접수 기간에 G-TELP KOREA 공식 홈페이지 www.g-telp.co.kr 접속 후 로그인, [시험접수] – [정기 시험 접수] 클릭

● 시험 응시료

정기시험 66,300원 (졸업 인증 45,700원, 군인 33,200원) / 추가 접수 71,100원 (졸업 인증 50,600원, 군인 38,000원)

● 시험 준비물

① 신분증: 주민등록증(임시 발급 포함), 운전면허증, 여권, 공무원증 중 택1
② 컴퓨터용 사인펜: 연필, 샤프, 볼펜은 문제 풀이 시 필요에 따라 사용 가능, OMR 답안지에는 기재 불가
③ 수정 테이프: 컴퓨터용 사인펜으로 기재한 답을 수정할 경우 수정액이 아닌 수정 테이프만 사용 가능

● 시험장 입실

시험 시작 40분 전인 오후 2시 20분부터 입실, 2시 50분부터 입실 불가

시원스쿨
지텔프 65+

● OMR 카드 작성

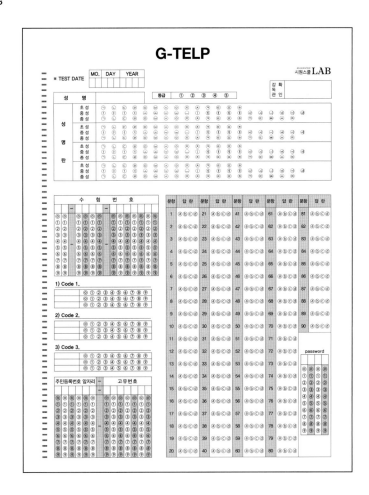

<설명>
- 날짜, 성명을 쓰고 등급은 ②에 마킹합니다.
- 이름을 초성, 중성, 종성으로 나누어 마킹합니다.
- 수험 번호는 자신의 책상에 비치된 수험표에 기재되어 있습니다.
- Code 1, Code 2는 OMR 카드 뒷면에서 해당되는 코드를 찾아 세 자리 번호를 마킹합니다. (대학생이 아닌 일반인의 경우 Code 1은 098, Code 2는 090)
- Code 3은 수험 번호의 마지막 7자리 숫자 중 앞 3자리 숫자를 마킹합니다.
- 주민등록번호는 앞자리만 마킹하고 뒷자리는 개인 정보 보호를 위해 지텔프에서 임시로 부여한 고유 번호로 마킹해야합니다.
  (수험표에서 확인)
- 답안지에는 90번까지 있지만 Level 2 시험의 문제는 80번까지이므로 80번까지만 마킹합니다.
- OMR 카드 오른쪽 아래에 있는 비밀번호(password) 4자리는 성적표 출력 시 필요한 비밀번호로, 응시자가 직접 비밀번호를 설정하여 숫자 4개를 마킹합니다.
- 시험 시간에는 답안지 작성(OMR 카드 마킹) 시간이 별도로 주어지지 않습니다.

● 성적 발표

시험일 5일 이내 G-TELP KOREA 공식 홈페이지 www.g-telp.co.kr 접속 후 로그인, [성적 확인] – [성적 확인] 클릭 / 우편 발송은 성적 발표 후 차주 화요일에 실시

● 성적 유효 기간

시험일로부터 2년

● 성적표 양식

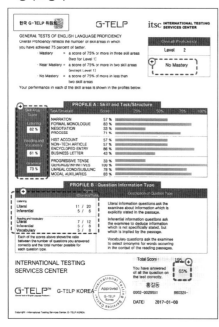
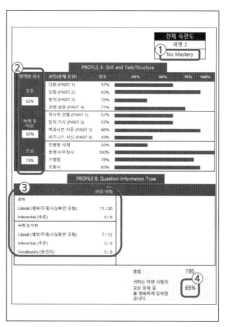

* 편의를 위해 우리말로 번역하였습니다.

① No Mastery: 응시자가 75% 이상의 점수를 획득할 경우 Mastery, 그렇지 못할 경우 No Mastery로 표기되며, 32점이나 65점, 77점 등 점수대별 목표 점수를 가진 응시자에게 아무런 영향이 없습니다.

② 영역별 점수: 각 영역별 점수를 가리키는 수치입니다. 이를 모두 취합하면 총점(Total Score)이 되며, 이를 3으로 나눈 평균값이 ④에 나오는 최종 점수입니다.

③ 청취와 독해 및 어휘 영역의 출제 유형별 득점: 청취와 독해 및 어휘 영역의 Literal은 세부사항, 주제 및 목적, 사실 확인 유형의 문제를 말하며, 이 유형들은 지문의 내용에 문제의 정답이 직접적으로 언급되어 있는 유형입니다. Inferential은 추론 문제를 말하며, 이 유형은 지문에 문제의 정답이 직접적으로 언급되어 있지 않지만 지문에 나온 정보를 토대로 추론을 통해 알 수 있는 사실을 보기 중에서 고르는 문제입니다. 이 유형의 경우, 정답 보기가 패러프레이징(paraphrasing: 같은 의미를 다른 단어로 바꾸어 말하기)이 되어 있어 다소 난이도가 높은 편입니다. 청취와 독해 및 어휘 영역에서는 문제가 각각 5~8문제씩 출제됩니다. 마지막으로 Vocabulary는 각 PART의 지문에 밑줄이 그어진 2개의 단어에 맞는 동의어를 찾는 문제입니다. 총 네 개의 PART에서 각각 2문제씩 나오므로 항상 8문제가 출제됩니다.

지텔프 LEVEL 2 성적 활용표

시원스쿨
지텔프 65+

● 주요 정부 부처 및 국가 자격증

활용처(시험)	지텔프 Level 2 점수	토익 점수
군무원 9급	32점	470점
군무원 7급	47점	570점
경찰공무원(순경)	48점 (가산점 2점) 75점 (가산점 4점) 89점 (가산점 5점)	600점 (가산점 2점) 800점 (가산점 4점) 900점 (가산점 5점)
소방간부 후보생	50점	625점
경찰간부 후보생	50점	625점
경찰공무원 (경사, 경장, 순경)	43점	550점
호텔서비스사	39점	490점
박물관 및 미술관 준학예사	50점	625점
군무원 5급	65점	700점
국가공무원 5급	65점	700점
국가공무원 7급	65점	700점
입법고시(국회)	65점	700점
법원 행정고시(법원)	65점	700점
세무사	65점	700점
공인노무사	65점	700점
공인회계사	65점	700점
감정평가사	65점	700점
호텔관리사	66점	700점
카투사	73점	780점
국가공무원 7급 (외무영사직렬)	77점	790점

* 출처: G-TELP 공식 사이트(www.g-telp.co.kr)

초단기 완성 학습 플랜

■ 다음의 학습 진도를 참조하여 매일 학습합니다.

■ 해당일의 학습을 하지 못했더라도 앞 단원으로 돌아가지 말고 오늘에 해당하는 학습을 하세요. 그래야 끝까지 완주할 수 있습니다.

■ 교재의 학습을 모두 마치면 부록으로 제공된 기출 유형의 실전 모의고사를 꼭 풀어보고 교재 앞날개에 있는 쿠폰 코드를 확인하여 시원스쿨LAB 홈페이지(lab.siwonschool.com)에서 최서아 강사의 명쾌한 해설강의를 들어보세요.

■ 교재를 끝까지 한 번 보고 나면 2회독에 도전합니다. 두 번째 볼 때는 훨씬 빠르게 끝낼 수 있어요. 천천히 1회만 보는 것보다 빠르게 2회, 3회 보는 것이 지텔프 실력 향상에 효율적입니다.

20일 완성 학습 플랜

1일	2일	3일	4일	5일
문법 DAY 01 보카 DAY 01	문법 DAY 02 보카 DAY 02	문법 DAY 03 보카 DAY 03	문법 DAY 04 보카 DAY 04	문법 DAY 05 보카 DAY 05

6일	7일	8일	9일	10일
문법 DAY 06 보카 DAY 06	문법 DAY 07 보카 DAY 07	문법 DAY 08 보카 DAY 08	문법 DAY 09 보카 DAY 09	문법 DAY 10 보카 DAY 10

11일	12일	13일	14일	15일
독해 DAY 11 보카 DAY 11	독해 DAY 12 보카 DAY 12	독해 DAY 13 보카 DAY 13	독해 DAY 14 보카 DAY 14	독해 DAY 15 보카 DAY 15

16일	17일	18일	19일	20일
청취 DAY 16 보카 DAY 16	청취 DAY 17 보카 DAY 17	청취 DAY 18 보카 DAY 18	청취 DAY 19 보카 DAY 19	청취 DAY 20 보카 DAY 20

시원스쿨
지텔프 65+

30일 완성 학습 플랜

1일	2일	3일	4일	5일
문법 DAY 01 보카 DAY 01	문법 DAY 02 보카 DAY 02	문법 DAY 03 보카 DAY 03	문법 DAY 04 보카 DAY 04	문법 DAY 05 보카 DAY 05

6일	7일	8일	9일	10일
문법 DAY 06 보카 DAY 06	문법 DAY 07 보카 DAY 07	문법 DAY 08 보카 DAY 08	문법 DAY 09 보카 DAY 09	문법 DAY 10 보카 DAY 10

11일	12일	13일	14일	15일
독해 DAY 11 보카 DAY 11	독해 DAY 12 보카 DAY 12	독해 DAY 13 보카 DAY 13	독해 DAY 14 보카 DAY 14	독해 DAY 15 보카 DAY 15

16일	17일	18일	19일	20일
청취 DAY 16 보카 DAY 16	청취 DAY 17 보카 DAY 17	청취 DAY 18 보카 DAY 18	청취 DAY 19 보카 DAY 19	청취 DAY 20 보카 DAY 20

21일	22일	23일	24일	25일
부록 모의고사 1회 풀이 및 채점	부록 모의고사 1회 리뷰	부록 모의고사 2회 풀이 및 채점	부록 모의고사 2회 리뷰	문법 DAY 01-04 보카 DAY 01-04 TEST

26일	27일	28일	29일	30일
문법 DAY 01-04 보카 DAY 01-04 TEST	문법 DAY 01-04 보카 DAY 01-04 TEST	문법 DAY 01-04 보카 DAY 01-04 TEST	문법 DAY 01-04 보카 DAY 01-04 TEST	문법 DAY 01-20 리뷰 보카 DAY 01-20 리뷰

▪ 보카 TEST는 온라인 다운로드 부록으로 제공해드리는 <DAY별 보카 시험지>를 활용하시거나 시원스쿨LAB 홈페이지의 <리얼마이보카> (lab.siwonschool.com/?s=free&p=vocaexam) 서비스를 이용하여 자신의 어휘 숙련도를 확인해볼 수 있습니다.

문법
Grammar

■ 문법 출제 유형과 문항수

지텔프 Level 2 문법 영역은 1~26번에 해당하며, 총 26문제가 출제됩니다. 그리고 크게 7가지 출제 유형이 있으며, 그 출제 유형은 다음과 같습니다.

출제 유형	출제 내용	문제 개수
시제	현재진행 / 과거진행 / 미래진행 / 현재완료진행 / 과거완료진행 / 미래완료진행	각 1문제씩 출제 (총 6문제)
가정법	가정법 과거완료 / 가정법 과거	각 3문제씩 출제 (총 6문제)
당위성 표현 (제안/추천/명령/요구/주장)	당위성 의미의 동사/형용사 뒤 that절 내에 빈칸으로 출제 조동사 should가 생략된 동사원형이 정답	총 3문제 출제
to부정사 / 동명사	to부정사/동명사를 목적어로 취하는 동사, to부정사의 부사적 용법, 형용사적 용법	총 5문제 출제
조동사	will, can, might, must, should 등 문맥에 맞는 조동사를 고르는 문제	총 2문제 출제
접속사 / 접속부사	빈칸에 들어갈 알맞은 의미의 접속사 또는 접속부사를 고르는 문제	총 2문제 출제
관계사절	빈칸에 들어갈 문법적으로 올바른 관계사절(관계대명사절 또는 관계부사절)을 고르는 문제	총 2문제 출제

■ 문법 학습 전략

65점 목표 달성을 위해서는 세 가지 영역의 총점이 195점이 되어야 하는데, 세 영역 중 고득점이 가장 쉬운 영역이 바로 문법 영역입니다. 따라서 문법 영역에서 최대한 높은 점수를 확보를 하는 것이 목표 달성에 아주 유리한 전략입니다.

문법 영역을 구성하는 문제들은 크게 (1) 출제 유형에 맞는 공식을 암기하거나 출제되는 내용을 암기하여 동일한 유형이나 내용이 출제되면 해석하지 않고 정답을 고를 수 있는 문제와 (2) 주어진 문맥 파악을 통해 빈칸에 들어갈 적절한 단어를 찾는 문제로 나뉩니다. (1)에는 시제, 가정법, 당위성 표현, 부정사/동명사, 관계사절이 해당하며(22문제), (2)에는 조동사와 접속사/접속부사가 해당합니다(4문제). 따라서 문제 해석이 필요한 조동사와 접속사/접속부사 문제를 제외하고, 나머지 22문제를 맞추어 약 84점이 확보됩니다. 여기서 어휘 암기와 해석 연습을 통해 조동사와 접속사/접속부사 4문제 중 2문제까지 확보하여 최대 92점을 목표로 학습하는 것을 권장합니다.

◇ 시원스쿨 지텔프 65+

문법

🧭 10 DAYS

시제 I: 진행시제

영어에는 기본시제, 진행시제, 완료시제, 완료진행시제가 있으며, 각 시제는 과거, 현재, 미래라는 세 가지 시제를 갖습니다. 그 중에 지텔프 Level 2 문법 영역의 시제 문제로는 진행시제와 완료진행시제만 출제됩니다. (완료진행시제는 DAY 02에서 학습합니다.)

진행시제			완료진행시제		
현재진행	과거진행	미래진행	현재완료진행	과거완료진행	미래완료진행
am/are/is -ing	was/were -ing	will be -ing	has/have been -ing	had been -ing	will have been -ing

🍯**꿀팁** 문법 시험에서 시제 문제는 위 6가지 시제가 각각 1문제씩 출제되어, 총 6문제가 출제됩니다. 하나의 시제가 중복으로 출제되지는 않습니다.

① 현재진행시제

■ 현재진행시제의 형태와 의미

형태	am / are / is + 동사 -ing
의미	~하고 있다, ~하는 중이다

be동사의 현재시제는 **am, are, is**가 있으며, 주어의 인칭과 수에 맞게 써야 합니다. ★정답 출제 유형

주어	현재진행시제 [동사가 go인 경우]
1인칭 단수(I)	I **am going** ~
2인칭 (you)	You **are going** ~
3인칭 (1, 2인칭을 제외한 모든 주어)	It **is going** ~ / He **is going** ~ / She **is going** ~
모든 인칭의 복수 (we, you, they 등)	We **are going** ~ / You **are going** ~ / They **are going** ~

특강 01
주어의 수,
인칭의 개념

1초 퀴즈 학습한 내용을 토대로 빠르게 정답을 골라보세요.

정답 및 해설 p. 2

1 Mr. Hudson _____ to fix his car on the road.

(a) had now tried   (b) will now be trying   (c) is now trying   (d) will now try

■ 현재진행시제의 단서

현재진행시제는 현재 일어나고 있는 일에 대해 말할 때 사용하는 시제이므로, 해당 문장에는 '지금', '현재'와 같은 현재시간을 나타내는 표현과 함께 쓰이는 경우가 많습니다. 시제 문제에서 아래와 같은 현재시간을 나타내는 부사나 전치사구를 단서로 하여 현재진행시제를 정답으로 고를 수 있습니다.

> ☑ 현재진행시제와 함께 쓰이는 표현
>
> now(지금, 현재), right now(바로 지금), currently(현재), at this moment(바로 지금), as of this moment(지금), these days(요즘), nowadays(요즘), today(오늘날), still(여전히)
>
> • 주어 + 현재시제 동사 + … while + 주어 + **현재진행시제 동사**

꿀팁 now와 still은 문제가 아니라 보기에 제시되어 있는 경우도 있습니다.

.................o 현재진행시제 단서

These days, most young people **are listening** to music through subscription-based streaming services.
요즘, 대부분의 젊은 사람들은 구독 기반의 스트리밍 서비스를 통해 음악을 듣고 있다.

.................o 현재진행시제 단서

Currently, Mr. Evans **is meeting** with representatives from DeVry Electronics to discuss the possible merger of our companies.
현재, 에반스 씨는 우리 회사 중에서 가능한 합병을 논의하기 위해 드브리 전자에서 온 대표들과 회의 중이다.

1초 퀴즈 학습한 내용을 토대로 빠르게 정답을 골라보세요. 　정답 및 해설 p. 2

2 Sam from the IT team _____ new security software on every computer in the office now.

(a) has installed　　(b) will install　　(c) is installing　　(d) was installing

❷ 과거진행시제

▪ 과거진행시제의 형태와 의미

형태	was / were + 동사 –ing
의미	~하고 있었다, ~하던 중이었다

be동사의 **과거시제**는 was, were가 있으며, 주어의 인칭과 수에 맞게 써야 합니다. **★정답 출제 유형**

주어	과거진행시제 [동사가 go인 경우]
1인칭 단수(I)	I **was going** ~
2인칭 (you)	You **were going** ~
3인칭 (1, 2인칭을 제외한 모든 주어)	It **was going** ~ / He **was going** ~ / She **was going** ~
모든 인칭의 복수 (we, you, they 등)	We **were going** ~ / You **were going** ~ / They **were going** ~

▪ 과거진행시제의 단서

과거진행시제는 특정 과거시점에 이루어지고 있던 행위를 나타내는 시제입니다. 그래서 해당 시제가 쓰인 문장에는 과거시점을 언급하는 시간 표현이 대부분 나타나 있습니다. 아래의 단서를 토대로 과거진행시제를 정답으로 고를 수 있습니다.

> ☑ **과거진행시제와 함께 쓰이는 표현**
>
> • **When** + 주어 + <u>과거시제 동사</u> (+ 과거시간 부사), 주어 + **과거진행시제 동사**
>
> • 주어 + <u>과거시제 동사</u>, while + 주어 + **과거진행시제 동사**
>
> • 기간 표현 + ago(~전에), last + 시간 표현(지난~), yesterday (어제), at the time(그때)

🐝 **꿀팁** 위의 과거진행시제의 단서 없이 문장 해석만으로 과거진행시제임을 파악하는 문제도 가끔 출제됩니다.

⚬ 과거진행시제 단서

Randy **was trying** to buy a new 60-inch television
when his credit card **was** declined.
랜디는 그의 신용카드가 승인 거절되었을 때 새로운 60인치 텔레비전을
사려고 하고 있었다.

 **1초 퀴즈**　학습한 내용을 토대로 빠르게 정답을 골라보세요.　　**정답 및 해설 p. 2**

3　Ms. Lee _____ the office building when the fire started on the 7th floor.

　　(a) is just leaving　　(b) just leaves　　(c) will just leave　　(d) was just leaving

❸ 미래진행시제

■ 미래진행시제의 형태와 의미

형태	will be + 동사 -ing	* will: 미래를 나타내는 조동사
의미	~하고 있을 것이다, ~하는 중일 것이다	

미래진행시제는 주어의 인칭과 수에 관계없이 **will be + 동사-ing** 형태로 씁니다. ★정답출제 유형

주어	미래진행시제 [동사가 go인 경우]
1인칭 단수(I)	I **will be going** ~
2인칭 (you)	You **will be going** ~
3인칭 (1, 2인칭을 제외한 모든 주어)	It **will be going** ~ / He **will be going** ~ / She **will be going** ~
모든 인칭의 복수 (we, you, they 등)	We **will be going** ~ /You **will be going** ~ /They **will be going** ~

■ 미래진행시제의 단서

미래진행시제는 특정 미래시점에 이루어질 예정이던 행위를 나타내는 시제입니다. 그래서 해당 시제가 쓰인 문장에는 미래시점을 언급하는 시간 표현이 거의 대부분 나타나 있습니다. 아래의 단서를 토대로 미래진행시제를 정답으로 고를 수 있습니다.

> ☑ 미래진행시제와 함께 쓰이는 표현
>
> • When/If/Until/As soon as + 주어 + 현재시제 동사, 주어 + **미래진행시제 동사**
> • in/on/until/by + 미래시점(~후에/ ~에/(계속) ~까지/(완료) ~까지)
> • next week/month/year(다음 주/다음 달/다음 해)

🐝꿀팁 접속사 when과 if, until, as soon as 뒤에 쓰인 현재시제는 미래시제를 대신하기 때문에, 미래진행시제의 단서가 됩니다.

⌐○ 미래진행시제 단서

Management **will be purchasing** new office chairs **next week** for the employees working at the Brighton branch.
경영진은 브라이튼 지사에서 일하고 있는 직원들을 위해 다음 주에 새로운 사무실 의자들을 구매할 것이다.

 **1초 퀴즈** 학습한 내용을 토대로 빠르게 정답을 골라보세요. 정답 및 해설 p. 2

4 Avalanche Studios _____ several teaser clips from director Tom Hook's new film over the next few weeks.

(a) will be releasing   (b) was releasing   (c) is releasing   (d) release

 **PRACTICE**

정답 및 해설 p. 2

빈칸에 들어갈 시제에 맞는 번호를 보기에서 골라 쓰고, 시제를 결정하는 단서에 밑줄로 표시하세요.

보기

① will be reading   ② were studying   ③ is wearing   ④ is giving   ⑤ will be launching

⑥ was making

---

1 Dr. Ohara _____ a speech at the conference right now.

오하라 박사는 바로 지금 컨퍼런스에서 연설을 하는 중이다.

2 When I entered the library, students _____ there.

내가 도서관에 들어갔을 때, 학생들은 거기서 공부를 하고 있었다.

3 When you arrive at the café, I _____ a book there.

당신이 카페에 도착하면, 나는 거기서 책을 읽고 있을 것이다.

4 I _____ a cake when Harrison sent me a message.

해리슨이 나에게 메시지를 보냈을 때 나는 케이크를 만들고 있었다.

5 Currently, everyone in the office _____ a mask.

현재, 사무실에 있는 모든 사람들이 마스크를 착용하고 있다.

6 Next month, Siwon Books _____ a new learning device, Siwon Pen 2.

다음 달에, 시원북스는 새로운 학습 기기인 시원펜2를 출시할 것이다.

Words & Phrases

give a speech 연설하다 conference ⑲ 컨퍼런스, 대회의 right now ⑲ 바로 지금 enter ⑧ ~에 들어가다 currently ⑲ 현재 launch ⑧ 출시하다 device ⑲ 기기, 장치

감 실전 잡기

학습한 내용을 적용하여 다음 공식 출제 및 기출 변형 문제들을 풀어보세요.

1 Karen hasn't arrived at the restaurant yet, but Sam decided to go ahead and get a table. Karen just called and said that she _____ over here from the parking lot right now.

(a) walked
(b) has walked
(c) walks
(d) is walking

2 The popular story that Isaac Newton _____ under a tree when an apple fell on his head is not entirely accurate. According to some reports, the apple fell straight to the ground.

(a) sat
(b) was sitting
(c) would sit
(d) had sat

3 The café on 5th Street is the perfect location for our first tutoring session tomorrow, but it's usually crowded. I _____ a yellow dress when we meet so you can recognize me.

(a) have worn
(b) am wearing
(c) wear
(d) will be wearing

4 Dianne was recently hired as an intern at Global Media Ventures. Today is her first day at GMV, so she's surprised to find out that she _____ a private meeting with the GMV president after her orientation.

(a) will be attending
(b) has attended
(c) attends
(d) will have been attending

5 Overwhelmed by tasks at work, Victoria forgot to prepare the company's monthly audit report due today. Currently, she _____ the report instead of eating lunch so she can finish it before the day ends.

(a) is doing
(b) does
(c) has done
(d) did

6 British milkman Steven Leech _____ milk when he passed by a burning store. He used 320 pints of milk to douse the fire and keep it under control until the firemen arrived.

(a) was delivering
(b) delivered
(c) is delivering
(d) has delivered

7   A car driven by an intoxicated man crashed into a Mexican restaurant last night. According to a server, she _____ the table by the window when the car suddenly smashed into the front entrance, injuring some customers.

(a) is wiping
(b) would have wiped
(c) was wiping
(d) has been wiping

8   Mrs. Hughes is known for selling the best pastries in town. I just passed by her shop and inhaled the wafting sweet scent. I'm pretty sure that she _____ her famous strawberry shortcakes right now!

(a) bakes
(b) is baking
(c) will bake
(d) has been baking

9   Just minutes before boarding, the airline staff announced that our flight is going to be delayed. She also said that the plane _____ as soon as our pilots confirm that the skies are safe for flying.

(a) takes off
(b) has taken off
(c) will be taking off
(d) will have been taking off

10 My brother and his friends are excited for the three-on-three basketball tournament this weekend at Hoover Park. Right now, they _____ several offensive plays that should give them an edge in the competition.

(a) will practice
(b) have practiced
(c) are practicing
(d) were practicing

11 Todd has an important meeting tomorrow with representatives from Pinnacle Athletics. When we leave the office this evening, he _____ all his notes and graphs for his sales pitch.

(a) probably still goes over
(b) will probably still be going over
(c) was probably going over
(d) is probably going over

12 An undetected gas leak led to an explosive fire in Jason's apartment last week. Luckily, he _____ his out-of-town girlfriend when it happened, but all his belongings were destroyed.

(a) would visit
(b) had visited
(c) visited
(d) was visiting

13 My sister is still in shock after being in a car accident. While she _____ home from work last night, another driver ran a red light and T-boned her vehicle. Fortunately, nobody was seriously injured, but my sister's car was totaled.

(a) was driving
(b) would drive
(c) drove
(d) had driven

14 Martin had been working on his doctoral thesis for five years, and he finally submitted it to his advisor. He _____ to defend his work during an oral examination with his professors. If his thesis is accepted, he will receive his Ph. D. in astrophysics.

(a) has now prepared
(b) is now preparing
(c) now prepares
(d) would now prepare

15 Ronnie has told everyone in the office about seeing soccer star Andres Ruiz out and about in public over the weekend. Apparently, Ronnie _____ at his local grocery store when he spotted the famous athlete in the frozen foods section.

(a) would shop
(b) was shopping
(c) shopped
(d) had shopped

16 A lot of our magazine's readers are upset about our recent story on singer Tina Quick. So, when you pick up the phone today, a lot of her fans _____ to complain about the article.

(a) will probably be calling
(b) probably call
(c) are probably calling
(d) were probably calling

17 Hotels have had to rapidly adapt their business models to maintain their profitability during the Corona virus pandemic. Currently, several luxury hotels in Seoul _____ two-nights-for-one specials to entice locals to book "staycations".

(a) will offer
(b) were offering
(c) have offered
(d) are offering

18 Jackson works late every night at the law firm, and it's starting to take a toll on his family life. He barely sees his kids anymore. For instance, when he returns home tonight, his two children _____.

(a) will already sleep
(b) are already sleeping
(c) will already be sleeping
(d) already slept

대뜨 / 독해 / 청취 / VOCA

정답 및 해설 p. 3

DAY 01 시제 I: 진행시제   27

시제 II : 완료진행시제

완료시제란 한 특정 시점을 말하는 것이 아니라 시점과 시점사이, 즉 일정 시간이 지속되는 기간 내에 발생하는 행동이나 상태를 나타낼 때 사용하는 시제입니다. 지텔프 Leve 2 문법 영역에서 출제되는 완료진행시제는 한 시제에 시작된 행동이 지속되다가 다른 시제(먼저 제시된 시제보다 이후의 시제)에도 진행 중이라는 것을 나타낼 때 사용합니다.

시제	개념
현재완료진행	과거에 시작한 행위가 현재까지 지속되어 현재에도 진행 중임
과거완료진행	특정 과거보다 더 앞선 과거에 시작한 행위가 특정 과거까지 지속, 진행 중이었음
미래완료진행	현재 또는 과거에 시작한 행위가 미래까지 지속, 진행 중일 것으로 예상

❶ 현재완료진행시제

■ 현재완료진행시제의 형태와 의미

형태	have/has been + 동사 -ing
의미	~해오는 중이다

현재완료진행시제는 주어가 3인칭(1, 2인칭을 제외한 모든 주어) 단수일 경우에만 **has been -ing**를 쓰고, 그 외의 주어(1, 2인칭 단/복수, 3인칭 복수)에는 **have been -ing**를 씁니다. ★정답 출제 유형

주어	현재완료진행시제 [동사가 go인 경우]
1인칭 단수(I)	**I have been going ~**
2인칭 단수 (you)	**You have been going ~**
3인칭 단수 (he, she, it 등)	**It has been going ~** / He **has been going ~** / She **has been going ~**
모든 인칭의 복수 (we, you, they 등)	**We have been going ~** / You **have been going ~** / They **have been going ~**

1초 퀴즈   학습한 내용을 토대로 빠르게 정답을 골라보세요.   정답 및 해설 p. 6

1   My brother and I _____ homework for two hours now.
   (a) will be doing   (b) are doing   (c) would have done   (d) have been doing

■ 현재완료진행시제의 단서

현재완료진행시제는 과거에 시작한 행위가 현재까지 지속되어 현재에도 진행 중인 일에 대해 말할 때 사용하는 시제이므로, 해당 문장에는 현재시간까지의 기간을 나타내는 표현과 함께 쓰이는 경우가 많습니다. 시제 문제에서 아래와 같은 기간을 나타내는 부사나 전치사구를 단서로 하여 현재완료진행시제를 정답으로 고를 수 있습니다.

☑ 현재완료진행시제와 함께 쓰이는 표현

• since + 과거시점 표현(yesterday, 숫자 hours/weeks/months/years ago 등): ~이래로
• (ever) since + 주어 + 과거시제 동사: (주어)가 ~했던 이래로 / (ever) since + 동명사
• long after + 주어 + 과거시제 동사/현재완료시제 동사: (주어)가 ~한 오랜 후에
• over[for, in, during] the last[past] + 숫자 + 시간단위: 지난 ~의 동안
• for + 숫자 + 시간단위 (+ now): ~동안
• recently, lately: 최근에

○ 현재완료진행시제 단서

I **have been using** the same cell phone **for over five years**, and it still works fine.
나는 5년 넘게 같은 휴대폰을 사용해오고 있는 중이며, 그것은 여전히 잘 작동한다.

○ 현재완료진행시제 단서

Jennifer **has been reviewing** her notes from her physics class **since this morning**, but she can't make any sense of them.
제니퍼는 오늘 아침부터 물리학 수업에서 적은 그녀의 노트를 다시 보고 있는 중이지만, 그녀는 그것들 중 어떤 것도 이해할 수가 없다.

과거	has been reviewing	현재
(오늘 아침, review 시작)		(지금도 review 하는 중)

1초 퀴즈 학습한 내용을 토대로 빠르게 정답을 골라보세요. 정답 및 해설 p. 6

2 Ms. Han _____ English in Siwon middle school since the school was founded seven years ago.

(a) teach   (b) had taught   (c) has been teaching   (d) is teaching

② 과거완료진행시제

■ 과거완료진행시제의 형태와 의미

형태	had been + 동사 – ing	★정답 출제 유형
의미	~해오고 있던 중이었다

🍯꿀팁 과거완료진행시제는 주어의 인칭과 수에 관계없이 had been + 동사-ing 형태로 씁니다.

■ 과거완료진행시제의 단서

과거완료진행시제는 대개의 경우 특정 과거시점이 언급되고, 그 과거시점에 이루어지고 있던 행위를 나타내는 시제입니다. 그래서 해당 문장에는 과거시점을 언급하는 시간 표현이 대부분 나타나 있습니다.

> ☑ 과거완료진행시제와 함께 쓰이는 표현
>
> • for[over] + 숫자 + 시간단위 + before[until/when/by the time] + 주어 + 과거시제 동사: ~했던 것 전에 [했을 때 까지/~했을 때/~했을 때 쯤에] ~동안
> • Before[prior] + 과거시점 명사[동명사] / before + 주어 + 과거시제 동사: ~했던 것 전에

🍯꿀팁 「for + 숫자 + 시간단위」와 「over[for, in, during] the last[past] 숫자 + 시간단위」는 과거시제 부사절(before, until, when, by the time)과 함께 과거완료진행시제의 단서로도 쓰일 수 있습니다.

⊙ 과거완료진행시제 단서

Max looked exhausted **when he met** us in Hong Kong, most likely because he **had been traveling for more than 24 hours**.

맥스는 홍콩에서 우리를 만났을 때 기진맥진해 보였는데, 그건 그가 24시간도 넘게 여행을 해오고 있는 중이었기 때문인 것 같다.

과거 이전	**had been traveling**	과거	현재
(우리를 만나기 24시간 이상 이전)		(그가 우리를 만났을 때)	

 **1초 퀴즈** 학습한 내용을 토대로 빠르게 정답을 골라보세요.   정답 및 해설 p. 6

3 Johnny Acid _____ with his punk band, The Dead Rabbits, for 12 years before he decided to start his solo career.

   (a) had been playing   (b) will have been playing   (c) would have played   (d) played

3 미래완료진행시제

■ 미래완료진행시제의 형태와 의미

형태	will have been + 동사 – ing	★정답 출제 유형
의미	~해오고 있는 중일 것이다	

🐝꿀팁 미래완료진행시제는 주어의 인칭과 수에 관계없이 will have been + 동사-ing 형태로 씁니다.

■ 미래완료진행시제의 단서

미래완료진행시제는 현재 또는 과거에 시작한 일이 미래의 어느 시점까지 지속되는 일을 나타낼 때 사용됩니다. 주로 시간을 나타내는 접속사 by the time 뒤에 현재시제가 쓰이는 부사절이 있고, 빈칸이 있는 문장에 「for + 기간」 표현이 있을 때 빈칸에 미래완료진행시제를 고르는 유형으로 출제됩니다. 즉, '미래의 어느 시점이 되었을 때는 얼마의 기간 동안 지속하게 될 것이다'라는 의미로 쓰입니다.

> ☑ 미래완료진행시제와 함께 쓰이는 표현
>
> • By the time + 주어 + 현재시제 동사, 주어 + **미래완료진행시제** + for + 숫자 + 기간표현
> • By the end of[By] + **시간명사**, 주어 + **미래완료진행시제** + for + 숫자 + 기간표현

🐝꿀팁 미래완료진행시제 문제에서 전치사 by와 문맥상 미래 시점을 나타내는 시간명사(the year, this time tomorrow, next week 등)가 함께 출제되는 경우도 있습니다.

⋯⋯⋯⋯⋯⋯⋯⋯⋯⋯⋯⋯○ 미래완료진행시제 단서

Lisa **will have been studying** for almost ten years by the time she begins practicing medicine as a licensed physician.

리사가 의사 면허를 취득한 내과 의사로서 진료를 보기 시작할 때까지 그녀는 거의 10년 동안 공부해오고 있는 중일 것이다.

과거 또는 현재	**will have been studying**	미래
(공부를 시작한 시기)	(거의 10년)	(진료를 보기 시작할 때)

 **1초 퀴즈** 학습한 내용을 토대로 빠르게 정답을 골라보세요. 　정답 및 해설 p. 6

4 By this time tomorrow, I _____ abroad for one whole year.
   (a) am living　(b) have lived　(c) will be living　(d) will have been living

PRACTICE

정답 및 해설 p. 6

빈칸에 들어갈 시제에 맞는 번호를 보기에서 골라 쓰고, 시제를 결정하는 단서에 밑줄로 표시하세요.

> **보기**
> ① will have been working ② had been trying ③ has been attending ④ have been playing
> ⑤ had been sending out ⑥ will have been discussing

1 Martha _____ résumés for nearly two years before finally hearing back from a company for an interview.
마사는 마침내 면접을 위해 한 회사에서 답변을 받기 전 거의 2년 동안 이력서를 보내고 있던 중이었다.

2 Henry _____ free art classes at the Marietta Community Center for more than a decade.
헨리는 10년 넘는 기간 동안 마리에타 커뮤니티 센터에서의 무료 미술 수업을 다녀오고 있는 중이다.

3 By four o'clock, Jonathan and his teammates _____ the marketing strategies for next quarter for 6 hours straight.
4시 쯤이면, 조나단과 그의 팀원들은 내리 6시간째 다음 분기를 위한 마케팅 전략을 논의해오고 있는 중일 것이다.

4 By this time next week, Ben _____ at Wilmonte Chemical for just one year.
다음 주 이 시간쯤이면, 벤은 윌몬트 화학에서 꼭 1년동안 일해오고 있는 중일 것이다.

5 The musicians in the Magma Jazz Trio _____ together since they were teenagers.
마그마 재즈 트리오의 음악가들은 그들이 10대였을 때 이후로 함께 연주해오고 있는 중이다.

6 By the time Jackson called a repair shop, he _____ to fix his computer on his own for a week.
잭슨이 수리점에 전화를 했을 때쯤, 그는 1주일동안 혼자서 그의 컴퓨터를 고쳐보려 하고 있는 중이었다.

Words & Phrases

résumé 명 이력서 hear back 답변을 듣다 decade 명 10년 strategy 명 전략 quarter 명 분기 straight 부 내리, 잇달아 계속하여 on one's own 혼자서, 단독으로

감 _{잡기} 실전

학습한 내용을 적용하여 다음 공식 출제 및 기출 변형 문제들을 풀어보세요.

1 George thought he would be able to make the whole 12-hour drive in one day. However, he _____ for about nine hours before he started to get tired and had to look for a hotel.

(a) has been driving
(b) is driving
(c) had been driving
(d) drives

2 Dr. Thompson is scheduled to take a three-day vacation next week. She _____ in the immunology lab for almost two months without taking a single day off, so she's ready for a short break.

(a) works
(b) is working
(c) has been working
(d) will work

3 Aaron's car is taking forever to get repaired because the auto shop did not have the right parts and needed to order them. By Friday, he _____ for two weeks for his car to be fixed.

(a) would have waited
(b) has waited
(c) will have been waiting
(d) will be waiting

4 Lisa just bought an indigo silk dress for her 10th high school reunion. She _____ her money for six months before she finally accumulated enough to purchase the luxury item.

(a) has been saving
(b) is saving
(c) will be saving
(d) had been saving

5 Riley is hard at work preparing for her first piano recital. She _____ her musical piece non-stop, but she is still terrified of making a mistake in front of so many friends and family members.

(a) practiced
(b) will practice
(c) was practicing
(d) has been practicing

6 Pluto takes 248 Earth years to finish its orbit around the sun. Since its discovery in 1930, Pluto _____ for 100 years in 2030 and will complete its first orbit in 2178.

(a) will orbit
(b) orbits
(c) will have been orbiting
(d) is orbiting

7 *Time*, one of the world's most widely circulated magazines, is also the first news magazine to be published weekly in the U.S. It was first published in 1923 and _____ Americans updated on various topics since then.

(a) had been keeping
(b) has been keeping
(c) will have been keeping
(d) had kept

8 While his peers are embarking on careers and starting families, Ju-ho is backpacking across Asia and Europe. By the time he returns home, he _____ for more than two years. Maybe then he'll finally feel ready to settle down.

(a) will travel abroad
(b) will have been traveling abroad
(c) has traveled abroad
(d) would have traveled abroad

9 Edgar's parents are going on an out-of-town business trip, leaving him home alone for two weeks. He plans to work non-stop on job applications. By the time his parents return, he _____ for more than 100 hours.

(a) will have been working
(b) would be working
(c) has worked
(d) will work

10 My aunt believes everything she reads online, and it's becoming a real problem. Ever since joining Facebook, she _____ about wild conspiracy theories that cover everything from politics to the existence of aliens.

(a) was posting
(b) is posting
(c) posted
(d) has been posting

11 Ronnie stopped smoking after learning that this habit increases one's risk of lung cancer and other medical problems. He _____ for nearly 30 years before he decided to quit.

(a) smokes
(b) had been smoking
(c) smoked
(d) has been smoking

12 Lisa finally decided to do something about her son's addiction to online video games. He _____ *League of Legends* for over ten hours when she barged into his room and unplugged his computer.

(a) played
(b) was playing
(c) would play
(d) had been playing

13 Jerome is starting to regret hosting Thanksgiving for his family this year. For starters, he has no idea how to prepare the meal. By dinnertime, the turkey _____ in the oven for over 12 hours, but it still doesn't look like it's anywhere near finished.

(a) will cook
(b) will have been cooking
(c) has cooked
(d) would have cooked

14 Though Rachel is worried about their finances, she understands why her husband Kevin needs a career change. He _____ in law enforcement for over a decade before the stress finally caught up to him and he had a panic attack on the job.

(a) had been working
(b) would work
(c) has worked
(d) is working

15 Fans of DC Comics, disappointed with the original film, will finally be able to watch Zach Snyder's *Justice League* this spring. By the time it is released, fans _____ for nearly four years to see if the original director's vision would have done the Justice League justice.

(a) waited
(b) will have been waiting
(c) have been waiting
(d) have waited

16 Last night, Peter dreamt about flying through the clouds on the back of his cat, Pickles, who had magically sprung gorgeous white wings. He _____ bizarre dreams like this ever since he started taking some weight-loss supplements that he purchased from a pharmacy in a shady part of town.

(a) was having
(b) is having
(c) had
(d) has been having

17 For Roger, it turns out too much exercise can be a bad thing. Before being diagnosed with a severe case of runner's knee, he _____ more than ten kilometers every day. Now he can't run again until he completely recovers.

(a) had been running
(b) is running
(c) would have run
(d) ran

18 The widening wealth gap between the haves and have-nots is becoming a serious issue in the United States. For example, the average salary of CEOs _____ every year since the 1970s, but pay raises for employees has barely kept up with cost of living hikes.

(a) will be increasing
(b) was increasing
(c) will have increased
(d) has been increasing

DAY 03 가정법

가정법은 실제로 일어나지 않은 일을 가정하여 말할 때 쓰며, 가정법에는 현재 상황을 가정해서 말하는 가정법 과거와 과거 상황을 가정해서 말하는 가정법 과거완료가 있습니다. 가정법 문장에는 항상 실제 상황과 반대의 가정을 말하는 조건절(if절)과 가정된 상황의 결과를 추측하는 주절로 나뉩니다. 시험에서는 가정법 과거 3문제, 가정법 과거완료 3문제로 총 6문제의 가정법 문제가 출제됩니다.

① 가정법 과거

■ 가정법 과거 형태와 의미

	if절	주절
형태	If + 주어 + 과거동사 / were(be동사일때) + …, (if절에 could + 동사원형도 출제)	주어 + would/could/might + 동사원형
의미	만약 ~한다면, ~라면	~할 텐데, ~할 수 있을텐데, ~일텐데 (사실은 그러지 못함)

🐝**꿀팁** if절의 과거동사 또는 were가 빈칸으로 출제되거나, 주절의 「would/could/might + 동사원형」이 빈칸으로 출제됩니다. 그래서 두 시제 중 하나가 빈칸이면 나머지 하나의 시제를 단서로 파악하여 문제를 풀면 됩니다.

　　　　　○ 주절: would + 동사원형　　　　　　　　　　　　○ if절: 과거시제 동사

If the raw materials used in high-end electronics **were** more common, the devices **would be** much more affordable.
만약 고급 전자 장치에 사용되는 원자재가 더 흔해진다면, 그 기기들을 훨씬 더 적당한 가격으로 구입할 수 있을 텐데.

　　　　　○ 주절: would + 동사원형　　　　　　　　　　　　○ if절: 과거시제 동사

Kevin **would spend** the weekend playing video games **if** he **did not have** to go to his parent's house.
케빈이 그의 부모님 댁에 갈 필요가 없다면, 그는 비디오 게임을 하며 주말을 보낼텐데.

 **1초 퀴즈** 학습한 내용을 토대로 빠르게 정답을 골라보세요. 정답 및 해설 p. 10

1　If Hana _____ more confident in her English, she would be more comfortable living in the United States.
　(a) is　　(b) will be　　(c) were　　(d) would be

❷ 가정법 과거완료

■ 가정법 과거완료 형태와 의미

	if절	주절
형태	If + 주어 + 과거완료 동사(had p.p.) + … ,	주어 + would/could/might + have p.p.
의미	만약 ~했다면, ~였다면	~했을 텐데, ~할 수 있었을 텐데, ~였을지도 모른다 (사실은 그렇게 하지 못했음)

🐝꿀팁 if절의 과거완료 동사가 빈칸으로 출제되거나, 주절의 「would/could/might + have p.p.」가 빈칸으로 출제됩니다. 그래서 두 시제 중 하나가 빈칸이면 나머지 하나의 시제를 단서로 파악하여 문제를 풀면 됩니다.

ㅇ if절: had p.p.(과거완료)   ㅇ 주절: would have p.p.

If Chelsea **had decided** to go to Harvard University, she **would have studied** under some of the top researchers in her field.

만약 첼시가 하버드 대학교를 가기로 결정했었다면, 그녀는 그 분야에서 몇몇의 최고 연구자들 밑에서 연구했을텐데.

ㅇ 주절: would have p.p.   ㅇ if절: had p.p.(과거완료)

We **would have gone** on vacation in Europe this summer **if** it **had been** less expensive.

만약 덜 비쌌더라면 우리는 이번 여름에 유럽으로 휴가를 갔을 텐데.

🐝꿀팁 if절과 주절은 위치가 서로 바뀔 수 있으니, 접속사 if의 위치를 보고 if절과 주절을 구분합니다.

 학습한 내용을 토대로 빠르게 정답을 골라보세요. 정답 및 해설 p. 10

2. Diego _____ the expense report to his manager before the end of the day if his computer had not crashed.

(a) submitted   (b) had submitted   (c) would submit   (d) could have submitted

❸ if 생략과 도치 가정법

가정법 문제 중에는 if절에서 접속사 if가 생략된 채로 출제되는 문제도 있습니다. 특히 가정법 과거완료 문장에서 If가 생략되고 과거완료 시제인 had p.p.에서 조동사 역할을 하는 had와 주어의 자리를 바꾸고(도치), 그 뒤로 과거분사인 p.p.가 이어지는 어순으로 출제됩니다. if가 생략되어 있어 if절을 구분하기 어려울 뿐 풀이 방식과 해석은 일반 가정법과 동일하기 때문에 「Had + 주어 + p.p.」 = 「If + 주어 + had p.p.」라는 것을 숙지한다면 쉽게 풀 수 있습니다.

■ if 생략과 도치 가정법 (가정법 과거완료)

	if절 (if는 생략)	주절
형태	Had + 주어 + p.p. + …,	주어 + would/could/might + have p.p.
의미	만약 ~했다면, ~였다면	~했을 텐데, ~할 수 있었을 텐데, ~였을지도 모른다 (사실은 그렇게 하지 못했음)

○ if절(If 생략): Had + 주어 + 과거분사(p.p.)   주절: would have p.p. ○

Had I listened to the weather forecast over the radio this morning, I **would have brought** an umbrella to school.

만약 내가 오늘 아침 라디오로 일기예보를 들었더라면, 학교에 우산을 가져왔을 텐데.

○ if절(If 생략): Had + 주어 + 과거분사(p.p.)   주절: would have p.p. ○

Had the driver been more careful when changing the lane, the accident **wouldn't have occurred**.

그 운전자가 차선을 바꿀 때 더 주의했더라면, 그 사고는 일어나지 않았을 텐데.

특강 02
기타 가정법

1초 퀴즈 학습한 내용을 토대로 빠르게 정답을 골라보세요. 정답 및 해설 p. 10

3 Had I come home earlier, I _____ dinner with all my family.

(a) could be having   (b) was having   (c) had   (d) could have had

④ 가정법 출제 유형

▪ 부정문

가정법 문제에서 if절이나 주절이 부정문으로 출제되기도 합니다. 부정어 not이 포함된 가정법 문장 구조를 익혀둔다면 정답을 고를 수 있습니다.

	if절 (부정)	주절 (부정)
가정법 과거	If + 주어 + didn't + 동사원형 + …, If + 주어 + weren't + …,	주어 + would/could/might + not + 동사원형 (wouldn't / couldn't + 동사원형)
가정법 과거완료	If + 주어 + hadn't + p.p. + …,	주어 + would/could/might + not + have p.p. (wouldn't / couldn't have p.p.)

○ = were not   ○ = would not make

If my sister **weren't** sick, my mom **wouldn't make** chicken soup for her.
내 여동생이 아프지 않다면, 엄마는 그녀를 위해 치킨 스프를 만들지 않을 텐데.

○ = had not missed   ○ = would not have been

If Mr. Jameson **hadn't missed** the train, he **wouldn't have been** late for the conference.
제임슨 씨가 기차를 놓치지 않았더라면, 그는 컨퍼런스에 늦지 않았을 텐데.

▪ 수동태

지텔프 문법 영역에서 가정법의 수동태에 관한 문제는 출제되지 않지만, 수동태 형태의 정답이 제시되므로 수동태 형태인 「be동사 + p.p.」를 알아두는 것이 좋습니다. 수동태 가정법 문장에서는 be동사의 시제를 보고 가정법의 시제를 파악할 수 있습니다

○ [수동태] be asked: 요청받다

If I **were asked** to select the country to take a trip to, I would choose England.
내가 여행을 갈 나라를 선택하라고 요청을 받는다면, 나는 영국을 고를 텐데.

○ [수동태] be repaired: 수리되다

If the refrigerator **had been repaired** yesterday, the fruits wouldn't have gone bad.
냉장고가 어제 수리되었더라면, 과일이 썩지 않았을 텐데.

1초 퀴즈 학습한 내용을 토대로 빠르게 정답을 골라보세요.   정답 및 해설 p. 10

4 If a 'No Vehicles' sign had been put up at the entrance of the park, many people _____ from car accidents in the park.

(a) had not been injured   (b) would not have been injured

(c) were not injured   (d) will not be injured

괄호 안에 있는 동사를 알맞은 형태로 변형하여 빈칸에 쓰고, 시제를 결정하는 단서에 밑줄로 표시하세요.

1 If the restaurant manager _____ his employees better, not as many would quit. (treat)

식당 매니저가 직원들에게 더 잘 대해준다면, 많은 직원들이 그만두지 않을 텐데.

2 If the weather _____ better, I would take my dog to the park. (be)

날씨가 더 좋다면, 나는 나의 개를 공원에 데려갈 텐데.

3 More customers _____ premium cable packages if they offered the same variety of content that streaming services do. (order)

스트리밍 서비스들이 제공하는 것과 같이 동일하게 다양한 컨텐츠를 제공한다면, 더 많은 고객들이 프리미엄 케이블 패키지를 주문할 텐데.

4 More people _____ masks in public if the government had mandated it earlier. (wear)

정부가 더 일찍 지시하였다면, 더 많은 사람들이 공공장소에서 마스크를 썼을 텐데.

5 If Josie _____ the money, she would have moved to New York City after graduation. (have)

조시가 그 돈을 가지고 있었더라면, 그녀는 졸업 후에 뉴욕 시로 이사했을 텐데.

6 Had the operating surgeon not gotten drunk the night before, the patient _____ the surgery. (survive)

수술의가 전날 밤 취하지 않았더라면, 그 환자는 수술로 살았을 텐데.

Words & Phrases

not as many (+ 명사): 많은 수가 ~이지 않다 quit ⑧ 그만두다, 떠나다 treat ⑧ 대하다, 응대하다 variety of 다양한 content ⑨ 내용물, 컨텐츠 order ⑧ 주문하다 in public 공공장소에서, 사람들이 있는 데서 government ⑨ 정부 mandate ⑧ 명령하다, 지시하다 earlier ⑨ 더 일찍 wear ⑧ 입다, 착용하다 operating surgeon ⑨ 수술의, 집도의 get drunk ⑧ (술에) 취하다 patient ⑨ 환자 survive ⑧ 살아남다, 생존하다, 이겨내다 surgery ⑨ 수술

감 실전 잡기

학습한 내용을 적용하여 다음 공식 출제 및 기출 변형 문제들을 풀어보세요.

대표
독해
청취
VOCA

1 Peter was so jealous that his next-door neighbor built a large pool in her backyard. If he were to get his own pool like that, he _____ in it every day.

(a) will swim
(b) would have swum
(c) is swimming
(d) would swim

2 Michael's stomach was still hurting when he got home from dinner at his mom's house. If he hadn't had such a big lunch, he _____ more of the birthday meal his mother had made for him.

(a) had eaten
(b) ate
(c) would have eaten
(d) would eat

3 Victor was hoping to go for a quick jog today, but he slipped on the wet bathroom floor this morning. If his ankle didn't hurt so much, he _____ in the park later this afternoon.

(a) would have run
(b) will run
(c) would run
(d) is running

4 Leanne has a much longer commute from her new house than she had expected. She told me that if she had known, she _____ a place that was closer to her office.

(a) was renting
(b) rented
(c) would have rented
(d) would rent

5 Harry feels a bit left out when he overhears his friends saying that last weekend's game night was so much fun. If he hadn't come down with a nasty cold, he _____ the gathering, too.

(a) was attending
(b) would attend
(c) attended
(d) would have attended

6 Joan works from home these days, so she doesn't get many chances to socialize. If it weren't for chatting with the other dog owners at the dog park, Joan _____ anyone at all.

(a) never sees
(b) would never see
(c) would never have seen
(d) had never seen

7 Brian is upset with the town mayor for doing nothing to curb the growing crime rate in the community. If he were to be elected mayor, he _____ a volunteer group to patrol the streets at night.

(a) will organize
(b) would have organized
(c) would organize
(d) is organizing

8 Many fans of the Dragons baseball team claim that they lost the championship because of their captain's sprained wrist. They surely _____ a better chance of winning if their captain had been able to play.

(a) would have
(b) will have had
(c) will have
(d) would have had

9 After Andrew heard intruders downstairs, he immediately locked himself in the bathroom and called the police. If he had not had the presence of mind to do so, the thieves _____ caught in the act.

(a) will not be
(b) would not have been
(c) will not have been
(d) would not be

10 Old Blue was the only fertile female of the remaining five black robins in the world in 1979. If Old Blue had died before she was able to lay eggs, black robins _____ to exist.

(a) would cease
(b) will have ceased
(c) would have ceased
(d) will cease

11 For the last few weeks, Emma has been inviting me to various parties. However, I keep replying that if I were her, I _____ more on the upcoming final exams.

(a) would focus
(b) will have focused
(c) would have focused
(d) will focus

12 The sun is constantly expanding and becoming hotter and brighter. In a few billion years, it will become a red giant star. If the sun suddenly turned into a red giant, Earth _____ drastically, making life impossible.

(a) would heat up
(b) will heat up
(c) would have heated up
(d) will have heated up

13 Samantha will not be participating in the school's musical showcase because she has a fever and has to stay in bed. If only she were not sick, she _____ her own piano composition.

(a) would perform
(b) would have performed
(c) will perform
(d) has performed

14 Rachel failed to close a major deal after forgetting to include a request from the client in her proposal. If she had only remembered this important detail, she _____ the million-dollar project for her firm.

(a) could have secured
(b) had secured
(c) will secure
(d) could secure

15 David was planning to try the town fair's fastest and scariest rollercoaster, but the operator did not allow him because of the height requirement. If only David were taller, he _____ with excitement now.

(a) would have been screaming
(b) is screaming
(c) has screamed
(d) would be screaming

16 Andrew wants to continue his favorite video game's latest installment and challenge the Shadow King, but he has a 7 a.m. meeting tomorrow morning. If he didn't have to wake up early, he _____ all night.

(a) would have stayed up
(b) will be staying up
(c) stays up
(d) would stay up

17 Afraid of losing his scholarship, Oscar cheated in a major exam. After being caught, he was expelled from the school. Had he realized the possible consequences of his actions, he _____ doing it at all.

(a) would not consider
(b) will not be considering
(c) would not have considered
(d) did not consider

18 Since he knew the seller, Noah bought a cheap secondhand car without checking the parts thoroughly. He found out later on that the fuel tank had a leak. Had he carefully examined the car, he _____ it.

(a) would not have bought
(b) would not buy
(c) had not bought
(d) did not buy

DAY 04 당위성 표현과 should 생략

주절의 동사가 당위성을 나타내는 의미(제안, 추천, 요구, 주장, 명령)의 동사가 쓰이고, 그 뒤에 목적어 자리에 「명사절 접속사 that + 주어 + 동사」라는 명사절이 위치할 때, 명사절의 동사 앞에는 '~해야 한다'라는 의미의 조동사 should가 생략된 것으로 보고 명사절의 동사는 항상 동사원형으로 써야 합니다. 이 동사원형의 자리가 빈칸으로 출제되는데, 총 2~3문제가 출제되므로, 당위성 표현을 정답의 단서로 파악하기 위해 아래의 당위성 표현을 모두 숙지하는 것이 좋습니다.

❶ 당위성 표현 (제안, 추천, 요구, 주장, 명령)

동사	advise 권고하다 * recommend 권장하다 * suggest 제안하다 * insist 주장하다 * ask 요청하다 *	demand 요구하다 require 요구하다 urge 촉구하다 order 명령하다 command 명령하다	propose 제안하다 desire 바라다 request 요청하다 direct 지시하다
형용사	important 중요한 * best 최선의 * essential 필수적인 * necessary 필수적인 * vital 필수적인 *	crucial 중요한 * imperative 필수적인 critical 중대한 advisable 바람직한 desirable 바람직한	compulsory 의무적인 mandatory 의무적인 * 최빈출 단어

○ 당위성 표현　　　○ that + 주어 + (should) + 동사원형

Maria's supervisor **suggested** that she **leave** for work earlier in the morning to avoid being late.
마리아의 상사는 그녀가 늦는 것을 피하기 위해서 아침에 더 일찍 회사로 떠나야 한다고 제안하였다.

○ 당위성 표현　　　○ that + 주어 + (should) + 동사원형

It is **desirable** that the new hire **have** some prior experience in advertising.
신입 직원은 광고 분야에서 이전 경력을 가지고 있는 것이 바람직합니다.

 **1초 퀴즈** 학습한 내용을 토대로 빠르게 정답을 골라보세요. 　정답 및 해설 p. 14

1 It is essential that the storage device _____ at least 20 gigabytes of free space.

(a) is having　(b) has　(c) will have　(d) have

■ 동사원형 출제 유형

당위성 표현 뒤에 that절에서 주어의 인칭, 수(단수/복수), 주절의 시제에 상관없이 항상 동사원형을 써야 합니다. 또한 that절의 동사의 형태가 수동태이거나 부정문으로도 출제되므로 수동태와 부정문 형태를 미리 숙지하는 것이 좋습니다.

부정문	당위성 표현 + that + 주어 + (should) + **not + 동사원형**
수동태	당위성 표현 + that + 주어 + (should) + **be p.p.**

🐝**꿀팁** 당위성 표현 중 동사가 수동태로 쓰여서 It is advised that, It is recommended that과 같은 구조로 출제되기도 합니다.

특강 03
수동태
알아보기

　　　○ 당위성 표현　　　　　　　　　　　○ that + 주어 + (should) + be + p.p.(수동태)

It is required that the music festival **be held** in a large concert hall due to the inclement weather.

음악 축제는 궂은 날씨로 인해서 큰 콘서트장에서 개최되어야 하는 것이 요구된다.

　　　　　　　○ 당위성 표현　　　　　　　　　○ that + 주어 + (should) + not + 동사원형

The director of the CDC **urged** that all citizens **not take off** their masks when using public transportation.

질병관리국(Centers for Disease Control)의 국장은 모든 시민들이 대중교통을 이용할 때 마스크를 벗지 않기를 촉구하였다.

 학습한 내용을 토대로 빠르게 정답을 골라보세요.　　　정답 및 해설 p. 14

2　It is important that people of all ethnicities and backgrounds ＿＿＿＿＿ in mainstream media.

(a) be represented
(b) are represented
(c) are being represented
(d) will be represented

다음 문장에서 당위성 표현에 밑줄을 그어 표시하고, 빈칸에 들어갈 알맞은 동사의 형태를 고르세요.

1   The CEO of Hopewell Publishing recommended that every nonessential employee _____ from home during the pandemic.
(a) work   (b) works

2   I suggested that the student _____ Kazuo Ishiguro's *The Remains of the Day* before watching the film version.
(a) read   (b) reads

3   The government requires that travelers arriving from abroad _____ for two weeks.
(a) be quarantined   (b) are quarantined

4   It is necessary that the applicant _____ with the most common programming languages, including Python and Java.
(a) is familiar   (b) be familiar

5   It is advised that children under the height of 110 cm _____ 'Magic Carpet' in the amusement park.
(a) don't ride   (b) not ride

Words & Phrases

nonessential ⑱ 중요하지 않은, 불필요한 pandemic ⑲ 전세계[전국]적인 유행병 from abroad ⑭ 해외로부터, 해외에서
quarantine ⑧ 격리하다 applicant ⑲ 지원자, 신청자 familiar ⑱ 익숙한, ~을 잘 아는 height ⑲ 키 amusement park ⑲
놀이공원 ride ⑧ 타다, 탑승하다

1 It is difficult to predict how severe the flu season will be from year to year. The CDC recommends that everyone older than six months _____ so they can be protected for the upcoming season.

(a) gets vaccinated
(b) get vaccinated
(c) is vaccinated
(d) will get vaccinated

2 Hikers are no longer allowed to climb Mount Everest solo. A new rule from the Nepal Ministry of Tourism requires that a climber _____ a professional guide to ensure a safe journey.

(a) hires
(b) hire
(c) is hiring
(d) will hire

3 The members of the Fine Arts Appreciation Club are discussing possible events they can participate in this semester. Roger is now proposing that they all _____ the local Shakespeare Company's production of *The Tempest*.

(a) will watch
(b) watched
(c) are watching
(d) watch

4 Lana stayed up all night working on a project, so she felt unwell at work today. She visited the company nurse, who suggested that she _____ the rest of the day off.

(a) takes
(b) will take
(c) take
(d) is taking

5 Jimmy has been sticking to home remedies to treat his illness. Since more than a week has passed and his fever isn't getting better, I am insisting that he _____ a doctor so he can recover.

(a) visits
(b) will visit
(c) has visited
(d) visit

6 After experiencing repeated chest pains, Evelyn went to the hospital for a checkup. The doctor found that she had high blood pressure and recommended that she _____ her consumption of fatty foods.

(a) has limited
(b) limits
(c) will limit
(d) limit

7 The Johnson family was supposed to go camping this weekend. However, they had to cancel their plans after the local weather station advised that outdoor activities _____ due to an incoming typhoon.

(a) were postponed
(b) will be postponed
(c) have been postponed
(d) be postponed

8 Dr. Douglas had to cancel the rest of his clinic appointments today because of an urgent matter at home. While leaving the office, he hurriedly instructed that his assistant _____ his patients and have them rescheduled for tomorrow.

(a) informs
(b) has informed
(c) will inform
(d) inform

9 Nick's Bike Shop reported a burglary incident to the town police this morning. The police officers who arrived at the shop requested that the store _____ for the day for further investigations.

(a) closes
(b) will be closed
(c) close
(d) to be closing

10 In addition to the copious security checks American travelers are already subjected to when flying, it appears they'll now have to undergo various health checks. Because of the pandemic, it's necessary that temperature-recording machines _____ at each check-in counter and departure gate.

(a) are being installed
(b) be installed
(c) to be installed
(d) will be installed

11 Mr. Williams, the high school wrestling coach, was furious when three of his wrestlers failed to make weight loss before their matches at their last tournament. To make sure it doesn't happen again, he demanded that the entire team _____ on a strict diet.

(a) are being placed
(b) to be placed
(c) be placed
(d) will be placed

12 Studies in linguistics show that learning a second language becomes more difficult as a person gets older. For parents who want their son or daughter to be bilingual, it is essential that the child _____ learning both languages from a young age.

(a) to start
(b) starts
(c) starting
(d) start

13 Michael is late to work every day, and his projects are all behind schedule. When confronted about his performance, Michael said he just can't get excited about his work anymore. In response, his supervisor recommended that he simply _____ instead of hindering his department with his poor attitude.

(a) quit
(b) quits
(c) to quit
(d) quitting

14 As with the launch of most new consoles, Sony's Playstation 5 has arrived with some technical issues. If a unit is exhibiting problems with the power supply, technicians recommend that the owner _____ the console completely off when not in use, instead of using 'Rest Mode'.

(a) turn
(b) turns
(c) to turn
(d) turning

15 After the detection of *E. coli* in a household water sample, Boston was placed under a boil-water advisory. Under such conditions, The CDC recommends that water _____ to a rolling boil for one minute before being consumed.

(a) is being brought
(b) to be brought
(c) be brought
(d) will be brought

16 Alongside the rise in demand for organic, natural food, some health food enthusiasts are even opting to drink unpasteurized, raw milk. However, doing so can be incredibly risky, and the FDA highly recommends that all milk _____ before being consumed or used in recipes.

(a) will be pasteurized
(b) be pasteurized
(c) to be pasteurized
(d) is being pasteurized

17 Disney+, the media giant's new streaming service, debuted last summer with its flagship series, *The Mandalorian*, which is set in the Star Wars universe. To fully enjoy everything the show has to offer, it is crucial that the viewer _____ some familiarity with the overarching lore of the franchise.

(a) having
(b) to have
(c) has
(d) have

18 Dylan has found some success as a YouTuber. It sounds like a dream job, but it's actually quite stressful. To maintain his subscribers, it is essential that he _____ a new video every day, and he's running out of ideas for fresh content.

(a) uploading
(b) upload
(c) uploads
(d) to upload

조동사

조동사란 문장의 동사만으로 나타낼 수 없는 능력, 의무, 충고, 추측 등의 의미를 나타내며 동사 앞에 쓰는 보조 동사의 역할을 하는 동사를 말합니다. 지텔프 문법 영역에서 조동사 문제는 총 2문제 출제되며, 공식을 암기하여 정답의 단서를 찾아 푸는 유형의 문제와 달리 조동사 문제는 문맥을 파악하여 빈칸에 들어갈 적절한 의미의 조동사를 골라야 합니다. 따라서 각 조동사의 의미를 파악하는 것이 기본이며, 주어진 문제를 모두 해석하여 문맥을 파악해야 하기 때문에 난이도가 높습니다.

① can / could: 할 수 있다 / 할 수 있었다 (가능, 능력)

'~할 수 있다'라고 해석되는 조동사 can은 능력과 가능성의 의미를 나타냅니다.

○ 보충제의 능력을 나타냄

Supplements containing Asian ginseng **can boost** your energy in the afternoon.
아시아 인삼을 포함한 보충제는 오후 시간에 당신의 에너지를 북돋을 수 있다.

○ 쿠미코의 능력을 나타냄

Having grown up in Mexico City, Kumiko **can speak** Spanish as well as Japanese and English.
쿠미코는 멕시코 시티에서 자라왔기 때문에, 일본어와 영어 뿐만 아니라 스페인어까지 말할 수 있다.

특강 04
can/could의
다른 의미

 **1초 퀴즈** 학습한 내용을 토대로 빠르게 정답을 골라보세요.   정답 및 해설 p. 18

1   Daniel has his own online video channel. He uploads videos mainly showing how much fast food he _____ eat.

(a) can   (b) may   (c) must   (d) should

❷ may / might: ~할지도 모른다 (추측)

'~할지도 모른다', '(아마) ~일 것이다'라는 뜻을 가지는 조동사 may와 might는 불확실한 내용에 대한 추측의 의미를 나타낼 때 사용됩니다. 정확한 근거나 확실한 정보가 제시되지 않고, 발생 가능성이 약한 내용을 드러내는 문맥일 경우에 may나 might가 정답이 됩니다. 추측의 문맥은 구체적인 단어나 표현으로 나타나는 것이 아니기 때문에 주어진 문장을 해석하여 문맥을 충분히 파악한 후에 조동사 may 또는 might가 들어가는 것이 적절한지 확인해야 합니다.

특강 05
may의 다른 의미

It is reported that most sports events have been postponed or canceled because of the pandemic. The football season this year **may be canceled**.
전 세계적 유행병 때문에 대부분의 스포츠 경기들이 연기되거나 취소되었다고 보고되고 있다. 올해 축구 시즌은 취소될 지도 모른다.

Lucas often says that he doesn't like living in a big city. If he loses his job in Chicago, he **might move** back home to rural Ohio.
루카스는 종종 큰 도시에서 사는 것을 좋아하지 않는다고 말한다. 그가 만약 시카고에서의 직장을 잃는다면, 그는 오하이오 시골에 있는 집으로 돌아갈 지도 모른다.

🍯**꿀팁** 지텔프 문법에서는 may와 might가 추측 의미의 조동사로 출제되기 때문에, may와 might가 동시에 보기에 제시되지 않습니다.

 **1초 퀴즈** 학습한 내용을 토대로 빠르게 정답을 골라보세요. 정답 및 해설 p. 18

2 My parents are always concerned about me when I'm out downtown at night. They are afraid I _____ get in trouble with strangers.

(a) can   (b) should   (c) might   (d) must

③ must: ~해야 한다 (의무) / ~임에 틀림없다 (확신)

■ 의무의 조동사 must

must는 '~해야 한다'라는 의미로 문장의 내용에서 규칙, 규정, 강제성, 그리고 의무에 관한 것일 때 사용합니다. 부정어 not과 함께 쓰이는 must not은 '~해서는 안된다'라는 의미로 금지의 의미를 나타냅니다.

---○ 대출 할부금 지불은 강제성이 있는 의무이므로 must 사용

Loan recipients **must pay their installments** by the 15th of every month.
대출 수령자들은 매달 15일까지 그들의 분할 불입금을 지불해야 한다.

---○ '회사 내규'는 직원들의 의무를 포함하는 내용이므로 must 사용

According to the company bylaws, new employees **must attend** the orientation session being held on the 10th floor.
회사 내규에 따라, 신입 직원들은 10층에서 열리는 오리엔테이션 교육에 참석해야 한다.

■ 확신의 조동사 must

must는 '~임에 틀림없다'라는 확신의 의미를 나타낼 때 보통 be동사의 동사원형인 be와 함께 쓰이는 경우가 많습니다. may나 might가 확실한 근거 없이 추측의 의미를 나타낸다면, must는 근거를 가지고 확신을 나타내는 조동사입니다.

---○ 돌에 걸려 넘어지고, 박스가 턱을 치는 것은 고통스러울 것으로
확신할 수 있으므로 must 사용

While carrying a heavy box, Martha just **tripped over a stone, and the box hit her jaw**. That **must be** very painful.
무거운 박스를 옮기는 중에, 마사는 돌에 걸려 넘어졌고, 그 박스가 그녀의 턱을 쳤다. 그건 아주 고통스러운 것이 틀림없다.

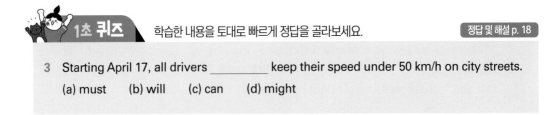

1초 퀴즈 학습한 내용을 토대로 빠르게 정답을 골라보세요. 정답 및 해설 p. 18

3 Starting April 17, all drivers _____ keep their speed under 50 km/h on city streets.

(a) must   (b) will   (c) can   (d) might

④ should: ~해야 한다 / ~하는 것이 가장 좋겠다 (충고)

당위성 표현 뒤에 나오는 목적어 that절에서 조동사 should가 생략된다는 규칙을 배울 때 언급된 조동사 should는 '~해야 한다'라는 의미를 가지는 강한 충고 또는 제안의 조동사입니다. should는 must와 동일하게 해석되지만 사용되는 문맥이나 의미의 차이가 있습니다. should는 주어가 생각하기에 최선의 행동을 제안하는 충고의 의미를 나타내므로 규정이나 규칙, 강제적인 의무와는 상관이 없습니다.

········○ 관광객들이 '연인의 절벽'을 방문해야 하는 이유가 규정이나 의무가 아니므로 충고/제안의 의미

Tourists **should visit** Two Lover's Point at sunset to catch one of Guam's most gorgeous views.
관광객들은 괌에서 가장 멋진 경관 중에 하나를 보기 위해 해질녘에 연인의 절벽을 방문해야 한다.

앤디에게 연락하는 것은 회사 야유회 기획에 관심이 있는 사람만 해당되므로 의무가 아니라 충고/제안의 의미 ○········

Anyone interested in helping plan this year's company retreat **should contact** Andy in HR.
올해의 회사 야유회를 기획하는 것을 돕는 것에 관심이 있는 사람은 누구든 인사팀의 앤디에게 연락해야 한다.

🍯꿀팁 should와 함께 shall이 보기에 제시되는 경우가 있는데, shall은 「Shall I ~? / Shall we ~?(제가 ~할까요? / 우리 ~할까요?)」와 같이 1인칭 주어와 함께 제안의 의미로 의문문으로만 사용되는 조동사이며, 지텔프 Level 2 문법 문제에서는 정답으로 출제되지 않습니다.

특강 06
조동사 +
have p.p.

I'll help plan this year's company reatreat.

Human Resources
Andy Grimms

1초 퀴즈 학습한 내용을 토대로 빠르게 정답을 골라보세요. 정답 및 해설 p. 18

4 PC gamers hoping to buy a next-generation graphics card _____ start saving their money now.

(a) might   (b) should   (c) will   (d) shall

❺ will : ~할 것이다 (미래의 의지, 예정)

미래의 일이나 의지를 나타내는 미래시제 조동사 will은 '~할 것이다'라는 의미를 나타냅니다. 미래 시간을 나타내는 부사나 미래시점을 언급하는 표현이 주로 단서로 함께 쓰이며, 그 중에 특히 시간 부사절과 조건 부사절의 시제가 현재시제일 때 주절에는 조동사 will이 동사원형 앞 빈칸에 들어가는 형태로 출제됩니다.

> ☑ 조동사 will이 정답이 되는 단서 (미래시제 표현)
>
> • next + 시점명사(day, week, month, year 등): 다음 ~에
>
> • this + 시점명사(morning, afternoon, week, month, year 등): 이번 ~에(문맥상 해당 표현이 미래시점을 지칭)
>
> • tomorrow (내일), later (나중에), in the future (향후에, 미래에)
>
> • on + 날짜(미래시점): ~일에, during + 미래시점 명사: ~동안, upcoming + 명사: 다가오는 ~
>
> • when + 주어 + 현재시제(동사원형 / 동사+-(e)s): ~할 때
>
> • If + 주어 + 현재시제(동사원형 / 동사+-(e)s): ~한다면

🍯꿀팁 위와 같은 조동사 will이 정답이 되는 단서가 문제에 제시되지 않고, 해석을 통한 문맥 파악으로 조동사 will을 골라야 하는 문제도 출제됩니다.

······○ upcoming + 명사: 미래를 언급하는 표현

The upcoming sci-fi series <u>will</u> explore themes of space colonization and human evolution.
다가오는 공상과학 시리즈는 우주 식민지화와 인류 진화의 주제를 탐구할 것이다.

during + 미래시점 명사: 미래를 언급하는 표현 ○······

Ms. Brenner **will present** some new marketing strategies **during tomorrow's meeting**.
브레너 씨는 내일 회의 동안 몇몇 새로운 마케팅 전략을 제시할 것이다.

특강 07
시간/조건 부사절과 현재시제

 1초 퀴즈   학습한 내용을 토대로 빠르게 정답을 골라보세요.   정답 및 해설 p. 18

5   Management announced that they _____ hire more than 100 new employees next month.

   (a) must   (b) will   (c) might   (d) should

⑥ would : ~할 것이다 (will의 과거 / 가정법)
~하곤 했다 (과거의 습관)

■ will의 과거형 would

과거 시점에 미래에 일어날 일에 관해 언급하였지만, 과거에 언급한 미래의 일도 현재 시점에서 보면 이미 지나간 과거라면 「will + 동사원형」이 「would + 동사원형」으로 쓰입니다. 특히 과거시제 동사의 목적어로 쓰이는 that 명사절에서 would가 will의 과거형으로 자주 쓰입니다.

      ○ 말한 시점도 과거   ○ 그의 자전거를 파는 행위도 과거

Jake told me that he would sell his bicycle at a flea market.
제이크는 그의 자전거를 벼룩시장에 팔 것이라고 말했다.

🍯꿀팁 과거에 언급한 미래시점이 여전히 미래에 발생할 일에 대해 말하는 것이라면, 주절의 동사가 과거이더라도 that 명사절에 「will + 동사원형」을 쓸 수 있습니다.

■ 현재 사실의 반대를 나타내는 would

가정법 과거에서 배웠듯이 현재 사실의 반대를 말할 때, 주절에서 would는 '~할 것이다, ~할 텐데'라는 의미를 나타냅니다.

         ○ if + 주어 + 과거시제: 현재사실의 반대 (가정법 과거)

I heard Helen had been living in Mexico City for seven years. Helen would help guide us if she were with us now in Mexico City.
난 헬렌이 7년 동안 멕시코 시티에 살았었다고 들었다. 그녀가 지금 우리와 멕시코 시티에 함께 있다면 우리를 안내하는 것을 도와줄 텐데.

■ 과거의 습관을 나타내는 would

would는 문맥상 과거에 자주 한 일은 아니지만 가끔씩 여러 번 한적이 있다는 내용을 나타낼 때 '~하곤 했다'라는 뜻으로 often, sometimes와 함께 쓰여 과거의 불규칙한 습관을 나타내기도 합니다.

         ○ 과거의 불규칙적인 습관을 나타내는 단서

Michael and I would sometimes go swimming in the sea when we lived in Miami together.
마이클과 나는 마이애미에 함께 살았을 때 가끔씩 바다로 수영을 하러 가곤 했다.

 **1초 퀴즈**   학습한 내용을 토대로 빠르게 정답을 골라보세요.   정답 및 해설 p. 18

6   Alex told me he _____ return my suit after his interview, but I haven't heard anything from him yet.

    (a) might   (b) can   (c) will   (d) would

 **PRACTICE**

 정답 및 해설 p. 19

각 문장의 의미에 맞도록 <보기>에 있는 조동사 중에서 하나씩 골라 빈칸에 쓰세요.

| 보기 | will | might | should | can | must |

1 Howard is a natural polyglot, so he _____ speak multiple languages fluently.

하워드는 타고난 다중언어사용자이다. 그래서 그는 다수의 언어를 유창하게 말할 수 있다.

2 Payments _____ be received by the 15th to avoid any additional fees.

추가 요금을 피하기 위해서 지불금은 15일까지 수령되어야 한다.

3 Worried that his dog gets lonely when he's at work, Mike _____ adopt a second puppy.

마이크는 그가 직장에 있을 때 그의 개가 외로워지는 것을 걱정하여, 두번째 강아지를 입양할지도 모른다.

4 The president _____ sign the economic relief bill once it is confirmed by the Senate.

대통령은 상원의회에 의해 확정되기만 하면 경기 부양 법안에 서명할 것이다.

5 Gamers hoping to get the most out of their new consoles _____ adjust their television's HDR settings.

새로운 콘솔 게임기를 최대한으로 활용하기를 바라는 게이머들은 텔레비전의 HDR 설정을 조정해야 한다.

Words & Phrases

natural ⑱ 선천적인, 타고난 polyglot ⑲ 다중언어사용자 multiple ⑱ 다수의, 여러 개의 fluently ⑿ 유창하게 payment ⑲ 지불금 additional ⑱ 추가의, 추가적인 fee ⑲ 요금, 수수료 worried ⑱ 걱정하는, 걱정스러워 하는 adopt ⑧ 입양하다 sign ⑧ 서명하다 bill ⑲ 법안 economic relief ⑲ 경기 부양(책) once ㉧ (일단) ~ 하면 confirm ⑧ 확정하다, 확인하다 senate ⑲ (미) 상원의회 get the most out of ⑧ ~을 최대한으로 활용하다 adjust ⑧ 조정하다

실전 감 잡기

학습한 내용을 적용하여 다음 공식 출제 및 기출 변형 문제들을 풀어보세요.

1 Baking is my hobby, but I don't own a good mixer. I _____ buy a new stand mixer this year even if I have to cancel my FlixStreamer subscription for a few months to save money.

(a) will
(b) could
(c) can
(d) would

2 A very large sinkhole appeared in the middle of Tony's street. He quickly reported the hole to the city because he was afraid that it _____ cause a serious accident.

(a) might
(b) can
(c) must
(d) shall

3 A diner in New Jersey offers a prize for finishing its extra-large burger. To fulfill this challenge, a group of ten people _____ finish a 105-pound burger within one hour.

(a) can
(b) must
(c) will
(d) may

4 Kyle and Catherine made plans to see a movie tonight at 8:15. However, Catherine texted Kyle to go without her because she _____ be stuck in the office until 9:30 P.M., when a co-worker is coming to relieve her.

(a) could
(b) can
(c) will
(d) should

5 Whales use a technique called echolocation for hunting. For instance, if a whale emits a sound and an echo is heard within a few seconds, this means that an object, possibly prey, _____ be nearby.

(a) can
(b) would
(c) will
(d) must

6 Although light travels faster than sound, humans react to sound more quickly than to light. This is because the human brain processes information sent by the ears faster than it _____ interpret data sent by the eyes.

(a) might
(b) can
(c) must
(d) should

7   Daniel spent more than a year preparing for his LSAT exam. Thanks to his hard work, he achieved a nearly perfect score when he took his test. Now, he _____ go to whichever law school he chooses.

(a) must
(b) can
(c) might
(d) should

8   The COVID-19 pandemic has severely impacted the travel and tourism industries of virtually every country, and strict limitations have been imposed. For example, in South Korea, foreign nationals entering the country _____ remain in quarantine for two weeks.

(a) will
(b) should
(c) could
(d) must

9   Tyler's perspective on life has completely changed ever since his daughter was born. He used to be aimless with his career goals. But now, he knows that he _____ do whatever is necessary to provide her with a good life.

(a) might
(b) should
(c) will
(d) could

10   Dr. Rudolph, Chief of Medicine at St. Mary's Hospital, was recently sued for medical malpractice because of a critical mistake he made during a routine bypass surgery. His reputation _____ never recover from such a professional blow.

(a) should
(b) might
(c) must
(d) would

11   Alden Library has strict rules for people visiting its special collections, which houses rare first editions and antiquarian books published hundreds of years ago. The viewing room is sterilized, and only one person _____ enter the room at a time.

(a) can
(b) might
(c) will
(d) would

12   Two-step verification is a simple way to ensure that your personal information is safe online. Even if a hacker gets your password, he or she _____ also enter a verification code that is sent directly to your phone via text message.

(a) should
(b) will
(c) must
(d) would

13 Opening Day for Wrigley Stadium is set for this Saturday, when the Chicago Cubs will face off against the Cincinnati Reds. However, the weather forecast says that it _____ rain that day, so ticket sales haven't been as high as expected.

(a) should
(b) would
(c) might
(d) must

14 Peter takes his wife and daughter out to dinner at Tuscany Bistro every Saturday, and it has become a simple but beloved family tradition. Given how important the restaurant is to them, they _____ be disappointed to hear that it is closing permanently next month.

(a) will
(b) should
(c) may
(d) could

15 Eunhye left her career in publishing to commit herself fully to her writing. However, she is working on three novels and a collection of short stories simultaneously. She _____ focus all her creative energy on one project instead of spreading herself so thin.

(a) might
(b) should
(c) would
(d) will

16 Bumper is an effective, if slightly invasive, new dating app. It _____ track its users GPS data to record their most frequent stops, such as a certain café or restaurant. Then it matches users based on their most-frequented locations—where they're most likely to "bump" into each other.

(a) can
(b) may
(c) must
(d) would

17 Three Willows has become a popular neighborhood for expats in the heart of Toronto. The majority of residents _____ come from different countries, but they all work together to make their community safe, supportive, and culturally rich.

(a) will
(b) may
(c) can
(d) must

18 Daniel, who just turned 32, believed that he was still young and healthy, but a recent check-up revealed that he has high blood pressure. To avoid more serious conditions down the road, he _____ watch what he eats and get more cardiovascular exercise.

(a) might
(b) would
(c) can
(d) should

동명사

동명사란 '~하다'라고 해석되는 동사를 '~하기', 또는 '~하는 것'과 같이 명사형으로 바꿀 수 있는 동사의 변형입니다. 지텔프 문법에서는 동명사가 정답이 되는 단서를 제시하여 동명사가 들어갈 자리가 빈칸의 형태로 매회 3문제가 출제됩니다. 따라서 동명사가 정답이 되는 단서를 암기하는 것이 필수적입니다.

❶ 동명사의 역할과 형태

동명사는 주로 동사원형에 '-ing'를 붙인 형태를 말하며, 문장 내에서 명사와 동일한 역할을 할 수 있습니다. 즉 문장의 주어, 목적어, 보어, 전치사의 목적어로 쓰일 수 있습니다.

▪ 주어로 쓰이는 동명사

Reselling a smart phone purchased overseas directly is legally banned.
직접 해외에서 구매한 스마트폰을 되파는 것은 법적으로 금지되어 있다.

▶ 동사 resell의 동명사 형태인 reselling이 '되파는 것'이라는 의미로 문장의 주어로 쓰였습니다.

▪ 주격보어로 쓰이는 동명사

While we were having a meeting, Cathy's job **was taking** the minutes.
우리가 회의를 하고 있는 동안, 캐시의 일은 회의록을 작성하는 것이었다.

▶ 동사 take의 동명사 형태인 taking이 주어인 Cathy's job에 대한 보어로 쓰였습니다.

▪ 전치사의 목적어로 쓰이는 동명사

After his promotion, Mr. Jonas became in charge **of supplying** materials in the region.
승진 후에, 조나스 씨는 그 지역에서의 자재를 공급하는 것을 담당하게 되었다.

▶ 동사 supply의 동명사 형태인 supplying이 전치사 of 뒤에 목적어로 쓰였습니다.

특강 08
동명사의
특징

1초 퀴즈 학습한 내용을 토대로 빠르게 정답을 골라보세요. 정답 및 해설 p. 23

1 _____ the number of visitors and the time of their visit is a necessary task at the secure facility.

(a) Report (b) Reporting (c) To report (d) Having report

② 목적어로 쓰이는 동명사

지텔프 문법에서는 대부분 목적어로 쓰이는 동명사를 묻는 문제가 출제됩니다. 아래 동사들은 목적어 자리에 부정사(Day 07 참조)를 쓸 수 없고 동명사만 써야 하는 동사입니다.

mind 꺼리다 *	suggest 제안하다 *	disclose 폭로하다	
enjoy 즐기다 *	finish 마치다 *	include 포함하다	
give up 포기하다 *	avoid 피하다 *	imagine 상상하다	
admit 인정하다	recommend 권고하다 *	involve 수반하다	
allow 허락하다 *	resist 저항하다 *	recall 회상하다	
advocate 지지하다	resent 분개하다	stop 그만두다 *	
anticipate 예상하다	require 요구하다 *	acknowledge 인정하다	
advise 충고하다	deny 부인하다	risk 위험을 무릅쓰다	+ 동사 – ing
put off 연기하다	dislike 싫어하다	tolerate 참다	(동명사)
postpone 연기하다 *	discontinue 중단하다	favor 선호하다	
practice 연습하다	consider 고려하다 *	mention 언급하다	
prohibit 금지하다	keep 계속 ~하다 *	resume 다시 시작하다	
escape 탈출하다	quit 그만두다 *	undergo 겪다	
experience 경험하다	delay 연기하다 *	ban 금지하다	
encourage 격려하다 *	defend 옹호하다	restrict 제한하다	

* 빈출 단어

⊙ mind 뒤 목적어는 동명사

Emily quickly gained her boss's favor because she doesn't **mind working** on the weekends.
에밀리는 주말에 일하는 것을 꺼려하지 않기 때문에 그녀의 상사의 호감을 빠르게 얻었다.

⊙ recommend 뒤 목적어는 동명사

Still heartbroken, Neil **keeps checking** his ex-girlfriend's social media every night.
여전히 상심하여, 닐은 매일 밤 그의 전 여자친구의 소셜 미디어를 계속 확인한다.

특강 09
동명사가
포함된 표현

 1초 **퀴즈**　　학습한 내용을 토대로 빠르게 정답을 골라보세요.　　정답 및 해설 p. 23

2　Some renowned economists still consider _____ in cryptocurrency to be too risky.

　　(a) invested　　(b) to invest　　(c) investing　　(d) to have invested

 **PRACTICE**

 정답 및 해설 p. 23

빈칸 뒤 괄호 안에 있는 동사를 변형하여 빈칸에 쓰세요.

1 Audiophiles recommend _____ (listen) to vinyl records with high-quality headphones.
오디오 애호가들은 고품질의 헤드폰으로 레코드판을 듣는 것을 권장한다.

2 Addicted to social media, Jin can't stop _____ (check) his Instagram page every few minutes.
소셜 미디어에 푹 빠져서, 진은 몇 분마다 그의 인스타그램 페이지를 확인하는 것을 멈출 수가 없다.

3 Mr. Son left for work early this morning to avoid _____ (get) stuck in traffic.
손 씨는 교통 체증에 꼼짝 못하게 되는 것을 피하기 위해 오늘 아침 일찍 직장으로 나섰다.

4 My assistant must finish _____ (research) the data by noon so I can start writing the sales report.
나의 조수는 정오까지 자료를 조사하는 것을 끝내야 한다. 그래서 내가 영업 보고서를 쓰는 것을 시작할 수 있다.

5 The singer said that _____ (sing) in front of thousands of people at the concert made him feel alive.
그 가수는 콘서트에서 수천 명의 사람들 앞에서 노래를 부르는 것이 그를 살아 있다고 느끼게 만든다고 말했다.

6 Because of a severe headache, the only thing I did yesterday was _____ (lie) in bed.
극심한 두통 때문에, 어제 내가 했던 유일한 것은 침대에 누워 있는 것이었다.

Words & Phrases

audiophile 몡 오디오 애호가 vinyl record 몡 레코드판(LP판) high-quality 혱 고품질의 addicted to ~에 중독된 every + 복수 시간명사: ~마다 leave for ~으로 떠나다 get stuck in traffic 교통 체증에 꼼짝 못하게 되다 traffic congestion 몡 교통 체증 assistant 몡 조수, 보조원 research 동 조사하다, 연구하다 in front of 젠 ~앞에서 alive 혱 살아 있는 severe 혱 극심한 lie 동 눕다, 누워 있다

실전 감잡기

학습한 내용을 적용하여 다음 공식 출제 및 기출 변형 문제들을 풀어보세요.

1 Quokkas are adorable furry animals from Australia that are famous for their happy expressions. The friendly creatures don't mind _____ pictures with tourists, but zoologists warn people not to touch or feed them.

(a) take
(b) taking
(c) to have taken
(d) having taken

2 A common misconception about introverts is that they are shy and dislike the company of others. On the contrary, many introverts enjoy _____ time with friends, but require a certain amount of time alone to "recharge".

(a) having spent
(b) to spend
(c) spending
(d) to be spending

3 Many high school science teachers have removed animal dissection from the classroom. Some experts suggest _____ dissection with computer simulations, realistic models, and other modern alternatives.

(a) replacing
(b) to replace
(c) having replaced
(d) to be replacing

4 A thermopolium was where ancient Romans used to buy ready-to-eat foods. The lack of kitchens in ancient Rome's lower-class households made commoners visit a thermopolium so they could enjoy _____ cooked food.

(a) to eat
(b) having eaten
(c) eating
(d) to be eating

5 Many people on a diet count their calories to help maintain their ideal weight. However, this practice can be difficult to maintain, since it requires _____ how many calories there are in everything you eat.

(a) to know
(b) having known
(c) to have known
(d) knowing

6 Besides being a tasty treat, chocolate also has significant health benefits. Many dieticians recommend _____ chocolate beverages in order to reduce inflammation in one's stomach and eliminate disease-causing bacteria.

(a) to have drunk
(b) to drink
(c) drinking
(d) having drunk

7 Emma has been practicing her lines for the community play since last month, but still feels her delivery is lacking. Her dad suggested _____ in front of a mirror so she can observe what she needs to improve.

(a) to have acted
(b) to act
(c) acting
(d) having acted

8 When Mark Zuckerberg testified before Congress about Facebook's business activities, critics complained that he only received softball questions. The tech innovator successfully avoided _____ any questions regarding whether his company has a monopoly on the market.

(a) to answer
(b) having answered
(c) answering
(d) to be answered

9 Anna engages in a lot of activities whenever she is at the beach. She often swims, surfs, and builds sand castles. She also watches the sunset sometimes, but she enjoys _____ beach volleyball the most.

(a) to play
(b) playing
(c) having played
(d) to be playing

10 Short naps have been said to increase one's alertness and productivity. Some scientists recommend _____ between 1 and 2:30 p.m. because body temperature declines during this period, which makes one fall asleep easily.

(a) to have napped
(b) napping
(c) to nap
(d) having napped

11 Rosa took scuba diving lessons on a whim when she was vacationing in Cancun long ago, and it sparked a life-long obsession. At the time, she never imagined _____ sunken ships and submarines with her own two eyes.

(a) to see
(b) will see
(c) seeing
(d) being seen

12 Some fans are starting to wonder if the latest James Bond film, *No Time to Die*, will ever see the light of day. MGM Studios has postponed _____ the movie indefinitely in response to the ongoing pandemic.

(a) having released
(b) to release
(c) released
(d) releasing

13 The medical field is one of the few industries that consistently sees job growth in rural areas. As such, many college graduates who struggle to find employment consider _____ to school for a medical-related degree or certificate.

(a) returning
(b) to return
(c) returned
(d) having returned

14 Eventually, a guitar will need new strings, but it's easy to change them at home with some basic tools. Just remember to use the correct gauge of strings, and to keep _____ the new string until it is taut across the fret board.

(a) winding
(b) to be winding
(c) to wind
(d) having wound

15 While there are worries of inflation, markets are expected to improve this year as countries and industries begin to bounce back economically from the Covid crisis. Financial consultants recommend _____ in the stock market now, before the recovery begins to take full effect.

(a) investing
(b) to be invested
(c) to invest
(d) having invested

16 Hiro's friends and family were shocked when he resigned from his influential position in the prosecutor's office to join his brother's landscaping business. However, for Hiro, the stress of the job was not worth it. Now, he enjoys _____ his days in gardens and backyards, outside in the bright sunlight.

(a) to spend
(b) having spent
(c) to be spent
(d) spending

17 Some individual traders gathered over Reddit and drove up the stock prices of video game retail company GameStop. It thwarted the schemes of major hedge funds. Outrage followed when trading platforms gave into pressure from Wall Street and restricted _____ additional shares.

(a) buying
(b) to buy
(c) to be bought
(d) having bought

18 Corey and his wife Sumin were planning to leave South Korea to start a new life in his hometown in Texas. However, with the States still struggling with the Corona virus, the couple may delay _____ until they are both vaccinated.

(a) to move
(b) to be moved
(c) moving
(d) having moved

DAY 07 부정사 I

부정사는 명사, 형용사, 부사 역할을 하는 다재다능한 형태입니다. 여러 부정사의 용법에는 각각을 구분할 수 있는 단서가 있으므로 이 단서를 숙지하여 시험에 출제되는 부정사 2~3문항에 대비해야 합니다.

❶ 부정사의 형태와 명사적 용법

부정사는 동사원형 앞에 to를 붙인 형태를 말하며, 여러 용법 중 문장에서 주어, 목적어, 보어, 목적격보어 자리에 위치할 경우 명사적 용법으로 사용됩니다.

동사 (~하다)	to + 동사원형	부정사 (~하는 것, ~하기)
see 보다 give 주다	→	to see 보는 것 to give 주는 것

🍯꿀팁 부정사는 명사 역할을 할 수 있기 때문에 주어 역할도 가능하지만 지텔프 문법에서는 주어 자리에 항상 동명사가 정답으로 출제됩니다.

■ 목적어로 쓰이는 부정사

Mr. Russell **agreed to participate** in Sapphire Gallery's upcoming exhibition.
러셀 씨는 사파이어 갤러리의 다가오는 전시회에 참석하기로 동의하였다.

▶ 동사 participate의 부정사 형태인 to participate가 타동사 agree의 목적어로 쓰였습니다.

특강 10
부정사의 특징

■ 목적격보어로 쓰이는 부정사

The manager **asked his team to submit** receipts of last month's business travel expenses for reimbursement.
매니저는 그의 팀에게 변제를 위해 지난 달 출장 경비의 영수증을 제출하는 것을 요청하였다.

▶ 동사 submit의 부정사 형태인 to submit이 ask의 목적어인 his team이 할 행동을 나타내는 목적격보어로 쓰였습니다.

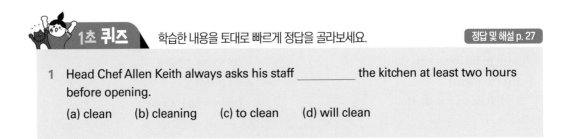

1초 퀴즈 학습한 내용을 토대로 빠르게 정답을 골라보세요. 정답 및 해설 p. 27

1 Head Chef Allen Keith always asks his staff _____ the kitchen at least two hours before opening.

(a) clean　(b) cleaning　(c) to clean　(d) will clean

② 목적어로 쓰이는 부정사

부정사 2문제 중 1문제는 종종 목적어 자리에 들어갈 부정사를 묻는 문제가 출제됩니다. 아래 동사들은 동명사가 아닌 부정사만을 목적어로 취하는 동사입니다.

hope 바라다 *	agree 동의하다	refuse 거부하다	
want 원하다 *	arrange 정리하다	decline 거절하다	
wish 바라다, 기원하다	manage 간신히 해내다	pretend ~하는 척하다	
would like 원하다	endeavor 노력하다	prompt 촉발하다	
fail 실패하다 *	strive 분투하다, 노력하다	volunteer 자원하다	
intend 의도하다 *	seek 노력하다	learn 배우다	+ to 부정사
need 필요하다 *	afford ~할 여유가 되다	demand 요구하다	
plan 계획하다 *	expect 기대하다	choose 선택하다	
promise 약속하다	desire 바라다	aim 목표로 하다	
decide 결정하다 *	offer 제의하다	swear 맹세하다	
determine 결정하다 *	guarantee 보장하다	threaten 협박하다	

* 빈출 단어

ㅇ swear 뒤 목적어는 부정사

During the inauguration, the president **swears to uphold** the Constitution.
취임식 동안, 대통령은 헌법을 준수할 것을 맹세한다.

ㅇ plan 뒤 목적어는 부정사

Ms. Kwon says she and her husband **are planning to have** a baby next year.
권 씨는 그녀와 그녀의 남편이 내년에 아기를 가질 계획을 하고 있다고 말한다.

특강 11
부정사 or 동명사를
목적어로 취하는 동사

 **1초 퀴즈** 학습한 내용을 토대로 빠르게 정답을 골라보세요.   정답 및 해설 p. 27

2 Miguel learned _____ his own beer while he was in between jobs.

(a) brew   (b) to brew   (c) brewing   (d) to have brewed

❸ 부정사와 동명사를 모두 목적어로 취하는 동사

타동사 중에는 부정사와 동명사를 모두 목적어로 취할 수 있는 타동사가 있습니다. 무엇을 목적어로 취하느냐에 따라 의미가 달라지는 동사가 있으며, 동일한 의미로 해석되는 동사가 있습니다.

■ 부정사/동명사를 목적어를 취할 때 의미가 동일한 동사

love 좋아하다 *	hate 싫어하다	continue 계속하다	+ to 부정사
like 좋아하다 *	begin 시작하다	fear 두려워하다	또는
prefer 선호하다	start 시작하다	attempt 시도하다	+ 동명사

* 빈출 단어

⟶ο 동사가 start이므로 목적어로 동명사, 부정사 모두 사용 가능

At the age of 60, Mr. Diego **started** [**studying** / **to study**] art at Tisch School of the Arts.

60세의 나이에 디에고 씨는 티쉬 예술대학에서 예술을 공부하기 시작했다.

■ 부정사/동명사를 목적어를 취할 때 의미가 다른 동사

remember	+ 동명사	(과거에) 했던 일을 기억하다
	+ 부정사	(앞으로) 할 일을 기억하다
forget	+ 동명사	(과거에) 했던 일을 잊다
	+ 부정사	(앞으로) 할 일을 잊다
try	+ 동명사	시험 삼아 ~해보다, 시도하다
	+ 부정사	~하려고 노력하다
regret	+ 동명사	~한 것을 후회하다
	+ 부정사	~하게 되어 유감이다

⟶ο 파일을 저장하는 행위가 문맥상 앞으로 할 일에 해당하므로 부정사를 목적어로 사용

Please **remember to save** all your work files before turning off your computer.

당신의 컴퓨터를 끄기 전에 당신의 모든 작업 파일들을 저장하는 것을 기억하세요.

⟶ο 과거에 마주쳤던 일을 기억하는 것이므로 동명사를 목적어로 사용

Thomas told me that he **remembered running** into my daughter on the street a few days ago.

토마스는 며칠 전에 길에서 나의 딸을 우연히 마주쳤던 것을 기억한다고 말했다.

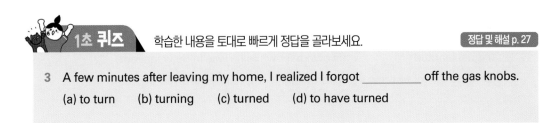

1초 퀴즈   학습한 내용을 토대로 빠르게 정답을 골라보세요.   정답 및 해설 p. 27

3   A few minutes after leaving my home, I realized I forgot _____ off the gas knobs.

    (a) to turn   (b) turning   (c) turned   (d) to have turned

④ 목적격보어로 쓰이는 부정사

목적격보어란 「주어 + 타동사 + 목적어 + 목적격보어」 어순으로 이루어지는 5형식 문장에서 목적어가 무엇인지, 어떤 상태인지, 어떤 행동을 하는지 설명해주는 문장성분입니다. 아래에 있는 동사는 목적격보어 자리에 부정사를 가지는 타동사이며, 실제 시험에서는 아래의 동사 뒤에 목적어가 위치하고, 그 뒤에 빈칸이 출제되어 부정사가 정답이 되는 문제로 출제됩니다.

advise 권고하다 *	**expect** 기대하다	**order** 명령하다	
ask 요청하다 *	**instruct** 지시하다	**permit** 허락하다	
allow 허락하다 *	**warn** 경고하다	**enable** 가능하게 하다	
recommend 권장하다 *	**want** 원하다	**force** 강요하다	**+ 목적어 + to 부정사**
require 요구하다 *	**would like** 원하다	**compel** 강요하다	
encourage 권장하다 *	**cause** 야기하다	**need** 필요로 하다	
tell (~하라고) 말하다 *	**invite** 요청하다	**remind** 상기시키다	

* 빈출 단어

◦ order + 목적어 + to부정사

With the hurricane approaching, authorities **ordered all residents to evacuate** the area.
허리케인이 다가오면서, 당국은 모든 주민들에게 그 지역을 떠날 것을 명령하였다.

◦ allow + 목적어 + to부정사

When I was growing up, my mother only **allowed me to watch** one hour of television a day.
내가 자랄 때, 나의 어머니는 내가 하루에 한 시간만 텔레비전을 보는 것을 허락하셨다.

One hour a day!

특강 12
혼동하기 쉬운
동명사/부정사 표현

1초 퀴즈   학습한 내용을 토대로 빠르게 정답을 골라보세요.

정답 및 해설 p. 27

4   When I was about to enter the building, the security guard asked me _____ my pass.

(a) show   (b) showing   (c) will be showing   (d) to show

빈칸 뒤 괄호 안에 있는 동사를 변형하여 빈칸에 쓰세요.

1 The Lancaster Municipal Library permits its members _____ (borrow) up to twelve books at a time.
랜캐스터 시립 도서관은 회원들이 한번에 최대 12권까지 책을 빌려가는 것을 허용한다.

2 Evan dreams of pursuing a career as an artist, but he can't afford _____ (quit) his stable office job.
에반은 예술가로서의 경력을 추구하는 꿈을 꾼다. 하지만 그는 그의 안정적인 사무직을 그만 둘 형편이 안 된다.

3 The protesters refused _____ (stand down), even after the security forces threatened to use tear gas.
시위자들은 심지어 경비부대가 최루 가스를 사용하겠다고 협박을 한 후에도 물러나는 것을 거부했다.

4 The insurance planner said that I might regret _____ (miss) an opportunity to get better coverage.
보험 설계사는 더 나은 보상을 얻을 기회를 놓친 것을 후회할지도 모른다고 말했다.

5 Mayor Davis declined _____ (comment) on the recent scandal revolving around his use of campaign funds.
데이비스 시장은 캠페인 자금의 사용을 둘러싼 최근의 추문에 관해 언급하는 것을 거절하였다.

6 Dr. Teller does not allow students _____ (leave) the testing area until everyone has finished the exam.
텔러 박사는 학생들 모두가 시험을 마칠 때까지 시험장을 떠나는 것을 허락하지 않는다.

Words & Phrases

municipal ⑱ 시립의, 지방 자치제의 up to ㉓ 최대 ~까지 pursue ⑧ 추구하다 career ⑲ 경력, 직업 can't afford 형편이 안 된다, 여력이 없다 stable ⑱ 안정적인 protester ⑲ 시위자 stand down ⑧ 물러나다 security force ⑲ 경비부대, 보안 병력 tear gas ⑲ 최루 가스 insurance planner ⑲ 보험 설계사 opportunity ⑲ 기회 sickness insurance ⑲ 질병 보험 mayor ⑲ 시장 comment ⑧ 언급하다, 견해를 밝히다 scandal ⑲ 추문, 스캔들 revolve around ~을 주위로 돌다

감 실전
잡기

학습한 내용을 적용하여 다음 공식 출제 및 기출 변형 문제들을 풀어보세요.

1 Citizens of Melbourne have been writing love letters to the local trees. City officials assigned email addresses for individual trees intending _____ damage, but they did not expect that people would send personal messages, too.

(a) identifying
(b) to have identified
(c) having identified
(d) to identify

2 While still regarded as one of the best shows ever made, *Game of Thrones* left a lot of viewers dissatisfied by its final season. Some furious fans still demand _____ why the writers made certain decisions with the final episode.

(a) known
(b) knowing
(c) to know
(d) knew

3 Epic Games, the gaming studio behind global phenomenon *Fortnite*, is going to war with both Apple and Google. It has threatened _____ both tech giants if they continue to ban the mobile version of *Fortnite* from their respective app stores.

(a) sue
(b) suing
(c) sued
(d) to sue

4 Violence has erupted in Belarus as protesters decry the results of the recent, and supposedly rigged, presidential election. Embattled President Alexander Lukashenko has adamantly refused _____ another election, claiming that the citizens would have to kill him first.

(a) to hold
(b) hold
(c) holding
(d) held

5 Rachel will be late to work because her car is parked in and she can't get out. She has already warned her neighbor several times _____ behind her car on the weekdays, so she's calling a tow truck to teach him a lesson.

(a) must not park
(b) not parking
(c) not to park
(d) do not park

6 Parker has his heart set on attending Harvard University, but his parents can't possibly afford its exorbitant tuition fees. So, he has promised _____ a highly competitive scholarship that will cover the tuition.

(a) earning
(b) will earn
(c) to have earned
(d) to earn

7 More people are becoming interested in the production of electronic music. For example, my brother Josh just purchased a MIDI keyboard and downloaded a basic recording program. Now he is learning _____ his own chill lo-fi beats by himself.

(a) to make
(b) making
(c) to have made
(d) having made

8 Record-breaking heat waves are expected to scorch western Europe once again this summer. Extreme temperatures can be fatal, so doctors advise everyone, young and old, _____ indoors with the air conditioning running when dealing with such dangerous weather.

(a) to stay
(b) must stay
(c) staying
(d) will stay

9 Max is preparing for a difficult discussion with his parents when he returns home from university over winter break. His father always expected him _____ a legal career, but Max just changed his major to art history.

(a) pursuing
(b) would pursue
(c) to pursue
(d) being pursued

10 Once their youngest daughter went away to college, the Kims found themselves with an empty nest, and, subsequently, a lot of free time on their hands. Mrs. Kim decided _____ a hiking club, and Mr. Kim started painting again.

(a) joining
(b) to have joined
(c) to join
(d) having joined

11 The next space race has begun, but this time with private companies vying to be the first to Mars instead of nations rushing to the Moon. SpaceX, one of the leading companies in aerospace engineering, aims _____ people on the surface of the Red Planet by 2026.

(a) having had
(b) to have
(c) to have had
(d) having

12 The McCloskeys of St. Louis, Missouri, became infamous when they pointed guns at Black Lives Matter protesters who were walking near their property. Even though their actions were widely condemned, the Republican Party has invited them _____ during the Republican National Convention.

(a) spoke
(b) to speak
(c) will speak
(d) speaking

정답 및 해설 p. 28

13 Tyler woke up to his wife glaring at him angrily from the bedroom doorway. Apparently, he had forgotten _____ the trash from the kitchen, and their dog, Kozmo, had gotten into it overnight. Now there was garbage strewn all over the house.

(a) to have taken out
(b) having taken out
(c) taking out
(d) to take out

14 Kevin was disappointed that he didn't have more time to explore New York City during his recent business trip. He even intended _____ with some old university friends, but he was too busy meeting clients and reviewing projects.

(a) catching up
(b) to catch up
(c) caught up
(d) was caught up

15 With most classes being held online during the pandemic, universities need to limit the possibility of cheating when students take exams at home. Some courses only allow students _____ an exam if they appear on their web cam and share their screen with the test proctor.

(a) having taken
(b) to take
(c) to have taken
(d) taking

16 Only fifteen years old but already a financial genius, Dirk has laid out a strategy for how he can become a millionaire by the time he turns 25. However, he'll have to work hard. His plan requires him _____ at least $20,000 dollars before finishing high school.

(a) save
(b) saving
(c) saved
(d) to save

17 Rachel and her roommate Liz started watching an exciting crime thriller together on Netflix, but then Rachel had to stay late several evenings at the office. Knowing Liz wanted to see what happens next, Rachel told her _____ watching it by herself, and she would catch up over the weekend.

(a) keeping
(b) to have kept
(c) to keep
(d) having kept

18 Wesley is mourning the loss of his quiet, relaxing Saturday. When an acquaintance at work asked him _____ him move to a new apartment, Wesley couldn't think of an excuse quickly enough. Now he's stuck moving furniture and packing boxes all day Saturday.

(a) to help
(b) helping
(c) to have helped
(d) having helped

부정사 II

부정사는 동사와 형용사를 수식하는 부사의 역할과 명사를 수식하는 형용사의 역할도 할 수 있습니다. 또한 수동태 뒤에는 동명사가 아닌 부정사가 항상 함께 쓰이는데, 이러한 특징을 묻는 문제가 출제되므로 각각의 역할로 쓰일 경우의 특징을 알아보고 부정사가 정답이 되는 단서를 확인해봅시다.

❶ 부사로 쓰이는 부정사

부정사가 부사로 쓰이면 여러 의미를 나타낼 수 있지만 그 중에 지텔프 문법에서 가장 빈번하게 출제되는 부사적 용법은 완전한 문장 뒤, 또는 문장 맨 앞에 위치하여 '~하기 위해서'라는 의미로 쓰이는 경우입니다.

○ 부사적 용법: '요청하기 위해서'

Spenser called his father **to ask** him for more money.
스펜서는 더 많은 돈을 요청하기 위해서 그의 아버지에게 전화를 했다.

○ 부사적 용법: '마치기 위해서'

The entire staff worked overtime this week **to finish** the project on time.
전직원은 그 프로젝트를 제시간에 마치기 위해서 이번 주에 초과 근무를 하였다.

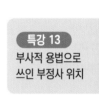
특강 13
부사적 용법으로
쓰인 부정사 위치

또한, 같은 의미를 나타내는 <in order to + 동사원형> 또는 <so as to + 동사원형>이 시험에 출제되기도 합니다.

○ in order to + 동사원형: ~하기 위해서

A median strip must be set in the middle of the road **in order to prevent** jaywalking.
무단횡단을 막기 위해 도로 중앙에 중앙 분리대가 설치되어야 한다.

1초 퀴즈 학습한 내용을 토대로 빠르게 정답을 골라보세요. 정답 및 해설 p. 31

1 Tony called the customer service line _____ the order he had placed online.

(a) to cancel   (b) canceling   (c) to have canceled   (d) having canceled

❷ 명사를 수식하는 부정사

부정사는 명사 뒤에서 명사를 수식하는 역할을 할 수 있는데, 이를 형용사적 용법이라고 합니다. 이 때 부정사는 '~(해야) 할 / ~하는 (명사)'라고 해석합니다. 다음과 같은 명사 뒤에 부정사가 들어갈 자리가 빈칸으로 자주 출제됩니다.

way 방법 **ability** 능력 **place** 장소 **energy** 힘, 활력 **effort** 노력 **plan** 계획	**money** 돈 **time** 시간, 때 **chance** 기회 **opportunity** 기회 **intention** 의도 **decision** 결정	**step** 단계 **work** 일, 작업 **right** 권리 **someone/anyone** (~할) 사람 **something/anything** (~할) 것	**+ to부정사**(~할 / ~하는)

○ '새로운 활력을 주는 방법'

The struggling shoe company needed to find **a way to revitalize** its brand image.
분투하고 있는 그 신발 회사는 브랜드 이미지에 새로운 활력을 주는 방법을 찾아야 했다.

○ '석방하겠다는 결정'

The regime's **decision to release** all political prisoners was a signal that peace talks could resume.
모든 정치사범들을 석방하겠다는 정권의 결정은 평화 회담이 재개될 수 있다는 신호였다.

○ '향상시킬 기회'

Placing an advertisement during halftime of the Super Bowl is a great **opportunity to improve** sales.
슈퍼볼 결승전의 하프 타임에 광고를 내는 것은 매출을 향상시킬 굉장한 기회이다.

특강 14
to부정사
관용표현

1초 퀴즈 학습한 내용을 토대로 빠르게 정답을 골라보세요. 정답 및 해설 p. 31

2 Mr. Hancock's ability _____ adverse circumstances has really impressed his supervisor.

(a) dealing with   (b) dealt with   (c) to deal with   (d) to be dealing with

❸ 수동태와 함께 쓰이는 부정사

부정사를 목적격보어로 취하는 동사의 대부분은 수동태(be + p.p.)로 바뀌더라도 그 바로 뒤에 부정사를 취합니다. 즉 「be + p.p.(-ed) + to부정사」 어순의 문장으로 쓰이고 '(to부정사)하는 것이 (동사)되다'라고 해석되며, 일부 표현은 관용표현처럼 다르게 해석되는 경우도 있습니다.

be advised to부정사	~하도록 충고받다 / ~하는 것을 권고받다
be required to부정사	~하는 것이 요구되다 / ~해야 하다
be encouraged to부정사	~하도록 장려되다 / ~하는 것이 권장되다
be forced[compelled] to부정사	~하도록 강요받다 / 강제로 ~하게 되다
be believed[considered] to부정사	~할 것이라고 여겨지다
be told to부정사	~하라고 지시받다 / ~하라는 말을 듣다
be asked[invited] to부정사	~하라고 요청받다
be expected to부정사	~하는 것으로 기대되다
be allowed[permitted] to부정사	~하는 것이 허용되다
be prepared to부정사	~할 준비가 되어 있다
be supposed to부정사	~하기로 예정되어 있다 / ~해야 하다
be intended to부정사	~하는 것으로 의도되다
be used to부정사	~하는 것에 사용되다 / ~하도록 쓰여지다
be honored to부정사	~하는 것을 영광으로 여기다
be surprised [pleased] to부정사	~해서 놀라다[기쁘다]
be scheduled to부정사	~할 예정이다 / ~하기로 예정되어 있다

○ 수동태 be + p.p.(과거분사)가 부정사의 단서

Mr. Watson **was advised to take in** at least 500ml of vitamin C every day.
왓슨 씨는 매일 최소 500밀리미터의 비타민 C를 섭취하라고 권고 받았다.

○ 수동태 be + p.p.(과거분사)가 부정사의 단서

All examinees **are required to hand in** their electronic devices, including smartphones and smart watches, before the exam starts.
모든 응시자들은 스마트폰과 스마트 워치를 포함한 그들의 전자 기기를 시험 전에 제출해야 합니다.

 **1초 퀴즈**   학습한 내용을 토대로 빠르게 정답을 골라보세요.   정답 및 해설 p. 31

3   Pedestrians are not supposed _____ in bike lanes.
　　(a) walked　　(b) to walk　　(c) walking　　(d) to have walked

❹ 형용사 뒤에 쓰이는 부정사

부정사는 형용사를 뒤에서 수식하여 또 다른 부사의 역할을 할 수 있습니다. 이 경우 '~하기에', '~할' 등 여러 가지로 해석되며, 보통 형용사 뒤에는 동명사보다는 to부정사가 정답이라는 것을 숙지하시기 바랍니다.

be likely to부정사	~할 것 같다	be available to부정사	~하는 것이 가능하다
be ready to부정사	~할 준비가 되다	be able[unable] to부정사	~할 수 있다[없다]
be about to부정사	막 ~하려고 하다	be prone to부정사	~하기 쉽다
be enough to부정사	~하기에 충분하다	be apt to부정사	~하는 경향이 있다
be willing to부정사	기꺼이 ~하다	be eager to부정사	몹시 ~하고 싶어하다
be sure to부정사	반드시 ~하다	be reluctant to부정사	~하는 것을 꺼리다
be eligible to부정사	~할 자격이 있다	be free to부정사	마음껏 ~하다
be set to부정사	~하도록 예정되어 있다	be fortunate to부정사	~해서 다행이다

🐝 꿀팁 예외적으로 「busy -ing(~하느라 바쁜)」, 「worth -ing(~할 가치가 있는)」와 같은 형용사 뒤에는 동명사가 위치해야 합니다. (QR특강 09 참조)

특강 15
가주어 it과 진주어
to부정사 구문

⊙ be willing to부정사: 기꺼이 ~하다

Some of the top students in the class **are willing to tutor** other students who are struggling.
반에서 우등생 중 몇몇은 힘겨워 하고 있는 다른 학생들을 기꺼이 가르친다.

⊙ be enough to부정사: ~하기에 충분하다

Marissa decided that a small business loan of $50,000 would **be enough to open** her own bakery.
마리사는 소규모 사업 대출 5만달러가 그녀의 제과점을 개업하는 데 충분할 것이라고 결정을 내렸다.

 **1초 퀴즈** 학습한 내용을 토대로 빠르게 정답을 골라보세요.   정답 및 해설 p. 31

4 If anyone is available _____ set up our display at the exhibit, please let me know.

(a) helping   (b) to be helping   (c) having helped   (d) to help

 **PRACTICE**

 정답 및 해설 p. 32

빈칸 뒤 괄호 안에 있는 동사를 변형하여 빈칸에 쓰세요.

1 Mr. Jung scheduled a meeting with his team _____ (discuss) the upcoming project.
정 씨는 다가오는 프로젝트를 논의하기 위해 그의 팀과 회의 일정을 정했다.

2 _____ (enhance) his résumé, Mr. Finn completed courses in business management and financial planning.
그의 이력서를 강화하기 위해서, 핀 씨는 경영 관리와 재무 계획 과정을 수료하였다.

3 The study shows that men are likely _____ (be) involved in dangerous situations more often than women.
그 연구는 여자보다 남자가 더 자주 위험한 상황에 연루될 가능성이 있다는 것을 보여준다.

4 Happier than he'd even been, Jordan was ready _____ (propose) to his girlfriend after dating her for only three months.
조단은 그 어느 때보다 더 행복하여, 그의 여자친구와 교제한 후 단 3개월 만에 청혼할 준비가 되었다.

5 Mr. Strad said he needs to hire an assistant _____ (help) him with the project.
스트라드 씨는 프로젝트를 도와 줄 조수를 고용해야 한다고 말했다.

6 The personnel manager is scheduled _____ (interview) two applicants this afternoon.
인사부장은 오늘 오후에 두 명의 지원자를 면접을 보기로 예정되어 있다.

Words & Phrases

schedule ⑧ 일정을 정하다 upcoming ⑲ 다가오는 enhance ⑧ 강화하다 résumé ⑨ 이력서 complete ⑧ 수료하다, 완료하다 business management ⑨ 경영 관리 financial ⑲ 재무의, 재정적인 involve ⑧ 연루시키다, 관여하다 propose ⑧ 청혼하다 hire ⑧ 고용하다 assistant ⑨ 조수 personnel manager ⑨ 인사부장 applicant ⑨ 지원자, 신청자

감 실전 잡기

학습한 내용을 적용하여 다음 공식 출제 및 기출 변형 문제들을 풀어보세요.

1 After moving into a new office, I decided that it would be nice to decorate and give the place a personal touch. I bought a painting _____ on the wall next to my diplomas and certifications.

(a) hanging
(b) having hung
(c) to hang
(d) to have hung

2 Research conducted on marine life in England unexpectedly revealed that the shrimp contained prohibited drugs like cocaine. The study was originally intended _____ micropollutants and their effects on aquatic life.

(a) to analyze
(b) having analyzed
(c) analyzing
(d) to have analyzed

3 A rooster's crow can reach up to 140 decibels and can be deafening to those nearby. These powerful birds close off part of their ear canal _____ being deafened by their own crows.

(a) to avoid
(b) avoiding
(c) to be avoiding
(d) having avoided

4 The term "déjà vu" is a French expression that translates to "already seen." It is most commonly used _____ the sense of familiarity with an event that one has not experienced before.

(a) describing
(b) having described
(c) to be describing
(d) to describe

5 Albinism is an inborn disorder characterized by a partial or total absence of pigmentation in a person's skin, eyes, or hair. Having this condition can make one more prone _____ skin cancer.

(a) to be developing
(b) developing
(c) to develop
(d) having developed

6 Heather loves the Spanish language, and she has discovered how she can make a career out of her passion. She will obtain a certificate in teaching English as a second language _____ abroad as a teacher in Spain.

(a) to work
(b) will work
(c) can work
(d) working

7 Several European nations are displeased with proposed changes to their international trade policies with the United States. Most notably, France and Germany are likely _____ from the agreement if the US goes through with its plan.

(a) to withdraw
(b) withdrawing
(c) will withdraw
(d) withdrew

8 My brother has been looking forward to the release of Christopher Nolan's next film, *Tenet*, ever since it was first revealed. He reserved his ticket for its opening night several weeks ago _____ he will avoid any spoilers.

(a) ensured
(b) to ensure
(c) having ensured
(d) can ensure

9 Top scientists at the UN Climate Change Conference in Chile struggled to reach any optimistic conclusions regarding the impending crisis. It was agreed that even extreme and immediate reductions in global carbon emissions would not be enough _____ the threat of climate change.

(a) having curbed
(b) curb
(c) curbing
(d) to curb

10 Nowadays, customer reviews found on apps and websites can make or break a struggling small business. Before going online _____ an angry, negative review, take a moment to think of the effect it could have on the business.

(a) having posted
(b) to have posted
(c) posting
(d) to post

11 Dahye has been listening to Radiohead since they released their breakthrough album *The Bends* back in 1995, and she collects everything related to the band. Recently, she purchased their entire discography on vinyl, even though she doesn't have a turntable _____ the records on.

(a) to have played
(b) to play
(c) playing
(d) having played

12 Robert has felt unappreciated at his job for years, although he has been a loyal and hardworking employee. At his annual review next week, he is going to demand a raise and additional benefits. He is prepared _____ if his supervisors refuse to recognize his value.

(a) quitting
(b) to quit
(c) to have quit
(d) having quit

13 Purchasing a house is usually the largest investment people make in their lives. It's also an easy way to land themselves in a lifetime of financial difficulties. Some people take out exorbitant loans _____ their dream homes, but then struggle to pay them off.

(a) to pay for
(b) paying for
(c) to have paid for
(d) having paid for

14 Florida attracts tourists throughout the year with its nice weather and beautiful beaches. However, during the winter months, the temperature still drops quite low in the evenings. Clueless visitors who expect a tropical climate don't even pack a jacket _____ when it gets chilly.

(a) to have worn
(b) having worn
(c) wearing
(d) to wear

15 Sometimes, the world really is a small place. When Lisa checked into her hostel in Prague, she discovered that her bunkmate was a girl she had gone to high school with back in Idaho. They were both surprised _____ a familiar face so far away from home.

(a) to have seen
(b) to see
(c) having seen
(d) seeing

16 Audiences were baffled by Academy Award-winning actor Gary Holmes' cameo appearance in the lowbrow comedy flick *Pull My Finger*. When asked why he accepted the part, he sarcastically replied that he was honored _____ his talents to such a work of art.

(a) to be lent
(b) lent
(c) lending
(d) to lend

17 Maria's mother has been diagnosed with dementia and now requires more assistance with daily tasks. Maria is taking some time off work _____ for her mother while she looks for a suitable nursing home.

(a) to have cared
(b) having cared
(c) to care
(d) caring

18 Voter disenfranchisement is still a major concern in American elections, though it can manifest in seemingly innocuous ways. For instance, some counties have polling places located far away from impoverished neighborhoods. Voters who do not own a vehicle _____ to the polling location are then unable to vote.

(a) to have driven
(b) driving
(c) to drive
(d) having driven

접속사와 접속부사

접속사란 단어나 구, 절을 이어주는 역할을 하는 말을 지칭하며, 단어, 구, 절을 대등하게 이어주는 등위접속사와 하나의 절을 다른 절 내에 명사나 부사로 만드는 명사절 접속사와 부사절 접속사로 나뉩니다. 지텔프에서는 주로 부사절 접속사가 출제됩니다. 또한 품사는 부사이지만 의미상 앞문장과 뒷문장을 연결해주는 접속부사가 출제되는데, 접속사와 접속부사는 총 2문제가 출제됩니다. 이 유형의 문제는 특정 접속사/접속부사가 정답이 되는 정해진 단서가 없기 때문에 해석을 통한 문맥 파악이 중요합니다.

❶ 등위접속사

등위접속사는 주어와 동사를 각각 포함하는 두 개의 절을 동등하게 연결합니다. 이때 두 개의 절에서 중복되는 요소를 생략하고 대비되는 요소만 남겨서 두 개의 구나 단어를 연결하기도 합니다. 빈칸 앞과 뒤에 위치한 요소를 보고 해석을 통해 자연스럽게 연결되는 접속사를 골라야 합니다.

> ☑ 등위 접속사의 종류
>
> and 그리고, ~와 (순차 연결)   so 그래서 (결과)   or 또는 (선택)
>
> nor ~도 아니다 (부정문에 사용)   but 그러나 (상반)   rather than ~보다는, ~대신에

접속사 앞과 뒤의 내용이 서로 상반됨 ○·······

The product was released 10 years ago, **but** it is still selling well.
그 제품은 10년 전에 출시되었지만, 여전히 잘 판매되고 있다.

특강 16
등위접속사와 병렬구조

The electronics store sells a variety of electronic devices **and** offers a data recovery service as well.
그 전자제품 매장은 다양한 전자 기기들을 판매하고 데이터 복구 서비스도 제공한다.

1초 퀴즈 학습한 내용을 토대로 빠르게 정답을 골라보세요.   정답 및 해설 p. 36

1   Ms. Martin made a presentation to a new client this morning _____ left for the convention.

(a) although   (b) so   (c) and   (d) because

❷ 부사절 접속사 (1)

부사절 접속사는 주어와 동사가 포함된 절 앞에 쓰여서 그 절을 하나의 부사와 같은 역할을 할 수 있도록 해주는 역할을 하며, 각 부사절 접속사는 고유의 의미를 가지고 있습니다. 문맥 파악 후에 적절한 의미의 부사절 접속사를 찾기 위해 모든 부사절 접속사의 의미를 숙지해야 합니다. 다음은 가장 자주 출제되는 시간과 이유의 의미를 가진 부사절 접속사입니다.

의미	부사절 접속사
시간	as, when ~할 때 after ~후에 before ~전에 until ~할 때까지 as soon as ~하자마자 while ~하는 동안 (ever) since ~한 이후로 whenever ~할 때 언제든지, ~할 때 마다
이유	because, as ~때문에 since(=now that) ~이므로 in that ~라는 점에서

🍯꿀팁 after, before, until, since(~이후로)는 전치사로도 쓰일 수 있습니다. 전치사로 쓰이면 그 뒤에 동명사나 명사 또는 대명사가 위치합니다

특강 17
부사절과 주절의 위치

·······○ when + 주어 + 동사: ~할 때

Nicolas had nearly fallen asleep **when** he heard a truck pull into his driveway.
니콜라스는 그의 진입로에 트럭 한 대가 들어오는 소리를 들었을 때 거의 잠이 들었었다.

·······○ since + 주어 + 동사: ~이후로 / ~때문에

Since the office is located near Central Park, the employees can take a walk in the park during lunchtime.
사무실이 센트럴 파크 근처에 위치해 있기 때문에 직원들은 점심시간 동안 공원에서 산책을 할 수 있다.

🍯꿀팁 since는 '~이후로'라는 의미와 '~때문에, 이므로'라는 의미를 모두 가지고 있기 때문에 부사절과 주절을 해석하여 두 절의 의미관계를 파악하여 since의 의미를 결정해야 합니다.

 **1초 퀴즈**　　학습한 내용을 토대로 빠르게 정답을 골라보세요.　　 정답 및 해설 p. 36

2 ＿＿＿＿＿ Sarah didn't carry an umbrella, she had to wait for the bus in the rain.
(a) But　　(b) So　　(c) Before　　(d) Because

❸ 부사절 접속사 (2)

시간과 이유의 접속사 외에 조건, 양보, 목적, 결과, 대조의 의미를 가진 접속사도 출제되므로 아래의 접속사를 숙지하시기 바랍니다.

의미	부사절 접속사
조건	if 만약 ~라면 once 일단 ~하면 given (that) ~이라고 가정하면 unless ~하지 않는다면 as long as ~하는 한
양보	although, though, even though ~이긴 하지만(사실) even if ~라 할지라도(가정) however (=no matter how) 얼마나[아무리] ~하더라도 no matter + wh의문사(when/where/who/what 등): (wh의문사의 의미) + ~하더라도
목적	so that + 주어 + (can) ~가 ~할 수 있도록 in order that ~하기 위해서
결과	so + 형용사/부사 + that 너무 ~해서 …하다
대조	whereas, while ~인 반면에

🐝꿀팁 if절의 시제가 과거 또는 과거완료시제이면 가정법이며, if절 및 조건 접속사가 쓰인 절의 시제가 현재이면 조건 부사절에 해당하며, 주절은 명령문이나 미래시제인 경우가 많습니다.

·········o unless절의 내용을 '~하지 않는다면'(부정의 조건)이라고 해석

Your internet services will be terminated **unless** all late payments are made in full by the end of the week.
이번 주말까지 체납된 전액이 지불되지 않으면 귀하의 인터넷 서비스는 종료될 것입니다.

·········o even though절은 주절의 내용으로 알 수 있는 사실과 반대되는 내용

The referee allowed the goal **even though** the striker was clearly offsides when he took the shot.
그 스트라이커가 슛을 하였을 때 명백히 오프사이드였지만 심판은 그 골을 허용하였다.

특강 18
접속사, 접속부사와
유사한 의미의 전치사

1초 퀴즈 학습한 내용을 토대로 빠르게 정답을 골라보세요. 정답 및 해설 p. 36

3 Melissa saved her vacation days through the entire year _____ she could visit her son in London for two weeks.

(a) once   (b) so that   (c) even though   (d) while

❹ 접속부사

품사는 부사로 분류되지만, 의미상 앞문장의 내용과 접속부사가 포함된 뒷문장의 내용을 연결해주는 부사가 바로 접속부사입니다. 접속부사는 매회 1~2문제가 꾸준히 출제되므로 최대한 많은 접속부사를 알아두는 것이 좋습니다.

주어	현재진행시제 [동사원형 do의 경우]
역접	however 그러나 instead 대신에 conversely 정반대로 on the other hand 또 다른 한편 on the contrary(= in contrast) 대조적으로
양보	nevertheless(= nonetheless) 그럼에도 불구하고, 그렇지만 otherwise 그렇지 않다면 even so 그럼에도 불구하고
결과	therefore(= thus, hence) 그러므로, 따라서 as a result(=after all) 결국 accordingly 그에 따라서 consequently 결과적으로
예시	for example(= for instance) 예를 들어
부연/추가	besides(= in addition, moreover) 게다가 furthermore 더 나아가서 similarly 마찬가지로 in fact 사실은 in other words 다시 말해서 as such 말하자면, 이를테면
시점	meanwhile 한편으로, 그와 동시에 afterward 나중에
강조	indeed 정말로 in the first place 우선, 먼저

················○ 양보의 접속부사: 앞문장과 뒷문장이 상반된 내용

Min-ho doesn't have any interest in superhero movies. **Nonetheless**, he takes his little brother to see each one that comes out.

민호는 슈퍼 히어로 영화에 아무런 관심이 없다. 그럼에도 불구하고 그는 개봉하는 영화를 하나씩 보기 위해 그의 남동생을 데려간다.

················○ 앞문장에 언급된 a variety of extreme sports의 예시로 암벽 등반 언급

Ella enjoys a variety of extreme sports. **For example**, she goes rock climbing every weekend.

엘라는 다양한 익스트림 스포츠를 즐긴다. 예를 들어, 그녀는 매주 주말에 암벽을 하러 간다.

특강 19

부사절 접속사와
접속부사 차이

1초 퀴즈 학습한 내용을 토대로 빠르게 정답을 골라보세요. 정답 및 해설 p. 36

4 Lisa didn't respond to the late-night text from her ex-boyfriend. _____, she deleted his contact information from her phone.

(a) instead   (b) as long as   (c) in other words   (d) similarly

다음 문장의 의미를 파악하고 <보기>에서 알맞은 접속사, 전치사 또는 접속부사를 하나씩 골라 쓰세요.

> **보기**   consequently   nonetheless   even though   unless   despite

1   With his new job, Albert barely has time to watch television. _____, he is subscribed to five different streaming services.
그의 새로운 직장으로, 알버트는 텔레비전을 볼 시간이 거의 없다. 그럼에도 불구하고, 그는 다섯 개의 스트리밍 서비스에 가입되어 있다.

2   Due to the high costs, most Americans without insurance refuse to go to the hospital _____ it's a dire emergency.
높은 비용으로 인해, 보험을 가지고 있지 않은 대부분의 미국인들이 대단히 심각한 응급상황이 아니라면 병원에 가는 것을 거부한다.

3   _____ its rude servers, Great Noodles restaurant attracts many diners all year round.
무례한 종업원들에도 불구하고 그레이트 누들스 식당은 1년 내내 많은 식사 고객들을 끌어들인다.

4   Feeling depressed and lethargic, Rachel stayed in bed all day _____ her friends had invited her to the park.
우울하고 무기력한 기분이 들어서, 레이첼은 비록 그녀의 친구들이 공원으로 그녀를 초대했지만 하루 종일 침대에 있었다.

5   Ella has been going to the gym every day after work for the past month. _____, she has lost almost five kilograms.
엘라는 지난 달에 일이 끝나고 나서 매일 체육관을 다녔다. 그 결과로, 그녀는 거의 5킬로그램의 체중을 감량하였다.

Words & Phrases

subscribe ⑧ 구독하다, 가입하다 due to ㉠ ~로 인해, ~ 때문에 insurance ⑲ 보험 dire ⑲ 대단히 심각한 emergency ⑲ 응급 상황 server ⑲ (식당의) 종업원 attract ⑧ 끌어들이다 diner ⑲ 식사 고객, 식당 손님 all year round 일년 내내 depressed ⑲ 우울한 lethargic ⑲ 무기력한

감 실전 잡기

학습한 내용을 적용하여 다음 공식 출제 및 기출 변형 문제들을 풀어보세요.

1 The average speed limit in most parts of the U.S. is around 70 miles per hour. One should always obey the law _____ most cars are made to go as fast as 120 miles per hour.

(a) even though
(b) unless
(c) whenever
(d) in case

2 In North Carolina, a tanker truck carrying 8,500 gallons of fuel crashed and later caught fire. _____, the highway had to be closed for several hours so the spread of the fire could be controlled.

(a) As a result
(b) Moreover
(c) In contrast
(d) Instead

3 Edible confetti is sometimes sprinkled over ice cream and baked goods. _____, paper confetti is thrown in the air in the spirit of celebration rather than used as a food topping.

(a) For example
(b) On the other hand
(c) In other words
(d) In addition

4 This morning, Paul's alarm clock didn't go off. Then his car wouldn't start so he had to grab a taxi. _____, he still arrived at the office one minute before 9 a.m.

(a) Therefore
(b) Nevertheless
(c) Likewise
(d) Meanwhile

5 The Alcatraz Federal Penitentiary was a maximum-security prison on Alcatraz Island in San Francisco Bay, California. A number of felons tried to escape from the facility. _____, no successful breakout has been recorded.

(a) However
(b) Moreover
(c) Consequently
(d) Meanwhile

6 My sister and I often borrow each other's clothes even though we have different styles. Most of her clothes are very chic _____ my style revolves mainly around street wear fashion.

(a) unless
(b) while
(c) therefore
(d) because

7 There is increased interest in improving intercity passenger rail service in the United States. High-speed rails could offer an inexpensive and easy alternative to travelers. _____, improved rail services would reduce carbon emissions from personal vehicles.

(a) As a result
(b) Otherwise
(c) Consequently
(d) Furthermore

8 The Jackson Timberwolves captivated the sports world with their inspiring underdog story. The team of misfits persevered to win the championship playoffs _____ it had lost most of their regular season games and lost their star player to an injury.

(a) despite
(b) although
(c) except for
(d) before

9 Nick and Jamie's honeymoon was a disaster. It rained the whole time, their hotel was a nightmare, and they even lost their passports. _____, it was a memorable experience for the happy newlyweds that they laugh about together now.

(a) Therefore
(b) Besides
(c) Nonetheless
(d) Furthermore

10 *Animal Crossing: New Horizons* is the best-selling entry in the 19-year old game series. Light-hearted and relaxing, *New Horizons* appeals to adults as well as kids _____ it provides a sense of financial and creative control that is often missing in real life.

(a) even though
(b) so that
(c) because
(d) whereas

11 Rock band Every Other Breath announced on Twitter that they have finished recording their next album. However, they will not release it _____ the pandemic is over, stating that they want to be able to do a national tour to support the album.

(a) until
(b) as long as
(c) since
(d) during

12 Without a doubt, pitching prodigy Kim Jun-ho will receive the Rookie of the Year award from his semi-pro team, the Boulder Badgers. _____, his statistics are so phenomenal that he will likely be drafted to the Major Leagues next season.

(a) Thus
(b) In short
(c) Still
(d) In fact

13 If you are planning to head downtown on a Saturday evening from the suburbs, you had better take an express train into the city instead of driving. _____, you'll get stuck in the heavy traffic that clogs the roads into the city.

(a) Otherwise
(b) Instead
(c) Additionally
(d) Therefore

14 Joshua knew he shouldn't have tried driving home from the bar where he met his friends for a few after-work beers. A police officer pulled him over on Fulmer Street _____ he observed Joshua swerving across the center line.

(a) thus
(b) although
(c) as long as
(d) after

15 Annuals include plants that have their entire life cycle—germination, maturation, reproduction, and death—in a single growing season. _____, perennials live longer lives and have multiple reproductive episodes.

(a) Actually
(b) Consequently
(c) On the other hand
(d) Nevertheless

16 In a recent interview, fantasy author George Mertens shared that he was nearly finished writing the long-awaited sequel to A Waltz with Wyverns. _____, his publisher has still not said anything about an expected release date.

(a) Besides
(b) In fact
(c) Therefore
(d) However

17 I'm glad Nathan has decided to come with us on our camping trip this weekend. He hasn't hung out with us much lately _____ he's been having a hard time getting over his breakup with Cyndi. Maybe he's finally ready to get back out there.

(a) but
(b) because
(c) so
(d) although

18 It is expected that FOMO—the fear of missing out—is the main motivator behind the rise in retail investors in the stock market, and this is worrisome. People should remember that investors only talk about their stocks _____ they are performing well; they keep their losses to themselves.

(a) so that
(b) until
(c) whenever
(d) but

관계사

관계사란 명사를 수식/설명하기 위한 절에서 접속사 역할을 하며, 관계대명사와 관계부사로 나뉩니다. 의미는 가지지 않는 문법적인 단어이며, 지텔프에서는 관계사만 묻지 않고 관계사가 포함된 절(명사를 수식/설명하기 위한 절)을 보기로 제시하는 유형의 문제로 매회 2문제 출제됩니다.

❶ 관계대명사

■ 관계대명사의 이해

관계대명사는 명사를 수식/설명하는 절에서 접속사 역할을 하는 동시에, 수식받는 명사를 대신해서 쓰는 대명사로서 그 절 안에서 주어나 목적어와 같은 역할을 하는 단어를 말합니다. 즉 관계대명사는 「접속사 + 대명사」가 합쳐진 기능을 가지고 있습니다. 그리고 관계대명사 앞에 위치하는 수식받는 명사를 선행사라고 합니다.

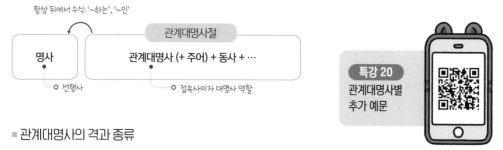

특강 20
관계대명사별
추가 예문

■ 관계대명사의 격과 종류

관계대명사에는 who, whom, which, that, whose가 있는데, 선행사가 무엇인지에 따라, 관계대명사절 안에서의 역할이 무엇인지에 따라 다르게 쓰입니다. 그래서 선행사가 정답의 단서가 될 수 있으므로 반드시 숙지하시기 바랍니다. 관계대명사가 주어 역할을 하면 주격, 목적어 역할을 하면 목적격, 소유격 의미(~의)를 가지고 명사와 결합하여 주어나 목적어 역할을 할 수 있는 소유격 관계대명사가 있습니다.

	주격	소유격	목적격
기능	관계대명사절의 주어	「whose + 명사」가 주어/목적어	관계대명사절의 목적어
사람 선행사	who, that	whose	whom, that
사물, 동물 선행사	which, that	whose, of which	which, that

■ 관계대명사절 어순

주격관계대명사와 목적격관계대명사, 그리고 소유격관계대명사는 각각 수반되는 어순이 정해져 있으며, 문법적으로 어순이 올바른 관계사절을 고르는 문제가 실제 시험에서 출제됩니다.

주격	[선행사] + [**주격관계대명사 + 동사 + 목적어/보어 + 수식어구(전치사구, 부사)**] : 주격관계대명사(=주어) 뒤에 동사 위치
목적격	[선행사] + [**목적격관계대명사 + 주어 + 동사 + 수식어구**] : 목적격관계대명사가 목적어이므로 동사 뒤에 목적어가 없음
소유격	[선행사] + [**소유격관계대명사 + 명사 (+ 주어) + 동사 + 목적어/보어 + 수식어구**] : <소유격관계대명사 whose + 명사>가 관계대명사절 안에서 주어 또는 목적어 역할

○ 선행사: 사물   ○ 주격관계대명사 which + 부사 + 동사 + 수식어구(전치사구)

***The Simpsons*, which first came on the air in 1989**, now has more than 600 episodes.

1989년에 첫 방영되었던 <심슨 가족>은 현재 600개 이상의 에피소드를 가지고 있다.

○ 선행사: 사람   ○ 목적격관계대명사 whom + 주어 + 동사 + 부사

The applicant whom the store manager interviewed this morning had an impressive résumé.

매장 매니저가 오늘 아침 면접을 보았던 그 지원자는 인상적인 이력서를 가지고 있었다.

○ 선행사: 사람   ○ 소유격관계대명사 whose + 명사 + 동사 + 보어

Jeff Bezos, whose net worth is nearly 200 billion dollars, is currently the richest person in the world.

총자산이 약 2천억 달러인 제프 베조스는 현재 세계에서 가장 부유한 사람이다.

특강 21
관계대명사
what

 **1초 퀴즈**   학습한 내용을 토대로 빠르게 정답을 골라보세요.   정답 및 해설 p. 41

1 The director loved the cinema from an early age thanks to his grandfather, _____ in Hollywood during its Golden Age.

(a) who had worked   (b) which had worked
(c) whose had worked   (d) when he had worked

❷ 관계부사

관계대명사가 주어 또는 목적어 역할을 할 수 있는 대명사 기능을 가지고 있다면, 관계부사는 <전치사 + 관계대명사>의 의미로 전치사구, 즉 부사의 기능을 할 수 있는 단어입니다. 관계부사에는 when, where, how, why가 있는데, 주로 선행사가 시간 명사이고 전치사가 시간 전치사이면 시간 관계부사 when, 선행사가 장소 명사이고 전치사가 장소 전치사이면 장소 관계부사 where이 출제됩니다.

선행사	관계부사	관계부사 뒤 어순
장소 명사	**where**	주어 + 동사 (+ 목적어/보어) * 장소 전치사구 없음
시간 명사	**when**	주어 + 동사 (+ 목적어/보어) * 시간 전치사구 없음

🐝 **꿀팁** the reason을 선행사로 사용하는 이유 / 원인을 나타내는 관계부사 why와 방법을 나타내는 관계부사 how가 있지만 G-TELP 문법에서는 출제되지 않습니다.

관계부사는 선행사의 의미를 나타내는 전치사구를 대신해서 쓰이기 때문에 관계부사 뒤에는 주어, 동사, 목적어/보어가 갖추어진 문법적으로 완전한 문장이 이어집니다.

○ 자동사 leave의 현재완료(have p.p.)형　　○ 시간을 나타내는 선행사　　○ 관계부사 when + 완전한 문장

Seasoned travelers visit Lakawi Island in **September, when the summer crowds have mostly left**.

경험이 많은 여행가들은 9월에 라카위 섬에 방문하는데, 그때는 여름에 모인 사람들이 대부분 떠났을 때이다.

○ 장소를 나타내는 선행사　　　　　　○ 관계부사 where + 완전한 문장

The small, Midwestern town where the author grew up inspired the setting of her novel.

그 작가가 자랐던 작고 중서부에 있는 그 마을은 그녀의 소설 배경에 영감을 주었다.

특강 22
관계대명사와
관계부사 구분

 **1초 퀴즈**　학습한 내용을 토대로 빠르게 정답을 골라보세요.　　정답 및 해설 p. 41

2　Many Americans without insurance seek medical services in Canada, _____.

　(a) which healthcare is free　　(b) that healthcare is free
　(c) who healthcare is free　　　(d) where healthcare is free

③ 관계사절의 용법

관계사 문제를 보면 빈칸 앞에 콤마(,)가 있는 문제가 있는가 하면, 콤마가 없는 문제도 있습니다. 이 콤마의 유무에 따라 관계사절의 용법이 달라지는데, 이로 인해 정답이 달라질 수 있으므로 알아 둘 필요가 있습니다.

■ 한정적 용법

한정적 용법이란 관계사절이 선행사를 뒤에서 수식하는 용법을 말하며, 선행사와 관계사 사이에 콤마(,)가 없습니다. 이 때 선행사가 사람, 사물, 격에 상관없이 관계대명사 that을 사용할 수 있습니다.

○ 선행사: 사물 　　　　　　　○ 관계대명사 앞 콤마 없음: 한정적용법 / 목적격관계대명사 which 또는 that

The new copy machine which(=that) we ordered last week was delivered early in the morning.
지난 주에 우리가 주문했던 새 복사기가 오늘 아침 일찍 배달되었다.

■ 계속적 용법

계속적 용법이란 관계사절이 선행사를 수식하는 것이 아닌, 선행사 또는 앞문장에 대한 부연 설명을 하는 용법을 말하며, 선행사와 관계사 사이에 콤마(,)가 있습니다. 콤마 앞에서 문장이 끝나고, 콤마는 '접속사 + 대명사' 의미로 해석되어 한정적 용법과는 해석 방식에 차이가 있습니다.

○ 관계대명사 앞 콤마 있음: 계속적용법 / 주격관계대명사 which (that 불가) 　　　　　　　○ 선행사: 사물

All staff were informed by the CEO about the merger with **Silver Star Entertainment, which is based in New York**.
모든 직원은 CEO에게서 실버 스타 엔터테인먼트와의 합병에 관해 전달받았다. 그런데 그것은 뉴욕에 기반을 두고 있다.

🍯꿀팁 관계부사도 계속적 용법으로 쓰일 수 있지만, that은 관계부사 대신 쓸 수 없습니다.

1초 퀴즈 　학습한 내용을 토대로 빠르게 정답을 골라보세요. 　정답 및 해설 p. 41

3　Ms. Grey accidentally left her purse in the conference room, _____ now.
　(a) that is being cleaned　　　(b) which is being cleaned
　(c) where it is being cleaned　(d) when it is being cleaned

 **PRACTICE**

 정답 및 해설 p. 41

다음 문장의 괄호에서 알맞은 관계사절을 고르세요.

1 The painting (that draws the biggest crowds / whose biggest crowds draws) is *Autumn Rhythm* by Jackson Pollock.
가장 많은 군중을 끌어당기는 그 그림은 잭슨 폴락의 <가을의 리듬>이다.

2 Kate wanted to go to a large university (which she could enjoy / where she could enjoy) a vibrant social life.
케이트는 그녀가 활기가 넘치는 사회 생활을 즐길 수 있는 큰 대학교에 가고 싶어 했다.

3 BTS's hit song "Dynamite," (which was released / that was released) on August 21, 2020 has been viewed on YouTube more than 900 million times.
BTS의 히트곡인 다이너마이트는, 2020년 8월 21일에 공개되었는데, 유튜브에서 9억회 이상 시청되었다.

4 Most people remember childhood as a time (when responsibilities were few / which responsibilities were few) and laughter was plentiful.
대부분의 사람들은 어린시절을 책임은 거의 없고 웃음이 충만했던 시간으로 기억한다.

5 Danny had never had a friend (that clicked with him / which clicked with him) as well as Lucas did.
루카스 못지 않게 대니도 그와 손발이 잘 맞았던 친구를 가져본 적이 없었다.

6 Many businesses in Busan hire additional workers during the summer (which the number of tourists doubles / when the number of tourists doubles).
부산에 있는 많은 업체들은 관광객의 수가 두 배가 되는 여름 동안 추가 직원들을 고용한다.

Words & Phrases

draw ⑧ 끌어당기다 crowd ⑲ 군중, 사람들 vibrant ⑲ 활기 넘치는, 활기찬 release ⑧ (대중에) 공개하다 view ⑧ 시청하다
responsibility ⑲ 책임(감) few ⑲ 거의 없는, 적은 laughter ⑲ 웃음 plentiful ⑲ 충만한, 풍부한 click with ~와 손발이 잘
맞다, ~을 좋아하게 되다 as well as 뿐만 아니라, ~에 더하여 hire ⑧ 고용하다 double ⑧ 두 배가 되다

감_{실전}잡기

학습한 내용을 적용하여 다음 공식 출제 및 기출 변형 문제들을 풀어보세요.

정답 및 해설 p. 42

1 Letters should be a standard size and shape if you don't want to pay extra for them to be mailed. Any envelope _____ is subject to costs more comparable to mailing a package.

(a) what is not flat
(b) where it is not flat
(c) that is not flat
(d) who is not flat

2 Orange carrots were almost non-existent until the 16th century. Compared to the violet and yellow carrots that had once been widely consumed, orange carrots have higher amounts of alpha and beta carotene, _____ responsible for its orange pigment.

(a) who are sources of vitamin A
(b) which are sources of vitamin A
(c) that are sources of vitamin A
(d) what are sources of vitamin A

3 Sometimes the ash plumes of a volcano are shot through with bolts of lightning, creating a natural phenomenon called "volcanic lightning." A buildup of friction, _____, causes this dazzling show of lights.

(a) that occurs when gases are forcefully expelled
(b) which occurs when gases are forcefully expelled
(c) what occurs when gases are forcefully expelled
(d) who occurs when gases are forcefully expelled

4 France holds an annual competition for the best baguette in the country. The competition is judged by a jury and the baker _____ will have their baguettes served to the president.

(a) what wins the competition
(b) which wins the competition
(c) when they win the competition
(d) who wins the competition

5 Tofu is made from curdled soy beans, which is then pressed into soft blocks. Due to tofu's high protein content, vegetarians, people _____, and those on certain diets usually include it in their meals as a meat alternative.

(a) who are allergic to meat
(b) which are allergic to meat
(c) what are allergic to meat
(d) whom they are allergic to meat

6 Jellyfish, despite having the word "fish" in their name, are not actually fish. Fish have a spinal cord, _____, while jellyfish do not have this feature.

(a) which serves as their backbone, brain, and heart
(b) who serves as their backbone, brain, and heart
(c) what serves as their backbone, brain, and heart
(d) that serves as their backbone, brain, and heart

7 Senator Kamala Harris has been selected as Joe Biden's running mate for the 2020 presidential election in the United States. If Mr. Biden wins the election, Senator Harris, _____, will be the first Black woman to serve as Vice President.

(a) that is the daughter of immigrants from India and Jamaica
(b) where is the daughter of immigrants from India and Jamaica
(c) who is the daughter of immigrants from India and Jamaica
(d) which is the daughter of immigrants from India and Jamaica

8 Hamilton Ski Lodge is an elite location for winter sports, but its remote location in the mountains can make it difficult to reach. Visitors driving to the lodge should use a four-wheel drive vehicle _____, especially during January and February.

(a) where is equipped with snow tires
(b) that is equipped with snow tires
(c) who is equipped with snow tires
(d) when is equipped with snow tires

9 SoftTouch Skincare is launching a new advertising campaign to encourage people to wear sunscreen year-round. Summer is usually the only season _____, but UV rays can be just as harmful in the fall or winter, no matter the temperature.

(a) who people think to apply sunscreen

(b) which people think to apply sunscreen

(c) when people think to apply sunscreen

(d) where people think to apply sunscreen

10 Best-selling author Laurence Hearst gave a humorous and insightful commencement speech to this year's graduating class. Williams University, _____, thanked the writer by awarding him an honorary degree during the ceremony.

(a) which Hearst had briefly studied in his youth

(b) where Hearst had briefly studied in his youth

(c) when Hearst had briefly studied in his youth

(d) who Hearst had briefly studied in his youth

11 Fewer university students are studying to become teachers as they opt instead to pursue more financially rewarding careers. While the low pay _____ dissuades most would-be educators, the amount of stress and the lack of support teachers get also make the job less appealing.

(a) that teachers receive

(b) who teachers receive

(c) whom teachers receive

(d) what teachers receive

12 It wasn't until Paul was much older that he learned to appreciate the charms of his hometown, Cedar Falls, hidden deep in Michigan's Upper Peninsula. When he was a teenager, he thought it was just a town _____, and all he wanted was to get away.

(a) when nothing ever happens

(b) where nothing ever happens

(c) that nothing ever happens

(d) which nothing ever happens

13 Today, parents are becoming increasingly alarmed by the lyrical content of contemporary popular music. It's not uncommon for chart-topping singles, _____, to be about graphic sexual acts. And unlike pop songs of the past, they aren't even sly or subtle about it.

(a) which are played constantly on the radio
(b) who are played constantly on the radio
(c) that are played constantly on the radio
(d) what are played constantly on the radio

14 As a promotional stunt, Sunrise Foods let the public vote on its next line of breakfast cereal. They assumed the public would choose the delicious, peanut butter-flavored cereal the company was already planning to produce, but the stunt backfired when voters chose the one _____.

(a) when would taste like green onion
(b) who would taste like green onion
(c) what would taste like green onion
(d) that would taste like green onion

15 It turns out employees waste a lot of time in the office, and being required to spend fewer hours there actually makes them more efficient. A recent study shows that people _____ feel more motivated to finish their projects ahead of schedule.

(a) which have four-day work weeks
(b) who have four-day work weeks
(c) when have four-day work weeks
(d) what have four-day work weeks

16 Nearing 70 years old, Tim hopes to pass ownership of his diner onto one of his sons, but they may not want it. The Redwood Diner, _____, has been a staple of its community for several decades, but now struggles to make a profit.

(a) what was opened by Tim's grandmother
(b) that was opened by Tim's grandmother
(c) which was opened by Tim's grandmother
(d) who was opened by Tim's grandmother

17 Helen is saving up to buy the new model of the iPhone. However, her sister Kelly, _____, has told her repeatedly that the upgrades between it and the previous version are barely noticeable. Nonetheless, Helen wants to stay current with the latest generation.

(a) who purchased one the first week it came out

(b) when purchased one the first week it came out

(c) that purchased one the first week it came out

(d) which purchased one the first week it came out

18 My family tries to keep our dog inside the house after I finish mowing the lawn. My dog, _____, loves to roll around in the freshly cut grass, but it leaves green grass stains all over his white fur.

(a) whose name is Kirby

(b) that name is Kirby

(c) who name is Kirby

(d) which name is Kirby

독해 및 어휘
Reading and Vocabulary

■ 독해 및 어휘 출제 유형과 문항수

지텔프 Level 2 독해 영역은 53~80번에 해당하며, 총 28문제가 출제됩니다. 독해 및 어휘 시험은 총 4개의 PART로 나뉘어 출제되고, 각 PART는 7문제가 포함되어 있는데, 그 중 5문제는 세부정보, 추론, 사실 확인, 주제 및 목적 유형의 문제로 출제되며 유형별로 출제 문항수는 정해져 있지 않습니다. 하지만 모든 파트의 마지막 2문제는 동의어 찾기 유형의 문제로 출제됩니다.

파트	내용	문제 개수
PART 1	역사적 위인, 유명인사에 대한 전기적 설명문 (biographical article)	총 7문제
PART 2	과학, 생물, 사회, 환경 등 다양한 주제에 관한 잡지 기사문(magazine article)	총 7문제
PART 3	동/식물, 기후, 환경, 역사, 사회 현상 등 다양한 주제에 관한 백과사전식 지문(encyclopedia article)	총 7문제
PART 4	구매, 환불, 채용 공고, 추천서, 이직 요청 등 사업 및 거래에 관한 비즈니스 서신(business letter)	총 7문제

■ 독해 및 어휘 학습 전략

65점 목표 달성을 위한 총점 195점 중 문법에서 92점 이상을 확보한다면 독해에서 70점 이상을 득점하는 것이 가장 이상적입니다. 독해 70점은 총 28문제 중 20~21문제의 정답을 맞춰야 하는 점수입니다.

문법 영역에서 공식과 출제 내용을 암기하여 해석없이 풀이하는 것과는 달리, 독해는 매회 각 파트의 내용이 다르며, 쓰이는 어휘도 다르기 때문에 주어진 지문을 읽고 내용을 이해하는 것이 필수적입니다. 동의어 문제를 제외하고 한 지문에 나오는 독해 문제 5문제는 독해 지문의 단락 순서대로 출제됩니다. 예를 들어, 첫번째 단락에서 첫번째 문제의 정답 단서가 있으며, 두번째 단락에 두번째 문제의 정답 단서가 있는 식입니다. 하지만 이것이 매회 시험에서 적용되는 것은 아니지만 대체로 이러한 순서대로 출제됩니다. 문제를 풀 때는 첫번째 문제를 먼저 읽고, 문제의 키워드를 파악한 다음, 첫번째 단락을 읽으면서 해당 키워드를 찾는 식으로 문제를 풀이합니다.

독해에서 가장 중요한 것은 문장의 내용을 제대로 이해할 수 있는 해석 능력입니다. 영어 문장 해석 능력은 기초적인 영문법과 어휘 실력으로 완성됩니다. 따라서 지텔프 독해에서 요구되는 수준의 어휘 실력을 갖추기 위해서는 기초 영단어 포함 최소 2,000단어 이상 암기해야 하며, 영어 문장을 올바르게 해석하기 위해 기초 영문법을 학습해야 합니다. 품사의 구분부터 문장성분 분석, 각 문장의 형식에 따른 문장 해석법, 부정사, 동명사, 분사(구문), 관용 구문까지 아울러 포괄적으로 일컫는 말입니다. 어휘와 해석 능력만 갖춰진다면 60점까지 무리없이 도달할 수 있으며, 거기서 추가적으로 패러프레이징(paraphrasing) 된 오답을 피하는 요령, 세부 정보 및 추론 문제에서 정답 보기를 찾는 요령 등 독해 스킬에 해당하는 것을 추가적으로 학습하면 70점에 도달할 수 있습니다.

독해

5 DAYS

독해 유형별 분석

① 세부정보

세부정보 유형은 독해에서 절반 정도의 출제율로 가장 출제 비중이 높은 문제 유형입니다. 지문에 설명된 모든 특정 정보가 세부정보 유형 문제의 키워드가 될 수 있으며, 이 키워드를 먼저 파악하여 지문에서 질문의 키워드가 언급된 문장을 찾아 그 문장과 앞, 뒤 문장을 함께 읽고 정답의 단서를 찾는 것이 핵심입니다. 정답의 단서는 문제의 보기와 동일하게 언급되어 있지 않고 다른 형태의 표현이나 다른 단어가 사용되어 있는 경우가 많습니다. 이를 패러프레이징(paraphrasing)이라고 하며, 패러프레이징 된 보기를 해석하고 그 내용이 정답의 단서와 연결되는지 확인해야 합니다.

| 빈출 질문 유형

단순 정보: What [무엇인가?]

- **What** is J. K. Rowling famous for? J. K. 롤링은 무엇으로 유명한가?

- **What** was the first invention of George Westinghouse?
  조지 웨스팅하우스의 첫 번째 발명품은 무엇이었는가?

방법/수량/기간/빈도: How [어떻게, 얼마나 많이, 얼마나 오래, 얼마나 자주 ~하는가?]

- **How** did environmentalists in Chicago protest against the decision of CK Chemical?
  시카고의 환경운동가들은 CK 케미컬의 결정에 어떻게 항의하였는가?

이유: Why [왜 ~하는가? / ~하는 이유는 무엇인가?]

- **Based on the article, why** is it advised to close the lid after being used?
  기사에 따르면, 사용 후에 뚜껑을 닫도록 권장되는 이유는 무엇인가?

장소/지명: Where [어디에 ~인가?]

- **Where** should Ms. Felice submit the application form after March 15?
  펠리스 씨는 3월 15일 이후에 신청서를 어디에 제출해야 하는가?

시점: When [언제 ~인가?]

- **When** did Battle of Waterloo break out? 워털루 전투는 언제 발발하였는가?

2 세부정보 유형 예제

질문에서 제시된 키워드를 지문에서 찾은 다음, 앞 또는 뒤에 언급되는 관련 정보 중에서 정답의 단서를 찾아봅니다.

> The ancient Greeks were most likely the first to use perspective, or realistic depth and space, in their paintings. However, artists in the Middle Ages, who focused on depicting religious scenes, were not concerned with appearing real. Therefore, perspective was not used in the works. It was not until the Renaissance that artists wanted to create art that closely mirrored the real image. Artists in the early years of the Renaissance first began using perspective in their work.
>
> Q. According to the article, **why** did **artists in the Renaissance use perspective** in their paintings?
> (a) Because they wanted to imitate the art style of the ancient Greeks
> (b) Because they wanted to depict religious scenes
> (c) Because they were not concerned about realism in their works
> (d) Because they wanted to use real images in their works

고대 그리스인들은 처음으로 회화에서 원근법, 즉, 사실적 깊이와 공간을 사용했던 것 같다. 그러나, 종교적 장면들을 묘사하는 것에 중점을 두었던 중세 예술가들은 사실적으로 보이는 것에는 관심이 없었다. 그래서, 원근법은 그들의 작품에 사용되지 않았다. 르네상스 시대가 되어서야, 예술가들은 실제 이미지를 면밀히 반영하는 예술을 창조하길 원했다. 르네상스 초기 예술가들이 먼저 그들의 작품에 원근법을 사용하기 시작했다.

Q. 기사에 따르면, 르네상스의 예술가들이 그들의 회화에 원근법을 사용한 이유는 무엇인가?
(a) 고대 그리스의 예술 형식을 모방하고 싶어 했기 때문에
(b) 종교적인 장면을 묘사하기를 원했기 때문에
(c) 그들의 작품에서 사실주의에 관심이 없었기 때문에
(d) 그들의 작품에서 사실적 이미지를 사용하고 싶어 했기 때문에

3 유형 풀이 전략

❶ 키워드와 단서 찾기
질문의 키워드 artists in the Renaissance, use perspective를 지문에서 찾은 다음, 앞 또는 뒤에서 관련된 정보를 확인합니다.
르네상스 시대가 되어서야, 예술가들은 실제 이미지를 면밀히 반영하는 예술을 창조하길 원했다.

❷ 보기에서 패러프레이징 된 정답 찾기
create art that closely mirrored the real image
→ use real images in their works
사실적 이미지를 면밀히 반영하는 예술을 창조한다는 말은 예술 작품에 사실적 이미지를 사용한다는 뜻이므로 (d)가 정답입니다.

Words & Phrases

perspective 몡 원근법 realistic 혱 사실적인 depth 몡 깊이 space 몡 공간 Middle Age 몡 중세 focus on ~에 집중하다 depict 동 묘사하다 religious 혱 종교적인 be concerned with ~에 관심을 가지다 appear 동 ~하게 보이다 closely 뷔 밀접하게, 면밀하게 mirror 동 반영하다

❷ 주제 및 목적

PART 2의 첫 문제로 기사문이 무엇에 관한 글인지 묻는 출제 유형이 주제 유형이며, PART 4의 첫 문제에서 비즈니스 서신이 쓰여진 목적이나 이유를 묻는 출제 유형이 목적 유형입니다. 각각 1문제씩 출제되어 총 2문제로 비중이 높지 않지만 자주 출제되는 유형이며, 정답의 단서가 지문 첫 단락에 주로 나타나 있어서 난이도도 높지 않은 유형입니다. 단, 지문에 언급된 내용이 패러프레이징 되어 정답 보기로 제시되므로 보기의 내용을 읽고 그 내용을 정확히 확인해야 합니다.

1 빈출 질문 유형

주제 (PART 2)

- **What is the article (mainly) about?** 이 기사문은 (주로) 무엇에 관한 것인가?
- **What did the study[research] find out?** 연구[조사]가 알아낸 것은 무엇인가?

목적 (PART 4)

- **What is the purpose of** Smith Baker's letter to Charlotte Stein?
  샬롯 스타인에게 보내는 스미스 베이커의 편지의 목적은 무엇인가?
- **Why did** Jane Ellinger **write** Kristen McKnight **a letter?** / **Why is** Jane Ellinger **writing** Kristen McKnight **a letter?**
  제인 엘링거가 크리스틴 맥나이트에게 편지를 쓴 이유는 무엇인가?

2 빈출 단서 유형

주제 (PART 2) 주로 제목과 첫 문단에서 확인 가능

- **The studies[research] showed[found/discovered/suggested] that ~**
  그 연구[조사]는 ~라는 것을 보여주었다[알아냈다/발견하였다/제안하였다].
- **주어 + launched/announced that ~** (주어)가 ~을 개시[출시]했다/발표했다.

목적 (PART 4) 첫 문장 또는 인사말 이후 언급됨

- **I'm writing to ~** ~하기 위해 (편지를) 씁니다.
- **I[We] would like to ~** 저[저희]는~하고 싶습니다.
- **I'm[We're] glad/pleased[regret] to inform you that~** ~을 알려주게 되어 기쁩니다[유감입니다].
- **Please + 동사원형** 부디~해주시기 바랍니다.

특강 23
패러프레이징
연습 1

3 주제 및 목적 유형 예제

지문에서 주제 및 목적을 파악할 수 있는 단서를 찾고 해당 문장에서 정답을 찾아봅니다.

Dear Mr. Swan,

Thank you for contacting us regarding the vacant senior computer programmer position here at Iridium Games Inc. Based on our evaluation of your skills and experience, you seem like an ideal candidate for the position. We would like to talk with you in person about the job. If it is a suitable time for you, we would like you to visit our headquarters at 4 p.m. on Monday, August 21. (중략)

Yann Koeman
Human Resources Manager / Iridium Games Inc.

Q. Why is Mr. Koeman writing Mr. Swan a letter?
(a) to explain how to apply for a computer programmer position
(b) to ask him to visit Iridium Games Inc. for a job interview
(c) to request submitting some documents
(d) to inform him of changes of an interview schedule

스완 씨에게,

저희 이리듐 게임즈 사에 현재 공석으로 있는 수석 컴퓨터 프로그래머 직책에 관해 연락 주셔서 감사합니다. 귀하의 능력 및 경험에 대한 저희의 평가를 바탕으로 볼 때, 귀하께서는 해당 직책에 적합한 후보자인 것으로 생각됩니다. 저희는 이 직책에 관해 귀하와 직접 만나 이야기를 나누고 싶습니다. 시간이 괜찮으시다면, 8월 21일 월요일, 오후 4시에 저희 본사로 방문해 주시기 바랍니다. (중략)

얀 콤먼
인사부장/이라듐 게임즈

Q. 코먼 씨가 스완 씨에게 편지를 쓰는 이유는 무엇인가?
(a) 컴퓨터 프로그래머직에 지원하는 방법을 설명하기 위해
(b) 그에게 면접을 위해 이리듐 게임사로 방문하는 것을 요청하기 위해
(c) 몇몇 서류를 제출하는 것을 요청하기 위해
(d) 그에게 면접 일정 변경에 대해 알려주기 위해

4 유형 풀이 전략

❶ 단서 찾기
첫 단락에서 인사말 이후에 편지의 목적이 드러나는 구문을 찾아야 합니다.
이 직책에 관해 귀하와 직접 만나 / 저희 본사로 방문해 주시기 바랍니다

❷ 보기에서 패러프레이징된 정답 찾기
to talk with you in person about the job → a job interview visit our headquarters → visit Iridium Games Inc.
본사로 방문하여 직접 만나서 직책에 관해 이야기하는 것은 면접을 의미하므로 (b)가 정답입니다.

Words & Phrases

contact ⑧ 연락하다 vacant ⑲ 비어 있는, 공석의 senior ⑲ 고위의, 수석의 evaluation ⑱ 평가 ideal ⑲ 이상적인, 가장 알맞은 candidate ⑱ 후보자 in person ⑨ 직접 suitable ⑲ 적합한, 적절한 headquarters ⑱ 본사 request ⑧ 요청하다 inform A of B: A에게 B에 대해 알리다

③ 추론

추론 유형은 매회 시험에서 반드시 1문제 이상 출제되는 유형이며, 많게는 5문제까지 출제됩니다. 지문에서 질문의 키워드에 대해 언급되어 있는 정보를 그대로 보기에서 찾는 것이 아니라 키워드에 관련된 정보를 토대로 지문에 언급되어 있지 않은 내용을 유추하여 정답을 찾는 유형입니다. 이때, 유추 과정은 상식적인 수준에서 충분히 가능한 내용이어야 하며, 지문에 언급되지 않은 정보를 토대로 정답을 찾아서는 안 됩니다.

ㅣ 빈출 질문 유형

- What is **most likely** the main cause of the low cost of production?
  생산의 낮은 비용에 대한 주요 원인은 무엇일 것 같은가?

- Why **most likely** did Ms. Whistler cancel her reservation?
  휘슬러 씨가 그녀의 예약을 취소한 이유는 무엇일 것 같은가?

- **Based on the passage, what can be said about** the first book of Edgar Allan Poe?
  지문에 따르면, 에드가 앨런 포의 첫 번째 책에 관해 알 수 있는 것은 무엇인가?

- **How could** the technology **possibly** make the telecommunication industry prosper?
  그 기술은 어떻게 이동통신 산업을 번성하게 만들 수 있었는가?

- What **probably** the objective of the Privacy Rights Act?
  사생활 권리법의 목적은 무엇일 것 같은가?

육하원칙에 해당하는 의문사(What, Which, Who, When, Where, Why, How)와 함께 most likely(~할 것 같은, 가능성이 높은), can be said about(~에 관해 언급될 수 있다, ~에 대해 알 수 있다), possibly(아마도), probably(아마도)라는 표현이 문제에 포함되어 있으면 추론 유형의 문제라는 것을 확인할 수 있습니다.

특강 24
패러프레이징
연습 2

2 추론 유형 예제

질문의 키워드에 대해 언급된 부분에서 관련 정보를 토대로 유추한 내용을 보기에서 확인합니다.

Invasive species are not only limited to animals. Plants, fungi, and bacteria can also cause problems as they enter new environments. Plants are commonly used for ornamentation. As people landscape with gorgeous, exotic trees and flowers, they can unwittingly expose the local environment to an invasive species. A well-known instance of this is the kudzu plant, or Japanese arrowroot, which now covers the southern United States. The plant was first introduced to the United States in 1876. Unfortunately, the fast-growing plant quickly killed native trees and shrubs by overgrowing them and casting them in shadows. Now, kudzu dominates the southern landscape.

Q. Based on the passage, what can be said about kudzu?
(a) It was imported from Japan for food.
(b) It is now grown by farmers in the southern states of U.S.
(c) It was originally used for decoration.
(d) It kills the pest in agricultural area.

외래 유입 종은 단지 동물에만 국한되는 것이 아니다. 식물, 균류, 그리고 박테리아도 새로운 환경에 들어가면서 문제를 발생시킬 수 있다. 식물은 흔히 장식용으로 이용된다. 사람들이 아주 멋지고 이국적인 나무와 꽃으로 조경을 하면서, 그들은 부지불식간에 지역 환경을 외래 유입 종에 노출시킬 수 있다. 이에 대해 잘 알려진 예시가 칡, 즉 일본의 애로루트이며, 그것은 현재 미국 남부 지역을 뒤덮고 있다. 그 식물은 1876년에 처음 미국으로 유입되었다. 불행히도, 빠르게 성장하는 이 식물은 토종 나무와 관목보다 더 무성하게 자라서 그것들을 그늘 속에 놓이게 만들어 빠르게 죽였다. 현재, 칡은 미국 남부 풍경의 가장 두드러지는 특징이 되었다.

Q. 지문에 따르면, 칡에 대해 알 수 있는 것은 무엇인가?
(a) 일본에서 식량으로 수입되었다.
(b) 현재 미국 남부 여러 주에서 농부들에 의해 재배된다.
(c) 처음에 장식용으로 사용되었다.
(d) 농업 지역에 있는 해충을 죽인다.

3 유형 풀이 전략

❶ 단서 찾기

질문의 키워드 kudzu가 언급된 부분의 앞, 뒤에서 관련된 정보를 확인합니다.
이에 대해 잘 알려진 예시가 칡, 즉 일본의 애로루트이다.

❷ 언급된 정보를 토대로 추론하기

Plants are commonly used for ornamentation. + A well-known instance of this is the kudzu plant.
이 두 문장을 통해 칡(kudzu)이 장식용(for decoration)으로 쓰이기 위해 소개되었다는 것을 알 수 있으므로 (c)가 정답입니다.

Words & Phrases

invasive species ⑲ 외래 유입 종 fungi ⑲ 균류, 곰팡이류(fungus의 복수형) ornamentation ⑲ 장식 landscape ⑧ 조경을 하다 exotic ⑲ 이국적인 unwittingly ⑭ 부지불식간에 overgrow ⑧ 무성하게 자라다 cast in shadows 그늘지게 하다 dominate ⑧ 가장 두드러지는 특징이 되다

❹ 동의어

독해 영역의 정확한 명칭은 독해 및 어휘 영역(Reading and Vocabulary Section)입니다. 그래서 독해 뿐만 아니라 어휘 문제가 각 파트마다 2문제씩 총 8문제가 출제되며, 지문에 있는 단어 중 밑줄 친 단어와 가장 가까운 의미로 쓰인 단어를 보기 중에서 고르는 유형입니다. 이때, 동의어를 고를 때 사전적 동의어가 정답이 될 수도 있지만, 밑줄 친 단어와 완전히 동일한 뜻을 가진 단어는 아니지만 바꾸어 써도 동일한 문맥을 유지할 수 있는 문맥적 동의어가 정답이 되는 경우도 많습니다.

┃ 빈출 질문 유형

- **In the context of the passage, <u>plummet</u> means _____.**
  지문의 문맥에서, <u>plummet</u>의 의미는 무엇인가?

지문마다 밑줄이 그어져 있는 2개의 단어가 동의어 문제로 출제되며, 이 동의어 문제는 모두 동일한 형태로 출제됩니다.

특강 25
사전적 동의어와
문맥적 동의어

2 동의어 유형 예제

지문에서 밑줄이 그어진 단어가 어떠한 의미로 사용되었는지 해당 문장을 반드시 해석해보고 보기에서 바꾸어 써도 동일한 문맥을 유지할 수 있는 단어를 정답으로 고릅니다.

> Volcanoes are classified as active and dormant. Active volcanoes erupt regularly. In contrast, dormant volcanoes have not erupted in a very long time. However, due to the long spans of time between eruptions and the unpredictability of any volcano, people still **populate** the areas close to active volcanoes.
>
> Q. In the context of the passage, populate means _____.
> (a) expose
> (b) vacate
> (c) inhabit
> (d) protect

화산은 활화산과 휴화산으로 분류된다. 활화산은 정기적으로 분화한다. 반대로 휴화산은 오랜 시간동안 분화하지 않는다. 그러나 분화 간의 긴 시간 간격과 화산의 예측 불가능성으로 인해, 사람들은 여전히 활화산에 인접한 지역에 거주한다.

Q. 지문의 문맥에서, populate의 의미는 무엇인가?
(a) 노출시키다
(b) 비우다
(c) 살다
(d) 보호하다

3 유형 풀이 전략

❶ 단서 찾기
질문에서 제시된 단어 populate를 지문에서 찾아 해당 문장을 해석합니다.
사람들은 여전히 활화산에 인접한 지역에 거주한다.

❷ 문맥으로 정답 파악
due to the long spans of time between eruptions and the unpredictability of any volcano
문맥상, 사람들이 화산이 분화하면 위험하지만 '화산이 분화될 때의 긴 시간 간격과 예측 불가능성으로 인해서 여전히 화산에 가까운 지역에 populate한다'는 문장이므로 populate는 '거주하다, 살다'라는 의미가 가장 적절하므로 동일한 의미를 가지고 있는 (c)가 정답입니다.

Words & Phrases

volcano ⑲ 화산 classify ⑧ 분류하다 active ⑱ 활동적인 dormant ⑱ 휴면기의 erupt ⑧ 분출하다 regularly ⑨ 정기적으로 span ⑲ 기간 eruption ⑲ 분출 unpredictability ⑲ 예측 불가능성 populate ⑧ 살다, 거주하다 close to ~에 가까운

⑤ 사실 확인

사실 확인 유형은 일치/불일치(true/not true) 문제라고도 하며, 질문은 대부분 의문사 which로 시작합니다. 질문에서 주어진 키워드에 대해 보기의 내용이 지문의 내용과 일치하는 것 또는 일치하지 않는 것을 찾는 유형입니다. 간혹 1문제 정도 출제되어 출제비중이 가장 낮은 유형이며, 세부정보 유형을 풀이하는 방식과 유사하지만 보기 4개를 모두 지문의 내용과 대조해야 하기 때문에 풀이시간이 오래 걸리는 유형입니다. 지문에 언급된 내용 그대로 보기와 비교해야 하며, 보기의 내용이 지문에 언급되지 않거나 반대의 내용으로 언급되어 있는 것일 수 있기 때문에 꼼꼼히 해석하여야 합니다.

┃ 빈출 질문 유형

일치 유형

■ **Which (of the following) is true about** Henry James' childhood?
  (다음 중) 헨리 제임스의 어린 시절에 관해 사실인 것은 어느 것인가?

■ **Which of the following descriptions about** XM-1000 model **is true**?
  다음 중 XM-1000 모델에 관한 설명 중 사실인 것은 어느 것인가?

■ **Which (statement) describes/characterizes** the paintings of René Magritte?
  르네 마그리트의 회화를 설명하는/특징짓는 것은 어느 것인가?

불일치 유형

■ **Which is not true about** Battle of Waterloo?
  다음 중 워털루 전투에 관한 사실이 아닌 것은 어느 것인가?

■ **Which does not describe** Hubble Space Telescope?
  허블 우주 망원경에 대해 설명하지 않는 것은 어느 것인가?

■ **Which is not** a characteristic of the climate in Columbia?
  콜럼비아 기후의 특징이 아닌 것은 어느 것인가?

■ **Which did not happen** to Toni Morrison in after she got married?
  토니 모리슨이 결혼 후에 그녀에게 일어난 일이 아닌 것은 어느 것인가?

■ **Which of the following is not true about** Charles Darwin's theory of evolution?
  다음 중 찰스 다윈의 진화론에 관해 사실이 아닌 것은 어느 것인가?

What[Which] is probably[most likely] true about ~?으로 시작하는 질문은 부사 probably/most likely 가 포함되어 있으므로 사실 확인이 아닌 추론 유형의 질문입니다.

2 사실 확인 유형 예제

질문에 제시된 키워드를 지문에서 찾아 해당 내용을 각 보기와 대조하며 오답을 소거합니다.

> While teaching English at Howard University, Toni Morrison met Harold Morrison, an architect from Jamaica. She married Harold Morrison in 1958. They had their first son in 1961 and they get divorced in 1964 while she was pregnant with their second son. After she gave birth to her second son in 1965, she worked as an editor in a textbook division of publisher Random House in New York. After two years, she became the first black woman senior editor in the fiction department. While working as a senior editor, she made a great impact on Black literature, introducing works of African writers to the American public.

Q. Which of the following is not true about Toni Morrison?

(a) She got married to a Jamaican architect.

(b) She became a mother of two sons before working in a publishing company.

(c) She was transferred from a textbook division to a fiction department.

(d) She was the first black woman who introduced Black literature to the public.

하워드 대학교에서 영어를 가르치는 동안, 토니 모리슨은 자메이카 출신 건축가인 해롤드 모리슨을 만났다. 그녀는 1958년에 해롤드 모리슨과 결혼하였다. 그들은 1961년에 첫 아들을 낳았고, 그녀가 두 번째 아들을 임신하고 있던 중 1964년에 그들은 이혼하였다. 1965년에 둘째 아들을 출산한 후에, 그녀는 뉴욕에 있는 랜덤 하우스 출판사의 교과서 부서에서 편집자로 근무하였다. 2년 후에, 그녀는 소설 부서에서 첫 번째 흑인 여자 편집 차장이 되었다. 편집 차장으로 일하는 동안, 그녀는 아프리카계 작가들의 작품들을 미국 대중에게 소개하면서 흑인 문학에 엄청난 영향을 주었다.

Q. 다음 중 토니 모리슨에 관해 사실이 아닌 것은 어느 것인가?

(a) 자메이카 건축가와 결혼하였다.

(b) 출판사에 일하기 전에 두 아들의 어머니가 되었다.

(c) 교과서 부서에서 소설 부서로 전근되었다.

(d) 대중에게 흑인 문학을 소개한 최초의 흑인 여성이었다.

3 유형 풀이 전략

❶ 단서 찾기

질문의 키워드 Toni Morrison을 지문에서 찾은 다음, 보기 (a)~(d)를 읽고 해당 내용을 지문에서 확인합니다.

❷ 지문과 보기의 내용 대조하며 정답 찾기

she made a great impact on Black literature, introducing works of African writers to the American public.

대중에게 흑인 문학을 소개한 것은 맞지만 최초의 흑인 여성은 아니므로 (d)가 정답입니다.

Words & Phrases

architect ⑲ 건축가 get divorced 이혼하다 give birth to ~을 낳다 division ⑲ (조직의) 부, 국 fiction ⑲ 소설 make an impact on ~에 영향을 주다 literature ⑲ 문학 transfer ⑧ 전근하다

PART 3. *Read the following encyclopedia article and answer the questions. The underlined words in the article are for vocabulary questions.*

BOBCATS

The bobcat is a medium-sized cat and a member of the Lynx genus. Also known as the red lynx, it is native to North America. Though it has been hunted extensively for its spotted fur, its population remains stable.

Bobcats are short, stocky cats with muscular legs. Their hind legs are slightly longer than their forelegs. While their high shoulders and thick fur make them appear bulky, they only grow to about 49 inches in length and weigh between 11 to 30 pounds. They are most easily recognized by the black bars across their forelegs and their black-tipped, stubbed, or bobbed, tail, from which they derive their name. Bobcats are smaller than their cousins, the Canada lynx. Bobcats' ear tufts are also shorter, as is the ruff framing their face.

Bobcats can be found in all 48 contiguous states in the U.S. and in seven provinces of Canada. Heavy snow prevents them from extending too far north in Canada, though they have been found further north recently in light of climate change and warmer seasons. They also populate northern Mexico, though their numbers there are unknown. Since bobcats are tough and secretive, they can survive in various environments. They are elusive as they find cover in any habitat, whether it be scrubland, forest, or swamp. Following Bergmann's rule, which states that animals in colder climates are larger than those in warmer ones, bobcats in Canada tend to be larger than those found near the Mexico-United States border.

The diet of bobcats consists mainly of rodents and rabbits, though it is <u>adaptable</u>. They eat fish if its available, particularly during the salmon run in the Pacific Northwest. They may also successfully kill deer, which can be up to ten times their size. They are stealthy hunters and leap up to ten feet to lethally <u>pounce on</u> their prey. Bobcats are territorial and live solitary lives. They mark their territories with claw marks and deposits of urine and feces. Females have a gestation period of around sixty days and give birth to one to six kittens. The kittens live with their mother and learn how to hunt from her. They leave the den by eleven months.

Bobcats have largely adapted to the impact of human settlements on the wilderness, though habitat loss is still their greatest threat, as it is to most wildlife. While hunted in 38 of the 50 states, it is heavily regulated. Rodenticide is another threat, as bobcats may eat rodents that have consumed poison. Nonetheless, regarding their conservation status, bobcats remain a least-concern species.

1 Why are bobcats mainly hunted?

(a) to control their population
(b) to collect their furs
(c) to keep them in North America
(d) to protect livestock

2 How do bobcats differ from Canada lynxes?

(a) Bobcats are larger in size.
(b) Bobcats have longer tails.
(c) Bobcats do not live in Canada.
(d) Bobcats have smaller ear tufts.

3 What will bobcats likely do in the future?

(a) move deeper into Canada
(b) spread to Hawaii and Alaska
(c) migrate further south
(d) grow larger in Mexico

4 How do bobcats usually catch their prey?

(a) by catching fish in a stream
(b) by marking their territory with claw marks
(c) by sneaking up on mammals
(d) by leaping ten feet from a tree

5 What is the biggest threat to bobcats?

(a) poisonous rodents
(b) illegal poaching
(c) land encroachment
(d) food supply

6 In the context of the passage, adaptable means _____.

(a) edible
(b) tentative
(c) classified
(d) adjustable

7 In the context of the passage, pounce on means _____.

(a) attack
(b) focus
(c) capture
(d) demolish

Russell Glover
733 Prince Road
Manchester, Maine 04351

Dear Mr. Glover,

Thank you for your interest in the Animal Control Officer vacancy posted on our Web site. I would be happy to tell you a few additional details regarding the position. It sounds as though you may be an excellent candidate for such a role.

As an Animal Control Officer, you would primarily be responding to requests for animal control services such as the pursuit and capture of wild, aggressive animals and the collection and transportation of injured domestic pets. You would also be required to attend community meetings and educate local residents about domestic animal care and local wildlife.

At the WACCC, you would be responsible for maintaining safe, sanitary conditions in the animal shelter by using appropriate disinfectants and chemical agents. You would also be asked to transport animals to the treatment rooms where our doctors carry out medical procedures.

As you know from our Web site posting, interested individuals are required to submit a variety of application documents. Please remember that you should submit a copy of each of these documents, not the originals. Anything we receive will be kept on file in case unsuccessful candidates are deemed suitable for a different position in the future. Candidates shortlisted for this position will be contacted within one week of the application deadline.

I hope this information has proven useful to you in helping you to decide whether or not to apply. Please do not hesitate to contact me at 4754-0922 should you have any questions.

Sincerely,

Edna Musgrave
Senior Facility Coordinator
Whitehorse Animal Care & Control Center(WACCC)

8　Why is Edna Musgrave writing a letter to Russell Glover?

(a) to offer further information about a job position

(b) to inform that Mr. Glover is hired at the WACCC

(c) to encourage Mr. Glover to apply for a job opening

(d) to respond to a letter Mr. Glover sent earlier

9　Based on the letter, what can be said about Mr. Glover?

(a) He was unsuccessful with a recent job application.

(b) He has posted an advertisement on a Web site.

(c) He has worked alongside Ms. Musgrave in the past.

(d) He previously got in touch with the WACCC.

10　Which is not described as a duty that the successful applicant will perform?

(a) providing medical treatment

(b) catching dangerous wildlife

(c) raising public awareness

(d) keeping a facility clean

11　According to the letter, what does Ms. Musgrave say about application documents?

(a) They should be provided in duplicate.

(b) They will be returned within seven days.

(c) They will be kept for future reference.

(d) They should be submitted in person.

12　What should Mr. Glover do if he wants to ask some questions regarding the position?

(a) Submit required documents

(b) Make a phone call

(c) Meet Ms. Musgrave in person

(d) Visit the Web site of WACCC

13　In the context of the passage, sanitary means _____.

(a) cozy

(b) hygienic

(c) convenient

(d) protective

14　In the context of the passage, carry out means _____.

(a) bring

(b) examine

(c) relinquish

(d) conduct

PART 1 인물 일대기 (biographical article)

❶ 주제 및 출제 경향

PART 1은 역사 속의 위인, 과학자, 음악가, 예술가, 정치인, 현대의 유명 인사 등 특정 인물의 일대기에 관한 지문이 출제됩니다. 첫 단락부터 순서대로 인물 소개, 어린 시절, 주요 활동, 인물의 수상 및 업적, 인물의 말년과 사망에 대한 내용이 서술되며, 각 단락마다 특징적인 사건 및 활동에 관한 세부정보 문제가 다수 출제되는 경향이 있습니다.

❷ 출제 유형

1 세부정보 유형

항상 첫 번째 문단에서 인물에 대한 소개 내용을 토대로 해당 인물이 무엇으로 유명한지를 묻는 문제가 첫 번째 문제로 출제됩니다. 그 이후 단락에서 각 시기별로 주요 업적이나 사건 위주의 세부정보 유형의 문제가 출제됩니다.

- **What is** Arthur Conan Doyle **most known for**?
  아서 코난 도일은 무엇으로 가장 알려져 있는가?

- **Based on the article, why** did Tesla's brother die?
  테슬라의 형이 죽은 이유는 무엇인가?

2 사실 확인 유형

인물에게 일어난 한 사건에 관한 여러 정보 중에서 사실인 것과 사실이 아닌 것을 고르는 유형으로 출제됩니다.

- **Which of the following is true about** Alexander Bell's telephone?
  다음 중 알렉산더 벨의 전화기에 대해 사실인 것은 어느 것인가?

- **Which does not describe** Katherine Johnson's childhood?
  캐서린 존슨의 어린 시절을 묘사하지 않는 것은 어느 것인가?

3 추론 유형

지문에서 질문의 키워드에 대해 언급되어 있는 정보를 그대로 보기에서 찾는 것이 아니라 키워드에 관련된 정보를 토대로 지문에 언급되어 있지 않은 내용을 유추하여 정답을 찾는 유형입니다.

- **Why most likely did** Nightingale's parents disagree with her interest in nursing?
  나이팅게일의 부모님이 간호에 대한 그녀의 관심에 반대했던 이유는 무엇이었을 것 같은가?

- **Based on the article, what can be said about** Armstrong's first space flight?
  기사에 따르면, 암스트롱의 첫 우주 비행에 대해 알 수 있는 것은 무엇인가?

❸ 풀이 전략

대개 각 문단마다 1문제씩 순서대로 출제되는 경향이 있으며, 주요 업적이 많은 인물의 경우 한 문단에서 두 문제가 출제되는 경우도 있습니다. 그러므로 첫 번째 문제를 먼저 읽고 난 뒤 지문의 첫 문단에서 첫 번째 문제의 키워드를 찾아 정답 단서를 확인하여 정답을 고른 다음, 그 다음 두 번째 문제를 읽고 지문의 두 번째 문단에서 두 번째 문제의 정답 단서를 찾는 방식으로 풀이하는 것이 효율적입니다.

글의 초반부에서는 항상 해당 인물이 어떤 것으로 유명한지 언급되는 경우가 많으며 이 내용을 첫 번째 문제의 단서로 이어집니다. 두 번째 단락에서는 유년시절 및 학창 시절, 중반부에서 인생 초반의 경력, 주요 성과 및 업적에 대한 내용이 이어집니다. 또한 글의 후반부에서는 인물의 말년과 죽음, 또는 근황이나 평가 등이 제시됩니다. 이러한 내용에 자주 쓰이는 단어와 표현을 익히면 문제에서 요구하는 정답의 단서를 수월하게 찾을 수 있습니다.

❹ 지문의 흐름에 따른 빈출 단서 표현

지문 순서	빈출 단서 표현
문단1	인물 이름, 소개, 유명해진 이유 • be best remembered for... …로 가장 기억되고 있다 • be famous[notable] for... …로 유명하다 • be best known[recognized] as[for]... …로 가장 알려져 있다[인정받는다] • widely regarded as the greatest ~ 가장 ~로 널리 평가되는 • be a world-renowned ... 세계적으로 유명한 …이다
문단2	출생, 유년시절 및 학창시절 • He/She was born on 날짜, in 장소 그/그녀는 ~(날짜)에 …(장소)에서 태어났다 • When he/she was young, ~ 그/그녀가 어렸을 때, ~ • at the age of ~ ~살이라는 나이에 • When he/she turned 나이 그/그녀가 ~세가 되었을 때 • He/She was ~ years old when... …했을 때 그/그녀는 ~세였다 • inspired him/her to become ~ 그/그녀로 하여금 ~가 되도록 영감을 주었다 • became fascinated with ~에 빠져들게 되었다[매료되었다] • He/She started her career as a(n) ~ 그/그녀는 ~로서 경력을 쌓기 시작했다 • He/She began his studies on(in) ~ 그/그녀는 ~에 대한 공부를 시작했다 • He/She received lessons on ~ 그/그녀는 ~에 대한 수업을 받았다
문단3	초기 경력 및 업적 • He/She worked[started working] as ~ 그/그녀는 ~로 일하였다[일하기 시작했다] • He/She made her debut in 연도 그/그녀는 ~년도에 데뷔했다 • He/She became the youngest ~ 그/그녀는 ~를 했던 최연소 인물이었다 • by his/her outstanding performance in ~ 그/그녀의 ~에 있어 뛰어난 성과로 인해 • becoming the first female ~ 첫 여성 ~가 되어

문단 4	주요 업적과 성과에 대한 자세한 설명 • He/She set many records in 분야 그/그녀는 ~에서 많은 기록을 세웠다 • He/She received an award[was awarded] from~ 그/그녀는 ~에서 상을 탔다 • He/She won many championships in ~ 그/그녀는 많은 ~에서 우승을 차지했다 • ~ became the most beloved book ~는 가장 사랑받는 책이 되었다

문단 5	말년 및 죽음
	
	• He/She devoted all his/her spare time to 동명사/명사
	   그/그녀는 남는 시간을 모두 ~에 바쳤다
	
	• resigned[stepped down] from 직무/직장 ~에서 사직했다[물러났다]
	
	• His/Her health began to fail/break up/decline/weaken/deteriorate.
	   그/그녀의 건강이 나빠지기 시작했다.
	
	• by the time of his/her death in 연도 그/그녀가 사망한 ~년도 그 무렵에
	
	• He/She died of 질병 그/그녀가 ~로 인해 죽었다
	
	• passed away in 연도 ~년에 사망했다
	
	인물의 근황과 평가
	
	• in his/her honor ~에게 경의를 표하여, ~을 기념하여
	
	• He/She played[took] a great role in~ 그/그녀는 ~에서 엄청난 역할을 하였다
	
	• Today, he/she is regarded as one of the greatest 복수명사
	   오늘날 그/그녀는 가장 위대한 ~ 중 하나로 평가된다
	
	• He/She still works[performs] in ~ 그/그녀는 ~에서 여전히 일한다[공연한다]
	
	• He/She is enjoying an active life into old age.
	   그/그녀는 나이가 들어서도, 기꺼이 활발하게 활동하고 있다.

Charles Dickens

특강 26
PART 1 지문
흐름 소개

 **PRACTICE**

정답 및 해설 p. 49

다음 지문을 읽고 키워드와 정답의 단서를 연결하여 정답을 찾아보세요.

EZRA POUND

○ 1번 정답의 단서 ○ 1번 키워드

While Ezra Pound is considered one of the best poets of the 20th century, he is well-known for his influential role in crafting the modernist movement in literature. As well as publishing his own work, he was a prominent literary critic who supported the early work of the major authors and poets of the time, including James Joyce, T.S. Eliot, and Robert Frost.

○ 2번 키워드

Pound was born in Hailey, Idaho, on October 30, 1885, and grew up outside of Philadelphia. He started college at the age 15 at the University of Pennsylvania and earned his degree from Hamilton College in 1905. After teaching for a couple of years, he travelled abroad to Europe, where he became interested in Japanese and Chinese poetry, which would greatly affect his own imagery-driven style. While living in London, he married Dorothy Shakespear and became the London editor of the literary magazine *The Little Review* in 1917. Through his position, he established numerous connections between American and British writers and began shaping what would come to be modernist aesthetics.

○ 2번 정답의 단서

○ 지문에 설명되는 인물에 대해 best known과 같은 표현이 쓰인 부분을 찾습니다.

1 What **is Ezra Pound** best known for? 에즈라 파운드는 무엇으로 가장 잘 알려져 있는가?

(a) contributing to a literary movement 문학 운동에 기여한 것
(b) writing modernist poetry 현대주의 시를 쓴 것
(c) befriending well-known authors 유명 작가들과 친구 사이인 것
(d) criticizing the work of popular writers 인기있는 작가들의 작품을 비평한 것

○ 키워드인 일본과 중국의 시가 언급된 부분을 찾습니다.

2 When **did Pound** become interested in Japanese and Chinese poetry? 파운드가 일본 시와 중국 시에 관심을 가지게 된 것은 언제인가?

(a) after moving to Pennsylvania 펜실베니아로 이사한 후
(b) after graduating from Hamilton College 해밀튼 대학을 졸업한 후
(c) when travelling through Europe 유럽을 여행할 때
(d) when after becoming an editor of a magazine 잡지의 편집자가 되었을 때

Words & Phrases

influential ⑱ 영향력 있는, 유력한   craft ⑧ 정교하게 만들다   modernist ⑱ 현대주의의, 근대주의의   movement ⑲ 운동
publish ⑧ 출판하다, 출간하다   prominent ⑱ 유명한, 현저한   literary ⑱ 문학의   critic ⑲ 비평가   earn a degree 학위를
받다   affect ⑧ 영향을 주다   imagery ⑲ 심상, 형상, 비유적 묘사   driven ⑱ ~중심의   establish ⑧ 설립하다, 확립하다
numerous ⑱ 수많은   shape ⑧ 형성하다   aesthetic ⑲ 미학

CHARLES DICKENS

Charles Dickens was an English writer considered by many to be one of the greatest novelists of all time. Dickens' work was enormously popular in its time for its humor, social criticism and larger-than-life characters. Many of his works continue to be adapted and performed in a range of forms today.

Charles Dickens was born in Portsmouth, United Kingdom on February 7, 1812. When Dickens was 12 years old, his father was imprisoned for unpaid debts, and Dickens went to work at a shoe polish factory in order to support his family. This gave him firsthand experience of poverty, which would become a central theme in his later stories.

Dickens soon took up work as an office boy, and later as a reporter. An early love of reading and theater attracted Dickens to writing, and in 1833 he published his first short story, "A Dinner at Poplar Walk." In the years that followed, his travels as a political journalist provided fuel for his first collection of short stories. His first novel, *The Pickwick Papers*, was an immediate hit, a cultural phenomenon that launched a balding, pot-bellied hero—Mr. Pickwick—into the hearts and homes of readers all across England.

While working on *The Pickwick Papers*, Dickens was simultaneously writing another novel called *Oliver Twist*, the story of an orphan born into a life of poverty and misfortune. It has been said that *Oliver Twist* was the first English novel for adults to feature a child as the main character. After its publication, Dickens' success as a writer continued to grow, partly due to a young Queen Victoria declaring herself a great fan of his first two novels.

Later, Dickens committed himself to influencing social change. He continued to write fiction, but much of his work was more thoughtful than before. Dickens published his novels *A Tale of Two Cities* and *Great Expectations* in 1859 and 1861 respectively. The novels deal with themes of family, wealth and hardship.

Following a series of spirited reading tours in America and England, Dickens passed away at his home in Gads Hill Place in 1870. Dickens is buried in the Poets' Corner at the famous London church Westminster Abbey alongside a message that calls him, "one of England's greatest writers."

정답 및 해설 p. 50

1   How has Dickens' work stayed
    relevant over time?
    (a) It has been the constant subject of
        criticism.
    (b) The stories now exist across
        different media.
    (c) The stories are very popular with
        children.
    (d) It has influenced modern-day
        humor.

2   Based on the article, what effect did
    his father's time in prison have on
    Dickens?
    (a) It increased his desire for wealth.
    (b) It fueled his charity work.
    (c) It influenced the topics he wrote
        about.
    (d) It inspired him to start writing.

3   Why most likely was *The Pickwick
    Papers* able to achieve such
    popularity?
    (a) because it incorporated the
        author's love for theater
    (b) because it introduced a flawed and
        lovable hero
    (c) because it explored controversial
        political topics
    (d) because it included episodes from
        the author's travels

4   Based on the article, what is NOT true
    about *Oliver Twist*?
    (a) It was read by the Queen of
        England.
    (b) It enhanced Dickens' reputation as
        an author.
    (c) It explored themes of poverty and
        adversity.
    (d) It was the first book to follow a
        child character.

5   How do Dickens' later novels differ
    from his earlier work?
    (a) by featuring content that reflects
        deeper thought
    (b) by focusing only on wealth and
        hardship
    (c) by including material that appeals
        to the whole family
    (d) by commenting on social justice
        and equality

6   In the context of the passage, support
    means _____.
    (a) help
    (b) confirm
    (c) hold
    (d) defend

7   In the context of the passage, firsthand
    means _____.
    (a) original
    (b) tender
    (c) direct
    (d) convenient

DAY 12 PART 1 인물 일대기   121

HEDY LAMARR

Hedy Lamarr was an Austrian-American actress and inventor. She is known as much for her roles in many Hollywood movies as she is for designing a secure communication system during the Second World War, an invention that paved the way for wireless communication.

Hedwig Eva Maria Kiesler was born on November 9, 1914, in Vienna, Austria. As a young child, Lamarr often had conversations with her father about how machines work. To satisfy her curiosity, she would disassemble mechanical objects and put them back together. Alongside her scientific interests, she had another passion: she wanted to become an actress. She took acting classes during her teenage years and started appearing in movies at the age of 16.

Two years later, she married an Austrian gun manufacturer. Since she often accompanied her husband to meetings with engineers and military officials, her presence at these meetings allowed her to gain valuable information about military equipment. This information would become useful in the years to come, when Lamarr again turned her attention to inventing. Meanwhile, however, her husband had become controlling and possessive of her, and she escaped her unhappy marriage by fleeing to London, and then to America in 1937.

Her fortunes took a lucky bounce when she met a famous movie producer, who encouraged her to bring her acting talents to Hollywood. Under the new screen name "Hedy Lamarr," she soon became one of the brightest stars in Hollywood. But when the camera wasn't rolling, Lamarr used her free time to work on her own inventions.

At the start of the Second World War, she created the "frequency-hopping system." The idea was to provide a solution to enemies blocking the signals of radio-controlled torpedoes by making the radio signals "hop" to different frequencies. This made it difficult for enemies to intercept the signals.

When she presented her design to the U.S. Navy, her idea was shelved because it was deemed too complicated to use. After Lamarr's patent expired in 1962, her design was tweaked by the U.S. Navy so it could be applied in future wireless communications. Her work became the foundation of secure wireless communications and other wireless connections such as Bluetooth and Wi-Fi. In 2014, Lamarr was inducted into the National Inventors Hall of Fame, and she is still viewed by many as "The Mother of Wi-Fi."

8 What is Hedy Lamarr known for?

(a) creating an influential wireless device
(b) inventing a communication system
(c) acting in World War II films
(d) paving the way for wired telephones

9 How did Lamarr become familiar with military operations?

(a) by talking about them with her father
(b) by studying them in America
(c) by learning about them for a war movie
(d) by hearing about them in her husband's meetings

10 Based on the article, why did Lamarr probably leave her husband?

(a) because she wanted to be an American
(b) because she wanted to focus on her own inventions
(c) because she wanted to have more freedom
(d) because she wanted to be more helpful during the war

11 According to the article, what was Lamarr's purpose for inventing a secured communication system?

(a) to stop the enemy's signal interference
(b) to devise a wireless system for controlling ships
(c) to create untraceable messages
(d) to intercept the enemy's radio transmissions

12 How did Lamarr's idea influence modern technology?

(a) It was applied in the invention of the cell phone.
(b) It made the U.S. Navy technologically advanced.
(c) It was fundamental to wireless connection.
(d) It increased the patent duration for technological devices.

13 In the context of the passage, appearing means _____.

(a) looking
(b) starring
(c) resembling
(d) occurring

14 In the context of the passage, shelved means _____.

(a) postponed
(b) placed
(c) countered
(d) stacked

DMITRI MENDELEEV

Dmitri Mendeleev was a Russian chemist known for devising the periodic table of elements. He is called the Father of Periodic Law for his systematic tabular arrangement of the chemical elements that continues to serve as a useful tool for modern-day scientists.

Dmitri Ivanovich Mendeleev was born on February 8, 1834 in Tobolsk, Russia. His early life was not easy, as a number of his siblings died during early childhood, and his father became blind and was unable to work. Shortly after his mother opened a glass factory to support the family, the factory was destroyed by fire. Despite these hardships, Mendeleev went on to study at a teacher training institution, and later obtained a master's degree in chemistry, a subject he was passionate about.

While working as a chemistry teacher in St. Petersburg, he became aware that the chemistry books were limited, and those available were difficult to understand. This inspired him to write chemistry books that were easy to read. During this process, he realized that the chemical elements—groups of similar atoms considered important in chemistry—lacked organization.

Mendeleev decided to identify a logical way to arrange the chemical elements. He wrote down each element on a card and jotted down its important properties, including its atomic weight. As he shuffled through the cards, he knew there was a relationship between the elements and their properties, but still could not determine their proper arrangement.

One day, Mendeleev fell asleep and dreamt that the cards fell in specific places. Upon waking up, he noted down the grid-like pattern as he remembered it. It showed that certain properties reappeared when the elements were arranged by atomic weight, and this eventually became the Periodic Law. Using the law, Mendeleev predicted the qualities of four then-unknown elements, which were later proven accurate.

Although Mendeleev was not the first to create a table of elements according to the atoms' weight, two major factors made his version widely used today. First, he grouped elements based on their common properties, allowing scientists to derive possible relationships between elements. Second, he left gaps so undiscovered elements can later be conveniently placed in the periodic table.

Mendeleev received various recognitions to honor his contributions to science, including naming the synthetic element *mendelevium* after him.

15 What is Dmitri Mendeleev most known for?

(a) devising a method to name chemical elements

(b) being the Father of Modern Chemistry

(c) discovering a way to organize chemical elements

(d) finding success despite a difficult upbringing

16 When did Mendeleev start writing a book on chemistry?

(a) while he was studying to become a teacher

(b) when he learned about the lack of chemistry books

(c) before he started his teaching career

(d) after he realized that chemicals lacked an orderly system

17 What was Mendeleev's problem when he was devising a way to arrange elements?

(a) He did not know what sequence to follow.

(b) He did not know the atomic weights.

(c) He was unaware that the elements were related.

(d) He could not decide which elements to include.

18 How most likely were the elements arranged based on Mendeleev's dream?

(a) according to their alphabetical order

(b) according to their date of discovery

(c) according to their atomic weight

(d) according to their opposing properties

19 What is a unique feature of Mendeleev's periodic table of elements?

(a) the inclusion of the elements he discovered

(b) the spaces for known elements only

(c) the addition of common properties

(d) the spaces for unidentified elements

20 In the context of the passage, organization means _____.

(a) neatness

(b) order

(c) association

(d) operation

21 In the context of the passage, the word predicted means _____.

(a) concluded

(b) viewed

(c) awaited

(d) guessed

PART 2 잡지 기사문
(magazine article)

❶ 주제 및 출제 경향

PART 2는 사회, 과학, 환경, 정치, 지역, 기후의 주제로 연구나 조사의 결과, 과학적 발견에 관한 잡지 기사가 지문으로 출제됩니다. 신기술의 도입이나 최근 사회적인 이슈가 주제로 등장하며, 관련된 조사 과정이나 연구 실험의 내용 등이 서술되는 경우가 많습니다. 그리고 각 문단의 내용이 잘 구분되어 있어 문단마다 한 문제씩 출제되는 경우가 많습니다. 그래서 PART 2에서는 문단마다 문제의 키워드를 문제 번호의 순서대로 하나씩 찾을 수 있습니다.

❷ 출제 유형

1 주제 파악 유형

주로 PART 2의 첫 번째 문제는 지문이 무엇에 관한 글인지 묻는 주제 유형의 문제가 출제됩니다.

- **What is** the article **all[mainly] about?** 기사는 모두[주로] 무엇에 관한 것인가?
- **What is the main topic** of the article? 기사의 주제는 무엇인가?

2 세부정보 유형

연구 결과나 실험 과정에서 언급된 사실이나 정보에 관련된 세부정보 유형 문제가 출제됩니다. 문제에서 언급된 키워드의 위치를 파악하고, 키워드에 대해 설명된 내용이 곧 정답의 단서가 됩니다.

- **Based on the article, how can one** increase muscle in a short period of time?
  기사에 따르면, 사람은 어떻게 단기간에 근육을 늘릴 수 있는가?
- **Why** were the participants asked to have outdoor activities twice a week?
  참가자들이 일주일에 두 번 야외활동을 하도록 요청받은 이유는 무엇인가?

3 추론 유형

지문에 언급된 사실이나 발견 및 실험내용이 키워드로 언급이 되며, 해당 부분에서 언급되지 않았지만 해당 내용을 통해 충분히 알 수 있는 사실이 무엇인지 묻는 추론 문제가 출제됩니다.

- **Why most likely** was the caldera named after Apolaki?
  그 칼데라가 아폴라키의 이름을 따서 지어진 이유는 무엇일 것 같은가?
- **According to the article, why most likely** would someone take a nap for at least 20 minutes a day?
  기사에 따르면, 누군가가 하루에 최소한 20분 동안 낮잠을 자려는 이유는 무엇일 것 같은가?

③ 풀이 전략

지문의 초반에는 연구 결과 소개, 연구 조건, 실험 방식에 관한 내용이 나오고, 중반부에서 연구 결과의 특징, 글의 후반부에서는 연구 결과의 영향이나 시사점, 향후 연구과제에 대한 내용이 포함되기 때문에 각 문단마다 기대와 반대되는 결과나 강조할 만한 특징 있는 사건이 언급되면 이는 반드시 문제로 출제됩니다. 그래서 해당 내용의 세부정보를 잘 파악하는 것이 중요합니다.

PART 2의 문제 보기에는 동의어를 이용한 패러프레이징이 자주 등장하므로 주제와 관련된 단어의 동의어를 미리 학습해두는 것도 좋습니다.

④ 지문의 흐름에 따른 빈출 단서 표현

지문 순서	빈출 단서 표현
문단 1	주제 및 연구 결과 소개 • The researchers learned[found] that ~ 연구원들은 ~을 알게 되었다[발견하였다] • Recent studies have found[shown] that ~ 　최근 연구들은 ~를 알아냈다[보여주었다] • The results showed that ~ 그 결과는 ~를 보여주었다 • The researchers came to conclude that ~ 　연구자들은 ~라고 결론을 내리게 되었다 • A team of scientists have identified that ~ improves... 　한 과학자 집단은 ~이 …를 향상시킨다는 것을 알아냈다 • Scientists had discovered that ~ 과학자들은 ~를 발견했다 • Closer inspection proved that ~ 면밀히 조사한 결과, ~가 입증되었다 • The study was only able to conclude the difference in ~ 　그 연구는 ~에 있어 차이점만을 결론 내릴 수 있었다 • The researchers derived another conclusion from the experiment. 　연구자들은 그 실험에서 또 다른 결론을 도출했다.
문단 2	발견된 현상 및 용어 설명 / 연구 배경 및 실험 과정 • The phenomenon is called ~ 그 현상은 ~라고 불린다 • An article about ~ was published recently ~에 관한 기사가 최근 발행되었다 • The researchers suspected there would be ~ 연구자들은 ~일 것을 의심했다 • The scientists estimated that ~ 과학자들은 ~이라고 추정했다 • In the study, the researchers compared ~ 그 연구에서 연구자들은 ~를 비교했다 • Researchers had previously identified that ~ 　연구자들은 이전에 ~임을 알아냈다 • One group ~ and the other ... 한 그룹은 ~ 이고 다른 그룹은 …이다

	• <주제어> can improve[affect] ~ <주제어>는 ~을 향상시킬 수 있다[영향을 줄 수 있다] • The first group was asked to ~, the second group, on the other hand, was asked to ~ 첫 번째 그룹은 ~하도록 요청된 반면에, 두 번째 그룹은 ~하도록 요청 받았다 • The other half, the control group performed ~ 통제 집단인 나머지 반은 ~를 수행했다
문단 3~4	**연구 결과의 특징** • The finding is significant as ~ 그 연구 결과는 ~이기 때문에 중요하다 • The findings show that ~ influence … 그 연구 결과는 ~가 …에 영향을 준다는 것을 보여준다 • It was triggered by the discovery of ~ 그것은 ~의 발견에 의해 촉발되었다 • The finding could also shed light on ~ 그 연구 결과는 또한 ~을 밝혀낼 수도 있다 • The studies support ~ 그 연구들은 ~를 지지하고 있다 • This is the first time that ~ ~한 것은 이번이 처음이다
문단 5	**실험이나 연구의 시사점** • The discovery strongly suggests that ~ 그 발견은 ~라는 것을 강력히 시사한다 • It can further help them ~ 그것은 그들이 ~하는 데 더 많은 도움을 줄 수 있다 • There was a significant difference in ~ ~사이에 유의미한 차이점이 있었다 • The findings may explain why ~ 그 연구 결과는 왜 ~인지를 설명할 수도 있다 • It is proving to be ~ 그것은 ~임을 증명하고 있다
문단 6	**연구 결과에 따른 영향과 맺음말** • The researchers are investigating if ~ will prevent… 연구자들은 ~가 …를 예방할 것인지에 대해 조사하고 있다 • ~ faces great challenges ~는 큰 과제들을 마주하고 있다 • The discovery[findings] can be a motivation for ~ 그 발견[결과]는 ~에 대한 동기 부여가 될 수 있다 • The inventors must also face ~ 발명가들은 또한 ~에 맞서야 한다 • It has still to overcome ~ 그것은 여전히 ~를 극복해야 한다 • Studies have identified that ~ 여러 연구는 ~라는 것을 확인하였다

특강 27
PART 2 지문
흐름 소개

다음 지문을 읽고 키워드와 정답의 단서를 연결하여 정답을 찾아보세요.

SHARKS UTILIZE EARTH'S MAGNETIC FIELD

○ 1번 키워드   ○ 1번 정답의 단서

Marine researchers from the Florida State University Coastal and Marine Laboratory have found evidence that sharks use Earth's magnetic field as they traverse the sea. Several species of sharks cross great distances to reach specific breeding grounds year after year. However, until recently, it was a mystery how they migrated across such vast distances to arrive accurately at their destinations.

○ 2번 키워드

It was already known in the scientific community that sea turtles exploit the magnetic field to cover tens of thousands of miles to return to their hatching grounds. Scientists speculated that sharks employed the same mechanism, but this hypothesis was difficult to support until a new project used smaller sharks in its study. A team led by marine biologist Kelley Bryant tested juvenile bonnethead sharks in magnetic displacement experiments.

○ 2번 정답의 단서

○ 상어가 자기장 신호(magnetic signals)를 사용하여 얻는 결과가 무엇인지 찾아봅니다.

1 What **is** the result of sharks using magnetic signals? 상어가 자기장 신호를 사용하는 것의 결과는 무엇인가?

(a) their arriving precisely at faraway spots 그들이 머나먼 장소에 정확히 도착하는 것

(b) their hunting of migrating turtles 그들이 이동하는 거북이를 사냥하는 것

(c) their avoiding human ships and fishers 그들이 인간의 선박과 낚시꾼들을 피하는 것

(d) their meeting with potential mating partners 그들이 잠재적 짝짓기 상대를 만나는 것

○ 과학자들의 초기 가설이 키워드 이것이 언급된 곳을 찾아 읽고 단서를 확인합니다.

2 Why most likely **was** scientists' earlier hypothesis **on sharks and magnetic fields** difficult to support? 상어와 자기장에 대한 과학자들의 초기 가설이 입증하기 어려웠던 이유는 무엇일 것 같은가?

(a) because it assumed sharks followed migrating sea turtles
상어가 이동하는 바다 거북을 따라간다고 가정하였기 때문에

(b) because it focused on larger species of sharks as its subjects
실험 대상으로 크기가 큰 상어 종류에 초점을 두었기 때문에

(c) because it indicated sharks could not pick up on magnetic cues
상어가 자기장 신호를 알아차리지 못한다는 것을 나타냈기 때문에

(d) because it supposed that magnets confused young sharks
자석이 어린 상어들을 혼란스럽게 하였다는 것을 가정하였기 때문에

Words & Phrases

marine 혱 해양의 magnetic field 몡 자기장 traverse 동 횡단하다 breeding ground 번식 장소 migrate 동 이주하다
hatching ground 부화 장소 speculate 동 추측하다 hypothesis 몡 가설 juvenile 혱 젊은, 어린 bonnethead shark
귀상어의 일종 displacement 몡 자리 이탈, 이동 orient oneself 자기 위치를 알다 cue 몡 신호 pick up on 알아차리다

STUDIES SHOW THAT LISTENING TO MUSIC CAN IMPROVE HEALTH

Recent studies have shown that music is much more than mere entertainment. The time we spend listening to music can reduce anxiety, improve memory, and benefit us in a multitude of ways.

Music with a slower tempo—like a piano sonata, or the work of a calm and reflective vocalist—can improve a person's mood and reduce their anxiety levels. Research has demonstrated that exposing oneself to this kind of music for extended periods helps moderate emotions and promote relaxation. Stress, one of the greatest universal threats to health, is diminished when people listen to music with a slower tempo.

Music can also help improve memory. A study of people suffering from brain trauma demonstrated that the repetitive, rhythmic nature of music can promote the formation of patterns in the brain that are necessary for retention. In a study of stroke victims, listening to music helped patients improve their verbal memories, reduced their levels of confusion and kept them focused for longer.

Music has also been shown to boost physical performance. Listening to upbeat music can raise levels of serotonin, known as the "feel good" hormone, and in turn give you more energy and motivation to exercise. By accessing the brain's center for rhythm and coordination, music can improve muscle control. It has also been proven to increase stamina and bolster overall athletic performance.

In patients who were recovering from operations, those who had been exposed to music before or after surgery recorded lower pain levels than those who did not listen to music. Music can also provide comfort and improve coping ability in those who have recently undergone surgery or are dealing with health-related depression. In addition, music has been shown to benefit heart health. During a study, those subjects who had listened to calming music exhibited lowered heart and breathing rates, reducing strain on the heart.

The benefits of music can take many forms, just as music itself is endlessly diverse. Based on the recent research, many experts and health care providers are now recommending a dose of music as an alternative treatment option.

1 Based on the article, how can music improve people's moods?

(a) by exposing them to strong emotions

(b) by helping them to lower their anxiety

(c) by preventing any stressful situation

(d) by inspiring them to create their own music

2 Why is music thought to influence memory function?

(a) because it empowers one to focus more intensely

(b) because it enables memories to become more repetitive

(c) because it can protect against brain trauma

(d) because it helps form patterns that aid memory storage

3 How most likely can music benefit an athlete?

(a) by decreasing the levels of serotonin

(b) by stimulating the competitive area of the brain

(c) by increasing staying power and muscle coordination

(d) by improving rhythm and muscle mass

4 According to the article, at what point is it NOT helpful for patients who need surgery to listen to music?

(a) during periods of discomfort after surgery

(b) in the moments before the surgery

(c) when struggling to cope with post-surgery pain

(d) while the operation is being performed

5 According to the text, why is calming music good for heart health?

(a) It slows the breathing and heart rates.

(b) It reverses the damage from heart attacks.

(c) It stimulates the intake of oxygen.

(d) It alleviates health-related depression.

6 In the context of the passage, moderate means _____.

(a) conserve

(b) tame

(c) limit

(d) manage

7 In the context of the passage, exhibited means _____.

(a) advertised

(b) disclosed

(c) displayed

(d) offered

STUDY FINDS KEEPING A GRATITUDE JOURNAL INCREASES ALTRUISM

In a study about the connection between gratitude and altruism, researchers found that the more a person feels gratitude the more he or she will be altruistic. Rather than just being thankful, the study found that writing about feelings of gratitude reinforces one's selflessness, and raises the likelihood that one will treat those around them with kindness or make an effort to help other people.

The study had 33 participants, all female between the ages of 18 and 27, answer a self-rated questionnaire that assessed their sense of gratitude. Then the participants completed a "charitable giving task," where they watched money being transferred electronically to a local charity or to their own bank account. Through brain scanning, the researchers analyzed the participants for any reward-related brain response while the money was being distributed.

The researchers measured the relationship between gratitude and altruism by cross-examining the questionnaires with the brain scans. They found that when the participants saw money being transferred to the local charity, those who showed a higher sense of gratitude also showed greater neural activity in the brain area associated with altruism. This means that those who feel more gratitude were also more likely to be altruistic.

For the second part of the study, the participants were told to write a daily online journal. The participants were randomly divided into two groups: 16 were told to keep a "gratitude journal" in which they answered gratitude-related questions while the remaining 17, as the control group, were asked to keep a "neutral journal" about how their day went.

Three weeks later, they returned for another round of the charitable giving task, where they viewed money being routed to a charity or to their own bank account. During this second session, those who were tasked to write a gratitude journal experienced an increase in altruistic feelings based on their brain scans. Meanwhile, the neutral journaling group's altruistic tendencies remained the same.

The researchers of the study concluded that acknowledging one's feelings of gratitude can be a way to increase one's altruistic capacity.

8 What is the article all about?

(a) how writing can inspire a person to donate money

(b) how gratitude encourages selflessness

(c) how to be kind and generous to people

(d) how to reinforce feelings of thankfulness

9 Why were the participants asked to look at financial transactions?

(a) to answer the questionnaire correctly

(b) to encourage them to make more donations

(c) to measure how generous they were

(d) to examine their neural responses

10 How did the researchers assess the relationship between gratitude and altruism?

(a) by analyzing their questionnaires and their scans

(b) by assigning additional tasks that increased neural activity

(c) by asking questions about their daily well-being

(d) by requiring them to commit charitable acts

11 Why most likely was the control group asked to write about their daily life?

(a) They don't normally feel any gratitude.

(b) They mostly have neutral thoughts and emotions.

(c) They needed to provide a comparison for the other group.

(d) They scored lower on the first task.

12 According to the article, how can one increase one's altruism?

(a) by recording feelings of gratitude

(b) by donating to charitable institutions

(c) by writing one's thoughts in a journal

(d) by keeping a diary about one's struggles

13 In the context of the passage, divided means _____.

(a) loosened

(b) conflicted

(c) split

(d) shared

14 In the context of the passage, round means _____.

(a) ring

(b) stage

(c) position

(d) shape

SCIENTISTS HAVE DISCOVERED THE WORLD'S LARGEST CALDERA

A team of researchers in the Philippine Sea found the world's biggest volcanic caldera, a discovery that can help scientists further understand the country's volcanic evolution.

When a volcano erupts and its molten rock content drains out, it collapses and leaves a bowl-shaped crater called a "caldera." A recent article published in the journal Marine Geology reports a research group's breakthrough sighting of the Apolaki Caldera, the world's largest volcanic caldera. The caldera is situated in Benham Rise, a region at the bottom of the Philippine Sea that consists of a chain of extinct volcanoes.

Measuring about 150 kilometers in diameter, the Apolaki Caldera is comparable in size to calderas on Venus or Mars, or to the largest impact craters on Earth, such as the Vredefort crater in South Africa, which is believed to have been caused by an asteroid or meteor. The Apolaki is more than twice the size of the Yellowstone Caldera in Wyoming, U.S.A. The enormous caldera was named after the Filipino mythical god of the sun and war, "Apolaki," or "giant lord."

The research team used sonar technology to analyze the seafloor and discover the caldera. Sonar pulses, or waves of sound, were used to create a map of the Benham Rise, an undersea region with nine-miles-thick volcanic rocks and trenches that can dip 5000 meters below sea level. Soon after the researchers noticed a crest emerging from the water, they spotted the caldera and knew they had discovered something extraordinary.

The Apolaki Caldera is surrounded by cliffs as high as 300 meters. Many features, such as the elevated land floor, confirm it has gone through various eruptions—both quiet and explosive. Reports from the Philippine Institute of Volcanology and Seismology stated that the last volcanic activity of the Apolaki Caldera was around 46 to 26 million years ago.

This discovery can be a motivation for other researchers to conduct more extensive studies on the geological activities at Benham Rise. Since the Philippines is located in the Pacific Ring of Fire, where earthquakes and volcanic activities frequently occur, doing this can help them analyze the causes of quakes and volcanic behavior in the area.

15 What is the article mainly about?

(a) an exploration of the Benham Rise
(b) the largest volcano found in Asia
(c) the different stages of volcanic eruptions
(d) the recently discovered remains of a volcano

16 Why most likely was the caldera named after Apolaki?

(a) It resembles giant craters on Mars.
(b) It was created by a powerful asteroid.
(c) Its vast surface reflects the sunlight.
(d) It is especially large and imposing.

17 How were the researchers able to discover the Apolaki Caldera?

(a) They used sound to generate a helpful map.
(b) They followed a trail created by sonar.
(c) They were observing volcanic eruptions in the area.
(d) They identified a volcano emerging from the water.

18 How did researchers confirm that the caldera had gone through various eruptions?

(a) They recorded both quiet and explosive activity.
(b) They observed a raised land floor.
(c) They relied on the report from an institute of volcanology.
(d) They measured the cliffs that surrounded it.

19 What could more far-reaching studies of the Benham Rise result in?

(a) more accurate analyses of the causes of eruptions
(b) effective prevention of eruptions
(c) more timely predictions of earthquakes
(d) efficient extraction of volcanic minerals

20 In the context of the passage, drains means _____.

(a) deports
(b) pumps
(c) empties
(d) dries

21 In the context of the passage, the word located means _____.

(a) detected
(b) found
(c) revealed
(d) tracked

PART 3 백과사전식 지문 (encyclopedia article)

❶ 주제 및 출제 경향

PART 3는 67~73번 문항으로 구성되어 있으며, 백과사전에서 볼 수 있는 지문의 형식을 가지고 있습니다. 즉 동물, 식물, 지형, 기후, 특수 현상, 역사, 사회과학, IT 분야 등과 같이 광범위한 분야에서의 특정 개념을 설명하는 것이기 때문에 의견보다는 사실을 전달하는 내용이 대부분입니다. 그러므로 지문에서 다루고 있는 주제가 무엇인지, 그 개념이 무엇인지에 대해 언급하는 문장을 눈여겨 읽어보아야 하며, 특히 그 주제가 끼친 영향이나 결과에 대한 내용은 반드시 세부사항 유형 질문으로 출제되므로 꼼꼼히 해석해야 합니다.

❷ 출제 유형

1 세부정보 유형

지문에서 다루어지는 주제에 대해 언급된 구체적인 정보와 일치하는 보기를 고르는 문제 유형입니다. 주제가 동/식물, 기후, 지형 등과 같은 특정 명사일 경우 같은 종류의 일반적인 것과 구별되는 특징이 반드시 문제로 출제됩니다.

- **When** did black tea become popular in the United Kingdom?
  홍차가 영국에서 유명해진 것은 언제인가?

- **According to the article, how** has the cave painting lasted for such a long time?
  기사에 따르면 어떻게 동굴 벽화가 그렇게 오랜 시간 동안 유지되었는가?

2 추론 유형

most likely, probably와 같은 부사가 문제에 언급되어 있는 유형으로, 지문에 설명된 정보를 토대로 알 수 있는 사실을 유추하여 정답을 골라야 합니다.

- **What** was **probably** the reason Marvel Comics decided to sell the publish right of Spider-Man to Sony Pictures? 마블 코믹스가 스파이더맨의 판권을 소니 픽쳐스에 판매한 이유는 무엇일 것 같은가?

- **Based on the article, how most likely** did the ancient Native Americans discover the dinosaur bones? 기사에 따르면, 고대 북미 원주민들은 어떻게 공룡의 뼈를 발견할 수 있었을 것 같은가?

3 사실확인 유형

지문에서 다루어지는 주제에 대한 특징 중 여러 세부정보가 나열되어 있는 경우, 해당 정보가 보기로 제시되고 지문의 내용과 일치/불일치한 보기를 정답으로 고르는 유형이 출제됩니다.

- **Which is true about** a filibuster? 필리버스터에 관해 사실인 것은 어느 것인가?

- **According to the article, which is not true about** a total eclipse?
  기사에 따르면, 개기 일식에 대해 사실이 아닌 것은 어느 것인가?

③ 풀이 전략

대개 각 문단마다 1문제씩 순서대로 출제되는 경향이 있으며, 지문의 제목에서 드러나는 주제에 대한 정의가 가장 먼저 언급되고, 그 뒤로 지문의 소재의 유래 또는 역사, 그리고 특징에 관한 내용으로 각 문단이 구성됩니다. 따라서 정의, 유래, 특징을 설명할 때 쓰이는 표현을 숙지하면 지문의 흐름과 의미를 쉽게 파악할 수 있습니다. 특히 어떠한 요인에 의해 발전 또는 쇠퇴 등의 변화가 발생했다는 내용은 반드시 문제로 출제되므로 해당 문제의 보기와 지문의 내용을 꼼꼼히 비교하면서 푸는 것이 효율적입니다.

④ 지문의 흐름에 따른 빈출 단서 표현

지문 순서	빈출 단서 표현
문단 1	소재의 명칭이나 정의 및 내용 소개 • ~ is the best-known... ~는 가장 많이 알려진 …이다 • ~ is the world's most... ~는 세계에서 가장 …하다 • ~ is also known as... ~는 또한 …로 알려져 있다 • ~ was designed by... ~는 …에 의해 고안되었다 • ~ is located in/on... ~는 …에 위치해 있다
문단 2	발견이나 유래 및 기원, 생성 과정 및 원인 • ~ was discovered by ... ~는 …에 의해 발견되었다 • ~ can be found in ... ~는 …에서 발견될 수 있다 • ~ began on... ~는 …때 시작되었다 • date back to [시간]: ~까지 거슬러 올라간다 • There is no agreement about the origins of ~ ~의 기원에 대해 일치된 의견은 없다 • ~ had previously introduced... ~는 이전에 …으로 도입했다 • originate[derive] from ~에서 유래하다
문단 3~4	구성 및 특징, 발전 • is made up of / is composed of / consist of ~로 구성되어 있다 • ~ is characterized by... ~는 …라는 특징이 있다 • ~ is considered one of [최상급]: ~는 가장 …한 것 중 하나로 여겨진다 • result in ~ ~를 초래하다 • growth was so quick that... 성장이 너무 빨라서 …했다 • increasing ~ to... by [연도]: ~가 [연도]에 …까지 증가했다 • The results[studies] revealed that ~ 그 결과 ~인 것이 드러났다 • Studies has shown that ~ 여러 연구에서 ~라는 것을 보여주었다 • It is now believed that ~ 그것은 오늘날 ~로 여겨진다

문단 5~6	현황 및 앞으로의 전망
	
	• ~ was chosen as... ~는 …로 선정되었다
	
	• ~ is found in large numbers in the majority of ... ~는 대다수 …에서 많이 발견된다
	
	• ~ are unlikely to become endangered ~는 멸종할 것 같지는 않다
	
	• It is visited by millions of people every year.
	  그곳은 매년 백만 명의 사람들이 방문하는 곳이다.
	
	• It is one of the most visited tourist spots ~
	  그곳은 가장 많은 사람들이 방문하는 관광지 중에 한 곳이다
	
	• ~ became a popular tourist destination ~는 인기 있는 관광지가 되었다
	
	• Public interest in ~ spread globally ~에 대한 대중들의 관심이 세계적으로 퍼졌다
	
	• ~ was organized into... ~는 …로 조직되었다
	
	• ~ accepted its growing popularity ~는 점점 인기가 증가하고 있다
	
	• ~ became popular in... ~가 …에서 인기를 얻어가고 있다
	
	• ~ may soon be endangered/extinct ~는 곧 멸종의 위험에 처해질 수 있다
	
	• It is rare to find ~ in ... ~을 …에서 발견하는 것은 드물다
	
	• ~ have a considerable impact on ... ~는 …에 상당한 영향을 미친다
	
	• ~ estimates that there are around [숫자]: ~는 [숫자] 정도가 있는 것으로 추정된다

특강 28
PART 3 지문
흐름 소개

PRACTICE

정답 및 해설 p. 61

다음 지문을 읽고 키워드와 정답의 단서를 연결하여 정답을 찾아보세요.

KOALA

○ 1번 키워드   1번 정답의 단서 ○

The koala is Australian native animal, and well-known as a symbol of Australia. It is found in coastal areas of the mainland's eastern and southern regions, inhabiting Queensland, New South Wales, Victoria, and South Australia. The name comes from the word of the Australian native language, meaning "drink no water" because it keeps fluid intake by not drinking water but eating leaves. It is small about 60 to 85cm in length and 4 to 15 kilograms in weight. Most of female koalas are about 50cm bigger than male. Its fur color ranges from silver grey to brown. Koalas are one of the few mammals that eat eucalyptus leaves. These leaves are not very nutritional and are in fact poisonous to most animals. To digest eucalyptus leaves, koalas have several unique adaptations. First, koalas have a very slow metabolism, meaning that food can remain in their digestive system for a long time. This lets koalas take as much energy as possible from the food they eat. It also means that koalas do not use much energy. They move slowly, and they sleep around 20 hours a day. Another adaptation is a special organ called the caecum. This organ aids koalas in digesting the fiber-rich leaves.

○ 2번 정답의 단서   2번 정답의 단서

○ 키워드인 코알라의 이름(name)이 언급된 부분을 찾아 그 내용을 알아봅니다.

1 Why **did** the Koala **get** its name? 코알라가 그 이름을 얻게 된 이유는 무엇인가?

(a) because it is a symbol of Australia 호주의 상징이기 때문에

(b) because it inhabits coastal areas 해안 지역에 서식하기 때문에

(c) because it lives on eucalyptus leaves 유칼립투스 잎을 먹고 살기 때문에

(d) because it doesn't drink water 물을 마시지 않기 때문에

○ 지문의 내용과 불일치한 내용을 찾아야 하므로 보기와 지문의 내용을 대조하면서 오답을 소거합니다.

2 Based on the article, which **is** not true about koalas? 기사에 따르면, 코알라에 대해 사실이 아닌 것은 어느 것인가?

(a) They sleep for the majority of the day. 하루 중 대부분의 시간 동안 잠을 잔다.

(b) They take a long time to digest food. 음식을 소화시키는 데 오랜 시간이 걸린다.

(c) They eat a specific type of eucalyptus leaf. 어떤 특정한 종류의 유칼립투스 잎만 먹는다.

(d) They have a special digestive organ. 특별한 소화 기관을 가졌다.

Words & Phrases

native 휑 토착의, 원주민의 **symbol** 명 상징 **costal** 휑 해안의 **inhabit** 동 ~에서 서식하다 **fluid intake** 수분 섭취 **not A but B**: A가 아니라 B **length** 명 길이 **range from A to B**: A에서 B까지 다양하다 **nutritional** 휑 영양이 있는 **poisonous** 휑 독이 있는 **digest** 동 소화시키다 **adaptation** 명 적응 **metabolism** 명 신진 대사 **digestive** 휑 소화의 **organ** 명 장기, 신체 기관 **caecum** 명 맹장 **aid** 동 돕다 **fiber-rich** 섬유질이 풍부한 **live on** ~을 먹고 살다

THE BERLIN WALL

The Berlin Wall was the barrier that divided East and West Germany between the years of 1961 and 1989.

After Germany was defeated in World War II, the victorious countries of Russia, France, America and the United Kingdom took responsibility for different parts of the defeated nation. Russia was <u>spreading</u> its political influence at the time, and introduced its political system to the eastern half of Germany, eventually leading to it becoming a separate country from the western side.

After Germany was divided into East and West Germany, the western side introduced economic and political systems that led to financial growth and much wealth and opportunity, while East Germany, with its strict political system, experienced a great deal of poverty. This caused many to leave East Germany in order to seek a better life, usually in West Germany.

In 1952, a Russian minister proposed that a physical barrier be erected between East and West Germany in order to stop people fleeing from the East to the West. The issue of migration had become a significant one because many educated people from East Germany were leaving. The official reason the minister gave for needing a barrier was to stop foreign "agents" from entering East Germany.

Starting out as a barbed wire fence, the barrier was turned into a concrete wall in 1961. The wall was studded with watchtowers and protected by guards, electrified fences, mines, attack dogs, and gun emplacements. During the 28 years that this discouraging obstacle stood, it is estimated that around 100,000 people attempted to cross it illegally, with around 5,000 thought to have succeeded.

During this time, several celebrities spoke out against the division of Germany. Musicians David Bowie and Bruce Springsteen played concerts in East and West Germany, with each calling for the barrier to be removed. Upon Bowie's death decades later, the German government thanked him for helping to "bring down" the wall.

In 1989, a <u>wave</u> of peaceful protests across Berlin led to the barrier being removed. The fall of the Berlin Wall opened the way for the official reunification of Germany, which took place in October of 1990.

1 What is the article all about?

    (a) a wall that separated Germany from Russia

    (b) a nation divided by contrasting values

    (c) the protest that brought down a wall

    (d) the barrier that split a country into separate parts

2 Why did many people leave East Germany for West Germany?

    (a) to escape the pressure of foreign powers

    (b) to pursue better financial opportunities

    (c) to seek a better chance at education

    (d) to fight the division between East and West

3 According to the article, what was probably the real reason for the establishment of the Berlin Wall?

    (a) to keep foreign agents from entering East Germany

    (b) to increase Russian influence in the country

    (c) to stop the wealthy from spending money elsewhere

    (d) to prevent educated people from leaving

4 Why was the wall considered to be a discouraging obstacle?

    (a) because of its exterior of steel and barbed wire

    (b) because of watchtowers that tracked every citizen

    (c) because of the low percentage of successful crossings

    (d) because of the halt of all illegal migration

5 How most likely did popular musicians contribute to the fall of the Berlin Wall?

    (a) They inspired the audience to tear it down.

    (b) They strengthened public sentiment against the wall.

    (c) They sacrificed themselves to liberate the country.

    (d) They wrote various songs about the wall.

6 In the context of the passage, spreading means _____.

    (a) donating

    (b) stretching

    (c) growing

    (d) opening

7 In the context of the passage, wave means _____.

    (a) curve

    (b) surge

    (c) sign

    (d) float

KARNAK

Karnak is a temple complex located in Luxor, Egypt, and is known as the second largest site of religious architecture in the world. It consists of different temples, chapels, and monuments devoted to ancient Egyptian gods. Gradually built over 2,000 years, it covers more than 250 acres of land, and is considered one of the most sacred places in Egypt.

The first temple to be built in Karnak was the "Temple of Amun" dedicated to the major Egyptian sun god Amun. Its construction was ordered by Senusret I of Egypt as a place of worship in the ancient city of Thebes, which is believed to be Amun's birthplace. The temple spans 61 acres of land and occupies the largest section in the complex.

Over the next 2,000 years, new temples sprang up around the Temple of Amun dedicated to different Egyptian gods. With every new ruler, new temples, courtyards, and lakes were built to provide different areas for worship and rituals until the site grew into a complex of temples.

The name "Karnak" comes from the Arab word Khurnak, meaning "fortified village." The name stuck when Arabs invaded Egypt and mistook the temple complex for the village of El-Karnak because of the high walls that surrounded the entire complex.

When Egypt fell under the government of the Roman Empire, the Roman emperor closed all pagan temples, including Karnak. Karnak was left in ruins before being rediscovered in 1589. What is left of Karnak today are its towering statues of gods and goddesses and the remains of ancient Egyptian architecture and art, like the hieroglyphic carvings and sprawling murals that can be found throughout the complex. For hundreds of years, Karnak has been regularly and carefully renovated to preserve the site.

Today, Karnak features its own open-air museum that showcases its history and architectural grandeur, including structures that have been rebuilt after being destroyed in the past. It became a part of UNESCO's list of World Heritage sites in 1979, and is one of the most visited tourist spots in Egypt.

8 What is Karnak?

(a) the largest religious site in the world

(b) a temple with the biggest monument in Egypt

(c) the most sacred chapel in the world

(d) a group of different temples

9 Why most likely did Senusret I construct a temple for Amun?

(a) so members of Thebes would become aware of the sun god

(b) so he could rebuild the birthplace of Amun

(c) so Egyptians could have a place to worship Amun

(d) so he could build the most impressive temple

10 When were new temples constructed around Amun's temple?

(a) when a new leader was crowned

(b) when new rituals were devised

(c) when new gods had become popular

(d) when courtyards and lakes were renovated

11 Why most likely was Karnak closed by the Roman emperor?

(a) It was invaded by hostile military forces.

(b) It was no longer considered an official part of Egypt.

(c) The site had been irreparably destroyed.

(d) The religions worshipped there were different from his own.

12 According to the article, how has Karnak lasted for such a long time?

(a) by being closed to the public

(b) by having regular updates and repairs

(c) by selling artifacts to support renovation

(d) by charging to access its history museum

13 In the context of the passage, spans means _____.

(a) continues

(b) enhances

(c) prolongs

(d) covers

14 In the context of the passage, areas means _____.

(a) volumes

(b) spaces

(c) sizes

(d) villages

HUACACHINA

Huacachina is a small town in the middle of a desert in southwestern Peru. It is famous for being the only desert oasis in South America, and is known as the "oasis of America."

Huacachina consists of a five-acre settlement surrounding a lake that emerged in the middle of the Atacama Desert, one of the driest places on Earth. The lake is created by water seeping naturally from underground aquifers, or bodies of rock that <u>hold</u> groundwater. Huacachina is five kilometers away from the city of Ica in Peru's Ica Province. The town's name is said to have come from the words "huaca," meaning "to cry," and "china," which means "young woman."

According to folklore, Huacachina was formed when a native princess, who was preparing to bathe, caught in her mirror the reflection of a male hunter approaching from behind. Terrified, she dropped the mirror and ran away weeping. The mirror's glass shards became the lake, and the clothes she left behind turned into sand. The princess is said to have become a mermaid who lives in the lake. A mermaid statue was erected by the lake to honor the princess.

Until the 1940s, Huacachina had been a favorite bathing place for Peruvians who believed it had healing powers. Fifty years later, business operators started developing the territory by planting greenery and establishing hotels and resorts around the water. People started <u>inhabiting</u> the area, and Huacachina became home to around 100 Peruvians.

Surrounded by huge palm trees and tall sand dunes, Huacachina eventually became a popular tourist destination. Visitors go on boat rides on the lake, take dune buggy rides around the bumpy desert, and go sandboarding down the sizable dunes.

Being one of Peru's most famous attractions and a large part of the country's cultural heritage, an image of Huacachina was printed on the Peruvian 50 nuevo sol banknote. In recent years, Huacachina's water level has dropped significantly due to the influx of tourists. Water from the neighboring city of Ica is now being pumped into the oasis to maintain its level.

15 What is Huacachina best known for?

(a) being the only desert oasis in a continent
(b) being the only desert in Peru
(c) being the only true oasis in the Americas
(d) being the only town in a desert

16 According to the article, how is the Huacachina lake formed?

(a) through seasonal rainfall
(b) through the collection of underground water
(c) by importing water from other cities
(d) by pumping up water from wells

17 What does a legend say is the origin of the lake?

(a) the plentiful tears of a crying princess
(b) the shredded garments of a mermaid
(c) the broken object of a frightened woman
(d) the sweat of a fleeing girl

18 When did Huacachina become a tourist destination?

(a) when locals started bathing in the lake
(b) when the lake began to heal the locals
(c) when sand dunes had been replaced by greenery
(d) when entrepreneurs improved its facilities

19 Why most likely is Huacachina's water level declining?

(a) It cannot pump water from the ground.
(b) The desert is getting hotter.
(c) It is being used by too many people.
(d) Neighboring towns are not sharing their water.

20 In the context of the passage, hold means _____.

(a) retain
(b) grip
(c) own
(d) control

21 In the context of the passage, the word inhabiting means _____.

(a) leaving
(b) building
(c) occupying
(d) scattering

PART 4 비즈니스 편지
(business letter)

❶ 주제 및 출제 경향

PART 4는 회사의 상품이나 서비스 소개, 설명, 이직 또는 구직을 위한 입사지원, 행사 초대 및 행사 기획, 불의의 사고로 인한 사과 대처 방안, 감사의 인사에 관한 내용이 담겨 있습니다. 주로 편지의 목적, 세부정보, 추론 문제가 출제되며, 일상생활이나 업무에 관한 내용이기에 비교적 쉬운 내용으로 출제됩니다.

❷ 출제 유형

1 편지의 목적 유형

주로 첫 번째 문제는 편지의 발신자가 편지를 쓴 이유나 목적을 묻는 문제로 출제됩니다. 주로 첫 번째 문단에서 정답의 단서를 찾을 수 있습니다.

- **Why did** Claire Stacey **write** Stan Watson **a letter?** / **Why** is Claire Stacey **writing [sending]** Stan Watson **a letter?** 클레어 스테이시가 스탠 왓슨에게 편지를 쓴[보내는] 이유는 무엇인가?

- **What is the letter all about?** 편지는 모두 무엇에 관한 것인가?

- **What is the purpose of the letter?** 편지의 목적은 무엇인가?

2 세부정보 유형

편지에서 발신인에게 요청하는 내용이나 서비스, 행사, 채용 과정에 관련된 세부정보가 정답으로 출제됩니다.

- **What** is Ms. Kimberly **asked to do** next weekend?
  킴벌리 씨는 다음 주말에 무엇을 하도록 요청 받는가?

- **Why is** Harold Foundation planning to hold a charity event?
  해롤드 재단이 자선 행사를 개최할 계획을 하고 있는 이유는 무엇인가?

3 추론 유형

편지에서 언급된 내용 중에서 유추할 수 있는 사실을 정답으로 고르는 문제가 출제되며, 편지의 수신자가 다음에 할 일을 묻는 문제가 출제되기도 합니다.

- **How most likely could** Tina Smith get a 20% discount on Package A?
  티나 스미스가 어떻게 패키지 A에 20퍼센트 할인을 받을 수 있었을 것 같은가?

- **What most likely will** Terry **do after** he finds the receipt?
  영수증을 찾은 후에 테리는 무엇을 할 것 같은가?

❸ 풀이 전략

편지의 처음과 마지막에 적힌 이름과 소속 및 직책을 보고 수신인과 발신인의 이름과 관계를 파악하는 것이 문제 풀이에 용이합니다. 그 이유는 문제에서 수신인과 발신인의 이름으로 지칭하여 편지를 쓴 목적과 세부정보를 묻기 때문입니다. 또한 미리 목적과 요청 사항을 나타내는 표현을 숙지하면 쉽게 지문의 내용을 파악하고 문제를 풀 수 있습니다. 세부정보 및 추론 유형의 문제에서 매력적인 오답이 자주 제시되므로 보기의 내용에 대한 사실 여부를 지문과 꼼꼼히 대조하여 판단해야 합니다.

❹ 지문의 흐름에 따른 빈출 단서 표현

지문 순서	빈출 단서 표현
문단 1	편지 발신인의 소개 및 편지의 목적 • I am ~ / My name is ~ , [직책/직급] in ... 　저는/제 이름은 ~이며, …에서 [직책/직급]입니다. • I'm writing[sending] this letter to ~ 저는 ~하기 위해 이 편지를 씁니다[보냅니다] • This is to inform[let know / advise] you that ~ 　이것은 당신에게 ~라는 것을 알려 드리기 위한 것입니다 / 조언을 드리기 위해서입니다 • I want to extend my appreciation to ~ 저는 ~에게 저의 감사를 표하고 싶습니다 • We at [업체명] can/would like to help you ~ 　저희 [업체명]에서는 당신이 ~하는 것을 도와드릴 수 있습니다/도와드리고 싶습니다 • ~ would like to help you can help you ~ 　저희 [업체명]에서는 당신이 ~하는 것을 도와드릴 수 있습니다 • Thank you for -ing ~해주셔서 감사합니다 • I am grateful for ~ 저는 ~에 대해 감사합니다
문단 2~4	요청 사항 • We would be grateful if you could ... 만약 …해주실 수 있다면 감사하겠습니다. • I would be appreciate if you could ... 만약 … 해주실 수 있다면 감사하겠습니다. • I would be delighted to .... 제가 ~한다면 기쁠 것입니다. • I would be willing to .... 제가 기꺼이 ~하겠습니다. • We also would like to ~ 저희는 또한 ~하고 싶습니다 • You are required[advised] to ~ 귀하는 ~하는 것이 요구됩니다/권고됩니다 불만 제기 및 답변, 부정적인 소식 • wish to draw your attention to .... ~으로 귀하의 관심을 끌 수 있길 바랍니다. • I am writing to complain about .... ~에 대해 불만을 제기하기 위해 글을 씁니다. • I am writing to express my dissatisfaction with .... 　~에 대한 저의 불만족을 표현하고자 글을 씁니다

문단 2~4	• In response to your complaint that ~라는 귀하의 불만에 대한 응답으로 • We regret that .... ~인 것을 유감스럽게 생각합니다 • We regret to inform you that .... 당신에게 ~를 알려드리게 되어 유감입니다.
문단 5~6	향후 일정과 편지 첨부물 및 연락처 안내 • Should you have any questions[concerns] regarding ~ 만약 ~에 관해 질문[우려]가 있으시다면 • I have enclosed in this letter a copy of ~ 저는 이 편지에 ~의 복사본을 동봉하였습니다 • You can e-mail your response to me at [이메일 주소]. 당신은 저에게 [이메일 주소]로 이메일로 답변을 주셔도 됩니다. • You can reach[call] me at [전화번호] 당신은 저에게 [전화번호]로 전화하셔도 됩니다. 맺음말 • Last but not least 마지막으로 덧붙일 중요한 말은 (여러 항목을 열거하는 중 마지막으로 언급하는 것이 앞서 언급한 것과 동일하게 중요함을 나타내는 표현) • We look forward to hearing from you. 당신에게 답을 듣는 것을 고대하겠습니다. • Your prompt reply will be appreciated. 당신의 즉각적인 답변은 감사히 여겨질 것입니다. • Do not hesitate to contact me. 나에게 연락하는 것을 망설이지 마세요.

특강 29
PART 4 지문
흐름 소개

 **PRACTICE**

 정답 및 해설 p. 67

다음 지문을 읽고 키워드와 정답의 단서를 연결하여 정답을 찾아보세요.

Customer Service

Denovo Telecommunications Inc.

541 Queen's Road

Rochester, New Hampshire 61189

To whom it may concern,

                          ○ 1번 키워드   ○ 1번 정답의 단서

I'm contacting you regarding a recent problem with my cable television service and the subsequent invoice I received. During the last month of August, I ordered the television show that has the ID Code #3568, but I actually received access to show #3586, *World of Nature*. I assume the codes were listed incorrectly on your selection menu, because I definitely entered the correct code when ordering. Show #3568 still remains locked and inaccessible on my TV menu screen. I'd appreciate if you could unlock the show I wanted so that I can begin watching it this month.
                     ○ 2번 정답의 키워드   ○ 2번 정답의 단서

○ 2번 정답의 단서

Regards,

Linda Pincher

                       ○ 편지 발신인인 핀처 씨가 언급하는 problem을 찾아 그 내용을 알아봅니다.

1 What problem did Ms. Pincher describe in her letter? 핀처 씨가 편지에서 무슨 문제를 설명하였는가?

(a) Her cable television equipment has malfunctioned.
그녀의 케이블 텔레비전 장비가 제대로 작동하지 않았다.

(b) Her monthly invoice was much higher than expected. 그녀의 월간 청구서가 예상보다 훨씬 높게 나왔다.

(c) She does not know how to use the TV menu. 그녀는 TV 메뉴 사용법을 모른다.

(d) She was given access to the wrong show. 그녀는 잘못된 쇼에 대한 접근권을 받았다.

                       ○ 편지 수신인이 요청 받는 것을 묻는 것이므로 편지에서 요청에 관련된 표현을 찾아봅니다.

2 What is the recipient of the letter asked to do? 편지의 수신자는 무엇을 하도록 요청 받는가?

(a) Cancel Ms. Pincher's cable television service 핀처 씨의 케이블 텔레비전 서비스를 취소한다

(b) Correct the wrong invoice and send it to Ms. Pincher
잘못된 청구서를 수정하고 그것을 핀처 씨에게 보낸다

(c) Rectify Ms. Pincher's access to show #3568 3568번 쇼에 대한 핀처 씨의 접근권을 수정한다

(d) Unlock *World of Nature* show for Ms. Pincher 핀처 씨를 위해 <자연의 세계> 쇼를 잠금 해제한다

Words & Phrases

subsequent 형 그 다음의 invoice 명 청구서 access 명 접근권, 접촉 기회 assume 동 추정하다 incorrectly 부 부정확하게, 틀리게 definitely 부 분명히, 틀림없이 enter 동 입력하다 remain 동 (~한 상태로) 남아 있다 locked 형 잠겨진 malfunction 동 제대로 작동하지 않다 recipient 명 수신자 rectify 동 바로잡다, 수정하다 unlock 동 (잠긴 것을) 열다, 잠금 해제하다

Mr. Reggie Buchanan
Manager, Malgrove Apartments
81 Malgrove Terrace
New Orleans, LA

Dear Mr. Buchanan,

   I am hereby submitting an official request for the trees that line the courtyard in the Malgrove Apartments to be trimmed.

   When myself and other residents moved into Malgrove Apartments, it was in part because of the natural light that many of the units received in the afternoon. This sunlight is now being blocked by the trees in question. I have discussed this with other residents, and they too feel that the overgrown trees—which have not been pruned once in the past three years—have become unacceptable.

   What's more, for those of us who make use of the rear parking lot, the trees obstruct us when we try to reach our vehicles. We are required to duck under low-hanging branches and park at odd angles to keep our vehicles from getting scratched.

   During the recent tenants' meeting you announced an increase in the grounds maintenance fees that we pay, and explained that this was in part due to leaf removal costs for the courtyard and surrounding paths. We would never ask you to remove the trees in question, but a significant pruning effort would mean fewer leaves and reduced costs for the tenants.

   Finally, the birds that hang out in the trees make a lot of noise during the night. I myself have not noticed this, but several other tenants have complained of it to me. If the trees were not so bushy and overgrown, perhaps fewer birds would feel inspired to congregate in them. Thank you, and I look forward to hearing from you soon.

Yours,

Penny O'Neal
Tenant / Malgrove Apartments

1   Why is Ms. O'Neal writing a letter to Mr. Buchanan?

(a) to request that the trees be removed from the property

(b) to ask permission to trim the trees herself

(c) to suggest that more yard maintenance is required

(d) to alert the manager to the presence of trees

2   What did Ms. O'Neal initially find appealing about the apartment?

(a) the parklike atmosphere of the courtyard

(b) the sunlight her unit received in the morning

(c) the shade provided by the overgrown trees

(d) the natural light in her living space

3   How do the trees influence tenant parking?

(a) by forcing tenants to park elsewhere

(b) by causing tenants to bend underneath branches

(c) by preventing tenants from accessing their vehicles

(d) by covering the cars in leaves

4   What was announced at the recent tenants' meeting?

(a) that tenants would have to pay more

(b) that the trees would finally be pruned

(c) that they would hire a new maintenance worker

(d) that leaf removal would begin shortly

5   How has Ms. O'Neal been affected by the noises of the birds?

(a) They have kept her from getting enough sleep.

(b) They have caused her neighbors to leave.

(c) She has been unable to focus on her work.

(d) She has been subjected to complaints from other tenants.

6   In the context of the passage, line means _____.

(a) border

(b) limit

(c) string

(d) shape

7   In the context of the passage, congregate means _____.

(a) rally

(b) merge

(c) meet

(d) mate

Johann Markey
Hotel Manager
Jones Hotel
773 Rivard St.
Detroit, MI 48201

Dear Mr. Markey:

Greetings! I want to extend my appreciation to the employees of Jones Hotel for their exceptional service and for going out of their way to return my lost wallet.

Last week, I visited Detroit and was supposed to stay at the Jones Hotel for three days for a business convention that took place in the vicinity. However, on my third day I had a personal emergency and had to leave as soon as possible. I immediately packed my bags and checked out early in the morning. It was only after I had boarded the hotel's shuttle bus and was on my way to the airport that I realized my wallet was missing.

Fortunately, Jane Daynes, the helpful and attentive receptionist, immediately called me to say that they found a wallet in the room where I had stayed. I described to her my wallet and its contents so she could <u>verify</u> that it was mine. After she confirmed that the missing wallet belonged to me, she asked where I was <u>headed</u>. When I told her that I was on my way to the airport, she kindly asked me to remain in the airport lobby and wait for the member of hotel staff who would deliver my wallet. I only had to wait for five minutes before Jack Stevens, a friendly and enthusiastic young porter, arrived with my wallet and wished me a pleasant flight.

I am very thankful for your staff. I'm sure that I will never forget this experience. I will wholeheartedly recommend Jones Hotel to my friends, family and coworkers. The next time I'm in Detroit, I will definitely stay at your hotel again.

With thanks,

Harold Evans
Harold Evans

정답 및 해설 p. 69

8   What is the letter all about?

(a) an appreciation of outstanding service

(b) an inquiry about a missing wallet

(c) a summary of a comfortable hotel experience

(d) a report about misplaced possessions

9   According to the letter, why did Harold Evans stay in Jones Hotel?

(a) to deal with a family emergency in the area

(b) to have a meeting with the hotel manager

(c) to conduct business affairs nearby

(d) to attend a convention held in the hotel

10   What could possibly be the reason why Evans lost his wallet?

(a) He was in a hurry at the checkout counter.

(b) He was not thinking clearly since it was late at night.

(c) He was so busy at the convention that he left it behind.

(d) He was rushing to pack his things.

11   How was Evans able to recover his wallet?

(a) by sending a friend to pick it up at the hotel

(b) by extending his stay in the hotel

(c) by returning to the room where he stayed

(d) by receiving it from a hotel employee

12   What most likely will Evans do after returning home?

(a) schedule another business trip in Detroit

(b) organize a family trip to the Jones Hotel

(c) send additional letters to Jane and Jack

(d) tell people what he knows about the hotel

13   In the context of the passage, verify means _____.

(a) check

(b) advise

(c) advocate

(d) correct

14   In the context of the passage, headed means _____.

(a) guided

(b) led

(c) going

(d) moving

문법

독해

청취

VOCA

DAY 15 PART 4 비즈니스 편지   153

ATTENTION: **Maria Lopez**
RE: **Fantasia Music Festival**

Dear Maria,

This is to inform you that Accordia Online Music will be celebrating its 10th year in digital music streaming services.

To celebrate this milestone, we are inviting some of our most loyal customers to join the VIP section at our first-ever music festival. The event will be held on June 23 at the Tucson Arena in Arizona and will kick off at four in the afternoon. Expect to see some of the country's most outstanding musicians, like 9 Miles West, Losing Grip, Johnny Mason, and more.

As a member of the VIP section, you would be able to enjoy front-row seats and unlimited beverage service. You would also be able to visit the backstage area after the concert and meet the musicians.

Thanks, Maria, for being a member of Accordia since day one. We're extending this special offer to show how much we appreciate your support. There is no charge for the VIP ticket— simply reply to this email to reserve your spot at the concert. As an added bonus, we're able to offer discounted tickets for any friends or family who may want to attend the event. These tickets can be purchased through your online account at 30-40% off depending on seating location.

Last but not least, we are holding a special raffle to give one of our most loyal subscribers a chance to sing a duet on stage with Johnny Mason. If you would like to enter the raffle, just log in to our website and fill out a raffle form, which you can access through the Promotions tab.

For any questions, please reply to this message or contact me personally at 348-6693.

Sincerely,

Robert Keys
Director
Public Relations Communication
Accordia Online Music

15 What is the purpose of the letter?

(a) to offer Maria an online streaming service

(b) to inform a patron about a music festival

(c) to announce the launch of a new service

(d) to invite an artist to perform at a festival

16 How might Maria benefit from sitting in the VIP section?

(a) by joining 9 Miles West on stage

(b) by consuming beverages at a reduced rate

(c) by enjoying a VIP-only performance

(d) by meeting various artists after the event

17 Why was Maria selected for this special privilege?

(a) She downloaded the most songs from the website.

(b) She is an active user of the streaming service.

(c) She has been a member for a long time.

(d) She was the first person to join Accordia.

18 How can Maria's family and friends get tickets at a discounted price?

(a) by choosing the less desirable seating locations

(b) by being a long-time member

(c) by using her account to order

(d) by logging in to their Accordia accounts

19 Who most likely can enter the special raffle?

(a) one who has been a subscriber for eight years

(b) one who has five accounts with the service

(c) one who has been using the service every day for a year

(d) one who has plans to buy at least ten tickets

20 In the context of the passage, unlimited means _____.

(a) total

(b) endless

(c) vast

(d) free

21 In the context of the passage, the word access means _____.

(a) reach

(b) advance

(c) approach

(d) match

청취 Listening

■ 청취 출제 유형과 문항수

지텔프 Level 2 청취 영역은 53~80번에 해당하며, 총 26문제가 출제됩니다. 청취 시험은 총 4개의 PART로 나뉘어 출제되고, 각 PART는 약 6분 20초 내외의 분량이며, 6~7문제가 포함되어 있습니다. 청취 시험의 특징은 문제지에 문제가 인쇄되어 있지 않기 때문에 청취 음원에서 들려주는 문제를 듣고 반드시 메모의 형태로 받아 적어야 한다는 것입니다. 출제 유형은 4개의 PART에 모두 주제 및 목적, 세부 정보, 사실 확인(일치/불일치 선택), 추론 유형으로 골고루 출제됩니다.

파트	내용	문제 개수
PART 1	[2인(남, 여) 대화] 일상 주제	총 6~7문제
PART 2	[1인 담화] 행사(event)에 관한 설명	총 6~7문제
PART 3	[2인(남, 여) 대화] 두 대상의 장점과 단점 비교 (advantage, disadvantage)	총 6~7문제
PART 4	[1인 담화] 특정 주제에 대한 설명(특징 열거 또는 과정 나열)	총 6~7문제

■ 청취 학습 전략

문법, 청취, 독해 및 어휘 영역 중 가장 난이도가 높은 영역이 바로 청취 영역입니다. 청취 영역이 어려운 이유는 첫째, 지문의 길이가 아주 길다는 것입니다. 파트 당 지문의 길이는 약 6분 20초~6분 30초에 이르며, 단어수로는 500개가 넘는 분량입니다. 둘째, 문제가 시험지에 인쇄되어 있지 않습니다. 그래서 듣기 음원에서 문제를 2회 들려주는데, 이때 빠르게 시험지에 메모하여 문제를 파악해야 합니다. 셋째, 문제의 난이도가 독해 영역의 문제만큼이나 어렵습니다. 듣기 문제에서 세부정보, 사실 확인, 추론 유형의 문제가 출제되며 성우가 말하는 단서 중 한 단어만 놓쳐도 해당 문제에서 오답을 고를 확률이 매우 높아집니다. 그렇기 때문에 약 25분 정도 소요되는 청취 영역 시간 동안 문법이나 독해 문제를 푸는 수험생이 많고, 청취는 하나의 보기로 통일하여 답안지에 기재하는 등 포기하는 경우가 많습니다.

문법과 독해에서 고득점을 받는다면 청취에서 하나의 보기로 답안지를 작성하여도 20점~25점의 점수를 얻어 총점 195점을 받을 수 있지만, 항상 변수에 대비해야 합니다. 여기서 변수는 독해 영역에서 지나치게 어려운 주제의 지문이 출제되는 경우입니다. 이러한 경우를 대비하여, 청취 영역시간에는 청취 영역을 적극적으로 풀이할 것을 권장합니다. 물론 지문이 길고 문제도 적혀 있지 않기 때문에 어렵겠지만, 한 지문에서 첫 3문제는 지문의 앞부분에서 키워드만 듣게 되면 바로 정답을 찾을 수 있을 정도로 비교적 난이도가 낮습니다. 따라서 문제를 읽어줄 때 문제를 메모하는 연습을 하여 각 지문당 3문제씩이라도 집중해서 제대로 푼다면 적어도 30점 이상을 얻을 수 있습니다. 청취 영역에서 30점 보다 더 높은 점수를 받을 경우, 그만큼 독해에서 고난도의 문제를 틀리더라도 총점 195점을 달성하는데 많은 도움이 될 것입니다.

청취

5 DAYS

DAY 16 질문의 키워드 듣고 메모하기

G-TELP Level 2 청취 영역(Listening session) 문제지에는 각 문제의 보기만 있을 뿐 문제가 표기되어 있지 않습니다. 따라서 청취 음원에서 들려주는 질문을 정확히 파악하기 위해 질문의 키워드를 듣고 메모하는 것이 꼭 필요합니다.

❶ 질문 유형

지텔프 청취의 질문은 what, when, why, how, which 등 항상 의문사로 시작됩니다. 의문사에 따라 정답의 형태가 결정되므로 의문사를 빠르게 메모하는 것이 중요합니다. 특히 Based on 또는 According to로 시작되는 문제의 경우, 그 뒤에 의문사가 언급되니 유의해야 합니다.

ㅣ 질문 예시

- **Why** is Helen satisfied with her new job?
  헬렌이 그녀의 새로운 직장에 만족하는 이유는 무엇인가?

- **Where** did Elizabeth live after she got married?
  그녀가 결혼한 후에 살았던 곳은 어디인가?

- **When** will Thomas most likely arrive at the airport?
  토마스는 언제 공항에 도착할 것 같은가?

- **How** can customers get a discount on kitchen utensils?
  고객들이 주방 기구에 대해 할인을 받을 수 있는 방법은 무엇인가?

- Based on the talk, **what** will be discussed at next week's meeting?
  담화에 따르면, 다음 주 회의에서 논의될 것은 무엇인가?

- According to Jessica, **which** place did her teacher recommend visiting first?
  제시카에 따르면, 그녀의 선생님이 먼저 방문하는 것을 권장한 곳은 어느 장소인가?

2 의문사 빠르게 메모하는 방법

의문사를 메모할 때는 각 의문사에 해당하는 한 글자로 줄여서 쓰는 것이 좋습니다.

의문사	메모	의문사	메모
What(무엇)	t	Where(어디)	er
Why(왜)	y	How(어떻게)	h
When(언제)	en	Which(어느)	ch

② 질문 키워드 메모하기

청취 영역의 질문을 들을 때는 의문사 뒤에 나오는 질문의 내용을 파악하는 것이 중요합니다. 질문의 모든 내용을 다 듣는 것이 가장 좋겠지만, 그렇지 못할 경우 가장 중요한 내용만이라도 파악해야 합니다. 질문의 핵심 내용을 담고 있는 것이 바로 키워드(Keyword)이며, 이 키워드는 대부분 질문의 뒷부분에 위치합니다. 이러한 키워드를 수월하게 찾기 위해서 질문 문장의 구조를 미리 알아 두는 것이 좋습니다.

1 질문에서 키워드의 위치

Why	is	Helen	satisfied	with her new job?
의문사	be동사	주어	보어	전치사구

How	can	the students	submit	their assignment	next Monday?
의문사	조동사	주어	동사	목적어	부사

2 빈출 키워드 빠르게 메모하기

키워드를 듣고 그대로 적을 경우 1~4개의 철자로 이루어진 짧은 단어는 그대로 쓸 수 있지만 긴 단어는 쓰는 데 오래 걸립니다. 그래서 빈출 키워드를 빠르게 메모할 수 있도록 기호화하여 쓰는 것이 효율적입니다. 예를 들어, 사람 이름이 언급될 경우 첫 알파벳을 대문자로 적고, 그 알파벳에 원을 그려서 표시하는 방식이 있습니다.

키워드	메모	키워드	메모
사람 이름 (예: Richard)	Ⓡ	without	w/o
no, not, never (부정어)	X	someone, one (사람)	人 (한자)
most likely, probably	추론	Based on	B/
According to	A/	before	bf/
after	af/	topic / mainly[all] about	주제

이와 같이 키워드 메모 방식보다 자신이 메모하기에 편한 기호 또는 표기 방식이 있다면 그것을 활용하시는 것을 권장하며, 이외에 정해지지 않은 키워드가 나올 경우, 해당 키워드의 뜻을 한글로 써서 빠르게 메모할 수 있도록 합니다.

3 질문 듣고 키워드 메모하기 🎧 16-1.mp3

특강 30

키워드 찾기

Why is Helen satisfied with her new job?

문장 구조   <u>Why</u> is <u>Helen</u> <u>satisfied</u> with <u>her new job</u>?
　　　　　　의문사　동사　주어　　보어　　　　　전치사구

키워드 메모   y, Ⓗ, 만족, 새 직장

해석   헬렌이 그녀의 새로운 직장에 만족하는 이유는 무엇인가?

Where did Elizabeth live after she got married?

문장 구조   <u>Where</u> did <u>Elizabeth</u> <u>live</u> after she got married?
　　　　　　의문사　조동사　주어　　동사　　부사절

키워드 메모   er, Ⓔ, live, af/, 결혼

해석   그녀가 결혼한 후에 살았던 곳은 어디인가?

When will Thomas most likely arrive at the airport?

문장 구조   <u>When</u> will <u>Thomas</u> <u>most likely</u> <u>arrive</u> at the <u>airport</u>?
　　　　　　의문사　조동사　주어　　　부사　　　동사　　전치사구

키워드 메모   en, Ⓣ, 추론, 도착, 공항

해석   토마스는 언제 공항에 도착할 것 같은가?

How can customers get a discount on kitchen utensils?

문장 구조   <u>How</u> can <u>customers</u> <u>get</u> <u>a discount</u> on kitchen utensils?
　　　　　　의문사　조동사　주어　　동사　　목적어　　　전치사구

키워드 메모   h, 고객, get, 할인, (주방 기구)

해석   고객들이 주방 기구에 대해 할인을 받을 수 있는 방법은 무엇인가?

According to Jessica, which place did her teacher recommend visiting first?

　　　　　　　　　전치사구　　　　　　의문사　　　조동사　　주어

문장 구조   <u>According to Jessica</u>, <u>which</u> place <u>did</u> <u>her teacher</u>
　　　　　　<u>recommend</u> <u>visiting</u> <u>first</u>?
　　　　　　　　동사　　　목적어　　부사

키워드 메모   A/Ⓙ, ch, 선생님, 추천, 방문, (먼저)

해석   제시카에 따르면, 그녀의 선생님이 먼저 방문하는 것을 권장한 곳은 어느 장소인가?

 16-2.mp3 정답 및 해설 p. 72

다음 질문을 듣고 빈칸에 들어갈 키워드를 메모하고 질문 원문과 비교해보세요.

Now listen to the questions 1 through 6.

1 (키워드 메모) _____ ?

2 (키워드 메모) _____ ?

3 (키워드 메모) _____ ?

4 (키워드 메모) _____ ?

5 (키워드 메모) _____ ?

6 (키워드 메모) _____ ?

Words & Phrases

decide 동 결정하다, 결심하다 **Spanish** 명 스페인어 **prepare** 동 준비하다 **class material** 명 수업 자료
for free 무료로, 공짜로

PART 1. *You will hear a conversation between two people. First you will hear questions 1 through 3. Then you will hear the conversation. Choose the best answer to each question in the time provided.*

1 _____ ?

(a) not having money for the license fee
(b) being afraid of flying
(c) not meeting the age requirement
(d) having imperfect vision

3 _____ ?

(a) taking the easiest option
(b) earning a large salary
(c) finding a job that brings happiness
(d) finding a job that makes him feel secure

2 _____ ?

(a) because she is bad at talking to people
(b) because she is not good at history
(c) because she is terrible with directions
(d) because she is not familiar with the city

꿀팁 실전 문제 풀이 지침
  1. 지문이 음원으로 시작되기 전에 보기를 읽고 내용을 파악합니다. 이때 필요하다면 각 보기에서 키워드가 될 만한 요소에 동그라미를 쳐 둡니다.
  2. 질문을 읽어줄 때 질문의 키워드를 메모합니다.
  3. 지문이 음원으로 나올 때 문제의 순서대로 정답의 단서가 언급되므로 차례대로 정답의 단서와 일치하는 보기를 정답을 고릅니다.

16-4.mp3

PART 2. *You will hear a presentation by one person to a group of people. First you will hear questions 4 through 6. Then you will hear the talk. Choose the best answer to each question in the time provided.*

4 _____?

(a) how to overcome debt problems
(b) how to get help setting up a budget
(c) how to discover what makes one happy
(d) how to make a lot of money

6 _____?

(a) when the prices start getting higher
(b) when receiving unexpected wealth
(c) when an unforeseen event occurs
(d) when signing up for FinMax

5 _____?

(a) open a savings account
(b) buy a house at a lower rate
(c) take out a high-interest loan
(d) pay bills in a timely manner

지문 듣고 정답 찾기

질문의 키워드를 찾은 후 지문이 음원으로 재생되면 지문에서 질문의 키워드와 관련된 내용을 찾아 듣고 보기에서 질문에서 요구하는 답을 골라야 합니다. 지문에서 언급되는 질문의 키워드는 정답의 단서가 되며, 이 정답의 단서가 정답과 직결되므로 정답의 단서를 찾고 메모하여 정답을 고르는 연습이 필요합니다.

❶ 정답의 단서가 언급되는 빈출 표현

청취 영역에서는 세부정보, 사실확인, 주제 및 목적, 추론 유형으로 총 4개의 유형이 출제됩니다. 각 유형마다 정답의 단서가 언급되는 빈출 표현이 있으므로 이를 파악하여 반복적으로 숙지하면 키워드를 쉽게 찾고, 동시에 정답의 단서의 위치를 가늠할 수 있어 문제 풀이에 필요한 부분만 집중할 수 있습니다.

1 세부정보 유형

세부정보 유형은 청취 영역에서 가장 많이 출제되는 유형으로, 질문에 언급된 사물 또는 사람, 장소 등과 같은 특정 정보가 키워드로 제시됩니다.

I do/work at/go to [키워드], and[so] I do 단서 . ＊do 대신 다른 일반동사가 많이 사용됩니다.	저는 [키워드]를 합니다/~에서 일합니다/~로 갑니다. 그리고[그래서] ~합니다.
I have [키워드] that[which] 단서 . I have [키워드] to do 단서 .	저는 ~하는 [키워드]를 가지고 있습니다.
Would you mind doing [키워드]? / Sure, I will 단서 .	~해주시겠습니까? / 물론이죠, ~ 하겠습니다.
I think[feel] [키워드] is 단서1 , because it is 단서2 .	저는 [키워드]가 ~라고 생각합니다. 왜냐하면 그것은 ~이기 때문입니다.
With [키워드], you will 단서 .	[키워드]를 가지고 있으면, 당신은 ~할 것입니다.
When[If] 사람 + [키워드], you will 단서(동사)	[키워드]를 할 때[한다면], 당신은 ~할 것입니다.

예시 문제	지문 속 단서	정답
Where is Alex **going** when he runs into Clara?	I have an appointment with a Dr. Peterson for my headache.	a doctor's office for a medical examination
What can **customers receive** if they purchase any item at Gloria's Closet today?	If you buy just one item at Gloria's Closet today, you'll receive a 20% off coupon for your next purchase.	a voucher for a 20 percent discount

2 주제 및 목적 유형

주제 및 목적 유형은 PART 1, 2와 PART 4의 첫 문제로 자주 출제되는 유형이며, 해당 지문의 주제나 주된 내용에 대해 묻는 유형입니다. 다음과 같은 표현이 언급될 때 주제에 대해 알 수 있습니다.

I will [am going to] tell you + 단서 I will / [am going to] talk about + 단서	~에 대해 말씀 드릴게요 / 드릴게요
I'd like to talk about + 단서	~에 대해 말씀드리고 싶습니다
I will [am going to] give you tips on 단서	~에 대한 팁을 드릴게요
I am here to + 단서	저는 ~하고자 여기 있습니다.
We will be talking about 단서	저희는 ~에 대해 이야기를 하겠습니다.
Here are some tips[steps] to[for] 단서	여기 ~하기 위한 몇몇 팁[단계]이 있습니다.

예시 문제	지문 속 단서	정답
What is the conversation **all about**?	I'm here to **visit the Grand Conference Hall and give a keynote speech.**	a keynote speech at a conference
What is being talked about in the presentation?	Today, we will be talking about **improving your skills of cooperative work.**	enhancing work ability

3 추론 유형

질문에 most likely 또는 probably라는 부사가 언급되면 정답의 단서가 직접 언급되지 않고 화자가 말하는 정보를 근거로 질문의 답을 유추해야 하는 추론 유형입니다. 질문의 키워드가 언급되는 부분이 문제에 있는 보기의 내용과 직결되진 않지만 추론의 근거가 되므로 정답의 단서가 될 수 있는 정보를 정확하게 파악하는 것이 중요합니다.

I want[need] to do [키워드] because 단서 . / I want[need] + [키워드] because 단서	저는 [키워드](하는 것)을 원합니다[필요로 합니다]. 왜냐하면 ~ 하기 때문입니다.
If you'd like to [키워드], please 단서 .	만약 [키워드]하고 싶으시면, ~해주세요.
You can [had better] do [키워드] when 단서 is available.	~가 이용 가능할 때 [키워드]를 할 수 있어요[하는 게 좋아요]
Have you made a decision about [키워드]? / Yes, I will do 단서 .	[키워드]에 대해 결정했나요? / 네, 저는 ~을 할 것입니다.
I'm interested in [키워드]. It is 단서 .	저는 [키워드]에 관심이 있어요. 그건 ~합니다.

A: [키워드] is[has] 단서1 .
B: Do you know anything about 단서1 ? I need 단서2 .

A: [키워드]는 단서1 입니다. / 단서1 을 가지고 있어요.
B: 단서1 에 대해 아는 것 있나요? 저는 단서2 가 필요해요.

[키워드] will only happen if 주어 + 단서

~할 경우에만 [키워드]가 발생할 거야.

주어 + [키워드] so that 단서

~하도록 하기 위해 [키워드]합니다.

예시 문제	지문 속 단서	정답
Why most likely will Martin hire more staff at his restaurant?	I need at least two more delivery staff because there are too many delivery orders during lunchtime.	because he cannot handle the number of delivery orders by himself.
What will Harry probably do after this conversation?	I should take a class in front of a teacher in person so that I can focus better on what the teacher says.	take a course in the classroom directly

❷ 정답으로 가는 패러프레이징

청취 문제를 풀 때 지문에서 언급된 키워드와 함께 정답의 단
서가 보기와 동일하게 그대로 제시되는 경우가 있는가 하면,
대부분의 문제는 지문에서 언급된 단어, 구, 또는 문장 구조가
모두 바뀌어 결국 같은 의미이지만 전혀 다른 단어가 사용된
정답 보기가 제시되는 경우가 있습니다.

이렇게 같은 의미의 내용을 다른 표현으로 나타내는 것을 패러
프레이징(Paraphrasing)이라고 합니다. 지문에서 들은 정답
의 단서가 보기에서 패러프레이징되어 있다는 점에 유념하며 정답을 찾아야 합니다. 패러프레이징은 단어와 구
를 같은 의미로 바꾼 것과 해당 내용을 종합하여 하나의 상위어로 묶어 요약 설명한 것, 두 가지로 나누어 볼 수
있습니다.

1 동의어 활용

같은 의미를 가진 단어를 이용한 패러프레이징은 동의어를 많이 알고 있을수록 문제 풀이에 유리합니다. 대부분의 패러프레이징이 동사가 명사나 형용사, to부정사 등 다른 품사로 바뀌기도 하지만 그 의미는 동일한 단어가 쓰이는 형태로 제시됩니다.

지문의 정답 단서	동의어 활용 패러프레이징
Learning the piano can be quite noisy. 피아노를 배우는 것은 꽤 시끄러울 수 있다.	The piano can be loud. 피아노는 시끄러울 수 있다. ＊ noisy → loud
The renovations at Fun Toy will take place on the weekends over a two-month period. 펀 토이의 개조 공사가 두 달의 기간에 걸쳐 주말마다 진행될 것입니다.	Fun Toy will remodel its store. 펀 토이는 자사의 매장을 개조할 것이다. ＊ the renovations will take place → remodel its store
When I see other students doing well in the class, it could encourage me to work harder. 반에서 다른 학생들이 잘하고 있는 모습을 보면, 그게 나를 더 열심히 노력하게 북돋을 수 있다.	I could be motivated by classmates. 나는 반친구들에게서 자극을 받을 수 있다. ＊ other students → classmates 　 it could encourage me → I could be motivated
You have complete control over the meeting schedule. 당신은 회의 일정에 대해 전적인 통제권을 가지고 있습니다.	She can personalize the meeting schedule. 그녀는 회의 일정을 개인적으로 맞출 수 있다. ＊ have complete control over → personalize

2 요약 설명

지문에서 언급된 긴 설명이 정답 보기에서는 많은 의미를 묶어 설명하는 상위 개념의 단어 또는 짧게 요약할 수 있는 표현을 사용하여 패러프레이징이 이루어지기도 합니다.

지문의 정답 단서	요약 패러프레이징
The work is a little repetitive and doesn't require many skills. 그 일은 약간 반복적이고 많은 기술을 필요로 하지 않아.	The work is not interesting. 그 일은 흥미롭지 않다. ＊ 반복적이고 많은 기술을 필요하지 않다 → 흥미롭지 않다
Mathematics was my weakest subject in school. 수학은 학교에서 내가 가장 취약했던 과목이었다.	I was not good at mathematics. 나는 수학을 잘하지 못했다. ＊ 가장 취약했던 과목 → 잘 하지 못했다
Put me in touch with your friend who runs the company that distributes organic products to retailers in the region. 유기농 제품을 그 지역에 있는 소매업자들에게 유통시키는 회사를 운영하는 당신의 친구에게 연결시켜 주세요.	contact the owner of a distribution company ＊ 유기농 제품을 지역 내 소매업자들에게 유통시키는 회사를 운영하는 당신의 친구 → 유통업체 소유주

❸ 오답 소거 비법

청취 영역 문제지에는 각 문항의 질문(문제)이 적혀 있지 않지만 (a)~(d)에 해당하는 보기 선택지는 문제지에 제시됩니다. 그 중 정답의 단서를 정확하게 듣지 못하면 가장 그럴 듯한 정답으로 보이는 보기를 '매력적인 오답'이라고 하며, 이러한 매력적인 오답을 소거하는 법에 대해 알아보겠습니다.

1 지문과 동일한 표현이 있는 오답

보기 중에는 정답의 단서의 일부 내용과 일치하지만 다른 부분에 전혀 다른 단어가 쓰여 오답으로 제시되는 보기가 있습니다.

🎧 17-1.mp3

EX 1.

(a) **Her work is not interesting.** 정답 ○
(b) She dislikes being challenged. 매력적인 오답 ○
(c) She needs to learn new skills.
(d) Her boss is very demanding

(a) 자신이 일이 흥미롭지 않다.
(b) 도전 의식을 갖는 것을 싫어한다.
(c) 새로운 기술을 배워야 한다.
(d) 자신의 상사가 매우 까다롭다.

EX 1. **Why is Miranda unsatisfied with her current job?**

F: Hi Jacob! Good to see you.

M: Good to see you too, Miranda. What brings you to this part of town?

F: Actually, I have an appointment with a private career counselor. I'm thinking about quitting my job, and I want to make sure it's the right decision before I look for my next job.

M: Oh, why do you want to leave your job?

F: To be honest, I don't feel like I'm being challenged enough. **The work is a little repetitive and** • **doesn't require many skills.**

EX 1. 미란다는 왜 현재의 직장에 만족하지 못하는가?

여: 안녕, 제이콥! 만나서 반가워.

남: 나도 만나서 반가워, 미란다. 이쪽 동네에 무슨 일로 온 거야?

여: 실은, 개인 진로 상담 전문가와 약속이 있어. 내가 회사를 그만 두려고 생각 중인데, 다음 직장을 찾아보기 전에 이게 옳은 결정인지 확실히 해두고 싶어서.

남: 아, 왜 회사를 그만 두고 싶은 거야?

여: 솔직히, 내가 충분히 도전 의식을 느끼고 있다고 생각되지 않아. 일이 조금 반복적이고 많은 능력을 필요로 하지 않거든.

＊ 여자의 말 중에서 I don't feel like I'm being challenged enough. 를 듣고 being challenged가 그대로 적혀 있는 (b)를 정답으로 고르면 안됩니다. 여자가 한 말은 '도전 의식을 느끼고 있다고 생각되지 않는다'는 내용이므로 현재 직장에서 도전 의식을 느끼고 싶다는 의미로 한 말입니다. 그런데 (b)의 내용은 '그녀는 도전 의식을 느끼는 것을 좋아하지 않는다'는 의미이므로 (b)는 being challenged라는 지문의 표현을 그대로 쓰면서 dislike라는 동사로 지문의 내용과 반대가 되도록 한 매력적인 오답입니다.

2 지문에 언급되지 않은 추측성 오답

지문의 내용과 직접적인 연관은 없지만 문맥에 따라 추측 가능한 매력적인 오답이 제시되기도 합니다. 이러한 오답은 지문에 언급된 적이 없지만 수험생이 충분히 추측할 수 있을 정도의 내용으로 제시되어 혼동을 일으킵니다. 특히 오답과 연관된 내용이 정답의 단서보다 먼저 언급될 경우에 오답을 정답으로 고를 가능성이 높습니다.

🎧 17-2.mp3

EX 2.

(a) **by making sure that one has money to invest** 정답 ○

(b) **by lending money to make an investment**
　　○ 매력적인 오답

(c) by ensuring one makes a big profit in stocks

(d) by identifying risk-free investments

(a) 투자할 돈을 보유하도록 보장함으로써

(b) 투자할 돈을 빌려줌으로써

(c) 주식으로 큰 수익을 올리도록 보장함으로써

(d) 위험 요소가 없는 투자를 발견함으로써

EX 2. **How can FinMax help someone with investments?**

EX 2. 핀맥스가 어떻게 투자에 대해 사람들에게 도움을 줄 수 있는가?

• With FinMax, you'll have money in the bank the next time a promising investment opportunity comes up. There's nothing worse than watching a great opportunity appear, only to realize that you don't have the funds to take advantage of it. **With our service, you're sure to have the required resources available next time that great investment prospect rolls around.**

저희 핀맥스 서비스를 이용하시면, 다음 번에 유망한 투자 기회가 생겨날 때 여러분께서 은행에 돈을 갖고 계시게 될 것입니다. 아주 좋은 기회가 나타나는 것을 보면서 그 기회를 이용하는 데 필요한 자금이 없다는 사실을 알게 되는 것보다 더 끔찍한 일은 없습니다. 저희 서비스와 함께 하시면, 다음 번에 그 아주 좋은 투자 가능성이 주변에 널려 있을 때 분명 필수적인 자원을 이용 가능하게 되실 것입니다.

* 지문 중 With FinMax, you'll have money in the bank the next time a promising investment opportunity comes up.을 듣고 투자 기회가 왔을 때 돈을 가지게 될 것이라는 내용만 이해한다면, 상식적으로 핀맥스가 투자할 돈을 빌려줄 것이라는 추측을 할 수 있습니다. 하지만 이어지는 지문의 내용에는 '돈을 빌려준다'는 의미의 표현은 전혀 언급되지 않았습니다. 그리고 지문이 길어지면서 뒷부분의 정답의 단서를 듣지 못하면 언급되지 않은 내용을 추론하여 정답을 고를 수 밖에 없습니다. 자신만의 추측으로 정답을 고르지 말고 지문의 언급된 내용만을 토대로 정답을 추론하는 연습이 필요합니다.

특강 31
매력적인 오답을
피하는 팁

🎧 17-3.mp3

PART 1. *You will hear a conversation between two people. First you will hear questions 1 through 3. Then you will hear the conversation. Choose the best answer to each question in the time provided.*

1

(a) a new advertising strategy
(b) a proposal by the city council
(c) an article about a historical site
(d) an increase in local tourism

3

(a) It will undergo development.
(b) It will contain a passenger terminal.
(c) It will be introduced on travel Web sites.
(d) It will become an affordable place to live.

2

(a) because it is not modernized yet
(b) because it was built by a historical figure
(c) because it is enjoyable for tourists to visit
(d) because it has big hotels and casinos

F: I read an article earlier that said our town is attracting more and more tourists each year.

M: Of course! We have so many attractions and historical buildings to see.

F: Right, and the city council has started advertising aggressively on travel Web sites.

M: It's not only our historical sites that people can enjoy. The city has become an exciting, modern place.

F: That's true. It's constantly changing for the better.

M: I heard that the waterfront area is next.

F: Yes, there are plans to build a big hotel down by the docks.

M: And a casino, too! It's definitely going to become a busy spot once all the work is done.

Words & Phrases

earlier 🔒 아까, 일전에 **more and more** 점점 더 많은, 더욱 더 **attraction** 🔒 명소 **historical** 🔒 역사적인 **city council** 🔒 시의회 **aggressively** 🔒 적극적으로, 공격적으로 **not only** ~뿐만이 아니다 **site** 🔒 장소 **constantly** 🔒 끊임없이 **for the better** 더 좋게, 더 낫게 **waterfront** 🔒 해안가 **dock** 🔒 부두 **definitely** 🔒 분명히 **spot** 🔒 장소 **strategy** 🔒 전략 **proposal** 🔒 제안(서) **tourism** 🔒 관광(산업) **modernize** 🔒 현대화하다 **figure** 🔒 인물 **enjoyable** 🔒 즐거운 **undergo** 🔒 ~을 겪다 **passenger terminal** 🔒 여객 터미널

17-4.mp3

PART 2. *You will hear a presentation by one person to a group of people. First you will hear questions 4 through 6. Then you will hear the talk. Choose the best answer to each question in the time provided.*

4

(a) how to set up a budget
(b) how to manage assets wisely
(c) how to use the full potential of a company
(d) how to raise surplus funds for a company

6

(a) make a decision quickly
(b) stop investing in the company
(c) save as much money as possible
(d) determine how it will affect the company first

5

(a) A magazine
(b) A product sample
(c) A pamphlet
(d) A conference schedule

Good evening, everyone. My name is Anna Dickens, and I'm pleased to be here at the Young Entrepreneurs Conference to speak to you all about using money wisely. All of the points I cover during today's talk are also included in the information pamphlet that you will be given as you leave the auditorium. I'm going to discuss ways you can save money and maximize the earning potential of your company. As entrepreneurs and business owners, you should never make hasty business decisions that could result in unnecessary expenditure. The next time you're considering renovating your offices, upgrading your computers and equipment, or modernizing your retail space … stop. Think it over. Ask yourself whether or not it is a good investment for your company.

Words & Phrases

be pleased to do ~하게 되어 기쁘다 wisely (뷔) 현명하게 cover (동) (주제 등을) 다루다 information pamphlet 안내 책자 auditorium (명) 강당 be going to do ~할 것이다 save money 돈을 아끼다 maximize (동) ~을 극대화하다, ~을 최대화하다 earning (명) 수입, 소득 potential (명) 잠재력, 가능성 entrepreneur 기업가, 사업가 business owner (명) 사업주, 경영주 hasty (형) 성급한 decision (명) 결정 result in ~을 초래하다, ~의 결과를 낳다 unnecessary (형) 불필요한 expenditure (명) 지출 renovate (동) ~을 개조하다 equipment (명) 장비 modernize (동) 현대화하다 retail space (명) 매장, 소매점 think it over 곰곰이 생각하다 whether (or not) ~인지 아닌지 investment (명) 투자 set up (동) 수립하다, 준비하다 budget (명) 예산 manage (동) 관리하다 asset (명) 자산 surplus (형) 잉여의, 과잉의 fund (명) 자금 determine (동) 알아내다, 결정하다 affect (동) 영향을 주다

🎧 17-5.mp3

PART 3. *You will hear a conversation between two people. First you will hear questions 1 through 6. Then you will hear the conversation. Choose the best answer to each question in the time provided.*

1

(a) how her daughter should learn to play the piano
(b) which instrument her daughter should play
(c) how to best teach her daughter at home
(d) which piano school her daughter should enroll in

2

(a) She can cover more material quickly.
(b) She can personalize the lesson plans.
(c) She can spend less time on teaching.
(d) She can get to know her daughter better.

3

(a) by being motivated by her classmates
(b) by meeting friends with more experience
(c) by learning from the best teachers

(d) by studying with the latest textbooks

4

(a) because the family is under a lot of stress
(b) because the piano can be loud
(c) because a piano is expensive
(d) because the family needs to stay quiet

5

(a) The students pay more attention to the teacher.
(b) The students have fewer chances to practice.
(c) The instruments get worn out more easily.
(d) The teacher can demonstrate using the best equipment.

6

(a) learn to become a better teacher
(b) let her daughter go to music classes
(c) teach her daughter at home
(d) spend more time with Tom

17-6.mp3

PART 4. *You will hear an explanation of a process. First you will hear questions 7 through 13. Then you will hear the talk. Choose the best answer to each question in the time provided.*

7

(a) ways of finding job candidates online
(b) how to create a social media account
(c) secrets to gaining more friends online
(d) tips on social media for job seekers

8

(a) Companies will hire you without an interview.
(b) Your coworkers will stop complaining about you.
(c) Companies will think you are a good employee.
(d) You will gain a more positive outlook.

9

(a) when it is a brand-new account
(b) when it lacks current information
(c) when it is updated too frequently
(d) when it contains too much work history

10

(a) approving all personal photos
(b) sharing about one's social life
(c) posting insensitive materials
(d) appearing overly friendly

11

(a) by contacting employers to discuss the job
(b) by writing about professional projects
(c) by expressing a desire to change positions
(d) by posting about membership in a relevant group

12

(a) because several people share the same content
(b) so their accounts can be easily found
(c) because employers conduct in-depth research
(d) so that their identities can be protected

13

(a) Learn how to manage your information.
(b) Polish the photos you post online.
(c) Bring up social media during the interview.
(d) Take more control over other people.

청취 질문 유형별 공략

DAY 16~17에서 배운 청취 영역의 문제 풀이 방식을 적용해보면서 실전 유형의 청취 문제를 푸는 연습을 하여 실전에 대비할 수 있도록 합니다.

❶ 주제 및 목적 유형 문제 풀이 정답 및 해설 p. 84

질문에 "all about", "mainly about", "being talked about", "purpose", "discuss"와 같은 표현이 키워드로 등장하는 주제 및 목적 유형은 지문에서 정답의 단서가 직접적으로 언급되지 않고 대부분 지문 초반부에 언급됩니다. 이 부분을 잘 듣고 지문 일부 내용에만 해당하는 것이 아닌, 전체 내용을 아우를 수 있는 내용의 보기를 정답으로 골라야 합니다.

🎧 18-1.mp3

1.

    (a) a reopened shopping mall
    (b) a newly built clothing shop
    (c) a renovated bowling alley
    (d) a new bowling alley

○ 키워드

1. What is the conversation all about?

대화는 무엇에 관한 것인가?

M: Hey, Ellie! It's nice to see you here in the mall!

F: Hello, Dennis! I'm here to shop for clothes. How about you?

M: I'm here to visit Ampere Bowling Alley and play with my friends.

F: Oh, my family and I have been frequent visitors of that bowling alley since it re-opened.

M: Really? It's my first time going there after its renovation. I'm pretty excited to see how it looks. Are there any significant changes?

🐝꿀팁 PART 1이나 PART 3와 같은 대화 형식의 지문에서는 대화자들 간의 첫 인사말 후에 '어디 가는 길이야?', '여기서 뭘 하고 있었어?'와 같은 질문 다음에 언급되는 내용이 대화의 주제에 대한 단서가 됩니다.

Words & Phrases

reopened 🔸 재개장한, 재개업한 **renovated** 🔸 개조한, 개조공사를 한 **bowling alley** 🔸 볼링장 **frequent visitor** 🔸 단골 손님 **re-open** 🔸 재개장하다 **renovation** 🔸 개조, 보수 **how A look**: A가 어떤 모습일지, A가 어떻게 보일지 **significant** 🔸 중요한, 상당한

18-2.mp3

2.

    (a) a way to replace knife blades

    (b) a method to sharpen knives

    (c) a brand-new cutting board

    (d) a set of rust-proof knives

○ 키워드

2. What is the presentation all about?

발표는 무엇에 관한 것인가?

Hello everyone, and thanks for attending our demonstration of Forever Knives. Are you tired of knives that start out sharp enough to handle the toughest foods, but a few months later can barely get through a tomato? It's a sad fact that most knives rapidly lose their edge, even knives that you sharpen frequently. But Forever Knives are different. We produce a brand of lightweight and rust-proof knives that never dull. Our knives are made with the latest cutlery innovations to ensure that they really will last forever.

🔧**꿀팁** 주제 및 목적 문제는 항상 첫 문제로 출제되므로 PART 2나 4와 같은 1인 담화 형식의 지문에서는 첫 부분(서론)에서 단서를 찾아야 합니다. 두 번째 문제의 단서가 언급되기 전에 무엇에 관한 내용인지 언급하는 부분에서 주제 및 목적을 알 수 있습니다. 보기 (a)~(d)의 내용을 미리 파악해 두고 지문을 들으면서 동시에 보기 내용과 비교하면서 정답을 고르는 것이 좋습니다.

Words & Phrases

way to do ~하는 방법 **replace** ⑧ ~을 교체하다 **method to do** ~하는 방법 **brand-new** ⑱ 완전히 새로운 **attend** ⑧ ~에 참석하다 **demonstration** ⑲ 시연(회) **be tired of** ~가 진절머리 나다, ~을 지겨워하다 **start out** ⑧ 처음에 ~로 시작되다 **sharp** ⑱ 날카로운 **enough to do** ~하기에 충분히 **handle** ⑧ ~을 다루다, 처리하다 **tough** ⑱ 단단한, 질긴 **barely** ⑨ 거의 ~ 않다 **get through** ⑧ ~을 통과하다, 가르다 **edge** ⑲ 날, 가장자리 **sharpen** ⑧ ~을 날카롭게 하다 **frequently** ⑨ 자주 **lightweight** ⑱ 경량의 **rust-proof** ⑱ 부식 방지의 **dull** ⑱ 무딘 **be made with** ~로 만들어지다 **cutlery** ⑲ 식기 **innovation** ⑲ 혁신(적인 것) **ensure that** ~임을 보장하다 **last** ⑧ 지속되다

❷ 추론 유형 문제 풀이 〔정답 및 해설 p. 85〕

질문에서 most likely 또는 probably라는 부사, 또는 can be said about이 언급되면 정답의 단서가 화자에 의해 직접 언급되는 것이 아니라 화자가 말하는 정보를 근거로 질문의 답을 유추해야 하는 추론 유형입니다. 정답의 단서가 지문에 직접적으로 언급되지 않기 때문에 지문에서 질문의 키워드가 언급된 부분의 전후 문맥을 파악해서 정답을 골라야 합니다.

🎧 18-3.mp3

3.

(a) because it has a handle that prevents slipping
(b) because its handle is made of heavy material
(c) because it is designed not to cut fingers
(d) because its blade doesn't house bacteria

⟶ ○ 키워드

3. Why most likely is the knife set safe to use?

칼 세트가 사용하기에 안전한 이유는 무엇일 것 같은가?

The knife set is also one of **the safest knives to hold.** With a titanium handle, it is light enough to ensure its ease of use. With its ergonomic design, you can now cut different ingredients comfortably with precision and speed. The knives have a secured grip handle with indentations for your fingers so you won't have to worry about the knife slipping from your hands. And its titanium handle won't discolor or house bacteria, so you'll be able to use it safely for many years.

🔍**꿀팁** 독해 및 어휘 영역의 추론 유형과는 달리 청취 영역의 추론 유형 문제는 상대적으로 추론의 수준이 높지 않고 지문에서 언급된 정답의 단서와 단순히 일맥상통하는 정답을 고르는 것이 핵심입니다. 단, DAY 17에서 배웠듯이 지문에 언급되지 않는 정보를 추측하여 매력적인 오답을 고르지 않도록 주의해야 합니다.

〔 Words & Phrases 〕

material 몡 소재, 재료, 물품 **ease of use** 사용 편의성 **ergonomic** 몡 인체 공학적인 **ingredient** 몡 (음식) 재료 **comfortably** 편안하게 **precision** 몡 정확(성) **secured** 몡 고정된 **indentation** 몡 울룩불룩한 모양 **slip** 동 미끄러지다 **discolor** 동 변색되다 **house** 동 ~에게 장소를 제공하다, 수용하다 **be able to do** ~할 수 있다

4.

    (a) Protein-rich food prevents saggy skin.

    (b) Healthy food contains vitamins good for skin.

    (c) Fresh food helps skin regenerate itself.

    (d) Preserved food repairs skin tissues.

                                            ○ 키워드

4. Why most likely does **eating healthy help** with skin?

건강에 좋은 음식을 먹는 것이 피부에 도움이 되는 이유는 무엇일 것 같은가?

There is another tip for improving your natural beauty through skin care: **eat healthy.**
Try to eat a variety of foods that contain different essential vitamins that keep our skin
cells healthy. For example, **eating fresh foods rich with vitamin C**—like kiwis and bell
peppers—**can help** preserve youthful skin by building collagen, which is a type of
protein that repairs skin tissues. Enough vitamin C can actually prevent saggy or dull
skin.

🐝**꿀팁** 보기를 미리 읽고 내용을 파악하여 보기 옆에 해석을 간단히 메모해 두면 단서가 언급될 때 내용을 들으면서 보기 (a)~(d)를 하나씩 정답 또는 오
답에 대한 판단을 동시에 할 수 있습니다.

Words & Phrases

prevent ⑧ ~을 예방하다, 방지하다 regenerate ⑧ ~을 재생시키다 preserved ⑲ 보존 처리된 a variety of 다양한
contain ⑧ ~을 포함하다 essential ⑲ 필수적인 keep A 형용사: A를 ~하게 유지하다 cell ⑲ 세포 help do ~하는 데 도움
이 되다 preserve ⑧ ~을 유지하다, 보존하다 collagen ⑲ 콜라겐 protein ⑲ 단백질 tissue ⑲ 조직 prevent ⑧ ~을 방지
하다, 막다 saggy ⑲ 축 처진 dull ⑲ 칙칙한(= drab)

세부정보 유형은 청취 영역의 문제 중에서 가장 많이 출제되는 유형입니다. 세부정보를 묻는 질문에는 What, Who, Which, How, Where, When 등 거의 모든 의문사가 포함되며, 지문에서 언급된 키워드와 같거나 비슷한 정답의 단서가 제시되므로 비교적 수월하게 정답의 단서를 찾을 수 있습니다.

🎧 18-5.mp3

5. (a) by using a special pillowcase
   (b) by washing one's face
   (c) by using different facial products
   (d) by changing bed sheets

7. (a) They protect skin from developing wrinkles.
   (b) They cause skin irritation.
   (c) They accelerate the skin's aging.
   (d) They maintain the skin's glow.

6. (a) to know which skin product one should use
   (b) to anticipate when breakouts might happen
   (c) so one doesn't have to visit a dermatologist
   (d) so one knows how much lotion to apply

○ 키워드

5. According to the speaker, **how** can one **remove dirt** from **pores**?
   화자의 말에 따르면, 어떻게 모공에서 먼지를 제거할 수 있는가?

6. **Why** does one need to **identify** his or her **skin type**?
   왜 각자의 피부 타입을 확인해야 하는가?

7. According to the presentation, **what** do the **sun's rays do** to the skin?
   발표에 따르면, 태양 광선이 피부에 어떤 작용을 하는가?

Good day to all of our viewers, and welcome to another episode of Beauty Talks! Today, we will be talking about improving your natural beauty through skin care.

In the course of an ordinary day, our skin takes a beating—air pollution, the sun's UV rays, cigarette smoke, and fast-food diets can rob us of our once-youthful glow. But it's possible to get that glow back with proper maintenance. Here are some of our tips and tricks to repair damaged skin and prevent skin problems in the future.

First, 5 wash your face at least two times a day. Throughout the day, dirt sticks to your face and clogs your pores. Leaving your pores blocked with dirt can trigger acne. Remember to always wash your face before you go to sleep at night. You should also wash your face once you wake up because the dirt from your bed or pillow can stick to your face.

Second, choose skin care products that match your **skin type**. Many products are made for a specific type of skin. ⑥ Applying a product that is incompatible with your skin type may result in adverse effects, like pimple breakouts or skin irritation. To be sure of your skin type and which lotions, creams, and serums are safe to apply, consult a dermatologist.

Third, use sunscreen. Whenever you are staying out in the sun or simply going for a walk, **the sun's harmful rays** can still affect you. ⑦ Direct exposure to sunlight can cause your skin to age fast by developing wrinkles. Too much exposure to the sun can also lead to skin cancer. It is recommended that you apply sunscreen to block the sun's harmful rays 30 minutes before going out. Just make sure that you use a broad-spectrum sunscreen to maximize skin protection.

sun's ray와 동의어 ○······

독해

청취

VOCA

Words & Phrases

remove A from B: B에서 A를 제거하다, 없애다 pillowcase 몡 베갯잇 facial 혱 안면의, 얼굴의 identify 동 ~을 확인하다, 알아보다 anticipate 동 ~을 예상하다 protect A from B: B로부터 A를 보호하다 accelerate 동 ~을 가속화하다 aging 몡 노화 maintain 동 ~을 유지하다 viewer 몡 시청자 episode 몡 (한 회의) 방송분 improve 동 ~을 향상시키다, 개선하다 through 젠 ~을 통해 in the course of ~하는 과정에서 ordinary 혱 일상적인, 평범한 take a beating 타격을 입다 pollution 몡 오염 UV rays 몡 자외선 rob A of B: A에게서 B를 빼앗다 glow 몡 광채, 빛 proper 혱 적절한, 제대로된 maintenance 몡 유지 관리 trick 몡 비결 repair 동 ~을 되살리다, 복구하다 damaged 혱 손상을 입은 prevent 동 ~을 방지하다, 막다 at least 최소한, 적어도 stick to ~에 붙다, ~을 지키다, 고수하다 clog 동 ~을 막다 pore 몡 모공 leave A p.p.: A를 ~된 채로 두다 trigger 동 ~을 유발하다, 촉발하다 acne 몡 뾰루지 choose 동 ~을 선택하다 match 동 ~에 적합하다, 어울리다 specific 혱 특정한, 구체적인 apply 동 ~을 바르다, 적용하다 incompatible with ~에 맞지 않는 result in ~을 초래하다, ~의 결과를 낳다 adverse effect 부작용, 악영향 pimple 몡 여드름 breakout 몡 발생, 발발 irritation 몡 자극, 짜증나게 하는 것 be sure of ~을 확실히 하다 consult 동 ~에게 상담하다 dermatologist 몡 피부과 전문의 harmful 혱 유해한 affect 동 ~에 영향을 미치다 exposure to ~에 대한 노출 cause A to do: A가 ~하게 만들다, ~하도록 초래하다 age 동 노화되다 develop 동 ~을 발달시키다 wrinkle 몡 주름 lead to ~로 이어지다 block 동 ~을 차단하다 make sure that 반드시 ~하도록 하다, ~임을 확실시 하다 broad-spectrum 혱 폭넓은 효능을 지닌 maximize 동 ~을 극대화하다

8. (a) finding a musical instrument for his
daughter
(b) locating the parent-teacher conference
room
(c) choosing an extracurricular activity for
his daughter
(d) deciding how his daughter will learn
violin

10. (a) because tutors with low fees are rare
(b) because he doesn't know any violin
tutors
(c) because nobody is able to
recommend a tutor
(d) because most violin teachers prefer
group classes

9. (a) His daughter won't have to leave their
house.
(b) He can supervise the tutor's teaching
style.
(c) He can learn how to play violin as well.
(d) Tutors can establish their own methods
of teaching.

○ 키워드

8. **What** does Mr. Johnson **need Ms. Lee's help** with?
존슨 씨는 무엇에 대해 리 씨의 도움이 필요한가?

9. According to Mr. Johnson, **how can one-on-one tutorials** be **convenient**?
존슨 씨의 말에 따르면, 일대일 교습이 어떻게 편리할 수 있는가?

10. **Why is finding a good violin teacher a problem** for Mr. Johnson?
왜 좋은 바이올린 교사를 찾는 일이 존슨 씨에게 문제인가?

F: Hi, Mr. Johnson! It's nice to see you again! Are you here for the parent-teacher conference?

M: Yes, Ms. Lee. My daughter is now a third-grade student here.

F: Oh, I remember your daughter well—I taught her last year. How is she?

M: Well, these days she wants to learn how to play the violin. So 8 I'm wondering if I should enroll my daughter in a violin class or hire a private tutor.

F: Ah, that sounds like a tough choice. Maybe we can discuss the advantages and disadvantages of both options?

○ one-on-one tutorials와 동의어

M: Sure! I'm thinking that 9 one of the advantages of hiring a tutor is that it's much more convenient because the lessons will happen in our house.

F: Yes. And your daughter might feel more comfortable if she was learning in a familiar environment.

M: That's a great point.

F: Another advantage is that since it's a one-on-one tutorial, the tutor can adjust his or her teaching so that it matches your daughter's level.

M: Yes, I worried that she might feel intimidated by other students with more experience, since she's never played the violin before.

F: Private tutors can focus all their attention on your daughter, and give her support that will help her feel more confident.

M: Yes, that's another good point. These are all great advantages. But hiring a tutor can be really expensive. More experienced tutors will probably also ask for a higher rate.

F: Ah, yes. It's a classic dilemma—cost versus quality.

○ problem과 동의어

M: I couldn't have said it better myself, Ms. Lee. Well, 10 another disadvantage is that I don't know any good violin tutors.

PART 1, 2 공략하기

PART 1과 2의 청취 지문으로 문제를 푸는 연습을 하여 실전에 대비할 수 있도록 합니다.

① PART 1 (2인 일상대화) 풀이 방법

PART 1은 남자와 여자로 구성된 2인이 일상적인 대화를 나누는 내용이며, 세부정보, 추론 유형의 문제가 주로 출제됩니다. 모든 문제에 공통으로 해당하는 문제 풀이 방법은 ① 보기 (a)~(d)를 미리 읽고 내용을 파악한 다음, ② 질문을 듣고 키워드를 메모한 뒤, ③ 지문을 음원으로 들으면서 키워드가 언급되는 부분에서 정답의 단서가 되는 정보를 잡아 내고 ④ 보기 중에서 단서의 내용과 일치하는 보기를 정답으로 고르는 것입니다.

🎧 19-1.mp3

EX 1. (a) the house of a friend she works with
(b) a meeting with a professional adviser
(c) an orientation session for her new job
(d) the company she currently works for

EX 1. **Where** is **Miranda going** when she first runs into Jacob?

F: Hi Jacob! Good to see you.

M: Good to see you too, Miranda. What brings you to this part of town?

F: Actually, I have an appointment with a private career counselor. I'm thinking about quitting my job, and I want to make sure it's the right decision before I look for my next job.

여: 안녕, 제이콥! 만나서 반가워.
남: 나도 만나서 반가워, 미란다. 이쪽 동네에 무슨 일로 온 거야?
여: 실은, 개인 진로 상담 전문가와 약속이 있어. 내가 회사를 그만 두려고 생각 중인데, 다음 직장을 찾아보기 전에 이게 옳은 결정인지 확실히 해두고 싶어서.

EX 1. 미란다는 제이콥과 처음 마주칠 때 어디에 가고 있었는가?
(a) 함께 일하는 친구의 집
(b) 전문 상담사와의 회의
(c) 새 직장의 오리엔테이션 시간
(d) 현재 재직 중인 회사

STEP 1 보기 읽고 내용 파악하기

음원이 시작되기 전에 (a)~(d)를 읽고 지문의 내용의 유추하거나 중요 표현을 파악합니다.

STEP 2 질문 듣고 키워드 메모하기

질문이 의문사 Where로 시작하므로 장소에 대한 정보를 찾는 세부정보 유형 문제임을 확인하고, Where Miranda going이 키워드임을 알 수 있습니다.

STEP 3 정답의 단서 듣고 메모하기

Miranda가 지문에서 여성을 말하므로 여성이 행선지에 대해 말하는 부분을 집중하여 듣습니다.

STEP 4 정답의 단서와 일치하는 보기 찾기

여성이 I have an appointment with a private career counselor. 라고 말한 부분에서 '개인 진로 상담 전문가와의 약속'이 있다는 것을 알 수 있는데, 이를 a meeting with a professional adviser로 패러프레이징한 (b)를 정답으로 고릅니다.

정답 (b)

❷ PART 1 문제 풀이 연습

질문에서 키워드를 찾아 해당 키워드가 언급되는 부분에서 고유명사나 시간, 장소 등 구체적인 정보가 정답의 단서로 활용되는 것에 집중하여 들어야 합니다.

🎧 **19-2.mp3** 스크립트(SCRIPT)는 다음 페이지에 있습니다.

> **PART 1.** *You will hear a conversation between two people. First you will hear questions 1 through 7. Then you will hear the conversation. Choose the best answer to each question in the time provided.*

1
(a) at the gym
(b) in front of Stephen's house
(c) at Michelle's workplace
(d) along the jogger's trail

2
(a) early mornings
(b) before noon
(c) after lunchtime
(d) before dinnertime

3
(a) having her own trainer
(b) meeting people with different goals
(c) seeing others exercising hard
(d) knowing Stephen works out at the same gym

4
(a) because they focus on a few customers
(b) because they provide customized exercise routines
(c) because they let customers do hard exercises
(d) because they recommend a strict diet

5
(a) He feels less tired when hiking.
(b) He performs daily activities easily.
(c) He doesn't get tired at all.
(d) He feels that his energy level stays the same.

6
(a) She limits the amount of junk food she eats.
(b) She always cooks instead of buying food.
(c) She keeps a record of the foods she has eaten.
(d) She has mastered how to manage calories.

7
(a) by making her care less about what she eats
(b) by making her sweat profusely
(c) by giving her a sense of achievement
(d) by providing her an opportunity to meet people

1: **Where** did **Michelle and Stephen see** each other?

2: **When most likely** does **Michelle** usually **exercise**?

3: **What motivates Michelle** to **work out** harder?

4: **Why** did **Michelle** say that the **trainers** are **helpful**?

5: **Why** does **Stephen** feel that **his overall health** is **better** now?

6: **How** did **Michelle** show that she is **more disciplined** now?

7: **How** has **exercising** helped **improve Michelle's mood**?

M: Michelle? Is that you?

F: Oh, Stephen! What a coincidence! ① You work out in this gym too?

M: Yeah. ① I just finished exercising and was actually about to head home but then I saw you coming in.

F: I see. Do you usually **work out around this time**?

M: Actually, ② I often work out in the morning. I just came in late today. I wanted to exercise a bit before dinner.

F: ② I guess that's why we've never met here before. It's nice to have someone I know here. I'm still adjusting to the atmosphere since I used to work out alone at home.

M: Is that so? Well, how do you find working out here in the gym so far?

F: It's very motivating. ③ Seeing and meeting people who are very dedicated to exercising inspires me to work out harder. Since we have similar goals, I feel more determined to achieve them.

M: I understand. When I was new here, my trainer would always be by my side to make sure that I was doing the routine correctly. He also suggested that I join group classes.

F: That's one of the things I like about this gym: **the trainers are really helpful**. ④ Besides coming up with individualized routines, they always guide us patiently, especially when we're having a hard time doing certain exercises.

M: I agree, Michelle! Like, in my case, I told my coach that I wanted to tone my body. He then presented an exercise routine to help me achieve that. He explained the different machines I have to use and the exercises I have to do and how these can help.

F: My coach did the same for me. I told her that my goal was to lose weight and she came up with an exercise plan to help me do so. She also gave me some diet recommendations!

M: Nice. And along with the physical improvement, ⑤ I can tell that my overall health has been enhanced too. I feel less tired when I'm doing regular activities at home.

F: That's cool, Stephen! I hope one day, when I've spent enough time working out here, I can say the same. So far, what I've noticed is that I've become more disciplined.

M: Hmmm, why do you think so?

F: I used to care less about my diet before I joined the gym. ⑥ But now, I'm more conscious of what I eat. I definitely consume less junk food. I'm also slowly learning how to manage the amount of calories I take in.

M: Yeah, I used to eat donuts every morning before I got my gym membership, ha-ha! But here we are now, a whole lot healthier and happier.

F: That's true! I genuinely enjoy doing the exercises and it feels nice because they are good for my health. ⑦ The sense of accomplishment and self-satisfaction improved my mood a lot too.

M: Well, I better get going. It was good catching up with you. Good luck on today's routine, Michelle!

F: Hope we can work out together soon. See you around, Stephen!

Words & Phrases

p. 183

workplace 몡 직장, 업무 현장 along 쩐 (길 등) ~을 따라 trail 몡 코스, 길 motivate A to do: A에게 ~하도록 동기를 부여하다 focus on ~에 초점을 맞추다, 집중하다 customized 몡 맞춤 제공의 let A do: A에게 ~하게 하다 strict 몡 엄격한 perform 동 ~을 수행하다 not ~ at all 전혀 ~ 않다 instead of 쩐 ~하는 대신, ~가 아니라 keep a record of: ~을 기록하다 master 동 ~을 완벽히 터득하다 profusely 문 대량으로, 풍부하게 provide 동 ~을 제공하다

p. 184-185

coincidence 몡 우연(의 일치) work out 동 운동하다(= exercise) be about to do 막 ~하려 하다 head home 집으로 향하다 adjust to ~에 적응하다 atmosphere 몡 분위기 how do you find A?: A를 어떻게 생각해? so far 지금까지 motivating 몡 동기 부여가 되는 be dedicated to -ing ~하는 데 전념하다 inspire A to do: ~하도록 A를 자극하다, 영감을 주다 determined 몡 굳게 결심한, 단호한 achieve 동 ~을 달성하다, 이루다 make sure that ~하도록 확인하다, 반드시 ~하도록 하다 routine 몡 일상적인 것 correctly 문 제대로, 정확히 join 동 ~에 가입하다, 참가하다 come up with ~을 제안하다, 제시하다 individualized 몡 개별화된 patiently 문 인내심 있게 have a hard time -ing ~하는 데 어려움을 겪다 certain 몡 특정한 tone 동 (몸을) 탄탄하게 만들다 present 동 ~을 제시하다 help A do: A가 ~하는 것을 돕다 along with 쩐 ~와 함께 physical 몡 신체적인, 물리적인 improvement 몡 향상, 개선 overall 몡 전반적인 enhance 동 ~을 향상시키다 notice 동 ~을 알아차리다 disciplined 몡 체계가 잡힌, 잘 통솔된 care about 동 ~을 신경 쓰다 be conscious of ~을 의식하다 definitely 문 확실히, 분명히 consume 동 ~을 먹다, 소비하다 take in ~을 섭취하다 a whole lot (비교급 강조) 훨씬 genuinely 문 진정으로 sense of accomplishment 몡 성취감 self-satisfaction 몡 자기 만족 improve 동 ~을 향상시키다, 개선하다 better do ~하는 게 좋다 get going 가다, 출발하다 catch up with ~와 그 동안의 이야기를 하다

③ PART 2 (1인 광고, 안내, 방송) 풀이 방법

PART 2는 남자나 여자 1인이 광고나 안내방송, 또는 어떤 주제에 대해 발표하는 내용을 다룹니다. PART 1과 마찬가지로 주로 세부정보 문제와 추론 문제가 출제되므로 광고의 대상이나 안내방송의 주제에 대한 구체적인 정보에 집중하여 들어야 합니다. 특히 Based on, according to라는 표현이 나오는 문제는 특정 부분에 설명된 내용과 일치하는 것을 찾아야 하는 문제입니다. 또한 PART 2의 첫 문제는 주제 및 목적 유형의 문제가 자주 출제되므로 음원이 시작되면 해당 지문의 전체 내용이 어떤 것인지 파악해야 합니다.

🎧 19-3.mp3

EX 2. (a) because it can be flipped over when a side is damaged
(b) because it makes cutting specific ingredients easier
(c) because some knives require different cutting surfaces
(d) because it makes the cutting board more durable

EX 2. **Why most likely** does the **cutting board** have **two different sides?**

If you decide to buy a set of Forever Knives today, we'll also give you **a unique double-sided cutting board. It has a plastic side, which is recommended for cutting meat, and a wooden side, which is recommended for cutting vegetables and ready-to-eat foods like bread.** You won't have to worry about reaching for another board if you're switching between different ingredients while cooking.

오늘 '포에버 나이브스' 세트를 구입하시기로 결정하실 경우, 특별한 양면 도마도 함께 제공해 드립니다. 이 도마는 한쪽이 고기를 자르는 데 추천되는 플라스틱 면이고, 다른 한쪽은 채소 및 빵 같이 바로 먹을 수 있는 음식을 자르는 데 추천되는 나무 면으로 되어 있습니다. 요리하시는 동안 다른 재료들을 번갈아 준비하시는 경우에 다른 도마를 꺼낼 걱정은 하실 필요가 없을 것입니다.

EX 2. 도마에 왜 두 개의 다른 면이 있을 것 같은가?
(a) 한쪽 면이 손상될 때 뒤집어 쓸 수 있기 때문에
(b) 특정 재료를 자르는 일을 더 쉽게 만들어주기 때문에
(c) 몇몇 칼들이 다른 칼질용 표면을 필요로 하기 때문에
(d) 그 도마를 더욱 내구성이 뛰어나게 만들어주기 때문에

STEP 1 보기 읽고 내용 파악하기

음원이 시작되기 전에 (a)~(d)를 읽고 지문의 내용의 유추하거나 중요 표현을 파악합니다.

STEP 2 질문 듣고 키워드 메모하기

질문이 Why most likely ~?이므로 이유를 묻는 추론 유형 문제임을 확인하고, 그 뒤의 the cutting board와 two different sides가 키워드임을 알 수 있습니다.

STEP 3 정답의 단서 듣고 메모하기

질문의 키워드가 지문에서 a unique double-sided cutting board로 언급이 되고, 그 뒤에 two sides에 대해 설명하는 부분이 언급되므로 이 부분을 집중하여 듣습니다.

STEP 4 정답의 단서와 일치하는 보기 찾기

cutting board가 한쪽은 고기를 자르는 데 추천되는 플라스틱 면이고, 다른 한쪽은 채소 및 빵과 같은 바로 먹을 수 있는 음식을 자르는 데 추천되는 나무 면으로 되어 있다(It has a plastic side, which is recommended for cutting meat, and a wooden side, which is recommended for cutting vegetables and ready-to-eat foods like bread)고 언급되었으므로, 이는 각 면이 특정 재료를 자르는 데 사용될 수 있음을 알 수 있습니다. 그래서 정답은 (b)입니다.

정답 (b)

④ PART 2 문제 풀이 연습

질문에서 키워드를 찾아 해당 키워드가 언급되는 부분에서 고유명사나 시간, 장소 등 구체적인 정보가 정답의 단서로 활용되는 것에 집중하여 들어야 합니다.

🎧 **19-4.mp3** 스크립트(SCRIPT)는 다음 페이지에 있습니다.

> **PART 2.** *You will hear a presentation by one person to a group of people. First you will hear questions 8 through 13. Then you will hear the talk. Choose the best answer to each question in the time provided.*

8
(a) a digital clock ideal for the living room
(b) a bed with a built-in alarm clock
(c) a wall clock with unlimited battery
(d) a device that follows verbal instructions

9
(a) It is the only manually operated alarm clock.
(b) It is the only device to offer motion-sensitive light.
(c) It is the first clock that obeys voice commands.
(d) It is the first device powered with smart technology.

10
(a) so that it will match any room
(b) so that it looks neat and sophisticated
(c) so that one can easily find where to put batteries
(d) so that the time and date are seen effortlessly

11
(a) It will automatically shut down.
(b) It will ignore these commands.
(c) It will repeat the given instructions.
(d) It will execute the directions immediately.

12
(a) once a person leaves the room
(b) when it hears "open lamp"
(c) as soon as nighttime comes
(d) when someone enters the room

13
(a) when one buys before 7 p.m.
(b) when one buys the next day
(c) when one buys after 7 p.m.
(d) when one buys at a department store

8: **What is the presentation all about?**

9: **What makes Chronos unique?**

10: **Why probably** was **Chronos** designed to **have a white exterior?**

11: **How most likely** will **Chronos** respond to **instructions** from an unregistered voice?

12: **When** does the whole body of **Chronos light up?**

13: **When** can one **buy Chronos at a discounted price?**

    Hello everyone and welcome to the official launch of TimeTech's newest product, a device that will surely make your life easier. Before I start, let me ask: has it ever happened that you're lying in bed and ready to sleep when you suddenly remember that you still have to set your alarm clock? It can be pretty annoying, right?

    If you're tired of manually setting and turning off your alarm clock, this product is the perfect item for your bedside table! ⑧ ⑨ Introducing the **Chronos** Smart Clock— the first-ever smart clock that can obey voice commands! It may look like a typical digital clock on the outside, but its remarkable features will surprise you.

    Chronos is a cube made of sturdy plastic. ⑩ It has a simple **white exterior** that emphasizes the pitch black font of the time and date at the front display. The clock's face is also equipped with a motion-sensitive backlight. When you look at the bottom, you'll see where the battery is located.

    Now, the main highlight of this product: the voice command function. This feature is something you won't see in other alarm clocks as our company is the first to successfully execute and offer this innovation. With this feature, you no longer need to set your alarm manually before tucking yourself in bed. You can now do this even while you're lying down! Simply give Chronos verbal instructions to set the alarm. For example, "Chronos, set alarm for five thirty." Chronos will then announce that "Alarm is set for five thirty." The same way, when the alarm goes off at that time, you can command Chronos to stop ringing or to give you a few more minutes. ⑪ Chronos only obeys **the directions** of registered voices, so it doesn't get sidetracked when there are multiple people speaking at the same time.

    Besides helping you wake up in the morning, Chronos doubles as a lamp. ⑫ **When you say, "open lamp," the whole body of the clock will emit a subdued white light** that's not too bright for the eyes, which makes it a good night light as well. You can turn off the light via voice prompts too.

Another factor that makes Chronos amazing is that it has a built-in motion sensor. It can detect when there is someone in the room where it is located. When you place it on your bedside table and leave the room, it automatically turns off its lights and clock display. But once you or anyone else enters the room, it will immediately detect movement and the clock's face will automatically light up.

After hearing about Chronos, I know you all are eager to know how to get your hands on this product. After this talk, you're welcome to come up on stage and see the item up close or try it first-hand. Every Chronos package comes standard with an extra rechargeable battery, its dedicated charger, and a user manual with detailed instructions on how to operate the product.

As an exclusive offer for those who attended today's event, 13 **we will be giving a 30% discount** to those who buy the product before 7 p.m. today. Chronos will then be available in major department stores across the city. That's it for today, everyone. Thank you for listening!

Words & Phrases

p. 187

ideal ⑱ 이상적인 unlimited ⑱ 무제한의 follow ⑧ ~을 따르다 powered with ~로 동력이 제공되는 match ⑧ ~와 어울리다 neat ⑱ 깔끔한 sophisticated ⑱ 세련된 where to do ~하는 곳 effortlessly ⑨ 수월하게, 쉽게 respond to ~에 반응하다 unregistered ⑱ 등록되지 않은 shut down ⑧ 정지하다 ignore ⑧ ~을 무시하다 repeat ⑧ ~을 반복하다 execute ⑧ ~을 실행하다 immediately ⑨ 즉시 as soon as ⑳ ~하는 대로, ~하자마자 at a discounted price 할인된 가격에

p. 188-189

official ⑱ 공식적인, 정식의 launch ⑲ 출시, 공개 device ⑲ 기기, 장치 surely ⑨ 분명히 suddenly ⑨ 갑자기 set ⑧ ~을 설정하다 annoying ⑱ 성가신, 귀찮은 be tired of ~을 지겨워하다 manually ⑨ 손으로, 수동으로 obey ⑧ ~을 따르다, 준수하다 voice commands ⑲ 음성 명령 typical ⑱ 일반적인, 전형적인 on the outside 겉으로 보기에 remarkable ⑱ 주목할 만한, 놀랄 만한 feature ⑲ 특징, 기능 cube ⑲ 정육면체 made of ~로 만들어진 sturdy ⑱ 견고한 exterior ⑲ 겉면, 외부 emphasize ⑧ ~을 강조하다 pitch black ⑱ 새까만 font ⑲ 서체 face 표면, 겉면 be equipped with ~이 장착되어 있다, ~을 갖추고 있다 motion-sensitive 동작을 감지하는 be located 위치해 있다 execute ⑧ ~을 완성하다, 만들어내다 offer ⑧ ~을 제공하다, ⑲ 제공(되는 것) innovation ⑲ 혁신(적인 것) no longer 더 이상 ~ 않다 tuck oneself in bed 잠자리에 들다 lie down 누워 있다 verbal ⑱ 말로 하는 instructions ⑲ 안내, 지시, 설명 go off (경보기 등이) 울리다 command ⑧ ~에게 명령하다, 지시하다 ring ⑧ 울리다 directions ⑲ 명령, 지시 registered ⑱ 등록된 get sidetracked 방해 받다, 다른 길로 새다 multiple ⑱ 여럿의, 다수의 besides ⑳ ~뿐만 아니라 help A do: A가 ~하는 것을 돕다 double as (주요 역할 외에) ~로서의 역할도 하다 emit ⑧ ~을 발산하다, 내뿜다 subdued ⑱ 은은한 as well ⑨ ~도, 또한 via ⑳ ~을 통해 prompts ⑲ 메시지, 말 factor ⑲ 요소 built-in 내장된 motion sensor ⑲ 동작 감지 센서 detect ⑧ ~을 감지하다 place ⑧ ~을 놓다, 두다 be eager to do 간절히 ~하기를 원하다 get one's hands on ~을 손에 넣다 be welcome to do 얼마든지 ~해도 좋다 up close 아주 가까이서 first-hand 직접 come standard with ~가 기본적으로 딸려 있다, ~을 기본으로 포함하다 extra ⑱ 추가의, 별도의 rechargeable ⑱ 충전 가능한 dedicated ⑱ 전용의 charger ⑲ 충전기 user manual ⑲ 사용자 설명서 detailed ⑱ 상세한 operate ⑧ ~을 작동하다, 가동하다 exclusive ⑱ 독점적인 those who ~하는 사람들 across ⑳ ~ 전역에서

PART 3, 4 공략하기

PART 3와 PART 4의 청취 지문으로 문제를 푸는 연습을 하여 실전에 대비할 수 있도록 합니다.

❶ PART 3 (2인 대화: 장/단점 비교) 풀이 방법

PART 3는 PART 1과 마찬가지로 남자와 여자로 구성된 2인이 나누는 대화 지문입니다. PART 1과 다른 점은 주제가 일상대화가 아닌 두 명 중 한 명이 두 가지 대상 중에 하나를 선택해야 하는 상황에서 나머지 한 명이 각각의 장점과 단점을 같이 논의하면서 마지막에 결정을 내리는 내용을 담고 있다는 점입니다. 그래서 PART 3의 마지막 문제는 고민하던 사람이 어떤 것을 선택할 것인지 묻는 문제가 출제됩니다.

🎧 20-1.mp3

EX 1. (a) enroll his daughter in a violin class
　　　(b) search for a qualified violin tutor
　　　(c) buy a violin for his daughter
　　　(d) discuss his concerns with other parents

　　EX 1. What might Mr. Johnson do after the
　　　　　conversation?

　F: Well, now that we have discussed both options,
　　　which are you going to choose?

　M: Well, I want my daughter to enjoy learning the
　　　violin with other kids her age, even if it might
　　　be inconvenient at times.

　F: I see. I think that is a good choice. Well, it's time
　　　for me to go to the second-grade parent-teacher
　　　conference now, Mr. Johnson.

여: 음, 이제 두 가지 선택권을 모두 이야기해봤는데, 어느 것을 선택
　　하실 건가요?

남: 저, 저는 제 딸이 때때로 불편할 수 있다고 하더라도 또래의 다른
　　아이들과 함께 즐겁게 바이올린을 배웠으면 좋겠어요.

여: 알겠습니다. 그게 좋은 선택인 것 같습니다. 이제 제가 2학년 학
　　부모와 교사 간담회에 가봐야 할 시간이 됐습니다, 존슨 씨.

EX 1. 존슨 씨는 대화 후에 무엇을 할 것 같은가?

　(a) 자신의 딸을 바이올린 수업에 등록시키는 일
　(b) 적격인 바이올린 개인 지도 교사를 찾는 일
　(c) 자신의 딸에게 필요한 바이올린을 구입하는 일
　(d) 다른 학부모들과 자신의 우려를 이야기하는 일

STEP 1 보기 읽고 내용 파악하기

음원이 시작되기 전에 (a)~(d)를 읽고 지문의 내용의 유추하거나 중요 표현을 파악합니다.

STEP 2 질문 듣고 문제 유형 파악하기

질문이 What might ~ do after the conversation? 이므로 남자가 고민하던 2개의 선택사항 중에 무엇을 하기로 결정하는지 파악해야 합니다.

STEP 3 정답의 단서 듣기

여자가 which are you going to choose? 라고 물어보는 것이 정답의 단서가 언급될 것임을 알려주는 말이므로 그 뒤의 내용을 집중하여 듣습니다.

STEP 4 정답의 단서와 일치하는
　　　　　보기 찾기

남자가 자신의 딸이 또래의 다른 아이들과 함께 바이올린을 배우는 것을 즐기길 원한다(I want my daughter to enjoy learning the violin with other kids her age)라고 하는 것을 듣고 바이올린 수업에 등록할 것이라는 것을 알 수 있음으로 (a)를 정답으로 고릅니다.

정답 (a)

❷ PART 3 문제 풀이 연습

🎧 **20-2.mp3** 스크립트(SCRIPT)는 다음 페이지에 있습니다.

> **PART 3.** *You will hear a conversation between two people. First you will hear questions 1 through 6. Then you will hear the conversation. Choose the best answer to each question in the time provided.*

1
(a) because she lost her old pair on the subway
(b) so she doesn't have to hear other commuters
(c) because her current earphones are low quality
(d) so she can have a source of entertainment

2
(a) because they are made of comfortable materials
(b) because they are hidden inside one's clothes
(c) because they allow one to move freely
(d) because they use convenient cables

3
(a) by using wires to directly transmit music
(b) by playing music continuously
(c) by restricting sound travel
(d) by relying on smart technology to play music

4
(a) because they get in the way of other commuters
(b) because their wires usually get entangled
(c) because they take a long time to play songs
(d) because they only connect to certain devices

5
(a) They don't come with a case.
(b) They are attached to a device.
(c) They can break too easily.
(d) They run on battery.

6
(a) buy wired earphones
(b) visit another store
(c) ask for another option
(d) get wireless earphones

특강 32
will do after
문제

1: **Why most likely** is **Mary** looking to **buy earphones**?

2: According to **Luke, why** are **wireless earphones comfortable** to use?

3: **How** do **wired earphones** produce **good sound quality**?

4: **Why** did **Mary** say that **wired earphones** can be **a hassle**?

5: **What** is a **downside** of using **wireless earphones**?

6: **What most likely** will **Mary do**?

M: Good afternoon and welcome to Ascend Sound Store! I'm Luke, one of the store assistants here. Is there anything I can help you with?

F: Oh, hello there. I'm Mary. ①I'm looking for some quality earphones. My work commute takes at least an hour and I often get bored sitting on the subway.

M: Well, ma'am, you've come to the right place. We offer a wide range of earphones. Let me just ask, do you want wired earphones or wireless ones?

F: Hmmm... To be honest, I'm not quite familiar with their differences, so I don't really have a preference. What would you suggest?

M: I see. Well, I think it's best that we discuss the advantages and disadvantages of these two options so that you can make an informed choice.

F: Sounds good. Well, I know that wired earphones, as their name suggests, are those that have connecting cords and a jack that we plug into a device. What about wireless earphones? How do they work?

M: Wireless earphones use smart technology that lets you connect directly to your device without needing cables. ②⑥One benefit they offer is that they are very **comfortable** to use. Without wires attached to your device, you are free to move around as much as you like!

F: That's nice, Luke. Maybe I can even dance on the subway?

M: Well, that depends on how crowded it is. Ha-ha.

F: You know, another advantage I can see is that once they are in my ears, they are barely noticeable. They won't get in the way of my clothes or accessories, giving me a polished look.

M: You're right, Mary. On the other hand, **wired earphones produce good sound quality** ③since the music is directly transmitted through the wires. So, there will be no distracting hums, buzzes, or other forms of audio interference.

F: I would surely enjoy my favorite songs then. And looking at your selections here, I can see that wired earphones are within my budget. That's definitely a pro for me!

M: That's true. But remember, every option has disadvantages. For instance, ④a disadvantage of wired earphones is that the wires can get entangled. Undoing the knots can take time and can be **bothersome**.

F: I see why that could be a hassle. Another drawback is that I would have to constantly hold the device that the earphones are attached to or at least have it near me all the time.

M: Precisely. Having said that, **wireless earphones also have downsides.** ⑤ For one, they are battery-dependent. When you've drained their battery, you would need to charge them again before you can use them.

F: You have a point. Another disadvantage is that there is a high risk of losing them since they are small and can fall out of my ears. Even if I keep them in their case when not in use, the case itself is so small that it can easily be misplaced too.

M: Well, those are the pros and cons of each option. Have you decided which type of earphones suits you better?

F: Hmmm… I think so. ⑥ As much as I want to look stylish, I think it's better if I can listen to good music without any interruptions.

M: Alright, Mary. Let me just go to the stock room so I can show you the rest of our selection. Please wait for me here.

F: I will. Thanks for all your help, Luke!

Words & Phrases

p. 191

look to do ~하기를 바라다, ~할 예정이다 commuter 몡 통근자 current 톙 현재의 source of entertainment 오락거리 material 몡 소재, 재료, 자재 hidden 톙 숨겨진 allow A to do: A에게 ~하게 해주다 freely ㋬ 자유롭게 convenient 톙 편리한 continuously ㋬ 끊임없이 restrict 동 ~을 제한하다 travel 몡 이동, (빛, 소리 등의) 운동 rely on ~에 의존하다 certain 톙 특정한, 어떤 come with ~가 딸려 있다, ~을 포함하다 break 동 고장 나다, 망가지다 run 동 작동되다 ask for ~을 요청하다

p. 192-193

store assistant 몡 매장 직원 help A with B: B에 대해 A를 돕다 look for ~을 찾다 quality 톙 품질 좋은, 양질의 commute 몡 통근 at least 최소한, 적어도 bored 톙 지루한 a wide range of 아주 다양한 to be honest 솔직히 말해 be familiar with ~을 잘 알다, ~에 익숙하다 quite ㋬ 꽤, 상당히 preference 몡 선호(하는 것) informed 톙 정보를 갖고 있는, 잘 아는 make a choice 선택하다 connecting cords 몡 연결 코드 plug A into B: A를 B에 꽂다 device 몡 기기, 장치 let A do: A에게 ~하게 해주다 without -ing ~하지 않고 benefit 몡 이점, 혜택 without A p.p.: A가 ~되지 않으면 attach A to B: A를 B에 연결하다, 붙이다 be free to do 자유롭게 ~하다 move around 돌아다니다 depend on ~에 따라 다르다, ~에 달려 있다 crowded 톙 사람들로 붐비는 barely ㋬ 거의 ~않다 noticeable 톙 인식 가능한, 주목할 만한 get in the way of ~에 방해가 되다 polished 톙 세련된 transmit 동 ~을 전송하다 distracting 톙 집중을 흐트러뜨리는 hum 몡 잡음 buzz 몡 윙윙거림 form 몡 유형, 종류, 형태 interference 몡 방해, 간섭 selection 몡 (제품) 종류, 선택 가능한 것 budget 몡 예산 definitely ㋬ 확실히, 분명히 pro 몡 장점 entangled 톙 얽힌, 꼬인 undo 동 ~을 풀다, 원상태로 돌리다 knot 몡 얽힌 부분, 매듭 bothersome 톙 성가신, 귀찮은 hassle 몡 번거로운 일 drawback 몡 단점 constantly ㋬ 지속적으로, 계속 have A near B: A를 B 가까이에 두다 all the time 항상 downside 몡 부정적인 면, 불리한 면 battery-dependent 배터리에 의존하는 drain 동 ~을 다 쓰다 charge 동 ~을 충전하다 You have a point 일리 있는 말이에요, 맞는 말이에요 a high risk of -ing ~할 높은 위험성 fall out of ~에서 빠지다, 떨어져 나오다 when not in use 사용하지 않을 때 misplace 동 ~을 분실하다 pros and cons 장단점 suit 동 ~에 적합하다, 어울리다 interruption 몡 방해, 중단 stock 몡 재고(품) the rest of ~의 나머지

❸ PART 4 (1인 발표, 과정 설명) 풀이 방법

PART 4는 PART 2와 마찬가지로 남자나 여자 1명이 어떤 주제나 대상에 대해 발표하거나 과정을 설명하는 지문입니다. PART 4에는 항상 해당 주제에 대한 여러 개의 특징 또는 과정이 나열된다는 것이 PART 2와의 차이점입니다. 첫 문제는 주제 및 목적 유형의 문제가 자주 출제되며, 그 뒤에 각 특징이나 과정마다 세부정보 또는 추론 유형의 문제가 1문제씩 출제되며 지문에서 언급되는 순서가 문제의 순서가 동일하므로 각 문제의 키워드를 파악하여 차례대로 정답을 골라야 합니다.

🎧 20-3.mp3

EX 2. (a) the secret of keeping one's youth
(b) choosing a skin care product
(c) how to care for one's health
(d) taking care of one's skin

EX 2. **What** is **being talked about** in the presentation?

Good day to all of our viewers, and welcome to another episode of Beauty Talks! Today, **we will be talking about** improving your natural beauty through skin care.

In the course of an ordinary day, our skin takes a beating—air pollution, the sun's UV rays, cigarette smoke, and fast-food diets can rob us of our once-youthful glow. But it's possible to get that glow back with proper maintenance. Here are some of our tips and tricks to repair damaged skin and prevent skin problems in the future.

시청자 여러분 안녕하세요, 그리고 오늘도 저희 '뷰티 톡스' 프로그램을 찾아 주신 것을 환영합니다! 오늘은, 피부 관리를 통해 여러분의 자연미를 향상시키는 것에 관해 이야기해 볼 예정입니다.

일상 생활을 하는 과정에서, 우리 피부는 타격을 받게 되는데, 대기 오염이나 태양의 자외선, 담배 연기, 그리고 패스트푸드 식사 등이 우리에게서 한때 탱탱했던 광채를 빼앗아갈 수 있습니다. 하지만 적절한 관리를 통해 그 광채를 되찾아오는 것이 가능합니다. 지금 손상된 피부를 되살리고 향후에 있을 피부 문제를 방지할 수 있는 몇 가지 팁과 비결을 전해 드리겠습니다.

EX 2. 발표에서 무엇에 관해 이야기되고 있는가?
(a) 젊음을 유지하는 비결
(b) 피부 관리 제품 선택하기
(c) 건강 관리하는 방법
(d) 피부 관리하기

STEP 1 보기 읽고 내용 파악하기
음원이 시작되기 전에 (a)~(d)를 읽고 지문의 내용의 유추하거나 중요 표현을 파악합니다.

STEP 2 질문 듣고 문제 유형 파악하기
질문이 What is being talked about~? 이므로 주제 및 목적 유형의 문제임을 알 수 있습니다.

STEP 3 정답의 단서 듣고 메모하기
주제 및 목적 유형 문제에 대한 정답의 단서는 첫 부분에서 언급되므로 첫 단락에서 키워드 we will be talking about을 듣고 그 뒤에 정답의 단서를 파악합니다.

STEP 4 정답의 단서와 일치하는 보기 찾기
정답의 단서가 '피부 관리를 통해 당신의 자연미를 향상시키는 것(improving your natural beauty through skin care)'이므로 이와 동일한 의미로 '피부 관리하기'라는 의미인 (d) taking care of one's skin을 정답으로 고릅니다.

정답 (d)

질문에서 키워드를 찾아 해당 키워드가 언급되는 부분에서 고유명사나 시간, 장소 등 구체적인 정보가 정답의 단서로 활용되는 것에 집중하여 들어야 합니다.

🎧 **20-4.mp3** 스크립트(SCRIPT)는 다음 페이지에 있습니다.

PART 4. *You will hear an explanation of a process. First you will hear questions 7 through 13. Then you will hear the talk. Choose the best answer to each question in the time provided.*

7
(a) types of paperwork
(b) arranging one's documents
(c) how to recycle paper
(d) importance of keeping old files

8
(a) so that one has time to skim the rest of it
(b) so that one does not get tired easily
(c) because one can soon determine its content
(d) because the heading is printed in a larger size

9
(a) general categories
(b) those that are commonly used
(c) frequency-based categories
(d) those that are too specific

10
(a) File them in the "outdated" category
(b) Put them in a storage container
(c) Throw them away
(d) Place them at the pile's bottommost part

11
(a) by labeling the folders or envelopes
(b) by using a few folders or envelopes
(c) by assigning one color for all envelopes
(d) by keeping the contents free of any markings

12
(a) by storing the files in an open space
(b) by bringing them to an office supply store
(c) by using a durable storage option
(d) by ironing out wrinkled documents

13
(a) so that they can keep track of paperwork
(b) so that no energy is spent locating documents
(c) so that their files can be pleasing to look at
(d) so that they can save money on paper

7: **What** is **the main idea** of the talk?

8: **Why most likely** does one need to **read only a few lines of a document** when **categorizing** it?

9: **What type of categories** did the speaker say that one should **avoid using**?

10: Based on the talk, **what** should one **do** with **outdated files**?

11: **How** can one easily **find a particular document**?

12: **How** can one **avoid** having his or her **documents damaged**?

13: According to the talk, **why** should **viewers** be **more organized**?

　　Hello dear viewers and welcome to the Tidy Home Hacks channel! Do you keep old receipts, bills, or letters? For many, having a paper trail is an important form of security, as it ensures that you always have a copy of whatever record you might need, so you'll be able to protect yourself in case of disputes.

　　However, papers accumulate fast. Without noticing it, a few pieces of paper can quickly turn into towering piles of clutter. To avoid this problem, [7] here's a six-step guide on organizing paper files.

　　Step #1 – Collect all paperwork. Check the places that you might have paperwork—bags, desk drawers, or even between book pages. Once you've gathered the full collection of receipts, warranties, contracts, and other paperwork, place it all in a spacious spot where you can carefully look through everything.

　　Step #2 – Categorize and set up piles. Browse each document to give you an idea what it's about. You don't have to read it meticulously. **A brief skim of the heading or the first few lines will do.** [8] As you do this, you'll be able to keep related documents together and place them under one category. Then, set up a pile for each category.

　　For example, all household bills should be under one pile, medical records in another pile, and so on. It might also help to have a pile for those documents you think are not related with the others. [9] **Avoid being too specific** when giving titles to your **categories**. Otherwise, you might end up with too many categories and you'll have a hard time determining where a document should go.

　　Step #3 – Sort through the piles. Now, tackle each pile and determine each document's importance. For instance, you can arrange your pile of bills chronologically, with the most recent one on top. You can also sort the documents based on the frequency you'll be needing them—monthly, yearly, etc. Do what you feel is most convenient for you.

　　Step #4 – [10] Discard unnecessary files. Recycle or dispose of papers you'll no longer need in the future—either because they are already outdated or just not important to keep anymore. Besides reducing paper clutter, this step can create space for future files.

Step #5 – Set up a filing system. After tossing out unnecessary papers, the remaining files, which you have already sorted into different categories, can now be arranged into a filing system. One way to do this is to keep them in separate folders. For example, all documents under the bills category should be in one folder, another folder for medical records, and the like. You can also use envelopes for this.

Then, 11 put a label on each folder or envelope. Make sure that the labels are appropriate to the contents to avoid confusion. So, **when you need a particular document, you'll know where to locate it**. As an alternative to labels, you can also assign a color to each category.

Step #6 – Store your files. For this final step, 12 you'll choose simple and durable storage solutions. This way, **your files will remain safe for a long time**. Just head to your nearest office supply store and you'll see various options—tray organizers, filing cabinets, storage boxes, and more.

By having organized paperwork, 13 not only can you save time and energy, but you also won't have to worry about misplacing documents. That's it for today's episode of Tiny Home Hacks. As we always say: a happy home is a tidy home!

Words & Phrases

p. 195

so that 접 ~하기 위해, ~할 수 있도록 skim 동 ~을 훑어보다 the rest of ~의 나머지 get tired 지치다, 피곤해지다 heading 명 제목 in a larger size 더 크게 general 형 일반적인 commonly 부 흔히 frequency-based 빈도를 바탕으로 하는 container 명 용기, 그릇 throw A away: A를 버리다 bottommost 형 가장 아래쪽의 free of ~가 없는, ~로부터 자유로운 marking 명 표기 have + 목적어 + p.p.: (목적어)가 ~되게 하다 damage 동 ~을 손상시키다 iron out ~을 다림질하다 wrinkled 형 주름진 organized 형 정리된, 체계적인 keep track of ~을 파악하다, ~을 추적하다 locate 동 ~의 위치를 찾다 pleasing 기분 좋은, 만족스러운

p. 196-197

viewer 명 시청자 receipt 명 영수증 bill 명 고지서, 청구서 trail 명 자취, 흔적 security 명 보증, 보호 ensure that ~임을 보장하다 in case of ~의 경우에 dispute 명 논란, 논쟁 accumulate 동 축적되다, 쌓이다 notice 동 ~을 알아차리다 turn into ~로 변하다, 탈바꿈하다 pile 명 더미 clutter 명 어수선함, 잡동사니 organize 동 ~을 정리하다 drawer 명 서랍 warranty 명 품질 보증(서) contract 명 계약(서) paperwork 명 서류, 문서 place 동 ~을 두다, 놓다 spacious 형 넓찍한 spot 명 지점, 위치, 장소 categorize 동 ~을 분류하다 set up 동 ~을 준비하다, 설정하다 browse 동 ~을 훑어보다 meticulously 부 꼼꼼하게, 세세하게 brief 형 간단한, 잠깐의 skim 명 (대강) 훑어봄 heading 명 제목 household 형 가정의 specific 형 구체적인, 특정한 otherwise 그렇지 않으면 end up with 결국 ~하게 되다 determine 동 ~을 결정하다 sort through 동 ~을 자세히 살펴보다, 분류하다 tackle 동 ~에 달려들다, 달라붙다 importance 명 중요성 chronologically 부 시간 순으로 based on ~에 따라, ~을 바탕으로 frequency 명 빈도 discard 동 ~을 폐기하다 dispose of ~을 처분하다 either A or B: A 또는 B 둘 중의 하나 outdated 형 오래된, 구식의 toss out ~을 내다버리다 remaining 형 남아 있는 separate 형 분리된, 별도의 and the like 등등 envelop 명 봉투 appropriate 형 해당하는, 적절한 content 명 내용(물) confusion 명 혼란, 혼동 particular 형 특정한 locate 동 ~의 위치를 찾다 alternative 명 대안 assign 동 ~을 배정하다, 할당하다 store 동 ~을 보관하다, 저장하다 durable 형 내구성이 좋은 storage 명 보관(용품), 저장(소) solution 명 해결책 remain 형용사: ~한 상태로 유지되다, 계속 남아 있다 head to ~로 가다, 향하다 office supply store 명 사무용품점 tray organizer 명 정리용 받침대 not only A but also B: A뿐만 아니라 B도 misplace 동 ~을 분실하다, ~을 둔 곳을 잊다 episode 명 (방송의) 한 회분 tidy 형 깔끔한, 말쑥한

어휘
Vocabulary

■ Basic Vocabulary for G-TELP

지텔프 Level 2 시험의 모든 영역에서 가장 기본적인 것은 바로 어휘입니다. 문법에서 문맥 파악이 필요한 문제(조동사, 접속사/접속부사) 뿐만 아니라 독해와 청취 영역에서도 어휘는 필수적인 학습 요소입니다. 특히 독해에는 어휘 실력을 직접적으로 평가하는 총 8문제의 동의어 문제가 출제됩니다. 또한 청취와 독해 문제는 지문에서 언급된 내용을 패러프레이징(paraphrasing)하여 보기에 제시되는데, 패러프레이징 된 보기를 지문의 내용과 연결하여 동일한 의미라는 것을 이해하기 위해서는 어휘 실력이 뒷받침되어야 합니다. 매회의 지텔프 정기시험에서 독해의 난이도는 PART 2와 PART 3에서 다뤄지는 주제에 많은 영향을 받습니다. 특히 우주, 생물, 물리, 지구과학 등과 같은 과학 분야 주제나 윤리 및 철학 등에 관한 주제의 지문이 등장하면 그 주제를 설명하는 어휘는 다소 생소하거나 개념이 어렵기 때문에 지문 전체의 난이도도 높아집니다. 처음 접하는 주제에도 불구하고 지문의 내용을 이해하고 그에 대한 문제를 풀이하는 것은 모두 어휘 실력에서 비롯됩니다.

그래서 이번 보카 섹션에서는 지텔프 시험에서 자주 볼 수 있는 기본 어휘들을 주제별로 분류하여 하루에 30개씩, 총 20일동안 학습할 수 있도록 정리하였습니다. [문법 + 독해 + 청취] 20일 커리큘럼과 함께 어휘(VOCA)도 한 챕터(DAY)씩 학습하시기 바라며, 여기에 정리된 어휘 뿐만 아니라 각 영역과 모의고사 등에서 나오는 단어도 따로 학습하시길 권장합니다.

어휘

📍 20 DAYS

핵심 단어를 기출 표현과 함께 학습 후 숙지하여 문법, 청취, 독해 문제 이해도를 높일 수 있습니다.

known /노운/

(형) 알려진
be known for: ~로 알려지다

He is **known** for selling the best pastries in town. 그는 마을에서 가장 좋은 패스트리를 파는 것으로 알려져 있다.

graduate /그**뢔**쥬에잇/

(명) 졸업생, 대학원생
(동) 졸업하다

graduate college
대학을 졸업하다

inspire /인스**파**이어ㄹ/

(동) 영감을 주다, 자극하다

inspire him to compose a song
그가 노래를 작곡하도록 영감을 주다

renowned /뤼나운(드)/

(형) 저명한, 유명한

a **renowned** author
저명한 작가

commitment /커밋먼(트)/

(명) 헌신, 전념, 의지

show/express **commitment**
헌신[의지]을 보이다

acclaim /어클레임/

(명) 격찬, 호평
(동) 열렬히 환호하여 맞이하다, 갈채를 보내다

acclaim improvements
향상[개선]을 환호하다

suffer /써뿨ㄹ/

(동) 괴로워하다, 고통을 겪다
suffer from: 병을 앓다, ~로 고통받다

suffer from depression 우울증을 겪다

honored /아너ㄹ드/

(형) 명예로운, 영광으로 생각하여

feel highly **honored** 큰 영광으로 생각하다

born /본/

(형) 태어난, 탄생한

be born into[to]: ~한 집안에서 태어나다

He was **born** on June 29, 1919.
그는 1919년 6월 29일에 태어났다.

talented /탤런티드/

(형) 재능 있는, 유능한

grow up to become a **talented** singer
자라서 재능 있는 가수가 되다

support /써폴트/

(동) 지지하다, 부양하다

support a family 가족을 부양하다

major /메이줘ㄹ/

(명) 전공 과목, 전공 학생
(형) 주요한, 중요한, 다수의

a **major** exam 전공 시험
win a **major** award 주요한 상을 받다

childhood /차일드훗/

(명) 어린 시절, 유년 시대

during early **childhood** 어린 시절 동안

launch /러언취/

(명) 출시, 개시, 발사
(동) 출시하다, 개시하다

announce the **launch** of a new service
새로운 서비스의 출시를 발표하다

influence /인쁠루언스/

(명) 영향, 작용, 세력
(동) 영향을 주다

spread the **influence**
영향력을 퍼트리다, 세력을 확장하다

recognize /뤠컥나이즈/

(동) (공로를) 인정하다, (사실임을) 인정하다

She was **recognized** for her years of service.
그녀는 수년간 근속한 것에 대한 공로를 인정받았다.

former /뽀ㄹ머ㄹ/

(형) 이전의, 전임의, 전의

The **former** president of Mexico
멕시코의 전(前) 대통령

dedicate /데디케잇/

(동) 헌신하다, 바치다
be dedicated to -ing: ~하는 것에 전념하다
[헌신적이다]

My trainer **is dedicated to** inspiring me
to work out harder. 나의 트레이너는 내가 더 열
심히 운동하도록 자극시키는 데 헌신적이다.

reputation /레퓨테이션/

(명) 평판, 명성

enhance one's **reputation**
~의 평판을 향상시키다

implement /임플러먼(트)/

(동) 시행하다, 실행하다

implement a marketing proposal
마케팅 제안을 실행하다

establish /이스태블리쉬/

(동) 설립하다, 확립하다, (이론을) 확증하다

establish an online presence
온라인에서의 존재감을 확립하다

prosper /프롸스퍼ㄹ/

(동) 번영하다(= thrive), 발전하다, 성공하다

prosper in business 사업에 성공하다

found /빠운드/

(동) 창설하다, 설립하다, 기초를 쌓다
* 동사 find의 과거/과거분사형 found와 혼동
  주의!

found an institution 기관을 창설하다

scholarship /스칼라쉽/

(명) 장학금, 학문

apply for a **scholarship** 장학금을 신청하다

pursue /펄수-/
(동) 추구하다, 추적하다, 뒤쫓다

pursue a career as an engineer
엔지니어로서 경력을 추구하다

undergo /언더ㄹ고우/
(동) 겪다, 경험하다, 진행되다

undergo surgery 수술을 받다
undergo a renovation 개조 공사를 겪다

pioneer /파이어니어ㄹ/
(명) 개척자, 선구자
(동) 개척하다, 선두에 서다, 선구자가 되다

be known as the **pioneer** of~
~의 선구자로 알려져 있다

figure /퓌규어ㄹ/
(명) 수치, 인물
(동) 생각해내다
figure out: 생각해내다, 알아내다

a historical **figure** 역사적인 인물
figure out how it works
그것이 어떻게 작동하는지 알아내다

outstanding /아웃스탠딩/
(형) 두드러진, 현저한, 뛰어난, 미지불의

appreciate **outstanding** service
뛰어난 서비스에 감사하다
an **outstanding** debt 갚지 못한 빚

serve /써ㄹ브/
(동) 서비스를 제공하다, 근무하다,
    (음식을) 제공하다, 도움이 되다
serve as: ~의 역할을 하다, ~로서 근무하다

serve people as a nurse
간호사로서 사람들을 돕다

지텔프 보카 맛보기 퀴즈 빈칸에서 알맞은 단어를 고르세요.

정답 및 해석 p. 96

1. He is [known / born] for selling the best pastries in town.
2. Mr. Turner [has suffered / has served] from chronic back pain for a long time.
3. We are seeking [talented / major] web developers who will manage our Web site.
4. Mr. Weaver, the [honored / former] chief executive officer of the company found a new investment company.
5. Ms. Kim gained a [scholarship / reputation] as a successful figure skater.
6. The copy machine needs to [undergo / serve] regular maintenance.

DAY 02 일상 생활 Ⅰ

핵심 단어를 기출 표현과 함께 학습 후 숙지하여 문법, 청취, 독해 문제 이해도를 높일 수 있습니다.

prefer /프뤼뻐ㄹ/
동 선호하다, 좋아하다

prefer to travel alone
혼자 여행하는 것을 선호하다

lead /리-드/
동 이끌다, 주도하다
동 선두, 우세
lead to: ~으로 이어지다, ~을 초래하다

lead to confusion
혼란으로 이어지다(= 혼란이 야기되다)

spare /스페어ㄹ/
동 용서하다, 할애하다
형 예비의, 여분의

spare time 여가 시간

handle /핸들/
동 다루다, 처리하다, 취급하다

handle a variety of issues
다양한 문제를 다루다

bump /범프/
동 부딪히다, 마주치다
(bump into: ~을 우연히 마주치다)

bump into a friend in the street
길에서 우연히 친구를 마주치다

turn out /터나웃/
동 결국은 ~되다, ~임이 드러나다

It **turns out** that she and I attended the same school.
그녀와 나는 같은 학교를 다녔다는 것이 드러났다.

immediately /이미디엇틀리/
부 즉시, 당장

Please reply to this e-mail **immediately**.
즉시 이 이메일에 답장해주세요.

make sense /메익 쎈스/
동 의미가 통하다, 이해가 되다, 말이 되다

This sentence doesn't **make sense**.
이 문장은 의미가 통하지 않는다.

accident /액시던트/

(명) 사고, 우발적인 일
by accident: 우연히

cause an **accident** 사고를 초래하다

drop by /드랍 바이/

(동) (어떤 장소에) 들르다

drop by the post office 우체국에 들르다

boost /부-숫트/

(동) ~을 신장시키다, 증대하다
(명) 증가, 활력, 활기

boost sales 판매를 증대시키다

appropriate /어프뤄프뤼엇/

(형) 적합한, 어울리는, 타당한

recommend an **appropriate** place
적절한 장소를 추천하다

available /어붸일러블/

(형) 구할 수 있는, 시간이 나는, 이용 가능한

not **available** for the meeting
회의할 시간이 나지 않는

catch up with /캐칩윗/

(동) ~을 따라잡다

He rushed to **catch up with** his son.
그는 그의 아들을 따라잡으려고 서둘렀다.

concur /컨커리/

(동) 동의하다, 일치하다

concur with each other 서로 동의하다

adjacent /엇줴이슨트/

(형) 인접한, 부근의

It is located **adjacent** to City Hall.
그것은 시청 부근에 위치해 있다.

gathering /개더링/

명 모임, 집회, 수집

a social **gathering** 사교 모임
consumer data **gathering**
소비자 데이터 수집

contact /칸택트/

동 연락하다, 접촉하다
명 접촉, 연락(처)

contact Mr. Jason for more
information
더 많은 정보를 위해 제이슨 씨에게 연락하다

exhausted /익조스팃/

형 다 써버린, 기진맥진한

feel **exhausted** 지치다, 기진맥진하다

engage /인게이쥐/

동 종사시키다, 관여하다

be **engaged** in negotiations
협상에 관여되어 있다(= 협상이 진행 중이다)

appointment /어퍼인먼트/

명 약속, 임명

make an **appointment** 약속을 잡다
cancel an **appointment** 약속을 취소하다

regarding /뤼가ㄹ딩/

전 ~에 관하여

have questions **regarding** the new
product 신제품에 관해 질문이 있다

coincidence /코인씨던스/

명 우연의 일치, 동시 발생

by a happy **coincidence** 운좋게

refrain /뤼쁘뤠인/

동 삼가다, 자제하다
refrain from: ~을 삼가다, 자제하다

refrain from using mobile phones
while driving 운전 중에 휴대폰 사용을 삼가다

witness /윗니스/

(동) 목격하다, 증언하다, 증명하다
(명) 목격자, 증거

in witness of ~의 증거로서
witness an accident 사고를 목격하다

arrange /어뤠인쥐/

(동) 준비하다, 계획하다

arrange a meeting 회의를 준비하다

hasty /헤이스티/

(형) 급한, 신속한, 성급한

a hasty decision 성급한 결정
Let's not be too **hasty**.
너무 서두르지 말자.

frequent /쁘뤼-퀀트/

(형) 빈번한, 잦은
(동) 자주 방문하다

provide more **frequent** service
더 잦은 서비스를 제공하다

participate /파ㄹ티서페잇/

(동) 참여하다, 참석하다
participate in: ~에 참여하다

participate in the event 행사에 참여하다

encourage /인커뤼쥐/

(동) 권장하다, 권고하다

encourage employees to submit suggestions
직원들에게 제안사항을 제출하도록 권고하다

지텔프 보카 맛보기 퀴즈 빈칸에서 알맞은 단어를 고르세요.

정답 및 해석 p. 96

1. My sister [witnesses / prefers] to travel alone.

2. The employees were instructed to [handle / drop by] customer complaints efficiently.

3. Due to the regular checkup of its server, all of Broad Connection's Web sites will not be [hasty / available] until 8 A.M.

4. The flight crew asks that passengers [refrain / engage] from leaving their seats while the plane is taking off.

5. After Ms. Logan checked the inventory, she [participated / arranged] shipment of the missing item.

6. The management [encouraged / boosted] the employees to use Internet conferencing.

일상 생활 II

핵심 단어를 기출 표현과 함께 학습 후 숙지하여 문법, 청취, 독해 문제 이해도를 높일 수 있습니다.

organize /어ㄹ가나이즈/
(동) 조직하다, 준비하다

organize a charity event
자선 행사를 준비하다

conclude /컨클루웃/
(동) 종료하다, 결론 내리다

conclude with a short speech
짧은 연설로 마무리하다

expect /익스펙트/
(동) 예상하다, 기대하다

expect some problems with
~에 문제가 있을 것임을 예상하다

interest /인터뤠슷/
(명) 관심, 흥미, 취미, 이자
(동) 관심을 갖게 하다

express great **interest** in
~에 지대한 관심을 나타내다

overcome /오붜ㄹ컴/
(동) 극복하다, 압도하다

overcome difficulties 어려움을 극복하다

match /매취/
(동) 일치하다, 어울리다
(명) 짝, 맞수, 시합

match the new design perfectly to the old one
새 디자인을 이전 것과 완벽하게 조화시키다

run out of /뤄나우롭/
(동) ~을 다 써버리다, ~가 떨어지다, 고갈되다

run out of fuel 연료가 다 떨어지다
run out of time 시간이 다 되다

compare /컴페어ㄹ/
(동) 비교하다, 견주다, 비유하다
compared to[with]: ~에[~와] 비교하면

compared to the costs of the previous year 전년도 비용과 비교하면

occupy /아큐파이/

동 차지하다, 점유하다, (직책을) 맡다

The seat was **occupied** by my dog.
그 자리는 나의 개가 차지하였다.

expire /익스파이어ㄹ/

동 (기한이) 만료되다

Your credit card has **expired**.
귀하의 신용카드가 만료되었습니다.

reasonable /뤼저너블/

형 합리적인, 적절한

at **reasonable** prices 적절한 가격에

assume /어슈움/

동 사실이라고 여기다, 가정하다,
　　(책임, 임무 등을) 떠맡다

assume that the team will win the
championship
그 팀이 결승전에서 승리할 것이라고 가정하다

numerous /누머뤄스/

형 많은, 다수의

offer **numerous** options
많은 선택지들을 제공하다

deny /디나이/

동 부정하다, 부인하다, 거부하다

deny a claim 주장을 부인하다
deny access 접근을 거부하다

locate /로우케잇/

동 찾아내다, (장소)에 두다
be located in: ~에 위치하다

locate a nearby hospital 근처의 병원을 찾
아내다

deserve /디저ㄹ브/

동 ~을 받을 자격이 있다
well-deserved: 충분히 받을 만한

deserve a promotion 승진할 자격이 있다
be **well-deserved** 마땅히 받을 만하다

resort /뤼조ㄹ트/

명 휴양지, 의지, 의존
동 의지하다, 호소하다
resort to: ~에 의존하다

resort to using plastic bags instead of reusable bags
재사용 가능한 가방 대신 비닐 봉지에 의존하다

scale /스께일/

명 눈금, 축소 비율, 등급, 규모

the **scale** on a ruler 자의 눈금
on a large **scale** 대규모로

hold /호울드/

동 (행사를) 열다, 개최하다, 보유하다
holder: 보유자, 소유자

hold a ceremony 기념식을 열다
a stock **holder** 주주(주식 보유자)

impressive /임프뤠씨입/

형 인상적인, 놀라운

obtain **impressive** results
인상적인 결과를 얻다

release /륄리스/

동 출시하다, 공개하다
명 출시, 공개, 발표

the **release** of a new book 신간의 출시
a press **release** 보도 자료

admit /애드밋/

동 인정하다, 시인하다, 허용하다

admit my mistake 나의 실수를 인정하다

occur /어커어ㄹ/

동 발생하다, 생기다, 나타나다

An unforeseen event **occurs**.
예기치 않은 일이 발생하다.

remind /뤼마인드/

동 상기시키다

I want to **remind** you that
~라는 것을 여러분에게 상기시켜드리고자 합니다

depend /디펜드/

(동) 의지하다, 의존하다, 믿다
depend on: ~에 의존하다

depend heavily **on**
~에 크게 의존하다, ~에 크게 좌우된다

appreciate /어프리씨엣ㅌ/

(동) 고마워하다, 진가를 알아보다, 인식하다

I **appreciate** your cooperation.
당신의 협조에 감사드립니다.

affordable /어뿨ㄹ더블/

(형) 저렴한, 감당할 수 있는, 여유 있는

at an **affordable** price 저렴한 가격에

determine /디터ㄹ어민/

(동) 결정하다, 확정하다, 알아내다

determine what caused the damage
무엇이 손상을 초래했는지 알아내다

convince /컨뷘스/

(동) 납득시키다, 확신시키다, 깨닫게 하다

be **convinced** that ~라는 것을 확신하다

ensure /인슈어ㄹ/

(동) 보장하다

ensure a safe journey
안전한 여행을 보장하다

지텔프 보카 맛보기 퀴즈 빈칸에서 알맞은 단어를 고르세요.

정답 및 해석 p. 97

1. The receipt does not [overcome / match] the actual charge.
2. Mr. Shimmer [deserves / assumes] a promotion because he made a huge contribution to the project.
3. Ms. Kwon had an [affordable / impressive] résumé.
4. Siwonschool announced that it will [release / occur] its new product Siwon Pen next month.
5. My trainer [determined / convinced] me to come to the gym three times a week.
6. The protective packing [ensures / admits] that the product will be delivered without any damage.

핵심 단어를 기출 표현과 함께 학습 후 숙지하여 문법, 청취, 독해 문제 이해도를 높일 수 있습니다.

environment /인봐이어런먼트/
명 환경

create a comfortable work **environment** 편안한 근무 환경을 만들다

atmosphere /앳머스퓌어ㄹ/
명 대기(권), 분위기

adjust to the **atmosphere**
분위기에 적응하다

surround /서롸운드/
동 둘러싸다, 포위하다
be surrounded by: ~에 의해 둘러싸이다

The woods **surround** the lake.
숲이 호수를 둘러싸고 있다.

resource /뤼써ㄹ스/
명 자원, 재원

the human **resources** department
인사부
natural **resources** 천연 자원

protect /프뤄텍트/
동 보호하다

protect personal information with confidential codes
기밀 코드로 개인 정보를 보호하다

climate /클라이밋/
명 기후, 기후 지역

a mild **climate** 온화한 기후
climate change 기후 변화

temperature /템퍼뤄춰ㄹ/
명 온도, 기온

average **temperature** 평균 기온
sudden changes in **temperature**
갑작스러운 온도 변화

heavily /해뷜리/
부 대단히, 극심하게

rain **heavily** for several days
며칠 동안 폭우가 내리다

collect /컬렉트/

(동) 수집하다, 모으다, 모이다

collect items 물품을 모으다
A crowd **collected** in front of the building. 건물 앞에 군중이 모였다.

reusable /뤼유저블/

(형) 재사용 가능한

The subway ticket is **reusable** when you return it after use.
지하철 표는 사용 후에 반환하면 재사용 가능합니다.

separate /세퍼뤠잇/

(동) 분리하다, 떼어놓다, 구별하다
(형) 갈라진, 개별적인

separate two groups of people by height 키로 두 그룹의 사람들을 분리하다
separate parts 개별적인 부분

endangered /인데인줘ㄹ드/

(형) 멸종 위기의, 위험에 처한

endangered plant species
멸종 위기의 식물종

shortage /쇼오ㄹ티쥐/

(명) 부족 결핍

a serious **shortage** of masks
심각한 마스크 부족

restrict /뤼스트륔트/

(동) 제한하다, 규제하다

restrict the amount of waste we create
우리가 만든 쓰레기의 양을 제한하다

pollution /펄루션/

(명) 오염, 공해

air **pollution** 대기 오염
due to environmental **pollution**
환경 오염으로 인해

dump /덤프/

(동) (쓰레기를) 버리다, 대량으로 염가 판매하다
(명) 쓰레기 더미

Visitors must not **dump** any garbage in the National Park.
방문객들은 국립 공원에서 쓰레기를 버리면 안 된다.

classify /클래서빠이/

(동) 분류하다, 구분하다, 기밀 취급하다

classify personalities into 16 types
16개의 유형으로 성격을 분류하다
classified documents 기밀 문서

strike /스뜨롸익/

(동) ~을 치다, 때리다, 충돌하다
(명) 치기, 때리기, 동맹 파업

The boat **struck** a rock.
배가 바위에 부딪혔다.

dispose /디스포우즈/

(동) 배치하다, 정리하다, 처분하다
dispose of: ~을 처분하다, 버리다

dispose of expired food
유통기한이 지난 음식을 처분하다

preserve /프뤼저얼ㅂ/

(동) 보존하다, 보호하다, 유지하다

preserve youthful skin
젊은 피부를 유지하다

threat /쓰뤳/

(명) 위협, 위협하는 것, 우려

a **threat** to health 건강에 위협이 되는 것
The **threat** should be eliminated.
그 위협은 제거되어야 한다.

devastate /데붜스테잇/

(동) 황폐하게 하다, 파괴하다, 무찌르다

The storm **devastated** many towns in
the state.
그 태풍은 그 주의 많은 마을을 파괴하였다.

regulation /뤠귤레이션/

(명) 규칙, 규정, 조절

review the current **regulations**
현행 규정을 검토하다

inclement /인클레먼트/

(형) (기후가) 혹독한, 궂은

inclement weather 궂은 날씨, 악천후

decompose /디컴포우즈/

(동) 분해하다, 부패시키다, 부패하다

The waste can take 100 years to **decompose**.
그 쓰레기는 분해하는데 100년이 걸릴 수 있다.

forecast /뽀어ㄹ캐슷/

(동) 예상하다, 예보하다
(명) 예상, (일기의) 예보, 예측

weather **forecast** 일기 예보
sales **forecast** 판매 예측

sustainable /서스테이너블/

(형) (환경을 파괴하지 않고) 지속될 수 있는, 유지할 수 있는

sustainable economic growth
지속 가능한 경제 성장

involve /인봘브/

(동) 연루시키다, 관여시키다, 수반하다

Every student has to **be involved** in a club activity.
모든 학생들은 클럽 활동에 관여되어야 한다.

beneficial /베너쀠셜/

(형) 유익한, 이로운

beneficial to the environment
환경에 이로운

alternative /얼터ㄹ너티입/

(명) 대안, 대체물
(형) 대체하는

be used as an **alternative** to:
~의 대안으로 사용되다

지텔프 보카 맛보기 퀴즈 빈칸에서 알맞은 단어를 고르세요.

정답 및 해석 p. 97

1. The manager showed remarkable commitment to improving the work [environment / surround].

2. The [climate / temperature] of the pool is maintained at a comfortable 26°C.

3. Long-term exposure to air [threat / pollution] has many health consequences.

4. Plastic bottles should be [disposed / involved] of properly.

5. When working in construction sites, you must observe all safety [resources / regulations].

6. Some insects are [beneficial / alternative] in keeping the environment clean.

DAY 05 과학/기술 I

핵심 단어를 기출 표현과 함께 학습 후 숙지하여 문법, 청취, 독해 문제 이해도를 높일 수 있습니다.

technician /텍니션/
명 기술자, 전문가

a very skilled **technician**
매우 숙련된 기술자

discover /디스커붜리/
동 발견하다

discover serious product defects
심각한 제품 결함을 발견하다

invent /인붼트/
동 발명하다, 고안하다

invent a communication system
통신 체계를 발명하다

convenient /컨뷔년트/
형 편리한

offer **convenient** customer service
편리한 고객 서비스를 제공하다

genetic /쥐네틱/
형 유전학의, 유전자의

genetic information 유전자 정보
genetic engineering 유전자 공학

feature /쀠-춰리/
동 특집으로 다루다, 특별히 포함하다
명 특색, 특징, 특집

The camera **features** an auto-focusing function. 그 카메라는 자동 초점 맞추기 기능을 특징으로 포함한다.

capacity /커패써티/
명 최대 수용 용량[인원], 최대 생산력

operate at full **capacity**
최대한의 생산력으로 가동되다

portable /포ㄹ터블/
형 운반할 수 있는, 휴대용의

our updated line of **portable** speakers
휴대용 스피커의 최신 제품군

come with /컴 윋/

동 ~이 딸려 있다, ~와 함께 나오다

The hamburger set **comes with** a toy for children. 그 햄버거 세트는 아이들을 위한 장난감이 함께 나온다.

spot /스팟/

명 장소, 지점, 점, 얼룩
동 얼룩지게 하다, ~을 발견하다, 지목하다

one of the most visited tourist **spots**
가장 많은 사람들이 방문하는 장소 중 한 곳

artificial /아ㄹ터쀠셜/

형 인공의, 인위적인

artificial intelligence 인공 지능(AI)
use **artificial** light at night
야간에 인공 조명을 이용하다

replicate /뤠플러케잇/

동 복제하다, 모사하다, 반복하다
형 반복되는

The experiment has been **replicated** more than 1,000 times.
그 실험은 1,000회 이상 반복되어왔다.

charge /촤ㄹ쥐/

명 (청구된) 요금, 책임
동 (요금을) 청구하다
take charge of: ~을 책임지다, 맡)

in **charge** of the project
프로젝트의 책임을 맡은

integrate /인터그뤠잇/

동 통합하다, 합치다(+ into)
형 완전한, 각 부분이 갖추어진

be **integrated** into ~으로 통합되다
integrate with people from the other regions 다른 지역 출신의 사람들과 통합시키다

generate /줴너뤠잇/

동 생성하다, 유발하다

generate so much interest in
~에 대한 정말 많은 관심을 이끌어내다

attempt /어템프트/

동 ~을 시도하다, 꾀하다
명 시도

attempt to do ~하려고 시도하다
in an **attempt** to do ~하려는 시도로

fuel-efficient /뿨 이뻐션티/

형 (자동차 등이) 저연비의, 연료 효율이 좋은

a **fuel-efficient** car
연료 효율성이 높은 자동차

productive /프뤄덕티입/

형 생산적인

be more **productive** than expected
예상보다 더 생산적이다

source /써ㄹ스/

명 근원, 출처, 원천

a useful **source** of information
유용한 정보 출처

defective /디뻭티입/

형 결함이 있는

return **defective** merchandise
결함이 있는 상품을 반품하다

verify /붸러빠이/

동 ~을 증명하다, 확인하다

verify the identity of all visitors
모든 방문자의 신원을 확인하다

reference /뤠뻐런스/

명 참조, 추천서, 신원보증서

for quick **reference** 빠른 참조를 위해
submit two letters of **reference**
추천서 두 통을 제출하다

practical /프랙티컬/

형 실용적인, 현실적인

seek a **practical** way
실용적인 방법을 모색하다

investigate /인붸스티게잇/

동 ~을 조사하다, 연구하다

investigate the feasibility of
~의 가능성을 조사하다

combine /컴바인/

(동) 결합하다

combine to form the largest energy company
최대 규모의 에너지 회사를 형성하기 위해 통합하다

applicable /애플리커블/

(형) 적용되는, 응용할 수 있는

The coupon is **applicable** to any items in the store.
그 쿠폰은 매장 내 어떤 물품에도 적용될 수 있다.

anticipate /앤티서페잇/

(동) 예상하다, 예측하다

earlier than **anticipated** 예상보다 더 빠른
anticipate significant revenue increases 상당한 수입 증가를 예상하다

durable /듀러블/

(형) 내구력이 있는, 오래 견디는

be **durable** and easy to use
내구성이 좋고 사용하기도 쉽다

compatible /컴패터블/

(형) 어울리는, 호환되는

The software is **compatible** with Apple's operating system.
그 소프트웨어는 애플의 운영 체제와 호환이 된다.

eligible /엘러줘블/

(형) 자격이 있는

be **eligible** to participate
참가할 자격이 있다

지텔프 보카 맛보기 퀴즈 빈칸에서 알맞은 단어를 고르세요.

정답 및 해석 p. 98

1. A mining company [featured / discovered] a 120-meter-deep cave in Chihuahua in 1910.

2. The furniture you have purchased will be delivered at no additional [attempt / charge].

3. AG Engineering and AG Motors will be gradually [generated / integrated] into one large automobile company.

4. Reading books is my main [source / spot] of inspiration.

5. The research team [investigated / combined] the impact of the factory closure on the local economy.

6. The newly launched bag is made of a very [durable / eligible] material which is environmentally friendly.

핵심 단어를 기출 표현과 함께 학습 후 숙지하여 문법, 청취, 독해 문제 이해도를 높일 수 있습니다.

explore /익스플로-어리/

동 탐구하다, 탐험하다

explore controversial topics
논란이 있는 주제를 탐구하다

state-of-the-art
/스테잇텁디아ㄹ트/

형 최첨단 기술 수준의, 최신식의

State-of-the-art robots pack the food in the factory.
공장에서 최신식의 로봇이 식품을 포장한다.

automatically /어터매틱컬리/

부 자동적으로

activate **automatically** 자동으로 작동하다

function /뻥션/

명 기능, 역할, 함수
동 기능하다

All of the office equipment **functions** properly. 모든 사무 장비들이 제대로 작동하다.

malfunction /맬뻥션/

명 오동작, 기능 불량
동 제대로 작동하지 않다

The smart watch **malfunctioned** after it got wet under water.
스마트워치가 물에 젖은 후로 오작동을 일으켰다.

comprehensive
/캄프뤼헨시입/

형 포괄적인, 종합적인, 광범위한

conduct a **comprehensive** study of
~에 대한 광범위한 연구를 수행하다

factor /뺙터리/

명 요인, 요소

a key **factor** in -ing
~하는 데 있어서 주요한 요인

analyze /애널라이즈/

동 분석하다

analyze possible risks
발생 가능한 위험을 분석하다

expertise /엑스퍼티-즈/

명 전문 지식, 전문적인 기술

have an **expertise** in architecture
건축에 대한 전문 지식을 지니다

shorten /쇼르튼/

동 줄이다, 단축하다

shorten the production time
생산 시간을 단축하다

assembly /어쎔블리/

명 조립

reorganize the **assembly** line
조립 라인을 재정비하다

observe /업저ㄹ브/

동 준수하다, 관찰하다

observe major changes to the industry
산업의 커다란 변화를 관찰하다

finding /빠인딩/

명 (조사, 연구 등의) 결과, 결론, 발견

important **findings** from the experiment 중요한 실험 결과

periodically /피어리아디컬리/

부 정기적으로, 주기적으로

be **periodically** updated based on sales figures
매출 수치에 따라 주기적으로 갱신되다

consequence /칸시퀀스/

명 결과

as a **consequence** 결과적으로
consider all the possible **consequences** 모든 가능한 결과를 고려하다

eager /이-거ㄹ/

형 열렬한, 열심인, 간절히 바라는
be eager to 동사원형: ~하기를 간절히 바라다

be **eager to** develop the area
그 지역을 개발하기를 간절히 바라다

rapidly /뢔피들리/

부 빠르게, 신속히, 순식간에

the **rapidly** growing field
빠르게 성장하는 분야

patent /패튼ㅌ/

명 특허(권)
형 전매 특허의, 특허를 가진

hold a **patent** 특허권을 가지다
a **patent** product 특허 제품

convergence /컨붜ㄹ전스/

명 집중성, 수렴

digital **convergence** 디지털 통합 장치

excessive /익쎄시입/

형 과도한

The battery power lasted for 12 hours
even with **excessive** use. 배터리 전력이
과도한 사용에도 12시간 동안 지속되었다.

persuasive /퍼ㄹ수에이시입/

형 설득력이 있는, 확신을 주는

present **persuasive** arguments
설득력 있는 주장을 펴다

reveal /뤼뷔일/

동 공개하다, 발표하다, 결과를 보여주다

The study **revealed** unexpected
results.
그 연구는 예상치 못한 결과를 보여주었다.

transit /추뢘짓/

동 운송하다
명 운송, 교통
in transit: 배송 중인

items lost **in transit** 운송 중에 분실된 물건
improve the city's **transit** system
시의 교통 시스템을 개선하다

configuration /컨쀠겨뤠이션/

명 배치, 환경 설정

due to improper system
configuration
부적절한 시스템 설정 때문에

reject /뤼젝트/

동 거부하다, 거절하다

reject a proposal 제안을 거절하다

stimulate /스티뮬레잇/

동 ~을 자극하다, ~을 활성화하다

stimulate interest in
~에 대한 관심을 촉진하다

feasibility /쀠저빌러티/

명 실현 가능성, 그럴듯함

investigate the **feasibility** of replacing
the whole security system
전체 보안 시스템의 교체 가능성을 조사하다

ongoing /안고우잉/

형 진행 중인, 계속하고 있는

ongoing research project
현재 진행 중인 연구 프로젝트

ethical /에띠컬/

형 윤리적인, 윤리의, 도덕의

an **ethical** issue 윤리적 문제
ethical decision making 윤리적 의사 결정

prove /프루-브/

동 증명하다, 입증하다

prove to be valuable for your
research endeavors
귀하의 연구 노력에 있어서 가치가 있음을 증명하다

지텔프 보카 맛보기 퀴즈 빈칸에서 알맞은 단어를 고르세요.

정답 및 해석 p. 98

1. The marketing team [analyzed / functioned] the survey responses of the customers.

2. Salaries will differ based on [convergence / expertise] and experience.

3. The old machines need to be replaced as [automatically / rapidly] as possible.

4. A recent study [reveals / stimulates] that people who eat breakfast regularly tend to be healthier than those who skip breakfast.

5. Mr. Smith is scheduled to meet with architects to check the [transit / feasibility] of adding a new wing to the research center this afternoon.

6. You should bring an original receipt to [prove / reject] that a defective product is within the warranty period.

생물 I

핵심 단어를 기출 표현과 함께 학습 후 숙지하여 문법, 청취, 독해 문제 이해도를 높일 수 있습니다.

biology /바이알러쥐/
명 생물학

She entered New York University and majored in **biology**.
그녀는 뉴욕대학교에 입학했고 생물학을 전공했다.

species /스피-쉬즈/
명 (생물의) 종, 종류

The Origin of **Species**
『종의 기원』(찰스 다윈의 저서)
invasive **species** 외래 유입종

organism /오ㄹ거니즘/
명 생물, 유기체

a living **organism** 생물체, 살아있는 유기체

metabolism /머태벌리즘/
명 물질대사, 신진대사

speed up **metabolism**
신진대사를 활성화하다

marine /머뤼인/
형 바다의, 해양의, 항해의, 선박의
명 해병 대원

marine life 해양 생물
marine engineering 선박 공학

digest /다이줴스트/, /디줴스트/
동 소화하다, 체계화하다, 분류하다
명 (도서의) 요약, 적요

The gastric fluid helps **digest** food you have eaten. 위액은 당신이 먹은 음식을 소화시키는 것을 돕는다.

fertile /뿨어르틀/
형 (땅, 토양이) 비옥한,
　(동/식물이) 번식력이 있는

The plant species grows only in **fertile** soil.
그 식물종은 비옥한 토양에서만 자란다.

distinctive /디스팅(크)티브/
형 독특한, 특유의, 뚜렷한 구별이 되는

distinctive features of the building
건물의 독특한 특징들

notable /노우터블/

형 주목할 만한, 유명한, 훌륭한

be **notable** for ~로 유명하다
produce **notable** results
주목할 만한 결과를 내다

harsh /하ㄹ쉬/

형 가혹한, 혹독한

under **harsh** conditions 혹독한 조건 하에

mammal /매멀/

명 포유류, 포유동물

Seals are **mammals** that spend most of their time in the water. 바다표범은 물 속에서 대부분의 시간을 보내는 포유류이다.

characteristic /캐릭터뤼스틱/

명 특징, 특성
형 특징적인, 특유한

an instinct **characteristic** of insects
곤충의 본능적인 특징

utilize /유털롸이즈/

동 이용하다, 활용하다

utilize the plant as an effective tool for therapy
그 식물을 치료를 위한 효과적인 도구로 활용하다

jeopardy /줴퍼ㄹ디/

명 위험

in **jeopardy** 위험에 빠진, 위기에 처함
(= in danger)

compete /컴피잇/

동 경쟁하다

compete against[with] ~와 경쟁하다
compete for ~을 두고 경쟁하다

inactive /이낵티입/

형 활동하지 않는, 활발하지 않은

The volcano was **inactive** for a long time.
그 화산은 오랫동안 활동을 하지 않고 있었다.

consist /컨씨스트/

동 구성되다

consist of: ~으로 구성되다

Their body **consists of** three parts.
그들의 신체는 세 부분으로 구성되어 있다.

adaptation /애덥테이션/

명 적응, 순응, 각색

adaptation to the environment
환경에의 적응

wildlife /와일들라이쁘/

명 야생동물

the preservation of **wildlife** habitats
야생생물 서식지의 보존

evidence /에뷔던스/

명 증거

be good **evidence** of one's capabilities
~의 능력을 입증할 훌륭한 증거이다

ecosystem /이코우시스템/

명 (특정한 지역의) 생태계

cause changes to the **ecosystem**
생태계에 변화를 초래하다

capture /캡춰리/

동 붙잡다, 포획하다, (사진, 그림 등에) 담다
명 포획, 체포

capture a serene view from the top of the mountain 산 정상에서 고요한 풍경을 담다

fascinating /쀄써네이팅/

형 매력적인

have **fascinating** colors and patterns on their wings
그들에 날개에 매력적인 색깔과 무늬를 가지고 있다

exotic /이그쟈틱/

형 외래의, 이국적인

beautiful and **exotic** sceneries
아름답고 이국적인 경치

poisonous /포이저너스/

(형) 유독한, 독성의, 유해한

detect a **poisonous** substance
독성 물질을 감지하다

unearth /어너ㄹ쓰/

(동) 파내다, 발굴하다, 적발하다

The fossil was **unearthed** in Gosung, Korea.
그 화석은 한국의 고성에서 발굴되었다.

disperse /디스퍼얼스/

(동) 흩어지게 하다, 퍼뜨리다, 전파하다

disperse the crowd 군중을 해산시키다
disperse seeds 씨앗을 퍼뜨리다

endemic /엔데믹/

(형) (어떤 지방에) 특유한, 고유한, 풍토병의
(명) 풍토병, 고유종

The disease is **endemic** to southern parts of the island.
그 질병은 그 섬의 남부의 풍토병이다.

theory /띠-어뤼/

(명) (입증된) 이론, 학설

be familiar with biology **theory**
생물학 이론을 잘 알고 있다

vulnerable /벌너러블/

(형) 취약한, 무방비인

be more **vulnerable** to damage while used outdoors
야외에서 사용 중에 훼손에 더 취약하다

지텔프 보카 맛보기 퀴즈 빈칸에서 알맞은 단어를 고르세요.

정답 및 해석 p. 99

1. Many [wildlife / species] of bugs are in danger of becoming extinct by losing their habitats and sources of food.

2. Having opposable thumbs is one of the human's unique [characteristics / organisms] compared to other primates.

3. The Green Ecosystem Institute [consists / captures] of more than 25 local businesses and organizations.

4. The increase in sales figures could be [evidence / theory] of the growth in popularity of our products.

5. Insects help [unearth / disperse] seeds of plants and allow plants to reproduce.

6. Guppies are tropical fish, so they are [vulnerable / endemic] to low temperatures.

생물 II

핵심 단어를 기출 표현과 함께 학습 후 숙지하여 문법, 청취, 독해 문제 이해도를 높일 수 있습니다.

survive /서ㄹ봐입/
통 살아남다, 견디다, 극복하다

survive by good luck 행운으로 살아남다

migrate /마이그뤠잇/
통 이주하다, 다른 지역으로 이동하다

The birds **migrated** south for the winter.
겨울을 나기 위해 새들이 남쪽으로 이동했다.

evolve /이봘브/
통 진화하다, 발전하다, 변화하다

evolve from the apes 유인원에서 진화하다

search /써ㄹ취/
명 탐색, 수색, 조사
통 찾다(+ for), 수색하다

in **search** of food 식량을 찾아서
search for a comfortable place to live in 거주할 수 있는 편안한 장소를 찾다

period /피어뤼엇/
명 기간, 시간

for a limited **period** of time
한정된 기간 동안

native /네이티입/
형 타고난, 토착의, 토종의

plants that are **native** to the area
그 지역의 토종 식물들

lay /레이/
통 ~을 놓다, 눕히다, (알을) 낳다

lay eggs 알을 낳다

hatch /햇취/
통 알에서 부화하다, (계획을) 세우다
명 부화, (마루·천장의) 출입구

hatch a plan 계획을 세우다

offspring /옵스프링/

명 자식, 자손

They have no **offspring**.
그들은 자손이 없다.

aggressive /어그뤠시입/

형 공격적인, 적극적인

show **aggressive** behavior
공격적인 행동을 보이다

dominant /다머넌트/

형 지배적인, 주요한, 우세한
명 우성 유전 형질

turn into a **dominant** global brand in
the electronics industry 전자기기 산업에서
주요한 전 세계적 브랜드로 변화하다

infest /인풰스트/

동 (해충, 병 등이) ~에 출몰하다, 들끓다
be infested with: ~이 만연하다

The rivers **are infested with** green
algae.
그 강들은 녹조로 들끓고 있다.

feed /쀠-드/

동 먹이[음식]를 주다, (연료를) 공급하다,
먹이로 하다

feed domestic animals vegetables in
moderate amounts
가축 동물들에게 적당한 양의 채소를 먹이다

prey /프뤠이/

명 먹이, 희생자 동 포식하다
prey on: ~을 잡아 먹다, 먹이로 하다

Spiders use a web to catch **prey**.
거미는 먹이를 잡기 위해 거미줄을 이용한다.

predator /프뤠더터ㄹ/

명 포식자, 약탈자

protect themselves from **predators**
포식자로부터 그들 자신을 보호하다

subject /썹젝트/

형 하기 쉬운, 영향을 받는, 종속적인
be subject to: ~하기 십상이다, ~에 달려 있
다

be subject to seasonal changes
계절 변화의 영향을 받을 수 있다

superior /서**피**어리어ㄹ/

(형) ~보다 우수한(+ to), 상급의

superior to other species
다른 종보다 우수한

selective /셀렉티입/

(형) 선별적인, 꼼꼼하게 따지는

be **selective** about ~에 대해 선별적이다

predominant /프뤼**다**머넌트/

(형) 우월한, 우세한, 두드러진

Such climate change is especially
predominant in the Arctic.
그러한 기후 변화는 특히 북극지방에서 두드러진다.

wipe out /와이**파**웃/

(동) 분쇄하다, 완전히 파괴하다, 없애다

try to **wipe out** the virus completely
바이러스를 완전히 없애려고 노력하다

encounter /인**카**운터ㄹ/

(동) 우연히 마주치다
(명) 우연히 마주침, 충돌

If you **encounter** any problems
during the experiment
실험 중 어떤 문제라도 발생한다면

adjust /어**쥬**스트/

(동) 조절하다, 적응하다

adjust to the harsh environment
혹독한 환경에 적응하다

defend /디**뻰**드/

(동) 방어하다, 지키다, 옹호하다, 변호하다

defend the territory by patroling along
the border
경계를 따라 순찰을 함으로써 영역을 지키다

majority /머**줘**리티/

(명) 대다수, 과반수

The **majority** of the species inhabits
the tropical forests.
그 종의 대다수가 열대림에 서식한다.

extinct /익스팅(크)트/

형 멸종한, 폐지된, 사라진
go extinct: 멸종되다

The megalodon went **extinct** 3.6 million years ago.
메갈로돈은 360만 년 전에 멸종되었다.

rely /륄라이/

동 의존하다(+ on, upon)
rely mainly on: 주로 ~에 의존하다

The shelter for stray dogs **relies** only **on** government aid.
유기견 보호소는 정부 지원에만 의존하고 있다.

distinguish /디스팅귀쉬/

동 분간하다, 구별하다(+ from)

distinguish between ducks and geese
오리와 거위를 구별하다

prone /프롸운/

형 경향이 있는, ~하기 쉬운
be prone to: ~하기 쉽다

Stressed people **are prone to** catch a cold.
스트레스를 받은 사람들은 감기에 걸리기 쉽다.

expose /익스포즈/

동 노출시키다, 드러내다
be exposed to : ~에 노출되다

Those who had **been exposed to** music before surgery
수술 전에 음악에 노출되었던 사람들

thrive /쓰롸입/

동 번영하다, 성공하다, 무럭무럭 자라다

The plants **thrive** in the region despite the cold climate. 그 식물은 추운 기후에도 불구하고 그 지역에서 잘 자란다.

지텔프 보카 맛보기 퀴즈 빈칸에서 알맞은 단어를 고르세요.

정답 및 해석 p. 99

1. When the eggs [hatch / lay], the young turtles swim 180 miles south.
2. The base hospital was [fed / infested] with rats and insects during the war.
3. Bobcats are stealthy hunters and leap up to ten feet to lethally attack their [prey / predator].
4. The date of the prize drawing is [superior / subject] to change without notice.
5. Please be [selective / prone] when considering potential candidates.
6. Our healthy food products can be easily [adjusted / distinguished] by their green 'Government Certified' labels.

사회/산업 I

핵심 단어를 기출 표현과 함께 학습 후 숙지하여 문법, 청취, 독해 문제 이해도를 높일 수 있습니다.

authorize /어써롸이즈/
동 허가하다, 권한을 부여하다

authorize the payment for
~에 대한 지출을 승인하다

field /쀨드/
명 들판, 분야, 현장, (전기, 자기 등의) 장

the rapidly growing **field**
빠르게 성장하는 분야
a magnetic **field** 자기장

corporate /코ㄹ퍼뤗/
형 기업의, 법인의

corporate budget planning
기업의 예산 기획
corporate tax 법인세

organization /오ㄹ거니제이션/
명 조직, 단체

an **organization** dedicated to
revitalizing local business
지역 경제 활성화에 전념하는 단체

produce /프뤄듀-스/
동 제조하다, 생산하다
명 농산물

Growing oats **produces** lower
greenhouse gas emissions. 귀리를 재배
하는 것은 온실 가스를 더 적게 배출한다.

market /마ㄹ킷/
명 시장, 수요
동 판매활동을 하다, 시장에서 거래하다
be on the market: 시판 중이다, 시중에 있다

market share 시장 점유율
a strong **market** for ~에 대한 높은 수요

demand /디맨드/
명 수요, 요구
동 ~을 요구하다, 필요로 하다

due to increased **demand** for
~에 대해 증가한 수요로 인해

introduce /인트로듀스/
동 출시하다, 소개하다

successfully **introduce** a new
medication to the market
새로운 약품을 시장에 성공적으로 출시하다

agreement /억-뤼먼트/

명 계약, 합의, 동의

make an **agreement** with ~와 계약을 맺다
be in complete **agreement** on
~에 대해 완전히 합의[동의]하다

efficiency /이쀠션시/

명 효율(성)

check the manufacturing process for
efficiency
생산 공정이 효율적인지 점검하다

donate /도-네잇/

동 증여하다, 기부하다

donate money from A to B
A에서 나온 돈을 B에 기부하다

official /어쀠셜/

형 정식의, 공식적인
명 공무원, 관리

submit an **official** request
정식 요청서를 제출하다

comply /컴플라이/

동 준수하다(+ with)

comply with the government's
building regulations
정부의 건축 규제를 준수하다

ideally /아이디얼리/

부 이상적으로 말하면, ~이면 더할 나위 없다

will **ideally** be completed by next
Friday
다음 주 금요일까지 완료되면 가장 좋다

decline /디클라인/

동 하락하다, 줄어들다, 거절하다
명 하락

in spite of the **decline** in revenue
수익 감소에도 불구하고

initiative /이니셔티입/

명 계획, 제안, 법안, 진취성, 적극성

take the **initiative**
주도권을 잡다, 솔선해서 하다

accuse /어큐-즈/

(동) 고발하다, 고소하다, 비난하다

accuse someone of theft
누군가를 절도죄로 고발하다

financial /**빠**이낸셜/

(형) 재정적인, 금융의

receive extensive **financial** support
대규모 재정 지원을 받다

contribution /칸추뤄**뷰**션/

(명) 기여, 공헌, 기부(금)

make a **contribution** to
~에 기여하다, 기부하다

privilege /프**뤼**벌리쥐/

(명) 특권, 특전
(동) 특권을 주다, 면제하다

privilege the manager to access confidential documents
매니저에게 기밀문서에 접근할 수 있는 특권을 주다

deliberate

(동) /딜리버뤠잇/, (형) /딜리버륏/
(동) 숙고하다
(형) 신중한, 고의적인, 의도적인

deliberate efforts to attract more tourists
더 많은 관광객을 끌어들이는 의도적인 노력

reside /뤼**자**이드/

(동) 살다, 거주하다

a shuttle bus for commuters who **reside** in suburban areas
교외 지역에 사는 통근자들을 위한 셔틀 버스

impose /임**포**-즈/

(동) ~을 부과하다

a small fine will be **imposed** for
~에 대해 약간의 벌금이 부과될 것이다

expansion /익스**팬**션/

(명) 확대, 확장, (시장) 진출

expansion into overseas markets
해외 시장으로의 확장

investment /인붸스트먼트/

몡 투자

increase **investments** in solar energy companies
태양 에너지 회사들에 대한 투자를 늘리다

distribute /디스트뤼븃/

통 배포하다, 유통하다, 분배하다

distribute funds evenly among members
회원들 간에 자금을 균등하게 분배하다

surplus /써ㄹ플러스/

몡 과잉, 흑자
혱 초과하는, 잉여의

show a budget **surplus**
예산 흑자를 보이다

alienate /에일련네잇/

통 멀리하다, 소외하다, 양도하다

The politician's comments **alienated** a lot of young supporters. 그 정치인의 논평은 많은 젊은 지지자들을 떨어져 나가게 하였다.

entitle /인타이틀/

통 권리를 부여하다
be entitled to: ~할 권리를 가지다

be entitled to a full refund
전액 환불받을 권리를 지니다

discriminate /디스크리머네잇/

통 차별하다 구별하다

discriminate between A and B
A와 B를 구별하다

지텔프 보카 맛보기 퀴즈 빈칸에서 알맞은 단어를 고르세요.

정답 및 해석 p. 100

1. Mr. Ahamed has three years of experience in the [field / organization] of mechanical engineering.
2. The report shows that the [efficiency / demand] for organic food products has increased by more than 30% over the last five years.
3. All residents have shown support for the [expansion / initiative] to provide free broadband Internet service to the county's public schools.
4. The president [privileged / deliberated] for more than a week before appointing Ms. Jennet Jones as new Chief of Staff.
5. A fine will be [accused / imposed] for any library books you have borrowed that are one week past due.
6. You will be [entitled / discriminated] to receive paid holidays.

사회/산업 Ⅱ

핵심 단어를 기출 표현과 함께 학습 후 숙지하여 문법, 청취, 독해 문제 이해도를 높일 수 있습니다.

retain /뤼테인/

동 유지하다, 보관하다

retain the receipt for one's records
기록용으로 영수증을 보관하다

commercial /커머셜/

형 상업의, 상업적인
명 방송 광고

safe for **commercial** use
상업적인 이용에 안전한

welfare /웰쀄어ㄹ/

명 복지, 행복, 번영

The President commented on changes to the social **welfare** system. 대통령은 사회 복지 체계의 변화에 대해 발언하였다.

negotiate /니고-쉬에잇/

동 협상하다

skillfully **negotiate** a contract
능숙하게 계약 협상을 하다

announce /어나운스/

동 발표하다, 알리다

announce the appointment of
~의 임명을 발표하다

issue /이슈/

명 (공적인) 문제, 사안, (잡지 등의) 호
동 발행하다, 발부하다, 발표하다

issue employee identification badges
직원 신분증 배지를 발급하다

central /쎈츄럴/

형 중앙의, 가장 중요한

play a **central** role in establishing the local business association 지역 경영자 협의회가 설립되는 데 중추적 역할을 하다

subscription /썹스크룝션/

명 구독(료), 정기구독

renew one's **subscription**
정기구독을 갱신하다

import /임포르트/

통 수입하다, 들여오다

lift the restrictions on the **import** of agricultural products temporarily
농산품 수입에 가해진 제한을 일시적으로 해제하다

profitable /프롸삣터블/

형 수익성이 있는

make **profitable** investments
이윤이 남는 투자를 하다

impact 명 /임팩트/, 동 /임팩트/

명 영향, 충격(= effect)
동 충격을 주다

have an **impact** on
~에 영향을 미치다

specialize /스페셜라이즈/

동 전문화하다, 특수화하다(+ in)

the rental store that **specializes in** multifunctional office devices
다용도 사무기기들을 전문으로 하는 대여점

deal /디일/

명 거래, 협상
동 거래하다, 처리하다(+ with)

deal with an urgent matter
긴급한 문제를 다루다
a great **deal** of 많은 양의

transform /추랜스뿨르엄/

동 변형시키다, 변모시키다

the proposal to **transform** the old city park into a new amusement park 낡은 시 공원을 새로운 놀이공원으로 변모시키자는 제안

illegal /일리-걸/

형 불법의, 허용되지 않는

The court ruled that there was no evidence of **illegal** actions.
법원은 불법적인 행위의 증거가 없다고 판결했다.

merger /머르줘르/

명 (기업의) 합병, 합동

merger and acquisition 인수 합병
hold a press conference concerning the **merger** 합병에 관한 기자회견을 열다

acquire /억콰이어ㄹ/

동 인수하다, 획득하다, 습득하다

acquire a company 회사를 인수하다
acquire necessary skills
필요한 기술을 습득하다

misuse 명 /미슈-스/, 동 /미슈-즈/

명 오용, 악용, 남용
동 오용하다, 악용하다, 학대하다

fund **misuse** 자금 남용, 횡령
misuse of personal information
개인정보 악용

downsize /다운사이즈/

동 소형화하다, (기업·조직을) 축소하다

downsize the workforce 인력을 축소하다

commit /커밋/

동 (죄·과실을) 저지르다, 범하다,
(권한을) 위임하다, 약속하다(+ to)
be committed to: ~에 전념하다

commit a crime 범죄를 저지르다
be committed to the security of
~의 안전에 최선을 다하다

cautiously /커셔슬리/

부 조심스럽게, 신중히

proceed **cautiously** with its
expansion plans
확장 계획을 신중하게 추진하다

infrastructure
/인쁘뤄스츄뤅춰ㄹ/

명 사회 기반 시설

invest in the **infrastructure**
사회 기반 시설에 투자하다

domestic /더메스틱/

형 국내의, 가정의, 사람들에게 길들여진

domestic travel destinations 국내 관광지
domestic animals 가축

component /컴퍼넌트/

명 구성 요소, 부품, 부속

replace worn-out **components**
마모된 부품을 교체하다

administrative
/엇**미**니스트뤠이팁-/

[형] 행정의, 관리의

administrative positions 행정직

substantial /썹스**탠**셜/

[형] 상당한

undergo **substantial** changes
상당한 변화를 겪다

predict /프뤼**딕**트/

[동] 예측하다, 예상하다

predict an increase in ~의 증가를 예상하다

intrusion /인추**루**-줜/

[명] 침입, 침범

The police said there were not any
footprints or traces of **intrusion**.
경찰은 발자국이나 침투의 흔적이 없었다고 말했다.

promising /프**롸**미씽/

[형] 장래성 있는, 전망이 밝은, 유력한

the most **promising** candidate
가장 유력한 후보자

endorse /인**도**어ㄹ쓰/

[동] 홍보하다, 지지하다, 지지하다,
   (서류에) 배서하다

agree to **endorse** the brand-new
book
신작 도서를 홍보하기로 동의하다

지텔프 보카 맛보기 퀴즈 빈칸에서 알맞은 단어를 고르세요.

 정답 및 해석 p. 100

1. ELP Electronics successfully [acquired / negotiated] the long-term contract with Siwonschool.

2. The Food Safety Bureau has [issued / announced] that it has no plans to change the existing health and safety regulations.

3. The newly-added flower beds on the rooftop of the building have significantly [committed / transformed] the appearance of the office complex.

4. Double Telecom is [downsizing / specializing] and will be discontinuing its service next year.

5. Ms. Richer has 3 years of [administrative / profitable] experience.

6. Famous baseball player Hyunjin Ryu has agreed to [misuse / endorse] our product.

의료/건강 I

핵심 단어를 기출 표현과 함께 학습 후 숙지하여 문법, 청취, 독해 문제 이해도를 높일 수 있습니다.

fit /핏/

(형) 알맞은, 적합한, 건강한
(동) 적합하다, 꼭 맞다

fit for ~에 적합한, ~에 적임인
fit with one's interest ~의 관심사와 잘 맞다

contagious /컨테이줘스/

(형) 접촉 전염성의, 잘 번지는, 옮아가는

contagious infection 접촉 감염
contagious disease 접촉 감염병

hygienic /하이쥐닉/

(형) 위생적인, 건강에 좋은

hygienic conditions 위생 상태

vital /봐이털/

(형) 생명의, 필수적인, 중요한

take **vital** signs 생명 징후를 검사하다
be **vital** to maintaining steady growth
꾸준한 성장을 유지하는 데 필수적이다

wholesome /호울썸/

(형) 유익한, 건전한, 건강에 좋은

wholesome advice 유익한 조언
wholesome food 건강에 좋은 식사

treatment /츄릿먼트/

(명) 대우, 처우, 치료

medical **treatment** 치료, 진료
get (medical) **treatment** 치료를 받다

routine /루-티인/

(형) 정기적인, 일상적인, 틀에 박힌
(명) 정해진 순서[과정] 일과

a **routine** check[inspection] 정기 점검
customized exercise **routines**
개인 맞춤 운동 순서

regularly /뤠귤러ㄹ리/

(부) 정기적으로, 규칙적으로

regularly get medical checkups
정기적으로 건강 검진을 받다

element /엘러먼트/

명 성분, 요소

visual **elements** 시각적인 요소
the basic **elements** of the health-care
industry 의료 업계의 기본 요소

medication /메더케이션/

명 투약, 약물(치료)

release a new **medication**
새로운 의약품을 출시하다
take **medication** 약을 복용하다

germ /줘엄/

명 미생물, 세균, 기원, 근원

harmful **germs** 해로운 세균
Brass is known to be toxic to **germs**.
황동은 세균들에게 독성이 있다고 알려져 있다.

usage /유-씨쥐/

명 사용량, 사용법

with heavy **usage** 과도한 사용으로

symptom /심프텀/

명 징후, 징조, (병의) 증상

an allergic **symptom** 알러지 증상
a **symptom** of poor budgeting
좋지 못한 예산 관리의 징후

diagnose /다이어그노우스/

동 진단하다

diagnose illnesses accurately
질병을 정확하게 진단하다

acute /어큐-트/

형 뾰족한, (고통 등이) 극심한, 급성의, 중대한

an **acute** disease 급성 질병

supplement

명 /써플러먼트/, 동 /써플러먼트/

명 추가, 보충, 부록
동 보충이 되다, 보완하다

health **supplement** food 건강보조식품
supplement the existing route
기존의 노선을 보충하다

exposure /익스포-저러/

명 노출, 폭로

avoid repeated **exposure** to work-related stress
업무 관련 스트레스에 대한 반복적 노출을 피하다

maintain /메인테인/

동 ~을 유지하다

in order to **maintain** a pleasant working environment
쾌적한 근무 환경을 유지하기 위해

consumption /컨썸ㅍ션/

명 소비, 소비량

lower the fuel **consumption**
연료 소비를 줄이다

steady /스테디/

형 꾸준한, 한결같은

experience **steady** growth
꾸준한 성장을 경험하다

infection /인쀅션/

명 감염, 전염, 전염병

Exercise can protect one against **infection.**
운동은 사람을 감염으로부터 보호할 수 있다.

overdose /오뷔ㄹ도우스/

명 (약물) 과다 복용, 과다 투여
동 (약을) 너무 많이 복용하다

overdose on a medication
약을 과다하게 투여하다

noticeable /노우티서블/

형 뚜렷한

indicate a **noticeable** rise in
~의 뚜렷한 증가를 보여주다

intake /인테잌/

명 섭취(량), 흡입구

increase water **intake** 물 섭취량을 늘리다

strain /스츄뤠인/

(동) 잡아당기다, 긴장시키다
(명) 압력, 긴장, 접질리기(염좌)

reduce **strain** on the heart
심장의 긴장을 줄이다

prescription /프뤼스크립션/

(명) (의사의) 처방(전), 처방된 약

on **prescription** 처방전에 따라서
prescription drug 처방전으로만 투여되는 약

indication /인디케이션/

(명) 암시, 조짐, 표시, 지시

a good **indication** of quality health
care 양질의 의료 서비스를 알려주는 좋은 징후

adequately /애디큇틀리/

(부) 충분히, 제대로

perform one's duty **adequately**
직무를 제대로 수행하다

patience /페이션스/

(명) 인내, 참을성

with **patience** 참을성 있게
Thank you for your **patience**.
참고 기다려 주셔서 감사합니다.

sanitation /쌔니테이션/

(명) 공중 위생, 위생 설비

food **sanitation** 식품 위생
improved medical care and
sanitation 향상된 의료 및 위생

지텔프 보카 맛보기 퀴즈 빈칸에서 알맞은 단어를 고르세요.

정답 및 해석 p. 101

1. I'd like to find a job that [fits / diagnoses] better with my interests and abilities.

2. Technicians at Tiller Manufacturing carry out [routine / wholesome] maintenance on machinery once a month.

3. Arklay Corporation reduced energy [indication / usage] by almost 20 percent compared to the last month.

4. Caulden Health Foods has shown [acute / steady] growth since it began producing fruit beverages nearly a decade ago.

5. Korb Corporation has scheduled a press conference in order to [regularly / adequately] address concerns about the safety of its latest line of toaster ovens.

6. Delays may occur due to bad weather. In such situations, we appreciate your [sanitation / patience].

의료/건강 II

핵심 단어를 기출 표현과 함께 학습 후 숙지하여 문법, 청취, 독해 문제 이해도를 높일 수 있습니다.

cure /큐어ㄹ/
명 치료(법), 치유, 구제책, 해결법
동 병을 고치다, 치유하다

hard to **cure** 난치의
cure a disease 질병을 고치다

nutrition /뉴-트뤼션/
명 영양

the health and **nutrition** guidelines
보건 영양 지침

essential /이쎈셜/
형 필수적인

absolutely **essential** to the well-being of our employees
직원 복지에 절대적으로 필요한

staple /스테이플/
명 (복수형으로) 특산물, 주요 상품, 기본 식품
형 기본적인, 주요한

staple food 주식
the **staple** commodities of Korea
한국의 주요 상품

emergency /이머ㄹ전시/
명 비상사태, 응급상황

in case of an **emergency**
응급상황의 경우에

risk /뤼스크/
명 위험
동 ~을 무릅쓰고 하다, ~을 위험에 빠트리다

run a **risk** of injury 부상 위험에 직면하다
take a **risk** 위험을 감수하다, 모험을 하다

concern /컨써ㄹ언/
명 우려, 걱정, 관심(사)
동 걱정시키다, 연관시키다

address several **concerns**
우려사항들을 처리하다
be **concerned** about ~에 대해 우려하다

prompt /프뢈풋트/
형 즉각적인, 신속한, 시간을 엄수하는
동 촉발하다, (감정을) 일으키다, 촉구하다

appreciate your **prompt** payment
신속한 지불에 감사하다
prompt A to do: A가 ~하도록 촉구하다

specific /스피씨삑/

형 구체적인, 특정한
명 (복수형으로 specifics) 세부 정보

provide **specific** guidelines on
~에 대한 구체적인 지침을 제공하다

affect /어펙트/

동 영향을 미치다, 작용하다

affect the profits significantly
수익에 상당히 영향을 미치다

lack /랙/

동 ~이 부족하다
명 부족, 결여

lack a sufficient amount of
~의 양이 충분하지 않다
lack of ~의 부족[결여]

recover /리커버ㄹ/

동 복구하다, 회복하다

recover from a health problem
건강 문제에서 회복하다

sensitive /쎈써티입/

형 민감한, 예민한, 까다로운

keep **sensitive** chemicals in a secure
location 민감한 화학품을 안전한 곳에 보관하다
be **sensitive** to ~에 민감하다

prohibit /프뤄히빗/

동 금지하다

be strictly **prohibited** 엄격히 금지되다
prohibit A from -ing: A가 ~하는 것을 금지
하다

disorder /디쏘ㄹ더ㄹ/

명 무질서, 혼란, 이상, 장애, 병

an inborn **disorder** 선천적인 장애
fall into **disorder** 혼란에 빠지다

restore /뤼스토어ㄹ/

동 복구하다, 복원하다, 회복하다

restore the design to its former state
디자인을 이전 상태로 복원하다

eliminate /일리머네잇/

(동) ~을 없애다, 제거하다

eliminate stains instantaneously
얼룩을 바로 제거하다

intricate /인추뤼컷/

(형) 뒤얽힌, 엉클어진, 복잡한, 정교한

The building has an intricate structure.
그 건물은 복잡한 구조를 가지고 있다.

delicate /델리컷/

(형) 민감한, 섬세한, 연약한, 정교한

delicate negotiations 민감한 협상
maintain the delicate ecological
balance 민감한 생태계 균형을 유지하다

insufficient /인써뿨션트/

(동) 부족한, 불충분한

insufficient supply of water
수분 공급 부족

precaution /프뤼커션/

(명) 조심, 경계, 예방 조치

take precautions 예방조치를 취하다
follow the safety precautions
안전 예방대책을 따르다

enhance /인핸스/

(동) 강화하다, 향상시키다, 끌어올리다

enhance concentration 집중력을 강화하다

deficiency /디쀠션시/

(명) 부족, 결핍

a vitamin deficiency 비타민 결핍
a deficiency of nutrition 영양 부족

prevent /프뤼벤트/

(동) 방지하다, 예방하다, 못하게 하다

prevent A from -ing: A가 ~을 못하게 하다
prevent unexpected failure
예기치 않은 고장을 방지하다

strengthen /스트렝쓴/

(동) 강화하다, 힘을 돋우다, 강해지다

strengthen relationships between the divisions 부서들 간의 관계를 돈독히 하다

chronic /크롸닉/

(형) 만성의, 상습적인, 장기간에 걸친

a **chronic** disease 만성 질병

prolong /프롤롱/

(동) (기한을) 연장하다

undergo regular maintenance to **prolong** the life of the vehicle
차량의 수명을 늘리기 위해 정기적인 점검을 받다

unprecedented /언프뤠시덴티드/

(형) 전례 없는, 이례적인

an **unprecedented** increase in sales
전례 없는 매출 증가

impaired /임페어ㄹ드/

(형) 약화된, 건강이 나빠진, 장애가 있는

a visually **impaired** person 시각 장애인
impaired hearing 난청

alleviate /얼리뷔에잇/

(동) 경감하다, 완화하다

in an effort to **alleviate** patients' pain
환자들의 통증을 완화시키기 위한 노력으로

지텔프 보카 맛보기 퀴즈 빈칸에서 알맞은 단어를 고르세요.

정답 및 해석 p. 101

1. Try to eat a variety of foods that contain different [essential / prompt] vitamins.

2. A patient's recovery is greatly [affected / concerned] by the environment.

3. Unauthorized staff are [prohibited / enhanced] from entering the laboratory where hazardous materials are used.

4. As the head of the complaints department, Ms. Sharpe is experienced in handling [delicate / impaired] matters involving customers.

5. Shift supervisors should [prevent / eliminate] employees from taking excessively long breaks unless it is deemed absolutely necessary.

6. Express Broadband has planned an [intricate / unprecedented] expansion of its high-speed Internet service coverage.

학교 생활 I

핵심 단어를 기출 표현과 함께 학습 후 숙지하여 문법, 청취, 독해 문제 이해도를 높일 수 있습니다.

term /터ㄹ엄/

몡 용어, 학기, 임기, 계약 조건

in **terms** of ~에 관하여, ~의 관점에서
terms of the contract 계약 조건
a mid-**term** examination 중간고사

assignment /어싸인먼트/

몡 과제, 할당, 배정, 업무

primary **assignments** 주요 과제물들
a temporary **assignment** 임시 업무

peer /피어ㄹ/

몡 동료, (능력, 자격 등이) 동등한 사람
동 자세히 보다, 응시하다

a **peer** group 또래 집단
peer through the lens 렌즈를 통해 보다

guide /가이드/

몡 안내서, 안내원
동 안내하다, 인도하다

training **guide** 교육훈련 안내서
guide the team well 팀을 잘 이끌다

get along with /겟 얼롱 윗/

동 ~와 잘 지내다, ~와 어울리다

My dog **gets along** well **with** other
pets and strangers. 나의 개는 다른 애완동물
들과 낯선 사람들과 잘 어울린다.

absent /앱선트/

혱 부재의, 없는, 결석한

be **absent** from ~에 결석하다

enroll /인로울/

동 명단에 기재하다, 등록하다, 입학시키다

enroll in Siwon University
시원대학교에 등록하다

attend /어텐드/

동 참석하다, 출석하다, (학교에) 다니다

attend a biology class
생물학 수업에 출석하다
be eligible to **attend** 참가할 자격이 있다

orientation /어뤼엔테이션/

명 예비 교육, 진로지도, 방향

attend the **orientation** session
예비교육 시간에 참석하다

train /추뤠인/

동 교육시키다, 훈련시키다

train new students under the supervision of Mr. Fineman
Fineman 씨의 관리 하에 신입생들을 교육시키다

faculty /뻬컬티/

명 능력, 교수진, 학부

have the **faculty** of memorizing numbers quickly
숫자를 빠르게 암기하는 능력이 있다

assess /어쎄쓰/

동 평가하다, 가늠하다

assess the particular needs of
~의 특별한 필요를 파악하다

debate /디베잇/

명 토론
동 ~에 대해 토론하다

join a **debate** club 토론 클럽에 가입하다
debate on the issue 그 문제에 관해 토론하다

interact /인터랙트/

동 상호 작용하다, 상호 반응하다, 소통하다

interact with participants after the experiment 실험 후에 참가자들과 소통하다

course /코-ㄹ스/

명 강의, 강좌, 과정, 과목

complete a 2-year degree **course**
2년의 학위 과정을 마치다

tuition /튜-이션/

명 수업, 교습, 대학 등록금, 수업료

initially pay all **tuition** fees
처음에 모든 수업료를 지불하다

institute /인스터튓/

동 설치하다, 제정하다, 도입하다
명 기관, 협회, 대학 연구소

institute a new dress code policy
새로운 복장 방침을 도입하다

facility /풔실리티/

명 시설, 시설물

sign up for a guided tour of the **facility**
가이드가 안내하는 시설 견학을 신청하다

setback /쎗-백/

명 장애, 패배, 정체, 곤경

in order to avoid a possible **setback**
닥칠 수도 있을 문제를 피하기 위해

competition /컴퍼티션/

명 경쟁, 대회

amid rising[increasing] **competition**
늘어나는 경쟁 속에서

intrigue /인트뤼-그/

동 흥미를 끌다, 음모를 꾸미다
명 음모, 계획

a political **intrigue** 정치적 음모

grant /그랜트/

동 ~을 수여하다, 승인하다
명 보조금, 지원금

grant access to
~에 대한 접근[사용]을 승인하다
the research **grant** 연구 보조금

noteworthy /노웃-워르씨/

형 주목할 만한

noteworthy accomplishments
주목할 만한 성과

conceive /컨씨-브/

동 구상하다

conceive a plan 계획을 구상하다

demonstrate /데몬스트뤠잇/

동 시연하다, 입증하다

demonstrate the proper method of
-ing ~하는 올바른 방법을 시연하다

specify /스뻬서빠이/

동 구체적으로 말하다, 명시하다, 지정하다

specify the number of applicants
신청자의 수를 구체적으로 밝히다

precondition /프뤼컨디션/

명 필수 조건, 전제 조건 (+ for/of)
동 미리 조정하다, 조건을 갖추다

be offered without any **preconditions**
아무 전제 조건 없이 제공되다

reunion /뤼유년/

명 재결합, 재회의 모임

a school[class] **reunion**
졸업생 모임, 동창회

degree /디그뤼/

명 단계, 등급, 정도, 학위

a **degree** in ~: ~분야의 학위
holds an advanced **degree** in
accounting 회계학 석사 학위를 지니다

accommodate /어카머데잇/

동 수용하다, 숙박을 제공하다

accommodate a large audience
많은 청중을 수용하다

지텔프 보카 맛보기 퀴즈 빈칸에서 알맞은 단어를 고르세요.

정답 및 해석 p. 102

1. Insects have direct benefits to humans in [terms / guides] of food production.
2. When the fire alarm went off, a number of students tried to escape from the [faculty / facility].
3. Despite a recent financial [setback / precondition], the university is still optimistic about attracting academically excellent high school graduates.
4. After a forty-year career in interior design, Mr. Gamble is being honored for his many [absent / noteworthy] achievements.
5. The teacher can [demonstrate / accommodate] how to use the equipment.
6. Lisa just bought an indigo silk dress for her ten-year high school [degree / reunion].

DAY 13 학교 생활 l 251

학교 생활 II

핵심 단어를 기출 표현과 함께 학습 후 숙지하여 문법, 청취, 독해 문제 이해도를 높일 수 있습니다.

prestigious /프레스티져스/

형 유명한, 일류의, 훌륭한

a **prestigious** private university
명문 사립 대학
a **prestigious** award 유명한 상

comment /카멘트/

명 주석, 논평, 의견
동 주석을 달다, 의견을 말하다(+ on)

comment on social justice and equality
사회적 정의와 평등에 대해 의견을 말하다

challenging /쵈린징/

형 힘든, 해볼 만한, 도전적인

a **challenging** assignment 힘든 과제
a simple but **challenging** task
단순하지만 어려운 업무

focus /뿨커스/

동 초점을 맞추다, 중점을 두다, 집중하다
(+ on)
명 초점, 중점

focus one's attention on the issue
관심을 이 문제에 집중하다

apprentice /어프뤤티스/

명 초심자, 견습생
동 견습공으로 내보내다

work as an **apprentice** to
~의 견습공으로 일하다

expel /익스펠/

동 쫓아내다, 제명하다, 추방하다

be **expelled** from school 퇴학 당하다

potential /퍼텐셜/

명 가능성, 잠재력
형 잠재적인, 가능성 있는

have extraordinary **potential** for
~에 대해 엄청난 가능성을 가지고 있다

objective /어브젝티브/

명 (궁극적인) 목표
형 객관적인

a primary **objective** 주요 목표
an **objective** test 객관식 시험

content 몡 /칸텐트/, 혱, 동 /칸텐트/

몡 내용, 내용물, 목차
혱 만족하고 있는(+ with)
동 만족시키다, 만족하다 (+ with)

Some **content** of the movie is based on true events. 그 영화의 일부 내용은 실제 사건들을 바탕으로 한다.

approach /어프로우취/

동 접근하다
몡 접근법, 접근, 진입

decide how to **approach** the subject
그 주제에 어떻게 접근할지 결정하다

familiar /쀄밀려ㄹ/

혱 익숙한, 친숙한

be **familiar** with ~을 잘 알다, ~에 익숙하다
learn in a **familiar** environment
익숙한 환경에서 학습하다

instruct /인스트뤅트/

동 ~에게 지시하다, 알리다, 가르치다

instruct that the students hand in the assignment by tomorrow
학생들은 내일까지 과제를 제출해야 한다고 알리다

cooperation /코아퍼뤠이션/

몡 협력, 협동

in **cooperation** with ~와 협력하여
require **cooperation** with other classmates 다른 학우들과 협력을 필요로 하다

reflect /뤼쁠렉트/

동 반영하다, 보여주다

reflect the adjustments to the essay
에세이에 변경사항들을 반영하다

ambitious /앰비셔스/

혱 야심찬, 의욕적인

be **ambitious** for ~을 갈망하다
announce an **ambitious** plan
의욕적인 계획을 발표하다

concentration /컨센추뤠이션/

몡 집중, 밀도, 농도

a **concentration** of the population
인구의 집중

rigorous /뤼거뤄스/

형 엄격한, 혹독한

a **rigorous** training program
엄격한 교육 훈련

confident /칸퓌던트/

형 자신 있는, 확신하는

be **confident** of[about] ~를 확신하다
a **confident** manner 자신 있는 태도

adept /어뎁트/

형 숙련된, 숙달된 (+ in/at)
명 숙련자

The children are **adept** at swimming.
그 아이들은 수영하는 것에 숙달되어 있다.

motivate /모우터베잇/

동 동기를 주다, 자극을 주다

be **motivated** to do ~할 동기를 주다
It **motivated** me to work out harder.
그것은 나에게 더 열심히 운동하도록 자극을 주었다.

relevant /뤨러봔트/

형 관련된, 적절한

be **relevant** to ~와 관련이 있다
process the **relevant** permit
applications 관련 허가 신청서를 처리하다

facilitate /풔씰러테잇/

동 용이하게 하다, 촉진하다

facilitate our discussion significantly
우리의 논의를 상당히 촉진하다

evaluate /이봴류에잇/

동 평가하다

evaluate one's performance
성적[실적]을 평가하다

revise /뤼봐이즈/

동 수정하다, 개정하다

revise the training guidelines
교육 지침을 개정하다

academic /애커데믹/

(형) 학문의, 대학의, 학구적인

an **academic** degree 학위
academic performance[results]
학업 성과

accomplish /어캄플리쉬/

(동) 성취하다, 이룩하다
(accomplished (형) 뛰어난, 성취된)

accomplish a goal 목표를 성취하다

persistent / 퍼ㄹ씨스턴트/

(형) 끈질긴, 지속적인

persistent hard work[efforts]
지속적인 노력

strive /스추롸이브/

(동) 노력하다, 애쓰다 (+ to)

strive to maintain a good
performance 좋은 성적을 유지하려 노력하다

improve /임프루웁/

(동) 향상시키다, 개선되다

improve reading skills
독서 능력을 향상시키다

enthusiastic /인쑤지애스틱/

(형) 열심인, 열성적인, 열중해 있는
(+ for/about/over)

enthusiastic support 열정적인 지지
be **enthusiastic** for electronic music
전자 음악에 대해 열정적이다

지텔프 보카 맛보기 퀴즈 빈칸에서 알맞은 단어를 고르세요.

정답 및 해석 p. 102

1. Coller Kitchenware has distributed over five hundred product catalogs to
   [challenging / potential] clients in the area.
2. The students were [instructed / expelled] to make a pair and stand in line.
3. It's true that children can [content / motivate] each other to do better in learning.
4. Mr. Jones is in charge of compiling documents [objective / relevant] to admission
   to the college.
5. Reading can help students achieve better [confident / academic] results.
6. Ms. Timberlake always [strives / improves] to identify the needs of her students in
   the class.

회사 생활/사무 I

핵심 단어를 기출 표현과 함께 학습 후 숙지하여 문법, 청취, 독해 문제 이해도를 높일 수 있습니다.

opening /어-프닝/

명 창립, 개점, 일자리, 공석

an **opening** for the position of
~직에 대한 채용 공고

hire /하이어ㄹ/

동 고용하다, 채용하다
명 채용된 직원

hire extra editors to meet the deadline
마감일을 맞추기 위해 추가로 편집자를 고용하다

wage /웨이쥐/

명 임금, 급료

include a bonus equal to one month's
wage
한 달 급여에 상응하는 보너스를 포함하다

candidate /캔디데잇/

명 후보자, 지원자

highly qualified **candidates** from
around the world
전 세계에서 모인 매우 유능한 지원자들

position /퍼지션/

명 위치, 자리, 입장, 의견
동 배치하다

hold a **position** for three years
3년간 자리를 유지하다

assistant /어시스턴트/

명 보조, 조수
형 보좌하는, 지원하는

the position of **assistant** supervisor
부사장 직책

associate /어쏘우쉬에잇/

동 연관짓다, 연상하다, 제휴하다
명 동료

be **associated with** the new sales
tax 새로운 판매세와 연관되어 있다

examine /익재민/

동 검사하다, 조사하다, 시험하다

examine current trends in the market
현 시장 추이를 살피다
examine a patient 환자를 진찰하다

requirement /뤼콰이어ㄹ먼트/

(명) 필요, 요구조건, 자격요건

meet the **requirements**
자격요건에 부합하다

subsequent /썹시퀀트/

(형) 뒤따르는, 다음의

attracted a larger audience in the
subsequent year
그 다음 해에는 더 많은 사람들이 참가했다

temporary /템퍼뤄뤼/

(형) 임시의, 일시적인

offer a **temporary** discount on office
furniture 사무 가구에 대해 일시적 할인을 제공하
다

permanent /퍼ㄹ머넌트/

(형) 영구한, 상설의

permanent jobs 정규직
cause **permanent** damage to
~에게 복구 불능의 피해를 끼치다

malicious /멀리셔스/

(형) 악의적인, 심술 궂은

malicious rumors 악의적인 소문
be infected by the **malicious** code
악성코드에 의해 감염되다

urgent /어ㄹ줜트/

(형) 긴급한, 시급한

discuss one's **urgent** needs to
expand product lines
제품군을 확장시킬 시급한 필요에 대해 논의하다

deposit /디파짓/

(명) 예금(액), 보증금
(동) ~을 예금하다, 입금하다

make a **deposit** 예금하다
a security **deposit** (임대) 보증금

notify /노-터빠이/

(동) 알리다, 통지하다

will **notify** you as soon as your item
is ready
귀하의 물건이 준비되는 대로 알려줄 것이다

supervisor /수퍼봐이저ㄹ/

명 상사, 관리자

report to the **supervisor** 상사에게 보고하다

fill in /쀨 인/

동 (서류, 양식을) 작성하다, 기입하다

fill in the registration form
등록 양식에 기입하다

deadline /뎃(을)라인/

명 기한, 마감 시간(일자)

meet the **deadline** for ~의 마감일을 지키다
despite the short **deadline**
촉박한 마감에도 불구하고

resign /뤼자인/

동 사임하다, 사직하다, 양도하다, 포기하다

resign from ~에서 사직하다

management /매니쥐먼트/

명 관리, (기업의) 경영진

be appointed to a prestigious position
in **management** 대단한 경영직에 임명되다

renew /리뉴-/

동 계약을 갱신하다, 기한을 연장하다, 재생시키다

renew one's subscription to
~의 정기구독을 갱신하다

submit /썹밋/

동 제출하다, 제시하다

submit an application to + 사람:
~에게 지원서를 제출하다

procedure /프뤄씨줘ㄹ/

명 절차, 과정

be aware of new maintenance
procedures 새로운 유지관리 절차를 숙지하다

qualified /콸러빠잇/

(형) 자질 있는, 적격인

highly **qualified** applicants
매우 유능한 지원자들

vacant /붸이컨트/

(형) 비어 있는, (자리가) 점유되지 않은

have many **vacant** positions to fill
채워야 할 자리가 많이 있다

agent /에이줜트/

(명) 대리인, 직원, 행위자, 매개물

sales **agent** 판매 사원

obligation /아블리게이션/

(명) 의무, 책임, 채무

fulfill one's **obligation** to A:
A에 대한 책임을 다하다
have an **obligation** to do ~할 의무가 있다

retirement /리타이어ㄹ먼트/

(명) 퇴직

give a **retirement** speech
퇴임 인사말을 하다
mark one's **retirement** 퇴직을 기념하다

lengthy /렝씨/

(형) 긴, 장황한

a **lengthy** process 지루한 과정
after **lengthy** discussions
[negotiations] 오랜 토론 [협상] 끝에

지텔프 보카 맛보기 퀴즈 빈칸에서 알맞은 단어를 고르세요. 정답 및 해석 p. 103

1. The chief executive officer has recommended Ms. Karen Bynes for the [opening / requirement] at the Longville branch.
2. The successful [associate / candidate] for the position of assistant supervisor at Reinhardt Telecom's new branch office will have at least 6 years of customer service experience.
3. You may use this coupon for all [subsequent / malicious] visits to our local stores.
4. Ms. Keith will [renew / notify] the manager that she is planning to resign from the position.
5. Laboratory technicians should follow the proper [procedures / obligations] when disposing of broken glass or hazardous liquids.
6. Several senior members in the finance team will retire next month, leaving four positions [lengthy / vacant].

회사 생활/사무 II

핵심 단어를 기출 표현과 함께 학습 후 숙지하여 문법, 청취, 독해 문제 이해도를 높일 수 있습니다.

measure /매줘ㄹ/

명 조치
동 재다, 측정하다

take strict **measures** 엄격한 조치를 취하다
measure the dimensions of the office
사무실의 치수를 재다

promotion /프뤄모-션/

명 승진, 홍보, 촉진, 고취

receive a **promotion** 승진하다
event **promotion** 행사 홍보

workstation /워ㄹ크스테이션/

명 작업 장소, 사무실 내의 개인이 일하는 장소

organize the **workstation**
작업 장소를 정리하다

come up with /커멉윗/

동 생각을 떠올리다, 따라잡다

come up with a brilliant idea
뛰어난 아이디어를 떠올리다

output /아웃풋/

명 출력, 생산량

see a rapid growth in **output**
빠른 생산량 증가를 이루다

shift /쉬삣트/

명 (교대) 근무, 변화
동 전환하다

work weekend **shifts** 주말 근무를 하다
a significant **shift** in the policy
정책의 중대한 변화

contract 명 /칸추랙트/, 동 /컨추랙트/

명 계약(서)
동 계약하다

sign a **contract** 계약을 맺다
according to the terms of the
contract 계약 조건에 따르면

work overtime
/워ㄹ크 오붜ㄹ타임/

동 초과 근무하다, 연장 근무하다

offer employees extra incentives to
work overtime 초과근무를 하도록 직원들에
게 추가 장려금을 제공하다

performance /퍼ㄹ뿨ㄹ먼스/

명 성과, 실적, 공연, 성능

outstanding **performance** 뛰어난 성과
the **performance** of a new printer
새 프린터의 성능

commute /커뮤웃/

동 통근하다, 대중교통으로 출퇴근하다
명 통근, 통근수단

offer a convenient way for people to
commute
통근하는 사람들에게 편리한 수단을 제공하다

agenda /어줸더/

명 (회의의) 안건, 의제

organize an **agenda** for the staff
meeting 직원 회의 안건을 짜다

deal with /딜 윗/

동 ~을 처리하다, ~을 다루다, 대처하다

deal with the winter cold and flu
season 겨울 감기와 독감 유행기를 대처하다

rectify /뤡터빠이/

동 수정하다, 시정하다

rectify an error
오류를 수정하다, 잘못된 곳을 고치다

workload /워ㄹ크로-드/

명 업무량, 작업량

on top of one's **workload**
~의 업무량에 더해서
a heavy **workload** 과중한 업무량

incorporate /인코퍼뤠이트/

동 통합하다, 포함하다

incorporate features designed to
avoid data loss
자료 손실을 막기 위해 고안된 기능들을 포함하다

division /디뷔전/

명 부서, (조직의) 부, 국

restructure some of its **divisions**
몇몇 부서들을 구조조정하다

reminder /뤼마인더ㄹ/

명 상기시키는 것, 암시, 주의

This is a **reminder** to all staff that
~전 직원에게 ~을 알려드립니다.

budget /버쥇/

명 예산
동 예산을 세우다

operate on a limited **budget**
한정된 예산으로 운영하다

expense /익스펜스/

명 비용, 지출

incur **expenses** 비용을 발생시키다, 비용이 들다
in an effort to reduce **expenses**
비용을 줄이기 위한 노력으로

postpone /포우스트포운/

동 연기하다, 미루다

be postponed until next Friday
다음 금요일로 연기되다

flexibility /쁠뤽서빌러티/

명 유연성, 융통성, 재량

be as **flexible** as possible at work
직무 중에 최대한 융통성을 발휘하다

inspect /인스펙트/

동 검사하다, 점검하다

inspect the system regularly
정기적으로 시스템을 검사하다

attach /어태취/

동 ~을 붙이다, 첨부하다
(attachment 명 첨부물)

be attached to ~에 붙어 있다[첨부되어 있다]
firmly **attach** A to B: A를 B에 단단히 붙이다

replacement /뤼플레이스먼트/

명 교체, 교체품, 후임자

request a refund or **replacement**
환불이나 교체를 요청하다

schedule /스께줄/

몡 일정
동 일정을 잡다

be scheduled to do ~하기로 예정되어 있다
arrive on **schedule** 일정대로 도착하다

address 동 /어드뤠스/, 몡 /애드뤠스/

동 다루다, 해결하려고 애쓰다, 연설하다
몡 주소, 연설

address concerns about the budget proposal
예산안에 대한 우려를 다루다

behalf /비해쁘/

몡 이익, 대리
   (on half of: ~를 대신하여)

attend the conference on **behalf** of
~ 대신에 학회에 참석하다

simplify /심플러빠이/

동 단순하게 하다, 간소화하다

simplify the manufacturing process
제조 과정을 단순화하다

enclosed /인클로-즈드/

형 동봉된

the **enclosed** brochure details
동봉된 소책자는 ~을 상세히 설명하다

forward /뿨ㄹ워ㄹ드/

부 계속, 앞으로
동 (제3자에게) 전송하다, 전달하다
look forward to: ~을 매우 기대하다

forward product inquiries to the sales department 제품 문의를 영업부로 전달하다

지텔프 보카 맛보기 퀴즈 빈칸에서 알맞은 단어를 고르세요.

정답 및 해석 p. 103

1. Please read the terms and conditions of the [reminder / contract] very carefully before signing it.

2. Siwon Electronics is known for [measuring / incorporating] customer feedback into the product development process.

3. A copy of your employee identification card must be [addressed / attached] to all requests for vacation time.

4. We offer you sincere apologies for the damaged delivery and will send your [replacements / divisions] immediately.

5. To find out more about personal training services at Quartz Fitness, [schedule / simplify] a consultation with one of our fitness instructors.

6. Please find a complimentary discount voucher [rectified / enclosed] with this letter.

회사 생활/사무 III

핵심 단어를 기출 표현과 함께 학습 후 숙지하여 문법, 청취, 독해 문제 이해도를 높일 수 있습니다.

upcoming /업커밍/
형 다가오는, 곧 있을

inquire about the **upcoming** renovation 곧 있을 개조 공사에 대해 문의하다

operate /아퍼뤠잇/
동 운영하다, 영업하다, 작동하다

operate a new bus route 새 버스 노선을 운행하다

annual /애뉴얼/
명 매년의, 연례의

attend the **annual** awards ceremony 연례 시상식에 참여하다

revenue /뤠버뉴/
명 수익, 소득

in spite of the decline in **revenue** 수익 감소에도 불구하고

obtain /업테인/
동 얻다, 획득하다

obtain approval from the head office 본사로부터 허가를 얻다

attendance /어텐던스/
명 참석, 참석자 수

in **attendance** 참석한, 출석한
maintain remarkably high **attendance** records 매우 높은 참석률 기록을 유지하다

property /프롸퍼르티/
명 부동산(건물), 재산, 특성, 속성

Pets are no longer allowed at this **property.** 이 건물에서는 애완 동물이 더 이상 허용되지 않습니다.

proceed /프뤄씨잇/
동 나아가다, 진행하다

proceed with negotiations carefully 신중히 협상을 진행하다
proceed as planned 계획대로 진행하다

advancement /엇**뱅**스먼트/

명 승진, 발전, 향상
　(in advance: 미리, 사전에)

the widespread **advancement** in social networking
소셜 네트워킹 부문의 광범한 발전

thoroughly /**쏘**롤리/

부 완전히, 철저히

read the manual **thoroughly**
매뉴얼을 철저하게 읽다
be cleaned **thoroughly** 철저하게 청소되다

conform /컨**뽀**엄 /

동 따르다, 순응하다(+ to)

conform to rules 규칙을 따르다

valid /**뺄**리드/

형 유효한, 타당한

for the contract to be **valid**
계약서가 효력을 지니려면
a **valid** form of identification 유효한 신분증

supervision /수-퍼ㄹ**뷔**전/

명 관리, 감독, 지휘

under the **supervision** of ~의 감독 하에
close **supervision** 면밀한 관리

leading /**리**-딩/

형 주도하는, 선두적인, 일류의

become a **leading** manufacturer
선도적인 제조사가 되다
a **leading** role 주도적인 역할, (영화) 주연

based /**베**이슷트/

형 기반한, ~에 근거지[본사]를 둔
be based on: ~에 근거하다, ~을 기반으로 하다

based on one's expertise in a particular area 특정 분야에 있어서의 전문성을 기반으로

reach /**뤼**취/

동 도달하다, ~에 가다, ~에게 연락하다
명 도달, (손이 닿는) 범위

reach an agreement 합의에 도달하다
reach a goal 목표에 도달하다

attract /어추**랙**트/

(동) 마음을 끌다, 유인하다

attract new customers
신규 고객들을 유치하다

venue /**붸**뉴-/

(명) 장소, 현장

become a popular **venue** for
~의 장소로 인기를 얻다
an event **venue** 행사 장소

remarkable /뤼마ㄹ커블/

(형) 눈에 띄는, 주목할 만한

experience a **remarkable** increase in
sales 매출에 있어 눈에 띄는 상승세를 경험하다

plummet /플라밋/

(동) 수직으로 떨어지다, 갑자기 내려가다
(명) 낚싯봉, 다림추

This year's budget may **plummet**
below the $50 million level.
올해의 예산이 5천만 달러 아래로 떨어질 수도 있습니다.

conduct (동) /컨**덕**트/, (명) /**칸**덕트/

(동) 수행하다, 실시하다
(명) 행동, 처신

conduct a tour of the factory
공장 견학을 실시하다
proper **conduct** 적절한 처신

supply /써플**라**이/

(동) 공급하다
(명) 공급, 용품, 물자

supply the materials 자재를 공급하다
lack a **supply** of ~의 공급이 부족하다

maintenance /메인터넌스/

(명) 유지, 유지보수

undergo regular **maintenance**
정기적인 유지보수를 받다

stock /스탁/

(명) 재고(품), 주식
(동) 비축하다

temporarily out of **stock** 일시적으로 품절인
fully **stocked** 재고를 완전히 갖춘

transaction /추랜잭션/

명 거래, 매매

unauthorized **transactions**
허가되지 않은 거래

exceed /익씨-드/

동 초과하다, (양을) 넘다

exceed the yearly sales targets
연간 매출 목표치를 초과하다

recede /뤼씨-드/

동 물러나다, 후퇴하다, 감소하다

Oil prices **receded** last week, but they
went up again this week. 석유 가격이 지난
주에 감소했지만, 이번 주에 다시 올랐다.

resume /뤼주움/

동 다시 시작하다, 재개하다
* résumé 명 /뤠줘메이/ 이력서

resume duties in a week
일주일 뒤 직무를 재개하다

secure /씨큐어ㄹ/

형 안전한, 확실한
동 얻다, 확보하다, 고정하다, 안전하게 하다

be kept **secure** at all times
항상 안전하게 보관되다

delegate /델리것/, /델리게잇/

동 대표로 파견하다, 권한을 위임하다
명 대표, 특사

The CEO **delegated** the authority to
Mr. Bonds.
최고경영자가 권한을 본즈 씨에게 위임했다.

지텔프 보카 맛보기 퀴즈 빈칸에서 알맞은 단어를 고르세요.

정답 및 해석 p. 104

1. Without everyone's hard work and cooperation, it would have been impossible for us to double our [revenue / advancement] this year.

2. Although there have been some reports of minor technical faults, Henley Technologies will [obtain / proceed] with the release of its new line of refrigerators.

3. This gift voucher expired a week ago, so it is no longer [remarkable / valid].

4. Next year, Allenby Cereals Inc. will expand its product range in order to [conduct / attract] more customers.

5. After the purchase has been confirmed, the [transaction / maintenance] will appear on your bank records under the name Silmore International.

6. Upon their arrival, each [property / delegate] should be escorted to their designated seats.

핵심 단어를 기출 표현과 함께 학습 후 숙지하여 문법, 청취, 독해 문제 이해도를 높일 수 있습니다.

representative /뤠프리**젠**터팁/

® 대표자, 직원
® 대표하는, 전형적인

a sales **representative** 영업사원, 외판원
be **representative** of
~을 상징하다 [대표하다]

disruption /디스**뤕**션/

® 중단, (통신)두절, 장애

a temporary **disruption** in an order processing system
주문 처리 시스템에 발생한 일시적 장애

loyalty /로열티/

® 애정, 충성

build customer **loyalty**
충성스런 고객층을 형성하다

meet /미잇/

® 만나다, 충족시키다

meet the deadline 마감시한을 맞추다
meet the requirements for the position of ~직책의 필수요건을 충족하다

complaint /컴플레인트/

® 불평, 불만, 항의

make a **complaint** 불평하다
put one's **complaints** in writing
서면으로 불만을 전달하다

ship /쉽-/

® 배송하다, 발송하다

be **shipped** within 24 hours
24시간 이내에 배송되다

compensate /캄펜세잇/

® 보상하다 (+ for)

compensate you **for** the mistake with your hotel reservation
귀하의 호텔 예약에서 발생한 실수를 보상하다

insurance /인슈어뤈스/

® 보험, 보험금
® 보험의

health **insurance** 건강 보험, 의료 보험
an **insurance** policy 보험 증서

purchase /퍼ㄹ춰스/

명 구매품, 구매
동 구매하다

offer free delivery for all **purchases**
모든 구매품에 대해 무료 배송 서비스를 제공하다

receipt /뤼씨잇/

명 영수증, 수령

a copy of the **receipt** 영수증 사본
keep the original **receipt**
원본 영수증을 보관하다

damage /대미쥐/

명 손상, 파손
동 손상시키다

cause **damage** to the goods in transit
배송 중 상품에 손상을 야기하다

cover /커붜ㄹ/

동 (보상 범위에) 포함하다, (비용을) 부담하다,
   ~을 다루다
명 덮개, (방송) 보도

cover all costs for labor and materials
인건비와 자재 비용을 모두 포함하다
cover the costs 비용을 충당하다

pending /펜딩/

형 미정인, 대기 중인, 임박한
전 ~하는 동안

prioritize any **pending** orders
대기 중인 주문을 최우선으로 처리하다

respond /뤼스판드/

동 대답하다, 회신하다, 반응하다(+ to)

respond promptly **to**
~에 신속하게 응답하다

assure /어슈어ㄹ/

동 확신시키다, 확신하다

assure one's staff that절:
직원들에게 ~라고 확신시키다

resolve /뤼잘브/

동 해결하다

resolve customer complaints in a
timely manner 고객 불만을 신속하게 해결하다

warranty /워런티/

명 제품보증

within the **warranty** period
보증 기한 이내에

rate /뤠잇/

명 요금, 등급, 비율, 속도
동 평가하다, 등급을 매기다

at reasonable **rates** 합리적인 요금으로
interest **rates** 금리

inquire /인콰이어ㄹ/

동 질문하다, 문의하다(+ about)

inquire about the upcoming
renovation 곧 있을 개조 공사에 대해 묻다

exchange /익스췌인쥐/

동 교환하다
명 교환

exchange the printer for a more
portable one
프린터를 좀 더 휴대성이 좋은 것으로 교환하다

refund /뤼뿬드/

명 환불
동 ~을 환불해주다

for a full **refund** 전액 환불을 받으려면
receive a **refund** 환불을 받다

reimburse /뤼임버ㄹ스/

동 배상하다, 변제하다 (+ for)

reimburse someone **for** any
expenses 어떤 경비에 대해서도 보상하다

access /액세스/

동 ~에 접근하다, ~에 들어가다, ~을 얻다
명 접근(권한), 접속, 이용

access important overseas markets
by ~을 통해 중요한 해외 시장에 접근하다

prospective /프뤄스펙팁/

형 유력한, 가망이 있는, 잠재적인

offer **prospective** clients a free
consultation
잠재 고객에게 무료 상담을 제공하다

aware /어웨어ㄹ/

(형) 알고 있는, 유의하는
(be aware of ~을 알고 있다)

be well **aware of** consumer needs
소비자가 필요로 하는 점들을 잘 알고 있다

hesitate /헤지테잇/

(동) 망설이다, 주저하다

Do not **hesitate** to contact our customer service department.
주저하지 말고 고객서비스부서에 연락하세요.

patronage /페이트뤄나쥐/

(명) 단골거래, 후원

in appreciation of your frequent **patronage**
자주 거래하는 것에 대한 감사의 표시로

residential /뤠저덴셜/

(형) 주거의, 가정의

provide both **residential** and commercial services
가정용 및 기업용 서비스를 모두 제공하다

consistent /컨씨스턴트/

(형) 일치하는(+ with), 일관된, 변함없는

The battery life of the device is not **consistent with** its specifications.
기기의 배터리 수명이 설명서와 일치하지 않는다.

guarantee /개뤈티/

(동) 보장하다, 보증하다
(명) 품질보증서, 보장, 보증

guarantee a quality service
양질의 서비스를 보장하다

지텔프 보카 맛보기 퀴즈 빈칸에서 알맞은 단어를 고르세요.

정답 및 해석 p. 104

1. Hunts Publications offers extra vacation days to encourage employees to [meet / compensate] their deadlines.

2. A [purchase / insurance] over $30 will qualify you for free shipping.

3. Ms. Jones gave each new employee a handout outlining the main topics that she will [cover / respond] during the orientation.

4. The cost of Mr. Black's plane ticket was [resolved / refunded] to him as the flight was overbooked.

5. GT Corporation hopes to [assure / access] European markets with its new line of tablet computers.

6. Our product quality has remained [residential / consistent] since our establishment 20 years ago.

예술

핵심 단어를 기출 표현과 함께 학습 후 숙지하여 문법, 청취, 독해 문제 이해도를 높일 수 있습니다.

artwork /아르뤄ㄹ크/

명 예술품, 예술작품

create original **artworks**
독창적인 예술작품을 만들다

unique /유니익/

형 독특한, 특이한

develop a **unique** process for -ing
~하기 위한 독특한 공정을 개발하다

oriented /오-뤼엔팃/

형 ~을 지향하는, ~을 우선하는

in a traditionally male-**oriented** genre.
전통적으로 남성 지향적인 장르에서

religious /륄리져스/

형 종교적인, 신앙이 깊은

a **religious** event 종교 행사

realistic /뤼얼리스틱/

형 현실주의의, 사실적인, 실제적인

realistic fiction 사실주의 소설
The painting is extremely **realistic**.
그 그림은 극도로 실제적이다.

perceive /퍼ㄹ시입/

동 (오감으로) 알아차리다, 인지하다

perceive the environment 환경을 인지하다

display /써쀠ㄹ/

명 전시, 진열, 전시회
동 전시하다, 보여주다

be currently on **display** 현재 전시중이다
remarkable **displays** 놀라운 전시품

visible /뷔저블/

형 눈에 보이는, 눈에 띄는

a clearly **visible** sign
분명하게 눈에 띄는 표지판

manner /매너ㄹ/

명 방식, 예절(복수형 manners)

in a timely **manner** 신속하게, 시기적절하게

review /리뷰/

동 검토하다
명 검토, 평가, (사용)후기

review the enclosed instructions
동봉된 지시사항을 검토하다

depict /디픽트/

동 ~을 그리다, 묘사하다, 서술하다

depict a feeling of peace and calm
평화와 고요함의 느낌을 그리다

profound /프뤄빠운드/

형 학식이 깊은, 심오한, 지대한

have a **profound** influence on the
company's long-range strategy
회사의 장기 전략에 지대한 영향을 미치다

classical /클래시컬/

형 고전의, 클래식 음악의, 고전주의의

listen to **classical** music
클래식(고전주의) 음악을 듣다

modify /마더빠이/

동 ~을 변경하다, 수정하다

modify the date of your reservation
귀하의 예약 날짜를 변경하다

appearance /어피어뤈스/

명 외관, 외형, 외모, 등장, 출연

maintain the **appearance** of the office
사무실의 외관을 관리하다

abstract /앱스추뢕트/

형 추상적인, 추상주의의
명 발췌, 개요, 요약, 추상(작품)
동 추출하다, 발췌하다, 요약하다

an **abstract** painting 추상화
make an **abstract** of ~을 발췌[요약]하다

compose /컴포우즈/

(동) 구성하다, 창작하다, 작곡하다
be composed of ~로 구성되다

The piece of music **was composed** for the guitar.
그 음악 작품은 기타를 위해 작곡되었다.

authentic /오쎈틱/

(형) 진품인, 진본인, 믿을 만한

learn how to distinguish **authentic** works of art
예술품 진본을 구별하는 법을 배우다

contrast /컨추뢔숏/, /컨추**라**숏/

(명) 차이, 대조
(동) 대조되다, 대조하다
in contrast 대조적으로

be in sharp **contrast** 큰 대조를 보이다

direct (형) /다이**뢕**트/, (동) /디**뢕**트/

(형) 직접적인, 직행의
(동) 제3자에게 보내다, 연출하다, 지시하다

The film was **directed** by the top Korean director, Bong Joon ho. 그 영화는 한국 최고의 영화감독 봉준호에 의해 연출되었다.

originate /어뤼줘네잇/

(동) 시작하다, 발생하다, 유래되다

The custom **originated in** South America. 그 관습은 남아메리카에서 유래되었다.

adopt /어**닾**트/

(동) 채용하다, 채택하다, 입양하다

adopt a new technology
새로운 기술을 채용하다
adopt a child 아이를 입양하다

craft /크뢔뽯/

(명) 기능, 기술, 수공예, 작은 선박
(동) 정교하게 만들다

arts and **crafts** 미술 공예
crafted products 공예품, 세공품

magnificent /맥니쀠슨트/

(형) 웅장한, 엄청난, 최상의

a **magnificent** view 웅장한 경치, 장관
a **magnificent** piece of art 엄청난 예술품

accurate /애큐릿/

(형) 정확한, 틀림 없는

an **accurate** description of the problem 문제의 정확한 설명

reproduce /뤼프뤄두스/

(동) 복사하다, 모조하다, 재현하다, 번식하다

It is illegal to **reproduce** a painting without consent. 동의 없이 그림을 모조하는 것은 불법이다.

contemporary /컨템퍼뤄뤼/

(형) 동시대의, 현대의

Many **contemporary** artists will hold a special exhibition. 많은 현대 예술가들이 특별 전시회를 열 것이다.

massive /매시입/

(형) 크고 무거운, 대대적인, 방대한

plan a **massive** media publicity campaign for the Biennale 비엔날레를 위한 대대적인 미디어 홍보활동을 기획하다

plagiarize /플레이줘롸이즈/

(동) 표절하다, (남의 작품을) 도용하다

plagiarize from an article on the Internet 인터넷에 있는 기사를 표절하다

critic /크뤼틱/

(명) 비평가, 평론가

an art **critic** 예술 평론가

지텔프 보카 맛보기 퀴즈 빈칸에서 알맞은 단어를 고르세요.

정답 및 해석 p. 105

1. Violinist Vincent Nguyen's recent contribution to a film soundtrack was a major departure from his normal [religious / classical] work.

2. We at Larso furniture are planning to [contrast / modify] the system to suit customers' needs next month.

3. Actor Dennis Snips made a surprise [appearance / manner] at the Bentwood Cinemaplex last week.

4. The leading automaker announced that it will [adopt / reproduce] an innovative approach to product development next year.

5. Realism is the precise, detailed and [massive / accurate] representation of artistic methods.

6. Timothy Finn found Jennifer Gordon's photographs fascinating, unlike most art [critics / crafts].

핵심 단어를 기출 표현과 함께 학습 후 숙지하여 문법, 청취, 독해 문제 이해도를 높일 수 있습니다.

govern /가번/
(동) 통치하다, 지배하다,
(학교, 기업 등을) 운영하다

govern a nation 나라를 통치하다

identity /아이덴터티/
(명) 동일함, 신원

verify the **identity** of all visitors
모든 방문자의 신원을 확인하다

policy /팔러시/
(명) 정책, 방침

update the company **policy** relating
to ~와 관련한 회사 정책을 갱신하다

existence /이그지스턴스/
(명) 존재, 현존, 실재물

struggle for **existence** 생존 경쟁
come into **existence** 태어나다, 나타나다

confidential /칸쀠덴셜/
(형) 기밀의

be kept **confidential** 기밀로 유지되다
strictly **confidential** information
엄격히 기밀을 요하는 정보

individual /인더뷔주얼/
(형) 개별적인, 개인의
(명) 사람, 개인

individual performance 개인의 성과
seek talented **individuals**
재능 있는 사람들을 찾다

authority /어쒀리티/
(명) 권한, 전문가, 당국자

be widely considered the leading
authority on
~에 관해 선도적인 권위자로 널리 알려져 있다

implication /임플리케이션/
(명) 연루, 관계, 암시, 의미

have **implications** for
~와 연관이 있다, ~의 필요를 의미하다, ~의 결과를
낳다

effective /이**펙**팁/

형 효과적인, 효력을 발생하는, 시행되는

become **effective** starting next month
다음 달부터 효력이 발생하다[시행되다]

presence /프**뤠**즌스/

명 존재, 출석, 위세, 존재감

establish a **presence** in
~에서의 존재감을 확립하다

declaration /데클러**뤠**이션/

명 공표, 고지, 선언, (세관 등에의) 신고

universal **declaration** of human rights
세계 인권 선언

approval /어프**루**벌/

명 승인

be subject to **approval** by the board
of directors 이사회의 승인을 받아야 한다

officially /어**퓌**셜리/

부 공식적으로

officially assume the title of the
Minister of National Defense
공식적으로 국방부 장관 직책을 맡다

permission /퍼ㄹ**미**션/

명 허가, 승인

obtain **permission** from
~로부터 허가를 받다

mandatory /**맨**더터뤼/

형 강제의, 의무의

It is **mandatory** (for A) to do:
(A가) ~하는 것이 필수적이다

cognitive /**칵**니티입/

형 인지의, 인지에 관한

cognitive development 인지 발달

elect /일렉트/

(동) 선출하다, 선택하다

was recently **elected** to
최근 ~으로 선출되었다

ban /밴/

(동) 금지하다
(명) 금지(령), 비난, 반대

It **is** now legally **banned** to smoke in public areas.
공공 장소에서 흡연은 이제 법적으로 금지되었다.

skeptical /스켑티컬/

(형) 회의적인, 의심하는

be **skeptical** about[of] ~을 의심하다

independent /인디펜던트/

(형) 독립적인

independent tests reveal that
별개의 실험들에 따르면

perception /퍼르셉션/

(명) 지각 (작용), 인식, 이해

self-**perception** 자기 인식, 자아상

campaign /캠페인/

(명) (사회적, 정치적) 운동, 활동, 군사작전

launch a new marketing **campaign**
새로운 마케팅 활동을 시작하다

justification /저스티뿨케이션/

(명) 정당화, (정당성을 위한) 변명, 이유

offer **justification** for
~을 변호하다, ~을 정당화하다

involvement /인발브먼트/

(명) 관련, 연루(+ in/with), 열중

deny any **involvement** in the crime
그 사건에의 연루를 부인하다

strictly /스트뤽틀리/

(부) 엄격하게

be **strictly** implemented 엄격히 시행되다

regulatory /뤠귤러토뤼/

(형) 조정력을 가진, 규제의, 조정하는

discuss a **regulatory** system to do
~하기 위한 규제 제도를 논의하다

impractical /임프랙티컬/

(형) 비현실적인, 터무니없는

an **impractical** suggestion 터무니없는 제안

conscious /칸셔스/

(형) 자각하고 있는, 의식이 있는, 알고 있는
be conscious of: ~을 자각하고 있다

become **conscious** 의식을 회복하다
environmentally **conscious**
환경 문제에 관심을 지닌, 환경에 유의하는

perspective /퍼스펙팁/

(명) 전망, 관점

reflect a wide variety of **perspectives**
아주 다양한 관점들을 반영하다

unanimous /유내너머스/

(형) 만장일치의, 같은 의견인

unanimous decisions made by
~가 내린 만장일치의 결정

지텔프 보카 맛보기 퀴즈 빈칸에서 알맞은 단어를 고르세요.

정답 및 해석 p. 105

1. We are concerned about the current economic slowdown and its [identity / implications] for closing some of our foreign offices.

2. Your online [presence / permission] is especially important if you hope to work in a field that requires creativity and communication skills.

3. It is [mandatory / unanimous] for all employees to attend monthly workshops.

4. Mr. Wilshire is sure to be [impractical / elected] to serve on the city council for a second term.

5. The health inspector provided strong [justification / involvement] for shutting down Moe's Pizzeria on 13th Avenue.

6. Visitors are [strictly / confidentially] forbidden to bring food or beverages into the Aberdeen Historical Museum.

부록

실전 모의고사 1
실전 모의고사 2

TEST BOOKLET NUMBER: _____

GENERAL TESTS OF ENGLISH LANGUAGE PROFICIENCY
G-TELP ™

LEVEL 2

TEST 1

문제집 뒤에 있는 OMR 답안지를 사용하여 실전처럼 연습할 수 있습니다.

GRAMMAR SECTION

DIRECTIONS:

The following items need a word or words to complete the sentence. From the four choices for each item, choose the best answer. Then blacken in the correct circle on your answer sheet.

Example:

The boys _____ in the car.

(a) be
(b) is
(c) am
(d) are

The correct answer is (d), so the circle with the letter (d) has been blackened.

ⓐ ⓑ ⓒ ●

NOW TURN THE PAGE AND BEGIN

1. Sophia sometimes experiences pareidolia, or the tendency to see familiar images in abstract patterns. Yesterday, for example, she _____ perceive an old man's face in a random cloud formation.

(a) must
(b) could
(c) would
(d) might

2. Joey bought a DSLR camera, and he now takes the gadget wherever he goes. He just can't stop _____ pictures of almost everything. In fact, he took an amazing picture of the supermoon last night!

(a) to take
(b) having taken
(c) taking
(d) to have taken

3. The invention of vaccines has contributed significantly to human welfare. Had vaccines not been invented, humans _____ the infectious diseases that killed millions of people centuries ago.

(a) would not overcome
(b) had not overcome
(c) would not have overcome
(d) were not overcoming

4. Serena is quite busy doing her spring cleaning. When you drop by her house this afternoon, she _____ curtains and draperies, which are stained with mold and mildew.

(a) will be washing
(b) washes
(c) will wash
(d) has been washing

5. The white petals of the "skeleton flower" turn transparent when struck by water. The reason why the petals appear clear when wet is because of the flower's loose cell structure _____.

(a) which it permits water to fill in the cells
(b) what permits water to fill in the cells
(c) who permits water to fill in the cells
(d) that permits water to fill in the cells

6. Bryan doesn't appreciate that his house overlooks a picturesque river because he prefers city scenery. I love nature, though, and if I were him, I _____ every moment I see the glistening river.

(a) would cherish
(b) would have cherished
(c) am cherishing
(d) will cherish

7. The oldest surviving piano was created in 1720 by Bartolomeo Cristofori. The Metropolitan Museum of Art _____ the Cristofori piano since 2018 in the special collection "The Art of Music Through Time."

(a) has been exhibiting
(b) is exhibiting
(c) exhibits
(d) will have exhibited

8. Kate just got an email that her application was accepted by Brown University. Unfortunately, she had already agreed to attend another college. Had Kate waited a little longer, she _____ in the Ivy League school instead.

(a) would enroll
(b) enrolled
(c) was enrolling
(d) would have enrolled

9. Little Trees air freshener was invented to mask the odor of spoiled milk. Chemist Julius Sämman created the product to help a driver who couldn't tolerate _____ the spilled beverage in his milk truck anymore.

(a) to smell
(b) having smelled
(c) smelling
(d) to have smelled

10. In the 1800s, a chef's hat indicated rank and experience, with the head chef wearing the tallest hat. In addition, the number of pleats on a hat was increased _____ the recipes a chef had mastered.

(a) having represented
(b) to represent
(c) to have represented
(d) representing

11. The exam season is coming, and students are starting to crowd the library to study. The principal therefore advises that the library _____ its operating hours to accommodate more students.

(a) will extend
(b) extend
(c) has extended
(d) extends

12. Richard has a keen interest in computer technology, so he signed up for a computer science program in college. By the time he graduates, Richard _____ computer languages, software development, and similar subjects for four years.

(a) will study
(b) has been studying
(c) had studied
(d) will have been studying

13. Brass door knobs are not only elegant; they also have a self-disinfecting property. Brass, _____, is known to be toxic to the germs left by hands touching door knobs.

(a) which is a combination of copper and zinc
(b) that is a combination of copper and zinc
(c) what is a combination of copper and zinc
(d) who is a combination of copper and zinc

14. George was so happy when he received the new car his parents gave him for his graduation. He _____ his dad's old pickup truck to college for two years before he got the gift.

(a) has driven
(b) had been driving
(c) is driving
(d) would drive

15. The toy company Lego released a new version of Lego bricks that feature both braille and printed letters on them. This innovation allows blind and sighted children _____ special interactive games together.

(a) to play
(b) having played
(c) playing
(d) to have played

16. Rose almost got into an accident today, but luck must be on her side. She _____ the street on her way to work when a car zoomed past her and crashed into a lamp post.

(a) would cross
(b) crossed
(c) was crossing
(d) has crossed

17. Mrs. Smith let her students choose their own topic for the history report. She said that they _____ write about the Black Death or anything else as long as it happened during the Medieval Period.

(a) must
(b) will
(c) would
(d) may

18. The elevators will not be available for two days due to maintenance. Much to the dismay of the residents from higher floors, the building administrator suggested that occupants _____ the stairs in the meantime.

(a) will use
(b) are using
(c) use
(d) used

19. El Niño is a weather phenomenon where the waters of the Pacific Ocean near the equator get warmer. _____, La Niña is a condition where the water in the area cools down.

(a) In fact
(b) Besides
(c) In contrast
(d) Therefore

20. Like other primates, humans have opposable thumbs, which helps in grasping objects. Had our ancestors not acquired this characteristic, we_____ manual dexterity that enables us to create tools and other useful things.

(a) wouldn't have developed
(b) didn't develop
(c) wouldn't develop
(d) hadn't developed

21. Fitting into a new work culture requires adjustment. To learn to behave accordingly, it is recommended that a new employee _____ existing office interactions, such as how casually or formally workers treat each other.

(a) will observe
(b) observes
(c) is observing
(d) observe

22. Jeremy likes to watch debates and aspires to join a debate club someday. However, he gets anxious when speaking before a crowd. If he were to gain more confidence, he _____ for the school's debate team.

(a) has tried out
(b) would have tried out
(c) would try out
(d) will try out

23. Emma usually spends her weekends with friends. They go to the mall to shop, eat out, and watch movies. But of all their activities, she enjoys _____ at a foot spa the most.

(a) to relax
(b) relaxing
(c) to be relaxing
(d) having relaxed

24. The Nordic cross on the flags of the Scandinavian nations was first used by Denmark. The Danes adopted the symbol _____ they won a battle after a flag with a white cross fell from the sky.

(a) even if
(b) because
(c) so that
(d) unless

25. Jenny has always wanted to have a Yorkshire terrier. However, the apartment owner strictly prohibits pets in the building. If the landlord started giving permission for tenants to keep pets, she _____ a "Yorkie" right away.

(a) would buy
(b) will buy
(c) would have bought
(d) has bought

26. Doctor Marsden left a note on his door saying that he will be in a meeting from 2 p.m. to 4 p.m. It's now a quarter past 3, so he _____ in the meeting at the moment.

(a) still participates
(b) has still participated
(c) will still participate
(d) is still participating

LISTENING SECTION

DIRECTIONS:

The Listening Section has four parts. In each part you will hear a spoken passage and a number of questions about the passage. First you will hear the questions. Then you will hear the passage. From the four choices for each question, choose the best answer. Then blacken in the correct circle on your answer sheet.

Example:

(a) one

(b) two

(c) three

(d) four

Bill Johnson has four brothers, so the best answer is (d). The circle with the letter (d) has been blackened.

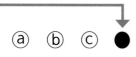

NOW TURN THE PAGE AND BEGIN

PART 1. *You will hear a conversation between two people. First you will hear questions 27 through 33. Then you will hear the conversation. Choose the best answer to each question in the time provided.*

27. (a) apply for a university photography course
    (b) submit his collection of photos by the next afternoon
    (c) start a good photography portfolio
    (d) clean his camera by the following day

28. (a) He wants to present calming scenery.
    (b) He is following the scholarship office's guidelines.
    (c) He finds peace of mind when doing so.
    (d) He lives near many accessible parks.

29. (a) the small size of the park's forest
    (b) the distance of the park from his home
    (c) his unfamiliarity with the place
    (d) the high number of park visitors

30. (a) The peak is difficult to reach by hiking.
    (b) The summit is not high enough for a good view.
    (c) The drive would take a lot of time.
    (d) The sunset will not be easy to see from the mountain.

31. (a) so he can prepare the photos to be compiled
    (b) so he can go to another location to shoot
    (c) so he can take care of other personal errands
    (d) so he can ask his friends to select the best photos

32. (a) by not requiring transportation to the place
    (b) by offering a scenic walk
    (c) by not having many people around
    (d) by providing benches to rest on

33. (a) They will take a bus to the lake.
    (b) They will eat lunch together.
    (c) They will walk to the shore.
    (d) They will look at his portfolio.

PART 2. *You will hear a presentation by one person to a group of people. First you will hear questions 34 through 39. Then you will hear the talk. Choose the best answer to each question in the time provided.*

34. (a) the laundry not being dried sufficiently
(b) the laundry soap being of poor quality
(c) the clothes not being made of durable fabric
(d) the clothes not being dried the best way

35. (a) a decrease in total water bills
(b) a drop in overall electricity costs
(c) an increase in energy consumption
(d) a reduction in the need for detergent

36. (a) the use of energy that can pollute the air
(b) its use of harmful gases to dry clothes
(c) the need for natural resources to manufacture it
(d) its turning the clothes' fibers into waste products

37. (a) The air prevents clothes from shrinking.
(b) The sunlight makes the clothes stronger.
(c) The wind can repair minor damage.
(d) The clothes are treated more gently.

38. (a) by enhancing the clothes' natural fragrance
(b) by killing organisms that leave unpleasant smells
(c) by infusing the fabric with the scent of fresh air
(d) by removing the scent of detergent

39. (a) It can help treat one's illness.
(b) It can give one more physical energy.
(c) It can make one feel relaxed.
(d) It can help to increase one's appetite.

PART 3. *You will hear a conversation between two people. First you will hear questions 40 through 45. Then you will hear the conversation. Choose the best answer to each question in the time provided.*

40. (a) if the house is safe enough to move into
(b) which repairs need to be made first
(c) the best type of fire safety system
(d) if the house's security system needs to be replaced

41. (a) It can be brought directly to the fire.
(b) It can be carried effortlessly from the store.
(c) It can be used by all members of the family.
(d) It can be delivered without extra fees.

42. (a) that it is only useful for putting out large fires
(b) that it is hard for her children to use
(c) that it is difficult to regularly refill the tank
(d) that it takes up a lot of space in the room

43. (a) because it can be activated remotely
(b) because it prevents fires before they start
(c) because it is easy for the whole family to operate
(d) because it works even when no one is home

44. (a) It needs to be checked every month.
(b) The pipes will likely leak quite often.
(c) The cost of installation is significant.
(d) It requires extra money for the sensors to be installed.

45. (a) have a fire sprinkler system installed
(b) get a good night's sleep and decide tomorrow
(c) consult with her husband and children
(d) purchase a fire extinguisher

46. (a) how to boost one's defenses against illness
(b) tips on keeping warm during the winter
(c) how to avoid interacting with sick people
(d) tips on recovering from the flu more quickly

47. (a) They fight the blood cells that harm the body.
(b) They prevent diseases from entering the body.
(c) They shield the immune system from nutrients.
(d) They create blood components that fight diseases.

48. (a) by stopping infected blood from circulating
(b) by carrying immune cells to all parts of the body
(c) by keeping bacteria off the skin
(d) by weakening the virus with body heat

49. (a) It combats the power of antibodies.
(b) It cures diseases in the respiratory system.
(c) It produces a vitamin that is key to fighting infection.
(d) It develops the muscles and bones.

50. (a) The cells will gradually expire.
(b) The muscles will get damaged.
(c) The reserved energy will be used up.
(d) The immune system will weaken.

51. (a) people who often experience anxiety
(b) people who spend too much time relaxing
(c) people who like to watch scary movies
(d) people who have already had the flu

52. (a) washing one's hands frequently
(b) keeping one's surroundings clean
(c) the importance of dealing with food safely
(d) the need to eliminate bacteria from the body

THIS IS THE END OF THE LISTENING SECTION

DO NOT GO ON UNTIL TOLD TO DO SO

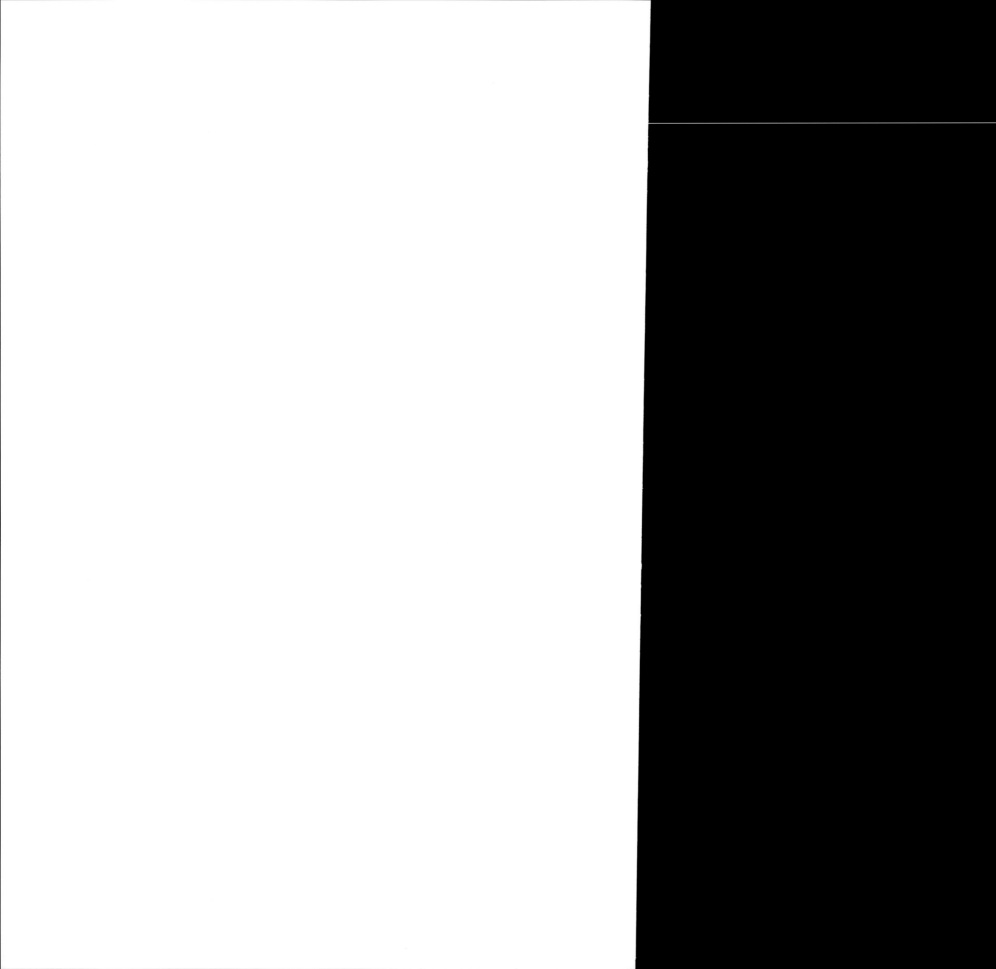

READING AND VOCABULARY SECTION

DIRECTIONS:

You will now read four different passages. Each passage is followed by comprehension and vocabulary questions. From the four choices for each item, choose the best answer. Then blacken in the correct circle on your answer sheet.

Read the following example passage and example question.

Example:

Bill Johnson lives in New York. He is 25 years old. He has four brothers and two sisters.

How many brothers does Bill Johnson have?

(a) one
(b) two
(c) three
(d) four

The correct answer is (d), so the circle with the letter (d) has been blackened.

ⓐ ⓑ ⓒ ●

NOW TURN THE PAGE AND BEGIN

FLORENCE NIGHTINGALE

Florence Nightingale was a British nurse and social reformer. She is best known for introducing pioneering ideas in the nursing profession that resulted in healthcare reforms and the modernization of nursing.

Florence Nightingale was born on May 12, 1820 in Florence, Italy to a wealthy British family. At an early age, Nightingale was <u>convinced</u> that her calling was to serve people as a nurse. However, her family did not approve of her interest, as they took pride in their social standing. At the time, nursing was viewed as a lowly job for the poor in society, and women of status were expected to marry upper-class men instead.

After much persuasion, Nightingale's parents eventually gave her permission to study nursing at a hospital in Germany. She then took nursing jobs in different healthcare facilities throughout Europe. Her performance at a hospital in London was so impressive that she earned a superintendent position after working there for a year. Nightingale's reputation as an excellent health worker spread, and in 1854, the British government requested her to lead a medical team to treat their soldiers in the Crimean War.

Nightingale's team arrived at the military barracks to see a base hospital flooded with sewage water and infested with rats and insects. These unhygienic conditions, which also prevailed at other healthcare institutions in varying degrees, caused thousands of wounded soldiers to <u>perish</u> from infection. Believing that a patient's recovery is greatly affected by the environment, Nightingale ordered that the facility be cleaned and properly ventilated with the beds lined up three feet apart.

She also addressed the lack of proper diet and hygiene by providing soldiers with nutritious food and clean clothes. The improvements drastically lowered the spread of infection and increased the patients' chances of recuperation. Nightingale's practices were soon implemented in other hospitals during the war.

Nightingale was given a hero's welcome when she returned home. She also received a substantial monetary reward, which she used to found the Nightingale Training School for Nurses. Nightingale then coordinated with the government in applying her reforms to the country's military, and later on, civilian hospitals. Nightingale died at the age of 90 in 1910, but her influence can still be seen in the Nightingale Pledge, a promise to uphold ethics and principles of the nursing profession, made by graduating nurses in the U.S.

53. What is Florence Nightingale most known for?

(a) founding the nursing profession in Great Britain
(b) initiating improvements in healthcare
(c) introducing new ideas about mental health
(d) being a pioneer for social reforms

54. Why most likely did Nightingale's parents disagree with her interest in nursing?

(a) They had arranged a marriage for her.
(b) They did not believe in her calling.
(c) They wanted her to manage the family's riches.
(d) They did not want her to take a low-status job.

55. What prompted the British government to ask Nightingale to head a medical team?

(a) her repute as a competent nurse
(b) her quick promotion to head of the hospital
(c) her education in a German nursing school
(d) her experience working all over Europe

56. How did Nightingale improve the recuperation rate of the soldiers?

(a) by moving them to a cleaner facility
(b) by having them follow a strict diet
(c) by reducing the agents of infection
(d) by providing adequate beds for them

57. What did Nightingale do with the reward money she received?

(a) founded an aid group for the country's military
(b) started an educational center for nurses
(c) donated it to graduating nurses in the U.S.
(d) built hospitals around the nation

58. In the context of the passage, convinced means _____.

(a) confident
(b) strict
(c) capable
(d) accurate

59. In the context of the passage, perish means _____.

(a) cease
(b) vanish
(c) finish
(d) die

THE EXTINCTION OF INSECTS COULD LEAD TO THE COLLAPSE OF NATURE

Insects used to be found in larger numbers throughout the world—flying, hopping, and even walking on water. However, with much of Earth's lands being converted for industrial and residential use, many species of bugs are in danger of becoming extinct by losing their habitats and sources of food. Insects contribute significantly to the world's biodiversity, and their extinction could lead to the collapse of nature.

About a million animal and plant species on Earth are facing extinction today, and almost half of them are insects. Although the number is a <u>conservative</u> estimate, as thousands of insects are possibly yet to be discovered, the rate of loss is high enough to bring massive changes to Earth's ecosystems. Many species, like birds, mammals, and fish, depend on insects for their source of food. With the insects' extinction, the populations of these animals can likewise falter. Such development can further affect the species that feed on birds and mammals, such as snakes and wild cats.

Insects are also highly co-dependent with plants. They are instrumental in the plants' propagation by acting as pollinators that help disperse seeds and allow plants to reproduce. In return, plants serve as sources of food for insects like bees and wasps, which eat pollen and nectar. Insects also have more direct benefits to humans in terms of food production. Some types of insects serve as active pest controls for agricultural crops since they feed on other invasive species that destroy plants. The decline in the number of helpful insects could eventually lead to a huge decrease in food supply for humans.

Certain insects also help in cleaning up and decomposing human waste, and are therefore beneficial in maintaining cleanliness. Others feed on dead plant tissues, helping plant materials to decay quickly and enrich the soil.

Studies have identified that the leading threats to the insects' continued existence are caused by humans. These include habitat loss, light pollution, as well as heavy use of pesticides. Environmental experts recommend that such threats be eliminated to save the insects and maintain the delicate ecological balance that makes life on Earth <u>feasible</u>.

60. What is the current concern regarding insects?

(a) They are adopting unusual ways to move.
(b) They are invading commercial lands.
(c) They are losing their homes and food.
(d) They are destroying their surroundings.

61. What will most likely happen if insects were to become extinct?

(a) The number of snakes will continue to decline.
(b) The population of birds will be on the rise.
(c) Exactly half of all species will die out.
(d) The breeding grounds of fish will disappear.

62. Why are insects important to plants?

(a) because they produce food for plants
(b) because they help plants produce pollen
(c) because they serve as sources of nectar
(d) because they help plants reproduce

63. How do certain insects help in agricultural production?

(a) by spreading crop seeds
(b) by checking the increase of destructive pests
(c) by destroying invasive plants
(d) by fertilizing the soil when they decompose

64. According to the article, what most likely is NOT a threat to the continuation of insect species?

(a) the extensive use of chemicals in agricultural production
(b) the frequent occurrence of earthquakes and volcanoes
(c) the excessive use of artificial light at night
(d) the conversion of natural lands into homes

65. In the context of the passage, conservative means _____.

(a) cautious
(b) traditional
(c) unchanging
(d) accurate

66. In the context of the passage, feasible means _____.

(a) rational
(b) equal
(c) possible
(d) eligible

CAVE OF THE CRYSTALS

The Cave of the Crystals is an underground cavern of crystal formations in Naica Mountain in Chihuahua, Mexico. Located 300 meters below the ground, the cave is known for its gigantic selenite formations, which are believed to be some of the world's largest natural crystals.

In 1910, a mining company was exploring the Naica Mine when they discovered a 120-meter-deep cave filled with selenite crystals. Selenite is a colorless, transparent type of gypsum with shiny facets. The cavern was named "The Cave of Swords" because its walls and floor were studded with typically one-meter-long crystals that resembled swords. It was not until nine decades later that a more spectacular cave, the Cave of the Crystals, was discovered.

In 2000, the mining company was pumping water from a connected but deeper cave in hopes of finding silver and other metals. When miners entered the cavern, they saw that it was filled with towering crystal pillars around the size of telephone posts jutting from all sides. The Cave of the Crystals contains selenite crystals of such enormous sizes that they dwarf humans; the largest of these crystals is eleven meters in length and four meters in diameter.

Selenite forms when the minerals calcium and sulfate merge in water at high temperatures for a long time. The cave was filled with hot water since it is situated above the magma, or molten rock, chamber of the mountain. It is estimated that it took 500,000 years of submersion in stable conditions for the crystals to grow.

The time a person can spend inside the cave is restricted due to harsh conditions. At a temperature of 40 degrees Celsius and a humidity level of almost 100 percent, one can only last a few minutes inside because water vapor will hinder breathing. Scientists were permitted to probe the cave only with cooling suits and respirators and only for a maximum of one hour.

Because of its dangerous environment, the mining company closed the Cave of the Crystals in October 2015. Water was allowed to refill the cave with the expectation that the crystals will start growing again.

67. Which is true about the underground cave discovered in 1910?

(a) It was filled with colorful crystals.
(b) It took several decades to uncover.
(c) It had crystals that were long and thin.
(d) It held the world's largest crystals.

68. Why was the mining company draining water out of a deeper cave in 2000?

(a) to extract various types of metal
(b) to increase their water supply
(c) to find human fossils in caves
(d) to look for more selenite

69. How most likely did the crystal formations in the Cave of the Crystals attain their massive sizes?

(a) The draining of water helped them grow faster.
(b) The crystals grew undisturbed for half a million years.
(c) The chamber kept the water temperature low.
(d) Molten rocks mixed with the minerals.

70. What makes breathing difficult inside the Cave of the Crystals?

(a) the gypsum dust in the cave
(b) the extreme depth of the cave
(c) the sudden changes in temperature
(d) the water particles entering the lungs

71. Why probably was the cave shut down?

(a) because the crystals were being stolen
(b) because it drew too many visitors
(c) to prevent the occurrence of injuries
(d) to let the crystals continue growing

72. In the context of the passage, merge means _____.

(a) remain
(b) combine
(c) appear
(d) socialize

73. In the context of the passage, restricted means _____.

(a) limited
(b) prevented
(c) distributed
(d) arranged

Aaron McKinley
Marketing Officer
Prime Works Marketing

Dear Mr. McKinley,

I am sending this letter to inform you that you will be promoted to Marketing Manager effective June 6. Congratulations!

In the three years that you have been working at Prime Works Marketing, we have noted your commendable performance. You submitted useful product marketing proposals and shared valuable insights in implementing projects. Having said that, the contribution that persuaded us to grant you a promotion was the successful fast-food marketing project you spearheaded last quarter.

You have also contributed to our manpower development efforts. As the facilitating officer for trainee orientation, you directed new marketing assistants with their assignments patiently and effectively. We are certain that these are indicators that you will be a dependable leader.

To evaluate your performance further, the company senior officers conferred with the mid-level officers regarding your interpersonal relations, and we all concurred that you have an engaging personality. Moreover, you possess dependability in solving employee-related matters, even outside of work.

As a marketing manager, you will be responsible for reviewing all content produced by our writers and designers. You will also monitor the performance of ongoing marketing projects so we can note the best practices and shortcomings of each campaign for future reference. The director of marketing will be your immediate supervisor.

To finalize your acceptance of the new position, please come to my office at your earliest convenience so we can discuss your new salary, additional benefits, and any other concerns you may have. You will also be signing a new contract should everything be to our mutual satisfaction.

Regards,

Rebecca Holden
Director, Human Resources

74. Why is Rebecca Holden sending Aaron McKinley a letter?

(a) to address his request for a raise
(b) to praise his impressive work performance
(c) to inform him of a new manager
(d) to tell him about his promotion

75. When did the company decide to advance McKinley's position?

(a) after a marketing proposal he made was implemented
(b) after a marketing campaign he led succeeded
(c) when he reached his third year in the company
(d) when he shared input on spearheading projects

76. How most likely did the company determine that McKinley will be a reliable leader?

(a) They observed him capably guiding new workers.
(b) They witnessed him identifying manpower problems.
(c) They watched him create an orientation program.
(d) They oversaw his hiring of able employees.

77. What did the management do to assess McKinley's interpersonal relations?

(a) subject him to a personality test
(b) interview his office staff
(c) consult with other officers
(d) check his personal relationships

78. Why probably will McKinley be monitoring the performance of projects?

(a) so the project's contents can be revised
(b) so the best methods can be adopted
(c) so the writers and designers can be commended
(d) so a failed project can be corrected

79. In the context of the passage, concurred means _____.

(a) showed
(b) approved
(c) agreed
(d) guessed

80. In the context of the passage, finalize means _____.

(a) solve
(b) arrange
(c) support
(d) complete

GENERAL TESTS OF ENGLISH LANGUAGE PROFICIENCY
G-TELP ™

LEVEL 2

TEST 2

문제집 뒤에 있는 OMR 답안지를 사용하여 실전처럼 연습할 수 있습니다.

GRAMMAR SECTION

NOW TURN THE PAGE AND BEGIN

DIRECTIONS:

The following items need a word or words to complete the sentence. From the four choices for each item, choose the best answer. Then blacken in the correct circle on your answer sheet.

Example:

The boys _____ in the car.

(a) be
(b) is
(c) am
(d) are

The correct answer is (d), so the circle with the letter (d) has been blackened.

ⓐ　ⓑ　ⓒ　●

NOW TURN THE PAGE AND BEGIN

1. Emma wants to become a volunteer veterinarian for animal shelters. That's why, as soon as she graduates college, she _____ for the Houston Animal Shelter to help rescue stray dogs, which is her lifelong dream.

(a) has been leaving
(b) will be leaving
(c) will have left
(d) had left

2. There is a plant sale this afternoon near Jimmy's workplace. However, the sale is only during his work hours. If he could leave the office earlier, he _____ a fern for his apartment.

(a) would have definitely bought
(b) will definitely be buying
(c) would definitely buy
(d) has definitely bought

3. The megalodon was a prehistoric shark that went extinct 3.6 million years ago. Scientists believe that the shark preferred to live in warmer waters. If it had not been for oceanic cooling, the megalodon probably _____ longer.

(a) will survive
(b) had survived
(c) would survive
(d) would have survived

4. John started to cook because of Julia Child. Ever since he finished _____ Child's book, *Mastering the Art of French Cooking*, he has been busy learning her recipes.

(a) reading
(b) having read
(c) to read
(d) to be reading

5. Kate is a good violinist but is too shy to perform on stage. To alleviate her stage fright, I proposed that she _____ a music program that will train her to perform in front of an audience.

(a) joins
(b) join
(c) will join
(d) joined

6. Commuting via the New York subway system is often uncomfortable. An estimated 5.5 million people use it every day. This is why most of the time passengers _____ never find a seat on the train.

(a) could
(b) should
(c) can
(d) must

7. Terrence hastily readied himself after remembering that he was supposed to pick up Martha from preschool. He _____ when Martha's teacher called him. She told him that Martha had been crying for an hour waiting for him.

(a) is already getting dressed
(b) has already been getting dressed
(c) will already be getting dressed
(d) was already getting dressed

8. A deadly virus has now reached a global scale and the government is resorting to extensive measures in order to contain it. The health sector encourages self-quarantine among citizens _____ further spread.

(a) preventing
(b) to have prevented
(c) to prevent
(d) having prevented

9. Pimples may be caused by unclean pillowcases. It is recommended that bedsheets _____ once every two weeks to avoid the dirt buildup that might trigger an outbreak of pimples.

(a) have been washed
(b) were washed
(c) be washed
(d) will be washed

10. Owen recently took a break from social media to focus on studying for his exams. Worried about him, his friends came over last night because he _____ to any of their messages for almost a week.

(a) had not been replying
(b) is not replying
(c) has not been replying
(d) will not reply

11. Jean Smith, the CEO of WX3 Advertising, is required to travel for meetings every week. She loves the travel, but she considers _____ for her trips a huge burden.

(a) having packed
(b) packing
(c) to be packing
(d) to pack

12. Many indigenous peoples are hostile to outsiders because they want to be left alone. _____, the Sentinelese acted to defend their way of life when they killed a missionary who came to their island uninvited in 2018.

(a) For example
(b) Nonetheless
(c) However
(d) In addition

13. Jason has an English paper due on Monday. Since he has not started it yet, he is thinking about skipping laundry day and completing his paper over the weekend _____ up for lost time.

(a) making
(b) to be making
(c) to make
(d) having made

14. A tiny second moon has been discovered orbiting Earth. Although astronomers believe this small asteroid will eventually jump back to its original orbit around the sun, netizens currently _____ possible names for the moon's new companion.

(a) pitch in
(b) will be pitching in
(c) have pitched in
(d) are pitching in

15. Quinn's favorite band played in her hometown last year, but she missed it because she was sick. If she had been healthy back then, she _____ able to watch the gig.

(a) would have been
(b) will have been
(c) had been
(d) would be

16. Victor visits his grandfather's vineyard in Italy every summer. The property, _____, has a large collection of unsold wine in the cellar, and Victor is free to bring a bottle back home to New York.

(a) what also features an award-winning winery
(b) who also features an award-winning winery
(c) which also features an award-winning winery
(d) that also features an award-winning winery

17. New Zealand is known for its snowcapped mountain ranges, long coastlines, and vast grasslands. These are just some of the reasons why many tourists enjoy _____ there.

(a) going
(b) to go
(c) having gone
(d) to have gone

18. I can't find the time to create a piece for next month's art fair. If I weren't so busy at work for the next few weeks, I _____ a painting suitable for the event.

(a) would have created
(b) would create
(c) am creating
(d) will create

19. Ted was broke and alone for Thanksgiving because he spent all his money last month instead of saving up for a flight home to Los Angeles. Had he been financially responsible, he _____ home.

(a) could go
(b) could have gone
(c) had gone
(d) will have gone

20. For Library Week, Miss Frida took her students on a tour of the public library. One of the rules she had set before entering was that silence _____ be observed at all times.

(a) can
(b) may
(c) would
(d) must

21. According to physical therapists, corrective exercise rarely works for adults with severe spinal curvatures. However, _____ taking no action, patients can opt for muscle-strengthening activities like swimming, electrotherapy, and yoga.

(a) until
(b) unlike
(c) rather than
(d) along with

22. In order to regain his passion for books, Dennis has started to re-read the *Harry Potter* series. By the end of next month, he _____ the books for more than a hundred hours.

(a) will be reading
(b) had read
(c) has been reading
(d) will have been reading

23. The annual Bake-Off is scheduled for Monday, and Carla is feeling pressured as she has been preparing for it all weekend long. Toni insists that Carla _____ a two-hour break to ease her stress.

(a) is just taking
(b) just takes
(c) will just take
(d) just take

24. The trendsetting popstar Jayla uploaded a video on social media showing herself baking a rhubarb pie at home. Since the video's release, fans _____ their own versions of the recipe to see if it's really delicious.

(a) made
(b) have been making
(c) will make
(d) were making

25. Earth is located at the ideal distance from the sun to support life. If the sun were to move closer to Earth, the planet _____ uninhabitable for living things.

(a) would be
(b) was
(c) will be
(d) would have been

26. Many people drink coffee after waking up to increase their energy levels. However, scientists say that drinking water is actually more effective. That's why experts suggest that people _____ drink water instead.

(a) who love drinking coffee in the morning
(b) which love drinking coffee in the morning
(c) when they love drinking coffee in the morning
(d) what love drinking coffee in the morning

LISTENING SECTION

DIRECTIONS:

The Listening Section has four parts. In each part you will hear a spoken passage and a number of questions about the passage. First you will hear the questions. Then you will hear the passage. From the four choices for each question, choose the best answer. Then blacken in the correct circle on your answer sheet.

Example:

(a) one
(b) two
(c) three
(d) four

Bill Johnson has four brothers, so the best answer is (d). The circle with the letter (d) has been blackened.

NOW TURN THE PAGE AND BEGIN

PART 1. *You will hear a conversation between two people. First you will hear questions 27 through 33. Then you will hear the conversation. Choose the best answer to each question in the time provided.*

27. (a) They wrote poems for a sick classmate.
(b) They did a writing activity outside the classroom.
(c) They read poems about nature.
(d) They went on a tour of the campus.

28. (a) compose a poem about walking
(b) listen to a lecture while walking
(c) discuss the poem's topic with a classmate
(d) explore the surroundings for a poetry topic

29. (a) Everyone can choose their own subject.
(b) The teacher gives everyone a topic.
(c) The teacher does not impose a time limit.
(d) Everyone can submit their poem after class.

30. (a) because she has not been there for a while
(b) because she likes the big tree there
(c) because that's where she goes to think about things
(d) because she likes the peacefulness of that place

31. (a) because only one person was allowed to visit each site
(b) because some people went to places off-campus
(c) because everyone scattered around the garden
(d) because the students went to various places

32. (a) his personal feelings about sports
(b) his friend he used to play tennis with
(c) his experiences at the tennis court
(d) his memories of the sycamore tree

33. (a) walk around the campus
(b) spend free time playing tennis
(c) head to the cafeteria for lunch
(d) go directly to his next class

34. (a) hosting a party for a new school club
(b) introducing the annual science fair
(c) inviting students to join the science camp
(d) announcing a field trip to the city

35. (a) by being the first team to find all hidden items
(b) by participating in the game until the end
(c) by being the first to collect five items
(d) by visiting all areas of the lake house

36. (a) how to make a documentary about science
(b) chemistry lessons by using the kitchen
(c) how to research information about the universe
(d) astronomy lessons by watching films

37. (a) because the forest is crowded with hikers
(b) because the forest has dangerous wildlife
(c) because the lake offers a calmer atmosphere
(d) because the lake has more action-packed activities

38. (a) That weekend will have clear skies.
(b) There will be a meteor shower on Saturday.
(c) There will be a natural light display on Saturday.
(d) The venue is only available on that weekend.

39. (a) by adding a meal option to the application
(b) by signing up before a specific deadline
(c) by signing up on the school's website
(d) by arriving early on the day of the camp

PART 3. *You will hear a conversation between two people. First you will hear questions 40 through 45. Then you will hear the conversation. Choose the best answer to each question in the time provided.*

40. (a) tear down the damaged walls
(b) improve her walls' appearance
(c) paint the floors of all her rooms
(d) move into a new apartment

41. (a) Wallpaper is easy to change.
(b) Wallpaper lasts a long time.
(c) There are many designs to choose from.
(d) There is wallpaper for every occasion.

42. (a) because it would require too much energy
(b) because it would increase the cost of wallpaper
(c) because it would take too much time
(d) because it would be hard to cover everything

43. (a) Wall paint can make rooms seem bigger.
(b) Wall paint absorbs moisture.
(c) Painted walls usually look nicer.
(d) Painting requires less skill.

44. (a) getting the exact same color as before
(b) looking for a new painter to do the job
(c) buying the same tools used the last time
(d) finding the right material to fill in gaps

45. (a) apply wallpaper in her apartment
(b) paint her apartment walls
(c) leave the walls in their original state
(d) get expert advice on her decision

46. (a) choosing the best new diet
(b) introducing the latest lifestyle trend
(c) ways to improve one's gut health
(d) how to lose weight successfully

47. (a) food that is high in fiber
(b) food that makes excess water
(c) food that has extra oil
(d) food that is rich in minerals

48. (a) because they replace the fiber in one's body
(b) because they can clean out the digestive system
(c) because they make one want to drink more water
(d) because they can absorb unhealthy liquids

49. (a) by eating food that is bacteria-free
(b) by avoiding food that causes gas
(c) by breaking down food before eating it
(d) by eating food with beneficial bacteria

50. (a) It reduces the time one spends eating.
(b) It allows one to eat smaller pieces of food.
(c) It lessens the work of one's digestive system.
(d) It gives one the sensation of eating more.

51. (a) start doing simple exercises
(b) take a long walk in the morning
(c) do yoga stretches after dinner
(d) relax after eating a large meal

52. (a) to make food taste better
(b) to take a break from watching television
(c) to relieve the stress of work
(d) to keep from accidentally overeating

THIS IS THE END OF THE LISTENING SECTION

DO NOT GO ON UNTIL TOLD TO DO SO

READING AND VOCABULARY SECTION

Example:

Bill Johnson lives in New York. He is 25 years old. He has four brothers and two sisters.

How many brothers does Bill Johnson have?

(a) one
(b) two
(c) three
(d) four

The correct answer is (d), so the circle with the letter (d) has been blackened.

ⓐ ⓑ ⓒ ●

NOW TURN THE PAGE AND BEGIN

SELENA PEREZ

Selena Perez was an award-winning American singer who introduced Tejano, a musical genre popular among Mexican-Americans living in Texas, to international audiences in the 1990s. She was considered an icon not only for bringing Latin music into the mainstream but also for being one of the first successful women artists in a traditionally male-oriented genre.

Born on April 16, 1971 in Lake Jackson, Texas, Perez lived her life surrounded by music. Her father formed the family band *Selena y Los Dinos* in 1981, with 10-year-old Perez taking the lead vocals. After gaining popularity among locals, the band began touring all over Texas and recorded their first album in 1984. They played Tejano music, a style that blends pop, rock, and polka.

Her band continued to release albums but did not receive much attention. Promoters at venues for Tejano music were skeptical about Perez's chances for success because she was a young woman. Then, in 1987 she won her first major award as Female Vocalist of the Year at the Tejano Music Awards. Two years later, Perez signed a contract with a major label to release her solo debut album. She sang mostly in Spanish, although it was not her native language.

Perez's first two solo albums were only modestly successful in Mexico. The release of her third album, *Entre a Mi Mundo*, provided Perez's breakthrough. The pop-savvy album, with songs about love and female empowerment, was embraced by fans on both sides of the Mexico-United States border and beyond. One concert to promote the album drew 70,000 people, a remarkable feat for a Tejano act at the time.

In 1994, Perez opened a boutique business and started selling her own line of modern Latin American apparel inspired by her stage outfits. However, trouble began when Yolanda Saldivar, the president of Perez's fan club, was also appointed as manager of the boutiques. After being accused of stealing money from the company, Saldivar shot and killed Perez on March 31, 1995.

Fans all over the world grieved the loss of the young pop singer. Just months after Perez's death, her final album *Dreaming of You* was released, featuring songs in English and Spanish. The album was a smash hit and paved the way for other Latin American musical artists to enter the U.S. mainstream in the following years.

53. Why was Perez credited as a groundbreaking singer in the 1990s?

(a) She invented a new musical genre.
(b) She was the first Mexican-American pop star.
(c) She popularized a genre unfamiliar to most Americans.
(d) She revived a forgotten style of traditional music.

54. How did young Perez get her start in the music business?

(a) by making home recordings
(b) by singing with her family's band
(c) by forming a band with her classmates
(d) by joining a popular band on their U.S. tour

55. Why most likely were people doubtful that Perez could become a star?

(a) Spanish songs were unpopular.
(b) She was already too old to make a debut.
(c) She had not won any awards.
(d) Female Tejano singers were uncommon.

56. What happened after Perez released her third solo album?

(a) She initiated several feminist movements.
(b) Her songs became popular in several countries.
(c) She faced controversy over her lyrics.
(d) All of her concerts were quickly sold out.

57. According to the article, what was Perez's legacy after her death?

(a) making stardom possible for other Latin singers
(b) paving the way for female singers all over the world
(c) bringing Latin clothing lines to the American market
(d) changing U.S. mainstream music completely

58. In the context of the passage, drew means _____.

(a) influenced
(b) gained
(c) invited
(d) attracted

59. In the context of the passage, appointed means _____.

(a) hired
(b) styled
(c) scheduled
(d) organized

OAT MILK IS BECOMING A POPULAR ALTERNATIVE TO COW'S MILK

Consumers at the supermarket might be overwhelmed when they see the array of non-dairy milks on offer; soy, almond, rice, and coconut milk all sit side-by-side on the shelves. These products have appeared over time to meet demands for plant-based alternatives to cow's milk—and to offer healthier, better-tasting milks depending on individual preference and dietary needs. However, one substitute that has recently made a name for itself is oat milk.

Oat milk has existed since the 1990s but was unpopular for years due to a lack of effective marketing. That changed when oat milk was championed by coffee shops as a superior replacement for dairy milk because of its rich, creamy feel, unlike other plant-based milks, which are often thin and watery. Soon, oat milk sales from stores and online retailers surged.

While oat milk is now sold in many establishments, it is often in short supply because of the high demand. Oatly, the Swedish company that makes the most popular oat milk on the market, opened branches in the U.S. and Canada to increase production. Due to the scarcity, consumers figured out how to easily make oat milk at home by blending whole oats that have been soaked in water and then straining the liquid.

When it comes to health benefits, oat milk is similar to cow's milk in that both contain vitamin D and calcium. However, oat milk has more carbohydrates than cow's milk and also includes fiber, which is completely lacking in cow's milk. Moreover, like most non-dairy milks, oat milk contains no lactose, a sugar that some people are allergic to.

Another advantage of oat milk is its sustainability compared with other milks. For example, growing the almonds used to make almond milk requires six times the amount of water to grow oats. Growing oats also produces lower greenhouse gas emissions than processes related to dairy milk production.

The reasons for oat milk's popularity are clear: taste, nutrition, and sustainability. The only major drawback in consumers' minds is the large price tag.

60. What is the article about?

(a) reasons for the decline in dairy milk's sales
(b) how oat milk stands apart from other milks
(c) how to choose the best brand of oat milk
(d) the benefits of consuming a plant-based diet

61. Why did coffee shops start using oat milk as a non-dairy alternative?

(a) because it had an effective marketing strategy
(b) because it was rising in popularity
(c) because it was less expensive than soy milk
(d) because its texture is similar to dairy milk

62. According to the article, why most likely would someone drink homemade oat milk?

(a) because it tastes better than factory-made milk
(b) because it is safer than store-bought milk
(c) because the price is too high for the quality
(d) because the stores are sold out

63. What is a potential danger of drinking cow's milk?

(a) It contains excessive amounts of fiber.
(b) It is completely lacking in carbohydrates.
(c) It can cause an allergic reaction.
(d) It can lead to a vitamin deficiency.

64. According to the text, why probably is oat milk more environmentally friendly than almond milk?

(a) Oat farming uses less water.
(b) Oat farming produces harmless gas.
(c) Oat farming creates less waste.
(d) Oat farming uses fewer chemicals.

65. In the context of the passage, championed means _____.

(a) supported
(b) announced
(c) defended
(d) criticized

66. In the context of the passage, short means _____.

(a) brief
(b) inferior
(c) limited
(d) abrupt

PART 3. *Read the following encyclopedia article and answer the questions. The underlined words in the article are for vocabulary questions.*

WING CHUN

Wing Chun is a form of Chinese martial arts used for self-defense. One of the main goals of Wing Chun is to achieve the maximum impact by using the least amount of effort against one's opponent. The practice was developed within the last 300 years, making it much newer than other traditional martial arts.

The exact origin of Wing Chun is unclear; according to one legend, Wing Chun was first created by a Buddhist nun named Ng Mui. She wanted to make a method of self-defense that did not require brute strength but could be used effectively regardless of the practitioner's size or body type. She mentored a young woman named Yim Wing Chun, who applied the techniques she learned to protect herself from a man who was attempting to force her into marriage. After rigorous training from Ng Mui, Yim easily defeated the suitor despite being smaller and weaker than he was.

Wing Chun is characterized by a close-range combat style that prioritizes small, quick movements. This provides several key advantages. First, the small movements help the practitioner conserve energy during a fight. Rather than making a few defensive maneuvers, a practitioner of Wing Chun must move continuously in order to block and attack at the same time. Wing Chun is also an ideal style for fighting in compact or crowded spaces. A practitioner sticks close to one's opponent, looking for weaknesses and opportunities of attack.

Unlike other martial arts that use a side stance when facing opponents, Wing Chun uses a front stance. This stance helps the martial artist avoid exposing blind spots, such as the back, to one's opponent. Elbows are usually held close to the body in a defensive position to guard the "centerline," an imaginary line that passes through all of the body's vital organs. The practitioner focuses on protecting one's own centerline while attempting to hit the opponent's. Broad, forceful movements like high kicks are generally avoided because they can leave one vulnerable to attack.

Public interest in Wing Chun spread globally during the 1970s because of grandmaster Ip Man, who trained scores of students in the combat style. His most famous pupil was the legendary film star and martial artist Bruce Lee.

67. According to the text, what is a major characteristic of Wing Chun?

(a) It is the oldest martial art.
(b) It does not require great force.
(c) It is the most difficult martial art.
(d) It is focused on attack.

68. Why did Ng Mui develop the earliest form of Wing Chun?

(a) to protect herself from an aggressive suitor
(b) to show off her impressive strength
(c) to make a combat style only for women
(d) to make a fighting style that anyone could use

69. How does one maintain stamina during a Wing Chun fight?

(a) by focusing only on defense
(b) by making very few movements
(c) by limiting the range of motion
(d) by fighting in a compact space

70. Why should a Wing Chun practitioner keep one's arms close to the body?

(a) to cover up a blind spot
(b) to protect important organs
(c) to avoid the opponent's high kick
(d) to allow for more powerful attacks

71. Based on the article, what most likely happened to Wing Chun in the 1970s?

(a) The practice was learned by more people.
(b) It slowly faded from the public eye.
(c) Schools for the martial art were built globally.
(d) It only appeared in famous movies.

72. In the context of the passage, mentored means _____.

(a) sponsored
(b) cautioned
(c) taught
(d) employed

73. In the context of the passage, vulnerable means _____.

(a) unprepared
(b) emotional
(c) powerless
(d) exposed

Paul Reed
Facilities Manager
Fort Ridge Administration
26 Ridge Ave.
Salisbury, MD 21858

Dear Mr. Reed,

Greetings! We are the Seeds of Tomorrow Foundation, a non-profit organization that aims to keep at-risk children off the streets by providing shelter, counseling, and other much-needed resources.

Every holiday season, we stage a play as a fundraiser for our organization. The play also gives our children a chance to showcase their talents. This year, the children will perform an original musical entitled "A Tale of Two Polar Bears," an uplifting story about love and companionship during the holidays.

After looking at many venues, our team has found Fort Ridge's pavilion to be fit for our winter-themed production because the venue has large glass windows with a striking view of the snowy mountains. We feel it would make a perfect background for our musical. If possible, we would like to reserve the venue on December 12 from 3 p.m. to 8 p.m.

The play will be two hours long and will start at 5 p.m. The extra time will be used for pre- and post-production of the play. Our team will provide the stage lights, chairs, and sound system. We estimate that 100 people will be attending the event. Because of this, we would like to rent a few more chairs from your complex.

To further discuss the overall setup, including other facilities within the vicinity such as restrooms and parking spaces, we would like to arrange a meeting with you. Please contact our office at 285-7347 or through my email address.

Hopefully awaiting your response!

Respectfully yours,
Lana James

Lana James
Head of External Affairs
The Seeds of Tomorrow Foundation

74. What is the purpose of the letter?

(a) to ask for help in organizing a holiday party
(b) to ask for donations for a fundraiser
(c) to request to rent an event space
(d) to invite people to a children's event

75. According to Ms. James, what is true about the event?

(a) It is held to raise money for the organization.
(b) It presents the best rising young talent.
(c) It offers a chance to see professional actors perform.
(d) It showcases a new holiday song each year.

76. Why most likely has Ms. James chosen to hold the event at the pavilion?

(a) It is near their organization's headquarters.
(b) The venue can fit hundreds of people.
(c) The location is thematically appropriate.
(d) It is the only place available on the date.

77. Why most likely is the organization requesting to rent chairs for the event?

(a) because they want to invite more people than allowed
(b) because they do not have enough chairs
(c) because they do not have any chairs
(d) because they want more comfortable chairs

78. How can Mr. Reed contact Ms. James?

(a) by visiting the organization's website
(b) by calling her personal number
(c) by going directly to her office
(d) by sending her an email

79. In the context of the passage, extra means _____.

(a) additional
(b) increased
(c) following
(d) adjoining

80. In the context of the passage, vicinity means _____.

(a) area
(b) room
(c) town
(d) period

ANSWER
SHEET

G-TELP

시원스쿨 LAB

※ TEST DATE

MO.	DAY	YEAR

감독관 확인	

성 명	

등급 ① ② ③ ④ ⑤

성명란

초성 / 중성 / 종성

ㄱ ㄴ ㄷ ㄹ ㅁ ㅂ ㅅ ㅇ ㅈ ㅊ ㅋ ㅌ ㅍ ㅎ
ㅏ ㅑ ㅓ ㅕ ㅗ ㅛ ㅜ ㅠ ㅡ ㅣ ㅐ ㅒ ㅔ ㅖ ㅢ ㅚ ㅟ ㅘ ㅝ ㅙ ㅞ ㅐ
ㄱ ㄴ ㄷ ㄹ ㅁ ㅂ ㅅ ㅇ ㅈ ㅊ ㅋ ㅌ ㅍ ㅎ ㄲ ㄸ ㅃ ㅆ ㅉ

수 험 번 호

⓪	⓪		⓪	⓪	⓪	⓪		⓪	⓪	⓪	⓪	⓪	⓪	⓪
①	①		①	①	①	①		①	①	①	①	①	①	①
②	②		②	②	②	②		②	②	②	②	②	②	②
③	③		③	③	③	③		③	③	③	③	③	③	③
④	④		④	④	④	④		④	④	④	④	④	④	④
⑤	⑤		⑤	⑤	⑤	⑤		⑤	⑤	⑤	⑤	⑤	⑤	⑤
⑥	⑥		⑥	⑥	⑥	⑥		⑥	⑥	⑥	⑥	⑥	⑥	⑥
⑦	⑦		⑦	⑦	⑦	⑦		⑦	⑦	⑦	⑦	⑦	⑦	⑦
⑧	⑧		⑧	⑧	⑧	⑧		⑧	⑧	⑧	⑧	⑧	⑧	⑧
⑨	⑨		⑨	⑨	⑨	⑨		⑨	⑨	⑨	⑨	⑨	⑨	⑨

1) Code 1.

⓪ ① ② ③ ④ ⑤ ⑥ ⑦ ⑧ ⑨
⓪ ① ② ③ ④ ⑤ ⑥ ⑦ ⑧ ⑨
⓪ ① ② ③ ④ ⑤ ⑥ ⑦ ⑧ ⑨

2) Code 2.

⓪ ① ② ③ ④ ⑤ ⑥ ⑦ ⑧ ⑨
⓪ ① ② ③ ④ ⑤ ⑥ ⑦ ⑧ ⑨
⓪ ① ② ③ ④ ⑤ ⑥ ⑦ ⑧ ⑨

3) Code 3.

⓪ ① ② ③ ④ ⑤ ⑥ ⑦ ⑧ ⑨
⓪ ① ② ③ ④ ⑤ ⑥ ⑦ ⑧ ⑨
⓪ ① ② ③ ④ ⑤ ⑥ ⑦ ⑧ ⑨

주민등록번호 앞자리 — 고유번호

⓪	⓪	⓪	⓪	⓪	⓪		⓪	⓪	⓪	⓪	⓪	⓪	⓪
①	①	①	①	①	①		①	①	①	①	①	①	①
②	②	②	②	②	②		②	②	②	②	②	②	②
③	③	③	③	③	③		③	③	③	③	③	③	③
④	④	④	④	④	④		④	④	④	④	④	④	④
⑤	⑤	⑤	⑤	⑤	⑤		⑤	⑤	⑤	⑤	⑤	⑤	⑤
⑥	⑥	⑥	⑥	⑥	⑥		⑥	⑥	⑥	⑥	⑥	⑥	⑥
⑦	⑦	⑦	⑦	⑦	⑦		⑦	⑦	⑦	⑦	⑦	⑦	⑦
⑧	⑧	⑧	⑧	⑧	⑧		⑧	⑧	⑧	⑧	⑧	⑧	⑧
⑨	⑨	⑨	⑨	⑨	⑨		⑨	⑨	⑨	⑨	⑨	⑨	⑨

문항	답 란	문항	답 란	문항	답 란	문항	답 란	문항	답 란
1	ⓐⓑⓒⓓ	21	ⓐⓑⓒⓓ	41	ⓐⓑⓒⓓ	61	ⓐⓑⓒⓓ	81	ⓐⓑⓒⓓ
2	ⓐⓑⓒⓓ	22	ⓐⓑⓒⓓ	42	ⓐⓑⓒⓓ	62	ⓐⓑⓒⓓ	82	ⓐⓑⓒⓓ
3	ⓐⓑⓒⓓ	23	ⓐⓑⓒⓓ	43	ⓐⓑⓒⓓ	63	ⓐⓑⓒⓓ	83	ⓐⓑⓒⓓ
4	ⓐⓑⓒⓓ	24	ⓐⓑⓒⓓ	44	ⓐⓑⓒⓓ	64	ⓐⓑⓒⓓ	84	ⓐⓑⓒⓓ
5	ⓐⓑⓒⓓ	25	ⓐⓑⓒⓓ	45	ⓐⓑⓒⓓ	65	ⓐⓑⓒⓓ	85	ⓐⓑⓒⓓ
6	ⓐⓑⓒⓓ	26	ⓐⓑⓒⓓ	46	ⓐⓑⓒⓓ	66	ⓐⓑⓒⓓ	86	ⓐⓑⓒⓓ
7	ⓐⓑⓒⓓ	27	ⓐⓑⓒⓓ	47	ⓐⓑⓒⓓ	67	ⓐⓑⓒⓓ	87	ⓐⓑⓒⓓ
8	ⓐⓑⓒⓓ	28	ⓐⓑⓒⓓ	48	ⓐⓑⓒⓓ	68	ⓐⓑⓒⓓ	88	ⓐⓑⓒⓓ
9	ⓐⓑⓒⓓ	29	ⓐⓑⓒⓓ	49	ⓐⓑⓒⓓ	69	ⓐⓑⓒⓓ	89	ⓐⓑⓒⓓ
10	ⓐⓑⓒⓓ	30	ⓐⓑⓒⓓ	50	ⓐⓑⓒⓓ	70	ⓐⓑⓒⓓ	90	ⓐⓑⓒⓓ
11	ⓐⓑⓒⓓ	31	ⓐⓑⓒⓓ	51	ⓐⓑⓒⓓ	71	ⓐⓑⓒⓓ		
12	ⓐⓑⓒⓓ	32	ⓐⓑⓒⓓ	52	ⓐⓑⓒⓓ	72	ⓐⓑⓒⓓ	password	
13	ⓐⓑⓒⓓ	33	ⓐⓑⓒⓓ	53	ⓐⓑⓒⓓ	73	ⓐⓑⓒⓓ		
14	ⓐⓑⓒⓓ	34	ⓐⓑⓒⓓ	54	ⓐⓑⓒⓓ	74	ⓐⓑⓒⓓ		
15	ⓐⓑⓒⓓ	35	ⓐⓑⓒⓓ	55	ⓐⓑⓒⓓ	75	ⓐⓑⓒⓓ		
16	ⓐⓑⓒⓓ	36	ⓐⓑⓒⓓ	56	ⓐⓑⓒⓓ	76	ⓐⓑⓒⓓ		
17	ⓐⓑⓒⓓ	37	ⓐⓑⓒⓓ	57	ⓐⓑⓒⓓ	77	ⓐⓑⓒⓓ		
18	ⓐⓑⓒⓓ	38	ⓐⓑⓒⓓ	58	ⓐⓑⓒⓓ	78	ⓐⓑⓒⓓ		
19	ⓐⓑⓒⓓ	39	ⓐⓑⓒⓓ	59	ⓐⓑⓒⓓ	79	ⓐⓑⓒⓓ		
20	ⓐⓑⓒⓓ	40	ⓐⓑⓒⓓ	60	ⓐⓑⓒⓓ	80	ⓐⓑⓒⓓ		

password

⓪	⓪	⓪	⓪
①	①	①	①
②	②	②	②
③	③	③	③
④	④	④	④
⑤	⑤	⑤	⑤
⑥	⑥	⑥	⑥
⑦	⑦	⑦	⑦
⑧	⑧	⑧	⑧
⑨	⑨	⑨	⑨

G-TELP

시원스쿨 **LAB**

※ TEST DATE

MO.	DAY	YEAR

감독관 확인

성 명	

등급	①	②	③	④	⑤

성 명 란

초성 / 중성 / 종성 (ㄱ ㄴ ㄷ ㄹ ㅁ ㅂ ㅅ ㅇ ㅈ ㅊ ㅋ ㅌ ㅍ ㅎ ...)

수 험 번 호

1) Code 1.

	⓪ ① ② ③ ④ ⑤ ⑥ ⑦ ⑧ ⑨
	⓪ ① ② ③ ④ ⑤ ⑥ ⑦ ⑧ ⑨
	⓪ ① ② ③ ④ ⑤ ⑥ ⑦ ⑧ ⑨

2) Code 2.

	⓪ ① ② ③ ④ ⑤ ⑥ ⑦ ⑧ ⑨
	⓪ ① ② ③ ④ ⑤ ⑥ ⑦ ⑧ ⑨
	⓪ ① ② ③ ④ ⑤ ⑥ ⑦ ⑧ ⑨

3) Code 3.

	⓪ ① ② ③ ④ ⑤ ⑥ ⑦ ⑧ ⑨
	⓪ ① ② ③ ④ ⑤ ⑥ ⑦ ⑧ ⑨
	⓪ ① ② ③ ④ ⑤ ⑥ ⑦ ⑧ ⑨

주민등록번호 앞자리 － 고유번호

문항	답란	문항	답란	문항	답란	문항	답란	문항	답란	문항	답란
1	ⓐⓑⓒⓓ	21	ⓐⓑⓒⓓ	41	ⓐⓑⓒⓓ	61	ⓐⓑⓒⓓ	81	ⓐⓑⓒⓓ		
2	ⓐⓑⓒⓓ	22	ⓐⓑⓒⓓ	42	ⓐⓑⓒⓓ	62	ⓐⓑⓒⓓ	82	ⓐⓑⓒⓓ		
3	ⓐⓑⓒⓓ	23	ⓐⓑⓒⓓ	43	ⓐⓑⓒⓓ	63	ⓐⓑⓒⓓ	83	ⓐⓑⓒⓓ		
4	ⓐⓑⓒⓓ	24	ⓐⓑⓒⓓ	44	ⓐⓑⓒⓓ	64	ⓐⓑⓒⓓ	84	ⓐⓑⓒⓓ		
5	ⓐⓑⓒⓓ	25	ⓐⓑⓒⓓ	45	ⓐⓑⓒⓓ	65	ⓐⓑⓒⓓ	85	ⓐⓑⓒⓓ		
6	ⓐⓑⓒⓓ	26	ⓐⓑⓒⓓ	46	ⓐⓑⓒⓓ	66	ⓐⓑⓒⓓ	86	ⓐⓑⓒⓓ		
7	ⓐⓑⓒⓓ	27	ⓐⓑⓒⓓ	47	ⓐⓑⓒⓓ	67	ⓐⓑⓒⓓ	87	ⓐⓑⓒⓓ		
8	ⓐⓑⓒⓓ	28	ⓐⓑⓒⓓ	48	ⓐⓑⓒⓓ	68	ⓐⓑⓒⓓ	88	ⓐⓑⓒⓓ		
9	ⓐⓑⓒⓓ	29	ⓐⓑⓒⓓ	49	ⓐⓑⓒⓓ	69	ⓐⓑⓒⓓ	89	ⓐⓑⓒⓓ		
10	ⓐⓑⓒⓓ	30	ⓐⓑⓒⓓ	50	ⓐⓑⓒⓓ	70	ⓐⓑⓒⓓ	90	ⓐⓑⓒⓓ		
11	ⓐⓑⓒⓓ	31	ⓐⓑⓒⓓ	51	ⓐⓑⓒⓓ	71	ⓐⓑⓒⓓ				
12	ⓐⓑⓒⓓ	32	ⓐⓑⓒⓓ	52	ⓐⓑⓒⓓ	72	ⓐⓑⓒⓓ	password			
13	ⓐⓑⓒⓓ	33	ⓐⓑⓒⓓ	53	ⓐⓑⓒⓓ	73	ⓐⓑⓒⓓ				
14	ⓐⓑⓒⓓ	34	ⓐⓑⓒⓓ	54	ⓐⓑⓒⓓ	74	ⓐⓑⓒⓓ				
15	ⓐⓑⓒⓓ	35	ⓐⓑⓒⓓ	55	ⓐⓑⓒⓓ	75	ⓐⓑⓒⓓ				
16	ⓐⓑⓒⓓ	36	ⓐⓑⓒⓓ	56	ⓐⓑⓒⓓ	76	ⓐⓑⓒⓓ				
17	ⓐⓑⓒⓓ	37	ⓐⓑⓒⓓ	57	ⓐⓑⓒⓓ	77	ⓐⓑⓒⓓ				
18	ⓐⓑⓒⓓ	38	ⓐⓑⓒⓓ	58	ⓐⓑⓒⓓ	78	ⓐⓑⓒⓓ				
19	ⓐⓑⓒⓓ	39	ⓐⓑⓒⓓ	59	ⓐⓑⓒⓓ	79	ⓐⓑⓒⓓ				
20	ⓐⓑⓒⓓ	40	ⓐⓑⓒⓓ	60	ⓐⓑⓒⓓ	80	ⓐⓑⓒⓓ				

G-TELP KOREA   공식 지정

시원스쿨 지텔프 LEVEL 2

65+

정답 및 해설

G-TELP KOREA 공식 지정

시원스쿨
지텔프 LEVEL 2
65+

정답 및 해설

시원스쿨 지텔프 65+ 문법

DAY 01 시제 I: 진행시제

1초 퀴즈

1. (c) **2.** (c) **3.** (d) **4.** (a)

1.

정답 (c)

해석 허드슨 씨는 도로에서 지금 그의 차를 수리하려고 하는 중이다.

해설 주어가 Mr. Hudson으로 3인칭 단수이며, 보기 (a)~(d) 모두 현재시점을 나타내는 부사 now가 포함하고 있으므로 3인칭 단수 주어에 맞는 be동사 is가 쓰인 현재진행시제인 (c)가 정답입니다.

어휘 fix 고치다 try to do ~하려고 하다, ~하기 위해 노력하다

2.

정답 (c)

해석 IT팀에서 온 샘은 지금 사무실에서 모든 컴퓨터에 새로운 보안 소프트웨어를 설치하고 있다.

해설 문장 맨 뒤에 있는 부사 now를 보고 문장의 내용이 현재에 관한 내용임을 알 수 있으므로, 보기 중에서 현재 일어나고 있는 일을 나타내는 시제인 현재진행시제 am/are/is -ing가 쓰인 (c) is installing이 정답입니다.

어휘 security 보안 install 설치하다

3.

정답 (d)

해석 리 씨는 7층에서 불이 났을 때 막 사무실 건물을 떠나고 있는 중이었다.

해설 시간을 나타내는 부사절 접속사 when 뒤에 과거시제 동사인 started가 있으므로 '~했을 때 ~하고 있었다'라고 해석되는 것이 자연스럽습니다. 따라서 빈칸에 들어갈 문장의 본동사는 과거진행시제가 되어야 하므로 정답은 (d)입니다.

어휘 leave 떠나다

4.

정답 (a)

해석 애벌랜취 스튜디오는 향후 몇 주간 톰 훅 감독의 새로운 영화에서 여러 개의 티저 영상을 내보일 것이다.

해설 문장 맨 뒤에 '향후 몇 주간'이라는 의미로 미래를 나타내는 전치사구 over the next few weeks가 있으므로 빈칸에 들어갈 문장의 본동사는 미래진행시제가 되어야 합니다. 따라서 정답은 (a)입니다.

어휘 several 여러 개의, 몇 개의 teaser clip (영화의) 티저 영상, 예고편 director 영화 감독 release 출시하다, 내보내다

PRACTICE

1. ④ **2.** ② **3.** ① **4.** ⑥ **5.** ③ **6.** ⑤

1.

정답 ④ is giving, right now

해설 문장 맨 뒤에 있는 현재진행시제와 함께 쓰이는 부사 right now가 있으므로 빈칸에 들어갈 동사는 현재진행시제가 되어야 합니다. 그리고 give a speech 라는 숙어가 쓰였으므로 빈칸에는 동사 give의 현재진행형인 is giving이 적절합니다.

2.

정답 ② were studying, when I entered

해설 시간을 나타내는 부사절 접속사 when 뒤에 과거시제 동사인 entered가 있으므로 '~했을 때 ~하고 있었다'라고 해석되는 것이 자연스럽습니다. 따라서 빈칸에 들어갈 문장의 본동사는 과거진행시제가 되어야 하며, 문장상 도서관에서 하고 있을 행동으로 '공부하다'(study)가 적절하므로 정답은 were studying입니다.

3.

정답 ① will be reading, When you arrive

해설 시간을 나타내는 부사절 접속사 when 뒤에 현재시제 동사인 arrive가 있으므로 '~할 때 ~하고 있을 것이다'라고 해석되는 것이 자연스럽습니다. 따라서 빈칸에 들어갈 문장의 본동사는 미래진행시제가 되어야 하며, 문맥상 명사 a book을 목적어로 취할 수 있는 동사가 되어야 하므로 read의 미래진행형인 will be reading이 정답입니다.

4.

정답 ⑥ was making, when Harrison sent

해설 시간을 나타내는 부사절 접속사 when 뒤에 과거시제 동사인 sent가 있으므로 '~했을 때 ~하고 있었다'라고 해석되는 것이 자연스럽습니다. 따라서 빈칸에 들어갈 문장의 본동사는 과거진행시제가 되어야 하며, 문맥상 명사 a cake를 목적어를 취할 수 있는 동사가 되어야 하므로 make의 과거진행형인 was making이 정답입니다.

5.

정답 ③ is wearing, Currently

해설 문장 맨 앞에 있는 현재진행시제와 함께 쓰이는 부사 currently

가 있으므로 빈칸에 들어갈 동사는 현재진행시제가 되어야 합니다. 그리고 빈칸 뒤에 있는 명사 a mask를 목적어로 취할 수 있는 동사가 되어야 하므로 동사 wear의 현재진행형인 is wearing이 정답입니다.

6.

정답 ⑤ will be launching, Next month

해설 문장 맨 앞에 있는 미래진행시제와 함께 쓰이는 부사 next month가 있으므로 빈칸에 들어갈 동사는 미래진행시제가 되어야 합니다. 그리고 빈칸 뒤에 있는 명사 a new learning device를 목적어로 취할 수 있는 동사가 되어야 하므로 동사 launch의 미래진행형인 will be launching이 정답입니다.

실전 감잡기

1. (d)	2. (b)	3. (d)	4. (a)	5. (a)	6. (a)
7. (c)	8. (b)	9. (c)	10. (c)	11. (b)	12. (d)
13. (a)	14. (b)	15. (b)	16. (a)	17. (d)	18. (c)

1.

정답 (d)

해석 캐런이 아직 레스토랑에 도착하지 않았지만, 샘은 어서 빨리 테이블을 잡기로 결정했다. 캐런은 막 전화를 걸어 지금 바로 주차장에서 이곳으로 걸어오는 중이라고 말했다.

해설 동사 walk의 알맞은 형태를 고르는 문제입니다. 빈칸이 속한 that절에 현재를 나타내는 시점 표현 right now와 어울려야 하므로 현재진행시제인 (d) is walking이 정답입니다.

어휘 arrive 도착하다 decide to do ~하기로 결정하다 go ahead and do 어서 ~하다 parking lot 주차장

2.

정답 (b)

해석 아이작 뉴턴이 사과나무 밑에 앉아 있었을 때 사과 하나가 머리에 떨어졌다고 일반적으로 알려진 이야기는 완전히 정확한 것이 아니다. 일부 기록에 따르면, 그 사과는 땅바닥으로 곧장 떨어졌다.

해설 동사 sit의 알맞은 형태를 고르는 문제입니다. 빈칸 뒤에 과거시제 동사 fell을 포함한 when절이 가리키는 특정 시점에 한해 앉아 있는 상태가 지속된 것을 나타내야 알맞으므로 과거진행형인 (b) was sitting이 정답입니다.

어휘 popular 일반적으로 알려진, 많은 사람들이 공유하는 entirely 완전히, 전적으로 accurate 정확한 according to ~에 따르면 report 기록, 전언, 보도 straight 곧장, 곧바로

3.

정답 (d)

해석 5번가에 위치한 그 카페는 내일 있을 우리의 첫 번째 개인 교습 시간에 완벽한 장소이지만, 보통 사람들로 붐비는 곳이야. 우리가 만날 때 네가 날 알아볼 수 있도록 노란색 드레스를 입고 있을 거

야.

해설 동사 wear의 알맞은 형태를 고르는 문제입니다. 빈칸 뒤에 현재시제 동사 meet을 포함한 when절이 가리키는 특정 시점에 한해 노란색 드레스를 착용한 상태가 지속되는 것을 나타내야 합니다. 그런데 이 when절이 말하는 시점은 앞 문장에 언급된 미래 시점(tomorrow)이므로 미래진행시제인 (d) will be wearing이 정답입니다. 시간이나 조건을 나타내는 when절에서 현재시제 동사로 미래를 대신한다는 것을 알아두면 좋습니다.

어휘 location 장소, 위치 tutoring 개인 교습 session (특정 활동을 위한) 시간 usually 보통, 일반적으로 crowded 사람들로 붐비는 so (that) (목적) ~할 수 있도록 recognize ~을 알아보다, 인식하다

4.

정답 (a)

해석 다이앤은 최근 글로벌 미디어 벤처스 사의 인턴 직원으로 고용되었다. 오늘이 글로벌 미디어 벤처스 사에서의 첫 근무일이므로, 그녀는 오리엔테이션 후에 글로벌 미디어 벤처스 사의 대표이사와 갖는 개별 만남 시간에 참석할 것이라는 사실을 알고 놀라워하고 있다.

해설 동사 attend의 알맞은 형태를 고르는 문제입니다. 빈칸이 속한 that절 앞에 현재시제 동사 is와 함께 어떤 사실을 알고 현재 놀라워하고 있다는 말이 쓰여 있는데, 자신이 앞으로 할 예정인 일에 대해 처음 알고 현재 놀라워하고 있다는 의미가 되어야 알맞으므로 미래진행시제인 (a) will be attending이 정답입니다. 미래완료진행시제인 (d) will have been attending은 현재 진행 중인 일이 미래의 특정 시점까지 이어져 완료되는 것을 나타낼 때 사용합니다.

어휘 recently 최근에 hire ~을 고용하다 be surprised to do ~해서 놀라다 find out that ~임을 알게 되다 private 개별적인, 사적인 attend ~에 참석하다

5.

정답 (a)

해석 회사 업무에 압도당해서, 빅토리아는 오늘이 마감인 회사 월간 회계 감사 보고서를 준비하는 것을 잊었다. 현재, 그녀는 오늘 하루가 끝나기 전에 완료하기 위해 점심 식사를 하는 대신 보고서 작업을 하고 있다.

해설 동사 do의 알맞은 형태를 고르는 문제입니다. 빈칸 바로 앞에 '현재'를 뜻하는 부사 Currently가 쓰여 있으므로 현재 일시적으로 진행되는 일을 나타낼 때 사용하는 현재진행시제 (a) is doing이 정답입니다. 현재시제인 (b) does는 주기적으로 반복되거나 불변하는 일 등을 나타낼 때 사용하므로 오답입니다.

어휘 overwhelmed 압도당한, 어찌할 줄 모르는 task 업무, 일 forget to do ~하는 것을 잊다 prepare ~을 준비하다 monthly 월간의, 달마다의 audit 회계 감사 due 시점: ~가 기한인 currently 현재 instead of ~ 대신

6.

정답 (a)

해석 영국의 우유 배달원인 스티븐 리치는 불타고 있는 한 매장 옆을 지났을 때 우유를 배달하던 중이었다. 그는 소방관들이 도착할 때까지 불을 끄고 그 상황을 통제하기 위해 320파인트의 우유를 사용했다.

해설 동사 deliver의 알맞은 형태를 고르는 문제입니다. 빈칸 뒤에 시간을 나타내는 접속사 when절에 과거시제 동사 passed가 있으므로 '~했을 때 ~하고 있었다'라고 해석하는 것이 자연스럽습니다. 따라서 과거진행시제인 (a) was delivering이 정답입니다.

어휘 pass by ~ 옆을 지나다 douse ~을 끄다 keep A under control: A를 통제된 상태로 유지하다 until (지속) ~할 때까지 arrive 도착하다 deliver ~을 배달하다

7.

정답 (c)

해석 술에 취한 한 남성이 운전하던 자동차가 어젯밤에 한 멕시코 식당을 들이박았다. 한 종업원의 말에 따르면, 자신이 창가에 있는 테이블을 닦고 있을 때 그 자동차가 갑자기 출입문과 충돌해 들어오면서 몇몇 고객들에게 부상을 입혔다.

해설 동사 wipe의 알맞은 형태를 고르는 문제입니다. 빈칸 뒤를 보면 과거시제 동사 smashed를 포함한 when절이 있으므로 이 when절이 가리키는 특정 시점에 테이블을 닦는 행위가 진행 중이었던 것을 나타내야 알맞으므로 과거진행시제인 (c) was wiping이 정답입니다.

어휘 intoxicated 술에 취한 crash into ~을 들이박다, ~와 충돌하다 according to ~에 따르면 server 식당 종업원 by ~ 옆에 suddenly 갑자기 smash into ~와 충돌해 들어오다 injure ~에게 부상을 입히다 wipe ~을 닦아내다

8.

정답 (b)

해석 휴즈 씨는 도시 내에서 가장 맛있는 패스트리를 판매하는 것으로 알려져 있다. 나는 막 그녀의 매장 앞으로 지나가면서 공기 중에 퍼지는 달콤한 냄새를 맡았다. 그분은 지금 그 유명한 딸기 쇼트케이크를 굽고 있는 것이 거의 확실하다.

해설 동사 bake의 알맞은 형태를 고르는 문제입니다. 빈칸이 속한 문장 마지막에 현재의 특정 시점을 나타내는 right now가 쓰여 있으므로 현재 일시적으로 진행되는 일을 나타내야 한다는 것을 알 수 있습니다. 따라서 이러한 의미를 나타낼 수 있는 현재진행시제인 (b) is baking이 정답입니다.

어휘 be known for ~로 알려져 있다 pass by ~ 앞을 지나가다 inhale ~을 들이마시다 wafting 공기 중에 퍼지는 scent 냄새, 향기 shortcake 쇼트케이크(패스트리로 된 밑부분에 과일을 올린 케이크) bake ~을 굽다

9.

정답 (c)

해석 탑승하기 불과 몇 분 전에, 항공사 직원이 우리 항공편이 지연될 것이라고 공지했다. 그 직원은 또한 조종사가 하늘이 비행하기에 안전한지 확인하는 대로 비행기가 이륙할 것이라고도 말했다.

해설 동사구 take off의 알맞은 형태를 고르는 문제입니다. 앞선 문장에 가까운 미래를 나타내는 동사(is going to be delayed)와 함께 곧 지연될 것임을 말하는 내용이 있으므로 이륙하는 시점도 미래여야 합니다. 따라서 미래의 일을 나타낼 때 사용하는 미래진행시제인 (c) will be taking off가 정답입니다. 참고로 미래완료시제인 (d) will have been taking off는 미래의 특정시점에 진행되는 일만 나타내는 것이 아니라 현재 진행 중인 일이 미래의 특정 시점까지 지속되는 경우를 나타낼 때 사용합니다.

어휘 board 탑승하다 announce that ~라고 공지하다, 발표하다 delay ~을 지연시키다 as soon as ~하는 대로, ~하자마자 confirm that ~임을 확인하다 take off 이륙하다

10.

정답 (c)

해석 나의 형과 그의 친구들은 이번 주말 후버 공원에서의 3대3 농구 대회로 흥분해 있다. 지금, 그들은 그들에게 대회에서 유리하게 만들어 줄 몇 개의 공격 동작들을 연습하고 있다.

해설 동사 practice의 알맞은 형태를 고르는 문제입니다. 빈칸이 있는 문장 앞에 현재 진행시제와 함께 쓰이는 부사 right now가 쓰여 있으므로, 이 문장의 동사는 현재진행시제가 되어야 합니다. 문맥상 '지금, 그들은 연습하고 있다'라는 의미가 적절하므로 정답은 (c) are practicing입니다.

어휘 be excited for ~에 흥분해 있다, ~에 들떠 있다 three-on-three 3대 3의 tournament 토너먼트, 대회 offensive 공격용의, 공격적인 play (경기에서 선수가 취하는) 동작, 행위 give A an edge: A를 유리하게 만들다 competition 경쟁, 대회 practice 연습하다

11.

정답 (b)

해석 토드는 내일 피너클 애슬레틱스의 직원들과 중요한 미팅이 있다. 우리가 오늘 저녁에 사무실을 떠날 때, 그는 아마도 판매 교섭을 위한 모든 메모와 그래프를 검토하고 있을 것이다.

해설 동사구 go over의 알맞은 형태를 고르는 문제입니다. 시간을 나타내는 부사절 접속사 when 뒤에 현재시제 동사인 leave가 있으므로 '~할 때 ~하고 있을 것이다'라고 해석되는 것이 자연스럽습니다. 따라서 빈칸에 들어갈 문장의 본동사는 미래진행시제가 되어야 하므로 (b) will probably still be going over가 정답입니다. 참고로 시제 문제에서는 probably, still과 같은 부사가 보기에 포함된 경우가 있으니 부사를 제외한 동사의 시제 형태를 확인해야 합니다.

어휘 representative 직원, 대표, 대리인 note 메모 sales pitch 판매 교섭, 판매를 위한 설득 go over 검토하다, 점검하다

12.

정답 (d)

해석 탐지되지 않은 가스 유출은 지난주 제이슨의 아파트의 폭발 화재를 초래하였다. 다행히도, 그는 그 일이 발생했을 때 시외에 사는 그의 여자친구를 방문하던 중이었다. 하지만 그의 모든 물건은 파괴되었다.

해설 동사 visit의 알맞은 형태를 고르는 문제입니다. 시간을 나타내는 부사절 접속사 when 뒤에 과거시제 동사인 happened가 있으므로 '~했을 때 ~하고 있었다'라고 해석되는 것이 자연스럽습니다. 따라서 빈칸에 들어갈 문장의 본동사는 과거진행시제가 되어야 하므로 정답은 (d) was visiting입니다. 참고로 특정 과거 시점에 진행 중이던 일이나 동작을 나타낼 때에는 과거시제를 쓰지 않고 과거진행시제를 쓰며, 동사가 진행시제로 쓸 수 없는 상태 동사(be, live 등)나 감정 또는 인지 동사(like, know 등)일 경우에만 과거시제를 쓰기 때문에 (c)은 오답입니다.

어휘 undetected 탐지되지 않는 gas leak 가스 누출 lead to ~을 초래하다, ~으로 이어지다 explosive fire 폭발 화재 luckily 다행히도 out-of-town 시외의, 도심지를 벗어난 belonging 소지품, 소유물 destroy 파괴하다

13.
정답 (a)

해석 나의 여동생은 자동차 사고를 당한 후에 여전히 충격에 빠져 있다. 그녀가 어젯밤 직장에서 집으로 운전을 하고 있던 중에, 다른 운전자가 빨간색 신호에 달렸고 그녀의 차량의 측면에 충돌하였다. 다행히도, 아무도 심각하게 다치지 않았으나 여동생의 차는 폐차할 정도로 파손되었다.

해설 동사 drive의 알맞은 형태를 고르는 문제입니다. '~하는 동안, ~하는 중에'라는 의미를 나타내는 시간 부사절 접속사 while 뒤에 빈칸이 있고, 주절의 동사가 과거시제이므로 '~하고 있던 중에 ~했다'라고 해석되는 것이 자연스럽습니다. 따라서 빈칸에 들어갈 동사는 과거진행시제가 되어야 하므로 정답은 (a) was driving 입니다.

어휘 be in shock 충격에 빠지다 be in a car accident 자동차 사고를 당하다 run a red light 빨간색 신호에 달리다, 정지 신호를 무시하고 달리다 t-bone 측면 충돌(다른 자동차의 측면에 T자 형태로 충돌하는 것) injured 다친, 부상을 입은 total 폐차할 정도로 파손시키다

14.
정답 (b)

해석 마틴은 5년 동안 그의 박사 논문을 써오고 있던 중이었다. 그리고 그는 마침내 그의 지도 교수에게 그것을 제출하였다. 그는 구술 시험 동안 교수들의 그의 논문에 대한 질문에 답변하는 것을 준비하고 있다. 만약 그의 논문이 통과되면, 그는 천체물리학에서 박사 학위를 받을 것이다.

해설 동사 prepare의 알맞은 형태를 고르는 문제입니다. 빈칸에 포함된 문장에는 빈칸에 들어갈 동사의 시제에 대한 단서가 없지만, 보기 (a)~(d)에 모두 부사 now가 포함된 것을 보고 현재진행시제가 쓰이는 문장임을 알 수 있습니다. 문맥상 '학위 논문에 대한 구술 시험 중에 자신의 논문에 대한 질문에 답변하는 것을 준비하고 있다'는 의미가 자연스러우므로 정답은 현재진행시제인 (b) is now preparing입니다.

어휘 work on ~에 대한 작업을 하다, ~에 공들이다 doctoral 박사의 thesis 학위 논문 submit 제출하다 advisor 지도 교수 defend 학위 논문에 대한 질문에 대답하다, 변호하다 oral examination 구술 시험 Ph. D 박사 학위(=Doctor of

Philosophy) astrophysics 천체물리학

15.
정답 (b)

해석 로니는 사무실에 있는 모든 사람들에게 축구 스타 안드레스 루이즈를 사람들이 많은 곳에서 오며 가며 자주 본 것에 대해 이야기하였다. 알고보니, 그 유명한 선수를 냉동식품 코너에서 발견했을 때 로니는 그의 지역의 잡화점에서 쇼핑하고 있던 중이었다.

해설 동사 shop의 알맞은 형태를 고르는 문제입니다. 시간을 나타내는 부사절 접속사 when 뒤에 과거시제 동사인 spotted가 있으므로 '~했을 때 ~하고 있었다'라고 해석되는 것이 자연스럽습니다. 따라서 빈칸에 들어갈 문장의 본동사는 과거진행시제가 되어야 하므로 정답은 (b) was shopping입니다.

어휘 see A out and about: ~를 오며 가며 자주 보다 in public 사람들이 많은 곳에서 apparently 알고보니, 명백히 grocery store 잡화점 spot 찾다, 발견하다 athlete 운동 선수 frozen food 냉동 식품

16.
정답 (a)

해석 저희 잡지의 많은 독자들은 가수 티나 퀸에 대한 최근 기사에 마음이 상했습니다. 그래서 오늘 당신이 전화를 받을 때, 그녀의 많은 팬들이 그 기사에 대해 불평을 하기 위해 전화를 하고 있을 것입니다.

해설 동사 call의 알맞은 형태를 고르는 문제입니다. 시간을 나타내는 부사절 접속사 when 뒤에 현재시제 동사인 pick이 있으므로 '~할 때 ~하고 있을 것이다'라고 해석되는 것이 자연스럽습니다. 따라서 빈칸에 들어갈 문장의 본동사는 미래진행시제가 되어야 하므로 (b) will probably be calling이 정답입니다. 참고로 시제 문제에서는 probably와 같은 부사가 보기에 포함된 경우가 있으니 부사를 제외한 동사의 시제 형태를 확인해야 합니다.

어휘 upset 속상한, 마음이 상한 recent 최근의 pick up the phone 전화를 받다, 수화기를 들다 complain 불평하다 article 기사

17.
정답 (d)

해석 호텔들은 코로나 바이러스 감염병 기간 동안 수익성을 유지하기 위해 사업 모델을 빠르게 조정해야했다. 현재, 서울에 있는 몇몇의 럭셔리 호텔들은 지역 주민들이 "스테이케이션"을 예약하도록 유도하기 위해 2박에 1박 가격 특별 상품을 제공하고 있다.

해설 문장 맨 앞에 있는 현재진행시제와 함께 쓰이는 부사 currently가 있으므로 빈칸에 들어갈 동사는 현재진행시제가 되어야 합니다. 따라서 정답은 현재진행형인 (d) are offering입니다.

어휘 rapidly 빠르게 adapt 조정하다, 맞추다 business model 사업 모델 profitability 수익성 pandemic 전세계적인 유행병, 감염병 special 특별 상품 entice 유도하다 local 지역 주민, 현지인 book 예약하다 staycation 스테이케이션(집이나 호텔에서 보내는 휴가)

18.

정답 (c)

해석 색슨은 로펌에서 매일 늦은 시각까지 일한다. 그리고 그것이 그의 가족 생활에 큰 피해를 주기 시작하고 있다. 그는 그의 아이를 거의 보지 못한다. 예를 들어, 그가 오늘 밤 집에 돌아왔을 때 그의 두 아이들은 아마도 잠을 자고 있을 것이다.

해설 동사 sleep의 알맞은 형태를 고르는 문제입니다. 시간을 나타내는 부사절 접속사 when 뒤에 현재시제 동사인 returns가 있으므로 '~할 때 ~하고 있을 것이다'라고 해석되는 것이 자연스럽습니다. 따라서 빈칸에 들어갈 문장의 본동사는 미래진행시제가 되어야 하므로 (c) will already be sleeping이 정답입니다. 참고로 시제 문제에서는 already와 같은 부사가 보기에 포함된 경우가 있으니 부사를 제외한 동사의 시제 형태를 확인해야 합니다.

어휘 work late 늦은 시각까지 일하다 take a toll 큰 피해를 주다 barely 거의 ~않다 for instance 예를 들어 return 돌아가다

DAY 02 시제 II: 완료진행시제

1초 퀴즈

1. (d) **2.** (c) **3.** (a) **4.** (d)

1.

정답 (d)

해석 나의 형과 나는 지금 두 시간 동안 숙제를 해오고 있는 중이다.

해설 동사 do의 알맞은 형태를 고르는 문제입니다. 주어가 My brother and I로 복수이며, 문장 맨 뒤에 for two hours now라는 현재시점을 기준으로 '2시간 동안'이라는 의미의 기간 표현이 있으므로 빈칸에는 현재완료진행시제 동사인 (d) have been doing이 들어가야 합니다. now는 현재진행시제의 단서이지만 now가 「for + 기간」 표현과 함께 쓰일 경우 현재완료진행시제의 단서임에 유의해야 합니다.

어휘 do homework 숙제를 하다

2.

정답 (c)

해석 한 씨는 시원중학교에서 7년 전에 그 학교가 설립되었던 이후로 영어를 가르쳐 오고 있는 중이다.

해설 동사 teach의 알맞은 형태를 고르는 문제입니다. '~이후로'라는 의미의 시간 접속사 since 뒤에 과거시제 동사(수동태) was founded가 있으므로 과거부터 지금까지 해오고 있는 일을 나타내는 문장임을 알 수 있습니다. 따라서 빈칸에는 현재완료 진행시제 동사인 (c) has been teaching이 들어가야 합니다.

어휘 security 보안 install 설치하다

3.

정답 (a)

해석 조니 애시드는 솔로 경력을 시작하기로 결심하기 전 그의 펑크 밴드 '더 데드 래빗츠'와 함께 12년 동안 연주를 해오고 있었다.

해설 동사 play의 알맞은 형태를 고르는 문제입니다. 시간을 나타내는 부사절 접속사 before 뒤에 과거시제 동사인 decided가 있고, 빈칸이 있는 주절에 「for + 기간」 표현인 for 12 years가 있어서 decided의 시점보다 그 이전의 12년의 기간을 언급해야 하므로 주절에는 특정 과거보다 앞선 과거를 나타내는 과거완료진행시제가 필요합니다. 따라서 정답은 (a) had been playing 입니다.

어휘 decide 결심하다 solo 혼자서 하는, 솔로의

4.

정답 (d)

해석 내일 이 시간 쯤이면, 나는 1년 동안 해외에서 살고 있는 중이게 될 것이다.

해설 동사 live의 알맞은 형태를 고르는 문제입니다. 문장 앞에 위치한 By this time tomorrow는 미래시점을 나타내는 tomorrow와 함께 「by + 시간」이 함께 쓰여 미래완료진행시제의 단서로 쓰였습니다. 문맥상 '내일 이 시간 쯤에, ~하고 있는 중일 것이다'라는 의미가 되어야 하므로 미래완료진행시제인 (d) will have been living이 정답입니다.

어휘 abroad 해외에, 해외로

PRACTICE

1. ⑤ **2.** ③ **3.** ⑥ **4.** ① **5.** ④ **6.** ②

1.

정답 ⑤ had been sending out, for nearly two years before finally hearing back

해설 시간을 나타내는 부사절 접속사 before 뒤에 동명사인 hearing이 있고, 「for + 기간」 표현인 for nearly 2 years가 있습니다. 문맥상 면접을 위해 답변을 들었다는 의미의 hearing 의 시점이 과거이므로 이전의 2년의 기간동안 이력서를 보냈다는 의미가 적절합니다. 따라서 빈칸에는 특정 과거보다 앞선 과거를 나타내는 과거완료진행시제가 필요합니다. 따라서 정답은 had been sending입니다. 이렇게 before 뒤에 과거시제 동사 대신 동명사가 문맥상 과거의 의미로 출제되는 문제가 출제됩니다.

2.

정답 ③ has been attending, for more than a decade

해설 빈칸이 있는 문장에 「for + 기간」 표현인 for more than a decade가 있습니다. 그리고 특정 과거시점이나 미래시점을 나타내는 내용이 없으므로 문맥상 '10년 넘는 기간 동안 무료 미술 수업을 다녀오고 있는 중이다'라는 과거부터 현재까지 지속적인 진행의 의미를 나타내므로 현재완료진행시제가 쓰였습니다. 따라서 빈칸에는 has been attending이 적절합니다.

3.

정답 ⑥ will have been discussing, By four o'clock, for 6 hours straight

해설 빈칸이 있는 문장에 「for + 기간」 표현인 for 6 hours straight가 있습니다. 그리고 특정 미래완료 시점을 나타내는 「by + 미래 시점」 표현인 By four o'clock이 문장 앞에 위치해 있으므로 문맥상 '4시 쯤이면 6시간 동안 논의를 해오는 중일 것이다'라는 의미가 됩니다. 따라서 빈칸에는 미래완료진행시제인 will have been discussing이 적절합니다.

4.

정답 ① will have been working, By this time next week, for just one year

해설 빈칸이 있는 문장에 「for + 기간」 표현인 for just one year가 있습니다. 그리고 특정 미래 시점을 나타내는 「by + 미래 시점」 표현인 By this time next week가 문장 앞에 위치해 있으므로 문맥상 '다음 주 이 시간 쯤이면 1년 째 일해오는 중일 것이다'라는 의미가 됩니다. 따라서 정답은 미래완료진행시제인 will have been working입니다.

5.

정답 ④ have been playing, since they were

해설 시간을 나타내는 부사절 접속사 since 뒤에 과거동사인 were가 있으므로, '~한 이후로, ~해오는 중이다'라는 의미를 나타내기 위해 문맥상 주절은 '마그마 재즈 트리오의 음악가들은 연주해 오고 있는 중이다'라는 의미가 되어야 하므로 동사의 시제는 현재완료진행시제가 되어야 합니다. 따라서 정답은 have been playing입니다.

6.

정답 ② had been trying, By the time Jackson called, for a week

해설 빈칸이 있는 문장에 「for + 기간」 표현인 for a week가 있습니다. 그리고 특정 과거 시점을 나타내는 「by the time + 주어 + 과거동사」 표현인 By the time Jackson called이 있으므로 문맥상 '잭슨이 수리점에 전화 했을 때쯤, 1주일 동안 고쳐보려고 하고 있는 중이었다'라는 의미가 적절합니다. 따라서 빈칸에 들어갈 동사의 시제는 잭슨이 전화를 했던 과거 시점보다 앞선 과거가 되어야하므로 과거완료진행시제입니다. 정답은 had been trying입니다.

실전 감잡기

1. (c)	**2.** (c)	**3.** (c)	**4.** (d)	**5.** (d)	**6.** (c)
7. (b)	**8.** (b)	**9.** (a)	**10.** (d)	**11.** (b)	**12.** (d)
13. (b)	**14.** (a)	**15.** (b)	**16.** (d)	**17.** (a)	**18.** (d)

1.

정답 (c)

해석 조지는 하루에 꼬박 12시간이 걸리는 운전을 할 수 있을 거라고 생각했다. 하지만, 그가 지치기 시작해 호텔을 찾아봐야 했던 전까지 약 9시간 동안 운전을 하고 있던 중이다.

해설 동사 drive의 알맞은 형태를 고르는 문제입니다. 시간을 나타내는 부사절 before절의 동사가 과거시제(started, had)이므로 빈칸이 있는 주절은 접속사 before가 이끄는 절보다 더 이전의 시점에 발생된 일을 나타내야 합니다. 특정 과거 시점보다 더 이전의 과거를 나타낼 때 사용하는 과거완료진행시제 (c) had been driving이 정답입니다.

어휘 be able to do ~할 수 있다 make a drive 운전하다 whole 12-hour 꼬박 12시간이 걸리는 however 하지만, 그러나 get 형용사: ~한 상태가 되다 look for ~을 찾다

2.

정답 (c)

해석 톰슨 박사는 다음 주에 3일간의 휴가를 떠날 예정이다. 그녀는 단 하루도 쉬지 않고 거의 두 달 동안 면역학 실험실에서 계속 일해 왔기 때문에, 짧은 휴식을 취할 준비가 되어 있다.

해설 동사 work의 알맞은 형태를 고르는 문제입니다. 빈칸 뒤에 쓰인 기간 전치사구 for almost two months와 어울리는 시제가 필요한데, 문맥상 so절에 현재 휴가를 갈 준비가 되어 있다고(is ready) 쓰여 있으므로 for almost two months가 과거에서 현재에 이르는 기간을 말하는 것임을 알 수 있습니다. 따라서 과거에서 현재까지의 기간과 어울리는 현재완료진행시제인 (c) has been working이 정답입니다.

어휘 be scheduled to do ~할 예정이다 take a vacation 휴가를 떠나다 immunology 면역학 lab 실험실 without -ing ~하지 않고 take A off: A만큼 쉬다 be ready for ~에 대한 준비가 되다 break 휴식

3.

정답 (c)

해석 아론의 자동차가 수리되는 데 너무 오래 걸리고 있는데, 정비소에 적합한 부품이 없어서 주문해야 했기 때문이다. 금요일쯤이면, 그는 자동차를 수리 받는 데 2주 동안 기다리고 있는 것이 된다.

해설 동사 wait의 알맞은 형태를 고르는 문제입니다. 「By + 시점」 전치사구와 함께 기간을 나타내는 표현 「for + 기간」이 있으므로 특정 시점에 완료되는 일을 나타낼 시제가 쓰여야 알맞으므로 현재 진행 중인(is taking) 일이 미래의 특정 시점에 완료되는 것을 나타낼 때 사용하는 미래완료진행시제 (c) will have been waiting이 정답입니다.

어휘 take forever 너무 오래 걸리다 get p.p. ~ 받다, ~되다 repair ~을 수리하다(= fix) auto shop 정비소, 수리소 right 적합한, 알맞은, 옳은 part 부품 order ~을 주문하다 by ~쯤이면, ~ 무렵

4.

정답 (d)

해석 리사는 제10회 고등학교 동창회에 입고 갈 남색 실크 드레스를 구입했다. 마침내 이 고급 제품을 구입할 수 있을 정도로 충분히 모으기 전 까지 그녀는 6개월 동안 돈을 저축해오던 중이었다.

해설 동사 save의 알맞은 형태를 고르는 문제입니다. 돈을 저축한 기간은 before절에서 과거시제 동사 accumulated를 통해 돈을 충분히 모았다고 말한 시점보다 더 이전의 일이어야 합니다. 따라서 과거보다 더 이전의 과거를 나타낼 때 사용하는 과거완료진행시제 (d) had been saving이 정답입니다.

어휘 indigo 남색 reunion 동창회 accumulate ~을 모으다, 축적하다 purchase ~을 구입하다

5.

정답 (d)

해석 라일리는 자신의 첫 번째 피아노 연주회 준비 작업을 하느라 열심이다. 그녀는 쉬지 않고 자신의 음악 작품을 계속 연습해 왔지만, 아주 많은 친구들과 가족들 앞에서 실수할까 여전히 두려워하고 있다.

해설 동사 practice의 알맞은 형태를 고르는 문제입니다. 빈칸이 포함된 문장에 시제를 파악할 수 있는 단서가 없으므로 해석을 통한 문맥 파악으로 시제를 골라야 합니다. 빈칸 뒤에 위치한 but절을 보면 현재시제 동사(is)와 함께 현재 여전히 실수를 두려워하고 있다는 말이 쓰여 있습니다. 따라서 쉬지 않고 계속 연습을 지속해왔지만 여전히 실수를 두려워하고 있다는 의미가 되어야 자연스러우므로 과거에서 현재까지 지속되어 온 일을 나타낼 때 사용하는 현재완료진행시제 (d) has been practicing이 정답입니다.

어휘 be hard at work -ing ~하느라 열심이다 prepare for ~을 준비하다, ~에 대비하다 recital 연주회 piece 작품 non-stop 쉬지 않고, 멈추지 않고 be terrified of ~을 두려워하다, 무서워하다 make a mistake 실수하다 in front of ~ 앞에서 practice ~을 연습하다

6.

정답 (c)

해석 명왕성은 태양 주위의 궤도를 도는 데 지구력으로 248년이 걸린다. 1930년에 있었던 발견 이후로, 명왕성은 2030년에 100년 동안 궤도를 돌게 되는 것이며, 2178년에 첫 공전을 완료한다.

해설 동사 orbit의 알맞은 형태를 고르는 문제입니다. 빈칸이 속한 절에 기간을 나타내는 for 100 years와 함께 in 2030이라는 미래 시점 표현이 쓰여 있으므로 2030년이 되면 100년 동안 공전하는 일이 완료된다는 의미가 되어야 자연스럽다는 것을 알 수 있습니다. 따라서 현재 진행 중인 일이 미래의 특정 시점에 완료되는 일을 나타낼 때 사용하는 미래완료진행시제인 (c) will have been orbiting이 정답입니다.

어휘 take ~의 시간이 걸리다 Earth year 지구력(1년을 365일 기준으로 한 기간) orbit ⓝ 궤도(를 도는 일), 공전 ⓥ 궤도를 그리며 돌다, 공전하다 complete ~을 완료하다

7.

정답 (b)

해석 전 세계에서 가장 널리 유통되는 잡지들 중의 하나인 『타임』은 미국에서 매주 발간되는 첫 번째 뉴스 잡지이기도 하다. 이 잡지는 1923년에 처음 발간되었으며, 그 이후로 미국인들에게 다양한 주제로 계속 새로운 소식을 전해오고 있다.

해설 동사 keep의 알맞은 형태를 고르는 문제입니다. 특정 시점과 함께 '~ 이후로'를 뜻하는 since then이 문장 마지막에 쓰여 있는데, 여기서 then이 가리키는 것은 앞서 언급된 과거 시점 'in 1923'입니다. 따라서 과거의 특정 시점 이후로 지금까지 계속 이어져온 일을 나타낼 수 있는 시제가 쓰여야 하므로 현재완료진행시제인 (b) has been keeping이 정답입니다.

어휘 widely 널리 circulate ~을 유통시키다, 배부하다 publish ~을 발간하다 various 다양한 keep A p.p.: A를 ~된 상태로 유지하다 update ~에게 최신 정보를 전하다 since then (특정 시점을 가리켜) 그때 이후로

8.

정답 (b)

해석 그의 친구들이 직장 생활에 나서고 가정을 이루기 시작하는 동안, 주호는 아시아와 유럽 전역을 배낭여행을 하고 있다. 그가 집으로 돌아올 때 쯤이면, 그는 2년 이상 동안 해외를 여행하고 있는 중일 것이다. 아마도 그 때 그는 마침내 정착할 준비가 되었다고 느낄 것이다.

해설 동사구 travel abroad의 알맞은 형태를 고르는 문제입니다. 빈칸이 있는 문장에 「for + 기간」 표현인 for more than two years가 있습니다. 그리고 특정 미래 시점을 나타내는 「by the time + 주어 + 현재시제」 표현인 By the time he returns가 있으므로 문맥상 '그가 집에 돌아올 때 쯤이면, 그는 2년 이상 동안 해외를 여행하고 있는 중일 것이다'라는 의미가 됩니다. 따라서 빈칸에는 미래완료진행시제인 (b)가 적절합니다.

어휘 embark on ~에 나서다, ~을 착수하다 backpack 배낭여행을 하다 return 돌아오다 feel ready to do ~할 준비가 되었다고 느끼다 settle down 정착하다 travel abroad 해외 여행하다

9.

정답 (a)

해석 에드가의 부모님께서는 그를 2주 동안 집에 혼자 남겨놓고 다른 지역으로 출장을 떠나실 예정이다. 그는 쉬지 않고 구직 지원서 작업을 할 계획이다. 그의 부모님께서 돌아오실 때쯤이면, 그는 100시간 넘게 작업하게 될 것이다.

해설 동사 work의 알맞은 형태를 고르는 문제입니다. 빈칸 앞에 「By the time + 주어 + 현재시제 동사」의 구조로 된 절이 쓰여 있는데, By the time이 이끄는 절에 현재시제 동사가 쓰이면 주절의 동사는 미래완료진행시제가 사용되어야 하므로 (a) will have been working이 정답입니다. 참고로, By the time이 이끄는 절에 과거시제 동사가 쓰이면 주절의 동사는 과거완료시제가 되어야 합니다.

어휘 go on a business trip 출장을 떠나다 out-of-town 다른 지역으로 가는 leave A alone: A를 혼자 남겨두다 plan to do ~할 계획이다 non-stop 쉬지 않고, 멈추지 않고 application 지원(서) more than ~가 넘는

10.

정답   (d)

해석   나의 고모[이모]는 그녀가 온라인에서 읽는 모든 것을 믿으시는데, 그것이 진정한 문제가 되고 있다. 페이스북에 가입한 이후로 계속, 그녀는 정치부터 외계인 존재까지 모든 것을 다루는 터무니없는 음모이론들을 게시해오고 있는 중이다.

해설   동사 post의 알맞은 형태를 고르는 문제입니다. '~이후로'라는 의미의 전치사 ever since 뒤에 동명사 joining이 위치해 있으므로 '페이스북에 가입한 이후로 계속'라는 의미가 됩니다. 첫 문장의 동사가 believes로 현재시제이므로, 문맥상 페이스북에 가입한 것은 과거의 일이 되고, 주절의 동사는 현재완료진행시제로 '게시해오고 있는 중이다'라는 의미가 되는 것이 적절합니다. 따라서 정답은 (d) has been posting입니다.

어휘   ever since ~이후로 계속   wild 터무니 없는, 무모한   conspiracy 음모   theory 이론   cover 다루다, 포함시키다   from A to B: A부터 B까지   politics 정치   existence 존재, 실존   alien 외계인

11.

정답   (b)

해석   로니는 흡연 습관이 폐암 및 다른 의료 문제 발생 위험성을 증가시킨다는 사실을 알게 된 후에 금연했다. 그는 담배를 끊기로 결정하기까지 거의 30년 동안 흡연해오던 중이었다.

해설   동사 smoke의 알맞은 형태를 고르는 문제입니다. 흡연을 한 기간은 before절에서 과거시제 동사 decided를 통해 금연하기로 결정했다고 말한 시점보다 더 이전의 일이어야 합니다. 따라서 과거보다 더 이전의 과거를 나타낼 때 사용하는 과거완료진행시제 (b) had been smoking이 정답입니다.

어휘   learn that ~임을 알게 되다   increase ~을 증가시키다   risk 위험(성)   lung cancer 폐암   medical problem 의료 문제   nearly 거의   decide to do ~하기로 결정하다   quit 그만두다

12.

정답   (d)

해석   리사는 마침내 그녀의 아들의 온라인 비디오 게임 중독에 대해 뭔가 조치를 취하기로 결심했다. 그녀가 불쑥 그의 방에 들어가서 그의 컴퓨터의 전원 코드를 뽑았을 때 그는 <리그 오브 레전드> 게임을 10시간 넘게 하던 중이었다.

해설   동사 play의 알맞은 형태를 고르는 문제입니다. 빈칸이 있는 문장에 시간을 나타내는 부사절 접속사 when 뒤에 과거동사 barged가 있습니다. 그리고 주절에 「for + 기간」 표현인 for over ten hours가 있으므로, barged가 일어난 과거시점 이전부터 10시간 이상의 시간 동안 지속적으로 일어난 일이기 때문에 주절의 동사 자리에는 특정 과거 이전의 시점을 나타내는 과거완료진행시제가 필요합니다. 따라서 정답은 (d) had been playing입니다. 「when + 주어 + 과거동사」만 있었다면 과거진행시제가 정답이 될 수 있으나, 과거진행시제는 일정 기간 동안 지속되는 행위가 아니라 특정 시점에만 진행되는 행위만을 나타내는 시제이므로 이 문제에서는 과거진행시제가 오답입니다.

어휘   finally 마침내, 결국   do something about ~에 대해 조치를 취하다   addiction to ~에 대한 중독   barge into ~으로 불쑥 들어가다   unplug 전원 코드를 뽑다, 플러그를 빼다

13.

정답   (b)

해석   제롬은 올해 그의 가족들을 위해 추수감사절 파티를 주최하는 것을 후회하기 시작했다. 우선 첫째로, 그는 식사를 준비하는 법을 전혀 모르고 있다. 저녁 식사 시간 쯤이면, 칠면조는 12시간 넘게 오븐에서 조리되고 있는 중일 것이다. 하지만 여전히 완성될 것처럼 보이지 않는다.

해설   동사 cook의 알맞은 형태를 고르는 문제입니다. 빈칸이 있는 문장에 「for + 기간」 표현인 for over 12 hours가 있습니다. 그리고 특정 미래 시점을 나타내는 「by + 미래 시점」 표현인 By dinnertime이 있으므로 문맥상 '저녁식사 시간 쯤이면, 칠면조가 오븐에서 12시간 넘게 요리되어 오고 있는 중일 것이다'라는 의미가 됩니다. 따라서 빈칸에는 미래완료진행시제인 (b)가 적절합니다.

어휘   regret 후회하다   host (파티를) 열다, 주최하다   for starters 우선 첫째로   prepare 준비하다   meal 식사   turkey 칠면조   look like ~처럼 보이다   anywhere near 거의 ~ 정도도 (되지 않다), ~와는 동떨어진

14.

정답   (a)

해석   비록 레이첼이 그들의 재정상태를 걱정하지만, 그녀는 남편인 케빈이 직업 변경이 필요한 이유를 이해한다. 스트레스가 결국 그를 따라잡아 그가 근무 중에 공황 발작을 일으키기 전까지 그는 10년 넘게 법집행 분야에서 일하고 있던 중이었다.

해설   동사 work의 알맞은 형태를 고르는 문제입니다. 빈칸이 있는 문장에 시간을 나타내는 부사절 접속사 before 뒤에 과거동사 caught가 있습니다. 그리고 주절에 「for + 기간」 표현인 for over a decade가 있으므로, caught가 일어난 과거시점 이전부터 10년 이상의 시간 동안 지속적으로 일어난 일이기 때문에 주절의 동사 자리에는 특정 과거 이전의 시점을 나타내는 과거완료진행시제가 필요합니다. 따라서 정답은 (a) had been working입니다.

어휘   be worried about ~에 대해 걱정하다   finance 재정 상태   law enforcement 법 집행   catch up to ~을 따라잡다   panic attack 공황 발작   on the job 근무 중에

15.

정답   (b)

해석   원작 영화에 실망한 DC 코믹스의 팬들은 마침내 올해 봄에 잭 스나이더의 <저스티스 리그>를 볼 수 있을 것이다. 그 영화가 개봉될 때 쯤이면, 팬들은 원래 감독의 상상이 저스티스 리그를 정당하게 다루었는지를 보는데 거의 4년 동안 기다리고 있게 된다.

해설   동사 wait의 알맞은 형태를 고르는 문제입니다. 빈칸 앞에 「By the time + 주어 + 현재시제 동사」의 구조로 된 절이 쓰여 있는데, By the time이 이끄는 절에 현재시제 동사가 쓰이면 주절의 동사는 미래완료진행시제가 사용되어야 하므로 (b) will have

정답 및 해설   9

been waiting이 정답입니다. 참고로, it is released에서 동사는 is이며 released는 과거분사이기 때문에 it is released는 현재시제 be동사인 is가 쓰인 현재시제 수동태 문장입니다.

어휘   disappointed with ~에 실망한   release 개봉하다, 출시하다   nearly 거의   see if ~인지 여부를 보다   vision 시각, 상상, 이상적인 상   do justice 정당하게 다루다, ~을 올바로 평가하다

16.

정답   (d)

해석   어젯밤, 피터는 그의 고양이 피클스 등에 타고 구름을 통과하며 나는 꿈을 꾸었는데, 피클스에게 마법처럼 하얀 날개가 돋아 났다. 그는 마을에서 음침한 지역에 있는 약국에서 구매했던 체중 감량 보충제를 먹기 시작한 이후로 계속 이러한 기괴한 꿈을 꾸어오고 있었다.

해설   동사 have의 알맞은 형태를 고르는 문제입니다. 시간을 나타내는 부사절 접속사 ever since 뒤에 과거동사인 started가 있으므로, '~한 이후로, ~해오는 중이다'라는 의미를 나타내기 위해 문맥상 주절은 '그는 이러한 꿈을 꾸고 있는 중이다'라는 의미가 되어야 하므로 동사의 시제는 현재완료진행시제가 되어야 합니다. 따라서 정답은 (d) has been having입니다.

어휘   magically 마법처럼   spring 돋아나다, 생기다   bizarre 기괴한, 별난   ever since ~이후로 계속   weight-loss 체중 감량   supplement 보충제   purchase 구매하다   pharmacy 약국   shady 음습한, 어둠침침한, 수상한

17.

정답   (a)

해석   로저에게는 너무 많은 운동이 좋지 않은 것일 수 있다는 사실이 밝혀졌다. 심각한 연골 연화 증상으로 진단을 받기 전에 그는 매일 10 킬로미터 이상을 달리고 있었다. 이제 그는 그가 완전히 회복될 때까지 다시 달릴 수 없다.

해설   동사 run의 알맞은 형태를 고르는 문제입니다. 빈칸이 있는 문장에 시간을 나타내는 부사절 접속사 before 뒤에 수동태 동명사인 being diagnosed가 있고, 마지막 문장에서 그가 완전히 회복할 때까지 지금은 달릴 수 없다는 내용이 언급되어 있으므로, 연골 연화 증상으로 진단을 받은 것(being diagnosed)는 과거에 있었던 일임을 알 수 있습니다. 그래서 매일 10 킬로미터 이상을 뛰었다는 행위는 진단을 받기 전이므로 과거보다 더 이전의 과거시제, 즉 과거완료진행시제로 쓰여져야 합니다. 따라서 정답은 과거완료진행시제인 (a) had been running입니다. 이렇게 before 뒤에 과거시제 동사 대신 동명사가 문맥상 과거의 의미로 출제되는 문제가 출제됩니다.

어휘   turn out ~라는 것이 밝혀지다   diagnose (환자를) 진단하다, (병을) 밝히다   severe 심각한, 혹독한   case 증상, 사례   runner's knee (무릎) 연골 연화   completely 완전히   recover 회복하다

18.

정답   (d)

해석   부유층과 빈곤층 사이의 넓어지는 빈부격차가 미국에서 심각한

문제가 되고 있다. 예를 들어 여러 CEO의 평균 급여는 1970년대 이후로 매년 증가해오고 있는 중이지만, 직원들의 임금 인상은 생활비의 대폭 증가를 거의 따라 가지 못한다.

해설   동사 increase의 알맞은 형태를 고르는 문제입니다. 빈칸이 있는 문장에 기간을 나타내는 전치사 since가 있고 the 1970s라는 과거시점이 언급되어 있으므로 과거의 특정 시점에서 현재까지 지속되는 행위를 나타냅니다. 따라서 빈칸이 있는 문장은 '1970년대 이후로 여러 CEO의 평균 급여는 매년 ~해오고 있는 중이다'라고 해석되는 것이 적절합니다. 따라서 '증가해오고 있는 중이다'라는 의미의 현재완료진행시제로 쓰인 (d) has been increasing이 정답입니다.

어휘   widening 넓어지는   wealth gap 빈부격차   the haves 부유층(가진 자들)   the have-nots 빈곤층(가지지 못한 자들)   average 평균의   salary 급여   pay raise 임금 인상   barely 거의 ~ 않다   keep up with 따라가다, ~와 맞추다   cost of living 생활비   hike 대폭 증가

DAY 03   가정법

1초 퀴즈

    1. (c)   2. (d)   3. (d)   4. (b)

1.

정답   (c)

해석   만약 하나가 그녀의 영어에 더 자신감이 있다면, 그녀는 미국에서 사는 것이 더 편안할 텐데.

해설   be동사의 알맞은 형태를 고르는 문제입니다. 빈칸 앞에 접속사 if가 있고, 주절의 동사가 「would + 동사원형」인 would be이므로 이 문장이 가정법 과거임을 알 수 있습니다. 따라서 if절의 동사는 과거시제가 되어야 하므로 정답은 be동사의 과거형인 (c) were입니다. 가정법에서 if절에 들어가는 be동사는 was를 쓰지 않고 인칭이나 수에 상관없이 were를 써야 합니다.

어휘   confident 자신감 있는   comfortable 편안한

2.

정답   (d)

해석   디에고는 그의 컴퓨터가 고장나지 않았다면 오늘 중에 부장님에게 지출 보고서를 제출할 수 있었을 텐데.

해설   동사 submit의 알맞은 형태를 고르는 문제입니다. 빈칸이 있는 문장 뒤에 if절의 동사가 had not crashed로, 과거완료시제이므로 이 문장이 가정법 과거완료임을 알 수 있습니다. 따라서 주절의 동사는 would/could/might have p.p 형태가 되어야 하므로 정답은 (d) could have submitted입니다.

어휘   expense 지출, 경비   before the end of the day 하루가 끝나기 전에, 오늘 중에   crash (컴퓨터의) 고장

3.

정답   (d)

해석   내가 집에 일찍 왔더라면, 나는 가족 모두와 함께 저녁식사를 할 수 있었을 텐데.

해설   동사 have의 알맞은 형태를 고르는 문제입니다. 문장 첫 부분에 「Had + 주어 + p.p.」 어순으로 Had I come이 위치해 있고, 콤마(,) 뒤에 주절이 이어지므로 이 문장이 가정법 과거완료이며, if절에서 if가 생략되어 had p.p.의 도치된 문장임을 알 수 있습니다. 따라서 가정법 과거완료 문장에서 주절의 동사는 would/could/might have p.p. 형태가 되어야 하므로 정답은 (d) could have had입니다.

어휘   have dinner 저녁식사를 하다

4.

정답   (b)

해석   '차량 출입금지' 표지판이 공원 입구에 세워져 있었더라면, 많은 사람들이 공원에서 자동차 사고로 부상을 입지 않았을 텐데.

해설   수동태 be not injured의 알맞은 형태를 고르는 문제입니다. if절에 동사가 had been put로 수동태로 과거완료시제가 쓰였으므로 이 문장이 가정법 과거완료임을 알 수 있습니다. 따라서 주절의 동사는 would/could/might have p.p. 형태가 되어야 하므로 정답은 (b) would not have been injured입니다.

어휘   vehicle 차량 sign 표지판 put up (표지판을) 세우다, 게시하다 entrance 입구 injure 부상을 입히다

PRACTICE

1. treated, would quit
2. were, would take
3. would order, offered
4. would have worn, had mandated
5. had had, would have moved
6. would have survived, Had the operating surgeon not gotten

1.

정답   treated, would quit

해설   주절의 동사가 would quit로, 「would + 동사원형」이므로 가정법 과거가 쓰인 문장임을 알 수 있습니다. 따라서 if절의 동사는 과거시제가 되어야 하므로 주어진 동사 treat의 과거형 treated가 정답입니다.

2.

정답   were, would take

해설   주절의 동사가 would take로, 「would + 동사원형」이므로 가정법 과거가 쓰인 문장임을 알 수 있습니다. 따라서 if절의 동사는 과거시제가 되어야 하므로 주어진 동사 be의 과거형 were가 정답입니다. 가정법 과거에서 if절의 be동사는 주어의 인칭과 수에 상관없이 were로 씁니다.

3.

정답   would order, offered

해설   if절의 동사가 offered로, 과거시제 동사이므로 가정법 과거가 쓰인 문장임을 알 수 있습니다. 따라서 주절의 동사는 「would + 동사원형」이 되어야 하므로 정답은 would order입니다.

4.

정답   would have worn, had mandated

해설   if절의 동사가 had mandated로, 과거완료시제 동사이므로 가정법 과거완료가 쓰인 문장임을 알 수 있습니다. 따라서 주절의 동사는 「would have p.p.」가 되어야 하므로 정답은 would have worn입니다.

5.

정답   had had, would have moved

해설   주절의 동사가 would have moved로, 「would have p.p.」 형태이므로 가정법 과거완료가 쓰인 문장임을 알 수 있습니다. 따라서 if절의 동사는 과거완료시제가 되어야 하므로 주어진 동사 have의 과거완료형 had had가 정답입니다.

6.

정답   would have survived, Had the operating surgeon not gotten

해설   if절에서 if가 생략되고 「주어 + had p.p.」에서 had와 주어의 자리가 바뀐 Had the operating surgeon을 보고 가정법 과거완료의 도치 문장임을 알 수 있습니다. 따라서 주절의 동사는 「would have p.p.」 형태가 되어야 하므로 정답은 would have survived입니다.

실전 감잡기

1. (d)	2. (c)	3. (c)	4. (c)	5. (d)	6. (b)
7. (c)	8. (d)	9. (b)	10. (c)	11. (a)	12. (a)
13. (a)	14. (a)	15. (d)	16. (d)	17. (c)	18. (a)

1.

정답   (d)

해석   피터는 옆집 이웃사람이 뒤뜰에 커다란 수영장을 지은 것이 너무 부러웠다. 만일 그것처럼 자신만의 수영장을 갖게 된다면, 그는 거기서 매일 수영할 것이다.

해설   동사 swim의 알맞은 형태를 고르는 문제입니다. If절의 동사가 가정법 과거를 나타내는 과거시제(were)일 때, 주절의 동사는 「would/could/should/might + 동사원형」과 같은 형태가 되어야 알맞으므로 (d) would swim이 정답입니다.

어휘   jealous 부러워하는, 질투하는 neighbor 이웃사람 be to do ~하게 되다 one's own 자신만의

2.

정답 (c)

해석 마이클이 자신의 어머니 집에서 저녁 식사를 하고 집으로 돌아왔을 때 여전히 배가 아팠다. 만일 그가 아주 푸짐한 점심 식사를 하지 않았다면, 어머니께서 차려 주신 생일상의 음식을 더 많이 먹었을 것이다.

해설 동사 eat의 알맞은 형태를 고르는 문제입니다. If절의 동사가 가정법 과거완료를 나타내는 「had p.p.」일 때, 주절의 동사는 「would/could/should/might + have p.p.」와 같은 형태가 되어야 알맞으므로 (c) would have eaten이 정답입니다.

어휘 stomach 배, 위, 복부 hurt 아프다 get home 집에 도착하다 such a big lunch 아주 푸짐한 점심 식사

3.

정답 (c)

해석 빅터는 오늘 간단히 조깅하러 가기를 바라고 있었지만, 아침에 젖은 욕실 바닥에서 미끄러졌다. 만일 그의 발목이 그렇게 많이 다치지 않았다면, 이따가 오늘 오후에 공원에서 달렸을 것이다.

해설 동사 run의 알맞은 형태를 고르는 문제입니다. If절의 동사가 가정법 과거를 나타내는 과거시제(didn't hurt)일 때, 주절의 동사는 「would/could/should/might + 동사원형」과 같은 형태가 되어야 알맞으므로 (c) would run이 정답입니다.

어휘 hope to do ~하기를 바라다 go for a quick jog 간단히 조깅하러 가다 slip 미끄러지다 hurt 다치다, 아프다

4.

정답 (c)

해석 새 집에서 다니는 리앤의 통근 거리는 그녀가 예상했던 것보다 훨씬 더 길었다. 그녀는 만일 자신이 그것을 알았다면 사무실과 더 가까운 곳을 임대했을 거라고 나에게 말했다.

해설 동사 rent의 알맞은 형태를 고르는 문제입니다. If절의 동사가 가정법 과거완료를 나타내는 「had p.p.」일 때, 주절의 동사는 「would/could/should/might + have p.p.」와 같은 형태가 되어야 알맞으므로 (c) would have rented가 정답입니다.

어휘 much (비교급 수식) 훨씬 commute 통근 (거리) expect ~을 예상하다 tell A that: A에게 ~라고 말하다 close to ~와 가까운 rent ~을 임대하다, 대여하다

5.

정답 (d)

해석 해리는 친구들이 지난 주말 밤에 함께 한 게임 시간이 재미있었다고 말하는 것을 우연히 듣고 약간 소외된 느낌을 받고 있다. 만일 그가 끔찍한 감기에 걸리지 않았다면, 그도 그 모임에 참석했을 것이다.

해설 동사 attend의 알맞은 형태를 고르는 문제입니다. If절의 동사가 가정법 과거완료를 나타내는 「had p.p.」일 때, 주절의 동사는 「would/could/should/might + have p.p.」와 같은 형태가 되어야 알맞으므로 (d) would have attended가 정답입니다.

어휘 feel left out 소외된 느낌을 받다 a bit 약간, 조금 overhear A -ing: A가 ~하는 것을 우연히 듣다 come down with a cold 감기에 걸리다 nasty 끔찍한, 형편 없는 gathering 모임 attend ~에 참석하다

6.

정답 (b)

해석 조운은 요즘 재택 근무를 하고 있기 때문에, 사교 활동을 할 기회가 많지 않다. 애견 공원에서 다른 강아지 주인들과 수다를 떠는 일이 아니라면, 다른 누군가를 전혀 만나지 못할 것이다.

해설 동사 see의 알맞은 형태를 고르는 문제입니다. If절의 동사가 가정법 과거를 나타내는 과거시제(weren't)일 때, 주절의 동사는 「would/could/should/might + 동사원형」과 같은 형태가 되어야 알맞으므로 (b) would never see가 정답입니다.

어휘 work from home 재택 근무하다 socialize 사교 활동을 하다, 어울리다 If it weren't for A: A가 아니라면, A가 없다면 never ~ at all 전혀 ~ 않다

7.

정답 (c)

해석 브라이언은 지역 사회 내에서 증가하고 있는 범죄율을 억제하기 위해 아무 것도 하지 않은 것에 대해 시장에게 화가 나 있다. 만일 그가 시장으로 선출된다면, 그는 야간에 거리를 순찰하는 자원 봉사단을 조직할 것이다.

해설 동사 organize의 알맞은 형태를 고르는 문제입니다. If절의 동사가 가정법 과거를 나타내는 과거시제(were)일 때, 주절의 동사는 「would/could/should/might + 동사원형」과 같은 형태가 되어야 알맞으므로 (c) would organize가 정답입니다.

어휘 be upset with ~에게 화가 나다 mayor 시장 curb ~을 억제하다 growing 증가하는 crime rate 범죄율 be to do ~하게 되다 elect ~을 선출하다 volunteer group 자원봉사단 patrol ~을 순찰하다 organize ~을 조직하다, 마련하다

8.

정답 (d)

해석 드래곤즈 야구팀의 많은 팬들이 그 팀 주장의 삔 손목 때문에 챔피언 결정전에서 졌다고 주장하고 있다. 그 주장이 경기를 할 수 있었다면 그 팀은 분명 더 좋은 승리 기회를 얻었을 것이다.

해설 동사 have의 알맞은 형태를 고르는 문제입니다. If절의 동사가 가정법 과거완료를 나타내는 「had p.p.」일 때, 주절의 동사는 「would/could/should/might + have p.p.」와 같은 형태가 되어야 알맞으므로 (d) would have had가 정답입니다.

어휘 claim that ~라고 주장하다 championship 챔피언 결정전 sprained (손목, 발목 등을) 삔, 접질린 wrist 손목 surely 분명히 be able to do ~할 수 있다

9.

정답 (b)

해석 앤드류가 아래층에서 침입자 소리를 들은 후, 즉시 욕실로 들어가

문을 잠그고 경찰에게 전화를 걸었다. 만일 그가 그렇게 할 수 있는 침착성을 갖고 있지 않았다면, 그 절도범들은 현장에서 붙잡히지 않았을 것이다.

해설 be동사의 알맞은 형태를 고르는 문제입니다. If절의 동사가 가정법 과거완료를 나타내는 「had p.p.」일 때, 주절의 동사는 「would/could/should/might + have p.p.」와 같은 형태가 되어야 알맞으므로 (b) would not have been이 정답입니다.

어휘 intruder 침입자 downstairs 아래층에서 immediately 즉시 presence of mind 침착성 thief 절도범, 도둑 in the act 현장에서

10.

정답 (c)

해석 '올드 블루'는 1979년에 세상에 남아 있던 다섯 마리 블랙 로빈들 중 유일하게 생식력을 지닌 암컷이었다. 만일 '올드 블루'가 알을 낳기 전에 죽었다면, 블랙 로빈이 존재하는 일은 중단되었을 것이다.

해설 동사 cease의 알맞은 형태를 고르는 문제입니다. If절의 동사가 가정법 과거완료를 나타내는 「had p.p.」일 때, 주절의 동사는 「would/could/should/might + have p.p.」와 같은 형태가 되어야 알맞으므로 (c) would have ceased가 정답입니다.

어휘 fertile 생식력 있는 remaining 남아 있는 be able to do ~할 수 있다 lay an egg 알을 낳다 cease to do ~하는 것을 중단하다, 멈추다 exist 존재하다

11.

정답 (a)

해석 지난 몇 주 동안, 엠마는 다양한 파티로 나를 계속 초대해왔다. 하지만, 난 내가 그녀라면 다가오는 기말시험에 더 초점을 맞출 거라고 계속 답변하고 있다.

해설 동사 focus의 알맞은 형태를 고르는 문제입니다. If절의 동사가 가정법 과거를 나타내는 과거시제(were)일 때, 주절의 동사는 「would/could/should/might + 동사원형」과 같은 형태가 되어야 알맞으므로 (a) would focus가 정답입니다.

어휘 invite ~을 초대하다 keep -ing 계속 ~하다 reply that ~라고 답변하다 upcoming 다가오는, 곧 있을 final exam 기말시험 focus on ~에 초점을 맞추다

12.

정답 (a)

해석 태양은 지속적으로 팽창하고 있으며, 더 뜨겁고 밝아지고 있다. 몇 십억 년 후에, 태양은 적색 거성이 될 것이다. 만일 태양이 갑자기 적색 거성으로 변한다면, 지구는 급격히 가열되어 삶이 불가능해질 것이다.

해설 동사구 heat up의 알맞은 형태를 고르는 문제입니다. If절의 동사가 가정법 과거를 나타내는 과거시제(turned)일 때, 주절의 동사는 「would/could/should/might + 동사원형」과 같은

형태가 되어야 알맞으므로 (a) would heat up이 정답입니다.

어휘 constantly 지속적으로 expand 팽창하다, 확장되다 bright 밝은 billion 10억 red giant star 적색 거성 suddenly 갑자기 turn into ~로 변하다, 탈바꿈하다 drastically 급격히 make A 형용사: A를 ~하게 만들다 heat up 가열되다

13.

정답 (a)

해석 사만다는 학교의 음악 발표회에 참가하지 않을 예정인데, 열이 나서 침대에 누워 있어야 하기 때문이다. 만일 그녀가 아프지만 않다면, 자신이 작곡한 피아노 곡을 연주할 것이다.

해설 동사 perform의 알맞은 형태를 고르는 문제입니다. If절의 동사가 가정법 과거를 나타내는 과거시제(were)일 때, 주절의 동사는 「would/could/should/might + 동사원형」과 같은 형태가 되어야 알맞으므로 (a) would perform이 정답입니다.

어휘 participate in ~에 참가하다 musical showcase 음악 발표회 fever 열 composition 작곡(한 것) perform ~을 공연하다, 연주하다

14.

정답 (a)

해석 레이첼은 자신의 제안서에 고객의 요청 사항 한 가지를 포함하는 것을 잊은 후로 중요한 거래를 성사시키지 못했다. 만일 그녀가 이 중요한 세부 사항을 기억하기만 했더라면, 자신의 회사를 위해 100만 달러짜리 프로젝트를 따낼 수 있었을 것이다.

해설 동사 secure의 알맞은 형태를 고르는 문제입니다. If절의 동사가 가정법 과거완료를 나타내는 「had p.p.」일 때, 주절의 동사는 「would/could/should/might + have p.p.」와 같은 형태가 되어야 알맞으므로 (a) could have secured가 정답입니다.

어휘 fail to do ~하지 못하다 close a deal 거래를 성사시키다 forget to do ~하는 것을 잊다 include ~을 포함하다 request 요청 proposal 제안(서) detail 세부 사항 firm 회사 secure (계약 등) ~을 따내다, 확보하다

15.

정답 (d)

해석 데이빗은 도시 축제 마당에서 가장 빠르고 무서운 롤러코스터를 타볼 계획이었지만, 운행 담당자가 신장 요건 때문에 허용해주지 않았다. 만일 데이빗이 키가 더 컸다면, 지금쯤 신나게 소리지르고 있을 것이다.

해설 동사 scream의 알맞은 형태를 고르는 문제입니다. If절의 동사가 가정법 과거를 나타내는 과거시제(were)일 때, 주절의 동사는 「would/could/should/might + 동사원형」과 같은 형태가 되어야 알맞습니다. 빈칸 뒤에 '지금'을 나타내는 now가 있기 때문에 would 뒤에 진행형으로 쓰인 (d) would be screaming이 정답이 됩니다.

어휘 plan to do ~할 계획이다 try ~을 한번 해보다 fair 축제 마당, 박람회 scary 무서운 operator 작동하는 사람, 운전자 allow ~을 허용하다 requirement 요건, 필요 조건 excitement 신

남, 흥분 scream 소리지르다

16.

정답 (d)

해석 앤드루는 가장 좋아하는 게임의 최신 버전을 계속 해서 '쉐도우 킹'에게 도전하고 싶지만, 내일 아침 오전 7시에 회의가 있다. 만일 그가 일찍 일어나지 않아도 된다면, 밤새 깨어 있을 것이다.

해설 동사구 stay up의 알맞은 형태를 고르는 문제입니다. If절의 동사가 가정법 과거를 나타내는 과거시제(didn't have)일 때, 주절의 동사는 「would/could/should/might + 동사원형」과 같은 형태가 되어야 알맞으므로 (d) would stay up이 정답입니다.

어휘 continue ~을 계속 하다 favorite 가장 좋아하는 latest 최신의 installment (시리즈물의) 한 회분, (분할 납부하는) 할부금 challenge ~에게 도전하다 stay up (안 자고) 깨어 있다

17.

정답 (c)

해석 장학금을 놓칠까 두려워하던, 오스카는 중요한 시험에서 부정 행위를 했다. 그것이 발각된 후, 그는 학교에서 퇴학 당했다. 자신의 행동에 대해 발생 가능한 결과를 알고 있었다면, 그렇게 하는 것을 전혀 고려하지 않았을 것이다.

해설 동사 consider의 알맞은 형태를 고르는 문제입니다. 빈칸이 속한 문장의 시작 부분을 보면, 「Had + 주어 + p.p.」 구조로 되어 있습니다. 이는 가정법 과거완료 문장에서 If가 생략되고 had가 주어와 자리를 바꿔 도치된 구조입니다. 따라서 If절의 동사가 가정법 과거완료를 나타내는 「had p.p.」일 때, 주절의 동사는 「would/could/should/might + have p.p.」와 같은 형태가 되는 규칙이 그대로 적용되어야 하므로 (c) would not have considered가 정답입니다.

어휘 afraid of ~을 두려워하는 scholarship 장학금 cheat (시험에서) 부정 행위를 하다 be caught 발각되다 expel ~을 퇴학시키다, 쫓아내다 realize ~을 알아차리다, 깨닫다 consequence 결과 not ~ at all 전혀 ~ 않다 consider -ing ~하는 것을 고려하다

18.

정답 (a)

해석 판매 담당자를 알고 있었기 때문에, 노아는 부품들을 철저히 확인하지 않고 저렴한 중고 자동차를 한 대 구입했다. 그는 연료 탱크에 새는 곳이 있다는 사실을 나중에서야 알게 되었다. 만일 그가 신중하게 그 자동차를 점검했다면, 그것을 구입하지 않았을 것이다.

해설 동사 buy의 알맞은 형태를 고르는 문제입니다. 빈칸이 속한 문장의 시작 부분을 보면, 「Had + 주어 + p.p.」 구조로 되어 있습니다. 이는 가정법 과거완료 문장에서 If가 생략되고 had가 주어와 자리를 바꿔 도치된 구조입니다. 따라서 If절의 동사가 가정법 과거완료를 나타내는 「had p.p.」일 때, 주절의 동사는 「would/could/should/might + have p.p.」와 같은 형태가 되는 규칙이 그대로 적용되어야 하므로 (a) would not have

bought이 정답입니다

어휘 since ~하기 때문에 secondhand 중고의 without -ing ~하지 않고, ~하지 않은 채로 part 부품 thoroughly 철저히 find out that ~임을 알게 되다 later on 나중에 leak 새는 곳, 유출, 누출 carefully 신중히, 조심스럽게 examine ~을 점검하다

DAY 04 당위성 표현과 should 생략

1초 퀴즈

1. (d)   2. (a)

1.

정답 (d)

해석 저장 장치는 최소한 20기가바이트의 여유 공간을 가지고 있는 것이 필수적이다.

해설 동사 have의 알맞은 형태를 고르는 문제입니다. 빈칸은 that절의 동사 자리이며, that 절 앞에 당위성을 나타내는 형용사 essential(필수적인)이 쓰였으므로 that절의 동사는 조동사 should가 생략된 형태의 동사원형으로 쓰입니다. 따라서 정답은 have입니다. 당위성 표현 뒤의 that절에는 주어의 인칭에 상관없이 동사원형을 씁니다.

어휘 essential 필수적인 storage device 저장 장치 at least 최소한, 적어도 free space 여유 공간

2.

정답 (a)

해석 주류 매체에서 모든 민족과 배경의 사람들이 표현되는 것은 중요하다.

해설 동사 represent의 수동태 be represented의 알맞은 형태를 고르는 문제입니다. 빈칸은 that절의 동사 자리이며, that 절 앞에 당위성을 나타내는 형용사 important(중요한)가 쓰였으므로 that절의 동사는 조동사 should가 생략된 형태의 동사원형으로 쓰입니다. 따라서 정답은 be represented입니다. 당위성 표현 뒤의 that절에는 주어의 인칭에 상관없이 동사원형을 씁니다. 특히 수동태 「be p.p.」에서 be가 동사이고 p.p.(-ed)는 동사가 아닌 과거분사이므로 수동태의 동사원형을 쓸 때는 「be p.p.」로 씁니다.

어휘 important 중요한 ethnicity 민족(성) background 배경 mainstream 주류 media 매체 represent 나타내다, 보여주다, 대표하다

PRACTICE

1. (a) **2.** (a) **3.** (a) **4.** (b) **5.** (b)

1.

정답　(a) work

해석　호프웰 퍼블리싱의 CEO는 꼭 필요하지 않은 직원은 모두 전세계적 유행병 기간 동안 자택에서 일해야 한다고 권장하였다.

해설　동사 work의 알맞은 형태를 고르는 문제입니다. 빈칸은 that절의 동사 자리이며, that 절 앞에 당위성을 나타내는 동사 recommended가 쓰였으므로 that절의 동사는 조동사 should가 생략된 형태의 동사원형으로 쓰입니다. 따라서 정답은 work입니다. 당위성 표현 뒤의 that절에는 주어의 인칭에 상관없이 동사원형을 씁니다.

2.

정답　(a) read

해석　나는 그 학생이 카즈오 이시구로의 『남아있는 나날』을 영화 버전을 보기 전에 읽어야 한다고 제안하였다.

해설　동사 read의 알맞은 형태를 고르는 문제입니다. 빈칸은 that절의 동사 자리이며, that 절 앞에 당위성을 나타내는 동사 suggested가 쓰였으므로 that절의 동사는 조동사 should가 생략된 형태의 동사원형으로 쓰입니다. 따라서 정답은 read입니다. 당위성 표현 뒤의 that절에는 주어의 인칭에 상관없이 동사원형을 씁니다.

3.

정답　(a) be quarantined

해석　정부는 해외로부터 도착하는 여행객들이 2주 동안 격리되어야 하는 것을 요구한다.

해설　동사 quarantine의 수동태 be quarantined의 알맞은 형태를 고르는 문제입니다. 빈칸은 that절의 동사 자리이며, that 절 앞에 당위성을 나타내는 동사 requires가 쓰였으므로 that절의 동사는 조동사 should가 생략된 형태의 동사원형으로 쓰입니다. 따라서 정답은 be quarantined입니다. 당위성 표현 뒤의 that절에는 주어의 인칭에 상관없이 동사원형을 씁니다. 특히 수동태 「be p.p.」에서 be가 동사이고 p.p.(~ed)는 동사가 아닌 과거분사이므로 수동태의 동사원형을 쓸 때는 「be p.p.」로 씁니다.

4.

정답　(b) be familiar

해석　지원자는 파이썬과 자바를 포함하여 가장 흔한 프로그래밍 언어들에 익숙해야 하는 것이 필수적이다.

해설　동사 be와 형용사 familiar의 알맞은 형태를 고르는 문제입니다. 빈칸은 that절의 동사 자리이며, that 절 앞에 당위성을 나타내는 형용사 necessary(필수적인)가 쓰였으므로 that절의 동사는 조동사 should가 생략된 형태의 동사원형으로 쓰입니다. 따라서 정답은 be familiar입니다. 당위성 표현 뒤의 that절

는 주어의 인칭에 상관없이 동사원형을 씁니다.

5.

정답　(b) not ride

해석　키가 110 센티미터 이하의 어린이들은 놀이 공원에 있는 '매직 카펫'을 타면 안 된다는 것이 권고됩니다.

해설　동사 ride의 부정형의 알맞은 형태를 고르는 문제입니다. 빈칸은 that절의 동사 자리이며, that 절 앞에 당위성을 나타내는 동사의 수동태인 It is advised가 쓰였으므로 that절의 동사는 조동사 should가 생략된 형태의 동사원형으로 쓰입니다. 이때 부정어 not이 있는 경우 「not + 동사원형」으로 쓰이므로 정답은 not ride입니다. don't는 조동사 do + not의 형태이며, 조동사 should가 있는 것으로 간주하는 that절에 또 다른 조동사인 do를 중복으로 쓸 수 없으므로 don't ride는 오답입니다.

실전 감잡기

1. (b)　**2.** (b)　**3.** (d)　**4.** (c)　**5.** (d)　**6.** (d)

7. (d)　**8.** (d)　**9.** (c)　**10.** (b)　**11.** (c)　**12.** (d)

13. (a)　**14.** (a)　**15.** (c)　**16.** (b)　**17.** (d)　**18.** (b)

1.

정답　(b)

해석　해마다 독감 시즌이 얼마나 심각할지 예측하기는 어렵다. 질병관리센터는 나이가 6개월이 넘는 모든 사람이 다가오는 독감 시즌에 대해 보호받을 수 있도록 예방 접종 주사를 맞아야 한다고 권고하고 있다.

해설　빈칸은 동사 recommends의 목적어 역할을 하는 that절의 동사 자리인데, recommend과 같이 주장/요구/명령/제안 등을 나타내는 동사의 목적어 역할을 하는 that절의 동사는 should를 생략하고 동사원형만 사용합니다. 따라서 동사원형으로 시작되는 (b) get vaccinated가 정답입니다.

어휘　predict ~을 예측하다　severe 심각한, 극심한　flu 독감　from year to year 해마다　recommend that ~하도록 권하다　so (that) (목적) ~할 수 있도록　protect ~을 보호하다　upcoming 다가오는, 곧 있을　get vaccinated 예방 접종 주사를 맞다

2.

정답　(b)

해석　등산객들은 더 이상 홀로 에베레스트산을 오르도록 허용되지 않는다. 네팔 관광부의 새로운 규정은 등산객이 안전한 여행을 보장받을 수 있도록 전문 가이드를 고용해야 하는 것을 요구한다.

해설　동사 hire의 알맞은 형태를 고르는 문제입니다. 빈칸은 동사 requires의 목적어 역할을 하는 that절의 동사 자리인데, require와 같이 주장/요구/명령/제안 등을 나타내는 동사의 목적어 역할을 하는 that절의 동사는 should를 생략하고 동사원형만 사용합니다. 따라서 동사원형인 (b) hire가 정답입니다.

어휘　no longer 더 이상 ~ 않다　be allowed to do ~하도록 허용

되다 climb ~을 오르다 rule 규정, 규칙 require that ~해야 한다고 요구하다 ensure ~을 보장하다 hire ~을 고용하다

3.

정답 (d)

해석 예술 감상 동아리 회원들이 이번 학기에 참가할 가능성이 있는 행사들을 이야기하고 있다. 로저가 현재 회원들이 모두 지역 내 셰익스피어 극단의 <더 템페스트> 연극 작품을 관람하도록 제안하고 있다.

해설 동사 watch의 알맞은 형태를 고르는 문제입니다. 빈칸은 동사 is proposing의 목적어 역할을 하는 that절의 동사 자리인데, propose와 같이 주장/요구/명령/제안 등을 나타내는 동사의 목적어 역할을 하는 that절의 동사는 should를 생략하고 동사원형만 사용합니다. 따라서 동사원형인 (d) watch가 정답입니다.

어휘 discuss ~을 이야기하다, 논의하다 participate in ~에 참가하다 semester 학기 propose that ~하도록 제안하다 local 지역의, 현지의 production (상연) 작품

4.

정답 (c)

해석 라나는 프로젝트 작업을 하느라 밤을 꼬박 새웠기 때문에, 오늘 회사에서 몸이 좋지 않았다. 그녀는 회사 내 간호사를 찾아갔는데, 그 간호사가 남은 하루를 쉬도록 권해주었다.

해설 동사 take의 알맞은 형태를 고르는 문제입니다. 빈칸은 동사 suggested의 목적어 역할을 하는 that절의 동사 자리인데, suggest와 같이 주장/요구/명령/제안 등을 나타내는 동사의 목적어 역할을 하는 that절의 동사는 should를 생략하고 동사원형만 사용합니다. 따라서 동사원형인 (c) take가 정답입니다.

어휘 stay up all night -ing ~하느라 밤을 꼬박 새우다 unwell 몸이 아픈, 편치 않은 suggest that ~하도록 권하다, 제안하다 the rest of ~의 나머지 take A off: A만큼 쉬다

5.

정답 (d)

해석 지미는 자신의 질병을 치료하기 위해 계속 민간 요법을 고수해오고 있다. 일주일 넘게 시간이 흘렀지만 그의 열이 계속 더 나아지지 않고 있기 때문에, 난 그가 회복될 수 있도록 의사를 방문해야 한다고 주장하고 있다.

해설 동사 visit의 알맞은 형태를 고르는 문제입니다. 빈칸은 동사 am insisting의 목적어 역할을 하는 that절의 동사 자리인데, insist와 같이 주장/요구/명령/제안 등을 나타내는 동사의 목적어 역할을 하는 that절의 동사는 should를 생략하고 동사원형만 사용합니다. 따라서 동사원형인 (d) visit이 정답입니다.

어휘 stick to ~을 고수하다 home remedy 민간 요법 treat ~을 치료하다, 처치하다 illness 질병 more than ~ 넘게 pass 지나가다 fever 열, 열병 get better 더 나아지다 insist that ~라고 주장하다 recover 회복되다

6.

정답 (d)

해석 반복되는 가슴 통증을 겪은 후, 에블린은 진찰을 받기 위해 병원으로 갔다. 의사는 그녀에게 고혈압이 있다는 사실을 발견했고, 기름진 음식의 소비를 제한하도록 권고했다.

해설 동사 limit의 알맞은 형태를 고르는 문제입니다. 빈칸은 동사 recommended의 목적어 역할을 하는 that절의 동사 자리인데, recommend와 같이 주장/요구/명령/제안 등을 나타내는 동사의 목적어 역할을 하는 that절의 동사는 should를 생략하고 동사원형만 사용합니다. 따라서 동사원형인 (d) limit이 정답입니다.

어휘 experience ~을 겪다, 경험하다 repeated 반복된 chest pain 가슴 통증 find that ~임을 발견하다, 알게 되다 high blood pressure 고혈압 recommend that ~하도록 권고하다 consumption 소비, 소모 limit ~을 제한하다 fatty 기름진

7.

정답 (d)

해석 존슨 씨의 가족은 이번 주말에 캠핑을 떠날 예정이었다. 하지만, 지역 기상 관측소에서 다가오는 태풍으로 인해 야외 활동을 연기하도록 권고한 후에 그들은 계획을 취소해야 했다.

해설 동사 postpone의 알맞은 형태를 고르는 문제입니다. 빈칸은 동사 advised의 목적어 역할을 하는 that절의 동사 자리인데, advise와 같이 주장/요구/명령/제안 등을 나타내는 동사의 목적어 역할을 하는 that절의 동사는 should를 생략하고 동사원형만 사용합니다. 따라서 동사원형인 (d) be postponed가 정답입니다.

어휘 be supposed to do ~할 예정이다, ~하기로 되어 있다 cancel ~을 취소하다 local 지역의, 현지 weather station 기상 관측소 advise that ~하도록 권고하다, 조언하다 due to ~로 인해 incoming 다가오는 typhoon 태풍 postpone ~을 연기하다, 미루다

8.

정답 (d)

해석 더글러스 박사는 긴급한 집안 일 때문에 오늘 나머지 진료 예약을 취소해야 했다. 진료소에서 나가면서, 그는 환자들에게 알리고 내일로 일정을 재조정해 놓도록 간호사에게 급히 지시했다.

해설 동사 inform의 알맞은 형태를 고르는 문제입니다. 빈칸은 동사 instructed의 목적어 역할을 하는 that절의 동사 자리인데, instruct와 같이 주장/요구/명령/제안 등을 나타내는 동사의 목적어 역할을 하는 that절의 동사는 should를 생략하고 동사원형만 사용합니다. 따라서 동사원형인 (d) inform이 정답입니다.

어휘 cancel ~을 취소하다 the rest of 나머지의 appointment 예약, 약속 urgent 긴급한 matter 일, 문제 while ~하는 동안 leave ~에서 나가다 hurriedly 급히, 서둘러 instruct that ~하도록 지시하다 assistant 보조, 조수 patient 환자 have A p.p.: A가 ~되게 하다 reschedule ~의 일정을 재조정하다 inform ~에게 알리다

9.

정답 (c)

해석 닉스 바이크 숍에서 오늘 아침에 시 경찰에 절도 사건을 신고했다. 이 상점에 도착한 경찰관들은 추가 조사를 위해 매장이 하루 동안 문을 닫도록 요청했다.

해설 동사 close의 알맞은 형태를 고르는 문제입니다. 빈칸은 동사 requested의 목적어 역할을 하는 that절의 동사 자리인데, request와 같이 주장/요구/명령/제안 등을 나타내는 동사의 목적어 역할을 하는 that절의 동사는 should를 생략하고 동사원형만 사용합니다. 따라서 동사원형인 (c) close가 정답입니다.

어휘 burglary 절도 incident 사건 arrive 도착하다 request that ~하도록 요청하다 further 추가의, 한층 더 한 investigation 조사

10.

정답 (b)

해석 미국 여행객들이 비행 시에 이미 받는 엄청난 양의 보안 검사와 더불어, 그들은 이제 다양한 건강 점검을 받아야 할 것으로 보인다. 전세계적 유행병 때문에, 체온 기록 기계들이 각 탑승 수속대와 출발 탑승구에 설치되어야 하는 것이 필수적이다.

해설 동사 install의 수동태 be installed의 알맞은 형태를 고르는 문제입니다. 빈칸은 that절의 동사 자리이며, that 절 앞에 당위성을 나타내는 형용사 necessary(필수적인)와 같이 주장/요구/명령/제안 등을 나타내는 형용사 뒤에 위치하는 that절의 동사는 should를 생략하고 동사원형만 사용합니다. 따라서 동사원형인 (b) be installed가 정답입니다. 당위성 표현 뒤의 that절에는 주어의 인칭에 상관없이 동사원형을 씁니다. 특히 수동태 「be p.p.」에서 be가 동사이고 p.p.(-ed)는 동사가 아닌 과거분사이므로 수동태의 동사원형을 쓸 때는 「be p.p.」로 씁니다.

어휘 in addition to ~와 더불어 copious 엄청난 양의, 방대한 security check 보안 검사 be subjected to ~을 받다, ~을 당하다 it appears (that) ~: ~인 것 같다, ~인 것으로 보인다 undergo 겪다, 받다 health check 건강 점검 pandemic 전세계적인 유행병 temperature-recording 체온[온도] 기록 check-in counter (공항의) 탑승 수속대 departure gate (공항의) 출발 탑승구 install 설치하다

11.

정답 (c)

해석 고등학교 레슬링부 코치인 윌리엄스씨는 그의 레슬링 선수 세 명이 지난 대회에서 시합 전 체중 감량에 실패했을 때 몹시 화가 났다. 그런 일이 다시 일어나지 않도록 하기 위해, 그는 팀 전체가 엄격한 식이조절이 되어야 하는 것을 요구하였다.

해설 동사 place의 수동태 be placed의 알맞은 형태를 고르는 문제입니다. 빈칸은 동사 demanded의 목적어 역할을 하는 that절의 동사 자리인데, demand와 같이 주장/요구/명령/제안 등을 나타내는 동사의 목적어 역할을 하는 that절의 동사는 should를 생략하고 동사원형만 사용합니다 따라서 동사원형인 (c) be placed가 정답입니다. 당위성 표현 뒤의 that절에는 주어의 인칭에 상관없이 동사원형을 씁니다. 특히 수동태 「be p.p.」에서 be가 동사이고 p.p.(-ed)는 동사가 아닌 과거분사이

므로 수동태의 동사원형을 쓸 때는 「be p.p.」로 씁니다.

어휘 furious 몹시 화가 난 fail to do ~을 하지 못하다, ~하는 것을 실패하다 make weight loss 체중 감량을 하다 make sure 반드시 ~하도록 하다 entire 전체의 be placed on a diet 다이어트를 하다, 식이조절을 하다 strict 엄격한

12.

정답 (d)

해석 언어학 연구에서 사람이 나이가 들수록 제 2의 언어를 배우는 것이 더 어려워 진다는 것을 밝혔다. 자신의 아들이나 딸이 이중언어 사용자가 되기를 원하는 부모들에게, 자녀가 어린 나이에 두 개의 언어를 모두 배우기 시작하는 것이 필수적이다.

해설 동사 start의 알맞은 형태를 고르는 문제입니다. 빈칸은 that절의 동사 자리이며, that 절 앞에 당위성을 나타내는 형용사 essential(필수적인)과 같이 주장/요구/명령/제안 등을 나타내는 형용사 뒤에 위치하는 that절의 동사는 should를 생략하고 동사원형만 사용합니다. 따라서 동사원형인 (d) start가 정답입니다. 당위성 표현 뒤의 that절에는 주어의 인칭에 상관없이 동사원형을 씁니다.

어휘 study 연구 linguistics 언어학 bilingual 이중언어 사용자

13.

정답 (a)

해석 마이클은 매일 직장에 지각을 한다. 그리고 그의 프로젝트는 모두 예정보다 늦어지고 있다. 그가 그의 업무성과에 대해 직면하였을 때, 마이클은 더 이상 그의 업무에 감흥을 느낄 수 없다고 말했다. 이에 대응하여, 그의 상사는 그가 그의 불량한 태도로 부서를 저해시키는 대신에 그저 그만 두어야 한다고 권장하였다.

해설 동사 quit의 알맞은 형태를 고르는 문제입니다. 빈칸은 동사 recommended의 목적어 역할을 하는 that절의 동사 자리인데, recommend와 같이 주장/요구/명령/제안 등을 나타내는 동사의 목적어 역할을 하는 that절의 동사는 should를 생략하고 동사원형만 사용합니다 따라서 동사원형인 (a) quit이 정답입니다. 당위성 표현 뒤의 that절에는 주어의 인칭에 상관없이 동사원형을 씁니다.

어휘 behind schedule 예정보다 늦은 confront 직면하다, 맞서다 performance 업무성과, 실행 get excited 흥분하다, 들뜨다 in response 이에 대응하여 supervisor 감독자, 관리자, 상사 instead of ~대신에 hinder 저해시키다, 방해하다 attitude 태도 quit 그만두다

14.

정답 (a)

해석 대부분의 새로운 게임기의 출시와 마찬가지로, 소니의 플레이스테이션 5는 몇 개의 기술적 문제를 가지고 도착하였다. 만약 한 기기가 전원 공급에 문제를 보인다면, 기술자들은 사용하지 않을 때 '휴식 모드'를 사용하는 것 대신에 소유주가 그 게임기를 완전히 꺼야 한다고 권장한다.

해설 동사 turn의 알맞은 형태를 고르는 문제입니다. 빈칸은 동사 recommend의 목적어 역할을 하는 that절의 동사 자리인데,

recommend와 같이 주장/요구/명령/제안 등을 나타내는 동사의 목적어 역할을 하는 that절의 동사는 should를 생략하고 동사원형만 사용합니다 따라서 동사원형인 (a) turn이 정답입니다. 당위성 표현 뒤의 that절에는 주어의 인칭에 상관없이 동사원형을 씁니다.

어휘   as with ~와 마찬가지로 launch 출시 console 게임기 technical 기술적인 unit 기기 한 대, 구성단위 exhibit 보이다, 나타내다 supply 공급 turn off (전원을) 끄다

15.

정답   (c)

해석   가정 폐수 표본에서 대장균의 발견 이후로 보스턴은 물을 끓이기 주의보에 놓았다. 이러한 상황 하에, 질병예방관리국은 물은 섭취되기 전에 1분 간 펄펄 끓여져야 한다고 권장한다.

해설   동사 bring의 수동태 be brought의 알맞은 형태를 고르는 문제입니다. 빈칸은 동사 recommends의 목적어 역할을 하는 that절의 동사 자리인데, recommend와 같이 주장/요구/명령/제안 등을 나타내는 동사의 목적어 역할을 하는 that절의 동사는 should를 생략하고 동사원형만 사용합니다 따라서 수동태의 동사원형인 (c) be brought이 정답입니다. 당위성 표현 뒤의 that절에는 주어의 인칭에 상관없이 동사원형을 씁니다. 특히 수동태 「be p.p.」에서 be가 동사이고 p.p.(-ed)는 동사가 아닌 과거분사이므로 수동태의 동사원형을 쓸 때는 「be p.p.」로 씁니다.

어휘   detection 발견, 탐지 E. coli 대장균 household water 가정 폐수 be placed under ~하에 놓이다, ~을 받다 boil-water 물 끓이기 advisory 주의보, 경보 condition 상태, 상황 bring water to a rolling boil 물을 펄펄 끓이다 consume 섭취하다

16.

정답   (b)

해석   유기농의 천연 식품에 대한 수요의 상승과 함께, 일부 건강 식품 애호가들은 심지어 저온 살균이 되지 않은 원유를 마시기로 선택하고 있다. 하지만, 그렇게 하는 것은 굉장히 위험할 수 있으며, 식품의약국은 모든 우유가 섭취되거나 요리법에 사용되기 전에 저온 살균되어야 한다고 강력히 권장한다.

해설   동사 pasteurize의 수동태 be pasteurized의 알맞은 형태를 고르는 문제입니다. 빈칸은 동사 recommends의 목적어 역할을 하는 that절의 동사 자리인데, recommend와 같이 주장/요구/명령/제안 등을 나타내는 동사의 목적어 역할을 하는 that절의 동사는 should를 생략하고 동사원형만 사용합니다 따라서 수동태의 동사원형인 (b) be pasteurized가 정답입니다. 당위성 표현 뒤의 that절에는 주어의 인칭에 상관없이 동사원형을 씁니다. 특히 수동태 「be p.p.」에서 be가 동사이고 p.p.(-ed)는 동사가 아닌 과거분사이므로 수동태의 동사원형을 쓸 때는 「be p.p.」로 씁니다

어휘   alongside ~와 함께, ~ 옆에 rise 상승 demand 수요 organic 유기농의 enthusiast 애호가 opt to do ~하기로 선택하다 unpasteurized 저온 살균되지 않은 raw 날 것의, 가공되지 않은 incredibly 엄청나게, 굉장히 risky 위험한 FDA

식품의약국(= Food and Drug Administration) highly 매우, 아주, 대단히 consume 섭취하다 recipe 조리법, 요리법 pasteurize 저온 살균하다

17.

정답   (d)

해석   거대 매체 기업의 새로운 스트리밍 서비스인 '디즈니플러스'는 주력 시리즈인 <맨달로리안>으로 지난 여름에 서비스를 시작하였으며, <맨달로리안>은 스타워즈 세계관을 배경으로 한다. 그 쇼가 제공하는 모든 것을 온전히 즐기기 위해서, 그 영화 시리즈에 대한 대단히 중요한 지식에 대해 친숙함을 가지는 것이 중요하다.

해설   동사 have의 알맞은 형태를 고르는 문제입니다. 빈칸은 that절의 동사 자리이며, that 절 앞에 당위성을 나타내는 형용사 crucial(중요한)과 같이 주장/요구/명령/제안 등을 나타내는 형용사 뒤에 위치하는 that절의 동사는 should를 생략하고 동사원형만 사용합니다. 따라서 동사원형인 (d) have가 정답입니다. 당위성 표현 뒤의 that절에는 주어의 인칭에 상관없이 동사원형을 씁니다.

어휘   media (대중)매체 giant 거대 조직, 거대 기업 debut 데뷔하다, 처음으로 나서다 flagship 주력 상품 be set in ~를 배경으로 하다 universe (특정 주제에 관한) 세계(관) familiarity 친숙함, 익숙함 overarching 대단히 중요한 lore (특정 주제에 관한) 지식 franchise (시리즈물로서의) 영화 또는 드라마

18.

정답   (b)

해석   딜런은 유튜버로서 성공을 이루었다. 그것은 꿈의 직업인 것처럼 들리지만, 그것은 사실 매우 스트레스가 많은 직업이다. 그의 구독자들을 유지하기 위해, 그는 매일 새로운 영상을 업로드 하는 것이 필수적이며, 그는 신선한 내용을 위한 아이디어가 고갈되고 있다.

해설   동사 upload의 알맞은 형태를 고르는 문제입니다. 빈칸은 that절의 동사 자리이며, that 절 앞에 당위성을 나타내는 형용사 essential(필수적인)과 같이 주장/요구/명령/제안 등을 나타내는 형용사 뒤에 위치하는 that절의 동사는 should를 생략하고 동사원형만 사용합니다. 따라서 동사원형인 (b) upload가 정답입니다. 당위성 표현 뒤의 that절에는 주어의 인칭에 상관없이 동사원형을 씁니다.

어휘   find success 성공을 이루다 sound like ~처럼 들리다 stressful 스트레스가 많은 maintain 유지하다 subscriber 구독자 run out of ~가 고갈되다, 다 써버리다 fresh 신선한 content 내용

DAY 05 조동사

1초 퀴즈

1. (a) **2.** (c) **3.** (a) **4.** (b) **5.** (b) **6.** (d)

1.

정답 (a)

해석 다니엘은 자신만의 온라인 영상 채널을 가지고 있다. 그는 그가 얼마나 많은 패스트푸드를 먹을 수 있는지를 주로 보여주는 영상을 업로드한다.

해설 문장의 의미에 맞추어 빈칸에 들어갈 알맞은 조동사를 고르는 문제입니다. 문맥상 '그가 얼마나 많은 패스트푸드를 먹을 수 있는지를 보여주는 영상'이라고 해석되는 것이 자연스러우므로, 빈칸 뒤에 있는 동사 eat의 행위를 할 수 있다는 능력의 의미를 나타내는 조동사가 필요합니다. 따라서 빈칸에는 '~할 수 있다'는 의미를 가진 능력의 조동사 can이 정답입니다.

어휘 upload (온라인에) 업로드하다, 게시물을 올리다 mainly 주로

2.

정답 (c)

해석 나의 부모님은 내가 밤에 시내에 나가 있을 때 항상 나를 걱정하신다. 그들은 내가 낯선 사람들과 곤경에 처하게 될까봐 두려워하신다.

해설 문장에 의미에 어울리는 조동사를 고르는 문제입니다. 문맥상 자신이 곤경에 처할지도 모른다고 부모님이 두려워한다는 내용인데, '곤경에 처한다'(get in trouble)는 행위가 능력이나 충고, 의무의 의미가 아니라 '곤경에 처할 수도 있다'는 발생할 가능성이 있다는 추측의 의미이기 때문에 '~할지도 모른다'라는 의미의 (c) might가 정답입니다.

어휘 be concerned about ~을 걱정하다 downtown 시내(에) get in trouble 곤경에 처하다 stranger 낯선 사람

3.

정답 (a)

해석 4월 17일부터, 모든 운전자들은 시내 일반도로에서 시속 50 킬로미터 이하로 속도를 유지해야 한다.

해설 문장에 의미에 어울리는 조동사를 고르는 문제입니다. 문맥상 시내의 일반 도로에서 자동차를 운전하는 운전자들이 지켜야 하는 속도 제한에 대한 내용이므로 '시속 50 킬로미터 이하로 속도를 유지해야 한다'라고 해석되는 것이 자연스럽습니다. 따라서 교통 법규에 관한 것이므로 '~해야 한다'라는 의무의 의미를 가진 (a) must가 정답입니다.

어휘 starting + 날짜: ~부터 keep 유지하다, 지키다 city street 시내의 일반 도로

4.

정답 (b)

해석 차세대 그래픽 카드를 구매하기를 희망하는 PC 게이머들은 지

금 돈을 저축하기 시작해야 한다.

해설 문장에 의미에 어울리는 조동사를 고르는 문제입니다. 차세대 그래픽 카드를 구매하기를 희망하는 게이머들이 돈을 저축하기 시작한다는 내용인데, 문맥상 차세대 그래픽 카드를 구매하기 위해서 저축을 해야 한다는 의미입니다. 규칙이나 법에 따라 저축하기 시작하는 것이 의무가 아니라 충고의 의미로 '~해야 한다'라는 의미가 함께 쓰이는 것이 자연스럽습니다. 따라서 충고의 조동사 (b) should가 정답입니다.

어휘 hope to do ~하기를 희망하다[바라다] next-generation 차세대 save (돈을) 저축하다)

5.

정답 (b)

해석 경영진은 다음달에 100명 이상의 신입 직원을 채용할 것이라고 발표했다.

해설 문장에 의미에 어울리는 조동사를 고르는 문제입니다. 빈칸은 동사 announced의 목적어로 쓰인 that절의 동사 hire와 함께 쓰이는 조동사가 들어갈 자리입니다. that절 마지막에 미래 시점을 나타내는 next month가 있으며, 문맥상 '다음 달에 100명 이상의 신입 직원을 채용할 것'이라는 미래에 할 일을 나타내므로 빈칸에 들어갈 조동사는 '~할 것이다'라는 의미의 미래 조동사 (b) will입니다.

어휘 management 경영진 hire 고용하다, 채용하다

6.

정답 (d)

해석 알렉스는 나에게 그의 면접 후에 나의 정장을 돌려줄 것이라고 말했지만, 나는 그로부터 아무 소식도 듣지 못했다.

해설 문장에 의미에 어울리는 조동사를 고르는 문제입니다. 빈칸은 동사 told의 목적어로 쓰인 that이 생략된 that절의 동사 return과 함께 쓰이는 조동사가 들어갈 자리입니다. 문맥상 알렉스가 면접 후에 정장을 돌려주겠다고 말했고, 아직 돌려주지 않은 내용입니다. 따라서 알렉스가 '나'에게 말한 과거 시점을 기준으로 미래의 일을 말한 것이지만 return이 발생할 시점도 이미 지난 과거이므로 동사 return은 미래 조동사 will의 과거형 would와 함께 쓰이는 것이 자연스럽습니다. 따라서 정답은 (d) would입니다.

어휘 return 돌려주다, 반환하다 suit 정장

PRACTICE

1. can **2.** must **3.** might **4.** will **5.** should

1.

정답 can

해설 빈칸 앞의 문장에서 하워드가 다중언어사용자라고 언급되어 있으므로, 빈칸 뒤의 내용 speak multiple languages fluently는 하워드의 능력을 나타내어 '다양한 언어를 유창하게 말할 수 있다'라고 해석되는 것이 자연스럽습니다. 따라서 '~할 수 있다'라는 의미의 조동사 can이 정답입니다.

2.

정답 must

해설 문맥상 추가 요금을 피하기 위해서 지불금이 수령된다는 의미를 나타내므로 지불의 의무에 관한 내용임을 알 수 있습니다. 따라서 '~해야 한다'라는 의미를 가진 의무의 조동사 must가 쓰여 '지불금이 수령되어야 한다'라고 해석되는 것이 자연스러우므로 정답은 must입니다.

3.

정답 might

해설 빈칸 앞에 위치한 분사구문의 내용이 마이크가 직장에 가 있을 때 그의 개가 외로워지는 것을 걱정한다는 것이므로, 빈칸 뒤의 내용 adopt a second puppy는 의무, 충고, 능력의 의미가 아니라 '~할지도 모른다'는 추측의 의미의 조동사가 함께 쓰여서 '두 번째 강아지를 입양할지도 모른다'라는 의미가 되는 것이 자연스럽습니다. 따라서 정답은 추측의 조동사 might이며, 미래 시점을 나타내는 단서가 없으므로 미래의 조동사 will은 오답입니다.

4.

정답 will

해설 빈칸 뒤의 부사절 once it is confirmed by the Senate에서 조건을 나타내는 부사절 접속사 once 뒤에 현재시제 동사 is가 있으므로 주절은 미래 시제 동사가 쓰이는 단서로 볼 수 있습니다. 문맥상 '상원의회에 의해 확정되기만 하면 대통령이 서명할 것이다'라는 의미가 되어 상원의회에 확정된다는 조건이 충족되면 일어날 미래의 일이 sign이라는 동사이므로 미래의 조동사 will이 sign과 함께 쓰이는 것이 자연스럽습니다. 따라서 정답은 will입니다.

5.

정답 should

해설 문맥상 새로운 콘솔 게임기를 최대한으로 활용하기 위해서는 텔레비전의 HDR 설정을 조정해야 한다는 내용인데, 여기서 조정해야 한다는 것은 의무가 아니라 게임기를 최대한으로 활용하기를 바라는 사람들에 대한 충고이므로 빈칸에는 충고의 조동사 should가 적절합니다.

실전 감잡기

1. (a)	**2.** (a)	**3.** (b)	**4.** (c)	**5.** (d)	**6.** (b)
7. (b)	**8.** (d)	**9.** (c)	**10.** (b)	**11.** (a)	**12.** (c)
13. (c)	**14.** (a)	**15.** (b)	**16.** (a)	**17.** (b)	**18.** (d)

1.

정답 (a)

해석 제빵은 내 취미지만, 난 좋은 믹서기를 갖고 있지 않다. 돈을 모으기 위해 설사 몇 달 동안 플릭스 스트리머 구독을 취소해야 한다 하더라도 난 올해 새 스탠드 믹서기를 구입할 것이다.

해설 문장의 의미에 어울리는 조동사를 고르는 문제입니다. 빈칸이 속한 주절에 this year라는 시점 표현이 있는데, 앞 문장에 현재시제 동사(don't own)와 함께 현재의 상태를 알리는 말이 있는 것으로 볼 때 this year가 미래 시점을 나타내는 표현임을 알 수 있습니다. 따라서 단순히 미래에 있을 일을 말하는 의미가 되어야 알맞으므로 (a) will이 정답입니다.

어휘 baking 제빵, 빵 굽기 own ~을 소유하다 even if (설사) ~라 하더라도 cancel ~을 취소하다 subscription (정기) 구독, 서비스 가입

2.

정답 (a)

해석 토니가 사는 거리 한복판에 매우 큰 싱크홀이 생겨났다. 그는 신속히 시에 이 구멍을 신고했는데, 그것이 심각한 사고를 야기할까 두려웠기 때문이다.

해설 문장의 의미에 어울리는 조동사를 고르는 문제입니다. 빈칸이 속한 that절은 토니가 두려움을 느낀 원인으로서 심각한 사고의 발생 가능성과 관련된 의미를 나타내야 합니다. 그런데 that 앞에 위치한 주절의 동사 was가 과거시제이므로 시제 일치가 되면서 '~일지도 모른다'와 같은 발생 가능성과 관련된 의미를 나타낼 수 있는 (a) might이 정답입니다. (b) can은 현재시제이므로 어울리지 않습니다.

어휘 sinkhole 싱크홀(땅이 꺼지거나 패여 생긴 구멍) appear 나타나다 in the middle of ~ 한 가운데에 quickly 신속히 be afraid that ~임을 두려워하다 cause ~을 야기하다 serious 심각한 accident 사고

3.

정답 (b)

해석 뉴저지의 한 식당이 초대형 햄버거를 다 먹어 치우는 것에 대해 상품을 제공하고 있다. 이 도전 과제를 이행하기 위해서는, 10명으로 구성된 한 무리의 사람들이 반드시 1시간 내에 105파운드짜리 햄버거를 다 먹어야 한다.

해설 문장의 의미에 어울리는 조동사를 고르는 문제입니다. 빈칸이 속한 문장은 앞서 언급된 상품을 받기 위해 반드시 이행해야 하는 규칙을 나타내야 알맞으므로 '반드시 ~해야 하다'라는 의미로 쓰이는 (b) must가 정답입니다.

어휘 diner 식당 prize 상, 상품 extra-large 초대형의 fulfill ~을 이행하다 challenge 도전 (과제) within ~ 이내에

4.

정답 (c)

해석 카일과 캐서린은 오늘밤 8시 15분에 영화를 볼 계획을 세웠다. 하지만, 캐서린은 카일에게 혼자 가라고 문자 메시지를 보냈는데, 동료직원이 자신과 교대하러 오는 9시 30분까지 사무실에 갇혀 있을 것이기 때문이다.

해설 문장의 의미에 어울리는 조동사를 고르는 문제입니다. 빈칸 뒤에 지속을 나타내는 전치사 until과 함께 9시 30분이라는 시점이 쓰여 있는데, 이 시점 표현을 수식하는 when절을 보면 현재진행 시제 동사(is coming)가 쓰여 있습니다. 시간/조건을 나타내는

when절의 동사가 현재시제 또는 현재진행시제일 때 주절의 동사는 미래시제여야 하므로 (c) will이 정답입니다.

어휘 make a plan 계획을 세우다 text ~에게 문자 메시지를 보내다 be stuck in ~에서 꼼짝 못하고 있다 co-worker 동료직원 relieve ~와 교대하다

5.

정답 (d)

해석 고래는 사냥을 위해 반향 위치 측정이라는 기술을 사용한다. 예를 들어, 고래가 음파를 발산하고 몇 초 내로 그 소리 반향이 들린다면, 이는 먹이일 가능성이 있는 물체가 근처에 있는 것이 틀림없음을 의미한다.

해설 문장의 의미에 어울리는 조동사를 고르는 문제입니다. 고래가 음파를 발산하고 몇 초 내로 소리 반향이 들리는 경우는 당연히 어떤 물체가 있음을 의미하는 것으로 볼 수 있으므로 '틀림없이 ~하다, ~하는 것이 분명하다' 등의 의미로 확신을 나타낼 때 사용하는 (d) must가 정답입니다.

어휘 whale 고래 echolocation 반향 위치 측정 emit ~을 발산하다, 내뿜다 echo 소리 반향, 울림 within ~ 이내에 mean that ~임을 의미하다 object 물체 prey 먹이 nearby 근처에 있는

6.

정답 (b)

해석 빛이 소리보다 더 빠르게 이동하기는 하지만, 사람은 빛보다 소리에 더 신속히 반응한다. 이는 사람의 뇌가 눈을 통해 보내지는 데이터를 해석할 수 있는 것보다 귀를 통해 전달되는 정보를 더 빨리 처리하기 때문이다.

해설 문장의 의미에 어울리는 조동사를 고르는 문제입니다. 빈칸이 속한 절에서 말하는 내용은 뇌(it = human brain)가 지닌 한 가지 능력에 해당됩니다. 따라서 '~할 수 있다'라는 의미로 능력이나 가능성을 나타낼 때 사용하는 (b) can이 정답입니다.

어휘 although (비록) ~이기는 하지만 travel 이동하다 react to ~에 반응하다 process ~을 처리하다 interpret ~을 해석하다

7.

정답 (b)

해석 대니얼은 자신의 LSAT 시험을 준비하는 데 1년이 넘는 시간을 보냈다. 그 고된 노력으로 인해, 그는 시험을 치렀을 때 거의 만점을 달성했다. 현재, 그는 자신이 선택하는 어느 법대든 갈 수 있다.

해설 문장의 의미에 어울리는 조동사를 고르는 문제입니다. 빈칸 뒤에 원하는 어느 법대든 갈 수 있다는 말이 쓰여 있는데, 이는 거의 만점을 달성한 것에 따라 할 수 있는 일에 해당됩니다. 따라서 '~할 수 있다'라는 의미로 가능성이나 능력을 나타낼 때 사용하는 (b) can이 정답입니다.

어휘 spend A -ing: ~하는 데 A의 시간을 들이다, 소비하다 prepare for ~을 준비하다 exam 시험 thanks to ~로 인해, ~ 덕분에 achieve ~을 달성하다, 이루다 perfect score 만점 whichever 어느 ~이든, ~하는 어느 것이든 choose ~을 선택하다

8.

정답 (d)

해석 신종 코로나바이러스 감염증 대유행이 거의 모든 국가의 여행 및 관광 산업에 심각하게 영향을 미쳐 왔으며, 엄격한 제한이 가해져 왔다. 예를 들어, 대한민국에서는, 입국하는 재외국민들이 반드시 2주 동안 격리 상태로 있어야 한다.

해설 문장의 의미에 어울리는 조동사를 고르는 문제입니다. 빈칸 뒤에 2주 동안 격리 상태로 있어야 한다는 말이 쓰여 있는데, 이는 입국하는 재외국민들이 코로나바이러스 감염증과 관련해 꼭 해야 하는 일에 해당됩니다. 따라서 '반드시 ~하다'라는 의미로 의무나 중요성 등을 나타낼 때 사용하는 (d) must가 정답입니다.

어휘 pandemic (세계적인) 대유행, 전 세계적인 유행병 severely 심각하게 impact ~에 영향을 미치다 industry 산업, 업계 virtually 거의, 사실상 strict 엄격한 impose (의무, 법률, 세금 등) ~을 가하다, 부과하다 limitation 제한, 규제 foreign national 재외국민 remain ~한 상태로 있다, 계속 ~한 상태이다 quarantine 격리, 검역

9.

정답 (c)

해석 삶에 대한 타일러의 관점은 딸이 태어난 이후로 완전히 변했다. 그는 한때 자신의 직업적 목표에 대해 방향성이 없었다. 하지만 지금, 그는 딸에게 좋은 삶을 제공해주기 위해 필요한 무엇이든 한다는 것을 알고 있다.

해설 문장의 의미에 어울리는 조동사를 고르는 문제입니다. 빈칸 뒤에 딸에게 좋은 삶을 제공해주기 위해 필요한 무엇이든 한다는 말이 쓰여 있는데, 이는 미래에 할 일 또는 의지를 나타내는 것에 해당합니다. 따라서 미래에 할 일 또는 의지 등을 나타낼 때 사용하는 (c) will이 정답입니다.

어휘 perspective 관점, 시각 completely 완전히, 전적으로 ever since ~한 이후로 줄곧 used to do 한때 ~했다 aimless 방향성이 없는, 목표가 없는 career goal 직업적 목표 whatever ~하는 무엇이든 necessary 필요한, 필수적인 provide A with B: A에게 B를 제공하다

10.

정답 (b)

해석 세인트 메리 병원의 의학과장인 루돌프 박사는 일상적인 혈관 우회 수술 중에 자신이 저지른 중대한 실수 때문에 최근 의료 과실로 고소를 당했다. 그의 명성은 그렇게 직업적으로 타격을 입은 것에서 절대로 회복되지 못할 수도 있다.

해설 문장의 의미에 어울리는 조동사를 고르는 문제입니다. 빈칸 뒤에 직업적으로 타격을 입은 것에서 절대로 회복되지 못한다는 말이 쓰여 있는데, 이는 의료 과실로 고소를 당한 사람에 대한 일종의 불확실한 추측으로 볼 수 있습니다. 따라서 '~할지도 모르다' 등의 의미로 불확실한 추측을 나타낼 때 사용하는 (b) might이 정답입니다.

어휘 recently 최근 sue ~을 고소하다, ~를 상대로 소송을 제기하다 medical malpractice 의료 과실 critical 중대한, 결정적인 make a mistake 실수를 저지르다 routine 일상적인 bypass surgery 혈관 우회 수술 reputation 명성, 평판

recover from ~에서 회복하다, 복구되다 professional 직업상의, 직업적인 blow 타격, 충격

11.

정답 (a)

해석 올든 도서관은 특별 소장실을 방문하는 사람들에 대해 엄격한 규칙을 가지고 있다. 그 곳은 수백년 전에 출간된 여러 희귀한 초판본과 고서들을 보관하고 있다. 열람실은 소독되어 있으며, 한번에 단 한 사람만 들어갈 수 있다.

해설 문장의 의미에 어울리는 조동사를 고르는 문제입니다. 빈칸 뒤에 한번에 열람실에 들어간다는 말이 쓰여 있는데, 주어가 only one person이므로 '한번에 한 사람만 들어갈 수 있다'는 허락의 의미를 나타내는 것이 적절합니다. 따라서 허락의 의미로 '~할 수 있다'로 해석되는 조동사 (a) can이 정답입니다.

어휘 strict 엄격한 collection 소장품 house 보관하다, 소장하다 rare 희귀한, 드문 edition (출간물의) 판, 호 antiquarian 공동품의, 고서의 publish 출간하다 viewing room 열람실 sterilize 살균하다, 소독하다 enter 들어가다

12.

정답 (c)

해석 2단계 인증은 여러분의 개인 정보를 온라인에서 안전하다는 것을 보장하는 간단한 방법입니다. 만약 해커가 여러분의 비밀번호를 가졌더라도, 그/그녀는 문자 메시지를 통해 여러분의 폰에 직접 전송되는 인증 코드도 또한 입력해야 합니다.

해설 문장의 의미에 어울리는 조동사를 고르는 문제입니다. 빈칸 뒤에 인증 코드를 입력한다는 말이 쓰여 있는데, 빈칸 앞 문장의 내용에 따르면 개인 정보의 안전을 보장하기 위한 방법으로 인증 코드를 입력해야 하는 것이므로 동사 enter는 '~해야 하다'라는 의무의 조동사 must와 함께 쓰이는 것이 적절합니다. 따라서 정답은 (c) must입니다.

어휘 two-step 2단계의 verification 인증, 확인, 조회 ensure 보장하다 enter 입력하다 directly 직접, 곧장 via ~을 통하여

13.

정답 (c)

해석 링글리 경기장의 개장일은 이번 주 토요일로 정해졌으며, 그날 시카고 컵스는 신시내티 레즈를 상대로 경기를 시작할 것이다. 하지만, 일기 예보에서 그 날 비가 내일지도 모른다고 하여, 티켓 판매가 예상된 만큼 높지 않았다.

해설 문장의 의미에 어울리는 조동사를 고르는 문제입니다. 빈칸 뒤에 비가 온다는 말이 쓰여 있는데, 해당 문장의 주어가 the weather forecast이며, 문맥상 일기예보에서 비가 올 지도 모른다는 추측의 의미가 필요하므로 '~할 지도 모른다'는 의미의 조동사 (c) might가 정답입니다. 빈칸이 포함된 문장의 동사가 says로, 현재시제이므로 문맥상 비가 올 것이라고 예보한 해당 날짜가 이미 지난 시점이 아니기 때문에 will의 과거형 would는 빈칸에 쓸 수 없습니다.

어휘 opening day 개장일, 개업일 stadium 경기장 be set 정해지다 face off 경기를 시작하다, 대결할 준비를 하다

14.

정답 (a)

해석 피터는 그의 아내와 딸을 매주 토요일에 투스카니 비스트로에 저녁식사를 하러 데려 간다. 그리고 그것이 단순하지만 총애 받는 가족 전통이 되었다. 그 식당이 그들에게 얼마나 중요한지를 고려하면, 그들은 그 식당이 다음 달에 영원히 문을 닫을 것이라는 것을 듣고 실망할 것이다.

해설 문장의 의미에 어울리는 조동사를 고르는 문제입니다. 빈칸 뒤에 다음 달에 식당이 문을 닫을 것이라는 것을 듣고 실망한다는 내용이 있고, 빈칸 앞에 조건을 나타내는 접속사 given (that)과 현재시제 동사 is가 있으므로, 문장 맨 뒤의 미래시점 부사 next month와 함께 주절의 동사가 미래 시제임을 알 수 있습니다. 따라서 정답은 미래를 나타내는 조동사 (a) will입니다.

어휘 beloved 총애 받는, 사랑받는 family tradition 가족 전통 given (that) ~라는 점을 고려하면 be disappointed to do ~해서 실망하다 permanently 영원히, 영구적으로

15.

정답 (b)

해석 은혜는 그녀의 집필에 전념하기 위해 출판업에서의 직업을 떠났다. 하지만, 그녀는 3편의 장편 소설과 단편 소설 모음집을 동시에 작업 중이다. 그녀는 너무 많은 일을 한꺼번에 하는 것 대신 그녀의 모든 창의력을 하나의 일에 집중해야 한다.

해설 문장의 의미에 어울리는 조동사를 고르는 문제입니다. 빈칸 뒤에 너무 많은 일을 한꺼번에 하려는 대신에 모든 창의력을 하나의 일에 집중한다는 내용이 있는데, 빈칸에 들어갈 조동사와 함께 쓰일 동사 focus는 '집중해야 한다'라는 충고의 의미로 쓰이는 것이 적절합니다. 따라서 '~해야 한다'라는 충고의 의미의 조동사 (b) should가 정답입니다. 빈칸 앞 문장에서 언급된 세 편의 장편 소설과 단편 소설 모음집을 동시에 작업 중이라는 내용을 통해 은혜가 창의력을 집중하는 것이 추측이나 미래의 일에 관련이 없으므로 might와 will, would는 오답입니다.

어휘 career 직업, 경력 publishing 출판 commit oneself to: ~에 전념하다 work on ~을 작업하다, ~에 공을 들이다 novel (장편) 소설 collection 모음집 short story 단편 소설 simultaneously 동시에 focus on ~에 집중하다, ~에 초점을 맞추다 instead of ~대신에 spread oneself thin 한꺼번에 많은 일을 하려고 하다

16.

정답 (a)

해석 '범퍼'는 효과적이고, 약간 급속히 퍼지는 새로운 데이트 앱이다. 그것은 어떤 카페나 식당과 같이 사용자가 가장 자주 머무는 곳을 기록하기 위해서 사용자의 GPS 데이터를 추적할 수 있다. 그리고 나서 그것은 가장 자주 가는 장소—그들이 서로 우연히 마주칠 가능성이 가장 높은 곳—를 기반으로 하여 사용자들을 연결시킨다.

해설 문장의 의미에 어울리는 조동사를 고르는 문제입니다. 빈칸이 속한 문장의 주어는 Bumper라는 새로운 데이트 앱이며, 빈칸 뒤의 내용을 보면, 가장 자주 머무는 곳들을 기록하기 위해서 사용자들의 GPS 데이터를 추적(track)할 수 있다는 내용입니다. 따

라서 동사 track과 함께 쓰여야 하는 조동사는 GPS 데이터 추적이라는 앱의 능력, 또는 기능을 나타내야 하므로 '~할 수 있다'라는 의미의 조동사 **(a) can**이 정답입니다.

어휘   effective 효과적인, 효율적인   slightly 약간, 조금   invasive 급속히 퍼지는   track 추적하다

17.

정답   (b)

해석   쓰리 윌로우즈는 토론토 중심에 있는 국외 거주자들에게 인기 있는 지역이 되었다. 거주민들의 대다수는 다른 나라 출신인지 모르지만, 그들은 모두 그들의 지역 공동체를 안전하고, 도와주는, 그리고 문화적으로 풍요로운 곳으로 만들기 위해 함께 노력한다.

해설   문장의 의미에 어울리는 조동사를 고르는 문제입니다. 빈칸이 속한 문장과 그 뒤의 문장의 의미를 고려해보았을 때 빈칸에 들어갈 조동사와 그 뒤에 있는 come from different countries는 '다른 나라 출신일지도 모른다'라는 의미를 나타내는 것이 적절합니다. 그래서 그 뒤의 문장이 역접의 접속사 but으로 시작하며 그들이 서로 다른 나라 출신일지도 모르지만 그들의 공동체인 쓰리 윌로우즈를 안전하고, 서로 돕는, 문화적으로 풍요로운 곳으로 만들기 위해 함께 노력한다는 내용으로 해석됩니다. 따라서 '~일지도 모른다'라는 추측의 조동사 **(b) may**가 정답입니다.

어휘   neighborhood 지역, 지방   expat 국외 거주자(=expatriate) heart 중심지   majority 대다수   resident 거주자, 주민 community (지역) 공동체   supportive 도와주는, 지원하는 culturally 문화적으로   rich 풍부한, 풍요로운

18.

정답   (d)

해석   막 32세가 된 다니엘은 그가 여전히 젊고 건강하다고 믿었다. 하지만 최근의 건강검진에서 그가 고혈압이라는 것이 드러났다. 장래에 더 심각한 질병을 피하기 위해서 그는 먹는 것을 주시하고 더 많은 심혈관 운동을 해야 한다.

해설   문장의 의미에 어울리는 조동사를 고르는 문제입니다. 빈칸이 속한 문장 앞의 내용은 32세가 된 다니엘이 최근의 건강 검진에서 고혈압으로 나타났다는 내용입니다. 빈칸 뒤의 내용은 '그가 먹는 것을 주시하고 더 많은 심혈관 운동을 한다'는 내용이므로 빈칸 앞에 있는 '더 심각한 질병을 피하기 위해서'라는 의미를 나타내는 to부정사의 내용과 부합하기 위해 '먹는 것을 주시하고 더 많은 심혈관 운동을 해야 한다'라고 해석되는 것이 자연스럽습니다. 따라서 '~해야 하다'라는 의미로 강력한 충고의 조동사 **(d) should**가 정답입니다.

어휘   turn 나이: ~세가 되다   check-up (건강) 검진   reveal 드러내다, 밝히다   high blood pressure 고혈압   condition 상태, 질환   down the road 장래에   watch 지켜보다, 주시하다 cardiovascular 심혈관의

DAY 06   동명사

1초 퀴즈

   1. (b)   **2. (c)**

1.

정답   (b) Reporting

해석   방문자 수와 방문 시각을 보고하는 것은 그 안전 시설에서 필수적인 업무이다.

해설   동사 report의 알맞은 형태를 고르는 문제입니다. 빈칸의 위치는 주어 자리이고, the number of visitors and the time of their visit를 목적어로 취해야 하기 때문에 빈칸에는 동명사가 들어가는 것이 적절합니다. 따라서 **(a) Reporting**이 정답입니다. 이때 **(d) Having report**와 같은 완료동명사 「having p.p.」의 형태는 동명사의 시제가 문장의 동사보다 앞선 시제일 때만 사용하므로 오답입니다.

어휘   report 보고하다   visitor 방문객   visit 명 방문, 동 방문하다 task 업무, 과업   secure facility 안전 시설, 보안 시설

2.

정답   (c) investing

해석   몇몇의 저명한 경제학자들은 여전히 암호화폐에 투자하는 것이 너무 위험하다고 여긴다.

해설   동사 invest의 알맞은 형태를 고르는 문제입니다. 빈칸의 위치는 타동사 consider의 목적어 자리이며, consider는 동명사를 목적어로 취하는 타동사이기 때문에 invest는 동명사 형태가 되어야 합니다. 따라서 정답은 **(c) investing**입니다.

어휘   renowned 저명한, 유명한   economist 경제학자, 경제 전문가 cryptocurrency 암호화폐   risky 위험한

PRACTICE

   1. listening   **2. checking**   **3. getting**
   4. researching   **5. singing**   **6. lying**

1.

정답   listening

해설   동사 listen의 알맞은 형태를 고르는 문제입니다. 빈칸의 위치는 타동사 recommend의 목적어 자리이며, recommend는 동명사를 목적어로 취하는 타동사이기 때문에 listen은 동명사 형태가 되어야 합니다. 따라서 정답은 listening입니다.

2.

정답   checking

해설   동사 check의 알맞은 형태를 고르는 문제입니다. 빈칸의 위치는 타동사 stop의 목적어 자리이며, stop은 동명사를 목적어로 취하는 타동사이기 때문에 check는 동명사 형태가 되어야 합니

다. 따라서 정답은 checking입니다.

3.

정답 getting

해설 동사 get의 알맞은 형태를 고르는 문제입니다. 빈칸의 위치는 타동사 avoid의 목적어 자리이며, avoid는 명사를 목적어로 취하는 타동사이기 때문에 get은 동명사 형태가 되어야 합니다. 따라서 정답은 getting입니다.

4.

정답 researching

해설 동사 research의 알맞은 형태를 고르는 문제입니다. 빈칸의 위치는 타동사 finish의 목적어 자리이며, finish는 동명사를 목적어로 취하는 타동사이기 때문에 research은 동명사 형태가 되어야 합니다. 따라서 정답은 researching입니다.

5.

정답 singing

해설 동사 sing의 알맞은 형태를 고르는 문제입니다. 빈칸의 위치는 said의 목적어인 that절의 주어 자리이며, 주어 자리에서 동사 sing은 동명사 형태가 되어야 하므로 정답은 singing입니다.

6.

정답 lying

해설 동사 lie의 알맞은 형태를 고르는 문제입니다. 빈칸의 위치는 be동사 뒤의 주격보어 자리이며, 주격 보어자리에서 '~하는 것'이라고 해석되어야 하므로 동사 lie는 동명사 형태가 되어야 합니다. 따라서 정답은 lying입니다.

실전 감잡기

1. (b)	2. (c)	3. (a)	4. (c)	5. (d)	6. (c)
7. (c)	8. (c)	9. (b)	10. (b)	11. (c)	12. (d)
13. (a)	14. (a)	15. (a)	16. (d)	17. (a)	18. (c)

1.

정답 (b)

해석 쿼카는 사랑스럽고 털이 많은 호주의 동물로서, 행복한 표정으로 유명하다. 이 친근한 동물은 관광객들과 사진 찍는 것을 꺼리지 않지만, 동물학자들은 사람들에게 그 동물을 만지거나 먹이를 주지 말라고 경고한다.

해설 동사 take의 알맞은 형태를 고르는 문제입니다. 빈칸 앞에 위치한 동사 mind는 동명사를 목적어로 취하므로 (b) taking이 정답입니다. 이때 (d) having taken과 같은 「having p.p.」의 형태는 사용하지 않습니다.

어휘 adorable 사랑스러운 furry 털이 많은 be famous for ~로 유명하다 expression 표정 friendly 친근한, 친절한

creature 생물체 mind -ing ~하는 것을 꺼리다 zoologist 동물학자 warn A (not) to do: A에게 ~하도록(하지 말도록) 경고하다, 주의를 주다 feed ~에게 먹이를 주다

2.

정답 (c)

해석 흔히 내성적인 사람들이 수줍음을 잘 타고 다른 사람들과 함께 있는 것을 좋아하지 않는다고 오해한다. 그와 반대로, 많은 내성적인 사람들이 친구들과 함께 시간을 보내는 것을 즐거워하지만, 혼자 "재충전"하기 위한 일정 시간을 필요로 한다.

해설 동사 spend의 알맞은 형태를 고르는 문제입니다. 빈칸 앞에 위치한 동사 enjoy는 동명사를 목적어로 취하므로 (c) spending이 정답입니다. 이때 (a) having spent과 같은 형태는 사용하지 않습니다.

어휘 A common misconception about A is that: 흔히 A에 관해 ~라고 오해하다 introvert 내성적인 사람 shy 수줍어하는 the company of ~와 함께 있음 on the contrary 그와 반대로, 대조적으로 require ~을 필요로 하다 a certain amount of time 일정 시간 recharge 재충전하다

3.

정답 (a)

해석 많은 고등학교 과학 교사들이 교실에서 동물 해부 시간을 없앴다. 일부 전문가들은 해부 시간을 컴퓨터 모의 실험이나 현실적인 수업 모델, 그리고 다른 현대적인 대안으로 대체하도록 권하고 있다.

해설 동사 replace의 알맞은 형태를 고르는 문제입니다. 빈칸 앞에 위치한 동사 suggest는 동명사를 목적어로 취하므로 (a) replacing이 정답입니다. 이때 (c) having replaced와 같은 형태는 사용하지 않습니다.

어휘 remove A from B: B에서 A를 없애다, 제거하다 dissection 해부 expert 전문가 suggest that ~하도록 권하다, 제안하다 replace A with B: A를 B로 대체하다 simulation 모의 실험 realistic 현실적인 alternative 대안

4.

정답 (c)

해석 테르모폴리움은 고대 로마인들이 바로 먹을 수 있는 음식을 구입하곤 했던 곳이었다. 고대 로마하층민 가정의 주방 부족 문제로 인해 평민들은 조리된 음식을 먹는 것을 즐길 수 있도록 테르모폴리움을 방문했다.

해설 동사 eat의 알맞은 형태를 고르는 문제입니다. 빈칸 앞에 위치한 동사 enjoy는 동명사를 목적어로 취하므로 (c) eating이 정답입니다. 이때 (b) having eaten과 같은 형태는 사용하지 않습니다.

어휘 ancient 고대의 used to do (과거에) ~하곤 했다 ready-to-eat 바로 먹을 수 있는 lack 부족, 결핍 lower-class 하층 계급의 household 가정 make A do: A를 ~하게 만들다 commoner 평민

5.

정답 (d)

해석 다이어트를 하는 많은 사람들은 각자 이상적인 몸무게를 유지하는 데 도움이 되기 위해 칼로리를 계산한다. 하지만, 이러한 관행은 유지하기 어려운데, 당신이 먹는 모든 것 속에 얼마나 많은 칼로리가 있는지 아는 것이 필요로 하기 때문이다.

해설 동사 know의 알맞은 형태를 고르는 문제입니다. 목적어를 필요로 하는 타동사 require 바로 뒤에 빈칸이 위치해 있으므로 목적어 역할이 가능한 동명사 (d) knowing이 정답입니다. require는 동명사나 that절을 목적어로 취하며, 또는 「require + 사람 목적어 + to do」의 구조로 쓰입니다.

어휘 help do ~하는 데 도움이 되다, ~하는 것을 돕다 maintain ~을 유지하다 ideal 이상적인 practice 관행, 관례 since ~하기 때문에 require ~을 필요로 하다

6.

정답 (c)

해석 맛있는 특별 음식일 뿐만 아니라, 초콜릿은 상당한 건강상의 혜택도 지니고 있다. 많은 영양사들이 위장 속의 염증을 줄이고 질병을 유발하는 박테리아를 제거하기 위해 초콜릿 음료를 마시는 것을 권장한다.

해설 동사 drink의 알맞은 형태를 고르는 문제입니다. 빈칸 앞에 위치한 동사 recommend는 동명사를 목적어로 취하므로 (c) drinking이 정답입니다. 이때 (d) having drunk와 같은 형태는 사용하지 않습니다.

어휘 besides ~뿐만 아니라, ~ 외에도 treat 특별 음식, 대접, 한턱 significant 상당한, 중요한 benefit 혜택, 이점 dietician 영양사 recommend -ing ~하도록 권하다, 추천하다 beverage 음료 in order to do ~하기 위해 reduce ~을 줄이다, 감소시키다 inflammation 염증 stomach 위장 eliminate ~을 제거하다 disease-causing 질병을 유발하는

7.

정답 (c)

해석 엠마는 지난 달부터 지역 사회 연극 공연을 위해 자신의 대사를 계속 연습해오고 있지만, 여전히 전달력이 부족하다고 느끼고 있다. 그녀의 아버지께서는 그녀가 향상시켜야 하는 것을 관찰할 수 있도록 거울 앞에서 연기하는 것을 제안하였다.

해설 동사 act의 알맞은 형태를 고르는 문제입니다. 빈칸 앞에 위치한 동사 suggest는 동명사를 목적어로 취하므로 (c) acting이 정답입니다. 이때 (d) having acted와 같은 형태는 사용하지 않습니다.

어휘 practice ~을 연습하다 line 대사 community 지역 사회, 지역 공동체 play ⑧ 연극 since ~ 이후로 delivery 전달(력) lack 부족하다 suggest -ing ~하도록 권하다, 제안하다 in front of ~ 앞에서 observe ~을 관찰하다 improve ~을 향상시키다, 개선하다

8.

정답 (c)

해석 마크 저커버그가 페이스북의 사업 활동에 대해 국회 앞에서 증언했을 때, 비평가들은 그가 쉬운 질문만 받았다는 것에 불평하였다. 그 기술 혁신자는 그의 회사가 시장에서 독점을 하고 있는지에 관한 질문들에 대해서는 그 어느 것도 대답하는 것을 성공적으로 회피하였다.

해설 동사 answer의 알맞은 형태를 고르는 문제입니다. 빈칸의 위치는 타동사 avoid의 목적어 자리이며, avoid는 동명사를 목적어로 취하는 타동사이기 때문에 answer는 동명사 형태가 되어야 합니다. 따라서 정답은 (c) answering입니다. 이때 (b) having answered와 같은 형태는 사용하지 않습니다.

어휘 testify 증언하다 Congress 국회 activity 활동 critic 비평가, 평론가 softball question 쉬운 질문 tech 기술 상의, 전문적인(technical) innovator 혁신자, 개혁을 이룬 사람 regarding ~에 관한 whether ~인지 monopoly 독점, 전매

9.

정답 (b)

해석 애나는 해변에 가 있을 때마다 많은 활동에 참여한다. 그녀는 자주 수영과 서핑을 하고, 모래성도 만든다. 또한 때때로 일몰도 지켜보지만, 비치 발리볼 경기하는 것을 가장 즐거워한다.

해설 동사 play의 알맞은 형태를 고르는 문제입니다. 빈칸 앞에 위치한 동사 enjoy는 동명사를 목적어로 취하는 동사이므로 동명사인 (b) playing이 정답입니다. 이때 (c) having played와 같은 형태는 사용하지 않습니다.

어휘 engage in ~에 참여하다, 관여하다 whenever ~할 때마다 build a sand castle 모래성을 만들다 the most 가장

10.

정답 (b)

해석 짧은 낮잠은 각성 상태와 생산성을 증대시키는 것으로 알려져 왔다. 일부 과학자들은 오후 1시에서 2시 30분 사이에 낮잠을 자도록 권장하는데, 체온이 이 시간대에 낮아져 쉽게 잠들게 만들어주기 때문이다.

해설 동사 nap의 알맞은 형태를 고르는 문제입니다. 빈칸 앞에 위치한 동사 recommend는 동명사를 목적어로 취하는 동사이므로 동명사인 (b) napping이 정답입니다. 이때 (d) having napped와 같은 형태는 사용하지 않습니다.

어휘 nap ⑧ 낮잠 ⑤ 낮잠 자다 be said to do ~하는 것으로 알려지다 increase ~을 증가시키다, 높여주다 alertness 각성 상태 productivity 생산성 temperature 온도 decline 감소하다, 줄어들다 make A do: A가 ~하게 만들다 fall asleep 잠들다

11.

정답 (c)

해석 로사는 오래 전에 칸쿤에서 휴가를 보내고 있었을 때 즉흥적으로 스쿠버 다이빙 강습을 받았다. 그리고 그것이 평생의 집착을 촉발시켰다. 그 때 당시에, 그녀는 그녀의 두 눈으로 침몰한 배와 잠수함을 보는 것을 전혀 상상하지 않았다.

해설 동사 see의 알맞은 형태를 고르는 문제입니다. 빈칸의 위치는 타

동사 imagine의 목적어 자리이며, imagine은 동명사를 목적어로 취하는 타동사이기 때문에 see는 동명사 형태가 되어야 합니다. 따라서 정답은 (c) seeing입니다.

어휘 scuba diving 스쿠버 다이빙 on a whim 즉흥적으로, 충동적으로 vacation 동 휴가를 보내다 spark 촉발시키다, 유발하다 life-long 평생의, 일생의 obsession 강박, 집착, 집념 sunken 침몰한, 물 속에 가라 앉은 submarine 잠수함

12.

정답 (d)

해석 몇몇 팬들은 최신 제임스 본드 영화, <노 타임 투 다이>가 출시될 수 있을 것인지를 궁금해하기 시작했다. MGM 스튜디오는 계속 진행 중인 전세계적인 유행병에 대한 대응으로 그 영화를 개봉하는 것을 무기한으로 연기하였다.

해설 동사 release의 알맞은 형태를 고르는 문제입니다. 빈칸의 위치는 타동사 postpone의 목적어 자리이며, postpone은 동명사를 목적어로 취하는 타동사이기 때문에 release는 동명사 형태가 되어야 합니다. 따라서 정답은 (d) releasing입니다. 이 때 (a) having released와 같은 형태는 사용하지 않습니다.

어휘 release (영화를) 개봉하다, 출시하다 wonder if ~인지 궁금해하다 latest 최신의 see the light of day 널리 알려지다, 출시되다 postpone 연기하다, 미루다 indefinitely 무기한으로 in response to ~에 대한 대응으로 ongoing 계속 진행 중인 pandemic 전세계적 유행병

13.

정답 (a)

해석 의료 분야는 지방에서 지속적으로 직업의 성장을 보는 얼마 되지 않는 산업 중에 하나이다. 그래서, 직업을 찾는 많은 대학 졸업자들이 의료 관련 학위나 자격증을 위해 학교로 돌아가는 것을 고려한다.

해설 동사 return의 알맞은 형태를 고르는 문제입니다. 빈칸의 위치는 타동사 consider의 목적어 자리이며, consider는 동명사를 목적어로 취하는 타동사이기 때문에 return은 동명사 형태가 되어야 합니다. 따라서 정답은 (a) returning입니다. 이 때 (d) having returned와 같은 형태는 사용하지 않습니다.

어휘 return 돌아가다 medical 의학의, 의료의 field 분야 industry 산업 consistently 지속적으로 growth 성장 rural 시골의, 지방의 graduate 졸업자, 졸업생 struggle to do ~하려고 고투하다, 힘겹게 ~하다 degree 학위 certificate 자격증

14.

정답 (a)

해석 결국 기타는 새로운 줄이 필요할 것이다. 하지만 가정에서 몇 개의 기본 도구를 가지고 줄을 바꾸는 것은 쉽다. 단지 올바른 치수의 줄을 이용하고 새로운 줄이 줄받이 판에 걸쳐서 팽팽해 질 때까지 계속 감는 것만 기억해야 한다.

해설 동사 wind의 알맞은 형태를 고르는 문제입니다. 빈칸의 위치는 타동사 keep의 목적어 자리이며, keep은 동명사를 목적어

로 취하는 타동사이기 때문에 wind는 동명사 형태가 되어야 합니다. 따라서 정답은 (a) winding입니다. 이 때 (d) having wound와 같은 형태는 사용하지 않습니다.

어휘 wind ⑤ ~을 감다 eventually 결국 string (악기의) 줄, 현 gauge 치수 taut 팽팽한 across ~에 걸쳐서 fret board (기타의) 줄받이 판

15.

정답 (a)

해석 인플레이션에 대한 우려가 있는 반면에, 여러 국가와 산업이 경제적으로 코로나 바이러스 위기에서 경제적으로 회복하기 시작하면서 시장은 올해 개선될 것으로 기대된다. 금융 자문위원들은 회복이 최대한의 효과가 나타나기 시작하기 전에 지금 주식 시장에 투자하는 것을 권장한다.

해설 동사 invest의 알맞은 형태를 고르는 문제입니다. 빈칸의 위치는 타동사 recommend의 목적어 자리이며, recommend는 동명사를 목적어로 취하는 타동사이기 때문에 invest는 동명사 형태가 되어야 합니다. 따라서 정답은 (a) investing입니다. 이 때 (d) having invested와 같은 형태는 사용하지 않습니다.

어휘 while 반면에 worries of ~에 대한 걱정, 우려 inflation 인플레이션, 물가 상승 be expected to do ~할 것으로 기대되다[예상되다] improve 향상시키다, 개선되다 bounce back from ~에서 회복하다, 되살아나다 financial 금융의, 재정적인 consultant 컨설턴트, 자문위원 stock market 주식 시장 recovery 회복 take full effect 최대한의 효과가 나타나다

16.

정답 (d)

해석 히로가 그의 형이 하는 조경 사업을 함께 하기 위해 검찰에서 영향력 있는 직무에서 사직하였을 때 히로의 친구들과 가족은 충격을 받았다. 하지만, 히로에게 그 일의 스트레스는 그럴 가치가 있는 것이 아니었다. 지금, 그는 정원과 뒤뜰, 밝은 햇살이 있는 야외에서 나날을 보내는 것을 즐기고 있다.

해설 동사 spend의 알맞은 형태를 고르는 문제입니다. 빈칸의 위치는 타동사 enjoy의 목적어 자리이며, enjoy는 동명사를 목적어로 취하는 타동사이기 때문에 spend는 동명사 형태가 되어야 합니다. 따라서 정답은 (d) spending입니다. 이 때 (b) having spent와 같은 형태는 사용하지 않습니다.

어휘 spend (시간을) 보내다 be shocked 충격을 받다 resign 사임하다, 사직하다 influential 영향력 있는 position 직무, 직책 prosecutor 검사 landscaping 조경 worth 가치가 있는

17.

정답 (a)

해석 일부 개인 거래자들이 '레딧'에서 모여 '게임스탑'이라는 비디오 게임 소매 기업의 주식 가격을 끌어올렸다. 그것이 여러 주요 헤지 펀드의 운영 계획을 좌절시켰다. 주식 거래 플랫폼들이 월스트리트의 압력에 굴복하여 추가적인 주식을 구매하는 것을 제한하였을 때 격노가 뒤따랐다.

해설 동사 buy의 알맞은 형태를 고르는 문제입니다. 빈칸의 위치는

타동사 restrict의 목적어 자리이며, restrict는 동명사를 목적어로 취하는 타동사이기 때문에 buy는 동명사 형태가 되어야 합니다. 따라서 정답은 (a) buying입니다. 이 때 (d) having bought와 같은 형태는 사용하지 않습니다.

어휘   individual 개인의, 개별적인 trader 거래자 gather 모이다 drive up (값 따위를) 끌어올리다 thwart 좌절시키다 scheme 운영 계획 hedge fund 헤지 펀드 outrage 격분, 격노 give into ~에 굴복하다 pressure 압박, 압력 restrict 제한하다 share 주식

18.

정답   (c)

해석   코리와 그의 아내 수민은 코리의 고향인 텍사스에서 새로운 인생을 시작하기 위해 한국을 떠날 계획을 하고 있었다. 하지만, 미국이 아직 코로나 바이러스로 고군분투하고 있어서 이 부부는 둘 다 백신 주사를 맞을 때까지 이사하는 것을 연기할 지도 모른다.

해설   동사 move의 알맞은 형태를 고르는 문제입니다. 빈칸의 위치는 타동사 delay의 목적어 자리이며, delay는 동명사를 목적어로 취하는 타동사이기 때문에 move는 동명사 형태가 되어야 합니다. 따라서 정답은 (c) moving입니다. 이 때 (d) having moved와 같은 형태는 사용하지 않습니다.

어휘   plan to do ~하기로 계획하다 the States 미국 struggle with ~로 고군분투하다 vaccinate 백신 주사를 맞히다[접종하다]

DAY 07   부정사 (1)

1초 퀴즈

1. (c)   **2.** (b)   **3.** (a)   **4.** (d)

1.

정답   (c)

해석   수석 요리사인 앨런 키스는 항상 그의 직원들에게 최소한 개점하기 2시간 전에 주방을 청소하라고 요청한다.

해설   동사 clean의 알맞은 형태를 고르는 문제입니다. 빈칸 앞에는 타동사 ask와 목적어 his staff가 위치해 있기 때문에 빈칸이 목적격보어 자리임을 알 수 있습니다. 타동사 ask는 목적격보어로 to부정사를 취하는 동사이기 때문에 동사 clean은 to부정사 형태로 쓰여야하므로 정답은 (c) to clean입니다.

어휘   head chef 수석 요리사, (호텔 등) 주방 책임자

2.

정답   (b)

해석   미구엘은 실직 상태에 있는 동안 자신만의 맥주를 양조하는 법을 배웠다.

해설   동사 brew의 알맞은 형태를 고르는 문제입니다. 빈칸의 위치는

타동사 learn의 목적어 자리이며, learn은 to부정사를 목적어로 취하는 타동사이기 때문에 brew는 to부정사 형태가 되어야 합니다. 따라서 정답은 (b) to brew입니다. 이 때 부정사의 행위가 문장의 동사가 나타내는 시점보다 먼저 일어난 일일 경우에 쓰는 완료부정사 「to have p.p.」 형태인 (d) to have brewed는 오답입니다.

어휘   brew (맥주를) 양조하다 in between jobs 실직 상태인

3.

정답   (a)

해석   내가 집을 떠난 뒤 몇 분후에, 나는 가스 밸브를 끄는 것을 잊었다는 것을 깨달았다.

해설   동사 turn의 알맞은 형태를 고르는 문제입니다. 빈칸의 위치는 타동사 forget의 목적어 자리이며, forget은 목적어로 취하는 행위의 시점에 따라 to부정사 또는 동명사의 형태로 취하는 타동사이기 때문에 문맥을 파악해야 합니다. 문맥상 가스 밸브를 끄는 일을 잊었다는 내용인데, 여기서 가스 밸브를 끄는 일은 과거에 했던 일을 말하는 것이 아니라 해야 할 일에 해당하므로 동사 turn은 to부정사 형태가 되어야 합니다. 따라서 정답은 (a) to turn입니다. 이 때 부정사의 행위가 문장의 동사가 나타내는 시점보다 먼저 일어난 일일 경우에 쓰는 완료부정사 「to have p.p.」 형태인 (d) to have turned는 오답입니다.

어휘   turn off ~을 끄다 realize 깨닫다, 알아차리다 gas knob 가스 밸브, 가스 조절 손잡이

4.

정답   (d)

해석   내가 그 건물에 막 들어가려고 했을 때, 보안 요원이 나의 출입증을 보여달라고 요청했다.

해설   동사 show의 알맞은 형태를 고르는 문제입니다. 빈칸 앞에는 타동사 ask와 목적어 me가 위치해 있기 때문에 빈칸이 목적격보어 자리임을 알 수 있습니다. 타동사 ask는 목적격보어로 to부정사를 취하는 동사이기 때문에 동사 show는 to부정사 형태로 쓰여하므로 정답은 (d) to show입니다.

어휘   be about to do 막 ~하려고 하다 enter ~에 들어가다 security guard 보안 요원, 경비원 pass 출입증

PRACTICE

1. to borrow   **2.** to quit   **3.** to stand down

4. missing   **5.** to comment   **6.** to leave

1.

정답   to borrow

해설   동사 borrow의 알맞은 형태를 고르는 문제입니다. 빈칸의 위치는 타동사 permit과 목적어 its members 뒤의 목적격보어 자리이며, permit은 to부정사를 목적격보어로 타동사이기 때문에 borrow는 to부정사 형태가 되어야 합니다. 따라서 정답은 to borrow입니다.

2.

정답 to quit

해설 동사 quit의 알맞은 형태를 고르는 문제입니다. 빈칸의 위치는 타동사 afford의 목적어 자리이며, afford는 to부정사를 취하는 타동사이기 때문에 quit은 to부정사 형태가 되어야 합니다. 따라서 정답은 to quit입니다.

3.

정답 to stand down

해설 동사구 stand down의 알맞은 형태를 고르는 문제입니다. 빈칸의 위치는 타동사 refuse의 목적어 자리이며, refuse는 to부정사를 취하는 타동사이기 때문에 stand down은 to부정사 형태가 되어야 합니다. 따라서 정답은 to stand down입니다.

4.

정답 missing

해설 동사 miss의 알맞은 형태를 고르는 문제입니다. 빈칸의 위치는 타동사 regret의 목적어 자리이며, regret은 목적어로 to부정사와 동명사를 취할 때 각각 의미가 다르므로 문장의 의미를 파악해야 정답을 찾을 수 있습니다. 문맥상 더 나은 보상을 얻을 기회를 놓치는 것이 지난 일에 해당하며, 이것을 '후회할 지도 모른다'라는 의미가 자연스러우므로 miss는 동명사 형태가 되어야 합니다. 따라서 정답은 missing입니다. 참고로 앞으로 할 일에 대해 미리 유감을 표현할 때 regret 뒤에 to부정사를 목적어로 씁니다.

5.

정답 to comment

해설 동사 comment의 알맞은 형태를 고르는 문제입니다. 빈칸의 위치는 타동사 decline의 목적어 자리이며, decline은 to부정사를 목적어로 취하는 타동사이기 때문에 comment는 to부정사 형태가 되어야 합니다. 따라서 정답은 to comment입니다.

6.

정답 to leave

해설 동사 leave의 알맞은 형태를 고르는 문제입니다. 빈칸의 위치는 타동사 allow와 목적어 students 뒤에 있는 목적격보어 자리이며, allow는 to부정사를 목적격보어로 취하는 동사이기 때문에 leave는 to부정사 형태가 되어야 합니다. 따라서 정답은 to leave입니다.

실전 감잡기

1. (d)	2. (c)	3. (d)	4. (a)	5. (c)	6. (d)
7. (a)	8. (a)	9. (c)	10. (c)	11. (b)	12. (b)
13. (d)	14. (b)	15. (b)	16. (d)	17. (c)	18. (a)

1.

정답 (d)

해석 멜버른 시민들이 지역 내 나무들에게 사랑의 편지를 계속 써오고 있다. 시 당국자들이 손상 정도를 파악하기 위한 의도로 개별 나무들을 대상으로 이메일 주소를 배정하기는 했지만, 사람들이 개인적인 메시지를 보낼 것으로 예상하지는 못했다.

해설 동사 identify의 알맞은 형태를 고르는 문제입니다. 빈칸 앞에 분사의 형태로 쓰인 동사 intend는 to부정사를 목적어로 취하므로 (d) to identify가 정답입니다. 이때 (b) to have identified와 같은 형태는 사용하지 않습니다.

어휘 local 지역의, 현지의 official 당국자, 관계자 assign ~을 배정하다, 할당하다 individual 개별적인 intend to do ~하기 위한 의도이다, ~할 작정이다 damage 손상, 훼손 expect that ~라고 예상하다 identify ~을 파악하다, 확인하다

2.

정답 (c)

해석 여전히 지금까지 제작된 최고의 프로그램들 중 하나로 여겨지고 있기는 하지만, <왕좌의 게임>은 최종 시즌 무렵에 많은 시청자들에게 불만을 남겨주었다. 일부 몹시 화가 난 팬들은 여전히 왜 작가들이 최종 방송분에 대해 그러한 결정을 내렸는지를 알려달라고 요구하고 있다.

해설 동사 know의 알맞은 형태를 고르는 문제입니다. 빈칸 앞에 이미 동사 demand가 있으므로 빈칸은 동사 자리가 아니며, demand는 to부정사를 목적어로 취하는 동사이므로 to부정사의 형태인 (c) to know가 정답입니다.

어휘 while ~이기는 하지만 regarded as ~라고 여겨지는, 간주되는 ever (최상급과 함께) 지금까지 (중에서) leave A 형용사: A를 ~한 상태로 만들다, 남겨두다 dissatisfied 불만스러운 furious 몹시 화가 난 demand to do ~하도록 요구하다 make a decision 결정을 내리다 certain 특정한, 일정한 episode 1회 방송분

3.

정답 (d)

해석 전 세계적인 현상인 <포트나이트>의 이면에 존재하는 게임 스튜디오 에픽 게임즈는 애플 사와 구글 두 곳 모두와 싸울 예정이다. 이 게임 개발회사는 두 거대 기술회사가 각자의 앱 스토어에서 <포트나이트>의 모바일 버전을 계속 금지할 경우에 소송을 제기하겠다고 위협해 왔다.

해설 동사 sue의 알맞은 형태를 고르는 문제입니다. 빈칸 앞에 이미 동사 has threatened가 있으므로 빈칸은 동사 자리가 아니며, threaten은 to부정사를 목적어로 취하는 동사이므로 to부정사의 형태인 (d) to sue가 정답입니다.

어휘 behind ~의 이면에 존재하는, ~의 배후에, 뒤에 phenomenon 현상 war with ~와 싸우다 threaten to do ~하겠다고 위협하다, 협박하다 giant 거대 회사, 거대 기업 continue to do 계속 ~하다 ban ~을 금지하다 respective 각자의, 각각의

scholarship 장학금 cover (무엇을 하기에 충분한 돈을) 대다

4.

정답 (a)

해석 벨라루스에서 최근에 부정 행위가 개입된 것으로 보이는 대통령 선거의 결과를 시위대가 비난하면서 폭력 사태가 터졌다. 궁지에 몰린 알렉산드르 루카셴코 대통령은 시민들이 자신을 먼저 죽여야 할 것이라고 주장하면서 한사코 또 다른 선거를 개최하기를 거부했다.

해설 동사 hold의 알맞은 형태를 고르는 문제입니다. 빈칸 앞에 이미 동사 refused가 있으므로 빈칸은 동사 자리가 아니며, refuse는 to부정사를 목적어로 취하는 동사이므로 to부정사의 형태인 (a) to hold가 정답입니다.

어휘 violence 폭력 erupt (폭력적인 일 등이) 터지다, (감정 등이) 폭발하다 protester 시위자 decry ~을 비난하다 result 결과(물) recent 최근의 supposedly ~한 것으로 보이는, 이른바 ~라는 rigged election 부정 선거 presidential 대통령의 embattled 궁지에 몰린 adamantly 한사코, 확고히 refuse to do ~하기를 거부하다, 거절하다 claim that ~라고 주장하다 hold (일, 행사 등)을 개최하다, 실시하다

5.

정답 (c)

해석 레이첼은 자신의 차가 가로막혀 주차되어 빠져 나올 수 없기 때문에 회사에 지각하게 될 것이다. 그녀가 이미 이웃에게 주중에는 자신의 자동차 뒤에 주차하지 말도록 여러 차례 주의를 주었기 때문에, 그에게 따끔한 맛을 보여주기 위해 견인 트럭을 부르고 있다.

해설 동사 park의 알맞은 형태를 고르는 문제입니다. 빈칸이 속한 주절에 이미 동사 warned가 있으므로 빈칸은 동사 자리가 아니며, warn은 「warn + 목적어 + to부정사」의 구조로 쓰여 '~에게 ...하도록 주의를 주다, 경고하다'라는 의미를 나타냅니다. 따라서 부정어 not이 포함된 to부정사의 형태인 (c) not to park가 정답입니다.

어휘 be parked in 가로막혀 주차되어 있다 get out 빠져 나오다 warn A (not) to do: A에게 ~하도록(하지 말도록) 주의를 주다, 경고하다 neighbor 이웃 (사람) several times 여러 차례 behind ~ 뒤에 tow truck 견인 트럭 teach A a lesson: A에게 따끔한 맛을 보여주다, A를 혼내주다

6.

정답 (d)

해석 파커는 하버드 대학교에 다니기로 결심했다. 하지만 그의 부모님은 아마 그 대학의 과도한 등록금을 감당할 수가 없을 것이다. 그래서, 그는 등록금을 충분히 댈 매우 경쟁이 심한 장학금을 받겠다고 약속했다.

해설 동사 earn의 알맞은 형태를 고르는 문제입니다. 빈칸 앞에 이미 동사 has promised가 있으므로 빈칸은 동사 자리가 아니며, promise는 to부정사를 목적어로 취하는 동사이므로 to부정사의 형태인 (d) to earn이 정답입니다.

어휘 set one's heart on -ing: ~하기로 결심하다 possibly 아마 exorbitant 과도한, 지나친 tuition fee (대학의) 등록금 highly 대단히, 매우 competitive 경쟁의, 경쟁이 심한

7.

정답 (a)

해석 점점 더 많은 사람들이 전자 음악 제작에 관심을 가지게 되고 있다. 예를 들어, 나의 동생 조쉬는 미디 건반을 막 구매했으며, 기본적인 녹음 프로그램을 다운로드하였다. 지금 그는 느긋한 저충실도의 비트를 만드는 것을 혼자서 배우고 있다.

해설 동사 make의 알맞은 형태를 고르는 문제입니다. 빈칸 앞에 이미 동사 is learning 가 있으므로 빈칸은 동사 자리가 아니며, learn은 to부정사를 목적어로 취하는 동사이므로 to부정사의 형태인 (a) to make가 정답입니다.

어휘 become interested in ~에 관심을 가지게 되다 production 제작 electronic music 전자음악, 일렉트로닉 음악 purchase 구매하다 keyboard 키보드, 건반 chill 느긋한 lo-fi (녹음 재생이) 저충실도의, 충실도가 낮은, 하이파이(hi-fi)가 아닌

8.

정답 (a)

해석 기록적인 폭염이 올 여름에 또 다시 유럽 서부에 작열할 것으로 예상되고 있다. 극한의 기온은 치명적일 수 있기 때문에, 의사들은 이렇게 위험한 날씨에 대처할 때 에어컨을 가동시킨 채로 실내에 머물러 있도록 남녀노소를 막론하고 모든 사람에게 권하고 있다.

해설 동사 stay의 알맞은 형태를 고르는 문제입니다. 빈칸이 속한 so 절에 이미 동사 advise가 있으므로 빈칸은 동사 자리가 아니며, advise는 「advise + 목적어 + to부정사」의 구조로 쓰여 '~에게 ...하도록 권하다, 조언하다'라는 의미를 나타냅니다. 따라서 목적어 뒤에 위치한 빈칸에 to부정사가 쓰여야 알맞으므로 (a) to stay가 정답입니다.

어휘 record-breaking 기록적인 heat waves 폭염 be expected to do ~할 것으로 예상되다 scorch ~에 작열하다, ~을 태우다, 그슬리다 extreme 극한의, 극도의 temperature 기온 fatal 치명적인 advise A to do: A에게 ~하도록 권하다, 조언하다 indoors 실내에 with A -ing: A를 ~한 채로, A가 ~하는 상태로 run 가동되다 deal with ~에 대처하다

9.

정답 (c)

해석 맥스는 겨울 방학 기간에 걸쳐 대학교를 떠나 집으로 돌아갈 때 부모님과 벌일 힘겨운 논의를 준비하고 있다. 그의 아버지께서는 그에게 항상 법조계의 경력을 추구하기를 바라셨지만, 맥스는 자신의 전공을 미술사로 막 변경했다.

해설 동사 pursue의 알맞은 형태를 고르는 문제입니다. 빈칸이 속한 주절에 이미 동사 expected가 있으므로 빈칸은 동사 자리가 아니며, expect는 「expect + 목적어 + to부정사」의 구조로 쓰여 '~에게 ...하기를 바라다, 기대하다'라는 의미를 나타냅니다. 따라서 목적어 뒤에 위치한 빈칸에 to부정사가 쓰여야 알맞으므로 (c) to pursue가 정답입니다.

어휘   prepare for ~을 준비하다   discussion 논의, 토의   over ~ 동안에 걸쳐   winter break 겨울 방학   expect A to do: A에게 ~하기를 바라다, 기대하다   legal 법률과 관련된, 합법적인   career 경력, 진로   major 전공   pursue ~을 추구하다

10.

정답   (c)

해석   그들의 가장 어린 딸이 대학에 가버리자마자, 김 씨네 가족은 그들이 비어있는 집에 있다는 것을, 그리고 그 뒤로 그들에게 많은 자유 시간이 있음을 깨달았다. 김씨 부인은 등산 클럽에 가입하기로 결심했고, 김씨는 다시 그림을 그리기 시작하였다.

해설   동사 join의 알맞은 형태를 고르는 문제입니다. 빈칸 앞에 이미 동사 decided가 있으므로 빈칸은 동사 자리가 아니며, decide는 to부정사를 목적어로 취하는 동사이므로 to부정사의 형태인 (c) to join이 정답입니다.

어휘   once ~하자마자   find 깨닫다   nest 둥지, 집, 보금자리   subsequently 그 뒤에, 나중에   hiking 등산

11.

정답   (b)

해석   다음 차례의 우주 경쟁이 시작되었으나, 이번에는 여러 국가들이 달로 급히 서둘러가는 것 대신에 화성에 가는 최초가 되기 위해 경쟁하는 사기업들과의 경쟁이다. 항공우주 공학의 일류 기업 중 하나인 스페이스 X는 2026년까지 화성 표면으로 사람을 보내는 것을 목표로 한다.

해설   동사 have의 알맞은 형태를 고르는 문제입니다. 빈칸 앞에 이미 동사 aims가 있으므로 빈칸은 동사 자리가 아니며, aim은 to부정사를 목적어로 취하는 동사이므로 to부정사의 형태인 (b) to have가 정답입니다.

어휘   race 경쟁   vie to do ~하기 위해 경쟁하다[다투다]   instead of ~대신에   rush to ~로 급히 서둘러 가다   aerospace 항공우주 산업   leading 선두의, 일류의   aim 목표하다   surface 표면   Red Planet 화성(=Mars)

12.

정답   (b)

해석   미주리 주, 세인트루이스의 맥클로스키 부부는 자신의 집 근처에서 걷던 '흑인의 생명도 소중하다' 시위대에 총을 겨눴을 때 악명 높은 존재가 되었다. 비록 그들의 행동이 널리 비난 받기는 했지만, 공화당은 공화당 전당 대회 중에 그들에게 연설을 하도록 요청했다.

해설   동사 speak의 알맞은 형태를 고르는 문제입니다. 빈칸이 속한 주절에 이미 동사 invited가 있으므로 빈칸은 동사 자리가 아니며, invite는 「invite + 목적어 + to부정사」의 구조로 쓰여 '~에게 ...하도록 요청하다'라는 의미를 나타냅니다. 따라서 목적어 뒤에 위치한 빈칸에 to부정사가 쓰여야 알맞으므로 (b) to speak가 정답입니다.

어휘   become 형용사: ~한 상태가 되다   infamous 악명 높은   point a gun at ~에게 총을 겨누다   matter 중요하다   protester 시위자   near ~ 근처에   property 건물, 부동산

even though 비록 ~이기는 하지만   widely 널리   condemn ~을 비난하다, 규탄하다   invite A to do: A에게 ~하도록 요청하다

13.

정답   (d)

해석   타일러가 일어났더니 그의 아내가 침실 출입구에서 화가 나서 그를 노려보고 있었다. 알고 보니, 그가 부엌에서 쓰레기를 바깥으로 내는 것을 잊었고, 그들의 개 코즈모가 밤 사이에 주방으로 들어왔던 것이다. 지금 온 집안에 쓰레기가 흩어져 있다.

해설   동사구 take out의 알맞은 형태를 고르는 문제입니다. 빈칸 앞에 이미 동사 had forgotten이 있으므로 빈칸은 동사 자리가 아니라 had forgotten의 목적어 자리입니다. forget은 목적어로 취하는 행위의 시점에 따라 to부정사 또는 동명사의 형태로 취하는 타동사이기 때문에 문맥을 파악해야 합니다. 문맥상 쓰레기를 바깥으로 내는 일을 잊었다는 내용인데, 여기서 쓰레기를 바깥으로 내는 일은 과거에 했었던 일을 말하는 것이 아니라 해야 했던 일에 해당하므로 take out은 to부정사 형태가 되어야 합니다. 따라서 정답은 (d) to take out입니다. 이 때 부정사의 행위가 문장의 동사가 나타내는 시점보다 먼저 일어난 일일 경우에 쓰는 완료부정사 「to have p.p.」 형태인 (a) to have taken out은 오답입니다.

어휘   glare at ~을 노려보다   angrily 화가 나서, 노하여   apparently 알고 보니, 명백히   trash 쓰레기   overnight 밤 사이에   strew 흩뿌리다, 흩어지다

14.

정답   (b)

해석   케빈은 최근에 있었던 출장 기간 중에 뉴욕 시를 탐방할 시간을 더 많이 가지지 못한 것이 실망스러웠다. 그는 심지어 몇몇 오랜 대학교 친구들과 그 동안 못다한 얘기도 할 작정이었지만, 고객들을 만나고 프로젝트들을 검토하느라 너무 바빴다.

해설   동사구 catch up의 알맞은 형태를 고르는 문제입니다. 빈칸 앞에 이미 동사 intended가 있으므로 빈칸은 동사 자리가 아니며, intend는 to부정사를 목적어로 취하는 동사이므로 to부정사의 형태인 (b) to catch up이 정답입니다.

어휘   be disappointed that ~해서 실망하다   explore ~을 탐방하다, 탐사하다   recent 최근에 있었던, 최근의   business trip 출장   even 심지어 (~도)   intend to do ~할 작정이다, 계획이다   catch up with ~와 그 동안 못다한 얘기를 하다   be busy -ing ~하느라 바쁘다   review ~을 검토하다, 살펴보다

15.

정답   (b)

해석   전세계적인 유행병 기간 동안 대부분의 수업이 온라인으로 열리면서, 대학들은 학생들이 자택에서 시험을 치를 때 부정행위를 할 가능성을 제한할 필요가 있다. 일부 강의들은 학생들이 그들의 웹캠에 나오고 그들의 스크린을 시험 감독관에게 공유할 때만 시험을 치는 것을 허용한다.

해설   동사 take의 알맞은 형태를 고르는 문제입니다. 빈칸이 속한

주절에 이미 동사 allow가 있으므로 빈칸은 동사 자리가 아니며, allow는 「allow + 목적어 + to부정사」의 구조로 쓰여 '~가 ...하는 것을 허용하다'라는 의미를 나타냅니다. 따라서 목적어 students 뒤에 위치한 빈칸에 to부정사가 쓰여야 알맞으므로 (b) to take가 정답입니다.

어휘　with A -ing: A가 ~하면서　pandemic 전세계적 유행병　limit 제한하다　possibility 가능성　cheating (시험 중의) 부정행위　course 강의, 강좌　appear on ~에 나타나다　screen 화면　test proctor 시험 감독관

16.

정답　(d)

해석　15살 밖에 되지 않았지만 이미 금융 천재인 더크는 그가 25살이 되었을 때 백만장자가 될 수 있는 방법에 대한 전략을 계획하였다. 하지만, 그는 열심히 노력해야 할 것이다. 그의 계획은 그가 고등학교를 마치기 전까지 최소한 2만 달러를 저축하는 것을 요구한다.

해설　동사 save의 알맞은 형태를 고르는 문제입니다. 빈칸이 속한 주절에 이미 동사 requires가 있으므로 빈칸은 동사 자리가 아니며, require는 「require + 목적어 + to부정사」의 구조로 쓰여 '~에게 ...하는 것을 요구하다'라는 의미를 나타냅니다. 따라서 목적어 him 뒤에 위치한 빈칸에 to부정사가 쓰여야 알맞으므로 (d) to save가 정답입니다.

어휘　financial 금융의, 재정의　genius 천재, 귀재　lay out 설계하다, 계획하다　strategy 전략　millionaire 백만장자, 큰 부자　work hard 열심히 노력하다　at least 최소한, 적어도

17.

정답　(c)

해석　레이첼과 그의 룸메이트 리즈는 넷플릭스에서 흥미진진한 범죄 스릴러물을 함께 보기 시작하였다. 하지만, 그러고 나서 레이첼이 며칠동안 저녁에 사무실에서 늦게까지 머물러야 했다. 리즈가 그 다음에 어떤 일이 벌어지는지 보고 싶어한다는 것을 알고, 레이첼이 그녀에게 그것을 혼자서 계속 보라고 말했고, 그녀는 주말 동안 따라 잡을 것이다.

해설　동사 keep의 알맞은 형태를 고르는 문제입니다. 빈칸이 속한 주절에 이미 동사 told가 있으므로 빈칸은 동사 자리가 아니며, tell은 「tell + 목적어 + to부정사」의 구조로 쓰여 '~에게 ...하라고 말하다'라는 의미를 나타냅니다. 따라서 목적어 her 뒤에 위치한 빈칸에 to부정사가 쓰여야 알맞으므로 (c) to keep이 정답입니다.

어휘　crime thriller 범죄 스릴러물　by oneself 혼자서　catch up 따라잡다

18.

정답　(a)

해석　웨슬리는 그의 조용하고 느긋한 토요일을 잃은 것을 슬퍼하고 있다. 회사의 한 지인이 그에게 그가 새 아파트로 이사가는 것을 도와달라고 요청하였을 때, 그는 재빨리 충분한 변명 거리를 생각할 수 없었다. 지금 그는 토요일 하루 종일 가구를 옮기고 상자들을

포장하느라 꼼짝할 수 없다.

해설　동사 help의 알맞은 형태를 고르는 문제입니다. 빈칸이 속한 주절에 이미 동사 asked가 있으므로 빈칸은 동사 자리가 아니며, ask는 「ask + 목적어 + to부정사」의 구조로 쓰여 '~에게 ...하는 것을 요청하다[부탁하다]'라는 의미를 나타냅니다. 따라서 목적어 him 뒤에 위치한 빈칸에 to부정사가 쓰여야 알맞으므로 (a) help가 정답입니다.

어휘　mourn 애도하다, 슬퍼하다　loss 상실, 잃음　quiet 조용한, 고요한　relaxing 느긋한　acquaintance 지인, 아는 사람　excuse 핑계 거리, 변명　stuck 움직일 수 없는, 갇혀서 빠져 나갈 수 없는　furniture 가구　all day 하루 종일

DAY 08 부정사 (2)

1초 퀴즈

1. (a)　　**2.** (c)　　**3.** (b)　　**4.** (d)

1.

정답　(a)

해석　토니는 온라인으로 했던 주문을 취소하기 위해 고객 서비스 전화번호로 전화하였다.

해설　동사 cancel의 알맞은 형태를 고르는 문제입니다. 빈칸이 속한 문장에 이미 동사 called가 있으므로 빈칸은 동사 자리가 아니며, 빈칸 이하 부분에서 말하는 '주문을 취소하는 것'은 고객 서비스 전화번호로 전화를 한 것의 목적에 해당되므로 '~하기 위해'라는 의미로 목적을 나타낼 때 사용하는 to부정사 형태인 (a) to cancel이 정답입니다. 이와 같이 목적을 나타내는 to부정사의 부사적 용법은 주어, 동사, 목적어가 모두 갖춰진 완전한 문장 뒤에서 '~하기 위해'라는 의미를 나타냅니다.

어휘　cancel 취소하다　call 전화하다　line (특정 번호의) 전화　order 주문　place an order 주문하다

2.

정답　(c)

해석　불리한 상황에 대처하는 핸콕 씨의 능력은 그의 상사에게 정말로 깊은 인상을 주었다.

해설　동사구 deal with의 알맞은 형태를 고르는 문제입니다. 빈칸 앞에 위치한 명사 ability를 뒤에서 수식해 '불리한 상황에 대처할 능력'이라는 의미를 구성할 to부정사가 빈칸에 쓰여야 알맞으므로 (c) to deal with가 정답입니다. 명사를 수식하는 형용사 역할을 하는 to부정사의 경우 (d) to be dealing with와 같은 형태는 정답이 될 수 없으며, to부정사 문제의 정답은 항상 「to + 동사원형」(수동의 의미일 경우 「to + be p.p.」)입니다.

어휘　deal with ~에 대처하다, ~을 다루다　ability 능력　adverse 불리한　circumstance 상황, 환경　impress 깊은 인상을 주다　supervisor 상사, 관리자

3.

정답 (b)

해석 보행자들은 자전거 도로에서 걸으면 안 됩니다.

해설 동사 walk의 알맞은 형태를 고르는 문제입니다. 빈칸이 속한 문장에 이미 동사 are가 있으므로 빈칸은 동사 자리가 아니며, 빈칸 앞에 위치한 수동태 are supposed는 to부정사와 결합해 '~하기로 예정되어 있다' 또는 '~해야 하다'라는 의미를 나타내며, supposed 앞에 부정어 not이 있으면 '~하는 것은 예정되어 있지 않다' 또는 '~하면 안된다'는 의미를 나타냅니다. 따라서 빈칸에는 to부정사 형태인 (b) to walk가 들어가는 것이 적절합니다.

어휘 pedestrian 보행자 be not supposed to do ~해서는 안된다, ~하는 것은 예정되어 있지 않다 bike lane 자전거 도로

4.

정답 (d)

해석 전시회에서 저희 전시물을 설치하는 것을 도와주는 것이 가능한 사람이 있다면, 저에게 알려주세요.

해설 동사 help의 알맞은 형태를 고르는 문제입니다. 빈칸 앞에 위치한 형용사 available은 to부정사와 결합해 '~하는 것이 가능한'이라는 의미를 나타내므로 (d) to help가 정답입니다. 이때 (b) to be helping과 같은 형태는 사용하지 않습니다.

어휘 set up 설치하다 display 전시물 exhibit 전시회

PRACTICE

1. to discuss   2. To enhance   3. to be
4. to propose   5. to help   6. to interview

1.

정답 to discuss

해설 문장의 동사는 scheduled이므로 빈칸은 동사 자리가 아니며, 빈칸 앞 주어(Mr. Jung)와 동사(scheduled), 그리고 목적어(a meeting with his team)가 갖춰진 완전한 문장이며, 빈칸 이하 부분에서 말하는 '다가오는 프로젝트를 논의하는 것'은 회의 일정을 정한 것의 목적에 해당하므로 '~하기 위해'라는 의미로 목적을 나타낼 때 사용하는 to부정사 to discuss가 정답입니다.

2.

정답 To enhance

해설 문장의 동사는 completed이므로 빈칸은 동사 자리가 아니며, 빈칸 뒤에 enhance의 목적어가 있고, 콤마(,) 뒤에 주어(Mr. Finn)와 동사(completed), 그리고 목적어(courses)가 갖춰진 완전한 문장이며, 빈칸 이하 부분에서 말하는 '그의 이력서를 강화하는 것'은 경영 관리와 재무 계획 과정을 수료한 것의 목적에 해당하므로 '~하기 위해'라는 의미로 목적을 나타낼 때 사용하는 to부정사 to enhance가 정답입니다. 이렇게 목적을 나타내는 부사적 용법으로 쓰이는 to부정사가 문장 맨 앞에 위치하면,

to부정사 뒤에 콤마가 붙고 그 뒤에 완전한 문장이 이어집니다.

3.

정답 to be

해설 동사 be의 알맞은 형태를 고르는 문제입니다. 빈칸이 속한 that절에 이미 동사 are가 있으므로 빈칸은 동사 자리가 아니며, 빈칸 앞에 위치한 형용사 likely는 to부정사와 결합해 '~할 가능성이 있는'이라는 의미를 나타내므로 to부정사의 형태인 to be가 정답입니다.

4.

정답 to propose

해설 동사 propose의 알맞은 형태를 고르는 문제입니다. 빈칸이 속한 문장에 이미 동사 was가 있으므로 빈칸은 동사 자리가 아니며, 빈칸 앞에 위치한 형용사 ready는 to부정사와 결합해 '~할 준비가 된'이라는 의미를 나타내므로 to부정사의 형태인 to propose가 정답입니다.

5.

정답 to help

해설 동사 help의 알맞은 형태를 고르는 문제입니다. 빈칸 앞에 위치한 명사 an assistant를 뒤에서 수식해 '프로젝트에 그를 도와줄 조수'라는 의미를 구성할 to부정사가 빈칸에 쓰여야 알맞으므로 to help가 정답입니다.

6.

정답 to interview

해설 동사 interview의 알맞은 형태를 고르는 문제입니다. 빈칸이 속한 문장에 이미 동사 is가 있으므로 빈칸은 동사 자리가 아니며, 빈칸 앞에 위치한 수동태 is scheduled는 to부정사와 결합해 '~하기로 예정되어 있다'라는 의미를 나타냅니다. 따라서 빈칸에는 to부정사 형태인 to interview가 들어가는 것이 적절합니다.

실전 감잡기

1. (c)	2. (a)	3. (a)	4. (d)	5. (c)	6. (a)
7. (a)	8. (b)	9. (d)	10. (d)	11. (b)	12. (b)
13. (a)	14. (d)	15. (b)	16. (d)	17. (c)	18. (c)

1.

정답 (c)

해석 새로운 사무실로 이전한 후, 나는 장식을 해서 개인적인 느낌을 더해주면 아주 좋을 것이라고 결정했다. 나는 내 졸업장 및 자격증들 옆쪽으로 벽에 걸어 둘 그림을 하나 구입했다.

해설 동사 hang의 알맞은 형태를 고르는 문제입니다. 빈칸 앞에 위치한 명사 painting을 뒤에서 수식해 '걸어놓을 그림'이라는 의미를 구성할 to부정사가 빈칸에 쓰여야 알맞으므로 (c) to hang

이 정답입니다. 명사를 수식하는 형용사 역할을 하는 to부정사의 경우 (d) to have hung과 같은 형태로 사용하지 않습니다.

어휘 decide that ~라고 결정하다 decorate 장식하다 touch 느낌, 손길, 손질 painting 그림 next to ~ 옆에 diploma 졸업장 certification 자격증 hang ~을 걸다, 매달다

2.

정답 (a)

해석 영국에서 해양 생물에 관해 실시된 연구에서 예기치 못하게 새우에게 코카인 같은 금지 약물이 들어 있었던 것으로 밝혀졌다. 그 연구는 원래 미량 오염 물질 및 그것이 수중 생물에 미치는 영향을 분석하는 것이 목적이었다.

해설 동사 analyze의 알맞은 형태를 고르는 문제입니다. 빈칸 앞에 위치한 동사 was intended는 to부정사와 결합해 '하는 것이 목적이다, ~할 의도이다' 등을 의미하므로 (a) to analyze가 정답입니다. 이때 (d) to have analyzed와 같은 형태는 사용하지 않습니다.

어휘 research 연구, 조사 conduct ~을 실시하다 unexpectedly 예기치 못하게 reveal that ~라고 밝혀지다, ~임을 나타내다 contain ~가 들어 있다, ~을 포함하다 prohibited 금지된 study 연구 originally 원래, 애초에 be intended to do ~하는 것이 목적이다, ~할 의도이다 micropollutants 미량 오염 물질 effect on ~에 대한 영향 aquatic 수중의 analyze ~을 분석하다

3.

정답 (a)

해석 수탉의 울음소리는 최대 140데시벨에 이를 수 있으면 근처에 있는 사람들의 귀를 먹먹하게 만들 수 있다. 강력한 소리를 내는 이 새들은 스스로 내는 울음소리로 인해 귀가 먹먹해지는 것을 피하기 위해 자신들 귓속의 연결관 일부를 차단한다.

해설 동사 avoid의 알맞은 형태를 고르는 문제입니다. 빈칸 이하 부분은 '귀가 먹먹해지는 것을 피한다'는 의미를 나타내는데, 이는 빈칸 앞부분에서 말하는 '귓속의 연결관 일부를 차단하는 일'의 목적에 해당되는 것으로 볼 수 있습니다. 따라서 목적을 나타내는 to부정사의 형태인 (a) to avoid가 정답입니다. 이때 (c) to be avoiding과 같은 형태는 사용하지 않습니다.

어휘 rooster 수탉 crow 울음소리 reach ~에 이르다, 도달하다 up to 최대 ~의 deafen ~의 귀를 먹먹하게 만들다 nearby 근처에 close off ~을 차단하다, 폐쇄하다 canal (연결) 관 one's own 자기 자신의 avoid -ing ~하는 것을 피하다

4.

정답 (d)

해석 "데자뷰"라는 용어는 프랑스어 표현으로서, "이미 보여진"이라는 뜻으로 해석된다. 이 용어는 누군가가 전에 경험해보지 못한 일에 대해 익숙한 느낌을 설명하기 위해 가장 흔히 사용된다.

해설 동사 describe의 알맞은 형태를 고르는 문제입니다. 빈칸 앞부분에 '가장 흔히 사용된다'는 말이 있으므로 빈칸 이하 부분은 '데자뷰'라는 용어가 흔히 사용되는 목적을 나타내야 알맞으므로 목

적을 나타낼 때 사용하는 to부정사인 (d) to describe가 정답입니다. 이때 (c) to be describing과 같은 형태를 사용하지 않습니다.

어휘 term 용어 expression 표현 translate to ~로 해석되다 commonly 흔히 sense of familiarity 익숙한 느낌 experience ~을 경험하다, 겪다 describe ~을 설명하다, 묘사하다

5.

정답 (c)

해석 선천성 색소 결핍증은 한 사람의 피부나 눈, 또는 머리카락에 부분적인 또는 전체적인 색소의 결핍으로 특징지어지는 선천적 장애이다. 이러한 질환을 갖고 있으면 피부암을 발병시킬 가능성이 더 높게 만들 수 있다.

해설 동사 develop의 알맞은 형태를 고르는 문제입니다. 빈칸 앞에 위치한 형용사 prone은 to부정사와 결합해 '~하기 쉬운, ~하는 경향이 있는'이라는 의미를 나타내므로 (c) to develop이 정답입니다. 이때 (a) to be developing과 같은 형태는 사용하지 않습니다.

어휘 albinism 선천성 색소 결핍증 inborn 선천적인, 타고난 disorder 장애, 이상 characterized by ~로 특징지어지는 partial 부분적인 absence 결핍, 부재 pigmentation 색소 condition 질환 make A 형용사: A를 ~한 상태로 만들다 prone to do ~하기 쉬운, ~하는 경향이 있는 develop (질병 등) ~을 발병 시키다

6.

정답 (a)

해석 헤더는 스페인어를 아주 좋아하며, 자신의 열정을 통해 경력을 추구할 수 있는 방법을 알아냈다. 그녀는 해외로 나가 스페인에서 선생님으로서 일하기 위해 제2외국어로 영어를 가르칠 수 있는 자격증을 딸 것이다.

해설 동사 work의 알맞은 형태를 고르는 문제입니다. 빈칸이 속한 문장에 이미 동사 obtain이 있으므로 빈칸은 동사 자리가 아니며, 빈칸 이하 부분에서 말하는 '해외에서 선생님으로 일하는 것'은 자격증을 따기 위한 목적에 해당되므로 '~하기 위해'라는 의미로 목적을 나타낼 때 사용하는 to부정사 (a) to work이 정답입니다.

어휘 discover ~을 알아내다, 발견하다 make a career 경력을 추구하다 out of one's passion ~의 열정을 통해, ~의 열정으로 obtain ~을 얻다, 획득하다 certificate 자격증, 수료증 abroad 해외로, 해외에서

7.

정답 (a)

해석 유럽의 여러 국가들은 미국과의 국제 무역 정책에 대해 제안된 변경 사항들을 불쾌하게 하고 있다. 가장 주목할 만한 점은, 미국이 자국의 계획대로 진행하는 경우에 프랑스와 독일이 협정을 철회할 가능성이 있다는 것이다.

해설 동사 withdraw의 알맞은 형태를 고르는 문제입니다. 빈칸이 속

한 문장에 이미 동사 are가 있으므로 빈칸은 동사 자리가 아니며, 빈칸 앞에 위치한 형용사 likely는 to부정사와 결합해 '~할 가능성이 있는'이라는 의미를 나타내므로 to부정사의 형태인 (a) to withdraw가 정답입니다.

어휘   several 여럿의, 몇몇의 be displeased with ~을 불쾌해 하다 proposed 제안된 international trade 국제 무역 policy 정책, 방침 notably 주목할 만하게, 현저히, 특히 be likely to do ~할 가능성이 있다 withdraw from ~을 철회하다, 취소하다 agreement 협정(서), 합의(서) go through (절차, 방법 등) ~을 거치다, 검토하다

8.

정답   (b)

해석   내 남동생은 크리스토퍼 놀란의 다음 영화인 <테넷>이 처음 알려진 이후로 줄곧 그 영화의 개봉을 고대해 오고 있다. 그는 반드시 어떠한 스포일러도 피하도록 하기 위해 몇 주 전에 개봉일 밤으로 입장권을 예매했다.

해설   동사 ensure의 알맞은 형태를 고르는 문제입니다. 빈칸이 속한 문장에 이미 동사 reserved가 있으므로(빈칸 뒤에 위치한 절은 ensure의 목적어 역할을 하는 that절이며 that은 생략된 상태) 빈칸은 동사 자리가 아니며, 빈칸 이하 부분에서 말하는 '반드시 어떠한 스포일러도 피하는 일'은 몇 주 전에 개봉일 밤으로 입장권을 예매한 목적에 해당되므로 '~하기 위해'라는 의미로 목적을 나타낼 때 사용하는 to부정사 (b) to ensure가 정답입니다.

어휘   look forward to ~을 고대하다 release 개봉, 공개, 출시 ever since ~한 이후로 줄곧 reveal ~을 드러내다, 밝히다 reserve ~을 예매하다, 예약하다 several 여럿의, 몇몇의 avoid ~을 피하다 spoiler 스포일러(영화나 텔레비전 시리즈 등의 내용을 알리는 것) ensure (that) 반드시 ~하도록 하다, ~임을 보장하다

9.

정답   (d)

해석   칠레에서 열린 UN 기후 변화 컨퍼런스에 참석한 최고의 과학자들이 곧 닥칠 위기와 관련해 어떤 것이든 낙관적인 결론에 이르기 위해 대단히 애를 썼다. 심지어 전 세계의 탄소 배출물에 대한 극단적이고 즉각적인 감소조차 기후 변화의 위협을 억제하기에 충분치 않을 수 있다는 점에 의견이 일치되었다.

해설   동사 curb의 알맞은 형태를 고르는 문제입니다. 빈칸이 속한 문장에 이미 동사 would be가 있으므로 빈칸은 동사 자리가 아니며, 빈칸 앞에 위치한 형용사 enough는 to부정사와 결합해 '~하기에 충분한'이라는 의미를 나타내므로 to부정사의 형태인 (d) to curb가 정답입니다.

어휘   struggle to do ~하기 위해 대단히 애쓰다, 발버둥치다 reach ~에 이르다, 도달하다 optimistic 낙관적인 conclusion 결론 regarding ~와 관련해 impending 곧 닥칠, 임박한 crisis 위기 It was agreed that ~라는 점에 의견이 일치되다, ~라는 데 합의를 보다 even 심지어 (~조차) extreme 극단적인, 극한의 immediate 즉각적인 reduction in ~의 감소 carbon emissions 탄소 배출(물) enough to do ~하기에 충분한 threat 위협 curb ~을 억제하다, 제한하다

10.

정답   (d)

해석   요즘 앱과 웹사이트에서 발견되는 고객 리뷰는 고군분투하는 소규모 사업의 성패를 좌우할 수 있다. 성난 부정적인 리뷰를 게시하기 위해 온라인에 접속하기 전에, 그것이 그 사업체에 미칠 수 있는 영향에 대해 생각하는 시간을 잠시 가지기 바란다.

해설   동사 post의 알맞은 형태를 고르는 문제입니다. 전치사 Before부터 review까지 전치사구에 해당하며 문맥상 '성난 부정적인 리뷰를 게시하는 일'은 '온라인으로 가는 것'의 목적에 해당하므로 '~하기 위해'라는 의미로 목적을 나타낼 때 사용하는 to부정사 (d) to post가 정답입니다. '~하러 가다'라는 의미의 동명사 숙어 「go -ing」는 go fishing, go skating과 같이 특정 활동이나 행위를 나타낼 때만 사용하므로 (c) posting은 오답입니다.

어휘   nowadays 요즘, 최근에 customer review 고객 리뷰, 고객 후기 make or break a business 사업의 성패를 좌우하다 go online 온라인에 접속하다 negative 부정적인 take a moment 잠시 기다리다 have an effect on ~에 영향을 미치다

11.

정답   (b)

해석   다혜는 라디오헤드가 그들의 돌파구 앨범 <더 벤즈>를 1995년에 출시했던 이후로 그들의 음악을 들어오고 있는 중이다. 그리고 그녀는 그 밴드에 관련된 모든 것을 수집한다. 최근에 심지어 그녀는 음반을 위에 놓고 재생시킬 턴테이블이 없으면서 그들의 전체 음반을 축음기용 레코드판으로 구매했다.

해설   동사 play의 알맞은 형태를 고르는 문제입니다. 빈칸 앞에 위치한 명사 turntable을 뒤에서 수식해 '그 음반을 위에 놓고 재생할 턴테이블'이라는 의미를 구성할 to부정사가 빈칸에 쓰여야 알맞으므로 (b) to play가 정답입니다. 명사를 수식하는 형용사 역할을 하는 to부정사의 경우 (a) to have played와 같은 형태로 사용하지 않습니다.

어휘   listen to ~을 듣다 release 출시하다 breakthrough 돌파구, 획기적인 collect 수집하다, 모으다 related to ~에 관련된 recently 최근에 purchase 구매하다 entire 전체의 discography 음악 목록, 음반 vinyl 축음기용 레코드판, LP판 turntable (음반을 돌리는) 턴테이블 record 음반

12.

정답   (b)

해석   로버트는 그가 충성스럽고 근면한 직원이었지만 그의 직장에서 수년간 인정을 받지 못한다고 느꼈다. 다음 주에 있을 그의 연례 평가에서, 그는 임금 인상과 추가 혜택을 요구할 것이다. 그는 만약 그의 상사가 그의 가치를 인정하기를 거절한다면 그만 둘 준비가 되어 있다.

해설   동사 quit의 알맞은 형태를 고르는 문제입니다. 빈칸이 속한 문장에 이미 동사 is가 있으므로 빈칸은 동사 자리가 아니며, 빈칸 앞에 위치한 수동태 be prepared는 to부정사와 결합해 '~할 준비가 되어 있다'는 의미를 나타내므로 to부정사 형태인 (b) to quit가 정답입니다.

어휘 unappreciated (노력, 진가 등을) 인정받지 못하는 for years 수년간 loyal 충실한, 충성스러운 hardworking 열심히 일하는, 근면한 annual 해마다의, 연례의 demand 요구하다 raise (임금) 인상 benefit 혜택 be prepared to do ~할 준비가 되어 있다 supervisor 상사, 관리자 refuse 거절하다 recognize 알아보다, 인정하다 value 가치

13.

정답 (a)

해석 집을 구매하는 것은 보통 사람들이 인생에서 하는 가장 큰 투자이다. 그것은 또한 자기 자신을 평생동안 재정적인 곤경에 빠트리는 쉬운 방법이기도 하다. 몇몇 사람들은 그들이 꿈꾸는 집에 대한 값을 지불하기 위해 과도한 대출을 받는다. 하지만, 그러고 나서 그 대출금을 청산하기 위해 고군분투한다.

해설 동사구 pay for의 알맞은 형태를 고르는 문제입니다. 빈칸이 속한 문장에 이미 동사 take out이 있으므로 빈칸은 동사 자리가 아니며, 빈칸 이하 부분에서 말하는 '그들이 꿈꾸는 집값을 지불하는 것'은 과도한 대출을 받는 목적에 해당되므로 '~하기 위해'라는 의미로 목적을 나타낼 때 사용하는 to부정사 (a) to pay for가 정답입니다.

어휘 pay for ~에 대해 값을 지불하다 purchase 구매하다 investment 투자 land oneself in 자신을 ~에 빠뜨리다 lifetime 일생, 평생 financial 금융의, 재정적인 difficulty 어려움, 곤경 take out 받다 exorbitant 과도한, 지나친 loan 대출 struggle to do ~하기 위해 고군분투하다 pay off (빚을) 갚다, 청산하다

14.

정답 (d)

해석 플로리다는 좋은 날씨와 아름다운 해변들로 일년 내내 관광객을 끌어 들인다. 하지만, 겨울 동안 기온은 저녁에도 여전히 꽤 낮게 떨어진다. 열대 지방의 기후를 기대하는 아무것도 모르는 방문객은 심지어 추워질 때 입을 재킷도 챙기지 않는다.

해설 동사 wear의 알맞은 형태를 고르는 문제입니다. 빈칸 앞에 위치한 명사 a jacket을 뒤에서 수식해 '추워질 때 입을 재킷'이라는 의미를 구성할 to부정사가 빈칸에 쓰여야 알맞으므로 (d) to wear이 정답입니다. 명사를 수식하는 형용사 역할을 하는 to부정사의 경우 (a) to have worn과 같은 형태로 사용하지 않습니다.

어휘 wear 입다, 착용하다 attract 끌어들이다, 유치하다 tourist 관광객 throughout ~내내, 전체에 걸쳐 beach 해변가 quite 꽤, 아주 clueless 아무 것도 모르는 tropical 열대의, 열대 지방의 climate 기후 pack (짐을) 싸다, 챙기다 chilly 쌀쌀한, 추운

15.

정답 (b)

해석 가끔, 세상은 정말 작은 곳이다. 리사가 프라하에 있는 호스텔에 투숙했을 때, 그녀는 그녀와 침실을 같이 쓰는 사람이 아이다호에서 그녀와 함께 고등학교를 함께 다녔던 여자였다는 것을 발견하였다. 고향에서 정말 멀리 떨어진 곳에서 낯익은 얼굴을 보게 되어 그들 둘 다 놀랐다.

해설 동사 see의 알맞은 형태를 고르는 문제입니다. 빈칸이 속한 문장에 이미 동사 were가 있으므로 빈칸은 동사 자리가 아니며, 빈칸 앞에 위치한 수동태 were surprised는 to부정사와 결합해 '~해서 놀랐다'라는 의미를 나타내므로 to부정사 형태인 (b) to see가 정답입니다.

어휘 check into ~에 투숙하다 discover 발견하다 bunkmate 같은 침실을 쓰는 사람 familiar 낯익은, 친숙한

16.

정답 (d)

해석 관객들은 저급 코미디 영화 <내 손가락을 당겨봐>에 아카데미 상을 받은 배우 개리 홈즈의 카메오 출연에 당황했다. 그가 그 배역을 수락한 이유를 질문 받았을 때 그는 빈정거리는 말투로 그런 예술 작품에 자신의 재능을 빌려주게 되어 영광으로 여긴다고 대답했다.

해설 동사 lend의 알맞은 형태를 고르는 문제입니다. 빈칸이 속한 문장에 이미 동사 was가 있으므로 빈칸은 동사 자리가 아니며, 빈칸 앞에 위치한 수동태 was honored는 to부정사와 결합해 '~하게 되어 영광이다'라는 의미를 나타내므로 to부정사 형태인 (d) to lend가 정답입니다. 빈칸 뒤에 lend의 목적어 his talents가 있으므로 수동태 부정사 형태인 (a) to be lent는 오답입니다.

어휘 lend 빌려주다 audience 청중, 관객 be baffled by ~에 당황하다 award-winning 상을 받은 actor 배우 cameo 카메오(유명 배우의 단역 출연) appearance 출연 lowbrow 저급의, 교양 없는 flick 영화 accept 수락하다, 받아들이다 sarcastically 비꼬는 투로, 빈정거리는 말투로 reply 대답하다 be honored to do ~하게 되어 영광으로 여기다 talent 재능 a work of art 예술 작품

17.

정답 (c)

해석 마리아의 어머니는 치매 진단을 받았고, 이제 일상적인 일에 더 많은 도움을 필요로 한다. 마리아는 적합한 요양원을 찾아보는 동안 그녀의 어머니를 돌보기 위해 휴가를 내서 일을 쉬고 있는 중이다.

해설 동사 care의 알맞은 형태를 고르는 문제입니다. 빈칸이 속한 문장에 이미 동사 is taking이 있으므로 빈칸은 동사 자리가 아니며, 빈칸 이하 부분에서 말하는 '그녀를 돌보는 것'은 빈칸 앞의 내용인 마리아가 얼마의 시간을 내는 것의 목적에 해당되므로 동사 care는 '돌보기 위해'라는 목적의 의미를 나타내기 위해 to부정사의 부사적 용법으로 쓰여야 합니다. 따라서 정답은 (c) care입니다.

어휘 care for ~을 돌보다 diagnose 진단하다 dementia 치매 require 요구하다, ~을 필요로 하다 assistance 보조, 도움 daily task 일상적인 일, 일상 업무 take time off 시간을 내다, 휴가를 내다 suitable 적합한, 적절한 nursing home 양로원, 요양원

18.

정답   (c)

해석   유권자 권리 박탈은 겉으로 보기엔 악의 없는 방법으로 나타날 수 있지만 여전히 미국 선거에서 중요한 관심사이다. 예를 들어 몇몇 국가는 투표 장소를 빈곤 지역으로부터 멀리 위치시킨다. 투표 장소로 운전해서 갈 차량이 없는 유권자들은 그러면 투표를 할 수가 없다.

해설   동사 drive의 알맞은 형태를 고르는 문제입니다. 빈칸 앞에 위치한 명사 a vehicle를 뒤에서 수식해 '투표 장소로 운전해서 갈 차량'이라는 의미를 구성할 to부정사가 빈칸에 쓰여야 알맞으므로 (c) to drive가 정답입니다. 명사를 수식하는 형용사 역할을 하는 to부정사의 경우 (a) to have driven과 같은 형태는 정답이 될 수 없습니다.

어휘   voter 투표자, 유권자   disenfranchisement 권리 박탈   major 주요한   concern 관심사, 걱정   manifest 나타나다, 분명히 드러나다   seemingly 외견상으로, 겉보기에   innocuous 악의 없는, 무해한, 위험하지 않은   for instance 예를 들어   polling place 투표 장소   located 위치한   impoverished 빈곤한, 저하된

DAY 09   **접속사와 접속부사**

1초 퀴즈

1. (c)   **2.** (d)   **3.** (b)   **4.** (a)

1.

정답   (c)

해석   마틴 씨는 오늘 아침에 신규 고객에게 발표를 했고, 대회의로 떠났다.

해설   빈칸에 들어갈 알맞은 접속사를 고르는 문제입니다. 빈칸 뒤에 완전한 문장이 아닌 주어가 없는 문장이 위치해 있고, 빈칸 앞의 문장의 시제가 과거(made)이고 빈칸 뒤 동사의 시제도 과거(left)인 것으로 보아 빈칸에 들어갈 접속사가 두 개의 동사를 대등하게 연결하고 있음을 알 수 있습니다. 따라서 이렇게 두 개의 항목을 대등하게 연결하는 접속사는 등위 접속사이며, 문맥상 '그리고'에 해당하는 의미를 가진 (c) and가 정답입니다.

어휘   make a presentation 발표하다   convention 대규모 회의, 대회의

2.

정답   (d)

해석   사라는 우산을 들고 있지 않았기 때문에, 그녀는 빗속에서 버스를 기다려야 했다.

해설   빈칸에 들어갈 알맞은 접속사를 고르는 문제입니다. 콤마(,)를 기준으로 문장이 나열되어 있으므로 빈칸은 부사절 접속사의 자리임을 알 수 있습니다. 사라가 우산을 가지고 있지 않았다는 부사절의 의미가 빗속에서 버스를 기다려야 했다는 주절의 원인이 되

므로, 빈칸에는 원인이나 이유를 나타내는 부사절 접속사가 필요합니다. 따라서 '왜냐하면, ~때문에'라는 의미를 가진 부사절 접속사 (d) Because가 정답입니다.

어휘   carry 가지고 다니다, 들고 있다   in the rain 빗속에서, 비를 맞으며

3.

정답   (b)

해석   멜리사는 런던에 있는 그녀의 아들을 2주동안 방문할 수 있도록 일년 내내 그녀의 휴가를 아껴 두었다.

해설   빈칸에 들어갈 알맞은 부사절 접속사를 고르는 문제입니다. 빈칸 앞의 문장은 1년 내내 휴가를 아꼈다는 내용이며, 빈칸 뒤의 내용은 2주간 런던에 있는 그녀의 아들을 방문할 수 있었다는 내용입니다. 문맥상 1년 내내 휴가를 아껴 둔 것의 목적이 런던에 있는 그녀의 아들을 방문하기 위함을 알 수 있습니다. 따라서 빈칸 뒤의 문장은 주절의 목적에 해당하며, 빈칸 뒤에 조동사 can의 과거형 could가 있으므로 빈칸에는 '~할 수 있도록'이라는 의미를 나타낼 수 있는 (b) so that이 적절합니다.

어휘   save (나중에 쓰려고) 남겨두다, 아끼다   through the year 1년 내내

4.

정답   (a)

해석   리사는 그녀의 전 남자친구에게서 밤늦게 온 문자 메시지에 답장하지 않았다. 그 대신, 그녀는 그녀의 폰에서 그의 연락처 정보를 삭제했다.

해설   빈칸에 들어갈 알맞은 접속부사를 고르는 문제입니다. 빈칸 앞의 문장은 전 남자친구로부터 온 문자 메시지에 답장하지 않았다는 내용이며, 빈칸 뒤의 문장은 전 남자친구의 연락처를 삭제했다는 내용입니다. 따라서 빈칸에 들어갈 접속부사에는 '전 남자친구에게 답장하지 않고', '전 남자친구에게 답장하는 것 대신에'라는 의미가 포함되어야 하므로 정답은 '그 대신', '대신에'라는 의미를 가진 (a) instead가 정답입니다.

어휘   respond to ~에 응답하다, ~에 답장하다   text 문자 메시지   ex-boyfriend 전 남자친구   contact information 연락처 정보

PRACTICE

1. Nonetheless   **2.** unless   **3.** Despite

4. even though   **5.** Consequently

1.

정답   Nonetheless

해설   빈칸 뒤에 콤마(,)가 있으므로 알맞은 접속부사를 고르는 문제입니다. 빈칸 앞의 문장은 알버트가 텔레비전을 볼 시간이 거의 없다는 내용이고, 빈칸 뒤의 문장은 그가 다섯 개의 스트리밍 서비스에 가입되어 있다는 내용이므로 앞문장에서 언급된 사실에서

예측할 수 있는 것과 반대되는 내용이 뒷문장에 언급되므로 빈칸에는 '그럼에도 불구하고'라는 의미의 접속부사 Nonetheless가 적절합니다.

2.

정답   unless

해설   빈칸 뒤에 콤마(,)가 없고 빈칸 앞뒤로 각각 주어와 동사를 갖춘 문장이 있으므로 빈칸은 접속사가 들어갈 자리입니다. 빈칸 앞의 문장은 보험을 가지고 있지 않은 대부분의 미국인들이 병원에 가는 것을 거절한다는 내용이고, 빈칸 뒤의 문장은 대단히 심각한 응급상황이라는 내용입니다. 문맥상 대단히 심각한 응급상황에는 병원에 가야 하므로, '대단히 심각한 응급상황이 아니면 병원에 가는 것을 거부한다'라는 내용이 되는 것이 자연스럽습니다. 따라서 정답은 '~하지 않는다면, ~아니라면'이라는 의미의 부사절 접속사 unless입니다.

3.

정답   Despite

해설   빈칸 뒤에는 주어와 동사가 포함된 문장이 아닌 its rude servers(무례한 종업원들)라는 명사구만 위치해 있으므로 빈칸은 접속사가 아닌 전치사의 자리입니다. (QR특강 18 참조) 콤마(,) 뒤의 문장은 그레이트 누들스 식당이 1년 내내 많은 식사 고객들을 끌어들인다는 내용이므로 무례한 종업원들이 있다는 사실로 유추할 수 있는 내용과 상반되는 내용임을 알 수 있습니다. 따라서 빈칸에는 '~에도 불구하고'라는 의미를 가진 전치사 despite가 적절합니다. 이렇게 지텔프 문법 시험에서는 자주는 아니지만 가끔씩 전치사 despite가 정답으로 출제되는 경우가 있으므로 despite의 위치와 의미를 파악해두는 것이 좋습니다.

4.

정답   even though

해설   빈칸 뒤에 콤마(,)가 없고 빈칸 앞뒤로 각각 주어와 동사를 갖춘 문장이 있으므로 빈칸은 접속사가 들어갈 자리입니다. 빈칸 앞의 문장은 레이첼이 하루 종일 침대에 있었다는 내용이고, 빈칸 뒤의 문장은 그녀의 친구들이 그녀를 공원으로 오라고 초대했다는 내용인 것을 보고 친구들이 레이첼을 공원으로 나오라고 초대했지만 그녀가 가지 않고 침대에만 있었다는 것을 알 수 있습니다. 따라서 빈칸에는 '비록 ~하지만'이라는 의미를 가진 부사절 접속사 even though가 적절합니다.

5.

정답   Consequently

해설   빈칸 뒤에 콤마(,)가 있으므로 알맞은 접속부사를 고르는 문제입니다. 빈칸 앞의 문장은 엘라가 지난 달에 매일 체육관에 다녔다는 내용이며, 빈칸 뒤의 문장은 5킬로그램의 체중이 줄었다는 내용인 것을 보고 매일 체육관에 다닌 결과가 체중 감소로 이어졌다는 것을 알 수 있습니다. 따라서 빈칸에는 '그 결과'라는 의미를 가진 접속부사 Consequently가 적절합니다.

실전 감잡기

1. (a)	2. (a)	3. (b)	4. (b)	5. (a)	6. (b)
7. (d)	8. (b)	9. (c)	10. (c)	11. (a)	12. (d)
13. (a)	14. (d)	15. (c)	16. (d)	17. (b)	18. (c)

1.

정답   (a)

해석   미국 대부분 지역에서 평균 제한 속도가 시속 약 70마일이다. 대부분의 자동차들이 시속 120마일만큼 빠르게 달릴 수 있도록 만들어지기는 하지만, 사람들은 이 법률을 항상 준수해야 한다.

해설   문장에 알맞은 접속사를 고르는 문제입니다. 선택지가 모두 접속사이므로 의미를 확인해야 하는데, '자동차들이 시속 120마일만큼 빠르게 달릴 수 있도록 만들어지기는 하지만, 사람들은 이 법률(70마일의 평균 제한 속도)을 항상 준수해야 한다'와 같은 의미가 되어야 알맞으므로 '(비록) ~이기는 하지만'을 뜻하는 (a) even though가 정답입니다.

어휘   average speed limit 평균 제한 속도 around 약, 대략 obey ~을 준수하다, 따르다 as A as B: B만큼 A하게 even though (비록) ~이기는 하지만 unless ~가 아니라면, ~하지 않는다면 whenever ~할 때마다 in case (that) ~할 경우에 (대비해)

2.

정답   (a)

해석   노스 캐롤라이나 지역에서, 8,500갤런의 연료를 실어 나르던 유조차 한 대가 충돌했으며, 이후 불이 붙게 되었다. 그 결과, 해당 고속도로는 화재의 확산이 통제될 수 있도록 여러 시간 동안 폐쇄되어야 했다.

해설   빈칸에 알맞은 접속부사를 고르는 문제이므로 앞뒤 문장들의 의미 관계를 확인해야 합니다. 빈칸 앞에는 유조차가 충돌해 불이 붙었다는 말이, 빈칸 뒤에는 통제를 위해 고속도로가 여러 시간 동안 폐쇄되었다는 말이 쓰여 있습니다. 이는 유조차의 충돌 및 화재 발생으로 인해 취해진 조치에 해당되므로 '원인 + 결과'의 의미 관계임을 알 수 있습니다. 따라서 '그 결과, 결과적으로'라는 의미로 결과를 나타낼 때 사용하는 접속부사 (a) As a result가 정답입니다.

어휘   tanker truck 유조차 carry ~을 실어 나르다 crash 충돌하다 catch fire 불이 붙다 several 여럿의, 몇몇의 so (that) (목적) ~할 수 있도록 spread 확산, 퍼짐 control ~을 통제하다, 제어하다 as a result 그 결과, 결과적으로 moreover 더욱이, 게다가 in contrast 그에 반해, 대조적으로 instead 대신

3.

정답   (b)

해석   먹을 수 있는 사탕 가루가 때때로 아이스크림과 제과 제품에 뿌려진다. 반면에, 색종이 조각은 음식 토핑으로 쓰이는 대신 기념의 의미로 공중에 뿌려진다.

해설   빈칸에 알맞은 접속부사를 고르는 문제이므로 앞뒤 문장들의 의미 관계를 확인해야 합니다. 빈칸 앞에는 먹을 수 있는 사탕 가루

가 아이스크림과 제과 제품에 뿌려진다는 말이, 빈칸 뒤에는 색종이 조각이 음식 토핑으로 쓰이는 대신 기념의 의미로 공중에 뿌려진다는 말이 쓰여 있습니다. 이 두 문장은 confetti의 다른 용도를 각각 보여주는 것이므로 '반면에, 한편'이라는 의미로 대조 또는 반대 등을 나타낼 때 사용하는 (b) On the other hand가 정답입니다.

어휘   edible 먹을 수 있는   confetti 색종이 조각, 사탕 가루   sprinkle ~을 뿌리다   baked goods 제과 제품   in the spirit of ~의 의미로, ~에 입각해   celebration 기념 (행사)   rather than ~ 대신, ~가 아니라   for example 예를 들어   on the other hand 반면에, 한편   in other words 다시 말해   in addition 추가로, 게다가

4.

정답   (b)

해석   오늘 아침에, 폴의 알람 시계가 울리지 않았다. 그 후, 자동차도 시동이 걸리지 않아서 그는 택시를 잡아타야 했다. 그럼에도 불구하고, 그는 오전 9시가 되기 1분 전에 여전히 사무실에 도착했다.

해설   빈칸에 알맞은 접속부사를 고르는 문제이므로 앞뒤 문장들의 의미 관계를 확인해야 합니다. 빈칸 앞에는 알람 시계도 울리지 않았고 자동차도 시동이 걸리지 않아 택시를 탔다는 말이, 빈칸 뒤에는 여전히 제 시간에 사무실에 도착했다는 말이 쓰여 있어 '부정적인 원인 + 긍정적인 결과'의 대조적인 관계임을 알 수 있습니다. 따라서 '그럼에도 불구하고'라는 의미로 대조되는 내용을 말할 때 사용하는 (b) Nevertheless가 정답입니다.

어휘   go off (시계 등이) 울리다   start (자동차가) 시동이 걸리다   grab ~을 잡아타다   still 여전히, 그런데도   arrive 도착하다   therefore 따라서, 그러므로   nevertheless 그럼에도 불구하고   likewise 마찬가지로   meanwhile 그 동안에, 한편

5.

정답   (a)

해석   알카트라즈 연방 교도소는 캘리포니아, 샌프란시스코 만의 알카트라즈 섬에 위치한 경비가 가장 삼엄한 감옥이다. 많은 중범죄자들이 이 시설에서 탈출하려 했다. 하지만, 성공한 탈옥으로 기록되어 있는 것이 전혀 없다.

해설   빈칸에 알맞은 접속부사를 고르는 문제이므로 앞뒤 문장들의 의미 관계를 확인해야 합니다. 빈칸 앞에는 많은 중범죄자들이 탈출하려 했다는 말이, 빈칸 뒤에는 아무도 탈옥에 성공하지 못했다는 말이 쓰여 있습니다. 따라서 이 두 문장은 서로 대조적인 의미 관계임을 알 수 있으므로 '하지만, 그러나' 등의 의미로 대조 또는 반대를 나타낼 때 사용하는 (a) However가 정답입니다.

어휘   maximum-security 경비가 가장 삼엄한   a number of 많은 (수의)   felon 중범죄자   try to do ~하려 하다   escape from ~에서 탈출하다   facility 시설(물)   successful 성공적인   breakout 탈옥   however 하지만   moreover 더욱이   consequently 결과적으로   meanwhile 한편, 그 사이에

6.

정답   (b)

해석   내 여동생과 나는 스타일이 다르지만 서로의 옷을 빌려 입는다.

여동생의 옷 대부분은 매우 세련된 반면, 내 스타일은 주로 거리 의류 패션을 위주로 한다.

해설   선택지에 접속사와 부사가 함께 제시되어 있으므로 문장 구조부터 확인해야 합니다. 빈칸 앞뒤로 주어와 동사가 각각 포함된 절이 하나씩 위치해 있으므로 빈칸은 이 두 개의 절을 연결할 접속사 자리입니다. 또한 '여동생의 옷은 세련된 반면, 내 스타일은 주로 거리 의류 패션이다'와 같은 대조적인 의미가 되어야 알맞으므로 '~인 반면'이라는 뜻으로 쓰이는 접속사 (b) while이 정답입니다.

어휘   borrow ~을 빌리다   clothes 옷, 의류   even though (비록) ~이기는 하지만   chic 세련된, 멋진   revolve around ~을 위주로 하다   mainly 주로   unless ~가 아니라면, ~하지 않는다면   while ~인 반면, ~이지만   therefore 따라서, 그러므로

7.

정답   (d)

해석   미국에서 시외 여객 철도 서비스를 개선하는 일에 대한 관심이 증가되고 있다. 고속 철도는 여행객들에게 비싸지 않으면서 쉽게 이용할 수 있는 대안을 제공해 줄 수 있다. 게다가, 개선된 철도 서비스는 개인 차량에서 나오는 탄소 배출도 감소시킬 수 있다.

해설   빈칸에 알맞은 접속부사를 고르는 문제이므로 앞뒤 문장들의 의미 관계를 확인해야 합니다. 빈칸 앞에는 고속 철도가 지닌 비용 및 이용 편의성과 관련된 한 가지 장점이, 빈칸 뒤에는 탄소 배출물 감소라는 또 다른 장점이 쓰여 있습니다. 따라서 한 가지 장점 뒤에 또 다른 장점이 덧붙여진 흐름임을 알 수 있으므로 '더욱이, 게다가'라는 의미로 추가를 나타낼 때 사용하는 (d) Furthermore가 정답입니다.

어휘   increased 증가된, 늘어난   interest in ~에 대한 관심   improve ~을 개선하다, 향상시키다   intercity passenger rail service 시외 여객 철도 서비스   offer ~을 제공하다   inexpensive 비싸지 않은   alternative 대안   reduce ~을 감소시키다, 줄이다   carbon emission 탄소 배출   vehicle 차량   as a result 결과적으로   otherwise 그렇지 않으면, 달리   consequently 결과적으로, 그 결과   furthermore 게다가, 더욱이

8.

정답   (b)

해석   잭슨 팀버울브스는 약체로서 감동을 주는 이야기로 스포츠 세계를 사로잡았다. 부적합 선수들로 구성된 이 팀은 비록 정규 시즌 경기 대부분을 지고 스타 선수를 부상으로 잃었지만 챔피언십 플레이오프 경기에서 굴하지 않고 승리를 거뒀다.

해설   문장에 알맞은 전치사 또는 접속사를 고르는 문제입니다. 우선, 빈칸 뒤에 주어와 동사가(it had lost) 있으므로 접속사가 빈칸에 필요합니다. 또한 '비록 정규 시즌 성적이 좋지 않고 스타 선수를 부상으로 잃었지만 승리를 거뒀다'와 같은 의미가 되어야 알맞으므로 '비록 ~하지만'을 뜻하는 접속사 (b) although가 정답입니다. 참고로 (a) despite는 전치사이며, (d) before는 전치사와 접속사로 모두 쓰입니다.

어휘   captivate ~을 사로잡다, 매혹시키다   inspiring 감동을 주는, 영감을 주는   underdog 약체, 약자   misfit 부적합자, 부적응

자 persevere to do 굴하지 않고 ~해내다, 꾸준히 ~해 나가다 lose ~에서 지다, 패배하다, ~을 잃다 regular season 정규 시즌 injury 부상 despite ~에도 불구하고 although 비록 ~이기는 하지만 except for ~을 제외하고

9.

정답 (c)

해석 닉과 제이미의 신혼여행은 재앙이었다. 그 기간 내내 비가 내렸고, 호텔은 악몽 같았으며, 심지어 그들은 여권을 잃어버리기까지 했다. 그럼에도 불구하고, 행복한 신혼부부에게 있어 지금은 함께 웃을 수 있는 기억에 남을 만한 경험이었다.

해설 빈칸에 알맞은 접속부사를 고르는 문제이므로 앞뒤 문장들의 의미 관계를 확인해야 합니다. 빈칸 앞에는 몇 가지 좋지 못했던 경험을 말하는 부정적인 말이, 빈칸 뒤에는 함께 웃을 수 있는 기억에 남을 만한 경험이었다는 긍정적인 말이 쓰여 있습니다. 따라서 서로 대조적인 내용이 이어지는 흐름임을 알 수 있으므로 '그럼에도 불구하고'라는 의미로 대조나 반대 등을 나타낼 때 사용하는 (c) Nonetheless가 정답입니다.

어휘 honeymoon 신혼여행 disaster 재앙 the whole time 내내 even 심지어 (~도) memorable 기어이 남을 만한 newlyweds 신혼부부 therefore 따라서, 그러므로 besides 게다가, 뿐만 아니라 nonetheless 그럼에도 불구하고 furthermore 더욱이, 게다가

10.

정답 (c)

해석 <애니멀 크로싱: 뉴 호라이즌스>는 19세 게임 시리즈에서 베스트셀러 항목이다. 편한 마음으로 즐길 수 있고 느긋하게 해 주는, <뉴 호라이즌스>는 아이들뿐만 아니라 어른들의 마음도 끌고 있는데, 흔히 현실의 삶 속에서 놓치게 되는 재무와 관련된 창의적인 통제 감각을 제공해주기 때문이다.

해설 문장에 알맞은 접속사를 고르는 문제입니다. 선택지가 모두 접속사이므로 의미를 확인해야 하는데, '현실 속에서 놓치게 되는 감각을 제공해주기 때문에 사람들의 마음을 끌고 있다'와 같은 의미가 되어야 알맞으므로 '~하기 때문에'라는 의미로 이유를 나타낼 때 사용하는 (c) because가 정답입니다.

어휘 entry 항목, 등록, 기재 사항 light-hearted 편한 마음으로 즐길 수 있는, 마음이 가벼운 relaxing 느긋하게 해 주는, 편안하게 하는 appeal to ~의 마음을 끌다, 흥미를 끌다 as well as ~뿐만 아니라 …도 provide ~을 제공하다 a sense of ~에 대한 감각, ~감 financial 재무의, 금융의 creative 창의적인 control 통제, 제어 missing 놓치는, 빠진, 없는, 사라진 even though 비록 ~이기는 하지만 so that (목적) ~할 수 있도록, (결과) 그래서, 그래야 whereas ~인 반면에

11.

정답 (a)

해석 락 밴드 '에브리 아더 브레스'는 그들이 다음 앨범 녹음을 마쳤다고 트위터에서 발표하였다. 하지만, 그들은 앨범을 지원하는 국내 콘서트 투어를 할 수 있기를 원한다고 말하면서, 전세계적 유행병이 끝날 때까지 그들은 그것을 출시하지 않을 것이다.

해설 문장에 알맞은 접속사 또는 전치사를 고르는 문제입니다. 빈칸 뒤에 주어 the pandemic과 동사 is가 있으므로 빈칸에는 전치사가 아닌 접속사가 위치해야 합니다. 주절의 의미는 '그들은 그것(their next album)을 출시하지 않을 것'이며, 접속사 뒤의 내용은 '전세계적 유행병이 끝나다'라는 의미입니다. 접속사절은 현재시제(is)이고 주절은 미래시제인 것을 보고 빈칸에 들어갈 접속사는 시간 또는 조건을 나타내는 부사절 접속사임을 알 수 있으며, 문맥상 '전세계적 유행병이 끝나기 전까지 그들은 그들의 다음 앨범을 출시하지 않을 것이다'라는 의미가 되는 것이 자연스럽습니다. 따라서 정답은 '~까지'라는 의미의 시간 부사절 접속사인 (a) until입니다.

어휘 announce 발표하다 record 녹음하다 release 출시하다, 내보내다 pandemic 전세계적 유행병 over 끝난 state 진술하다, 말하다 do a national tour 국내 콘서트 투어를 하다 support 지원하다

12.

정답 (d)

해석 의심할 여지도 없이, 투구 영재 김준호는 그의 세미 프로팀인 볼더 배저스에서 올해의 신인상을 받을 것이다. 사실, 그의 통계 자료는 너무 뛰어나서 그는 다음 시즌에 메이저 리그로 선발될 가능성도 있을 것이다.

해설 빈칸에 들어갈 알맞은 접속부사를 고르는 문제입니다. 빈칸의 앞 문장은 김준호 선수가 그의 세미 프로팀에서 신인상을 받을 것이라는 내용이며, 빈칸 뒤에 있는 문장은 그의 통계(기록)가 너무 뛰어나서 다음 시즌에 메이저리그로 선발될 가능성도 있다는 내용입니다. 이 두 문장의 내용의 관계는 앞 문장에서 언급한 내용에 부연하여 추가 설명을 하는 것이므로, 이에 적합한 접속부사는 '사실은'이라는 의미를 가진 (d) In fact입니다.

어휘 without a doubt 의심할 여지 없이, 틀림없이 pitching 투구, 피칭 prodigy 영재 rookie 신참, 신인 선수 semi-pro 세미 프로, 반직업적인 statistics 통계, 통계 자료 phenomenal 경이로운, 뛰어난 likely ~할 것 같은, 가능성이 있는 draft 선발하다, 뽑다 thus 그러므로, 이와 같이 in short 요컨대

13.

정답 (a)

해석 교외 지역에서 토요일 저녁에 시내로 갈 계획을 하고 있다면, 운전을 하는 것 대신에 고속 기차를 타고 시내로 가는 것이 낫다. 그렇지 않으면, 당신은 시내로 가는 도로가 막고 있는 교통 정체에 갇히게 될 것이다.

해설 빈칸에 들어갈 알맞은 접속부사를 고르는 문제입니다. 빈칸의 앞 문장은 운전하는 것 대신 고속 기차를 타고 시내로 가는 것이 낫다는 내용이며, 빈칸 뒤에 있는 문장은 도로를 막는 교통 정체에 갇히게 될 것이라는 내용입니다. 앞 문장에서 언급한 '운전을 하는 것 대신에'라는 내용과 연관되어, 뒷문장은 '만약 운전을 한다면 교통 정체에 갇히게 될 것'이라고 연결되므로, 빈칸에 들어갈 접속부사의 의미는 '그렇지 않으면'이 적절합니다. 따라서 이러한 의미를 가진 접속부사 (a) Otherwise가 정답입니다.

어휘 head ~로 향하다, ~로 가다 suburb 교외 지역 had better + 동사원형: ~하는 것이 낫다, ~하는 것이 좋다 express train

고속 기차 instead of ~대신에 get stuck in ~에 갇히다, ~에서 꼼짝하지 못하다 heavy traffic 교통 정체 clog 막다 otherwise 그렇지 않으면 additionally 게다가 therefore 따라서, 그러므로

14.

정답 (d)

해석 조슈아는 그가 친구들과 퇴근 후 맥주를 마시기 위해 만났던 바에서 집으로 운전하려는 시도를 하지 말았어야 했다는 것을 알았다. 한 경찰관이 조슈아가 중앙선을 넘어 갑자기 방향을 트는 것을 본 후 풀머 스트리트에서 그의 차를 세웠다.

해설 빈칸 뒤에 콤마(,)가 없어서 빈칸에 접속부사가 들어갈 수 없기 때문에 알맞은 의미의 부사절 접속사를 고르는 문제입니다. 빈칸의 앞 문장은 경찰관이 그의 차를 세웠다는 내용이며, 빈칸 뒤에 있는 문장은 경찰관이 조슈아가 중앙선을 넘어 갑자기 방향을 트는 것을 보았다는 내용입니다. 따라서 두 문장 사이에는 '조슈아가 중앙선을 넘어 갑자기 방향을 트는 것을 보았고, 그 후에 경찰관이 그의 차를 세웠다'는 선후관계가 성립하므로 빈칸에 들어갈 접속사는 '~후에'라는 의미를 가진 (d) after가 적절합니다.

어휘 should not have p.p. ~하지 말았어야 했다 try + -ing: ~하는 것을 시도하다, 시험삼아 ~해보다 after-work 업무 후의, 퇴근 후의 pull over 차를 세우다, 길 한쪽으로 빠지다 observe 보다, 관찰하다 swerve 갑자기 방향을 틀다, 탈선하다 center line 중앙선 thus 따라서, 그러므로 although 비록 ~하지만 as long as ~하는 한 after ~후에

15.

정답 (c)

해석 일년생 식물은 단일 성장기에 발아, 성숙, 죽음이라는 생활 주기 전체를 가지는 식물을 포함한다. 반면에, 다년생 식물은 더 오랜 생을 살며, 다수의 번식 기간을 가진다.

해설 빈칸 뒤에 콤마(,)가 있고 주어와 동사가 있는 문장이 시작되므로 빈칸에 들어갈 알맞은 의미의 접속부사를 고르는 문제입니다. 빈칸 앞의 문장은 일년생 식물이 단일 성장기 동안 발아하여 죽는다는 생활 주기에 관한 내용이며, 빈칸 뒤의 문장은 다년생 식물이 더 오래 살고, 여러 번 번식 기간을 갖는다는 내용이므로, 두 문장의 내용이 서로 상반되는 대조를 이루고 있습니다. 따라서 빈칸에 들어갈 알맞은 의미의 접속부사는 '반면에', '한편으로'라는 의미인 (c) On the other hand입니다.

어휘 annual 일년생 식물 include 포함하다 plant 식물 life cycle 생활 주기 germination 발아, 성장 maturation 성숙 single 단일의 perennial 다년생 식물 multiple 다수의, 여러 개의 reproductive 번식의 episode 단계, 기간, 회차

16.

정답 (d)

해석 최근의 인터뷰에서 판타지 소설 작가 조지 머튼은 사람들이 오랫동안 기다려온 『와이번과의 왈츠』에 대한 속편 집필을 거의 완료하였다고 말했다. 하지만, 그의 출판사는 아직 예상 발매일에 대한 것을 아무것도 말해주지 않았다.

해설 빈칸 뒤에 콤마(,)가 있고 주어와 동사가 있는 문장이 시작되므로

빈칸에 들어갈 알맞은 의미의 접속부사를 고르는 문제입니다. 빈칸 앞의 문장은 판타지 소설 작가가 사람들이 오래 기다려온 속편을 거의 완성하였음을 말했다는 내용이며, 빈칸 뒤의 문장은 출판사가 아직 예상 발매일을 말해주지 않았다는 내용입니다. 사람들이 오랫동안 기다려온 속편이므로 사람들이 발매일이 언제인지 알고 싶을텐데 '아직' 말하지 않았다는 것을 미루어 보아 두 문장의 관계는 역접의 관계로 볼 수 있습니다. 따라서 '하지만, 그러나'라는 의미를 가진 접속부사 (d) However가 정답입니다.

어휘 fantasy author 판타지 소설 작가 share (자신의 생각을) 말하다 long-awaited 사람들이 오래 기다려온 sequel 속편 wyvern 와이번, 비룡(상상의 동물) publisher 출판사, 출판업체 release date 출시일, 발매일 besides 게다가 in fact 사실 therefore 따라서, 그러므로 however 그러나, 하지만

17.

정답 (b)

해석 네이쓴이 우리와 함께 이번 주말에 캠핑 여행을 가기로 결정했다는 것에 나는 기쁘다. 그는 최근에 우리와 함께 많이 어울려 놀지 않았는데, 왜냐하면 그가 신디와의 이별을 극복하느라 힘든 시간을 보내고 있었기 때문이다. 아마도 그는 마침내 거기서 돌아올 준비가 되었는지도 모른다.

해설 문장에 알맞은 접속사를 고르는 문제입니다. 선택지가 모두 접속사이므로 의미를 확인해야 하는데, '그가 신디와 헤어지고 힘든 시간을 보고 있었다'는 빈칸 뒤의 내용이 '그가 우리와 최근에 많이 어울려 놀지 못했다'는 빈칸 앞 문장의 내용에 대한 이유나 원인으로 볼 수 있으므로, '왜냐하면 ~하기 때문에'라는 의미로 이유를 나타낼 때 사용하는 (b) because가 정답입니다.

어휘 glad 기쁜 hang out with ~와 어울려 놀다 have a hard time -ing: ~하느라 힘든 시간을 보내다 get over 극복하다, 회복하다 breakup 이별, 헤어짐 finally 마침내 ready to do: ~할 준비가 된 get back 돌아오다

18.

정답 (c)

해석 FOMO—좋은 기회를 놓치는 것에 대한 두려움—가 주식 시장에서 소매 투자자들의 증가 뒤에 있는 주요 동기요인인 것으로 예상되고 있으며, 이것은 걱정스러운 것이다. 투자자들은 그들이 좋은 성과를 내고 있을 때만 언제든 자신의 주식에 대해 이야기를 하고, 반면에 자신의 손실은 자신만의 비밀로 간직한다는 것을 사람들은 기억해야 한다.

해설 문장에 알맞은 접속사를 고르는 문제입니다. 선택지가 모두 접속사이므로 의미를 확인해야 하는데, 빈칸 앞의 명사절 접속사 that절은 투자자들은 주식에 대해 말한다는 내용이고, 빈칸 뒤의 내용은 그들이 성과를 잘 내고 있는 중이라는 내용입니다. 투자자들이 주식에 대해 말하는 때가 바로 그들이 성과를 잘 내고 있는 중일 때라는 의미로 빈칸에 들어갈 접속사는 시간에 관련된 접속사가 적절합니다. 보기 중에서 시간에 관련된 접속사는 until과 whenever가 있는데, '~까지'라는 의미의 부사절 접속사 until은 두 문장을 연결하기에 의미가 자연스럽지 않으므로 오답이며, '~할 때 마다, ~할 때는 언제든지'라는 의미의 접속사 whenever가 쓰여 '성과를 잘 내고 있는 중일 때마다 주식에 대

해 이야기한다'라는 의미를 나타내는 것이 적절합니다. 따라서 정답은 (c) whenever입니다.

어휘   FOMO 사교 모임에서 얻을 수 있는 좋은 기회를 놓치고 싶지 않은 사회 심리적 불안   fear 공포, 두려움   miss out 좋은 기회를 놓치다, 실패하다   motivator 동기 요인, 동기를 부여하는 것   rise 상승, 증가   retail investor 소매 투자자   stock market 주식 시장   worrisome 걱정하게 만드는, 걱정스러운   perform well 좋은 성과를 내다

DAY 10   관계사

1초 퀴즈

1. (a)   **2.** (d)   **3.** (b)

1.

정답   (a)

해석   그 영화 감독은 그의 할아버지 덕분에 어린 나이였을 때부터 영화를 좋아했는데, 그의 할아버지는 헐리우드의 황금기 동안 헐리우드에서 일했었다.

해설   빈칸 앞에 들어갈 알맞은 관계사절을 고르는 문제입니다. 보기 (a)~(d)가 모두 관계대명사만 다르고 나머지가 동일하므로, 선행사를 보고 알맞은 관계대명사를 찾는 유형입니다. 콤마(,) 앞에 위치한 선행사 his grandfather는 사람 명사이므로, 관계대명사 who로 시작하는 (a) who had worked가 정답입니다.

어휘   cinema 영화   thanks to ~덕분에   Golden Age (헐리우드의) 황금기, 전성기

2.

정답   (d)

해석   보험이 없는 많은 미국인들이 캐나다에서의 의료 서비스를 찾는데, 그곳에서는 의료 보험이 무료이다.

해설   빈칸에 들어갈 알맞은 관계사절을 고르는 문제입니다. 빈칸 앞에 있는 선행사 Canada로, 사람 명사가 아닌 장소 명사이므로 관계대명사 which나 that, 그리고 관계부사 where로 시작하는 관계사절이 정답이 될 수 있습니다. 보기 (a)~(d)에서 관계사 뒤의 문장 구조가 「주어(healthcare) + 자동사(is) + 보어(free)」로 구성된 완전한 절이므로, 주어나 목적어가 없는 불완전한 절을 이끄는 관계대명사 which, that은 쓰일 수 없습니다. 따라서 정답은 장소를 나타내는 관계부사 where로 시작하는 (d) where healthcare is free입니다.

어휘   insurance 보험   seek 찾다, 구하다   medical 의료의   healthcare 의료 보험   free 무료의

3.

정답   (b)

해석   그레이 씨는 뜻하지 않게 그녀의 지갑을 회의실에 놔뒀는데, 그

회의실은 지금 청소가 되는 중이다.

해설   빈칸에 들어갈 알맞은 관계사절을 고르는 문제입니다. 선행사가 the conference room으로 사물 명사이면서 동시에 장소 명사로도 쓰일 수 있으므로 that 또는 which로 시작하는 관계대명사절이나, 관계부사 where로 시작하는 관계사절이 정답이 될 수 있습니다. (c) where it is being cleaned는 where 뒤에 it is being cleaned로 완전한 절의 구조를 가지고 있지만 주어인 it이 가리키는 것이 선행사인 the conference room이므로 그 의미가 where과 중복이 되기 때문에 (c)는 문맥상 어색하여 오답입니다. 그리고 빈칸 앞에 콤마(,)가 있는 것으로 보아 관계사의 계속적 용법이 사용되어 있음을 알 수 있으므로 관계대명사 that 또한 쓰일 수 없습니다. 따라서 정답은 (b) which is being cleaned입니다.

어휘   accidentally 우연히, 뜻하지 않게   leave 놔두다, 놓고 가다   conference room 회의실

PRACTICE

1. that draws the biggest crowds
2. where she could enjoy
3. which was released
4. when responsibilities were few
5. that clicked with him
6. when the number of tourists doubles

1.

정답   that draws the biggest crowds

해설   선행사가 the painting으로 사물 명사이므로 관계대명사 that으로 시작하는 that draws the biggest crowds가 정답입니다. 관계대명사 whose는 뒤에 명사와 함께 쓰여 「whose + 명사」가 하나의 대명사로 쓰여 주어나 목적어로 쓰입니다. whose biggest crowds draws에서 주어가 whose biggest crowds로 복수명사인데, 동사가 단수동사 형태인 draws이므로 문법적으로 맞지 않기 때문에 오답입니다.

2.

정답   where she could enjoy

해설   선행사가 a large university로 사물 명사이자 장소 명사이므로 관계사 뒤의 문장 구조를 통해 관계대명사 which와 관계부사 where 중 어느 것이 쓰여야 하는지 판단해야 합니다. 두 개의 보기에서 관계사 뒤의 문장 구조는 「주어(she) + 타동사(could enjoy) + 목적어(a vibrant social life)」가 모두 갖춰진 완전한 문장이며, 의미상 그녀가 활기 넘치는 사회생활을 즐길 수 있는 곳이 큰 대학교라는 의미이기 때문에 선행사인 a large university가 장소의 의미로 사용되었으므로 정답은 where she could enjoy입니다.

3.

정답   which was released

해설 　선행사인 "Dynamite"는 노래 제목이므로 사물 명사이므로, 관계사 which와 that을 모두 사용할 수 있습니다. 하지만 선행사 뒤에 콤마(,)가 있으므로 관계대명사가 계속적 용법으로 사용되었음을 알 수 있습니다. 그래서 관계대명사 that은 사용할 수 없으므로 정답은 which was released입니다.

4.

정답 　when responsibilities were few

해설 　선행사가 a time으로 사물 명사이자 시간 명사이므로 관계대명사 which나 관계부사 when으로 시작하는 관계사절을 사용할 수 있습니다. 두 개의 보기에서 관계사 뒤의 문장 구조는 「주어(responsibilities) + 자동사(were) + 보어(few)」가 모두 갖춰진 완전한 문장이며, 의미상 책임감이 거의 없었던 시기라는 의미이기 때문에 선행사인 a time이 시간의 의미로 사용되었으므로 정답은 when responsibilities were few입니다.

5.

정답 　that clicked with him

해설 　선행사인 a friend는 사람 명사이므로, 관계사 who 또는 that을 사용할 수 있습니다. 따라서 보기 중에서 관계대명사 that으로 시작하는 that clicked with him이 정답입니다.

6.

정답 　when the number of tourists doubles

해설 　선행사가 the summer로 사물 명사이자 시간 명사이므로 관계대명사 which나 관계부사 when으로 시작하는 관계사절을 사용할 수 있습니다. 두 개의 보기에서 관계사 뒤의 문장 구조는 「주어(the number of tourists) + 자동사(doubles)」로, 자동사 double이 보어를 가지지 않는 자동사이기에 완전한 문장입니다. 또한 의미상 관광객의 수가 두배가 되는 여름이라는 의미이기 때문에 선행사인 the summer가 시간의 의미로 사용되었으므로 정답은 when the number of tourists doubles입니다.

실전 감잡기

1. (c)	2. (b)	3. (b)	4. (d)	5. (a)	6. (a)
7. (c)	8. (b)	9. (c)	10. (b)	11. (a)	12. (b)
13. (a)	14. (d)	15. (b)	16. (c)	17. (a)	18. (a)

1.

정답 　(c)

해석 　편지가 우송되는 데 있어 추가 비용을 지불하기를 원하지 않으시면 표준 사이즈 형태로 된 것이어야 합니다. 균일하지 않은 모든 봉투는 소포를 우송하는 것과 맞먹는 수준의 추가 비용 지불 대상이 됩니다.

해설 　사물 명사 envelope을 뒤에서 수식할 관계대명사절을 골라야 하므로 사물 명사를 수식하는 관계대명사 that이 이끄는 (c)

that is not flat이 정답입니다. 선행사를 수식하지 않는 what이 이끄는 (a) what is not flat과 사람 명사를 수식하는 who가 이끄는 (d), 그리고 장소명사를 수식하는 where가 이끄는 (b) where it is not flat은 모두 사물 명사 envelope을 수식할 수 없으므로 오답입니다.

어휘 　standard 표준의 pay extra 추가 비용을 지불하다 mail ~을 우송하다 envelope 봉투 be subject to ~에 대한 대상이 되다 comparable to ~와 맞먹는, 비슷한 flat 균일한, 고정된

2.

정답 　(b)

해석 　오렌지색 당근은 16세기에 이르기까지 거의 존재하지 않았다. 그 전까지 한때 널리 소비되었던 보라색 및 노란색 당근에 비해, 오렌지색 당근은 알파카로틴과 베타카로틴 함량이 더 높은데, 이 둘은 오렌지 색소의 원인인 비타민 A의 원천이다.

해설 　콤마 뒤에 빈칸이 있으므로 콤마 뒤에 위치할 수 있는 관계대명사 who와 which가 이끄는 (a)와 (b) 중에서 하나를 골라야 합니다. 그런데 빈칸에 쓰일 관계대명사절이 수식하는 명사, 즉 선행사가 빈칸 앞에 위치한 사물 명사 alpha and beta carotene이므로 사물 명사를 수식할 수 있는 which가 이끄는 (b) which are sources of vitamin A가 정답입니다. (c)와 (d)에 각각 포함된 that과 what이 이끄는 절은 콤마 뒤에 위치할 수 없습니다.

어휘 　non-existent 존재하지 않는 compared to ~에 비해, ~와 비교해 once 한때 widely 널리 consume ~을 소비하다, 먹다 amount 양, 수량 responsible for ~에 대한 원인이다 pigment 색소 source 원천, 근원

3.

정답 　(b)

해석 　때때로 화산재 기둥이 번쩍하는 번개와 만나게 되면, "화산 번개"라고 불리는 자연 현상을 만들어낸다. 가스가 강력하게 방출될 때 발생되는 마찰의 형성이 이 휘황찬란한 번개 쇼를 야기한다.

해설 　주어 A buildup of friction과 동사 causes 사이에 콤마와 함께 삽입되어 주어를 부연 설명할 관계대명사절로 적절한 것을 고르는 문제입니다. 따라서 콤마와 함께 삽입되는 구조에 쓰일 수 있는 관계대명사 which 또는 who가 이끄는 것 중에서 하나를 골라야 하는데, 주어 A buildup of friction이 사물 명사구이므로 (b) which occurs when gases are forcefully expelled가 정답입니다. that과 what이 이끄는 (a)와 (c)는 콤마와 함께 삽입된 구조에 쓰이지 않습니다.

어휘 　ash 재 plume (연기 등이 피어 오르는) 기둥 be shot through with ~와 섞이다, ~로 가득하다 bolts of lightning 번쩍하는 번개 create ~을 만들어내다 phenomenon 현상 volcanic lightning 화산 번개 buildup 형성, 축적, 증강 friction 마찰 cause ~을 야기하다 dazzling 휘황찬란한 occur 발생되다 forcefully 강력하게 expel ~을 방출하다, 배출하다

4.

정답 　(d)

해석   프랑스는 전국 최고의 바게트를 찾는 연례 경연대회를 개최한다. 이 대회는 심사위원단에 의해 심사되며, 대회에서 우승하는 제빵사는 대통령에게 자신의 바게트를 대접하게 된다.

해설   빈칸에 알맞은 관계대명사절을 고르는 문제입니다. 빈칸에 쓰일 관계대명사절이 수식하는 명사, 즉 선행사가 사람 명사인 the baker이므로 사람 명사를 수식할 수 있는 관계대명사 who가 이끄는 (d) who wins the competition이 정답입니다.

어휘   hold ~을 개최하다 annual 연례의, 해마다의 competition 경연대회, 경기대회 judge ~을 심사하다 jury 심사위원단 have A p.p.: A가 ~되게 하다 serve (음식) ~을 제공하다, 내오다 win ~에서 우승하다

5.

정답   (a)

해석   두부는 콩을 응고시킨 다음, 그것을 눌러 부드러운 사각형 덩어리로 모양을 내서 만든다. 두부에 들어있는 고단백질 내용물로 인해, 채식주의자들, 즉 고기를 몹시 싫어하는 사람들과 특정 음식으로 식사하는 사람들이 보통 고기 대용으로 두부를 식사에 포함시킨다.

해설   빈칸에 쓰일 관계대명사절로 알맞은 것을 고르는 문제입니다. 빈칸 앞에 위치한 명사(선행사)가 사람 명사인 people이므로 사람을 수식하는 who와 whom이 이끄는 (a)와 (d) 중에서 하나를 골라야 하는데, 「주격관계대명사 + 동사 + 보어(형용사)」 구조로 된 (a) who are allergic to meat가 정답입니다. (d) whom they are allergic to meat의 경우, whom과 they가 모두 people을 가리켜 중복되므로 문법적 어순에 맞지 않으므로 오답입니다.

어휘   be made from ~로 만들어지다 curdled 응고된 press A into B: A를 눌러 B로 만들다 block 사각형 덩어리 due to ~로 인해 high protein 고단백질 content 내용(물) vegetarian 채식주의자 those (수식어구와 함께) ~하는 사람들 certain 특정한, 일정한 usually 보통, 일반적으로 include ~을 포함하다 alternative 대용물, 대안 be allergic to ~을 몹시 싫어하다, ~에 알레르기가 있다

6.

정답   (a)

해석   해파리는 이름에 "물고기"라는 말이 포함되어 있음에도 불구하고 실은 물고기가 아니다. 물고기는 등뼈와 뇌, 그리고 심장으로서 역할을 하는 척수를 갖고 있는 반면, 해파리는 이러한 특징을 가지고 있지 않다.

해설   동사 have의 목적어인 a spinal cord와 접속사 while 사이에 콤마와 함께 삽입되어 목적어 a spinal cord를 부연 설명할 관계대명사절로 적절한 것을 고르는 문제입니다. 따라서 콤마와 함께 삽입되는 구조에 쓰일 수 있는 관계대명사 which과 who가 이끄는 (a)와 (b) 중에서 하나를 골라야 하는데, a spinal cord가 사물 명사구이므로 (a) which serves as their backbone, brain, and heart가 정답입니다. what과 that이 이끄는 (c)와 (d)는 콤마와 함께 삽입되는 구조에 쓰이지 않습니다.

어휘   despite ~임에도 불구하고 actually 실은, 실제로는 spinal cord 척수, 등골 while ~인 반면 feature 특징 serve as ~로서 역할을 하다

7.

정답   (c)

해석   카말라 해리스 상원의원이 2020년 미국 대선에 조 바이든의 러닝 메이트로 선정되었다. 만일 바이든이 선거에서 승리한다면, 인도와 자메이카 이민자들의 딸인 해리스 상원의원은 부통령으로 재직하는 첫 흑인 여성이 될 것이다.

해설   빈칸이 속한 주절의 주어 Senator Harris와 동사 will be 사이에 콤마와 함께 삽입되어 주어를 부연 설명할 관계사절로 적절한 것을 고르는 문제입니다. 따라서 콤마와 함께 삽입되는 구조에 쓰일 수 있는 관계대명사로서 사람을 수식할 때 사용하는 who가 이끄는 (c) who is the daughter of immigrants from India and Jamaica가 정답입니다. (a)에 쓰인 관계대명사 that은 콤마와 함께 삽입되는 구조에 쓰이지 않으며, (b)와 (d)가 각각 쓰인 where와 which는 삽입 구조에 쓰이기는 하지만 사람 명사를 수식할 수 없으므로 오답입니다.

어휘   senator 상원의원 be selected as ~로 선정되다, 선출되다 running mate (선거의) 러닝메이트, 동반 출마자 presidential election 대선 serve as ~로 재직하다, ~의 역할을 하다 Vice President 부통령 immigrant 이민자

8.

정답   (b)

해석   해밀턴 스키 로지는 겨울 스포츠를 즐길 수 있는 최적의 장소이지만, 산악 지대에 멀리 떨어져 있는 위치로 인해 그곳에 도달하는 것이 어려울 수 있다. 차를 운전해 그 시설로 가려는 방문객들은 특히 1월과 2월 중에 스노우 타이어가 장착된 사륜 구동 차량을 이용해야 한다.

해설   빈칸 앞에 위치한 명사구(선행사) a four-wheel drive vehicle을 부연 설명할 관계사절로 적절한 것을 고르는 문제입니다. 따라서 사물 명사를 수식할 수 있는 관계대명사 that이 이끄는 (b) that is equipped with snow tires가 정답입니다. (a)에 쓰인 where도 장소를 나타내는 사물 명사를 수식할 수는 있지만, where 뒤에 구조가 완전한 절이 있어야 하므로 오답입니다.

어휘   elite 최적의, 최상의 location 장소, 위치 remote 멀리 떨어진, 외딴 make it A to do: ~하는 것을 A하게 만들다 reach ~에 도달하다, 이르다 drive to 차를 운전해 ~로 가다 lodge (캠핑, 숙박 등의) 시설, 별장, 오두막 four-wheel drive vehicle 사륜 구동 차량 be equipped with ~을 장착하고 있다

9.

정답   (c)

해석   소프트 터치 스킨케어는 1년 내내 사람들이 자외선 차단제를 사용하도록 권장하는 새로운 광고 캠페인을 출시할 것이다. 여름은 대개 사람들이 자외선 차단제를 바를 생각을 하는 유일한 계절이지만, 자외선은 가을이나 겨울에도, 기온에 상관없이 해로울 수 있다.

해설   빈칸에 쓰일 관계사절로 알맞은 것을 고르는 문제입니다. 빈칸 앞에 위치한 명사(선행사)가 시간을 나타내는 명사인 the only season이고, 보기를 보면 각각의 관계사 뒤에 people think to apply sunscreen이라는 「주어(people) + 동사(think) + 목적어(to apply sunscreen)」 구조로 문장 성분이 모두 갖춰진 완전한 문장이므로, 주어나 목적어가 없는 불완전한 절을 이끄는 관계대명사 which, who, that은 정답이 될 수 없고 관계부사 when 또는 where이 이끄는 관계부사가 정답이 됩니다. 그런데 선행사가 시간을 나타내는 명사이므로 관계부사 when이 이끄는 관계부사절 (c) when people think to apply sunscreen이 정답입니다.

어휘   apply (크림이나 약을) 바르다 sunscreen 자외선 차단제 launch 출시하다 advertising campaign 광고 캠페인 encourage 권장하다 wear sunscreen 자외선 차단제를 사용하다 UV ray 자외선 just as ~도 마찬가지로, 꼭 ~ 처럼 no matter ~에 상관없이

10.

정답   (b)

해석   베스트셀러 작가 로렌스 허스트는 올해의 졸업생들에게 유머러스하고 통찰력 있는 졸업식 연설을 해 주었다. 허스트가 젊었을 때 잠시 공부했던 곳인 윌리엄스 대학교는 졸업식 중에 명예 학위를 수여함으로써 이 작가에게 감사의 뜻을 전했다.

해설   주어 Williams University와 동사 thanked 사이에 콤마와 함께 삽입되어 주어를 부연 설명할 관계사절로 적절한 것을 고르는 문제입니다. 따라서 사물 명사 Williams University를 수식할 수 있는 관계대명사 which와 관계부사 where가 각각 이끄는 (a)와 (b) 중에서 골라야 합니다. 그런데 관계대명사 which가 이끄는 절은 주어 또는 목적어 등이 빠진 불완전한 구조여야 하며, 관계부사 where가 이끄는 절은 완전한 구조여야 하므로 'where + 완전한 절'인 (b) where Hearst had briefly studied in his youth가 정답입니다.

어휘   author 작가, 저자 insightful 통찰력 있는 commencement 졸업식, 학위 수여식 graduate 졸업하다 by (방법) ~함으로써, ~해서 award A B: A에게 B를 수여하다, 주다 honorary degree 명예 학위 ceremony 식, 의식 briefly 잠시, 간단히 in one's youth 젊었을 때

11.

정답   (a)

해석   점점 더 적은 대학생들이 교사가 되려고 공부하고 있는데, 그들은 그 대신 금전적으로 더 많은 보상이 있는 직업을 추구하기로 선택하기 때문이다. 교사들이 받는 낮은 급여가 대부분의 교육자 지망생들을 만류하긴 하지만, 교사들이 받는 스트레스의 양과 지원의 부족 또한 그 직업을 덜 매력적으로 만든다.

해설   빈칸에 쓰일 관계사절로 알맞은 것을 고르는 문제입니다. 빈칸 앞에 위치한 명사(선행사)가 사물 명사인 the low pay이므로 관계대명사는 which 또는 that이 되어야 합니다. 선행사 뒤에 콤마(,)가 없어 관계대명사 that을 사용할 수 있으므로 정답은 (a) that teachers receive입니다. 관계대명사 what은 사물 선행사의 의미를 포함하고 있는 관계대명사이기 때문에 선행사가 앞에 있는 빈칸에 들어 갈 수 없습니다.

어휘   fewer 점점 더 적은 opt to do ~하기로 선택하다 instead 대신에 pursue a career 직업을 선택하다, 경력을 추구하다 financially 금전적으로, 재정적으로 rewarding 돈을 많이 버는, 보상이 있는 while ~이긴 하지만 dissuade 설득하다, 만류하다 would-be ~이 되려고 하는, ~을 지망하는 educator 교육자 amount of ~의 양 lack of ~의 부족, ~의 결핍 support 지원, 보조, 도움 appealing 매력적인, 흥미로운

12.

정답   (b)

해석   폴은 훨씬 나이가 들어서야 미시건의 어퍼 페닌설라 깊은 곳에 숨겨진 그의 고향, 체다 폴스의 매력을 알아보는 법을 배웠다. 그가 10대 였을 때, 그는 그것이 단지 아무 일도 절대 일어나지 않는 마을일 뿐이라고 생각했고, 그가 원했던 것은 오직 벗어나는 것이다.

해설   빈칸에 쓰일 관계사절로 알맞은 것을 고르는 문제입니다. 빈칸 앞에 위치한 명사(선행사)가 장소를 나타내는 명사인 a town이고, 보기를 보면 각각의 관계사 뒤에 nothing ever happens라는 「주어(nothing) + 자동사(happens)」 구조로 문장 성분이 모두 갖춰진 완전한 문장이므로, 주어나 목적어가 없는 불완전한 절을 이끄는 관계대명사 which, who, that은 정답이 될 수 없고 관계부사 when 또는 where이 이끄는 관계부사가 정답이 됩니다. 그런데 선행사가 장소를 나타내는 명사이므로 관계부사 where이 이끄는 관계부사절 (b) where nothing ever happens가 정답입니다.

어휘   it's not until ~ that 주어 + 동사: ~가 ~한 것은 ~ 하기 전까지 아니다, ~하고서야 비로소 ~가 ~하다 much + 비교급: 훨씬 더 ~한 appreciate 진가를 알아보다, 이해하다 charm 매력 hidden 숨겨진 deep 깊이, 깊은 곳에 get away 탈출하다, 벗어나다

13.

정답   (a)

해석   오늘날, 부모들은 현대 대중음악의 가사 내용에 점점 놀라고 있다. 라디오에서 지속적으로 재생되는 차트 1위의 싱글 음반들이 생생한 성적인 행위에 관한 것이라는 것은 드문 일이 아니다. 과거의 대중음악들과는 달리, 현대 대중음악은 그것에 대해 심지어 은밀하거나 교묘하지도 않다.

해설   빈칸에 쓰일 관계사절로 알맞은 것을 고르는 문제입니다. 빈칸 앞에 위치한 명사(선행사)가 사물 명사인 chart-topping singles이므로 관계대명사는 which 또는 that이 되어야 합니다. 선행사 뒤에 콤마(,)가 있으므로 관계대명사의 계속적 용법이 쓰여 관계대명사 that이 있는 관계사절은 정답이 될 수 없습니다. 따라서 정답은 (a) which are played constantly on the radio입니다. 관계대명사 what은 사물 선행사의 의미를 포함하고 있는 관계대명사이기 때문에 선행사가 앞에 있는 빈칸에 들어갈 수 없습니다.

어휘   increasingly 점점 alarmed by ~에 놀란, ~에 불안해 하는 lyrical 노래 가사의 contemporary 현대의 uncommon 드문, 흔치 않은 chart-topping 차트에서 1위를 하는, 인기 순위 1위의 single 싱글 음반(1곡만 담긴 음반) graphic 생생한 sexual 성적인 unlike ~와 달리 sly 은밀한 subtle 교묘한

44   시원스쿨 지텔프 65+

14.

정답   (d)

해석   홍보성 선전으로서, 선라이즈 식품은 대중들에게 다음에 나올 아침식사 시리얼 상품 종류에 대한 투표를 하도록 하였다. 그들은 대중들이 그 회사가 이미 생산하기로 계획하고 있는 맛있는 땅콩 버터맛 시리얼을 고를 것이라고 생각했지만, 투표자들이 파와 같은 맛이 나는 것을 골랐을 때 그 선전은 역효과를 낳았다.

해설   빈칸에 쓰일 관계사절로 알맞은 것을 고르는 문제입니다. 빈칸 앞에 위치한 명사(선행사)가 대명사인 the one이며, 문맥상 the one은 the cereal을 가리키므로 사물 명사입니다. 그래서 관계대명사는 which 또는 that이 되어야 합니다. 선행사 뒤에 콤마(,)가 없어 관계대명사 that을 사용할 수 있으므로 정답은 (d) that would taste like green onion입니다. 관계부사 when은 선행사가 시간을 나타내는 명사이고, 관계부사 when 뒤에 완전한 절이 위치할 때 쓸 수 있습니다. 또한 관계대명사 what은 사물 선행사의 의미를 포함하고 있는 관계대명사이기 때문에 선행사가 앞에 있는 빈칸에 들어 갈 수 없습니다.

어휘   promotional 홍보의, 홍보성 stunt 선전, 주목을 이끄는 행위 vote 투표하다 line (상품의) 종류 assume 생각하다, 가정하다 flavored ~맛이 나는 backfire 역효과를 낳다 taste like ~와 같은 맛이 나다 green onion 파

15.

정답   (b)

해석   직원들이 많은 시간을 사무실에서 낭비하고 있으며, 그 곳에서 더 적은 시간을 보내도록 요구되는 것이 실제로 더 효율적으로 만든다는 것이 밝혀졌다. 최근의 한 연구는 주 4일을 일하는 사람들이 그들의 프로젝트를 일정보다 앞서서 끝내고자 하는 의욕을 더 많이 느낀다는 것을 보여준다.

해설   빈칸에 쓰일 관계사절로 알맞은 것을 고르는 문제입니다. 빈칸 앞에 위치한 명사(선행사)가 사람 명사인 people이므로 관계대명사는 who 또는 that이 되어야 합니다. 보기 중에는 that으로 시작하는 관계대명사절이 없으므로 정답은 (b) who have four-day work weeks입니다. 관계부사 when과 관계대명사 what은 사람 명사가 선행사일 때 사용할 수 없습니다.

어휘   It turns out ~라는 것이 밝혀지다 be required to do ~하는 것이 요구되다 efficient 효율적인 feel motivated to do ~하고자 하는 의욕을 느끼다 ahead of schedule 일정보다 앞서서, 예정보다 빨리

16.

정답   (c)

해석   70세에 가까워지자, 팀은 그의 아들 중 한 명에게 그의 식당의 소유권을 전해주고 싶어 하지만, 그들은 그것을 원하지 않을지도 모른다. 레드우드 다이너는 팀의 할머니에 의해 개업되었는데, 수십 년 동안 그 지역 공동체에서 주요 특징이 되어 왔다. 하지만, 지금은 이익을 내기 위해 고군분투하고 있다.

해설   빈칸에 쓰일 관계사절로 알맞은 것을 고르는 문제입니다. 빈칸 앞에 위치한 명사(선행사)가 고유명사인 The Redwood Diner로, 사물 명사이므로 관계대명사는 which 또는 that이 되어야 합니다. 선행사 뒤에 콤마(,)가 있으므로 관계대명사의 계속적 용법이 쓰여 관계대명사 that이 있는 관계사절은 정답이 될 수 없습니다. 따라서 정답은 (c) which was opened by Tim's grandmother입니다. 관계대명사 what은 사물 선행사의 의미를 포함하고 있는 관계대명사이기 때문에 선행사가 앞에 있는 빈칸에 들어 갈 수 없습니다.

어휘   near ~에 접근하다, 가까이 가다 pass 건네 주다, 전달하다 ownership 소유권 diner 식당 staple 주요 특징, 주요 상품 decade 10년 struggle to do ~하려고 애쓰다, ~하기 위해 고군분투하다 make a profit 이익을 내다

17.

정답   (a)

해석   헬렌은 아이폰의 새로운 모델을 사기 위해 돈을 모으고 있다. 하지만 그녀의 언니 켈리는 그것이 출시된 첫 주에 구매를 하였는데, 그녀는 그것과 이전 버전 사이의 업그레이드는 거의 알아차리지 못하는 것이라고 헬렌에게 반복적으로 말했다. 그럼에도 불구하고 헬렌은 최신 세대를 가지고 최신 상태를 유지하고 싶어 한다.

해설   빈칸에 쓰일 관계사절로 알맞은 것을 고르는 문제입니다. 빈칸 앞에 위치한 명사(선행사)가 사람 명사와 이름이 함께 쓰인 her sister Kelly이므로 관계대명사는 who 또는 that이 되어야 합니다. 선행사 뒤에 콤마(,)가 있으므로 관계대명사의 계속적 용법이 쓰여 관계대명사 that이 있는 관계사절은 정답이 될 수 없습니다. 따라서 정답은 (a) who purchased one the first week it came out입니다. 관계대명사 what은 사물 선행사의 의미를 포함하고 있는 관계대명사이기 때문에 선행사가 앞에 있는 빈칸에 들어 갈 수 없습니다.

어휘   save up 저축하다, 돈을 모으다 repeatedly 반복적으로 previous 이전의 barely 거의 ~않다 noticeable 눈에 띄는, 알아차리는

18.

정답   (a)

해석   우리 가족은 내가 잔디를 깎은 후에는 우리 개를 집 안에 붙잡아 두려 한다. 이름이 커비인 우리 개는 새로 깎은 잔디에서 이리저리 구르는 것을 아주 좋아하지만, 그것이 그의 하얀 털 위에 푸른 잔디 얼룩을 남긴다.

해설   빈칸이 속한 주절의 주어 My dog과 동사 loves 사이에 콤마와 함께 삽입되어 주어를 부연 설명할 관계사절로 적절한 것을 고르는 문제입니다. 각 선택지에 모두 나타난 명사 name은 개의 이름으로서 주어 My dog이 소유하고 있는 것을 나타냅니다. 이렇게 관계대명사 뒤에 위치하는 명사가 소유 대상일 경우(My dog's name의 의미), 소유격관계대명사를 사용하므로 (a) whose name is Kirby가 정답입니다.

어휘   try to do ~하려 하다 mow the lawn 잔디를 깎다 roll around 이리저리 구르다 freshly (보통 과거분사와 함께) 새로 ~한, 갓 ~한 leave A B: A에게 B를 남기다 stain 오점, 흠, 얼룩

DAY 11 독해 질문 유형별 공략

실전 감잡기

1. (b) **2.** (d) **3.** (a) **4.** (c) **5.** (c) **6.** (d)

7. (a) **8.** (a) **9.** (d) **10.** (a) **11.** (c) **12.** (b)

13. (b) **14.** (d)

PART 3 1-7.

보브캣

보브캣은 스라소니 속, 고양이과의 중간 크기의 동물이다. 또한 붉은 스라소니라고 알려져 있으며, 북아메리카 토종 동물이다. **1** 점무늬의 털 때문에 광범위하게 사냥되어 왔지만, 개체수는 안정되어 있다.

보브캣은 근육이 발달한 다리를 가진 키가 작고 다부진 고양이이다. 그들의 뒷다리는 앞다리보다 약간 더 길다. 그들의 높은 어깨와 굵은 털은 덩치가 큰 것처럼 보이게 만드는 반면에, 그들은 약 49인치의 길이까지만 성장하며, 체중은 11 파운드에서 30파운드 사이이다. **2(b)** 그들은 앞다리를 가로지르는 검정색 줄무늬와 뭉뚝하거나 단발에, 끝이 검정색인 꼬리로 쉽게 알아볼 수 있으며, 그 꼬리로부터 그들의 이름이 유래한다. **2(a)** 보브캣은 그들의 사촌 캐나다 스라소니보다 더 작다. 목을 둘러싼 털이 그들의 얼굴 형태를 형성하고 있어서, **2(d)** 그들의 귀를 덮는 털 다발은 더 짧다.

보브캣은 미국에서 서로 인접한 48개의 주와 **2(c)** 캐나다의 7개 주에서 발견될 수 있다. **3** 비록 최근 기후 변화와 온화한 계절을 고려하여 더 먼 북부에서 발견되기도 하지만, 폭설이 캐나다의 북부에서 그들이 너무 멀리 나아가지 못하게 하고 있다. 그들은 또한 개체수는 알려져 있지 않지만, 멕시코 북부에도 살고 있다. 보브캣은 강인하고 은밀하기 때문에, 다양한 환경에서도 생존할 수 있다. 그들은 관목지, 숲, 또는 늪지이든지 간에 어떠한 서식지에서 몸을 숨길 장소를 찾으면 발견되기 힘들다. 추운 기후의 동물들이 온화한 기후의 동물들보다 더 크다고 진술하는 베르그만 규칙에 따라, 캐나다의 보브캣이 멕시코-미국 국경 근처에서 발견되는 보브캣보다 크기가 더 큰 경향이 있다.

보브캣의 식단은 **6** 조정 가능하지만, 주로 설치류와 토끼로 이루어진다. 그들은 생선을 구할 수 있으면 생선을 먹는데, 특히 태평양 연안 북서부에서 연어의 이동 시기 동안에 그러하다. 그들은 또한 그들의 크기의 10배까지 이르는 사슴을 성공적으로 사냥할 수도 있다. **4** 그들은 은밀한 사냥꾼이며, 10피트까지 뛰어올라 그들의 먹이에 치명적으로 **7** 덮친다. 보브캣은 영역을 가지며, 단독으로 생활한다. 그들은 그들의 영역에 발톱 자국과 오줌의 침전물

및 배설물로 표시를 한다. 암컷들은 약 60일 간의 임신기를 가지며, 한 마리에서 여섯 마리의 새끼를 낳는다. 새끼들은 어미와 함께 살며 사냥하는 법을 배운다. 그들은 11개월쯤 그들의 사는 굴을 떠난다.

5 보브캣은 비록 대부분의 야생동물들에게 그런 것처럼 서식지 손실이 여전히 가장 큰 위협이지만 인간의 황무지 거주로 인한 영향에 대체로 적응하였다. 50개 주 중 38개의 주에서 사냥되었지만 지금은 강력하게 규제되고 있다. 보브캣이 쥐약의 독을 섭취한 설치류를 먹을 수도 있기 때문에 쥐약은 또다른 위협이다. 그럼에도 불구하고, 그들의 보존 상태에 관해, 보브캣은 멸종 위험이 낮고 위험 범주에 도달하지 않은 관심 대상으로 남아 있다.

어휘   **medium-sized** 중간 크기의 **lynx** 스라소니 **genus** (생물 분류상의) 속 **native to** ~에 고유한, ~ 토종의 **extensively** 광범위하게 **spotted** 점무늬의, 얼룩무늬의 **fur** (동물의) 털, 모피 **population** 개체수 **stable** 안정적인 **stocky** 다부진 **muscular** 근육질의, 근육이 발달한 **hind leg** 뒷발 **foreleg** 앞발 **appear** ~하게 보이다 **bulky** 덩치가 큰 **in length** 길이는, 길이에 있어서 **weigh** 무게가 나가다 **recognize** 알아보다 **tipped** 끝이 ~한 **stubbed** 뭉뚝한 **bobbed** 단발인 **derive from** ~로부터 유래하다 **Canada lynx** 캐나다 스라소니 **ear tuft** (동물의) 머리 측면에서 뻗어 나와서 귀를 덮는 털 다발 **ruff** 목 주위에 둘러져 있는 털 **frame** 형태를 만들다, 틀을 이루다 **contiguous** 인접한, 근접한 **province** (행정 단위) 주, 도 **prevent A from -ing:** A가 ~못하게 막다 **extending** 확장하다, 나아가다 **further** 더 멀리 **in light of** ~을 고려하여, ~에 비추어 **climate change** 기후 변화 **populate** 거주하다 **tough** 강인한 **secretive** 비밀스러운, 은밀한 **survive** 생존하다 **elusive** 발견하기 힘든, 찾기 어려운 **cover** 은신처, 몸을 숨길 수 있는 장소 **habitat** 서식지 **scrubland** 관목지 **swamp** 습지 **state** 진술하다 **tend to do** ~하는 경향이 있다 **border** 경계, 국경 **diet** 식단 **consist of** ~로 구성되다 **mainly** 주로 **rodent** 설치류 **adaptable** 조정 가능한 **particularly** 특히 **salmon run** 연어의 이동 **Pacific Northwest** 태평양 북서부 지역 **deer** 사슴 **up to** ~까지 **stealthy** 은밀한, 살며시 하는 **leap** 뛰어오르다, 도약하다 **lethally** 치명적으로 **pounce on** ~을 (공격하려고) 덮치다, 덤비다 **prey** 먹이 **territorial** 영역을 가지는, 영토의 **solitary** 단독의 **mark** 표시를 하다 **territory** 영역, 영토 **claw** 발톱 **deposit** 침전물 **urine** 소변, 오줌 **feces** 배설물 **gestation period** 임신 기간 **give birth to** 출산하다 **kitten** 새끼 고양이 **den** (야생 동물이 거주하는) 굴 **largely** 대체로, 크게 **adapt to** ~에 적응하다 **impact** 영향 **settlement** 거주 **wilderness** 황무지, 황야 **habitat loss** 서식지 손실 **threat** 위협 **wildlife** 야생동물 **regulate** 규제하다 **rodenticide** 쥐약 **consume** 섭취하다 **poison** 독 **nonetheless** 그럼에도 불구하고 **regarding** ~에 관하여 **conservation** 보존 **status** 상태 **least-concern species** (동/식물이) 멸종 위험이 낮고 위험 범주에 도달하지 않은 관심 대상

1. 보브캣이 사냥되는 주된 이유는 무엇인가?

(a) 개체수를 조절하기 위해서

(b) 그들의 털을 수집하기 위해서

(c) 북아메리카에 있도록 유지시키기 위해서

(d) 가축을 보호하기 위해서

해설 | 질문의 키워드인 hunted는 첫 번째 문단에서 Though it has been hunted extensively에서 언급되었습니다. 그 뒤에 사냥을 당한 목적이 점무늬의 털(for its spotted fur)이라는 것이 언급되어 있으므로 정답은 (b)입니다.

어휘 | control 조절하다, 제어하다 population 개체수 collect 모으다, 수집하다 livestock 가축

2. 보브캣은 캐나다 스라소니와 어떻게 다른가?
(a) 보브캣의 크기가 더 크다.
(b) 보브캣이 더 긴 꼬리를 가졌다.
(c) 보브캣은 캐나다에 살지 않는다.
(d) 보브캣은 귀를 덮는 털이 더 작다.

해설 | 캐나다 스라소니가 언급된 두 번째 문단 후반부를 보면, 보브캣의 귀를 덮는 털도 또한 더 짧다(Bobcats' ear tufts are also shorter)고 언급되어 있으므로 정답은 (d)입니다. 그 앞 문장에서 보브캣이 캐나다 스라소니보다 더 작다고 되어 언급되어 있으므로 (a)는 오답이며, 보브캣은 뭉툭한 꼬리를 가졌다고 언급되어 있으므로 (b)도 오답입니다. 또한 세 번째 문단 첫 문장에서 캐나다의 7개 주에서 발견된다고 언급되어 있으므로 (c) 또한 오답입니다.

어휘 | differ from ~와 다르다 longer 더 긴

3. 보브캣은 향후 무엇을 할 것 같은가?
(a) 캐나다의 더 깊숙한 곳으로 이동한다
(b) 하와이와 알래스카로 확산된다
(c) 남쪽으로 더 멀리 이주한다
(d) 멕시코에서 더 크게 성장한다

해설 | 세 번째 문단의 두 번째 문장에서 보브캣이 폭설로 인해 캐나다 북부로 더 멀리 가지 못하였지만 최근에 기후 변화와 온화한 계절로 북쪽으로 더 먼 곳에서 발견되었다(Heavy snow prevents them from extending too far north in Canada, though they have been found further north recently in light of climate change and warmer seasons)고 언급되어 있는 부분에서 기후 변화와 온화한 계절로 인해서 폭설이 줄어들어 보브캣이 향후 점점 더 북쪽으로 나아갈 수 있음을 유추할 수 있습니다. 따라서 정답은 (a)입니다.

어휘 |

4. 보브캣은 대개 어떻게 먹이를 잡는가?
(a) 개울에서 생선을 잡음으로써
(b) 발톱으로 그들의 영역에 표시를 함으로써
(c) 포유류들에게 몰래 다가감으로써
(d) 나무에서 10 피트 높이를 뛰어오름으로써

해설 | 문제의 키워드인 catch their prey는 네 번째 문단에서 They are stealthy hunters and leap up to ten feet to lethally pounce on their prey 라는 문장에서 확인할 수 있습니다. 이 문장의 내용은 보브캣이 몰래 움직이는 사냥꾼이며 10피트까지 뛰어올라 그들의 먹이에 치명적인 공격을 가한다는 것

입니다. 따라서 지문에서 언급된 stealthy hunters와 같은 의미로 sneaking up(몰래 다가감)이라고 패러프레이징 된 (c)가 정답입니다. (a)는 연어의 이동시기에만 해당하는 것이며, (b)는 먹이를 잡는 것과 무관한 영역 표시에 관한 내용입니다. (d)는 나무에서 뛰어오른 것이 아니라 먹이에 직접적으로 10피트를 뛰어오르는 것이므로 오답입니다.

어휘 | stream 개울, 냇가 sneak up 몰래 다가가다 mammal 포유류

5. 보브캣에게 가장 큰 위협은 무엇인가?
(a) 독이 있는 설치류
(b) 불법 포획
(c) 지역 침범
(d) 식량 공급

해설 | 문제의 키워드인 the biggest threat은 마지막 문단에서 habitat loss is still their greatest threat라는 문장에서 언급되었습니다. 이 문장에서 서식지 손실(habitat loss)가 보브캣에게 가장 큰 위협이라는 것을 확인할 수 있습니다. 그 이전의 문장에서 서식지 손실이 인간의 황무지 거주(human settlements on the wilderness)가 원인임을 알 수 있는데, 황무지(wilderness)가 보브캣이 살 수 있는 지역 또는 땅이므로, 이를 '지역 침범'(land encroachment)라고 표현한 (c)가 정답입니다. (a)는 위협이긴 하지만 가장 큰 위협이라고는 언급되어 있지 않으므로 오답입니다.

어휘 | poisonous 독이 있는, 독성의 illegal 불법의 poaching 포획 land 땅, 지역 encroachment 침범, 침해 food supply 식량 공급

6. 해당 단락의 문맥에서, adaptable이 의미하는 것은?
(a) 먹을 수 있는
(b) 잠정적인
(c) 기밀의
(d) 조절 가능한

해설 | 해당 문장에서 보브캣이 주로 설치류와 토끼를 먹이로 먹으며, 그것들이 adaptable하다고 언급되어 있습니다. 그 뒤의 문장에서 생선을 구할 수 있다면 생선을 먹는다는 문장이 이어지는 것으로 보아 보브캣이 먹는 먹이가 상황에 따라 조정 가능하다는 의미로 adaptable이 쓰였습니다. 따라서 보기 중에서 '조정 가능한'이라는 의미를 가진 (d) adjustable이 정답입니다.

7. 해당 단락의 문맥에서, pounce on이 의미하는 것은?
(a) 공격하다
(b) 집중하다
(c) 포획하다
(d) 무너뜨리다

해설 | 해당 문장에서 보브캣이 먹이에 치명적으로 '공격을 가한다'는 의미로 pounce on이 쓰였음을 알 수 있습니다. 따라서 '공격하다'의 의미인 (a) attack이 정답입니다. (d) demolish는 건물이나 구조물 따위를 철거하거나 무너뜨린다는 의미이므로 오답입니다.

러셀 글러버 씨
프린스 로드 733번지
맨체스터, 메인 04351

글러버 씨께,

9 저희 웹사이트에 게시된 동물 관리 담당자 직책에 관심을 가져 주셔서 감사 드립니다. 8 이 직책과 관련된 몇 가지 추가 상세 정보를 알려 드리고자 합니다. 귀하께서는 해당 직책에 잘 어울리는 뛰어난 지원자인 것처럼 보입니다.

10(b) 동물 관리 담당자로서, 귀하께서는 주로 야생의 공격적인 동물들을 찾아 붙잡아 들이고, 상처를 입은 애완 동물들을 모아 옮기는 것과 같은 동물 관리 서비스에 대한 요청에 대응하는 일을 하게 될 것입니다. 10(c) 귀하께서는 또한 지역 내 모임에 참석해 애완 동물 관리 및 지역 내 야생동물에 관해 주민들을 교육하는 일을 하실 수도 있습니다.

10(d) 우리 WACCC에서, 귀하께서는 적절한 소독약품 및 화약약품을 사용하여 동물 보호소 내의 안전하고 13 위생적인 상태를 유지하는 책임을 맡게 될 것입니다. 또한 우리 수의사들이 의료 절차를 14 실시하는 치료실로 동물들을 옮겨 달라는 요청을 받으실 수도 있습니다.

저희 웹사이트 게시물에서 보셨듯이, 관심 있으신 분들은 다양한 지원 서류를 제출해야 합니다. 원본 대신 각각의 서류에 대한 사본을 제출하셔야 한다는 점을 기억하시기 바랍니다. 11 채용되지 못한 지원자들이 나중에 다른 직책에 적합하다고 여겨질 경우에 대비해 저희가 수령하는 모든 자료들은 파일로 보관될 것입니다. 이 직책에 대한 최종 후보자 명단에 포함된 지원자들은 지원 마감일이 되기 전 일주일 이내에 연락 드릴 것입니다.

이 정보가 귀하께서 지원 여부를 결정하시도록 도움을 드리는 데 있어 유용한 것이었기를 바랍니다. 12 문의사항이 있으면 언제든지 제게 4754-0922번으로 연락 주시기 바랍니다.

안녕히 계십시오.

에드나 머스그레이브
수석 시설 관리자
화이트호스 동물 보호 관리센터(WACCC)

어휘 interest in ~에 대한 관심 animal control 동물 관리 post ~을 게시하다 additional 추가의 details 상세 정보 regarding ~와 관련해 It sounds as though 마치 ~인 것처럼 보이다[들리다] candidate 지원자, 후보자 role 역할 primarily 주로 respond to ~에 대응하다, 응답하다 such as ~와 같은 pursuit 찾음, 추적 capture 붙잡음, 생포 aggressive 공격적인 collection 모음, 수집 transportation 운송, 옮김 injured 다친, 부상을 입은 domestic pet 애완 동물 be required to do ~해야 하다 attend ~에 참석하다 community 지역 사회 educate ~을 교육하다 resident 주민 care 보살핌, 돌봄 be responsible for ~에 대한 책임이 있다 maintain ~을 유지하다 sanitary 위생의 condition 상태 shelter 보호소 appropriate 적절한, 적합한 disinfectant 소독약 chemical 화학약품 be asked to do ~하도록 요청 받다 treatment 치료 carry out ~을 실시하다, 시행하다 medical 의료의 procedure 절차 posting 게시물 individual 사람, 개인 submit ~을 제출하다 a variety of 다양한 application document 지원 서류,

신청 서류 a copy of ~의 사본 original 원본 receive ~을 받다, 수령하다 be kept on file 파일로 보관되다 in case (that) ~할 경우에 대비해 unsuccessful 성공하지 못한, (지원, 신청에서) 합격하지 못한 be deemed + 형용사: ~한 것으로 여겨지다 suitable for ~에 적합한 in the future 미래에, 향후에 shortlist ~을 최종 후보자 명단에 포함시키다 contact ~에게 연락하다 hesitate to do ~하기를 주저하다 senior 고위의, 수석의 coordinator 진행자, 코디네이터 facility coordinator 시설 관리자, 시설 책임자

8. 에드나 머스그레이브 씨가 러셀 글러버 씨에게 편지를 쓰는 이유는 무엇인가?

(a) 직무에 대한 추가 정보를 제공하기 위해
(b) 글러버 씨에게 WACCC에 채용되었음을 알리기 위해
(c) 글러버 씨가 공석에 지원하도록 권장하기 위해
(d) 글러버 씨가 이전에 보낸 편지에 답장하기 위해

해설 편지를 보낸 목적을 묻는 문제입니다. 첫 문단의 두 번째 문장에서 I would be happy to tell you a few additional details regarding the position.이라고 언급하여 글러버 씨가 지원한 직무에 대한 추가적인 상세 정보(a few additional details)를 말해주고 싶다고 하였으므로 정답은 '추가 정보를 제공하기 위해'라는 의미의 (a)가 정답입니다.

어휘 offer 제공하다 further 그 이상의, 추가의 inform 알리다 be hired 채용되다 encourage A to do: A가 ~하도록 권장하다 earlier 그 이전에

9. 편지에 따르면, 글러버 씨에 대해 알 수 있는 것은 무엇인가?
(a) 최근 구직 지원에 성공하지 못했다.
(b) 한 웹사이트에 광고를 게시했다.
(c) 과거에 머스그레이브 씨와 함께 근무했었다.
(d) 이전에 WACCC에 연락했었다.

해설 지문이 시작되는 첫 부분에서 '웹사이트에 게시된 동물 관리 담당자 직책에 관심을 가져 주셔서 감사합니다(Thank you for your interest in the Animal Control Officer vacancy posted on our Web site)'라는 말로 인사를 하는데, 여기서 '관심에 대해 감사하다'는 말은 가까운 과거 시점에 해당 직책과 관련해 연락을 취한 적이 있다는 것을 암시하는 내용이므로 이에 대해 언급한 (d)가 정답입니다. WACCC는 편지 마지막에 쓰여 있듯이 이 글을 쓴 에드나 머스그레이브 씨가 속해 있는 단체 이름입니다.

어휘 recent 최근의 advertisement 광고 alongside ~와 함께 in the past 과거에 previously 이전에 get in touch with ~와 연락하다

10. 구직에 성공한 지원자가 수행할 업무로 언급되지 않은 것은 어느 것인가?

(a) 의학적인 치료 서비스 제공
(b) 위험한 야생 동물 잡아 들이기
(c) 일반인들의 인식 높이기
(d) 시설물 청결하게 관리하기

해설 해당 직책을 맡을 사람이 하게 될 일들은 두 번째 문단에 언급되어 있습니다. 야생 동물을 잡아 들인다는 내용의 (b)는 capture of wild, aggressive animals에서, (c)에서 언급하는 일반인들의 인식을 높인다는 내용은 educate local residents about domestic animal care and local wildlife 부분에서, 그리고 (d)에서 말하는 시설물 관리에 대한 내용은 maintaining safe, sanitary conditions in the animal shelter by using appropriate disinfectants and chemical agents에서 각각 찾아볼 수 있습니다. 동물들이 의료 서비스를 받을 수 있도록 동물들을 옮기는 일은 언급되어 있지만, 직접 의료 서비스를 제공해야 한다는 내용은 없으므로 (a)가 정답입니다.

어휘 catch ~을 붙잡다 raise ~을 높이다, 끌어 올리다 public 일반인들의, 대중의 awareness 인식, 인지도 keep A clean: A를 깨끗하게 유지하다 facility 시설물

11. 편지에 따르면, 머스그레이브 씨는 지원 서류에 관해 무슨 말을 하는가?

(a) 2부씩 제공되어야 한다.
(b) 7일 이내에 돌려 보내질 것이다.
(c) 나중에 참조하기 위해 보관될 것이다.
(d) 직접 와서 제출해야 한다.

해설 질문의 키워드 application documents는 네 번째 문단에 언급되어 있습니다. 지원 서류와 관련해 두 가지 사항이 언급되어 있는데, 원본이 아닌 사본으로 제출할 것(submit a copy of each of these documents, not the originals)과 나중에 생길 수 있는 다른 공석에 대해 적합하다고 여겨질 경우에 대비해 파일로 보관된다는 것(will be kept on file in case unsuccessful candidates are deemed suitable for a different position in the future)입니다. 따라서 후자에 대한 내용과 동일한 (c)가 정답입니다. 사본만 제출해야 한다고 언급되어 있으므로 (a)는 오답입니다.

어휘 in duplicate 2부로, 2통으로 within ~이내에 reference 참조, 참고 in person 직접 가서

12. 글로버 씨가 직무에 관련해 질문을 하고 싶다면 무엇을 해야 하는가?

(a) 필요한 서류를 제출한다
(b) 전화를 한다
(c) 머스그레이브를 직접 만난다
(d) WACCC의 웹사이트를 방문한다

해설 문제의 키워드인 ask some questions regarding the position은 편지의 맨 마지막에 질문이 있으면 주저하지 말고 4754-0922번으로 연락하라는(Please do not hesitate to contact me at 4754-0922 should you have any questions) 문장에 언급되어 있습니다. 이 문장에서 4754-0922는 전화번호를 의미하므로 질문이 있으면 전화를 하는 것으로 이해할 수 있습니다. 따라서 정답은 (b)입니다.

어휘 required 필요한, 요구되는 make a phone call 전화를 하다 in person 직접

13. 해당 단락의 문맥에서, sanitary이 의미하는 것은?

(a) 아늑한
(b) 위생적인
(c) 편리한
(d) 보호하는

해설 해당 문장에서 sanitary는 적절한 소독약품과 화학약품을 사용하여 동물 보호소를 깨끗하고 sanitary한 상태를 유지하는 책임이 있다는 내용을 언급하면서 동물 보호소의 상태를 묘사하는 형용사로 사용되었습니다. 문맥상 sanitary는 '깨끗한', '위생적인'이라는 의미가 적절하므로 보기 중에서 '위생적인'이라는 의미를 가진 단어 (b) hygienic이 정답입니다.

14. 해당 단락의 문맥에서, carry out이 의미하는 것은?

(a) 가져 오다
(b) 조사하다
(c) 포기하다
(d) 수행하다

해설 해당 문장에서 주어는 our doctors이며, carry out의 목적어는 medical procedures(의료 절차)입니다. 이 문장을 통해 carry out의 의미가 '수행하다'라는 것을 알 수 있습니다. 따라서 보기 중에 이와 같은 의미로 '수행하다', '실시하다'라는 의미를 가진 (d) conduct가 정답입니다.

DAY 12 PART 1 인물 일대기

PRACTICE

1. (a)　　**2.** (c)

에즈라 파운드는 20세기 최고의 시인 중 한 사람으로 여겨지는 반면에, 그는 문학계에서 현대주의 운동을 정교하게 만드는 데 영향력 있는 역할을 한 것으로 잘 알려져 있다. 그의 작품을 출간한 것 뿐만 아니라, 그는 제임스 조이스, T. S. 엘리엇, 그리고 로버트 프로스트를 포함한 그 시대의 주요 작가들과 시인들의 초기 작품을 지원해주었던 유명한 비평가였다.

파운드는 1885년 10월 30일, 아이다호의 해일리에서 태어났으며, 필라델피아의 외곽에서 자랐다. 그는 펜실바니아 대학교에 15세의 나이로 다니기 시작하였으며, 1905년에 해밀튼 대학에서 학위를 받았다. 수년 간의 교직 생활 후에, 그는 유럽으로 여행을 하였는데, 그곳에서 그는 관심을 가지게 되었다. 그 시들은 그의 심상 중심의 방식에 대단히 영향을 주었다. 런던에 사는 동안, 그는 도로시 셰익스피어와 결혼하였으며, 1917년에 문학 잡지 『더 리틀 리뷰』의 런던 편집자가 되었다. 그의 직무를 통해, 그는 미국 작가들과 영국 작가들 사이에서 수많은 관계를 확립하였고, 현대주의의 미학이 될 것을 형성하기 시작했다.

1.

정답 (a)

해설 문제에서 언급된 키워드인 best known for가 지문의 첫 문장에 well-known for로 언급되어 있습니다. 따라서 그 뒤에 있는 his influential role in crafting the modernist movement in literatre가 정답의 단서라고 볼 수 있습니다. '문학계에서 현대주의 운동을 정교하게 만드는 데 영향력 있는 역할'이라는 의미이므로 이는 문학 운동에 기여한 것이라고 볼 수 있습니다. 따라서 정답은 (a)입니다. 이러한 유형의 문제는 PART 1에서 첫 문제로 자주 출제되는데, best known for라는 키워드가 직접적으로 연결된 내용이 정답이 되며, 나머지 (b), (c), (d)는 모두 지문에서 언급되긴 하였지만 best known for와 관련이 없으므로 오답입니다.

2.

정답 (c)

해설 문제에서 언급된 키워드인 become interested in Japanese and Chinese poetry가 패러프레이징 되지 않고 그대로 두 번째 문단에 언급되어 있는데, 그 앞부분에 그가 유럽으로 여행을 갔다고(he travelled abroad to Europe) 언급되어 있고 그 뒤에 그 곳에서 일본과 중국의 시에 관심을 가지게 되었다고 하므로 보기 중에 '유럽을 여행할 때라는 의미인 (c) when travelling through Europe이 정답입니다.

실전 감잡기

1. (b)	**2.** (c)	**3.** (b)	**4.** (d)	**5.** (a)	**6.** (a)
7. (c)	**8.** (b)	**9.** (d)	**10.** (c)	**11.** (a)	**12.** (c)
13. (b)	**14.** (a)	**15.** (c)	**16.** (b)	**17.** (a)	**18.** (c)
19. (d)	**20.** (b)	**21.** (d)			

1-7.

찰스 디킨스

찰스 디킨스는 많은 사람들에 의해 역사상 가장 위대한 소설가들 중 한 명으로 여겨지고 있는 영국의 작가였다. 디킨스의 작품은 유머와 사회 비판, 그리고 다소 과장된 등장 인물들로 인해 당시에 엄청나게 인기를 얻었다. **1** 그의 많은 작품들은 오늘날에도 지속적으로 다양한 방식으로 각색되어 공연되고 있다.

찰스 디킨스는 1812년 2월 7일에 영국 포츠머스에서 태어났다. 디킨스가 12살이었을 때, 그의 아버지는 빚을 갚지 못해 수감되었고, 디킨스는 가족을 **6** 부양하기 위해 구두약 공장에 일하러 다녔다. **2** 이러한 상황으로 인해 그는 가난을 **7** 직접적으로 체험하게 되었고, 나중에 그의 이야기에서 중심적인 주제가 되었다.

디킨스는 곧 사무소 직원으로서 일을 시작하게 되었으며, 이후에는 기자로 일을 했다. 어린 시절의 독서 및 극문학에 대한 애정은 디킨스를 집필 작업으로 이끌었고, 1833년에 첫 단편 소설인 『포플러 거리의 만찬』을 출간했다. 이후 여러 해 동안, 정치부 기자로서의 여행이 그의 첫 단편 소설 모음집에 대한 동력원이 되었다. **3** 첫 장편 소설인 『피크윅 문서』는 즉각적인 히트작이 되었고, 영국 전역에

서 독자들의 마음과 가정에 머리가 벗겨지기 시작하고 배불뚝이인 영웅(피크윅 씨)을 자리잡게 한 문화적 현상을 만들어냈다.

『피크윅 문서』 작업을 하면서, **4(c)** 디킨스는 가난과 불행한 삶 속에 태어난 고아에 관한 이야기인 『올리버 트위스트』라는 제목의 또 다른 소설을 동시에 집필하고 있었다. 『올리버 트위스트』는 성인을 대상으로 아이가 주인공인 특징을 지닌 첫 번째 영국 소설이었던 것으로 전해져 왔다. **4(b)** 이 소설의 출간 후에, 작가로서 디킨스가 거둔 성공은 지속적으로 커졌으며, **4(a)** 어린 빅토리아 여왕이 스스로 그의 첫 두 소설 작품을 아주 좋아하는 팬이라고 밝힌 것이 일부 원인이기도 했다.

이후, 디킨스는 사회적 변화에 영향을 미치는 데 헌신했다. 그는 지속적으로 소설을 집필했지만, **5** 그의 작품 대부분이 이전보다 더 깊이 있는 내용을 담고 있었다. 디킨스는 1859년과 1861년에 각각 소설 『두 도시 이야기』와 『위대한 유산』을 출간했다. 이 소설들은 가족과 부, 그리고 역경이라는 주제를 다루고 있다.

미국과 영국에서 일련의 활발한 낭독 투어 행사를 가진 후에, 디킨스는 1870년에 개즈 힐 플레이스에 있는 자신의 자택에서 사망했다. 디킨스는 "잉글랜드의 가장 위대한 작가들 중 한 사람"이라고 칭하는 메시지와 함께 런던의 유명한 '웨스트민스터 대성당'에 있는 '시인 구역'에 안장되어 있다.

어휘 considered to be A: A인 것으로 여겨지는 enormously 엄청나게 social criticism 사회 비판 larger-than-life 실제보다 과장된 continue to do 지속적으로 ~하다 adapt ~을 각색하다 perform ~을 공연하다 a range of 다양한 form 형태, 방식 be imprisoned 수감되다 unpaid 갚지 못한, 지불하지 못한 debt 빚, 부채 in order to do ~하기 위해 support ~을 부양하다 firsthand 직접적인 poverty 가난 theme 주제 take up (일 등) ~을 시작하다 theatre 극문학 attract ~을 이끌다 short story 단편 소설 follow 이어지다, 뒤따르다 political journalist 정치부 기자 provide fuel for ~에 대한 동력원이 되다 immediate 즉각적인 phenomenon 현상 launch A into B: A를 B로 나서게 하다, 진출시키다 balding 머리가 벗겨지기 시작하는 pot-bellied 배가 볼록한 simultaneously 동시에 orphan 고아 misfortune 불행 It has been said that ~라고 전해져 왔다, 알려져 왔다 feature ~을 특징으로 하다, 포함하다 publication 출간(물) success 성공 partly 일부분, 부분적으로 due to ~로 인해, ~ 때문에 declare oneself A: 스스로 A라고 밝히다, 선언하다 commit oneself to -ing ~하는 데 헌신하다, 전념하다 influence ~에 영향을 미치다 fiction 소설 thoughtful 깊이 있는, 사려 깊은 than before 이전보다 respectively 각각 deal with ~을 다루다 hardship 역경, 고난 following ~ 후에 spirited 활발한 pass away 사망하다 bury ~을 묻다, 매장하다 alongside ~와 함께, ~ 옆에

1. 디킨스의 작품이 어떻게 시간이 흘러도 여전히 유의미한 상태인가?

   (a) 끊임없는 비평의 대상이었다.

   (b) 이야기들이 현재 여러 다른 매체에 걸쳐 존재한다.

   (c) 이야기들이 아이들에게 매우 인기가 있다.

   (d) 현대의 유머에 영향을 미쳐 왔다.

해설 첫 단락에 그의 많은 작품들이 오늘날에도 지속적으로 다양

한 방식으로 각색되어 공연되고 있다(Many of his works continue to be adapted and performed in a range of forms today)는 말이 쓰여 있습니다. 이는 지금도 여러 매체를 통해 존재하고 있음을 나타내는 것이므로 (b)가 정답입니다.

어휘 relevant 유의미한, 관련 있는 over time 오랜 시간에 걸쳐, 시간이 흐르면서 constant 끊임없는 subject 대상 criticism 비평, 평론 exist 존재하다 across ~에 걸쳐 media 매체 influence ~에 영향을 미치다

2. 기사 내용에 따르면, 아버지가 감옥에서 보낸 시간이 디킨스에게 어떤 영향을 미쳤는가?

(a) 부에 대한 욕망을 키워주었다.
(b) 그의 자선 사업을 부채질했다.
(c) 그가 글을 쓴 주제에 영향을 주었다.
(d) 집필을 시작하도록 영감을 주었다.

해설 아버지가 감옥에 간 사실이 언급된 두 번째 단락을 보면, 아버지의 수감으로 인해 가난을 직접적으로 체험한 사실과 그것이 나중에 그의 이야기에서 중심적인 주제가 되었다는(~ which would become a central theme in his later stories) 말이 쓰여 있습니다. 이는 그가 쓴 이야기에 큰 영향을 미친 것을 의미하므로 (c)가 정답입니다.

어휘 have an effect on ~에 영향을 미치다 increase ~을 증가시키다, 늘리다 desire 욕망, 욕구 fuel ~을 부채질하다 charity 자선 (단체) inspire A to do: A가 ~하도록 영감을 주다, 자극하다

3. 『피크윅 문서』는 왜 많은 인기를 누릴 수 있었던 것 같은가?

(a) 극문학에 대한 작가의 애정을 담고 있었기 때문에
(b) 결점이 있지만 매력적인 영웅을 소개했기 때문에
(c) 논란이 많은 정치적 주제들을 탐구했기 때문에
(d) 작가의 여행 속 일화들을 포함했기 때문에

해설 『피크윅 문서』가 언급된 세 번째 단락에, 첫 장편 소설인 『피크윅 문서』가 히트작이 되면서 영국 전역의 독자들에게 머리가 벗겨지기 시작하고 배불뚝이인 영웅(피크윅 씨)을 자리잡게 한(~ launched a balding, pot-bellied hero—Mr. Pickwick—into the hearts and homes of readers all across England) 문화적 현상이 생겨났다는 말이 쓰여 있습니다. 이는 일반적으로 생각하는 것과 다른 친근한 모습의 영웅이므로 이러한 특징과 관련해 언급한 (b)가 정답입니다.

어휘 incorporate ~을 담고 있다, 포함하다 introduce ~을 소개하다 flawed 결점이 있는 explore ~을 탐구하다 controversial 논란이 많은 political 정치적인 include ~을 포함하다 episode 일화

4. 기사 내용에 따르면, 『올리버 트위스트』에 관해 사실이 아닌 것은 무엇인가?

(a) 영국 여왕이 읽었다.
(b) 작가로서 디킨슨의 명성을 드높여주었다.
(c) 가난과 역경이라는 주제를 탐구했다.
(d) 어린 아이 등장 인물을 좇은 첫 번째 책이다.

해설 『올리버 트위스트』가 언급된 네 번째 단락에, 어린 빅토리아 여왕이 스스로 그의 첫 두 소설 작품을 아주 좋아하는 팬이라고 밝힌 사실(~ a young Queen Victoria declaring herself a great fan of his first two novels)을 통해 (a)를, 그 소설의 출간 후에 작가로서 디킨스가 거둔 성공이 지속적으로 커졌다는(After its publication, Dickens' success as a writer continued to grow ~) 사실에서 (b)를 확인할 수 있습니다. 그리고 『올리버 트위스트』가 가난과 불행한 삶 속에 태어난 고아에 관한 이야기라고(~ the story of an orphan born into a life of poverty and misfortune) 말한 부분에서 (c)도 확인 가능합니다. 하지만 성인을 대상으로 한 소설로서 어린 아이가 주인공인 첫 번째 영국 소설이라는(~ the first English novel for adults to feature a child as the main character) 말은 (d)에서 언급하는 것과 다르므로 (d)가 정답입니다.

어휘 enhance ~을 드높이다, 향상시키다 reputation 명성, 평판 explore ~을 탐구하다 adversity 역경 follow ~을 좇다, 따르다

5. 디킨스의 후기 소설들은 초기 작품과 어떻게 다른가?

(a) 더 깊이 있는 생각을 반영하는 내용을 특징으로 함으로써
(b) 오직 부와 역경에만 초점을 맞춤으로써
(c) 가족 모두의 마음을 끌 수 있는 소재를 포함함으로써
(d) 사회 정의와 평등에 관해 이야기함으로써

해설 후기 작품의 특성이 언급된 다섯 번째 단락에, 그의 작품 대부분이 이전보다 더 깊이 있는 내용을(~ more thoughtful than before) 담고 있었다는 말이 쓰여 있는데, 이는 더 깊이 있는 생각을 반영해 글을 썼다는 말과 같으므로 (a)가 정답입니다.

어휘 differ from ~와 다르다 content 내용(물) reflect ~을 반영하다 focus on ~에 초점을 맞추다 include ~을 포함하다 material 소재, 자료, 재료 appeal to ~의 마음을 끌다 comment on ~에 관해 말하다 justice 정의 equality 평등

6. 해당 단락의 문맥에서, support가 의미하는 것은?

(a) 돕다
(b) 확인하다
(c) 붙잡다
(d) 방어하다

해설 해당 문장을 보면 아버지가 수감되어 공장에서 일하게 되었다는 말이 있고, support의 목적어로 '가족(his family)'이 쓰여 있습니다. 따라서 가족을 부양하게 위해 아버지 대신 일을 했다는 의미임을 알 수 있는데, 이는 가족을 도운 것과 같으므로 (a) help가 정답입니다.

7. 해당 단락의 문맥에서, firsthand가 의미하는 것은?

(a) 원래의, 독창적인
(b) 연한, 상냥한
(c) 직접적인
(d) 편리한

해설 해당 문장 바로 앞에 아버지 대신 가족을 위해 공장에서 일한 사

실이 언급되어 있고, firsthand experience of poverty는 그러한 상황으로 인한 가난의 경험과 관련된 의미를 나타냅니다. 즉 디킨스가 직접 경험한 상황을 나타내는 것이므로 '직접적인'을 뜻하는 또 다른 형용사 (c) direct가 정답입니다.

8-14.

헤디 라머

헤디 라머는 오스트리아계 미국인 배우이자 발명가였다. **8** 라머는 무선 통신의 기틀을 마련해 주었던 발명품인 2차 세계 대전 당시의 보안 통신 시스템을 고안한 것만큼이나 여러 할리우드 영화에서 보여준 역할로도 많이 알려져 있다.

헤드윅 에바 마리아 키슬러는 1914년 11월 9일, 오스트리아 비엔나에서 태어났다. 어렸을 때, 라머는 어떻게 기계들이 작동되는지와 관련해 아버지와 자주 대화를 나눴다. 자신의 호기심을 충족하기 위해, 라머는 기계 물품들을 분해했다가 다시 조립해 놓곤 했다. 과학적 관심사와 함께, 또 다른 열정도 지니고 있었는데, 바로 배우가 되고 싶어했던 것이었다. 그녀는 십대 시절에 연기 수업을 들었으며, 16세의 나이에 영화에 **13** 출연하기 시작했다.

2년 후에, 그녀는 오스트리아의 한 총기 제작업자와 결혼했다. **9** 그녀가 엔지니어 및 군 관계자들과 함께 하는 모임에 자주 남편과 동행했기 때문에, 이러한 모임에 대한 참석으로 인해 군사 장비에 관한 귀중한 정보를 얻을 수 있었다. 이 정보는 이후 이어지는 수 년 동안의 기간, 즉 라머가 다시 발명으로 관심을 돌렸을 때 유용한 역할을 하게 되었다. 하지만, 그러는 사이, **10** 그녀의 남편은 그녀를 통제하고 소유하려는 성향을 갖게 되었으며, 그녀는 불행한 결혼 생활에서 벗어나고자 런던으로, 그리고 1937년에는 미국으로 도망쳤다.

그녀의 운명은 그녀의 연기 재능을 할리우드에서 펼쳐 보이도록 권했던 한 유명 영화 제작자를 만났을 때 운 좋게 반등했다. "헤디 라머"라는 새로운 예명 하에, 그녀는 곧 할리우드에서 가장 빛나는 스타들 중의 한 사람이 되었다. 하지만 촬영이 진행되지 않을 때, 라머는 자신만의 발명품 작업을 하는 데 여유 시간을 활용했다.

2차 세계 대전이 시작되던 시기에, 그녀는 "주파수 도약 시스템"을 만들어냈다. **11** 그 아이디어는 전파 신호를 다른 주파수로 "도약"하도록 만듦으로써 무선 조종되는 어뢰의 신호를 차단하던 적군에 대한 해결책을 제공하는 것이었다. 이는 적군이 신호를 가로채는 것을 어렵게 만들어주었다.

그녀가 자신이 구상한 것을 미 해군에 제시했을 때, 그녀의 아이디어는 **14** 보류되었는데, 활용하기 너무 복잡한 것으로 여겨졌기 때문이었다. 라머의 특허가 1962년에 만료된 후, 그녀의 아이디어가 미래의 무선 통신 분야에서 적용될 수 있도록 하기 위해 미 해군에 의해 변경되었다. **12** 그녀의 업적은 보안 무선 통신을 비롯해 블루투스나 와이파이와 같은 다른 무선 연결 기능의 토대가 되었다. 2014년에, 라머는 미국 발명가 명예의 전당에 헌액되었으며, 여전히 많은 사람들에 의해 "와이파이의 어머니"로 여겨지고 있다.

어휘 inventor 발명가 be known for ~로 알려지다 as much A as B: B만큼이나 A로도 많이 design ⑧ ~을 고안하다 ⑲ 고안, 구상, 설계 secure communication 보안 통신 invention 발명(품) pave the way for ~의 기틀을 마련하다 work 작동하다, 기능하다 satisfy ~을 충족하다, 만족시키다 curiosity 호기심 disassemble ~을 분해하다 mechanical 기계적

인 object 물품, 물체 put A back together: A를 다시 조립하다 alongside ~와 함께, ~뿐만 아니라 interests 관심사 passion 열정 appear 출연하다, 나타나다 manufacturer 제조업자 accompany ~을 동반하다, ~와 동행하다 official 관계자, 당국자 presence 참석, 출석, 존재 allow A to do: A에게 ~할 수 있게 해주다 gain ~을 얻다 valuable 귀중한 equipment 장비 turn one's attention to ~로 관심을 돌리다 meanwhile 그러는 사이, 그 동안에 controlling 통제하는 possessive 소유욕이 강한 escape ~에서 벗어나다, 탈출하다 flee 달아나다, 도망치다 fortune 운, 운수 bounce 반등, 반동, 튀어오름 encourage A to do: A에게 ~하도록 권하다, 장려하다 work on ~에 대한 작업을 하다 create ~을 만들어내다 frequency-hopping 주파수 도약 provide ~을 제공하다 solution to ~에 대한 해결책 block ~을 차단하다 radio-controlled 무선 조종되는 torpedo 어뢰 make A do: A가 ~하게 만들다 radio signal 전파 신호 make A 형용사: A를 ~하게 만들다 intercept ~을 가로채다 present ~을 제시하다, 제공하다 shelve ~을 보류하다 be deemed 형용사: ~한 것으로 여겨지다 complicated 복잡한 patent 특허 expire 만료되다 tweak ~을 변경하다 apply ~을 적용하다 work ⑲ 업적, 작업(물) foundation 토대, 기초 be inducted into ~에 헌액되다 be viewed as ~로 여겨지다

---

8. 헤디 라머는 무엇으로 알려져 있는가?
(a) 영향력이 큰 무선 기기를 만든 것
(b) 통신 시스템을 발명한 것
(c) 2차 세계 대전 영화에서 연기한 것
(d) 유선 전화기의 기틀을 마련한 것

해설 첫 단락에 무선 통신의 기틀을 마련해 주었던 발명품인 2차 세계 대전 당시의 보안 통신 시스템을 고안한 것만큼이나 여러 할리우드 영화에서 보여준 역할로도 많이 알려져 있다고(~ as she is for designing a secure communication system during the Second World War, an invention that paved the way for wireless communication) 쓰여 있으므로 (b)가 정답입니다.

어휘 create ~을 만들어내다 influential 영향력이 큰 act 연기하다, 활동하다

---

9. 라머는 어떻게 군사 활동에 대해 잘 알게 되었는가?
(a) 아버지와 그것에 관해 이야기함으로써
(b) 미국에서 그것을 공부함으로써
(c) 전쟁 영화를 위해 그것에 관해 배움으로써
(d) 남편의 모임에서 그것에 관해 들음으로써

해설 군사 활동과 관련된 정보가 제시되는 세 번째 단락에, 엔지니어 및 군 관계자들과 함께 하는 모임에 자주 남편과 동행했기 때문에 이러한 모임에 대한 참석하면서 군사 장비에 관한 귀중한 정보를 얻을 수 있었다고(Since she often accompanied her husband to meetings with engineers and military officials, her presence at these meetings allowed her to gain valuable information about military equipment) 알려져 있으므로 (d)가 정답입니다.

어휘 familiar with ~을 잘 아는, ~에 익숙한 military operations

군사 활동, 군사 작전

10. 기사 내용에 따르면, 라머는 왜 남편을 떠났을 것 같은가?

(a) 미국인이 되고 싶어했기 때문에

(b) 발명 작업에 집중하고 싶어했기 때문에

(c) 더 많은 자유를 누리고 싶어했기 때문에

(d) 전쟁 중에 더 많은 도움이 되고 싶어했기 때문에

해설 남편과 관련된 내용이 언급되는 세 번째 단락에, 남편이 그녀를 통제하고 소유하려는 성향을 갖게 되었으며, 그녀는 불행한 결혼 생활에서 벗어나고자 런던으로, 그리고 1937년에는 미국으로 도망쳤다고(~ her husband had become controlling and possessive of her, and she escaped her unhappy marriage by fleeing to London ~) 쓰여 있습니다. 이는 남편으로부터 자유를 얻기 위해 도망친 것으로 볼 수 있으므로 (c)가 정답입니다.

어휘 focus on ~에 집중하다, ~에 초점을 맞추다 helpful 도움이 되는, 유익한

11. 기사 내용에 따르면, 보안 통신 시스템을 발명한 라머의 목적은 무엇이었는가?

(a) 적군의 신호 방해를 멈추는 것

(b) 배를 통제하는 무선 시스템을 고안하는 것

(c) 추적할 수 없는 메시지를 만드는 것

(d) 적군의 무선 전송을 가로채는 것

해설 보안 통신 시스템을 발명한 것과 관련된 정보가 제시되는 다섯 번째 단락에, 전파 신호를 다른 주파수로 도약하도록 만듦으로써 무선 조종되는 어뢰의 신호를 차단하던 적군에 대한 해결책을 제공하는 것이(~ to provide a solution to enemies blocking the signals of radio-controlled torpedoes by making the radio signals "hop" to different frequencies) 목적이라고 쓰여 있습니다. 이는 적군이 신호를 방해하는 일을 멈추기 위한 것이므로 (a)가 정답입니다.

어휘 interference 방해, 간섭 devise ~을 고안하다 untraceable 추적할 수 없는 transmission 전송

12. 라머의 아이디어는 어떻게 현대의 기술에 영향을 미쳤는가?

(a) 휴대전화기 발명에 적용되었다.

(b) 미 해군을 기술적으로 발전시켰다.

(c) 무선 연결 기능의 핵심이었다.

(d) 기술적 장치들에 대한 특허 기간을 늘려주었다.

해설 현대의 기술에 대한 영향력이 언급된 마지막 단락에, 그녀의 업적은 보안 무선 통신을 비롯해 블루투스나 와이파이 같은 다른 무선 연결 기능의 토대가 되었다고(Her work became the foundation of secure wireless communications and other wireless connections such as Bluetooth and Wi-Fi) 알리고 있으므로 (c)가 정답입니다.

어휘 influence ~에 영향을 미치다 apply ~을 적용하다 make A 형용사: A를 ~하게 만들다 advanced 발전된, 진보한 fundamental 핵심적인, 근본적인

13. 해당 단락의 문맥에서, appearing이 의미하는 것은?

(a) 보다

(b) 출연하다

(c) 닮다

(d) 발생되다

해설 해당 문장에서 appearing이 속한 and절 앞에 십대 시절에 연기 수업을 들었다는 말이 쓰여 있으므로 started appearing in movies는 영화에 출연하기 시작했다는 의미임을 알 수 있습니다. 따라서 '출연하다'를 뜻하는 또 다른 동사 star의 동명사인 (b) starring이 정답입니다.

14. 해당 단락의 문맥에서, shelved가 의미하는 것은?

(a) 미뤄진

(b) 놓인

(c) 반박된

(d) 쌓인

해설 해당 문장에서 shelved 바로 뒤에서 이유를 말하는 because절을 보면 활용하기 너무 복잡한 것으로 여겨졌다는 말이 있습니다. 따라서 '아이디어를 제시했지만 너무 복잡해서 당장 사용되지는 않았다'와 같은 의미인 것으로 볼 수 있으며, 이는 나중으로 미뤄진 것과 같으므로 '미루다'를 뜻하는 postpone의 과거분사인 (a) postponed가 정답입니다.

15-21.

드미트리 멘델레예프

15 드미트리 멘델레예프는 원소 주기율표를 고안한 것으로 알려진 러시아의 화학자였다. 그는 화학 원소들에 대한 체계적인 배열표로 인해 '주기율의 아버지'로 불리고 있으며, 이 표는 현대의 과학자들에게 있어 지속적으로 유용한 도구의 역할을 하고 있다.

드미트리 이바노비치 멘델레예프는 1834년 2월 8일에 러시아의 토볼스크에서 태어났다. 그의 어린 시절은 쉽지 않았는데, 유아기에 많은 형제자매들이 죽었고, 아버지가 맹인이 되어 일을 할 수 없었기 때문이었다. 어머니가 가족을 부양하기 위해 유리 공장을 연 직후에는, 공장이 화재로 부서졌다. 이러한 어려움에도 불구하고, 멘델레예프는 교사 양성 기관에서 학업을 계속했고, 나중에 자신이 열정을 가졌던 과목인 화학에서 석사 학위를 취득했다.

상트페테르부르크에서 화학 교사로 재직하던 중에, **16** 화학 교재들이 제한적인데다 이용 가능한 것들은 이해하기 어렵다는 사실을 알게 되었다. 이러한 사실이 그에게 영감을 주어 쉽게 읽을 수 있는 화학 교재를 집필하게 되었다. 이 과정 중에, 그는 화학 원소(화학에서 중요한 것으로 여겨지는 유사 원자 그룹들)에 **20** 체계성이 부족하다는 사실을 깨닫게 되었다.

멘델레예프는 화학 원소들을 배열할 논리적인 방법을 찾아보기로 결정했다. 그는 각 원소를 카드에 쓴 다음, 원자량을 포함해 각 원소의 중요한 성질들을 적었다. 이 카드 작업을 다 해치우자, 각 원소 및 그것의 성질들 사이에 관련성이 있다는 것을 알게 되었지만, **17** 여전히 적절한 배열 방식을 결정하지는 못했다.

어느 날, 멘델레예프는 잠이 들어 그 카드들이 특정 장소에 떨어지는 꿈을 꾸었다. 잠에서 깨자마자, 그 꿈을 기억해내면서 격자무늬

같은 패턴을 그렸다. **18** 원소들이 원자량을 기준으로 배열되었을 때 특정한 성질이 다시 나타났음을 보여주었으며, 이것이 결국 주기율이 되었다. 이 주기율을 활용해, 멘델레예프는 당시에 알려지지 않았던 네 가지 원소들의 특징 **21** 예측했으며, 나중에 정확했던 것으로 입증되었다.

비록 멘델레예프가 원소량에 따른 원소표를 처음 만든 것은 아니었지만, 두 가지 중요한 요소들로 인해 그의 버전이 오늘날 널리 활용되게 되었다. 첫째, 그는 원소를 공통적인 성질들을 바탕으로 분류했는데, 이는 과학자들에게 원소들 사이에 존재 가능한 관련성을 이끌어낼 수 있게 해주었다. 둘째, **19** 그는 발견되지 않은 원소들을 나중에 주기율표에 편리하게 넣을 수 있도록 공백을 남겨두었다.

멘델레예프는 과학에 대한 그의 공로를 기리는 다양한 인정을 받았으며, 여기에는 그의 이름을 따서 '멘델레븀'이라고 부르는 인공 원소도 포함된다.

15. 드미트리 멘델레예프는 무엇으로 가장 잘 알려져 있는가?

(a) 화학 원소들을 이름 짓는 방식을 고안한 것

(b) 현대 화학의 아버지가 된 것

(c) 화학 원소들을 체계화하는 방식을 발견한 것

(d) 어려운 양육에도 불구하고 성공을 이룬 것

해설   멘델레예프를 소개하는 첫 단락에 원소 주기율표를 고안한 것으로 알려진 러시아의 화학자이자 화학 원소들에 대한 체계적인 배열표로 인해 '주기율의 아버지'로 불리고 있다고(~ a Russian chemist known for devising the periodic table of elements. He is called the Father of Periodic Law for his systematic tabular arrangement of the chemical elements ~) 설명하고 있습니다. 따라서 화학 원소들을 체계화하는 방식을 발견한 것으로 알려진 사람임을 알 수 있으므로 (c)가 정답입니다.

16. 멘델레예프는 언제 화학에 관한 책을 쓰기 시작했는가?

(a) 교사가 되기 위해 공부하던 중에

(b) 화학 교재의 부족함에 관해 알게 되었을 때

(c) 교사 경력을 시작하기 전에

(d) 화학 물질에 질서 있는 체계가 부족하다는 것을 알게 된 후에

해설   화학 책을 집필한 계기가 언급되는 세 번째 단락에, 화학 교재들이 제한적인데다 이용 가능한 것들은 이해하기 어렵다는 사실에 영감을 얻어 쉽게 읽을 수 있는 화학 교재들을 집필하게 되었다고(~ he became aware that the chemistry books were limited, and those available were difficult to understand. This inspired him to write chemistry books that were easy to read) 쓰여 있습니다. 이는 당시 화학 교재들이 부족했음을 뜻하는 것이므로 (b)가 정답입니다.

17. 멘델레예프가 원소들을 배열할 방법을 고안하고 있었을 때 무엇이 문제였는가?

(a) 어떤 배열 순서를 따라야 하는지 알지 못했다.

(b) 원소량들을 알지 못했다.

(c) 원소들이 관련되어 있다는 점을 알지 못했다.

(d) 어느 원소를 포함해야 하는지 결정할 수 없었다.

해설   원소 배열 방법과 관련해 멘델레예프가 카드를 활용한 일이 언급된 네 번째 단락에, 카드를 이용하기는 했지만 여전히 적절한 배열 방식을 결정하지는 못했다고(~ but still could not determine their proper arrangement) 쓰여 있습니다. 이는 어떤 배열 순서를 따라야 할지 정하지 못했다는 말이므로 (a)가 정답입니다.

18. 원소들이 멘델레예프의 꿈을 바탕으로 어떻게 배열되었을 것 같은가?

(a) 알파벳 순서에 따라

(b) 발견 날짜에 따라
(c) 원소량에 따라
(d) 대립하는 성질에 따라

해설 　멘델레예프의 꿈이 언급되는 다섯 번째 단락을 보면, 원소들이 원자량을 기준으로 배열되었을 때 특정한 성질이 다시 나타났음을 보여주었고 그것이 결국 주기율이 되었다고(It showed that certain properties reappeared when the elements were arranged by atomic weight, and this eventually became the Periodic Law) 알리고 있습니다. 즉 원소량이 배열 기준이 된 것이므로 이를 언급한 (c)가 정답입니다.

어휘 　according to ~에 따라 alphabetical order 알파벳 순서 discovery 발견 opposing 대립하는

19. 멘델레예프 원소 주기율표의 독특한 특징은 무엇인가?
(a) 자신이 발견한 원소들의 포함
(b) 오직 알려진 원소들만 넣은 공간
(c) 공통적인 특성 추가
(d) 미확인 원소들에 대한 공간

해설 　멘델레예프 원소 주기율표의 두 가지 특징을 말하는 여섯 번째 단락에, 발견되지 않은 원소들을 나중에 주기율표에 편리하게 넣을 수 있도록 공백을 남겨두었다고(~ he left gaps so undiscovered elements can later be conveniently placed in the periodic table) 쓰여 있습니다. 따라서 미확인 원소들에 대한 이 공간을 언급한 (d)가 정답입니다.

어휘 　inclusion 포함 addition 추가 unidentified 미확인된

20. 해당 단락의 문맥에서, organization이 의미하는 것은?
(a) 깔끔함
(b) 순서
(c) 협회, 연계
(d) 작동, 가동, 운행

해설 　해당 문장에서 organization은 동사 lacked의 목적어로서 부족한 것을 나타내고 있습니다. 앞선 문장들을 보면, 당시 화학책들이 제한적이고 이해하기 어렵다는 말이 있고, lacked 바로 앞에 언급된 중요하게 여겨지는 유사 원자들과 관련해 부족한 것을 말하기 위해 organization이 쓰였습니다. 따라서 해당 원소들을 이해하기 위한 정리 체계가 부족했던 것으로 볼 수 있는데, 이는 일종의 순서가 부족했다는 뜻이므로 '순서'를 뜻하는 (b) order가 정답입니다.

21. 해당 단락의 문맥에서, predicted가 의미하는 것은?
(a) 결론 내렸다
(b) 봤다
(c) 기다렸다
(d) 추측했다

해설 　해당 문장에서 동사 predicted의 목적어로 '네 가지 알려지지 않은 원소들의 성질'을 뜻하는 the qualities of four then-unknown elements가 쓰여 있고, 그 뒤로 나중에 정확했던

것으로 드러났다는 말이 쓰여 있습니다. 따라서 멘델레예프가 알려지지 않은 원소들에 대해 예측하거나 추정한 것으로 볼 수 있으므로 이와 유사한 의미로서 '추측했다'를 뜻하는 (d) guessed 가 정답입니다.

DAY 13 **PART 2 잡지 기사문**

PRACTICE

1. (a)　　**2.** (b)

상어가 지구의 자기장을 활용하다

플로리다 주립대학교 연안 및 해양 연구소의 해양 연구원들이 상어가 바다를 횡단할 때 지구의 자기장을 활용한다는 증거를 발견했다. 상어의 여러 종은 해마다 특정 번식 장소에 이르기 위해 아주 먼 거리를 횡단한다. 그러나, 최근까지도, **1** 그들이 어떻게 그들의 목적지에 정확하게 도착하기 위해 그렇게 방대한 거리를 횡단했는지는 미스터리였다.

바다 거북이 부화 장소로 돌아오기 위해 수만 마일을 이동하기 위해서 자기장을 활용한다는 것은 과학계에 이미 알려져 있었다. 과학자들은 상어가 동일한 기법을 사용했을 것이라고 추측했지만, **2** 새로운 프로젝트에서 크기가 작은 상어를 연구에 사용하기 전까지는 이 가설이 입증되기 어려웠다. 해양 생물학자 켈리 브라이언트가 이끄는 팀은 자기 변위 실험에 어린 귀상어의 일종을 테스트하였다.

1.

정답 　(a)

해설 　첫 단락에 상어가 바다를 횡단할 때 자기장을 활용한다는 것이 언급돼 있는데, 상어가 목적지에 정확하게 도착하기 위해 그렇게 방대한 거리를 가로질러 이동했다(they migrated across such vast distances to arrive accurately at their destinations)고 언급하는 것을 토대로 지구의 자기장을 활용하는 것의 결과가 목적지에 정확하게 도착하는 것임을 알 수 있습니다. 따라서 (a)가 정답입니다.

2.

정답 　(b)

해설 　두 번째 단락에서 새로운 프로젝트가 크기가 더 작은 상어를 연구에 사용하기 전까지는 가설이 입증되기 어려웠다(this hypothesis was difficult to support until a new project used smaller sharks in its study)고 언급하는데, 이는 크기가 더 작은 상어를 연구에 사용한 후에야 가설이 입증되었다는 것을 의미하므로 새 프로젝트 이전에는 크기가 더 큰 상어를 중심으로 연구했다는 것을 유추할 수 있습니다. 따라서 (b)가 정답입니다.

1. (b)	2. (d)	3. (c)	4. (d)	5. (a)	6. (d)
7. (c)	8. (b)	9. (d)	10. (a)	11. (c)	12. (a)
13. (c)	14. (b)	15. (d)	16. (d)	17. (a)	18. (b)
19. (a)	20. (c)	21. (b)			

1-7.

음악 청취가 건강을 향상시킬 수 있음을 보여주는 연구

최근의 연구에 따르면 음악이 단순한 오락거리 이상의 의미가 있는 것으로 나타났다. **1** 우리가 음악을 들으면서 보내는 시간이 불안감을 낮추고, 기억력을 향상시키며, 다양한 방식으로 우리에게 유익할 수 있다.

피아노 소나타 또는 차분하고 사색적인 보컬리스트의 작품 같이 느린 템포를 지닌 음악은 사람의 기분을 좋게 만들고 불안감의 수준을 낮출 수 있다. 연구에 따르면 이러한 종류의 음악에 장기간 노출되면 감정을 **6** 완화시키고 이완 효과를 증진하는 데 도움이 되는 것으로 드러났다. 가장 보편적인 건강 위협 요소들 중의 하나인 스트레스는 사람들이 느린 템포의 음악을 들을 때 약화된다.

음악은 또한 기억력을 향상시키는 데 도움이 될 수 있다. 뇌의 정신적 충격으로 고통 받고 있는 사람들을 대상으로 한 연구에 따르면 **2** 반복적이고 리드미컬한 성격의 음악이 뇌 속에서 기억에 필수적인 패턴의 형성을 증진할 수 있는 것으로 나타났다. 뇌졸중 환자들에 대한 한 연구에서, 음악을 듣는 것이 환자들의 언어적 기억력을 향상시키는 데 도움이 되었고, 혼란 수준을 낮춰주었으며, 더 오래 집중력을 유지시켜주었다.

음악은 또한 신체적인 능력을 증대시켜주는 것으로 드러났다. 경쾌한 음악을 들으면 "기분을 좋게 하는" 호르몬으로 알려진 세로토닌의 수준이 높아질 수 있으며, 결과적으로 사람들에게 운동할 수 있는 더 많은 에너지와 동기를 제공해 줄 수 있다. **3** 리듬 및 조화를 담당하는 뇌의 중추에 도달함으로써, 음악은 근육 통제를 향상시킬 수 있다. 또한 체력을 증대시키고 전반적인 운동 능력도 강화시켜 주는 것으로 입증되었다.

4 수술에서 회복 중이었던 환자들 중에서, 수술 전후로 음악에 노출되었던 사람들은 음악을 듣지 않은 사람들보다 더 낮은 통증 수준을 기록했다. 음악은 또한 편안함을 제공하며, 최근에 수술 과정을 거친 사람들이나 건강 관련 우울증 문제를 처리하는 사람들의 대처 능력도 개선시켜 줄 수 있다. 게다가, 음악은 심장 건강에 유익한 것으로 드러났다. 한 연구 중에, **5** 차분하게 만들어주는 음악을 들은 대상자들이 낮아진 심장 박동수 및 호흡수를 **7** 보이면서 심장에 대한 부담을 줄여주었다.

음악이 주는 혜택들은 마치 음악 자체가 끝없이 다양한 것처럼 많은 형태를 띨 수 있다. 최근의 연구에 따르면, 많은 전문가와 의료인들이 현재 대체 치료 선택권으로 음악이라는 약의 복용을 추천하고 있다.

어휘 improve ~을 향상시키다, 개선하다 recent 최근의 spend time -ing ~하면서 시간을 보내다 reduce ~을 줄여주다, 감소시키다 anxiety 불안감 benefit ⑧~에게 유익하다, 이득이 되다 ⑨ 혜택, 이득 a multitude of 다양한, 다수의 way 방식, 방법 work 작품 calm ⑧ 차분한 ⑧ ~을 차분하게 해주다, 진정시키다 reflective 사색적인 demonstrate that ~임을 보

여주다 expose A to B: A를 B에 노출시키다 for extended periods 장기간 help do ~하는 데 도움이 되다 moderate ~을 완화하다 promote ~을 증진하다, 촉구하다 relaxation 이완 universal 보편적인 threat 위협 diminish ~을 약화시키다, 줄이다 suffer from ~로 고통 받다 trauma 정신적 충격 repetitive 반복적인 nature 성격, 특성 formation 형성 retention 기억 stroke 뇌졸중 victim 환자, 피해자 help A do: A가 ~하는 것을 돕다 patient 환자 verbal memories 언어적 기억 confusion 혼란, 혼동 keep A p.p.: A를 ~된 상태로 유지시키다 focused 집중한, 집중적인 for longer 더 오래 boost ~을 증대하다 physical 신체적인 performance (수행) 능력 upbeat 경쾌한 raise ~을 높이다, 늘리다 known as ~라고 알려진 in turn 결과적으로 motivation 동기 부여 exercise 운동하다 access ~에 접근하다, ~을 이용하다 coordination 조화 It has been proven to do ~하는 것으로 입증되었다 stamina 체력 bolster ~을 강화하다 overall 전반적인 athletic 운동의 recover from ~에서 회복하다 operation 수술(= surgery) those who ~하는 사람들 provide ~을 제공하다 comfort 편안함 coping ability 대처 능력 undergo ~을 거치다, 겪다 deal with ~을 처리하다, 다루다 depression 우울증 in addition 게다가, 더욱이 exhibit ~을 보여주다, 나타내다 heart rates 심장 박동수 breathing rates 호흡수 strain on ~에 대한 부담 take many forms 많은 형태를 띠다 just as 마치 ~처럼 diverse 다양한 based on ~에 따르면, ~을 바탕으로 expert 전문가 health care provider 의료인 dose 복용, 투약 alternative 대체의 treatment 치료(제)

1. 기사 내용에 따르면, 음악이 어떻게 사람의 기분을 향상시킬 수 있는가?

(a) 강한 감정에 노출되도록 함으로써
(b) 불안감을 낮추는 데 도움을 줌으로써
(c) 스트레스가 되는 어떤 상황이든 방지함으로써
(d) 자신만의 음악을 만들어내도록 영감을 줌으로써

해설 음악의 유익함이 처음 언급되는 첫 단락에, 우리가 음악을 들으면서 보내는 시간이 불안감을 낮추고, 기억력을 향상시키며, 다양한 방식으로 유익할 수 있다는(The time we spend listening to music can reduce anxiety ~) 말이 쓰여 있습니다. 따라서 이러한 특징들 중의 하나인 (b)가 정답입니다.

어휘 lower ~을 낮추다 prevent ~을 방지하다, 막다 inspire A to do: A에게 ~하도록 영감을 주다 create ~을 만들어내다

2. 왜 음악이 기억력에 영향을 미치는 것으로 여겨지고 있는가?

(a) 사람에게 더 크게 집중하게 해주기 때문에
(b) 기억이 더욱 반복되도록 해줄 수 있기 때문에
(c) 뇌의 정신적 충격을 방지해줄 수 있기 때문에
(d) 기억 저장을 돕는 패턴을 형성하도록 도움을 주기 때문에

해설 기억력 향상과 관련된 내용이 담긴 세 번째 단락에, 반복적이고 리드미컬한 성격의 음악이 뇌 속에서 기억에 필수적인 패턴의 형성을 증진할 수 있는 것으로(~ the repetitive, rhythmic nature of music can promote the formation of patterns in the brain that are necessary for retention) 나타났다는 말이 있으므로 (d)가 정답입니다.

어휘 **be thought to do** ~하는 것으로 여겨지다 **empower A to do**: A가 ~할 수 있게 해주다, 권한을 주다 **focus** 집중하다 **intensely** 크게, 강하게 **enable A to do**: A가 ~할 수 있게 해주다 **repetitive** 반복적인 **protect against** ~을 방지하다 **help do** ~하는 데 도움이 되다 **aid** ~을 돕다 **storage** 저장

3. 음악이 어떻게 운동 선수에게 유익할 수 있을 것 같은가?
  (a) 세로토닌 수준을 낮춤으로써
  (b) 뇌의 경쟁 영역을 자극함으로써
  (c) 지구력과 근육의 조화를 늘려줌으로써
  (d) 리듬과 근육량을 향상시킴으로써

해설 신체 능력과 관련된 내용이 담긴 네 번째 단락에, 음악이 리듬 및 조화를 담당하는 뇌의 중추에 도달해 근육 통제를 향상시킨다는 말과 함께, 체력을 증대시키고 전반적인 운동 능력을 강화시켜준다는(~ music can improve muscle control. It has also been proven to increase stamina ~) 말이 쓰여 있으므로 지구력과 근육의 조화를 언급한 (c)가 정답입니다.

어휘 **athlete** 운동 선수 **decrease** ~을 낮추다, 줄이다 **stimulate** ~을 자극하다 **competitive** 경쟁의 **staying power** 지구력 **muscle mass** 근육량

4. 기사 내용에 따르면, 어느 시점이 수술을 필요로 하는 환자들에게 있어 음악을 듣는 것이 도움이 되지 않는가?
  (a) 수술 후의 불편함이 지속되는 기간 중에
  (b) 수술 전의 순간에
  (c) 수술 후의 통증에 대처하기 위해 애쓸 때
  (d) 수술이 실시되는 도중에

해설 수술 환자와 관련된 내용이 담긴 다섯 번째 단락에, 수술 전후로 음악에 노출되었던 사람들은 음악을 듣지 않은 사람들보다 더 낮은 통증 수준을 기록했다는(~ those who had been exposed to music before or after surgery recorded lower pain levels ~) 말이 있으므로 수술 전후의 과정에 해당되지 않는 (d)가 정답입니다.

어휘 **discomfort** 불편함, 통증 **moment** 순간 **struggle to do** ~하기 위해 애쓰다 **cope with** ~에 대처하다 **post-surgery** 수술 후의 **perform** ~을 실시하다

5. 지문 내용에 따르면, 차분하게 해주는 음악이 왜 심장 건강에 좋은가?
  (a) 호흡수와 심장 박동수를 늦춰준다.
  (b) 심장 발작으로 인한 손상을 복구해준다.
  (c) 산소의 유입을 자극한다.
  (d) 심장 관련 우울증을 완화시킨다.

해설 심장 건강과 관련된 내용이 제시된 다섯 번째 단락에, 차분하게 만들어주는 음악을 들은 대상자들이 낮아진 심장 박동수 및 호흡수를 보였다는(~ those subjects who had listened to calming music exhibited lowered heart and breathing rates ~) 말이 쓰여 있으므로 (a)가 정답입니다.

어휘 **slow** ~을 늦추다, 둔화시키다 **reverse** ~을 역전시키다, 전환하다 **damage** 손상, 피해 **heart attack** 심장 발작, 심장마비

intake 유입, 흡입, 섭취 **alleviate** ~을 완화시키다

6. 해당 단락의 문맥에서 moderate이 의미하는 것은?
  (a) 보존하다
  (b) 길들이다
  (c) 제한하다
  (d) 관리하다

해설 해당 문장에서 moderate 앞에 helps가 쓰여 있고, 목적어로는 '감정'을 뜻하는 emotions가 쓰여 있습니다. 따라서 감정과 관련해 도움이 되는 일을 나타낸다는 것을 알 수 있는데, 이는 감정을 추스르거나 완화하는 등의 일을 가리킵니다. 즉 일종의 '감정을 관리하는 일'에 해당되므로 '관리하다'를 뜻하는 (d) manage가 정답입니다.

7. 해당 단락의 문맥에서 exhibited가 의미하는 것은?
  (a) 광고했다
  (b) 폭로했다
  (c) 보여주었다
  (d) 제공했다

해설 해당 문장에서 동사 exhibited의 목적어로 쓰인 lowered heart and breathing rates는 '낮은 심장 박동수와 호흡수'를 의미합니다. 따라서 차분하게 해주는 음악을 들은 사람들이 낮은 심장 박동수와 호흡수를 보여주었다는 의미로 exhibited가 쓰였음을 알 수 있으므로 '보여주었다'를 뜻하는 또 다른 동사인 (c) displayed가 정답입니다.

8-14.

감사 일기 작성이 이타심을
증대하는 것으로 나타난 연구 결과

감사하는 마음과 이타심 사이의 관계에 관한 한 연구에서, 연구가들은 사람이 감사함을 더 많이 느낄수록 그 사람은 더 많이 이타적으로 변할 수 있음을 알아냈다. 단순히 감사하게만 여기는 것이 아니라, **8** 감사하는 마음에 관한 글을 남기는 것이 이타심을 향상시키고 주변 사람들을 친절하게 대하거나 다른 이들을 돕기 위해 노력할 가능성을 높여준다는 점이 연구 결과로 나타났다.

이 연구는 전부 여성으로 구성된 18세에서 27세의 참가자 33명에게 각자 지닌 감사의 마음을 평가하는 자가 진단 설문지에 답변하게 했다. 그런 다음, 참가자들은 "자선 기부 과제"를 완수했는데, 이 과정에서 참가자들은 돈이 온라인으로 지역 자선 단체 또는 자신들의 은행 계좌로 이체되는 것을 지켜봤다. 두뇌 정밀 검사를 통해, **9** 연구가들은 그 돈이 분배되는 동안 어떠한 보상 관련 두뇌 반응이든 발생하는지를 두고 참가자들을 분석했다.

10 연구가들은 설문지 내용과 두뇌 정밀 검사 내용을 교차 검토하는 방법으로 감사하는 마음과 이타심 사이의 관계를 평가했다. 이 연구가들은 참가자들이 지역 자선 단체로 돈이 이체되는 것을 봤을 때 더 큰 감사의 마음을 나타낸 사람들이 이타심과 관련된 두뇌 영역에서 더 많은 신경 활동이 나타났음을 알게 되었다. 이는 감사함을 더 많이 느끼는 사람들이 이타적일 가능성이 더 크다는 것을 의미한다.

이 연구의 두 번째 부분을 위해, 참가자들은 일일 온라인 일기를 작성하도록 안내 받았다. 참가자들은 무작위로 두 개의 그룹으로 **13** 나뉘어졌는데, **11** 16명의 사람들이 감사함과 관련된 질문에 답변하는 "감사의 일기"를 작성하도록 안내 받은 반면, 나머지 17명의 사람들은 통제 집단으로서 자신들의 하루가 어떻게 지나갔는지에 관한 "감정적이지 않은 일기"를 작성하도록 요청 받았다.

3주 후, 이 참가자들은 또한 **14** 차례의 자선 기부 과제를 위해 돌아왔는데, 이 과정에서 참가자들은 자선 단체 또는 자신들의 은행 계좌로 돈이 송금되는 것을 지켜봤다. 이 두 번째 시간 중에, **12** 감사의 일기를 쓰는 일을 부여 받았던 사람들은 이타적인 감정의 증가를 경험한 것으로 두뇌 정밀 검사 결과에 나타났다. 반면에, 감정적이지 않은 일기를 작성한 그룹의 이타적인 경향은 동일하게 유지되었다.

이 연구의 연구가들은 감사의 마음을 인식하는 것이 이타적인 능력을 증대할 수 있는 한 가지 방법이 될 수 있다고 결론 내렸다.

어휘   find (that) ~임을 나타내다, 알게 되다   keep a journal 일기를 쓰다   gratitude 감사(의 마음)   increase ~을 늘리다, 증가시키다   altruism 이타심(= selflessness)   connection between A and B: A와 B 사이의 관계   the more 주어 동사, the more 주어 동사: 더 ~할수록, 더 …하다   altruistic 이타적인   rather than ~가 아니라, ~ 대신   thankful 감사하는   reinforce ~을 향상시키다, 증대하다   raise ~을 높이다, 끌어올리다   likelihood that ~할 가능성   treat ~을 대하다   those (수식어구와 함께) ~하는 사람들   make an effort to do ~하기 위해 노력하다   have A do: A에게 ~하게 하다   participant 참가자   self-rated questionnaire 자가 진단 설문지   assess ~을 평가하다   complete ~을 완수하다, 완료하다   charitable giving 자선 기부   task 과제, 일, 업무   watch[see, view] A -ing: A가 ~하는 것을 보다   transfer ~을 이체하다   electronically 온라인으로, 컴퓨터로   local 지역의, 현지의   charity 자선 단체   account 계좌, 계정   brain scanning 두뇌 정밀 검사   analyze ~을 분석하다   reward-related 보상과 관련된   response 반응   distribute ~을 분배하다, 나눠주다   measure ~을 평가하다, 판단하다   relationship between A and B: A와 B 사이의 관계   cross-examine ~을 교차 검토하다   neural 신경의, 신경과 관련된   associated with ~와 관련된   be more likely to do ~할 가능성이 더 크다   daily 매일의, 날마다의   randomly 무작위로   be divided into ~로 나뉘다   remaining 나머지의   control group 통제 집단(실험 연구에서 효과 등을 비교하기 위해 아무런 조치나 설정을 적용하지 않는 집단)   be asked to do ~하도록 요청 받다   neutral 감정적이지 않은, 중립적인   how A go: A가 어떻게 되는지   round 한 차례, 한 회   route ~을 전송하다   session (특정 활동을 위한) 시간   be tasked to do ~하는 일을 부여 받다, 맡다   experience ~을 겪다, 경험하다   increase in ~의 증가   based on ~에 따르면, ~을 바탕으로   meanwhile 반면에, 한편   tendency 경향, 성향   remain the same 동일하게 유지되다   conclude that ~라고 결론 내리다   acknowledge ~을 인식하다, 인정하다   way to do ~하는 방법   capacity 능력

8.   기사는 모두 무엇에 관한 것인가?

    (a) 글쓰기가 어떻게 사람들에게 돈을 기부하도록 영감을 주는가

    (b) 감사하는 마음이 어떻게 이타심을 북돋우는가

    (c) 사람들에게 친절하고 관대해지는 방법

    (d) 감사하는 마음을 증대하는 방법

해설   첫 단락에서, 감사하는 마음과 이타심 사이의 관계에 관한 연구를 언급하면서 감사하는 마음에 관한 글을 남기는 것이 이타심을 향상시키고 주변 사람들을 친절하게 대하거나 다른 이들을 돕기 위해 노력할 가능성을 높여준다는 점이 연구 결과로 나타났음을(~ the study found that writing about feelings of gratitude reinforces one's selflessness ~) 말한 뒤로 그 연구 과정을 설명하고 있습니다. 따라서 감사하는 마음이 어떻게 이타심을 증대하는지에 관한 글이라는 것을 알 수 있으므로 **(b)**가 정답입니다.

어휘   inspire A to do: A에게 ~하도록 영감을 주다   donate ~을 기부하다   encourage ~을 북돋우다, 장려하다   how to do ~하는 법   generous 관대한   reinforce 강화하다, 증대하다

9.   참가자들은 왜 금융 거래 과정을 보도록 요청 받았는가?

    (a) 설문지에 정확하게 답변하기 위해

    (b) 그들에게 더 많이 기부하도록 권장하기 위해

    (c) 그들이 얼마나 관대한지 평가하기 위해

    (d) 그들의 신경 반응을 점검하기 위해

해설   금융 거래 과정이 처음 언급되는 두 번째 단락에, 그 과정이 진행된 방식을 설명하면서 연구가들이 돈이 분배되는 동안 어떠한 보상 관련 두뇌 반응이든 발생하는지를 두고 참가자들을 분석했다고(~ the researchers analyzed the participants for any reward-related brain response ~) 쓰여 있습니다. 따라서 신경 반응을 점검하려는 것이 이유였음을 알 수 있으므로 **(d)**가 정답입니다.

어휘   financial 금융의, 재무의   transaction 거래   correctly 정확하게   donation 기부(금)

10.   연구가들은 어떻게 감사하는 마음과 이타심 사이의 관계를 평가했는가?

    (a) 설문지와 정밀 검사 내용을 분석함으로써

    (b) 신경 활동을 증가시킨 추가 과제들을 배정함으로써

    (c) 매일의 행복에 관해 질문함으로써

    (d) 자선 활동을 하도록 요구함으로써

해설   연구가들의 평가 방식이 언급되는 세 번째 단락에, 연구가들은 설문지 내용과 두뇌 정밀 검사 내용을 교차 검토하는 방법으로 감사하는 마음과 이타심 사이의 관계를 평가했다고(The researchers measured the relationship between gratitude and altruism by cross-examining the questionnaires with the brain scans) 알리고 있습니다. 즉 설문지 내용과 두뇌 정밀 검사 내용을 모두 검토한 것이므로 이를 언급한 **(a)**가 정답입니다.

어휘   analyze ~을 분석하다   assign ~을 배정하다, 할당하다   additional 추가적인   well-being 행복, 안녕   require A to do: A에게 ~하도록 요구하다   commit ~을 행하다

11.   통제 집단은 왜 각자의 일상에 관해 쓰도록 요청 받았을 것 같

은가?

(a) 그들은 보통 어떠한 감사함도 느끼지 않는다.

(b) 그들은 대부분 중립적인 생각과 감정을 지니고 있다.

(c) 그들은 나머지 한쪽 그룹에 대한 비교 내용을 제공해야 했다.

(d) 그들은 첫 번째 과제에서 더 낮은 점수를 기록했다.

해설   통제 집단이 언급되는 네 번째 단락을 보면, 16명의 사람들이 감사함과 관련된 질문에 답변하는 감사의 일기를, 나머지 17명의 사람들은 통제 집단으로서 자신들의 하루가 어떻게 지나갔는지에 관한 감정적이지 않은 일기를 작성하도록 요청했다고(~ 16 were told to keep a "gratitude journal" in which they answered gratitude-related questions while the remaining 17, as the control group, were asked to keep a "neutral journal" about how their day went) 쓰여 있습니다. 즉 두 그룹으로 나눈 후 비교를 위해 다른 일기 작성 방식을 요청했다는 것을 알 수 있으므로 (c)가 정답입니다.

어휘   normally 보통, 일반적으로   provide ~을 제공하다
comparison 비교   score low 낮은 점수를 기록하다

12. 기사 내용에 따르면, 사람이 어떻게 이타심을 증대시킬 수 있는가?

(a) 감사의 마음을 기록함으로써

(b) 자선 단체에 기부함으로써

(c) 생각을 일기로 써 놓음으로써

(d) 힘든 일들에 관해 일기를 씀으로써

해설   다섯 번째 단락에 감사의 일기를 쓰는 일을 부여 받았던 사람들은 이타적인 감정의 증가를 경험한 것으로 두뇌 정밀 검사 결과에 나타났다고(~ those who were tasked to write a gratitude journal experienced an increase in altruistic feelings based on their brain scans) 쓰여 있습니다. 즉 감사하는 마음을 기록해 두는 것이 이타심을 증대시킨 것으로 볼 수 있으므로 이를 언급한 (a)가 정답입니다.

어휘   institution 단체, 기관   thought 생각   struggle 힘든 일, 분투, 몸부림

13. 해당 단락의 문맥에서, divided가 의미하는 것은?

(a) 느슨해진

(b) 갈등을 겪는

(c) 나뉜

(d) 공유된

해설   해당 문장에서 동사 were divided 앞에는 '참가자들'을 뜻하는 주어 participants가, 뒤에는 '두 그룹으로'를 뜻하는 전치사구 into two groups가 쓰여 있습니다. 따라서 참가자들이 두 그룹으로 나뉘었다는 의미를 나타내기 위해 사용된 단어임을 알 수 있으므로 '나뉜'을 뜻하는 또 다른 동사 split의 과거분사인 (c) split이 정답입니다.

14. 해당 단락의 문맥에서, round가 의미하는 것은?

(a) 종 소리, 울림 소리

(b) 단계

(c) 위치, 자세, 입장, 직책

(d) 형태

해설   해당 문장에서 round 앞에 '또 한 번의, 또 다른' 등을 뜻하는 another가 있고, 뒤에는 앞선 단락에서 일차적으로 진행되었던 '자선 기부 과제'를 뜻하는 'charitable giving task'가 쓰여 있습니다. 따라서 한 번 더 동일한 과제 활동이 진행된다는 것을 나타내기 위해 round가 쓰였다는 것을 알 수 있는데, 이는 하나의 실험 단계에 해당되므로 '단계'를 뜻하는 (b) stage가 정답입니다.

15-21.

과학자들이 발견한 세계 최대의 칼데라

15 연구가들로 구성된 한 팀이 필리핀해에서 세계 최대의 화산 칼데라를 찾았는데, 이는 과학자들이 그 국가의 화산 진화 과정을 한층 더 이해하는 데 도움을 줄 수 있는 발견이다.

화산이 분출하면서 녹아 내린 암석 물질이 **20** 빠져나갈 때, 그 부분이 붕괴되면서 "칼데라"라고 부르는 그릇 모양의 분화구가 남게 된다. <해양 지질학> 잡지에 실린 최근 기사에 한 연구 그룹이 발견한 것으로서 대단히 중요한 의미를 지니는 세계에서 가장 큰 화산 칼데라인 아폴라키 칼데라가 보도되었다. **15** 이 칼데라는 벤햄 라이즈에 자리잡고 있는데, 이곳은 일련의 사화산들로 구성된 필리핀해 해저에 위치한 지역이다.

지름이 약 150킬로미터에 달하는 아폴라키 칼데라는 규모 면에서 금성 또는 화성의 칼데라나, 소행성 또는 유성에 의해 초래된 것으로 여겨지는 남아프리카의 프레드포트 분화구 같은 지구상에서 가장 큰 충돌 분화구에 견줄 만하다. 아폴라키 칼데라는 미국 와이오밍 주에 위치한 옐로우스톤 칼데라보다 두 배가 넘는 크기이다. **16** 이 어마어마한 크기의 칼데라는 필리핀 신화에 나오는 태양 및 전쟁의 신이자 "위대한 군주"를 뜻하는 "아폴라키"의 이름을 따서 명명되었다.

이 연구팀은 수중 음파 탐지 기술을 활용해 해저를 분석하고 이 칼데라를 발견했다. **17** 음파 진동, 즉 소리의 파동이 9마일 두께의 화산암 및 해수면 아래로 5천 미터나 깊게 이어지는 해구들로 구성된 해저 지역인 벤햄 라이즈의 지도를 만드는 데 사용되었다. 이 연구가들이 물에서 나타나는 물마루가 있다는 것을 알아차리고 얼마 지나지 않아, 이 칼데라를 포착했고, 범상치 않은 뭔가를 발견했다는 것을 알게 되었다.

아폴라키 칼데라는 높이가 300미터나 되는 절벽들로 둘러싸여 있다. **18** 솟아오른 지반 같은 많은 특징들이 조용하고 폭발적인 분출 모두를 포함한 다양한 분출 과정을 거쳤음을 보여주고 있다. 필리핀 화산 지진학 협회의 보고서에 따르면 아폴라키 칼데라의 마지막 화산 활동이 약 4천 6백만 년에서 2천 6백만 년 전이었던 것으로 나타났다.

이 발견은 다른 연구가들이 벤햄 라이즈의 지질학적 활동에 관해 더욱 폭넓은 연구를 실시하는 데 있어 동기 부여가 될 수 있다. 필리핀이 지진 및 화산 활동이 자주 일어나는 환태평양조산대에 **21** 위치해 있기 때문에, **19** 이러한 연구를 하는 것은 이 지역의 지진 및 화산 활동의 원인을 분석하는 데 도움이 될 수 있다.

discover ~을 발견하다 caldera 칼데라(화산 폭발로 인해 화산 꼭대기가 거대하게 패인 부분) volcanic 화산의 help A do: A가 ~하는 데 도움이 되다 further 한층 더, 더 깊이 evolution 진화 erupt 분출하다 molten 녹아 내린 content 내용물 drain out 빠져나가다 collapse 붕괴하다 bowl-shaped 그릇 모양의 crater 분화구 recent 최근의 breakthrough 대단히 중요한 것, 획기적인 것 sighting 발견, 목격 be situated in ~에 자리잡고 있다 region 지역 bottom 아래, 밑 consist of ~로 구성되다 a chain of 일련의 extinct volcano 사화산 measure ⑤ 크기, 길이 등이) ~이다 about 약, 대략 (= around) diameter 지름 comparable 견줄 만한, 비슷한 impact crater 충돌 분화구 be believed to do ~하는 것으로 여겨지다 cause ~을 초래하다 asteroid 소행성 meteor 유성 more than ~가 넘는 twice the size 두 배의 크기 enormous 어마어마한, 엄청난 be named after ~의 이름을 따서 명명되다 mythical 신화의 sonar technology 수중 음파 탐지 기술 analyze ~을 분석하다 seafloor 해저 pulse 진동 wave 파동 create ~을 만들어내다 nine-mile-thick 9마일 두께의 trench 해구 dip v. 아래로 이어지다, 내려가다 notice ~을 알아차리다 crest 물마루 emerge 나타나다, 모습을 드러내다 spot ~을 포착하다, 발견하다 extraordinary 범상치 않은, 기이한 be surrounded by ~에 둘러싸이다 cliff 절벽 feature 특징 elevated 솟아오른 land floor 지반 confirm that ~임을 보여주다, 확인시켜주다 go through ~을 거치다, 겪다 eruption 분출 explosive 폭발적인 motivation 동기 부여, 자극 conduct ~을 실시하다 extensive 폭넓은, 광범위한 geological 지질학의 be located in ~에 위치해 있다 earthquake 지진 frequently 자주 occur 일어나다, 발생되다 cause 원인 behavior 활동, 작용, 움직임

15. 기사는 주로 무엇에 관한 것인가?

(a) 벤햄 라이즈에 대한 탐사
(b) 아시아에서 발견된 가장 큰 화산
(c) 화산 분출의 여러 다른 단계
(d) 최근 발견된 화산 잔해

첫 단락에 연구가들로 구성된 한 팀이 필리핀해에서 세계 최대의 화산 칼데라를 찾았다는 말이(A team of researchers in the Philippine Sea found the world's biggest volcanic caldera ~) 있고, 두 번째 단락에 이 칼데라를 설명하면서 일련의 사화산들로 구성된 필리핀해 해저에 위치한 지역에 있다고(The caldera is situated in Benham Rise, ~ that consists of a chain of extinct volcanoes) 말하고 있습니다. 따라서 새롭게 발견된 사화산 잔해를 발견했다는 것을 알 수 있으므로 (d)가 정답입니다.

exploration 탐사, 탐험 recently 최근에 remains 잔해, 남은 것, 나머지

16. 해당 칼데라는 왜 아폴라키의 이름을 따서 명명되었을 것 같은가?

(a) 화성에 있는 거대 분화구와 닮았다.
(b) 강력한 소행성에 의해 생성되었다.
(c) 그 방대한 표현이 햇빛을 반사한다.

(d) 유난히 크고 인상적이다.

이름이 지어진 계기가 언급되는 세 번째 단락에, 그 어마어마한 크기의 칼데라는 필리핀 신화에 나오는 태양 및 전쟁의 신이자 "위대한 군주"를 뜻하는 "아폴라키"의 이름을 따서 명명되었다고(The enormous caldera was named after the Filipino mythical god of the sun and war, "Apolaki," or "giant lord.") 쓰여 있습니다. 즉 그 엄청난 크기를 이름에 반영하려 한 것으로 볼 수 있으므로 (d)가 정답입니다.

resemble ~와 닮다 vast 방대한, 어마어마한 surface 표면 reflect ~을 반사하다 imposing 인상적인

17. 연구가들이 어떻게 아폴라키 칼데라를 발견할 수 있었는가?

(a) 도움이 되는 지도를 제작하기 위해 음파를 활용했다.
(b) 음파에 의해 만들어진 자취를 따라갔다.
(c) 그 지역에서 화산 분출을 관찰하고 있었다.
(d) 물에서 나타난 화산을 확인했다.

해당 칼데라를 찾기 위한 방식이 설명된 네 번째 단락에, 음파 진동, 즉 소리의 파동이 9마일 두께의 화산암 및 해수면 아래로 5천 미터나 깊게 이어지는 해구들로 구성된 해저 지역인 벤햄 라이즈의 지도를 만드는 데 사용되었다고(Sonar pulses, or waves of sound, were used to create a map of the Benham Rise, an undersea region with nine-miles-thick volcanic rocks and trenches that can dip 5000 meters below sea level) 쓰여 있으므로 이러한 방식을 언급한 (a)가 정답입니다.

generate ~을 제작하다, 만들다 follow ~을 따라가다 trail 자취, 자국, 길 observe ~을 관찰하다 identify ~을 확인하다, 발견하다

18. 연구가들은 어떻게 해당 칼데라가 다양한 분출 과정을 거쳤다는 사실을 확인했는가?

(a) 조용하고 폭발적인 활동 모두를 기록했다.
(b) 솟아오른 지반을 관찰했다.
(c) 한 화산학 협회의 보고서에 의존했다.
(d) 그것을 둘러싼 절벽들을 측정했다.

다양한 분출 과정을 거친 사실이 언급되는 다섯 번째 단락에, 솟아오른 지반 같은 많은 특징들이 조용하고 폭발적인 분출 모두를 포함한 다양한 분출 과정을 거쳤음을 보여주고 있다고(Many features, such as the elevated land floor, confirm it has gone through various eruptions—both quiet and explosive) 알려지고 있으므로 (b)가 정답입니다.

rely on ~에 의존하다 measure ~을 측정하다

19. 벤햄 라이즈에 대한 더 광범위한 연구가 어떤 결과를 낳을 수 있는가?

(a) 분출 원인에 대한 더 정확한 분석
(b) 분출에 대한 효과적인 예방
(c) 지진에 대한 더 적절한 시점의 예측
(d) 화산 광물에 대한 효율적인 추출

벤햄 라이즈에 대한 더 광범위한 연구가 가져올 수 있는 결과와 관련된 내용이 제시된 마지막 단락에, 이러한 연구를 하는 것이 그 지역의 지진 및 화산 활동의 원인을 분석하는 데 도움이 될 수 있다고(~ doing this can help them analyze the causes of quakes and volcanic behavior in the area) 쓰여 있습니다. 즉 더 정확한 분석이 가능해질 것이라는 뜻이므로 이를 언급한 (a)가 정답입니다.

어휘 **far-reaching** 광범위한 **result in** ~의 결과를 낳다, ~을 초래하다 **accurate** 정확한 **analysis** 분석 **effective** 효과적인 **prevention** 예방, 방지 **timely** 적절한 시점의 **prediction** 예측 **efficient** 효율적인 **extraction** 추출 **mineral** 광물

20. 해당 단락의 문맥에서, _drains_가 의미하는 것은?
- (a) 추방하다
- (b) 퍼내다
- **(c) 비우다**
- (d) 마르다

해설 해당 문장에서 동사 drains는 녹아 내린 암석 물질의 움직임과 관련되어 있으며, 바로 뒤에 그 부분이 붕괴되면서 그릇 모양의 분화구를 만든다고 쓰여 있습니다. 즉 녹아 내린 암석 물질이 아래로 빠져나가면서 그 부분이 가라앉는 움직임이 생기는 과정을 말하는 것인데, 이는 그 자리가 비워지는 것과 같으므로 '비우다'를 뜻하는 (c) empties가 정답입니다.

21. 해당 단락의 문맥에서, _located_가 의미하는 것은?
- (a) 감지되는
- **(b) 찾아지는**
- (c) 드러나진
- (d) 추적되는

해설 해당 문장에서 동사 is located 앞에는 주어로 쓰인 국가명 the Philippines가, 뒤에는 환태평양조산대를 뜻하는 the Pacific Ring of Fire가 전치사 in의 목적어로 쓰여 있습니다. 따라서 필리핀이 환태평양조산대에 속해 있다는 의미로 볼 수 있는데, 이는 환태평양조산대에서 찾아볼 수 있다는 말과 같으므로 find의 과거분사로서 '찾아지는'을 뜻하는 (b) found가 정답입니다.

DAY 14 PART 3 백과사전식 지문

PRACTICE

1. (d)　**2.** (c)

코알라

코알라는 호주의 토종 동물이며, 호주의 상징으로 잘 알려져 있다. 메인랜드의 동쪽과 남쪽 지역의 해안 지역에서 발견되며, 퀸즐랜드, 뉴 사우스 웨일즈, 빅토리아, 그리고 남 호주에 서식한다. 그 이름은 **1** 호주 원주민 언어에서 유래된 것이며, "물을 마시지 않다"는

의미를 지니는데, 이는 물이 아니라 잎을 먹음으로써 수분 섭취량을 유지하기 때문이다. 코알라는 작아서 길이는 약 60에서 85 센티미터이고 무게는 4에서 15 킬로그램에 불과하다. 암컷 코알라는 수컷보다 약 50 센티미터 더 크다. 털의 색상은 은회색부터 갈색까지 있다.

코알라는 유칼립투스 잎을 먹는 소수의 포유류 중 하나이다. 이 잎들은 영양분이 아주 풍부하지 않으며, 사실 대부분 동물에게는 독성이 있다. 유칼립투스 잎을 소화하기 위해, 코알라는 여러 독특한 적응을 했다. 먼저, **2** 코알라는 신진대사가 매우 느린데, 이는 음식물이 그들의 소화 기관에 오랫동안 머물 수 있음을 뜻한다. 이는 코알라들이 섭취하는 음식으로부터 가능한 한 많은 에너지를 취할 수 있도록 한다. 이것은 또한 코알라가 많은 에너지를 사용하지 않음을 의미한다. 코알라는 느리게 움직이고 **2** 하루에 약 20시간을 잔다. 또 다른 적응은 맹장이라 불리는 특수 기관이다. **2** 이 기관은 코알라가 섬유질이 풍부한 잎을 소화하는 것을 돕는다.

1.

정답　(d)

해설 코알라에 대해 소개하는 첫 단락에서, 코알라 이름의 유래가 호주 원주민 언어이고 그 의미가 "물을 마시지 않다"이며, 그 이름이 붙여진 이유는 코알라가 물을 마시지 않고 잎을 먹어서 수분 섭취량을 유지하기 때문(The name comes from the word of the Australian native language, meaning "drink no water" because it keeps fluid intake by not drinking water but eating leaves)이라고 설명하고 있습니다. 따라서 정답은 (d)입니다.

2.

정답　(c)

해설 두 번째 문단에서 코알라에 관한 여러 사실이 언급되어 있는데, (a) 하루 중 대부분을 잔다(sleeps for the majority of the day)는 내용은 하루에 약 20시간을 잔다(sleep around 20 hours a day)로 나와 있습니다. (b) 음식물을 소화하는 데 오랜 시간이 걸린다(It takes a long time to digest its food)는 내용은 지문에서 음식물이 소화 기관에 오랫동안 머물 수 있다(food can remain in their digestive system for a long time)고 나와 있습니다. (c) 특정 종류의 유칼립투스 잎을 먹는다는 내용은 지문에서 찾을 수 없으므로 (c)가 정답입니다. (d) 특별한 소화 기관(a special digestive organ)으로 지문에서 맹장(a special organ called the caecum)이 언급되었으므로 정답이 될 수 없습니다.

실전 감잡기

1. (d)	**2.** (b)	**3.** (d)	**4.** (c)	**5.** (b)	**6.** (c)
7. (b)	**8.** (d)	**9.** (c)	**10.** (a)	**11.** (d)	**12.** (b)
13. (d)	**14.** (b)	**15.** (a)	**16.** (b)	**17.** (c)	**18.** (d)
19. (c)	**20.** (a)	**21.** (c)			

1-7.

베를린 장벽

1 베를린 장벽은 1961년에서 1989년까지의 기간 사이에 독일을 동독과 서독으로 분리시킨 장벽이었다.

독일이 2차 세계 대전에 패배한 후, 승리를 거둔 국가인 러시아와 프랑스, 미국, 그리고 영국이 이 패배한 국가의 다른 지역들을 책임지게 되었다. 러시아는 당시에 정치적 영향력을 **6** 확산시키고 있었으며, 자국의 정치 제도를 독일의 동쪽 절반 지역에 도입했는데, 이로 인해 결국 서쪽 지역과 분리된 국가가 되기에 이르렀다.

독일이 동독과 서독으로 나뉜 후, **2** 서쪽 지역은 재정적 성장 및 많은 부와 기회로 이어진 경제 및 정치 체계를 도입한 반면, 동독은 엄격한 정치 체계로 인해 아주 큰 가난을 겪게 되었다. 이로 인해 많은 사람들이 일반적으로 서독에서 더 나은 삶을 추구하기 위해 동독을 떠나는 일이 초래되었다.

1952년에, 러시아의 한 장관이 동독에서 서독으로 사람들이 도망치는 것을 막기 위해 동독과 서독 사이에 물리적인 장벽을 세우도록 제안했다. **3** 이 이동 문제는 중요한 사안이 되었는데, 동독에서 교육을 받은 많은 사람들이 떠나고 있었기 때문이었다. 장벽의 필요성에 대해 그 장관이 언급한 공식적인 이유는 외국의 "첩보원"이 동독으로 들어가지 못하도록 막자는 것이었다.

철조망 울타리에서 처음 시작되어, 이 장벽은 1961년에 콘크리트 벽으로 탈바꿈되었다. 이 장벽 곳곳에 감시 초소들이 세워졌으며, 경비원과 전기 울타리, 지뢰, 전투견, 그리고 포상에 의해 보호 받았다. **4** 실망감을 안겨주는 이 장애물이 서 있던 28년의 기간 중에, 약 10만 명의 사람들이 불법적으로 넘어가려고 시도했던 것으로 추정되며, 그 중에서 약 5천 명이 성공한 것으로 여겨지고 있다.

이 기간 중에, **5** 여러 유명 인사들이 독일의 분단에 반대하는 목소리를 냈다. 음악가 데이빗 보위와 브루스 스프링스틴은 동독과 서독에서 콘서트를 열었으며, 각자 이 장벽이 제거되기를 요청했다. 수십 년이 지나 보위가 사망하자, 독일 정부는 이 장벽을 "붕괴시키는" 데 도움을 준 것에 대해 감사의 뜻을 전했다.

1989년에, 베를린 전역에서 있었던 평화적인 시위의 **7** 물결이 이 장벽의 제거로 이어졌다. 베를린 장벽의 붕괴는 공식적인 독일 통일의 길을 열어주었고, 이는 1990년 10월에 일어났다.

어휘 barrier 장벽, 장애물 divide ~을 분리하다 defeat ~을 패배시키다, 무찌르다 victorious 승리를 거둔 take responsibility for ~에 대한 책임을 지다 spread ~을 확산시키다 political 정치적인 influence 영향(력) introduce ~을 도입하다 eventually 결국, 마침내 lead to ~로 이어지다 separate 분리된, 따로 떨어진 economic 경제의 financial 재정의, 재무의 growth 성장 wealth 부, 부유함 opportunity 기회 strict 엄격한 experience ~을 경험하다 a great deal of 아주 많은 poverty 가난 cause A to do: A가 ~하도록 초래하다 leave ~에서 떠나다 in order to do ~하기 위해 seek ~을 추구하다, 찾다 usually 일반적으로, 보통 minister 장관 propose that ~하도록 제안하다 physical 물리적인 erect ~을 세우다 flee 달아나다, 도망치다 issue 문제, 사안 migration (사람들의) 이동, 이주 significant 중요한 official 공식적인, 정식의 stop A from -ing: A가 ~하는 것을 막다 agent 첩보원 start out as 처음에 ~로 시작하다 barbed wire fence 철조망 울타리 be

turned into ~로 탈바꿈되다, 변모되다 be studded with ~가 곳곳에 박혀 있다, 산재해 있다 watchtower 감시 초소 electrified fence 전기 울타리 mine 지뢰 attack dog 전투견 gun emplacement 포상(총을 올려놓고 쏘는 장소) discouraging 실망시키는, 낙담시키는 obstacle 장애물 it is estimated that ~한 것으로 추정되다 around 약, 대략 attempt to do ~하려 시도하다 illegally 불법적으로 with A p.p.: A가 ~된 채로, A가 ~되면서 thought to do ~한 것으로 여겨진 succeed 성공하다 several 여럿의, 몇몇의 celebrity 유명 인사 speak out against ~에 반대하는 목소리를 내다 division 분단, 분리 with A -ing: A가 ~하면서, A가 ~하는 채로 call for ~을 요청하다 remove ~을 제거하다, 없애다 upon ~하자마자 decade 10년 bring down ~을 붕괴시키다, 허물다 wave 물결 protest 시위 fall 붕괴, 함락 reunification 통일, 통합 take place (일, 행사 등이) 일어나다, 발생되다

1. 기사는 모두 무엇에 관한 것인가?
(a) 독일을 러시아로부터 분리시킨 장벽
(b) 대조적인 가치관에 의해 나뉘어진 국가
(c) 한 장벽을 붕괴시킨 시위
(d) 한 국가를 분리된 부분으로 나눈 장벽

해설 첫 단락에 베를린 장벽은 1961년에서 1989년까지의 기간 사이에 독일을 동독과 서독으로 분리시킨 장벽이었다(The Berlin Wall was the barrier that divided East and West Germany between the years of 1961 and 1989)라고 언급한 뒤로 이 장벽의 형성 및 붕괴 과정을 설명하고 있으므로 (d)가 정답입니다.

어휘 separate ~을 분리시키다 divide ~을 나누다 contrasting 대조적인 value 가치관 split A into B: A를 B로 나누다

2. 왜 많은 사람들이 동독을 떠나 서독으로 향했는가?
(a) 외국 열강들의 압박에서 벗어나기 위해
(b) 더 나은 재정적 기회를 추구하기 위해
(c) 더 나은 교육 기회를 찾기 위해
(d) 동독과 서독 사이의 분열에 맞서기 위해

해설 많은 사람들이 동독을 떠나 서독으로 향한 일이 언급된 세 번째 단락에, 서쪽 지역은 재정적 성장 및 많은 부와 기회로 이어진 경제 및 정치 체계를 도입한 반면, 동독은 엄격한 정치 체계로 인해 아주 큰 가난을 겪게 되었고(~ that led to financial growth and much wealth and opportunity, while East Germany, with its strict political system, experienced a great deal of poverty), 그로 인해 많은 사람들이 동독을 떠나 서독으로 갔다고 언급하고 있습니다. 즉 경제적으로 더 나은 삶을 찾아 서독으로 향한 것이므로 (b)가 정답입니다.

어휘 escape ~에서 벗어나다, 탈출하다 pressure 압박, 압력 foreign powers 외국 열강들 division 분열

3. 기사 내용에 따르면, 무엇이 베를린 장벽 설치에 대한 진정한 이유일 것 같은가?

(a) 외국의 첩보원들이 동독으로 들어가는 것을 막기 위해

(b) 국내에서 러시아의 영향력을 늘리기 위해

(c) 부자들이 다른 곳에서 돈을 소비하는 것을 막기 위해

(d) 교육 받은 사람들이 떠나는 것을 방지하기 위해

해설 장벽 설치를 제안한 계기가 언급된 네 번째 단락에, 이동 문제가 중요한 사안이 되었다는 말과 함께 동독에서 교육을 받은 많은 사람들이 떠나고 있었다는 점이 이유로(~ because many educated people from East Germany were leaving) 제시되어 있습니다. 따라서 (d)가 정답입니다.

어휘 keep[stop, prevent] A from -ing: A가 ~하는 것을 막다, ~하지 못하게 하다 influence 영향(력) the wealthy 부자들 elsewhere 다른 곳에서

4. 왜 장벽이 실망감을 안겨주는 장애물로 여겨졌는가?

(a) 강철 및 철조망으로 된 겉모습 때문에

(b) 모든 시민을 감시한 감시 초소들 때문에

(c) 낮은 횡단 성공률 때문에

(d) 모든 불법적인 이주의 중단 때문에

해설 해당 장벽을 실망감을 안겨주는 장애물이라고 언급한 다섯 번째 단락에, 그 장벽이 서 있던 28년의 기간 중에 약 10만 명의 사람들이 불법적으로 넘어가려고 시도했던 것 중에서 약 5천 명이 성공했다는(During the 28 years that this discouraging obstacle stood, it is estimated that around 100,000 people attempted to cross it illegally, with around 5,000 thought to have succeeded) 말이 쓰여 있습니다. 이는 성공률이 낮다는 것을 말하기 위해 제시한 내용이므로 (c)가 정답입니다.

어휘 exterior 외부, 겉 track ~을 감시하다 crossing 횡단, 가로지름 halt 중단 illegal 불법적인

5. 인기 있는 음악가들이 어떻게 베를린 장벽의 붕괴에 일조했을 것 같은가?

(a) 음악 팬들에게 그것을 허물도록 영감을 주었다.

(b) 그 장벽에 반대하는 여론을 강화시켰다.

(c) 그 나라를 해방시키기 위해 스스로 희생했다.

(d) 그 장벽에 관해 다양한 노래를 작곡했다.

해설 음악가들의 활동이 언급된 여섯 번째 단락에, 여러 유명 인사들이 이 독일의 분단에 반대하는 목소리를 냈다는 사실과 함께, 음악가 데이빗 보위와 브루스 스프링스틴은 동독과 서독에서 콘서트를 열고 장벽이 제거되기를 요청했다고(~ several celebrities spoke out against the division of Germany. Musicians David Bowie and Bruce Springsteen played concerts in East and West Germany, with each calling for the barrier to be removed) 알려져 있습니다. 이는 반대 여론을 형성하기 위한 방법에 해당되므로 (b)가 정답입니다.

어휘 inspire A to do: A에게 ~하도록 영감을 주다 audience 청중, 관객, 시청자 strengthen ~을 강화하다 public sentiment 여론 sacrifice ~을 희생시키다 liberate ~을 해방시키다

6. 해당 단락의 문맥에서, spreading이 의미하는 것은?

(a) 기부하는

(b) 늘리는

(c) 증가시키는

(d) 여는

해설 해당 문장에서 주어로 쓰인 Russia는 패전국의 일부 지역을 맡은 국가들 중의 하나로 앞 문장에 쓰여 있고, 동사 was spreading의 목적어로 정치적 영향력을 의미하는 political influence가 쓰여 있습니다. 따라서 러시아가 그 지역에서 정치적 영향력을 넓히고 있었던 것으로 생각할 수 있는데, 이는 그 영향력을 증가시키는 것과 같으므로 (c) growing이 정답입니다.

7. 해당 단락의 문맥에서, wave가 의미하는 것은?

(a) 곡선

(b) 밀려듦, 급증

(c) 징후, 조짐

(d) 부유물, 뜨는 것

해설 해당 문장에서 a wave of peaceful protests가 장벽 제거의 원인으로 언급되어 있습니다. peaceful protests가 '평화적인 시위'를 의미하므로 여기서 wave는 그러한 시위의 증가 등을 의미하는 단어임을 알 수 있습니다. 따라서 '밀려듦, 급증' 등을 뜻하는 (b) surge가 정답입니다.

카르나크

카르나크는 이집트 룩소르에 위치한 사원이며, 전 세계에서 두 번째로 규모가 큰 종교 건축 부지로 알려져 있다. **8** 이곳은 고대 이집트의 신들에게 바치는 여러 다른 신전과 예배당, 그리고 기념물로 구성되어 있다. 2천 년에 걸쳐 서서히 지어진, 이곳은 250에이커가 넘는 지대에 이르며, 이집트에서 가장 신성한 장소들 중 하나로 여겨지고 있다.

9 카르나크에 지어진 첫 번째 신전은 이집트의 주요 태양신인 '아문'에게 바치는 "아문 신전"이었다. 이 신전의 공사는 '아문'의 탄생지로 여겨지고 있는 고대 도시 테베에 짓는 예배 장소의 하나로서 세누스레트 1세가 명령했다. 이 신전은 61에이커의 토지에 **13** 이르며, 이 사원에서 가장 넓은 구역을 차지하고 있다.

이후 2천 년의 기간에 걸쳐, 아문 신전 주변으로 이집트의 여러 다른 신들에게 바치는 새로운 신전들이 우후죽순처럼 생겨났다. **10** 새로운 통치자가 나타나면, 예배와 종교 의식에 쓰일 다른 **14** 구역들을 제공하기 위해 새로운 신전과 뜰, 그리고 호수들이 지어지면서 이곳은 신전들로 들어찬 사원으로 변모했다.

"카르나크"라는 명칭은 "요새화된 마을"이라는 의미를 지닌 아랍어 '쿠르나크'에서 나왔다. 이 명칭은 아랍인들이 이집트를 침략했을 때 사원 전체를 둘러싼 높은 장벽들로 인해 엘 카르나크 마을을 위한 사원으로 오해하면서 굳어졌다.

11 이집트가 로마 제국의 통치를 받게 되었을 때, 로마의 황제가 카르나크를 포함해 모든 이교도 신전들을 폐쇄했다. 카르나크는 1589년에 재발견될 때까지 폐허 상태로 남아 있었다. 오늘날 카르나크에 남아 있는 것은 여러 신들의 모습을 담은 우뚝 선 조각상들과 이 사원 전역에서 찾아볼 수 있는 상형 문자 조각 무늬들 및 아무렇게나 펼쳐져 있는 벽화들 같은 고대 이집트 건축과 미술 유적이

다. **12** 수백 년 동안, 카르나크는 부지 보존을 위해 주기적이고 세심하게 보수되어 왔다.

오늘날, 카르나크는 그 역사와 건축학적 장엄함을 보여주는 자체 옥외 박물관을 특징으로 하고 있으며, 과거에 파괴되었다가 다시 지어진 건축물들도 포함되어 있다. 카르나크는 1979년에 유네스코 세계문화유산 목록에 오르게 되었으며, 현재 이집트에서 관광객들이 가장 많이 방문하는 장소들 중 하나이다.

어휘 temple complex 사원 located in ~에 위치한 be known as ~로서 알려지다 site 부지, 장소, 현장 religious 종교적인 architecture 건축학, 건축술 consist of ~로 구성되다 temple 신전 chapel 예배당 monument 기념물 devoted[dedicated] to ~에게 바치는, 헌신하는 ancient 고대의 gradually 서서히 over ~ 동안에 걸쳐 cover (범위 등이) ~에 이르다, ~을 포함하다 more than ~가 넘는 be considered A: A로 여겨지다 sacred 신성한 construction 공사, 건축 order ~을 명령하다 worship 예배 be believed to do ~하는 것으로 여겨지다 span ~의 범위에 이르다, 걸쳐있다 occupy ~을 차지하다 spring up 우후죽순처럼 생겨나다 ruler 통치자 provide ~을 제공하다 ritual 의식, 예식 grow into ~로 변모하다, 탈바꿈하다 fortified 요새화된 stick 고정되다, 고착되다 invade ~을 침략하다 mistake ~을 오해하다 surround ~을 둘러싸다 entire 전체의 fall under the government of ~의 통치를 받게 되다 pagan 이교도 including ~을 포함한 in ruins 폐허가 된 rediscover ~을 다시 발견하다 towering 우뚝 솟은 statue 조각상 remains 유적, 유해 hieroglyphic 상형 문자의 carving 조각 무늬 sprawling 아무렇게나 퍼져 있는 mural 벽화 regularly 주기적으로 carefully 세심하게 renovate ~을 보수하다, 개조하다 preserve ~을 보존하다 feature ~을 특징으로 하다, 포함하다 open-air 옥외의, 야외의 showcase ~을 선보이다 grandeur 장엄함 structure 건축물, 구조물 destroy ~을 파괴하다 spot 장소, 자리, 지점

8. 카르나크는 무엇인가?
(a) 전 세계에서 가장 큰 종교적 장소
(b) 이집트에서 가장 큰 기념물이 있는 신전
(c) 전 세계에서 가장 신성한 예배당
(d) 여러 다른 신전들이 모여 있는 곳

해설 첫 단락에 카르나크가 고대 이집트의 신들에게 바치는 여러 다른 신전과 예배당, 그리고 기념물로 구성되어 있다는(It consists of different temples ~) 말이 있으므로 여러 신전들이 모여 있는 곳이라고 말한 (d)가 정답입니다.

어휘 religious 종교적인 site 장소 monument 기념물 sacred 신성한

9. 세누스레트 1세는 왜 아문 신전을 지었을 것 같은가?
(a) 그래야 테베 시민들이 태양신을 알게 될 것이므로
(b) 그래야 아문의 탄생지를 다시 지을 수 있으므로
(c) 그래야 이집트인들이 아문을 숭배할 장소를 가질 수 있으므로
(d) 그래야 가장 인상적인 신전을 지을 수 있으므로

해설 세누스레트 1세가 언급되는 두 번째 단락에, 카르나크에 지어진 첫 번째 신전이 이집트의 주요 태양신인 '아문'에게 바치는 "아문 신전"이라는 말과 함께 이 신전의 공사를 세누스레트 1세가 명령했다고(The first temple to be built in Karnak was the "Temple of Amun" dedicated to the major Egyptian sun god Amun. Its construction was ordered by Senusret I of Egypt ~) 쓰여 있습니다. 따라서 아문 숭배 장소를 만들기 위해 지은 것임을 알 수 있으므로 (c)가 정답입니다.

어휘 aware of ~을 알고 있는 worship ~을 숭배하다 impressive 인상적인

10. 언제 아문 신전 주변으로 새로운 신전들이 지어졌는가?
(a) 새로운 통치자가 왕위에 올랐을 때
(b) 새로운 의식들이 고안되었을 때
(c) 새로운 신들이 대중에게 알려졌을 때
(d) 뜰과 호수들이 보수되었을 때

해설 세 번째 단락을 보면, 새로운 통치자가 나타나면 예배와 종교 의식에 쓰일 다른 구역들을 제공하기 위해 새로운 신전과 뜰, 그리고 호수들이 지어지면서 신전들로 들어찬 사원으로 변모했다고(With every new ruler, new temples, courtyards, and lakes were built ~) 쓰여 있습니다. 즉 새로운 통치자가 왕위에 오르면서 여러 다른 신전들이 계속 생겨났음을 알 수 있으므로 (a)가 정답입니다.

어휘 crown ~을 왕위에 올리다 devise ~을 고안하다 popular 대중에게 알려진, 일반적인

11. 왜 카르나크가 로마 황제에 의해 폐쇄되었을 것 같은가?
(a) 적군들에 의해 침략되었다.
(b) 더 이상 이집트의 공식적인 일부분으로 여겨지지 않았다.
(c) 그 부지가 회복될 수 없을 정도로 파괴되었다.
(d) 그곳에서 숭배되었던 종교가 황제 자신의 것과 달랐다.

해설 로마 황제가 언급되는 다섯 번째 단락에, 이집트가 로마 제국의 통치를 받게 되었을 때 로마의 황제가 카르나크를 포함해 모든 이교도 신전들을 폐쇄했다는(When Egypt fell under the government of the Roman Empire, the Roman emperor closed all pagan temples ~) 말이 있습니다. 이는 서로 종교가 달랐던 것이 신전 폐쇄의 이유였음을 나타내는 말이므로 (d)가 정답입니다.

어휘 hostile 적대적인 military forces 군대 no longer 더 이상 ~ 않다 official 공식적인 irreparably 회복될 수 없을 정도로 religion 종교 different from ~와 다른

12. 기사 내용에 따르면, 카르나크는 어떻게 그렇게 오래 지속되었는가?
(a) 일반인들을 대상으로 폐쇄됨으로써
(b) 주기적인 정비와 수리 작업을 실시함으로써
(c) 보수 작업을 지원하기 위해 공예품을 판매함으로써
(d) 그곳의 역사 박물관에 출입하는 데 요금을 부과함으로써

해설 다섯 번째 단락 마지막에 수백 년 동안 부지 보존을 위해 카르나크가 주기적이고 세심하게 보수되어 왔다는(For hundreds of years, Karnak has been regularly and carefully renovated ~) 말이 쓰여 있으므로 이를 언급한 (b)가 정답입니다.

어휘 last 지속되다 the public 일반인들 regular 주기적인 repair 수리 artifact 공예품, 인공 유물 support ~을 지원하다 charge 요금을 부과하다 access ~에 출입하다, 접근하다

13. 해당 단락의 문맥에서, spans가 의미하는 것은?
(a) 지속하다
(b) 강화하다
(c) 연장하다
(d) 걸쳐있다

해설 해당 문장에서 spans 앞에는 '신전'을 뜻하는 주어 temple이, 뒤에는 공간의 넓이를 나타내는 61 acres of land가 쓰여 있습니다. 따라서 해당 신전의 규모를 의미한다는 것을 알 수 있는데, 이는 61 acres of land의 공간에 걸쳐있다는 말과 같으므로 '걸쳐있다'를 뜻하는 또 다른 동사 (d) covers가 정답입니다.

14. 해당 단락의 문맥에서, areas가 의미하는 것은?
(a) 양
(b) 공간
(c) 크기
(d) 마을

해설 해당 문장에서 areas는 새로운 신전과 뜰, 그리고 호수들이 지어진 목적을 나타내는 to부정사 to provide의 목적어입니다. 따라서 특정 장소로 사용하기 위해 신전과 뜰, 호수들이 만들어졌다는 의미임을 알 수 있으므로 이와 유사한 뜻으로서 '공간'을 나타내는 명사 (b) spaces가 정답입니다.

15-21.

와카치나

와카치나는 페루 남서부 지역의 사막 한가운데에 위치한 작은 마을이다. **15** 이곳은 남미에서 유일한 사막 오아시스가 존재하는 것으로 유명하며, "아메리카의 오아시스"로 알려져 있다.

와카치나는 지구상에서 가장 건조한 곳들 중 하나인 아타카마 사막 한가운데에 생겨난 호수 하나를 둘러싸고 있는 5에이커 규모의 정착지로 구성되어 있다. **16** 이 호수는 지하수를 **20** 함유하고 있는 암석 물체인 지하 대수층에서 자연적으로 흘러나오는 물에 의해 생성되었다. 와카치나는 페루의 이카 주에 위치한 이카 시에서 5킬로미터 떨어진 곳에 있다. 이 마을의 이름은 "울고 있는"을 뜻하는 "와카"와 "젊은 여성"을 뜻하는 "치나"라는 단어에서 나온 것으로 알려져 있다.

민속학에 따르면, 와카치나는 목욕할 준비를 하던 한 원주민 공주가 뒤에서 다가오는 남성 사냥꾼의 모습이 거울에 비친 것을 알아차렸을 때 형성되었다. **17** 겁에 질린, 그녀는 거울을 떨어뜨리고 울면서 도망쳤다. 이 거울의 유리 조각들이 호수가 되었고, 그녀가 남겨둔 옷은 모래로 변했다. 이 공주는 이 호수에서 사는 인어가

된 것으로 전해지고 있다. 이 공주를 기리기 위해 호수 옆에 인어 조각상 하나가 세워졌다.

1940년대까지, 와카치나는 이곳에 치유력이 있다고 믿었던 페루 사람들이 가장 좋아하는 목욕 장소였다. 50년 후, **18** 사업가들이 호수 주변에 푸른 나무를 심고 호텔과 리조트를 세워 이 지역을 개발하기 시작했다. 사람들이 이곳에 **21** 거주하기 시작했고, 와카치나는 약 100명의 페루 사람들에게 집이 되어 주었다.

거대한 야자나무와 높은 모래 언덕으로 둘러싸인, 와카치나는 결국 인기 있는 관광지가 되었다. 방문객들은 호수에 보트를 타러 가거나, 울퉁불퉁한 사막 곳곳에서 모래 언덕용 자동차도 타고, 상당히 큰 모래 언덕을 따라 내려가는 샌드보드도 타러 간다.

페루에서 가장 유명한 명소들 중의 하나이자 문화 유산의 가장 큰 일부가 된, 와카치나의 이미지가 페루의 누에보 솔 지폐에 인쇄되었다. 최근 몇 년 사이에, **19** 와카치나의 수위가 관광객들의 유입으로 인해 상당히 낮아졌다. 현재 수위를 유지하기 위해 인근의 이카 시로부터 물을 끌어와 오아시스에 공급하고 있다.

어휘 in the middle of ~ 한가운데에 be famous for ~로 유명하다 be known as ~로서 알려져 있다 consist of ~로 구성되다 settlement 정착지 surround ~을 둘러싸다 emerge 나타나다, 모습을 드러내다 create ~을 만들어내다 seep from ~에서 흘러나오다 aquifer 대수층(지하수를 품고 있는 지층) body 물체 hold ~을 함유하고 있다, 보유하다 be said to do ~하는 것으로 전해지다, 알려지다 according to ~에 따르면 folklore 민속학 form ~을 형성하다 native 원주민의, 토착의 prepare to do ~할 준비를 하다 reflection 반사(된 모습) approach 다가오다 from behind 뒤에서부터 terrified 겁을 먹은, 무서워하는 run away 도망치다 weep 울다 shard 조각, 파편 mermaid 인어 leave A behind: A를 뒤에 남겨두다 turn into ~로 변하다 statue 조각상 erect ~을 세우다 honor ~을 기리다 favorite 가장 좋아하는 healing 치유하는 business operator 사업가 develop ~을 개발하다 territory 지역, 영토 plant ~을 심다 greenery 푸른 나무, 화초 establish ~을 설립하다 inhabit ~에 거주하다 around 약, 대략 huge 거대한, 엄청난 sand dune 모래 언덕, 사구 eventually 결국, 마침내 destination 여행지, 목적지 dune buggy 모래 언덕용 자동차 bumpy 울퉁불퉁한 down ~ 아래로 sizable (양, 크기 등이) 상당한, 꽤 많은 attraction 명소 heritage 유산 nuevo sol 누에보 솔(페루 화폐 단위) banknote 지폐 recent 최근의 drop 낮아지다, 떨어지다 significantly 상당히, 많이 due to ~로 인해 influx 유입 neighboring 인근의 pump (펌프 등으로) ~을 퍼 올리다, 퍼내다 maintain ~을 유지하다

15. 와카치나는 무엇으로 가장 잘 알려져 있는가?
(a) 대륙 내에서 유일하게 사막 오아시스가 있는 것으로
(b) 페루에서 유일하게 사막이 있는 것으로
(c) 아메리카 전역에서 유일하게 진짜 오아시스가 있는 것으로
(d) 사막에 위치한 유일한 마을이 있는 것으로

해설 첫 단락에 와카치나가 잘 알려진 이유로 남미에서 유일한 사막 오아시스가 존재하는 것으로 유명하다는(It is famous for being the only desert oasis in South America ~) 말

정답 및 해설 **65**

이 쓰여 있으므로 **(a)**가 정답입니다.

어휘   continent 대륙

16. 기사 내용에 따르면, 와카치나 호수는 어떻게 형성되어 있는가?

  (a) 계절적인 강우를 통해
  (b) 지하수가 집중된 것을 통해
  (c) 다른 도시들로부터 물을 끌어들여서
  (d) 우물들로부터 물을 퍼 내서

해설   와카치나 호수가 언급된 두 번째 단락에, 지하수를 함유하고 있는 암석 물체인 지하 대수층에서 자연적으로 흘러나오는 물에 의해 생성되었다고(The lake is created by water seeping naturally from underground aquifers, or bodies of rock that hold groundwater) 쓰여 있으므로 **(b)**가 정답입니다.

어휘   seasonal 계절적인   rainfall 강우(량)   collection 집중, 모여듦   import ~을 끌어들이다, 수입하다

17. 한 전설에서 해당 호수의 유래가 무엇이라고 말하는가?

  (a) 울던 공주가 흘린 많은 눈물
  (b) 한 인어의 잘게 조각난 옷
  (c) 겁먹은 한 여성의 깨진 물건
  (d) 도망치던 한 소녀의 땀

해설   와카치나 호수의 전설을 소개하는 세 번째 단락에, 겁에 질린 원주민 공주가 거울을 떨어뜨리고 울면서 도망쳤고 이 거울의 유리 조각들이 호수가 되었다고(Terrified, she dropped the mirror and ran away weeping. The mirror's glass shards became the lake ~) 쓰여 있으므로 **(c)**가 정답입니다.

어휘   origin 유래, 기원   plentiful 많은, 풍부한   shredded 잘게 조각난   garment 옷, 의복   broken 깨진, 망가진   object 물건, 물체   frightened 겁먹은   flee 도망치다, 달아나다

18. 와카치나가 언제 관광지가 되었는가?

  (a) 지역 주민들이 그 호수에서 목욕하기 시작했을 때
  (b) 그 호수의 지역 주민들을 치유하기 시작했을 때
  (c) 모래 언덕들이 푸른 나무로 대체되었을 때
  (d) 기업가들이 그곳의 시설을 개선하기 시작했을 때

해설   네 번째 단락을 보면, 사업가들이 호수 주변에 푸른 나무를 심고 호텔과 리조트를 세워 그 지역을 개발하기 시작했다고 (~ business operators started developing the territory by planting greenery and establishing hotels and resorts around the water) 쓰여 있고, 다음 단락에 결국 인기 관광지가 되었다는 말이 있으므로 **(d)**가 정답입니다.

어휘   local 지역 주민   be replaced by ~로 대체되다 entrepreneur 기업가   improve ~을 개선하다, 향상시키다 facility 시설(물)

19. 와카치나의 수위가 왜 하락하고 있는 것 같은가?

  (a) 땅속에서 지하수를 끌어올릴 수 없다.
  (b) 사막이 더 뜨거워지고 있다.
  (c) 너무 많은 사람들에 의해 이용되고 있다.
  (d) 인근 마을들이 물을 공유해주지 않고 있다.

해설   마지막 단락을 보면, 와카치나의 수위가 관광객들의 유입으로 인해 상당히 낮아졌다는 말이(~ Huacachina's water level has dropped significantly due to the influx of tourists) 쓰여 있습니다. 따라서 관광객들이 많이 찾아와 이용함으로써 수위가 낮아진 것으로 볼 수 있으므로 이러한 이유를 말한 **(c)**가 정답입니다.

어휘   decline 하락하다, 줄어들다   share ~을 공유하다

20. 해당 단락의 문맥에서, hold가 의미하는 것은?

  (a) 보유하다
  (b) 잡고 있다
  (c) 소유하다
  (d) 통제하다

해설   해당 문장에서 hold가 속한 관계대명사절이 수식하는 선행사가 암석 물체를 의미하는 bodies of rock이고, hold의 목적어로 지하수를 뜻하는 groundwater가 쓰여 있습니다. 따라서 그 암석 물체가 지하수를 품고 있다는 뜻으로 해석할 수 있는데, 이는 지하수를 보유하는 있다는 말과 같은 것으로 볼 수 있으므로 '보유하다'를 뜻하는 **(a)** retain이 정답입니다.

21. 해당 단락의 문맥에서, inhabiting이 의미하는 것은?

  (a) 떠나다
  (b) 짓다
  (c) 차지하다
  (d) 흩뿌리다

해설   해당 문장에서 사람들이 그 지역에 대해 시작한 일을 나타내기 위해 inhabit이 동명사로 쓰여 있고, 바로 뒤에 약 100명의 페루 사람들에게 집이 되어주었다는 내용이 제시되어 있습니다. 따라서 페루 사람들이 그 지역에서 살기 시작했다는 것을 알 수 있는데, 이는 그 지역을 차지했다는 뜻으로도 생각할 수 있으므로 '차지하다'를 뜻하는 occupy의 동명사인 **(c)** occupying이 정답입니다.

PRACTICE

1. (d)　　**2.** (c)

> 고객 서비스부
> 데노보 통신회사
> 퀸즈 로드 541번지
> 로체스터, 뉴햄프셔 주 61189
>
> 관계자분께,
>
> **1** 제 케이블 텔레비전 서비스에 최근 발생된 문제 및 그 이후에 받은 청구서와 관련해서 연락 드립니다. 지난 8월 한 달 동안, 저는 ID 코드가 #3568인 텔레비전 쇼를 주문했지만, 실제로는 #3586인 <자연의 세계>라는 쇼에 대한 이용권을 받았습니다. 주문할 때 저는 분명히 코드를 입력했기 때문에 귀사의 선택 메뉴에 코드가 부정확하게 기재되어 있는 것 같습니다. **2** 3568번 쇼는 제 TV 메뉴 화면에서 여전히 잠금 상태로 되어 있어서 이용할 수 없습니다. 제가 이번 달부터 볼 수 있도록 제가 원했던 그 쇼를 잠금 해제해 주시면 감사하겠습니다.
>
> 안녕히 계세요,
>
> 린다 핀처

1.

정답　　(d)

해설　　'편지에서 핀처 씨가 말하는 문제점'이 질문의 핵심이므로 편지에서 언급되는 부정적인 내용을 찾아야 합니다. 핀처 씨는 편지의 초반부에서 자신이 선택하지 않은 프로그램에 대한 이용권을 받았다(I ordered the television show that has the ID code #3568, but I actually received access to show #3586)는 것을 문제(a recent problem)로 언급하고 있습니다. 따라서 정답은 (d)입니다.

2.

정답　　(c)

해설　　이 편지의 수신자는 데노보 통신사의 담당자이며, 발신자인 핀처 씨는 편지의 후반부에서 3568번 쇼가 여전히 잠금되어 있어 접근할 수 없으므로 잠금을 해제해 달라고 요청하고(Show #3568 still remains locked and inaccessible on my TV menu screen. I'd appreciate if you could unlock the show I wanted ~) 있습니다. 따라서 정답은 (c)입니다.

실전 감잡기

1. (c)	**2.** (d)	**3.** (b)	**4.** (a)	**5.** (d)	**6.** (a)
7. (c)	**8.** (a)	**9.** (c)	**10.** (d)	**11.** (d)	**12.** (d)
13. (a)	**14.** (c)	**15.** (b)	**16.** (d)	**17.** (c)	**18.** (c)
19. (a)	**20.** (b)	**21.** (a)			

1-7.

> 레지 부캐넌 씨
> 관리 책임자, 맬그로브 아파트
> 맬그로브 테라스 81번지
> 뉴올리언스, LA
>
> 부캐넌 씨께,
>
> **1** 저는 이로써 맬그로브 아파트의 뜰에 **6** 줄지어 서 있는 나무들이 손질될 수 있도록 정식 요청서를 제출합니다.
>
> **2** 제 자신을 비롯해 다른 입주자들이 맬그로브 아파트로 이사 왔을 때, 아파트의 많은 세대들이 오후 시간대에 받는 자연광이 어느 정도 그 이유를 차지했습니다. 이 햇빛이 현재 문제가 된 그 나무들로 인해 차단되고 있는 상태입니다. 제가 다른 입주자들과 이 문제를 논의했는데, 그분들도 너무 많이 자란 그 나무들이(지난 3년간 한 번도 자르지 않은) 용납하기 어려울 정도가 되었다고 생각하고 계십니다.
>
> 더욱이, 뒤쪽의 주차장을 이용하는 저희들에게 있어, 이 나무들은 저희가 차량이 있는 곳으로 가려고 할 때 방해가 됩니다. **3** 저희는 낮게 드리워진 가지들 밑으로 몸을 숙여 지나가야 하며, 저희 차량에 흠집이 생기지 않도록 하기 위해 이상한 각도로 주차해야 합니다.
>
> **4** 최근 있었던 세입자 회의에서, 저희가 지불하는 부지 관리 비용의 인상을 공지해 주셨고, 이는 그 뜰과 주변 통행로의 나뭇잎 제거 비용이 일부 이유라고 설명해 주셨습니다. 저희는 절대로 문제가 된 이 나무들을 제거하도록 요청 드리지는 않겠지만, 가지치기 작업에 상당한 노력을 들이면 나뭇잎도 더 적어지고 세입자들을 대상으로 한 비용도 감소될 것입니다.
>
> 마지막으로, 그 나무들 사이에서 어울려 다니는 새들이 야간에 많은 소음을 만들어내고 있습니다. 제 자신은 이 문제를 알아차리지 못했지만, **5** 여러 다른 세입자들께서 저에게 이 문제에 대해 불평하셨습니다. 만일 그 나무들이 그렇게 우거지고 많이 자라나지 않았다면, 아마 그렇게 **7** 모여들 생각을 하는 새들도 더 줄어들 것입니다. 감사 드리며, 곧 답변 주실 수 있기를 고대합니다.
>
> 안녕히 계십시오.
>
> 페니 오닐
>
> 세입자/맬그로브 아파트

어휘　　hereby 이로써, 이에 의해 submit ~을 제출하다 official 정식의, 공식적인 request 요청(서) line 줄지어 있다 trim ~을 손질하다, 다듬다 resident 주민 in part 일부분, 부분적으로 natural light 자연광 unit (건물 등에 입주한) 세대 receive ~을 받다 block ~을 차단하다 in question 문제가 되는 discuss ~을 논의하다 overgrown 지나치게 자란 prune ~을 잘라내다, 가지치기하다 unacceptable 용납할 수 없는 make use of ~을 이용하다 rear 뒤쪽의 obstruct ~을 방해하다 reach ~에 도달하다, 이르다 vehicle 차량 be required to do ~해야 하다 duck 몸을 숙이다 low-hanging 낮게 드리워진, 낮게 매달린 branch 가지 odd 이상한 angle 각도 keep A from -ing: A가 ~하는 것을 막다, ~하지 못하게 하다 get p.p.: ~된 상태가 되다 scratched 흠집이 난 recent 최근의 tenant 세입자 increase in ~의 인상, 증가 grounds 부지, 구내 maintenance 유지 관리, 시설 관리 explain that ~라고 설명하다 due to ~ 때문에, ~로 인해

removal 제거, 없앰 surrounding 주변의 path 통행로, 길 ask A to do: A에게 ~하도록 요청하다 significant 상당한, 중요한 effort 노력 reduced 줄어든, 감소된 hang out 어울려 다니다 make noise 소음을 발생시키다 notice ~을 알아차리다 complain of ~에 대해 불평하다 bushy 우거진 inspired 영향을 받은, 영감을 받은 congregate 모이다 look forward to -ing ~하기를 고대하다

~하게 만들다, ~하도록 초래하다 bend 몸을 숙이다, 구부리다 prevent A from -ing: A가 ~하는 것을 막다, ~하지 못하게 하다 access ~에 접근하다

1. 오닐 씨는 왜 부캐넌 씨에게 편지를 쓰는가?

(a) 해당 건물에서 나무들이 제거되도록 요청하기 위해
(b) 직접 나무들을 손질하도록 허가를 요청하기 위해
(c) 더 많은 뜰 관리 작업이 필요하다고 제안하기 위해
(d) 관리 책임자에게 나무들의 존재를 의식시키기 위해

해설   첫 단락에 맬그로브 아파트의 뜰에 줄지어 서 있는 나무들이 손질될 수 있도록 정식 요청서를 제출한다고(I am hereby submitting an official request for the trees that line the courtyard in the Malgrove Apartments to be trimmed) 알리면서 그 배경 등을 설명하는 것으로 지문이 구성되어 있습니다. 이는 관리 작업의 필요성을 제안하는 것에 해당되므로 (c)가 정답입니다.

어휘   request that ~하도록 요청하다 property 건물, 부동산 permission 허가 oneself (부사처럼 쓰여) 직접, 스스로 suggest that ~하도록 제안하다 alert A to B: A에게 B를 의식하게 만들다 presence 존재

2. 오닐 씨는 아파트와 관련해 처음에 무엇이 매력적이었다고 생각했는가?

(a) 그곳 뜰의 공원 같은 분위기
(b) 자신의 세대가 아침에 받는 햇빛
(c) 크게 자란 나무들에 의해 제공되는 그늘
(d) 자신의 거주 공간에 들어오는 자연광

해설   해당 아파트로 이사하게 된 이유가 언급되는 두 번째 단락에, 자신을 비롯해 다른 입주자들이 맬그로브 아파트로 이사할 때 아파트의 많은 세대들이 오후 시간대에 받는 자연광이 어느 정도 그 이유를 차지했다고(~ it was in part because of the natural light that many of the units received in the afternoon) 알리고 있으므로 (d)가 정답입니다.

어휘   atmosphere 분위기 shade 그늘 provide ~을 제공하다

3. 나무들이 세입자 주차 공간에 어떻게 영향을 미치고 있는가?

(a) 세입자들이 어쩔 수 없이 다른 곳에 주차하게 만듦으로써
(b) 세입자들이 가지 밑에서 몸을 숙이도록 만듦으로써
(c) 세입자들이 차량에 접근하지 못하게 함으로써
(d) 자동차들을 나뭇잎으로 덮음으로써

해설   주차 공간에 미치는 영향이 언급된 세 번째 단락에, 낮게 드리워진 가지들 밑으로 몸을 숙여 지나가야 한다는(We are required to duck under low-hanging branches ~) 말이 쓰여 있으므로 (b)가 정답입니다.

어휘   influence ~에 영향을 미치다 force A to do: A가 어쩔 수 없이 ~하게 만들다 elsewhere 다른 곳에 cause A to do: A가

4. 최근 있었던 세입자 회의에서 무엇이 공지되었는가?

(a) 세입자들이 더 많은 돈을 내야 할 것이라는 사실
(b) 나무들이 결국 손질될 것이라는 사실
(c) 새로운 유지 관리 작업을 고용할 것이라는 사실
(d) 나뭇잎 제거 작업이 곧 시작될 것이라는 사실

해설   세입자 회의가 언급된 네 번째 단락에, 자신들이 지불하는 부지 관리 비용의 인상을 공지해 주었다는(During the recent tenants' meeting you announced an increase in the grounds maintenance fees that we pay ~) 말이 쓰여 있으므로 (a)가 정답입니다.

어휘   hire ~을 고용하다 removal 제거, 없앰 shortly 곧, 머지 않아

5. 오닐 씨는 새들이 내는 소음에 어떻게 영향을 받았는가?

(a) 새들이 충분한 수면을 취하지 못하게 했다.
(b) 새들이 이웃사람들을 떠나게 만들었다.
(c) 자신의 일에 집중할 수 없었다.
(d) 다른 세입자들로부터 불평을 들어왔다.

해설   새들이 만들어내는 소음이 언급된 다섯 번째 단락에, 여러 다른 세입자들이 자신에게 이 문제에 대해 불평했다는(~ several other tenants have complained of it to me) 말이 쓰여 있으므로 (d)가 정답입니다.

어휘   affect ~에 영향을 미치다 keep A from -ing: A가 ~하는 것을 막다, ~하지 못하게 하다 be unable to do ~할 수 없다 focus on ~에 집중하다 be subjected to ~을 받다, 당하다 complaint 불평, 불만

6. 해당 단락의 문맥에서, line이 의미하는 것은?

(a) 경계를 이루다
(b) 제한하다
(c) (끈으로) 묶다, 매달다
(d) 모양을 이루다

해설   해당 문장에서 line은 선행사 trees를 수식하는 that절의 동사이며, '뜰, 마당' 등을 뜻하는 courtyard가 목적어로 쓰여 있습니다. 따라서 해당 나무들이 뜰에 늘어서 있는 것을 나타내기 위해 line이 쓰였음을 알 수 있는데, 이는 일종의 경계를 이루는 것에 해당되므로 (a) border가 정답입니다.

7. 해당 단락의 문맥에서, congregate이 의미하는 것은?

(a) 결집하다
(b) 합병하다
(c) 모이다
(d) 짝짓기 하다

해설   해당 문장에서 to부정사로 쓰인 congregate은 나무들이 많이 자라지 않아서 우거지지 않을 경우에 새들이 하지 않게 되는 행동

을 나타냅니다. 앞선 문장에서 새들이 어울려 다니면서 소음을 만들어낸다고 언급한 내용이 있으므로 congregate이 어울려 다니는 행동, 즉 모여드는 일을 의미한다는 것을 알 수 있습니다. 따라서 '모이다'를 뜻하는 또 다른 동사 (c) meet이 정답입니다.

8-14.

요한 마키
호텔 관리 책임자
존스 호텔
리바트 스트리트 773번지
디트로이트, MI, 48201

마키 씨께,

안녕하세요! **8** 저는 아주 뛰어난 서비스뿐만 아니라 분실한 제 지갑을 돌려주시기 위해 대단히 애써 주신 것에 대해 존스 호텔 직원 여러분께 감사의 인사를 전해 드리고자 합니다.

지난 주에, 저는 디트로이트를 방문했고, **9** 인근에서 개최되는 비즈니스 컨벤션 행사로 인해 3일 동안 존스 호텔에 머물기로 되어 있었습니다. 하지만, **7 10** 세 번째 날에, 저는 긴급한 개인 사정으로 인해 가능한 한 빨리 떠나야 했습니다. 저는 즉시 제 가방을 챙겨 아침 일찍 퇴실했습니다. 저는 호텔 셔틀버스에 탑승한 후 얼마 지나지 않아 공항으로 향해 가던 중에 지갑을 분실한 사실을 알게 되었습니다.

다행히도, 세심하게 많은 도움을 주셨던 안내 담당 직원 제인 데인즈 씨께서 곧바로 저에게 전화를 걸어 제가 머물렀던 객실에서 지갑 하나를 찾았다고 말씀해 주셨습니다. 저는 그분께서 그것이 제 물건임을 **13** 확인할 수 있도록 제 지갑과 내용물에 관해 설명해 드렸습니다. 그분께서 분실된 그 지갑이 제 것임을 확인해 주신 후, 제가 어디로 **14** 가고 있는지 여쭤 보셨습니다. 제가 공항으로 가는 길이었다고 말씀 드리자, 그분께서는 공항 로비에 계속 있으면서 지갑을 전달해줄 호텔 직원을 기다리라고 친절히 요청해 주셨습니다. **11** 친절하고 열정적인 젊은 운반 서비스 담당자 잭 스티븐스 씨가 제 지갑을 갖고 도착해 즐거운 비행이 되라고 인사해 주실 때까지 저는 겨우 5분 밖에 기다리지 않았습니다.

저는 귀 호텔의 직원들께 대단히 감사 드립니다. 저는 분명 이 경험을 절대로 잊지 못할 것입니다. **12** 저는 제 친구와 가족, 그리고 동료직원들에게 진심으로 존스 호텔을 추천해 줄 것입니다. 제가 다음 번에 디트로이트에 가면, 꼭 다시 한번 귀 호텔에 머무르겠습니다.

감사 드리며,

Harold Evans
해럴드 에반스

어휘 extend one's appreciation to ~에게 감사의 인사를 전하다 exceptional 아주 뛰어난, 예외적인 go out of one's way 대단히 애를 쓰다, 엄청난 노력을 하다 be supposed to do ~하기로 되어 있다, ~할 예정이다 take place (일, 행사 등이) 개최되다, 발생되다 vicinity 인근, 근처 emergency 긴급 상황 leave 떠나다, 출발하다 as soon as possible 가능한 한 빨리 immediately 즉시, 곧바로 It was only after A that B: B 한 것은 A한 후였다 board ~에 탑승하다 on one's way to ~로 가는 중에 realize (that) ~임을 알아차리다 missing 분실된, 잃어버린 fortunately 다행히 attentive 세심한, 배려하는

describe ~을 설명하다 contents 내용(물) verify that ~을 확인하다, 입증하다 confirm that ~임을 확인해주다 belong to ~의 것이다, ~에게 속하다 be headed 향하다, 가다 ask A to do: A에게 ~하도록 요청하다 remain (가지 않고) 계속 있다, 남아 있다 enthusiastic 열정적인 porter (호텔 등의) 운반 서비스 담당자 be thankful for ~에 대해 감사하다 forget ~을 잊다 wholeheartedly 진심으로 recommend ~을 추천하다 coworker 동료직원 The next time 주어 동사: 다음 번에 ~할 때 definitely 꼭, 확실히

8. 편지는 모두 무엇에 관한 것인가?
(a) 뛰어난 서비스에 대한 감사의 마음
(b) 분실한 지갑에 관한 문의
(c) 편했던 호텔 경험에 대한 요약
(d) 분실한 소지품에 관한 알림

해설 편지의 목적이 드러나는 첫 단락에, 아주 뛰어난 서비스뿐만 아니라 분실한 지갑을 돌려주기 위해 대단히 애쓴 것에 대해 존스 호텔 직원들에게 감사의 인사를 전한다고(I want to extend my appreciation to the employees of Jones Hotel for their exceptional service ~) 쓰여 있습니다. 따라서 뛰어난 서비스에 대해 감사하기 위해 쓴 편지임을 알 수 있으므로 (a)가 정답입니다.

어휘 appreciation 감사(의 마음) outstanding 뛰어난, 우수한 inquiry about ~에 관한 문의 summary 요약 comfortable 편한, 쾌적한 misplaced 분실한 possessions 소지품

9. 편지 내용에 따르면, 해럴드 에반스 씨는 왜 존스 호텔에 머물렀는가?
(a) 그 지역에서 급한 집안 일을 처리하기 위해
(b) 호텔 관리 책임자와 만남을 갖기 위해
(c) 근처에서 업무를 처리하기 위해
(d) 그 호텔에서 개최되는 컨벤션에 참석하기 위해

해설 해당 호텔을 이용한 이유가 언급되는 두 번째 단락에, 인근에서 개최되는 비즈니스 컨벤션 행사로 인해 3일 동안 존스 호텔에 머물기로 되어 있었다고(~ was supposed to stay at the Jones Hotel for three days for a business convention that took place in the vicinity) 알리고 있습니다. 이는 업무로 인해 해당 호텔에 머물렀다는 뜻이므로 (c)가 정답입니다.

어휘 deal with ~을 처리하다, 다루다 conduct ~을 처리하다, 수행하다 business affairs 업무 nearby 근처에서 attend ~에 참석하다 hold ~을 개최하다

10. 에반스 씨는 왜 지갑을 잃어버렸을 것 같은가?
(a) 계산대에서 서두르고 있었다.
(b) 밤이 늦었기 때문에 명확하게 생각하지 못하고 있었다.
(c) 컨벤션에서 너무 바빠서 그것을 잊고 두고 왔다.
(d) 급하게 자신의 물품을 챙기고 있었다.

해설 지갑을 분실한 사실이 언급되는 두 번째 단락에, 긴급한 개인 사

정으로 인해 가능한 한 빨리 떠나야 했고 즉시 가방을 챙겨 아침 일찍 퇴실했다고(~ I had a personal emergency and had to leave as soon as possible. I immediately packed my bags and checked out early in the morning) 말하면서 지갑을 분실했다고 언급하고 있습니다. 즉 급하게 짐을 챙겨 가느라 지갑을 분실한 것으로 볼 수 있으므로 이를 말한 (d)가 정답입니다.

어휘 in a hurry 서두르는, 급한 so A that B: 너무 A해서 B하다 leave A behind: A를 잊고 두고 오다 rush to do 급하게 ~하다

11. 에반스 씨는 어떻게 자신의 지갑을 되찾을 수 있었는가?

(a) 친구를 보내 호텔에서 가져오도록 함으로써
(b) 호텔에서의 숙박을 연장함으로써
(c) 머물렀던 호텔로 되돌아 감으로써
(d) 호텔 직원으로부터 받음으로써

해설 지갑을 되찾은 과정을 설명한 세 번째 단락에, 친절하고 열정적인 젊은 운반 서비스 담당자 잭 스티븐스 씨가 지갑을 갖고 도착했다고(~ Jack Stevens, a friendly and enthusiastic young porter, arrived with my wallet ~) 쓰여 있으므로 (d)가 정답입니다.

어휘 recover ~을 되찾다 pick A up: A를 가져오다, 가져가다 extend ~을 연장하다 return to ~로 되돌아가다 receive ~을 받다

12. 에반스 씨는 집으로 돌아간 후에 무엇을 할 것 같은가?

(a) 디트로이트로 가는 또 다른 출장 일정을 잡는 일
(b) 존스 호텔로 떠나는 가족 여행을 준비하는 일
(c) 제인 씨와 잭 씨에게 추가로 편지를 보내는 일
(d) 해당 호텔에 관해 알고 있는 것을 사람들에게 말하는 일

해설 마지막 단락에 자신의 친구와 가족, 그리고 동료직원들에게 진심으로 존스 호텔을 추천해 줄 것이라고(I will wholeheartedly recommend Jones Hotel to my friends, family and coworkers) 알리고 있으므로 (d)가 정답입니다.

어휘 schedule ~의 일정을 잡다 organize ~을 준비하다, 조직하다 additional 추가의

13. 이 편지의 문맥에서, verify가 의미하는 것은?

(a) 확인하다
(b) 조언하다
(c) 지지하다
(d) 바로잡다

해설 해당 문장에서 동사 verify가 속한 so절 앞부분을 보면, 자신의 지갑과 내용물을 설명해 주었다는 말이 쓰여 있습니다. 그리고 verify의 목적어로 쓰인 that절은 '그것이 내 물건이다'라는 의미입니다. 따라서 앞뒤 부분의 의미로 보아 자신의 물건임을 확인해주기 위해 지갑과 내용물을 설명해주었다는 뜻임을 알 수 있으므로 '확인하다'를 뜻하는 또 다른 동사 (a) check이 정답입니다.

14. 이 편지의 문맥에서, headed가 의미하는 것은?

(a) 안내 받은
(b) 이끌어진
(c) 가는
(d) 움직이는

해설 headed 바로 뒤에 이어지는 문장을 보면, 공항으로 가는 길이라고 말했다는 내용이 쓰여 있습니다. 따라서 asked의 목적어로서 질문 내용에 해당되는 where I was headed는 '어디로 향해 가는지'라는 의미임을 알 수 있으므로 '가다'를 뜻하는 또 다른 동사 go의 현재분사인 (c) going이 정답입니다.

15-21.

수신: **마리아 로페즈**
제목: **판타지아 뮤직 페스티벌**

마리아 씨께,

이 이메일은 저희 아코디아 온라인 뮤직이 디지털 음악 재생 서비스 업계에서의 10주년을 기념할 예정이라는 사실을 알려 드리기 위한 것입니다.

15 이 역사적인 해를 기념하기 위해, 저희가 사상 처음으로 개최하는 음악 페스티벌의 VIP 구역에서 함께 하실 수 있도록 가장 충실한 저희 고객들 몇 분을 초대하고자 합니다. 이 행사는 6월 23일에 애리조나에 위치한 투싼 아레나에서 개최될 것이며, 당일 오후 4시에 시작됩니다. 나인 마일즈 웨스트와 루징 그립, 조니 메이슨 등을 비롯한 국내에서 가장 뛰어난 몇몇 음악가들을 보시게 될 것으로 기대하실 수 있습니다.

VIP 구역의 관람객으로서, 귀하께서는 앞줄 좌석 및 **20** 무제한 음료 서비스를 즐기실 수 있게 될 것입니다. 또한 **16** 콘서트 후에 무대 뒤쪽 공간을 방문해 음악가들도 만나 보실 수 있을 것입니다.

17 첫날부터 저희 아코디아의 회원이 되어 주신 것에 대해 마리아 씨께 감사 드립니다. 저희는 귀하의 성원에 얼마나 감사 드리는지 보여 드리기 위해 이 특별 서비스를 제공해 드립니다. VIP 입장권에 대해 요금이 부과되지 않으며, 이 이메일에 답장하셔서 콘서트 좌석을 예약하시기만 하면 됩니다. 추가 보너스로, 이번 행사에 참석하기를 원하시는 모든 친구 또는 가족 분들을 위해 할인된 입장권도 제공해 드릴 수 있습니다. **18** 이 입장권들은 좌석 위치에 따라 30~40퍼센트 할인된 가격으로 귀하의 온라인 계정을 통해 구입하실 수 있습니다.

마지막으로 말씀 드리지만 마찬가지로 중요한 것으로, **19** 가장 충실한 저희 서비스 가입자들 중 한 분께 조니 메이슨 씨와 무대에서 듀엣으로 노래를 부르실 수 있는 기회를 드리는 특별 추첨 행사도 개최합니다. 이 추첨 행사에 참여하기를 원하실 경우, 저희 웹 사이트에 로그인하셔서 추첨 행사 참여 양식을 작성하시기만 하면 되며, 이는 "판촉 행사" 탭을 통해 **21** 접속하실 수 있습니다.

어떤 질문이든 있으시면, 이 메시지에 답장하시거나, 348-6693번으로 저에게 직접 연락 주시기 바랍니다.

안녕히 계십시오.

로버트 키스

부장
대외 홍보부
아코디아 온라인 뮤직

어휘 inform A that: A에게 ~라고 알리다 celebrate ~을 기념하다, 축하하다 streaming 재생 milestone 중요한 사건, 단계 invite ~을 초대하다 loyal customer 충실한 고객, 단골 고객 join ~와 함께 하다, ~에 참석하다 first-ever 사상 처음의 hold ~을 개최하다 kick off 시작되다 expect to do ~할 것으로 기대하다, 예상하다 outstanding 뛰어난, 우수한 be able to do ~할 수 있다 front-row 앞줄의 unlimited 무제한의 beverage 음료 since ~ 이후로 extend (서비스, 초대장 등) ~을 제공하다, 보내다 offer ⑲ 제공(되는 것) ⑧ ~을 제공하다 appreciate ~에 대해 감사하다 support 성원, 지지 charge 부과 요금, 청구 요금 reply to ~에 답장하다 reserve ~을 예약하다 spot 자리 added 추가된 attend ~에 참석하다 purchase ~을 구입하다 account 계정, 계좌 depending on ~에 따라, ~에 달려 있는 location 위치 Last but not least 마지막으로 말씀 드리지만 마찬가지로 중요한 것으로 raffle 추첨 subscriber 서비스 가입자, 구독자 would like to do ~하고 싶다, ~하고자 하다 enter ~에 참여하다 fill out ~을 작성하다 form 양식 access ~을 이용하다, ~에 접근하다 promotion 판촉 행사, 홍보 contact ~에게 연락하다 personally 직접, 개인적으로

15. 이메일의 목적은 무엇인가?
(a) 마리아 씨에게 온라인 재생 서비스를 제공하는 것
(b) 고객에게 음악 페스티벌에 관해 알리는 것
(c) 신규 서비스의 출시를 알리는 것
(d) 한 예술가에게 페스티벌에서 공연하도록 요청하는 것

해설 두 번째 단락을 보면, 10주년을 기념하기 위해 이 업체에서 사상 처음으로 개최하는 음악 페스티벌의 VIP 구역에서 함께 할 수 있도록 가장 충실한 고객 몇 명을 초대한다고(~ we are inviting some of our most loyal customers to join the VIP section at our first-ever music festival) 쓰여 있습니다. 따라서 고객에게 음악 페스티벌에 관해 알리는 것이 목적임을 알 수 있으므로 (b)가 정답입니다.

어휘 patron 고객, 손님 launch 출시, 공개 invite A to do: A에게 ~하도록 요청하다 perform 공연하다, 연주하다

16. 마리아 씨는 VIP 구역에 앉는 것으로부터 어떻게 혜택을 볼 수도 있는가?
(a) 무대에서 나인 마일즈 웨스트와 함께 함으로써
(b) 할인된 가격에 음료를 마심으로써
(c) VIP 전용 공연을 즐김으로써
(d) 행사 후에 다양한 예술가들과 만남으로써

해설 VIP 구역에서 행사를 즐기는 것의 혜택 중 하나가 언급된 세 번째 단락을 보면, 콘서트 후에 무대 뒤쪽 공간을 방문해 음악가들도 만나 볼 수 있다고(You would also be able to visit the backstage area after the concert and meet the musicians) 쓰여 있으므로 이를 언급한 (d)가 정답입니다.

어휘 benefit from ~로부터 혜택을 보다, 이득을 얻다 consume ~을 마시다, 먹다, 소비하다 at a reduced rate 할인된 가격에 various 다양한

17. 왜 마리아 씨가 이 특혜에 대해 선정되었는가?
(a) 해당 웹사이트에서 가장 많은 노래들을 다운로드했다.
(b) 해당 재생 서비스의 실제 이용자이다.
(c) 오랫동안 계속 회원이었다.
(d) 아코디아에 가입한 첫 번째 사람이었다.

해설 감사의 인사를 전하는 네 번째 단락을 보면, 첫날부터 아코디아의 회원이 된 것에 대해 감사한다는 말과 함께 성원에 얼마나 감사하는지 보여 주기 위해 특별 서비스를 제공한다고(Thanks, Maria, for being a member of Accordia since day one. We're extending this special offer to show how much we appreciate your support) 쓰여 있습니다. 그리고 첫 단락에 10주년을 기념하는 행사라고(~ will be celebrating its 10th year ~) 했으므로 10년 동안 회원이었음을 알 수 있습니다. 따라서 이러한 사실을 언급한 (c)가 정답입니다.

어휘 select ~을 선정하다 active 실제의, 활동 중인

18. 마리아의 가족과 친구들은 어떻게 할인된 가격에 입장권을 구할 수 있는가?
(a) 덜 매력적인 좌석 위치를 선택함으로써
(b) 장기 회원이 됨으로써
(c) 마리아의 계정을 이용해 주문함으로써
(d) 자신들의 아코디아 계정에 로그인함으로써

해설 가족 및 친구들을 위한 할인 입장권 구입 방법이 언급되는 네 번째 단락에, 좌석 위치에 따라 30~40퍼센트 할인된 가격으로 마리아 씨의 온라인 계정을 통해 구입할 수 있다고(These tickets can be purchased through your online account at 30-40% off ~) 쓰여 있으므로 (c)가 정답입니다.

어휘 at a discounted price 할인된 가격에 choose ~을 선택하다 desirable 매력적인, 호감이 가는

19. 누가 특별 추첨 행사에 참여할 수 있을 것 같은가?
(a) 8년 동안 계속 서비스 가입자인 사람
(b) 해당 서비스에 대해 다섯 개의 계정을 갖고 있는 사람
(c) 해당 서비스를 일년 동안 매일 이용해 온 사람
(d) 최소한 10장의 입장권을 구매할 계획이 있는 사람

해설 특별 추첨 행사가 언급되는 다섯 번째 단락에, 가장 충실한 서비스 가입자들 중 한 명에게 조니 메이슨 씨와 무대에서 듀엣으로 노래를 부를 수 있는 기회를 주는 특별 추첨 행사도 개최한다고(~ we are holding a special raffle to give one of our most loyal subscribers a chance to sing a duet on stage with Johnny Mason) 쓰여 있습니다. 그런데 앞선 단락들을 보면, 10년 동안 회원인 마리아 씨와 같은 고객을 충실한 고객으로 여겨 VIP로 행사에 초대하고 있으므로 오랫동안 회원 자격을 유지한 사람이 특별 추첨 행사 참여 대상임을 알 수 있습니다. 따라서 이에 해당되는 선택지인 (a)가 정답입니다.

어휘 have plans to do ~할 계획이 있다 at least 최소한, 적어도

20. 해당 단락의 문맥에서 unlimited가 의미하는 것은?

(a) 총 ~의
(b) 끝없는
(c) 방대한
(d) 무료의

해설 unlimited는 '제한된'을 뜻하는 limited와 반대되는 단어로서 '무제한의'라는 의미를 나타냅니다. 따라서 이와 유사한 의미로 '끝없는'을 뜻하는 (b) endless가 정답입니다.

21. 해당 단락의 문맥에서 <u>access</u>가 의미하는 것은?
(a) 도달하다
(b) 발전하다
(c) 다가가다
(d) 일치하다

해설 해당 문장에서 동사 access가 포함된 which절은 바로 앞에 언급된 추첨 행사 참여 양식(raffle form)을 수식합니다. 그리고 access와 관련된 방법으로 '판촉 행사 탭을 통해(through the promotions tab)'라는 말이 쓰여 있습니다. 따라서 웹사이트에 로그인한 후 판촉 행사 탭을 눌러 그 양식에 접속할 수 있다는 말인데, 이는 그 양식에 도달하는 것과 같으므로 '도달하다'를 뜻하는 (a) reach가 정답입니다.

시원스쿨 지텔프 65+ 청취

DAY 16 질문의 키워드 듣고 메모하기

PRACTICE

1. y, ⓙ, 결정, 배워, 스페인어
2. en, 스페인어 수업, 시작
3. t, ⓙ, 준비, bf/, 첫 수업
4. B/, 대화, h, 학생들, get, 수업 자료, 무료로
5. A/, ⓚ, t, 가장 어려운 부분, 스페인어
6. t, ⓙ, 추론, do, af/, 대화

1. Why did James decide to learn Spanish?
정답 y, ⓙ, 결정, 배워, 스페인어
해석 제임스가 스페인어를 배우기로 결정했던 이유는 무엇인가?

2. When does the Spanish class start?
정답 en, 스페인어 수업, 시작
해석 스페인어 수업은 언제 시작하는가?

3. What should James prepare before the first class?
정답 t, ⓙ, 준비, bf/, 첫 수업
해석 제임스가 첫 수업 전에 준비해야 하는 것은 무엇인가?

4. Based on the conversation, how can students get class materials for free?
정답 B/, 대화, h, 학생들, get, 수업 자료, 무료로
해석 대화에 따르면, 학생들은 어떻게 수업 자료를 무료로 얻을 수 있는가?

5. According to Karen, what is the most difficult part in learning Spanish?
정답 A/, ⓚ, t, 가장 어려운 부분, 스페인어
해석 캐런에 따르면, 스페인어를 배울 때 가장 어려운 부분은 무엇인가?

6. What will James most likely do after the conversation?

해석   제임스는 대화 후에 무엇을 할 것 같은가?

실전 감잡기

1. (d)   **2.** (b)   **3.** (c)   **4.** (b)   **5.** (d)   **6.** (c)

PART 1 1-3.

> F: I'd like to find a job that fits better with my interests and abilities.
>
> M: Well, what did you dream about being when you were a child?
>
> F: I actually wanted to be a pilot when I was young.
>
> M: That's a great dream! Why don't you get your pilot's license?
>
> F: As I grew up, **1** I learned that pilots need to have very good eyesight to do their jobs. But I've worn glasses since I was a teenager, so I doubt I would meet that requirement.
>
> M: Hmm. What would you say you're looking for in a job?
>
> F: Something that requires me to engage with people would be great.
>
> M: Sure. Have you ever thought about becoming a tour guide, like the ones who show people around the city's historical sites?
>
> F: That sounds like fun! It would allow me to talk with tourists every day, but there's just one problem.
>
> M: And what's that, Miranda?
>
> F: **2** I'm not very interested in history. It was my weakest subject in school!
>
> M: Ha-ha, maybe that's not the best match for you then.
>
> F: Maybe not. How did you decide to pursue a career as an interior designer, Jacob?
>
> M: Well, I'd always loved art and design. I also had a good eye for color, so it seemed like the natural choice for me.
>
> F: I wish my decision was that easy.
>
> M: **3** I wanted to do something I loved, instead of prioritizing money or job security. I thought that if I first found a job I enjoyed, the money and security would naturally come along later.
>
> F: That makes sense.

여: 난 내 관심사와 능력에 더 잘 어울리는 일을 찾아보고 싶어.

남: 음, 어렸을 때 무엇이 되고 싶은 꿈을 꿨어?

여: 난 사실 어렸을 때 조종사가 되고 싶었어.

남: 정말 멋진 꿈이네! 그럼 조종사 면허증을 따는 건 어때?

여: 내가 자라면서, **1** 조종사들은 일을 하는 데 아주 뛰어난 시력을 지니고 있어야 한다는 걸 알았어. 하지만 난 십대였을 때부터 계속 안경을 써왔기 때문에, 그 요건을 충족할 것 같지 않아.

남: 흠. 넌 일을 하면서 뭘 찾으려고 하는 것 같아?

여: 나에게 다른 사람들과 관계를 맺도록 요구하는 것이면 아주 좋을 거야.

남: 그래. 사람들에게 도시의 유적지들을 둘러보게 해주는 일을 하는 여행 가이드 같은 사람이 되는 것에 대해서 생각해본 적은 있어?

여: 재미있을 것 같아! 매일 관광객들과 이야기할 수 있게 해주기는 하겠지만, 한 가지 문제점이 있어.

남: 그게 뭔데, 미란다?

여: **2** 내가 역사에 그렇게 관심이 많지 않다는 거야. 학교 다닐 때 가장 잘하지 못하는 과목이었거든!

남: 하하, 아마 그럼 너에게 가장 잘 어울리는 일은 아니겠다.

여: 아마 아닐 거야. 넌 어떻게 인테리어 디자이너로서 경력을 추구하기로 결정한 거야, 제이콥?

남: 음, 난 항상 미술과 디자인을 아주 좋아했어. 색상에 대한 안목도 있었기 때문에, 나에겐 자연스러운 선택이었던 것 같아.

여: 내 결정도 그렇게 쉬운 것이었으면 좋겠다.

남: **3** 난 내가 아주 좋아하는 걸 하고 싶었어, 돈이나 직업 안정성을 우선시하는 것 대신에 말이야. 내가 즐거워할 수 있는 일을 먼저 찾는다면, 돈과 안정성은 나중에 자연스레 뒤따를 거라고 생각했어.

여: 이해가 되네.

어휘   fit 동 잘 어울리다, 적합하다, 명 잘 어울리는 것, 적합한 것 interest 관심(사) ability 능력 license 면허증 grow up 자라다 eyesight 시력 doubt (that) ~할 것 같지 않다, ~라는 점에 의구심을 갖다 meet ~을 충족하다 requirement (자격) 요건 engage with ~와 관계를 맺다, 어울리다 historical site 유적지 allow A to do: A에게 ~할 수 있게 해주다 be interested in ~에 관심이 있다 subject 과목 match 어울리는 것 decide to do ~하기로 결정하다 pursue ~을 추구하다 have a good eye for ~에 대해 좋은 안목을 지니다 it seems like ~인 것 같다 instead of ~ 대신, ~가 아니라 prioritize ~을 우선시하다 security 안정(성) come along 뒤따르다, 생겨나다 make sense 이해가 되다, 앞뒤가 맞다

1. What does Miranda say would prevent her from becoming a pilot?

(a) not having money for the license fee
(b) being afraid of flying
(c) not meeting the age requirement
(d) having imperfect vision

미란다는 무엇이 자신을 조종사가 되지 못하게 할 것이라고 말하는가?

(a) 면허증 취득 비용에 필요한 돈이 없는 것
(b) 비행을 두려워하는 것
(c) 연령 요건을 충족하지 못하는 것
(d) 불완전한 시력을 지니고 있는 것

해설 조종사와 관련된 정보가 제시되는 초반부에, 여자가 조종사들은 일을 하는 데 아주 뛰어난 시력을 지니고 있어야 한다는 말과 함께 자신은 계속 안경을 써왔기 때문에 그 요건을 충족하지 못할 것이라고(I learned that pilots need to have very good eyesight to do their jobs. But I've worn glasses since I was a teenager, so I doubt I would meet that requirement) 알리고 있습니다. 이는 시력이 좋지 못한 뜻이므로 (d)가 정답입니다.

어휘 prevent A from -ing: A가 ~하지 못하게 하다, A가 ~하는 것을 막다 fee 요금, 수수료 be afraid of ~을 두려워하다 imperfect 불완전한 vision 시력

2. Why most likely would being a tour guide not be a good match for Miranda?

(a) because she is bad at talking to people
(b) because she is not good at history
(c) because she is terrible with directions
(d) because she is not familiar with the city

투어 가이드가 되는 것이 왜 미란다에게 어울리지 않는 일일 것 같은가?

(a) 사람들과 이야기하는 것이 서투르기 때문에
(b) 역사를 잘하지 못하기 때문에
(c) 길 안내가 형편 없기 때문에
(d) 도시를 잘 알지 못하기 때문에

해설 투어 가이드가 되는 것에 대한 문제점이 언급되는 중반부에 여자가 역사에 그렇게 관심이 많지 않고, 학교 다닐 때 가장 잘하지 못하는 과목이었다고(I'm not very interested in history. It was my weakest subject in school!) 말하고 있으므로 (b)가 정답입니다.

어휘 be bad at ~에 서투르다, 잘하지 못하다 be terrible with ~가 형편 없다, ~을 끔찍하게 못하다 directions 길 안내, 방향 be familiar with ~을 잘 알다, ~에 익숙하다

3. What was Jacob's main priority in choosing his career?

(a) taking the easiest option
(b) earning a large salary
(c) finding a job that brings happiness
(d) finding a job that makes him feel secure

경력을 선택하는 데 있어 무엇이 제이콥의 최우선 사항이었는가?

(a) 가장 쉬운 선택권을 택하는 것
(b) 많은 연봉을 받는 것

(c) 행복감을 줄 수 있는 일을 찾는 것
(d) 안정적으로 느끼도록 해주는 일을 찾는 것

해설 남자가 자신이 원했던 것을 말하는 후반부에, 돈이나 직업 안정성을 우선시하는 것 대신에 자신이 아주 좋아하는 걸 하고 싶었다는 말과 함께, 자신이 즐거워할 수 있는 일을 먼저 찾는다면 돈과 안정성은 나중에 자연스레 뒤따를 거라고 생각했다고(I wanted to do something I loved, instead of prioritizing money or job security. I thought that if I first found a job I enjoyed, the money and security would naturally come along later) 알리고 있습니다. 이는 행복감을 줄 수 있는 일을 원했다는 뜻이므로 (c)가 정답입니다.

어휘 priority 우선 사항 earn (돈 등) ~을 벌다, 얻다 make A 형용사: A를 ~하게 만들다 secure 안정적인

PART 2 **4-6.**

F: Hello, everyone! I'm here from Financier Money Management to tell you how signing up with our financial management service, FinMax, can change your life!

There's nothing more stressful than not having the funds to make your necessary payments every month. **4** Finding yourself regularly out of pocket can be a symptom of poor budgeting. Situations like these can lead to the buildup of stress, which contributes to health problems while also putting unnecessary strain on relationships. **4** Our FinMax service will help you arrange your budget and make sure your bills are paid on time. With FinMax in your corner, you can breathe easy.

First of all, FinMax helps you keep up with bills and repayments. **5** Paying your bills on time—and reducing your overall debt—will help you establish a glowing credit score, which means lower interest rates on things like house and car loans. In this way, our service not only helps with the payment of your bills, but also helps you save more money further down the line.

Speaking of savings, with FinMax you will find yourself building up savings at a pace like never before. More money in the bank means more financial security, so you won't get caught out when emergencies arise. **6** The next time your car breaks down, or you're required to take an unexpected trip, you'll be able to simply withdraw a portion of your savings to deal with the sudden expense.

여: 안녕하세요, 여러분! 저는 저희 재무 관리 서비스인 FinMax에 가입하는 것이 어떻게 여러분의 삶을 변화시킬 수 있는지를 말씀 드리기 위해 이 자리에 선 Financier Money Management 소속 직원입니다!

매달 필수적인 비용을 지불할 자금이 부족한 것보다 더 스트레스 받는 일은 없을 것입니다. **4** 주기적으로 자금이 없는 자신의 모습을 보는 것은 좋지 못한 예산 관리의 징후일 수 있습니다. 이러한 상황들은 스트레스 가중으로 이어질 수 있으며, 건강 문제의 원인이 됨과 동시에 인간 관계에 있어 불필요한 부담을 주기도 합니다. **4** 저희 FinMax 서비스는 여러분의 예산을 조정하고 반드시 제때 고지서 요금을 지불하시도록 도움을 드릴 것입니다. FinMax를 여러분의 편에 두시면, 한숨 돌리실 수 있습니다.

가장 먼저, FinMax는 고지서 비용 및 상환금을 맞춰 지불하시는 데 도움을 드립니다. **5** 제때 고지서 비용을 지불하는 일과 전반적인 부채를 줄이는 일은 아주 뛰어난 신용 점수를 확보하는 데 도움이 될 것이며, 이는 주택 및 자동차 대출과 같은 것들에 대한 더 낮은 이자율을 의미합니다. 이렇게 함으로써, 저희 서비스는 여러분의 고지서 비용 지불에 도움을 드릴 뿐만 아니라 더욱 철저하게 더 많은 돈을 저축하시도록 도움을 드립니다.

저축에 관해 말씀 드린 김에, 저희 FinMax와 함께 하시면, 전에 없던 속도로 예금이 쌓여가는 것을 보시게 될 것입니다. 은행에 더 많은 돈이 있다는 것은 더 나은 재무 안정성을 의미하므로, 긴급 상황이 발생될 때 곤란을 겪지 않으시게 될 것입니다. **6** 다음 번에 여러분의 자동차가 고장 나거나, 아니면 예기치 못한 여행을 떠나셔야 할 때, 그저 예금액의 일부를 인출해 갑작스러운 비용 지출에 대처하실 수 있게 될 것입니다.

어휘 sign up (for) (~에) 가입하다, 등록하다 stressful 스트레스를 받는 fund 자금, 돈 make a payment 지불하다 necessary 필요한, 필수의 find A 형용사: A가 ~하다는 것을 알다, A가 ~하다고 생각하다 regularly 주기적으로 out of pocket 자금이 없는, 돈에 쪼들리는 symptom 징후, 증상 poor 형편 없는, 좋지 못한 budgeting 예산 관리 lead to ~로 이어지다 buildup 가중, 형성, 축적, 증강 contribute to ~에 대한 원인이다 put strain on ~에 부담을 주다 relationship 관계 help A do: A가 ~하는 것을 돕다 arrange ~을 조정하다, 마련하다 make sure (that) 반드시 ~하도록 하다, ~하는 것을 확실히 하다 bill 고지서, 청구서 on time 제때 in one's corner ~의 편에 있는 breathe easy 한숨 돌리다, 안심하다 keep up with ~에 발맞춰가다, ~을 따라잡다 repayment 상환(금) reduce ~을 줄여주다, 감소시키다 overall 전반적인 debt 부채, 빚 establish ~을 확고히 하다, 확립하다 glowing 아주 좋은 credit score 신용 점수 interest rates 이자율 loan 대출 in this way 이러한 방법으로, 이런 식으로 not only A but also B: A뿐만 아니라 B도 down the line 철저하게 savings 예금(액) at a pace like never before 전에 없던 속도로 financial 재무의, 재정의 security 안정(성) get caught out 곤란을 겪다 emergency 긴급 상황 arise 발생되다 break down 고장 나다 be required to do ~해야 하다 unexpected 예기치 못한 be able to do ~할 수 있다 withdraw ~을 인출하다 portion 부분, 일부 deal with ~에 대처하다, ~을 처리하다 sudden 갑작스러운 expense (비용)

지출

4. What is the talk mainly about?

(a) how to overcome debt problems

(b) how to get help setting up a budget

(c) how to discover what makes one happy

(d) how to make a lot of money

담화는 주로 무엇에 관한 것인가?

(a) 부채 문제를 극복하는 방법

(b) 예산을 마련하는 데 있어 도움을 받는 방법

(c) 사람을 행복하게 만드는 것을 발견하는 방법

(d) 많은 돈을 버는 방법

해설 담화의 목적이 드러나는 초반부에, 주기적으로 자금이 부족한 자신의 모습을 보는 것은 좋지 못한 예산 관리의 징후일 수 있다는 (Finding yourself regularly out of pocket can be a symptom of poor budgeting) 말과 함께, FinMax가 예산을 조정하고 반드시 제때 고지서 요금을 지불하도록 도움을 줄 것이라고(Our FinMax service will help you arrange your budget and make sure your bills are paid on time) 알리고 있습니다. 이는 예산 마련에 대해 도움을 받는 일에 해당되므로 (b)가 정답입니다.

어휘 how to do ~하는 방법 overcome ~을 극복하다 set up ~을 마련하다, 설정하다 discover ~을 발견하다 make A 형용사: A를 ~하게 만들다 make money 돈을 벌다

5. Based on the talk, what can one do to get a good credit score?

(a) open a savings account

(b) buy a house at a lower rate

(c) take out a high-interest loan

(d) pay bills in a timely manner

담화에 따르면, 좋은 신용 점수를 얻기 위해 무엇을 할 수 있는가?

(a) 저축 계좌를 개설하는 일

(b) 더 싼 값에 주택을 구입하는 일

(c) 이자율이 높은 대출을 받는 일

(d) 때에 맞춰 고지서 비용을 지불하는 일

해설 좋은 신용 점수를 얻는 방법이 언급되는 지문 중반부에, 제때 고지서 비용을 지불하는 일과 전반적인 부채를 줄이는 일은 아주 뛰어난 신용 점수를 확보하는 데 도움이 된다고(Paying your bills on time—and reducing your overall debt—will help you establish a glowing credit score ~) 알리고 있습니다. 따라서 이 둘 중 하나를 언급한 (d)가 정답입니다.

어휘 account 계좌, 계정 at a lower rate 더 싼 값에 take out (서비스 등) ~을 받다 in a timely manner 때에 맞춰

6. When most likely would someone need to take out a part of his or her savings?

(a) when the prices start getting higher

(b) when receiving unexpected wealth

(c) when an unforeseen event occurs

(d) when signing up for FinMax

사람들은 언제 자신의 예금액 일부를 인출해야 할 것 같은가?

(a) 물가가 더 높아지기 시작할 때

(b) 예기치 못한 재산을 받을 때

(c) 뜻밖의 일이 발생될 때

(d) FinMax에 등록할 때

해설 예금액 일부를 인출하는 일이 언급된 후반부에, 다음 번에 자동차가 고장 나거나, 예기치 못한 여행을 떠나야 할 때, 그저 예금액의 일부를 인출해 갑작스러운 비용 지출에 대처할 수 있게 될 것이라고(The next time your car breaks down, or you're required to take an unexpected trip, you'll be able to simply withdraw a portion of your savings to deal with the sudden expense) 알리고 있습니다. 이는 뜻밖의 일이 발생되는 때를 의미하는 것이므로 (c)가 정답입니다.

어휘 take out A of B: B에서 A를 꺼내다 receive ~을 받다 wealth 재산, 부 unforeseen 뜻밖의 occur 발생되다

DAY 17 지문 듣고 정답 찾기

PRACTICE

1. (d)   **2.** (c)   **3.** (a)   **4.** (c)   **5.** (c)   **6.** (d)

PART 3 1-3.

여: 1 우리 도시가 매년 더욱 더 많은 관광객을 끌어 모으고 있다고 쓰여 있는 기사를 아까 읽었어요.

남: 당연하죠! 2 우리 도시에는 구경할 만한 명소와 역사적 건물들이 정말 많이 있어요.

여: 맞아요. 그리고 시의회가 여행 웹사이트들마다 적극적으로 광고하기 시작했죠.

남: 사람들이 이용할 수 있는 것이 역사적인 장소들 뿐만이 아니에요. 도시가 흥미진진하고 현대적인 곳이 되었죠.

여: 사실이에요. 끊임없이 더 좋게 변하고 있어요.

남: 해안가 지역이 다음 차례라고 들었어요.

여: 3 네, 부두 옆에 큰 호텔을 지을 계획이 있어요.

남: 그리고 카지노도요! 모든 작업이 끝나면 정말 붐비는 곳이 될 게 분명해요.

1. What is the conversation all about?

(a) a new advertising strategy

(b) a proposal by the city council

(c) an article about a historical site

(d) an increase in local tourism

대화는 모두 무엇에 관한 것인가?

(a) 새로운 광고 전략

(b) 시의회가 내놓은 제안

(c) 역사적 장소에 관한 기사

(d) 지역 관광 산업의 증대

해설 대화의 주제를 묻는 문제입니다. 여자가 대화를 시작하면서 'our town is attracting more and more tourists each year'라는 말로 관광객이 늘어나고 있음을 알리고 있고 뒤이어 그에 대한 이유와 앞으로의 계획 등에 관해 이야기를 나누고 있으므로 (d)가 정답입니다.

2. Based on the conversation, what might be the reason why the town becomes popular?

(a) because it is not modernized yet

(b) because it was built by a historical figure

(c) because it is enjoyable for tourists to visit

(d) because it has big hotels and casinos

대화에 따르면, 그 도시가 인기가 많아지는 이유는 무엇인가?

(a) 아직 현대화가 되지 않았기 때문에

(b) 역사적인 인물에 의해 세워졌기 때문에

(c) 관광객들이 방문하여 즐길 수 있는 곳이기 때문에

(d) 큰 호텔과 카지노를 가지고 있기 때문에

해설 여자가 기사에서 도시가 점점 더 많은 관광객을 끌어 모으고 있다(our town is attracting more and more tourists each year)고 언급하였습니다. 이 말은 곧 도시가 인기가 많아진다는 의미이므로 질문에서 언급된 'the town becomes popular'와 동일한 의미입니다. 이에 대해 남자가 'We have so many attractions and historical buildings to see'라고 말하며 구경할 만한 명소와 역사적 건물들이 많다고 언급하여 점점 더 많은 관광객을 끌어 모으는 이유에 대해 간접적으로 언급하였습니다. 따라서 이러한 내용과 일맥상통하는 (c) because it is enjoyable for tourists to visit가 정답입니다. 큰 호텔과 카지노가 대화 후반부에 언급되기는 하였지만 그것들을 건설할 계획이 있다고 언급하였으므로 이미 여러 큰 호텔과 여러 카지노가 있다는 내용인 (d)는 오답입니다.

3. According to the conversation, how most likely will the waterfront area change?

(a) It will undergo development.

(b) It will contain a passenger terminal.

(c) It will be introduced on travel Web sites.

(d) It will become an affordable place to live.

대화에 따르면, 해안가 지역은 어떻게 변화할 것 같은가?

(a) 개발이 이뤄질 것이다.

(b) 여객 터미널을 가지게 될 것이다.

(c) 여행 웹사이트에 소개될 것이다.

(d) 거주하기에 알맞은 장소가 될 것이다.

해설 질문의 키워드인 the waterfront area는 대화 후반부에 남자가 'I heard that the waterfront area is next'라고 말한 부분에서 언급됩니다. 이에 대해 여자가 'there are plans to build a big hotel down by the docks'라고 하여 부두 옆에 큰 호텔을 짓는 계획이 있다고 말한 것으로 미루어 보아 이 해안가 지역(the waterfront area)이 개발될 것이라는 것을 추론할 수 있습니다. 따라서 (a)가 정답입니다.

PART 2 4-6.

여: 안녕하세요, 여러분! 제 이름은 애나 디킨스이며, 이번 젊은 기업가 컨퍼런스에서 여러분 모두에게 돈을 현명하게 사용하는 방법에 관해 강연하게 되어 기쁩니다. 오늘 강연이 진행되는 동안 제가 다룰 모든 요점들은 **5** 여러분께서 강당을 떠나실 때 받게 될 안내 책자에도 모두 포함되어 있습니다. **4** 저는 여러분께서 돈을 아끼실 수 있는 방법과 회사의 잠재적인 수입을 극대화하는 방법에 관해 이야기할 것입니다. 기업가로서, 그리고 사업주로서, 여러분께서는 불필요한 지출을 초래할 수 있는 성급한 사업적 결정을 내리지 말아야 합니다. 다음 번에 여러분께서 사무실을 개조하거나 컴퓨터 및 장비 개선을 고려하실 때, 또는 매장 공간을 현대화하는 것에 관해 고려하실 때는 멈추십시오. 곰곰히 생각해 보세요. **6** 그것이 여러분의 회사에 좋은 투자인지 아닌지 스스로에게 물어보세요.

4. What is the talk mainly about?

(a) how to set up a budget
(b) how to manage assets wisely
(c) how to use the full potential of a company
(d) how to raise surplus funds for a company

강연은 주로 무엇에 관한 것인가?

(a) 예산을 수립하는 방법
(b) 자산을 현명하게 관리하는 방법
(c) 회사의 잠재력을 최대한 활용하는 방법
(d) 회사를 위해 잉여 자금을 인상시키는 방법

해설 주제에 대해 묻는 문제입니다. 주제를 언급할 때 사용되는 표현인 'I'm going to discuss~ '에서 주제가 언급되는 것을 알 수 있습니다. 그 부분에서 돈을 아끼고 회사의 잠재적인 수입을 극대화하는 방법들(ways you can save money and maximize the earning potential of your company)을 이야기할 것이라고 언급하였기 때문에 '회사의 잠재력을 최대한 활용하는 방법'이라고 한 (c) how to use the full potential of a company가 정답입니다.

5. What will the listeners receive after the talk?

(a) A magazine
(b) A product sample
(c) A pamphlet
(d) A conference schedule

청자들은 강연 후에 무엇을 받는가?

(a) 잡지
(b) 상품 견본
(c) 소책자

(d) 회의 일정

해설 질문에서 언급된 '강연 후에 받는 것'(receive after the talk)이 키워드이며, 담화 초반부에 'you will be given as you leave the auditorium'이 이 키워드와 연결되는 내용입니다. 그 전에 'the information pamphlet'이 언급되어 강연 후에 받게 되는 것이 바로 팜플렛이라는 것을 알 수 있으므로 정답은 (c)입니다.

6. According to the speaker, what most likely should business owners do when considering renovating their offices?

(a) make a decision quickly
(b) stop investing in the company
(c) save as much money as possible
(d) determine how it will affect the company first

강연자에 따르면, 사업주들이 사무실을 개조하는 것을 고려할 때 해야 할 것은 무엇일 것 같은가?

(a) 빠르게 결정을 내려야 한다
(b) 회사에 투자하는 것을 멈춰야 한다
(c) 가능한 많은 돈을 저축해야 한다
(d) 그것이 회사에 어떻게 영향을 미칠지 알아내야 한다

해설 질문의 키워드인 business owners와 considering renovating their offices는 강연 중후반에 As entrepreneurs and business owners와 The next time you're considering renovating your offices에서 언급되어 있습니다. 그 다음 문장에서 강연자는 곰곰히 생각하라(Think it over)고 하며, 회사에 좋은 투자인지 아닌지 스스로에게 물어보라(Ask yourself whether or not it is a good investment for your company)라고 하여 회사에 어떻게 영향을 미칠지 생각해보라는 내용을 언급했습니다. 이에 해당하는 내용은 보기 중에 (d)이므로 정답은 (d) determine how it will affect the company first입니다.

실전 감잡기

1. (a)	2. (b)	3. (a)	4. (b)	5. (b)	6. (b)
7. (d)	8. (c)	9. (b)	10. (c)	11. (d)	12. (b)
13. (a)					

F: Hi, Tom, thanks for agreeing to meet me.

M: No problem, Jacinda. You had something you wanted to discuss?

F: That's right. I'm facing a difficult decision. **1** My daughter wants to start learning to play the piano, but she isn't sure if she wants to join the class at her school. I played the piano for years, so I am considering teaching her myself, but I don't know if this is a good idea.

M: I see. Shall we start by weighing the pros and cons of both options?

F: Sounds good. Well first, the class times could be more flexible if I taught my daughter myself. We would be free to hold classes when it suits us best.

M: That's a good point. In addition, **2** when you teach your child yourself, you have complete control over the lesson plans. You can cater to your child's strengths and weaknesses and make sure you're not going too fast for her.

F: Right. I also think that I'll be able to teach my daughter well because I can customize the lessons based on what I know about her as a person.

M: That's a good point. However, there are many upsides to sending your daughter to piano classes at school, too. One advantage is that she'll be surrounded by other children who are also learning to play the piano.

F: It's definitely true that children can motivate each other to do better.

M: Right. **3** When she sees other students doing well in the class, it could encourage her to work harder.

F: In addition, the instructors at her school have more experience and more educational materials, so their teaching ability could be a lot better than mine.

M: I'm sure you're a great teacher, Jacinda. But the music instructors might have access to resources like textbooks that would make teaching easier.

F: **6** One of the downsides of teaching my daughter at home is that she might not take the lessons seriously. She's reached an age where she sometimes has a bad attitude when I tell her to do something she doesn't want to do.

M: It could be frustrating if she doesn't listen to you. I think that could be stressful for you both.

F: That's very true, Tom. I also worry that, **4** while we're practicing at our house, we might disturb our other family members. Learning the piano can be quite noisy.

M: That's certainly concerning. So are there downsides to sending your daughter to learn piano at school?

F: A few. **5** I worry that the classes might have too many students. In that case, each student would have fewer opportunities to play and practice during each class meeting.

M: In addition, when there are a lot of students in the class, the teacher might not have time to give individual students the attention they need to learn.

F: That's true. My daughter also tells me that some of the instruments at her school are old and worn out. She might not be learning with the best equipment if she takes lessons at school.

M: Right. Well, Jacinda, I hope our conversation has given you some clarity on the issue.

F: It has, Tom. I want my daughter to have the best education possible, and **6** that will only happen if she takes the lessons seriously.

여: 안녕, 톰, 만나는 데 동의해줘서 고마워.

남: 천만에, 재신다. 뭔가 논의하고 싶었던 게 있었던 거야?

여: 맞아. 내가 어려운 결정에 직면해 있어. **1** 내 딸이 피아노 연주하는 법을 배우기 시작하고 싶어하는데, 딸이 학원 수업에 참석하기를 원하는지 확신하지 못하고 있어. 내가 수년 동안 피아노를 쳤기 때문에 직접 가르치는 걸 고려하고 있기는 하지만, 이게 좋은 생각인지 잘 모르겠어.

남: 알겠어. 두 가지 선택권 모두에 대한 장단점을 따져보는 것으로 얘기를 시작해볼까?

여: 좋은 것 같아. 음, 첫째로, 내가 직접 딸을 가르친다면 수업 시간이 좀 더 유연해질 수 있어. 우리에게 가장 적합할 때 자유롭게 수업을 진행할 수 있을 거야.

남: 좋은 지적이야. 게다가, **2** 아이를 직접 가르칠 때, 수업 계획을 온전히 조절할 수 있어. 네 딸의 강점과 약점을 충족시키고 딸을 위해 너무 빨리 진행하지 않도록 확실히 할 수 있지.

여: 맞아. 그리고 한 사람으로서 딸에 관해 알고 있는 것을 바탕으로 수업을 맞춤 진행할 수 있기 때문에 더 잘 가르칠 수 있을 거라는 생각도 들어.

남: 좋은 지적이야. 하지만, 딸을 학원 피아노 수업에 보내는 것에 대한 긍정적인 측면도 많아. 한 가지 이점은 마찬가지로 피아노 연주하는 법을 배우는 다른 아이들에게 둘러싸이게 된다는 거야.

여: 아이들이 서로 동기 부여를 해서 더 잘할 수 있다는 건 확실히 사실이야.

남: 그렇지. **3** 수업 중에 다른 학생들이 잘 하는 것을 보게 되면, 더 열심히 하도록 부추길 수 있으니까.

여: 게다가, 학원 선생님들이 경험도 더 많고 교육용 자료도 더 많이 갖고 있기 때문에, 가르치는 능력이 나보다 훨씬 더 나을 수 있어.

남: 분명 너도 좋은 선생님일 거야, 재신다. 하지만 음악 선생님들은 가르치는 일을 더 쉽게 만들어줄 수 있는 교재 같은 자료들을 접할 수 있을 거야.

여: **6** 집에서 딸을 가르치는 것의 한 가지 부정적인 측면은 수업을 진지하게 여기지 않을 수도 있다는 거야. 딸이 원하지 않는 무언가를 하도록 내가 말하면 때때로 좋지 못한 태도를 보이는 나이에 이르렀거든.

남: 딸이 네 말을 듣지 않는다면 좌절감이 생길 수도 있겠다. 내 생각에 그건 두 사람 모두에게 스트레스가 될 수 있을 것 같아.

여: 정말 그런 것 같아, 톰. 내가 또 걱정하는 건, **4** 우리 집에서 연습할 때, 우리 가족의 다른 사람에게 방해가 될 수도 있다는 점이야. 피아노를 배우는 일은 꽤 시끄러울 수 있거든.

남: 그건 확실히 우려되는 일이야. 그럼 네 딸을 학원으로 보내서 피아노를 배우게 하는 데 있어서 부정적인 측면들이 있는 것 같아?

여: 조금. **5** 수업 중에 너무 많은 학생들이 있을 수도 있어서 걱정이야. 그럴 경우에, 각 학생이 각 수업 시간에 연주하고 연습할 기회가 더 적어지질 수 있잖아.

남: 더욱이, 수업 중에 학생들이 많을 때, 그들이 배워야 하는 것과 관련해 선생님이 개별 학생들에게 관심을 기울일 시간이 없을 수도 있어.

여: 맞아. 내 딸이 학원에 있는 일부 악기들이 오래되고 낡았다는 얘기도 나에게 해. 딸이 학원에서 수업을 들으면 최상의 장비로 배우지 못할 수도 있어.

남: 맞아. 그럼, 재신다, 우리 대화가 이 문제와 관련해 너에게 뭔가 명확성을 제시해주었기를 바라.

여: 그렇게 되었어, 톰. 난 내 딸이 가능한 한 가장 뛰어난 교육을 받기를 원하는데, **6** 그건 오직 내 딸이 수업을 진지하게 여길 때만 가능하게 될 거야.

어휘   agree to do ~하는 데 동의하다 discuss ~을 논의하다, 이야기하다 face ~에 직면하다 decision 결정 learn to do ~하는 법을 배우다 join ~에 참가하다, 함께 하다 consider -ing ~하는 것을 고려하다 oneself (부사처럼 쓰여) 직접, 스스로 weigh ~을 따져보다, 가늠하다 pros and cons 장단점 flexible 유연한, 탄력적인 be free to do 자유롭게 ~하다 suit ~에게 적합하다, 어울리다 in addition 게다가, 더욱이 complete 온전한, 전적인 control over ~에 대한, 통제, 제어 cater to ~을 충족하다 strength 강점 weakness 약점 make sure (that) 확실히 ~하도록 하다 be able to do ~할 수 있다 customize ~을 맞춤 제공하다 based on ~을 바탕으로 upside 긍정적인 측면(↔ downside) advantage 이점 be surrounded by ~에 의해 둘러싸이다 motivate ~에게 동기를 부여해주다 see A -ing: A가 ~하는 것을 보다 encourage A to do: A에게 ~하도록 부추기다, 장려하

다 material 자료, 재료, 물품 ability 능력 have access to ~을 이용할 수 있다, ~에 접근할 수 있다 resource 자료, 자원 take A seriously: A를 진지하게 여기다 reach ~에 이르다, 다다르다 attitude 태도 frustrating 좌절감을 주는 worry that ~임을 걱정하다 practice 연습하다 disturb ~을 방해하다 quite 꽤, 상당히 concerning 우려하게 만드는 opportunity 기회 individual 개별적인 attention 관심, 주의 instrument 악기 worn out 낡아빠진, 닳은 equipment 장비 clarity 명확성 issue 문제, 사안

1. What does Jacinda want to discuss with Tom?
(a) **how her daughter should learn to play the piano**
(b) which instrument her daughter should play
(c) how to best teach her daughter at home
(d) which piano school her daughter should enroll in

재신다는 톰과 무엇을 논의하고 싶어하는가?
(a) **자신의 딸이 어떻게 피아노 연주하는 법을 배워야 하는지**
(b) 자신의 딸이 어느 악기를 연주해야 하는지
(c) 자신의 딸을 집에서 가장 잘 가르치는 방법
(d) 자신의 딸이 어느 피아노 학원에 등록해야 하는지

해설   대화 초반부에 여자가 딸이 피아노 연주하는 법을 배우기 시작하고 싶어하는데 딸이 학원 수업에 참석하기를 원하는지 확신하지 못하고 있다는 말과 함께, 자신이 직접 가르치는 걸 고려하고 있지만 좋은 생각인지 잘 모르겠다고(My daughter wants to start learning to play the piano, but she isn't sure if she wants to join the class at her school. ~ I am considering teaching her myself, but I don't know if this is a good idea) 알리고 있습니다. 즉 어떻게 피아노 연주법을 배워야 하는지에 대해 이야기하고 싶어하는 것이므로 (a) 가 정답입니다.

어휘   how to do ~하는 방법 enroll in ~에 등록하다

2. Why would having control over the lessons be good for Jacinda?
(a) She can cover more material quickly.
(b) **She can personalize the lesson plans.**
(c) She can spend less time on teaching.
(d) She can get to know her daughter better.

수업을 통제하는 것이 왜 재신다에게 좋을 수 있는가?
(a) 더 많은 내용을 빠르게 다룰 수 있다.
(b) **수업 계획을 개인화할 수 있다.**
(c) 가르치는 데 시간을 덜 소비할 수 있다.
(d) 자신의 딸을 더 잘 알게 될 수 있다.

해설   대화 초반부에 남자가 아이를 직접 가르칠 때 수업 계획을 온전히 조절할 수 있다고(when you teach your child yourself, you have complete control over the lesson plans) 언급하고 있습니다. 이는 수업 계획을 개인에게 맞춰 통제할 수

있다는 뜻이므로 **(b)**가 정답입니다.

cover (주제 등) ~을 다루다, 포함하다 material 내용
personalize ~을 개인화하다, 개인에게 맞추다 get to do ~
하게 되다

3. How can Jacinda's daughter benefit from taking piano lessons at school?

(a) by being motivated by her classmates
(b) by meeting friends with more experience
(c) by learning from the best teachers
(d) by studying with the latest textbooks

재신다의 딸은 학원 수업을 듣는 것으로부터 어떻게 혜택을
볼 수 있는가?

(a) 반 친구들에 의해 동기가 부여됨으로써
(b) 경험이 더 많은 친구들을 만남으로써
(c) 최고의 선생님들로부터 배움으로써
(d) 최신 교재들로 공부함으로써

해설 학원을 다니는 것의 장점이 언급되는 중반부에, 남자가 수업 중에 다른 학생들이 잘 하는 것을 보게 되면 더 열심히 하도록 부추길 수 있다고(When she sees other students doing well in the class, it could encourage her to work harder) 말하고 있습니다. 이는 다른 친구들에 의해 동기 부여가 되는 상황을 말하는 것이므로 **(a)**가 정답입니다.

어휘 benefit from ~로부터 혜택을 보다, 이득을 얻다 latest 최신의

4. According to Jacinda, why would holding piano lessons at home cause problems for her family?

(a) because the family is under a lot of stress
(b) because the piano can be loud
(c) because a piano is expensive
(d) because the family needs to stay quiet

재신다에 따르면, 집에서 피아노 수업을 진행하는 것이 왜 가족에게 문제를 야기할 것인가?

(a) 가족이 많은 스트레스를 받게 되기 때문에
(b) 피아노가 시끄러울 수 있기 때문에
(c) 피아노가 비싸기 때문에
(d) 가족이 조용한 상태로 있어야 하기 때문에

해설 가족에게 초래되는 문제점이 언급되는 후반부에, 여자가 가족의 다른 사람들에게 방해가 될 수도 있다는 말과 함께, 그 이유로 피아노를 배우는 일이 꽤 시끄러울 수 있다고(while we're practicing at our house, we might disturb our other family members. Learning the piano can be quite noisy) 말하고 있습니다. 따라서 이러한 문제점을 언급한 **(b)**가 정답입니다.

어휘 cause ~을 야기하다, 초래하다 under a lot of stress 스트레스를 많이 받는 stay 형용사: ~한 상태로 유지되다

5. What most likely happens when there are many students taking the same piano class?

(a) The students pay more attention to the teacher.
(b) The students have fewer chances to practice.
(c) The instruments get worn out more easily.
(d) The teacher can demonstrate using the best equipment.

같은 피아노 수업을 듣는 학생들이 많을 경우에 무슨 일이 있을 것 같은가?

(a) 학생들이 선생님에게 더 많은 주의를 기울인다.
(b) 학생들이 연습할 기회가 더 적어진다.
(c) 악기들이 더 쉽게 닳게 된다.
(d) 선생님이 최고의 장비를 활용해 시범 보일 수 있다.

해설 같이 수업을 듣는 학생들이 많을 경우에 대해 말하는 후반부에, 여자가 너무 많은 학생들이 있으면 각 학생이 각 수업 시간 중에 연주하고 연습할 기회가 더 적어질 수 있다고(I worry that the classes might have too many students. In that case, each student would have fewer opportunities to play and practice ~) 알리고 있습니다. 따라서 이러한 문제점을 언급한 **(b)**가 정답입니다.

어휘 pay attention to ~에 주의를 기울이다, 관심을 보이다 demonstrate 시범 보이다, 시연하다

6. Based on the conversation, what has Jacinda probably decided to do?

(a) learn to become a better teacher
(b) let her daughter go to music classes
(c) teach her daughter at home
(d) spend more time with Tom

대화에 따르면, 재신다는 무엇을 하기로 결정한 것 같은가?

(a) 더 나은 선생님이 되는 방법을 배우는 일
(b) 자신의 딸을 음악 수업에 가게 해주는 일
(c) 자신의 딸을 집에서 가르치는 일
(d) 톰과 더 많은 시간을 보내는 일

해설 대화 중반부에 여자가 집에서 딸을 가르치는 것의 한 가지 부정적인 측면이 수업을 진지하게 여기지 않을 수도 있다는 점이라고(One of the downsides of teaching my daughter at home is that she might not take the lessons seriously) 언급했고, 대화 마지막 부분에 딸이 수업을 진지하게 여길 때만(~ that will only happen if she takes the lessons seriously) 좋은 교육이 가능하다고 말하고 있습니다. 이는 딸을 학원에 보내는 것이 수업을 진지하게 여길 수 있는 방법임을 나타내는 말이므로 **(b)**가 정답입니다.

어휘 decide to do ~하기로 결정하다 let A do: A에게 ~하게 해주다

F: In this modern technological age, **7** **your online presence is so important when you are seeking employment. Most employers will look at candidates' social media profiles to find out more about them before offering a job.** Your online presence is especially important if you hope to work in a field that requires creativity, communication skills, or the ability to represent your company in public. So today, **7** **I'll tell you how to establish an online presence that will have people lining up to meet you!**

First, our writing shows people who we are, so **8** **the writing you post online should be positive and constructive.** If you make regular posts complaining about your job or coworkers, companies will not want to hire you. Even if you've had a bad day, make sure that your online posts remain pleasant. Prospective employers will see that your outlook is positive, and **8** **assume that you are a good person to work with.** They also will trust you as someone who can protect the company's image and reputation.

The second important thing to remember is to always keep the information in your profiles up to date. Certain social media accounts act as a kind of online résumé, so **9** **hiring managers may be suspicious if there are gaps in your education or work history.** An employer won't be very impressed by a social media profile that hasn't been updated for several years.

Third, nothing tells a story better than a picture! It's important that you personally approve every photo of yourself that gets posted online. **10** On public profiles that hiring managers are likely to find, avoid posting photos of yourself engaging in behavior that could be seen as inappropriate. Also, don't upload controversial or overly political images that could be offensive to potential employers. Your photos should present you as a social, friendly presence with a well-balanced life.

Fourth, whenever possible, try to highlight your expertise. **11** **If you just finished college and are looking for your first job, show off any club activities you were involved in that might be related to your desired job.** If you are already working and looking to change positions, find a way to feature any relevant projects you worked on in the past. It doesn't hurt if you post thoughtful writing about your experiences or upload a photo showing you in action.

Fifth, remember that other people on social media might share the same name as you. There is nothing more frustrating for an employer than being uncertain if a profile belongs to their candidate. If you have a common name, **12** **include specific information about yourself and a clear, recent photo in your profile so that there is no doubt about your identity.**

Lastly, **13** **familiarize yourself with the privacy settings on all of your social media accounts.** You need to decide which content on your profiles should be open to the public and which information should be hidden from view. If possible, you may want to disable comments on your posts, as you can't always control what other people write online.

Well, that's about all we have for today. Remember that by managing your online presence, you help shape the way employers see you. With a few strategic tweaks here and there, you'll become the sort of candidate they can't resist bringing in for an interview.

여: 오늘날과 같은 현대적인 기술 시대에, **7** 온라인상의 존재는 일자리를 찾을 때 매우 중요합니다. 대부분의 고용주들이 일자리를 제안하기에 앞서 지원자들에 관해 더 많은 것을 알아보기 위해 소셜 미디어 프로필을 봅니다. 온라인상의 존재는 창의성과 의사 소통 능력, 또는 공개적으로 회사를 대표할 수 있는 능력을 필요로 하는 분야에서 일하기를 바랄 경우에 특히 중요합니다. 따라서 오늘, **7** 사람들이 여러분을 만나기 위해 줄을 서게 할 정도로 온라인상의 존재감을 확립하는 방법을 말씀 드리고자 합니다!

첫째로, 우리가 쓰는 글은 사람들에게 우리가 누구인지 보여주는 것이기 때문에, **8** 여러분이 온라인상에서 게시하는 글은 긍정적이고 건설적이어야 합니다. 여러분이 직장이나 동료직원에 관해 불평하는 게시물을 주기적으로 올린다면, 회사들은 여러분을 고용하고 싶어하지 않을 겁니다. 설사 여러분이 좋지 못한 하루를 보냈다고 하더라도, 여러분의 온라인 게시물은 반드시 기분 좋은 것으로 남아 있어야 합니다. 잠재 고용주들이 여러분의 관점을 긍정적인 것으로 여겨, **8** 함께 일하기 좋은 사람이라고 생각할 것입니다. 그들은 또한 회사의 이미지와 평판을 보호해줄 수 있는 사람으로서 여러분을 신뢰하게 될 것입니다.

두 번째로 기억해야 할 중요한 사항은 여러분 프로필상의 정보를 항상 최신의 것으로 유지해야 한다는 점입니다. 특정 소셜 미디어 계정은 일종의 온라인 이력서와 같은 역할을 하기 때문에, **9** 여러분의 학력과 경력에 있어 차이가 존재한다면 고용 관리 책임자들이 못미더워할 수 있습니다. 고용주는 몇 년 동안 업데이트되지 않은 소셜 미디어 프로필에 대해 그렇게 깊은 인상을 받지 못할 것입니다.

세 번째로, 사진보다 더 잘 이야기를 전달해줄 수 있는 것은 없습니다! 온라인상에 게시되는 여러분 자신의 모든 사진을 개인적으로 승인하는 일은 중요합니다. **10** 고용 관리 책임자들이 찾아낼 가능성이 있는 공적인 프로필상에, 부적절한 것으로 여겨질 수 있는 행동을 포함한 사진들을 게시하는 것을 피하십시오. 또한, 논란의 여지가 있거나 지나치게 정치적이어서 잠재 고용주들에게 불쾌할 수 있는 이미지들도 업로드하지 마십시오. 여러분의 사진은 균형이 잘 잡힌 삶이 보이는 사교적이고 친근한 존재로서 여러분을 나타내야 합니다.

네 번째로, 가급적이면, 여러분의 전문 분야를 강조하도록 하십시오. **11** 막 대학교를 졸업해서 첫 직장을 찾는 중이시라면, 원하시는 일자리와 관련될 수 있는 것으로서 자신이 참가했던 모든 동아리 활동들을 자랑하십시오. 이미 일을 하고 계시거나 일자리를 변경하기를 바라시는 분이라면, 과거에 작업했던 모든 관련 프로젝트들을 특징적으로 보여줄 방법을 찾아보십시오. 여러분의 경험과 관련된 사려 깊은 글을 게시하시거나 활동 중인 모습을 보여주는 사진을 업로드하는 것은 아무 문제가 되지 않습니다.

다섯 번째로, 소셜 미디어상의 다른 사람들이 여러분과 같은 이름으로 되어 있을 수도 있다는 점을 기억하십시오. 고용주에게 있어 프로필이 어떤 지원자에게 속하는 것인지 불확실해지는 경우보다 더 좌절감이 생기는 일은 없습니다. 흔한 이름을 갖고 계신 분이라면, **12** 여러분 자신과 관련된 구체적인 정보와 함께 최근에 찍은 선명한 사진을 프로필에 포함해 두셔야 여러분의 신분과 관련된 의구심이 생기지 않을 것입니다.

마지막으로, **13** 여러분의 모든 소셜 미디어 계정에 대한 개인 정보 보호 설정 기능에 익숙해지도록 하십시오. 여러분은 프로필상의 어떤 내용이 일반인에게 공개되어야 하고 어떤 정보가 보여지지 않도록 숨겨져야 하는지 결정해야 합니다. 가능하면, 여러분의 게시물에 대한 의견 작성을 비활성화하시는 것이 좋을 수 있는데, 다른 사람들이 온라인상에서 작성하는 것을 항상 통제할 수 없기 때문입니다.

자, 여기까지가 오늘 준비한 모든 내용입니다. 여러분이 온라인상의 존재를 관리함으로써 고용주들이 여러분을 보는 방식에 도움을 줄 수 있다는 점을 명심하십시오. 곳곳에 몇 가지 전략적 변경을 가함으로써, 여러분은 뭐랄까 고용주들이 면접을 위해 불러들일 수 밖에 없는 지원자가 되실 수 있을 것입니다.

어휘   presence 존재(감)   seek employment 일자리를 찾다   candidate 지원자, 후보자   find out more about ~에 관해 더 많은 것을 알아보다   offer ~을 제안하다, 제공하다   especially 특히   field 분야   require ~을 필요로 하다   creativity 창의성   communication skills 의사 소통 능력   ability to do ~할 수 있는 능력   represent ~을 대표하다   in public 공개적으로, 공적으로   establish ~을 확립하다, 확고히 하다   have A -ing: A에게 ~하게 하다   positive 긍정적인   constructive 건설적인   make a post 게시하다   regular 주기적인   complain about ~에 대해 불평하다   coworker 동료 직원   hire ~을 고용하다   make sure that ~임을 확실히 하다,

반드시 ~하도록 하다   remain 형용사: ~인 상태로 남아 있다, 계속 ~한 상태이다   prospective 잠재적인, 장래의   outlook 관점   assume that ~라고 생각하다, 여기다   protect ~을 보호하다   reputation 평판, 명성   keep A up to date: A를 최신의 것으로 유지하다   certain 특정한, 일정한   account 계정   act as ~의 역할을 하다   resume 이력서   suspicious 못미더워하는, 의심스러워하는   gap 차이, 격차   be impressed by ~에 깊은 인상을 받다   approve ~을 승인하다, 찬성하다   be likely to do ~할 가능성이 있다   avoid -ing ~하는 것을 피하다   engage in ~을 포함하다, ~와 관련되다   behavior 행동   be seen as ~한 것으로 여겨지다   inappropriate 부적절한   controversial 논란이 많은   overly 지나치게   political 정치적인   offensive 불쾌한, 모욕적인   potential 잠재적인   present ~을 나타내다, 대표하다   well-balanced 균형이 잘 잡힌   whenever possible 가급적이면   highlight ~을 강조하다   expertise 전문 지식, 전문 기술   show off ~을 자랑하다, 과시하다   be involved in ~에 참여하다, 관여하다   be related to ~와 관련되다   desired 원하는   look to do ~하기를 바라다, ~할 예정이다   feature ~을 특징으로 하다, 포함하다   relevant 관련된   It doesn't hurt if ~해도 아무 문제 없다   thoughtful 사려 깊은   in action 활동 중인   share ~을 공유하다   frustrating 좌절감을 주는   uncertain 불확실한   belong to ~에 속하다   include ~을 포함하다   specific 구체적인   recent 최근의   so that (목적) ~할 수 있도록   identify 신분   familiarize oneself with ~에 익숙해지다   privacy 개인 정보   setting (기능 등의) 설정, 환경   decide ~을 결정하다   content 내용(물)   the public 일반인들   be hidden from view 보이지 않도록 숨겨지다   disable ~을 비활성화하다   comment 의견   control ~을 통제하다, 제어하다   help do ~하는 데 도움이 되다   shape ~을 형성하다   strategic 전략적인   tweak 변경, 수정   here and there 곳곳에, 여기저기   sort of 일종의   can't resist -ing ~할 수 밖에 없다   bring in ~을 불러들이다, 데려오다

7.   What is the topic of the talk?

(a) ways of finding job candidates online
(b) how to create a social media account
(c) secrets to gaining more friends online
(d) tips on social media for job seekers

담화의 주제는 무엇인가?

(a) 온라인상에서 구직 지원자를 찾는 방법
(b) 소셜 미디어 계정을 만드는 방법
(c) 온라인상에서 더 많은 친구들을 사귀는 비결
(d) 구직 지원자들을 위한 소셜 미디어 관련 팁

해설   담화를 시작하면서 온라인상의 존재가 일자리를 찾을 때 매우 중요하다는 말과 함께(~ your online presence is so important when you are seeking employment) 고용주들이 지원자의 소셜 미디어 프로필을 본다고(Most employers will look at candidates' social media profiles ~) 알린 후, 온라인상의 존재감을 확립하는 방법을 말해주겠다고(I'll tell you how to establish an online presence ~) 언급하고 있습니다. 이는 구직 지원자들을 위해 소셜 미디어와 관련된 팁을 제공하겠다는 뜻이므로 (d)가 정답입니다.

어휘 how to do ~하는 법 create ~을 만들다 secrets to ~에 대한 비결 gain ~을 얻다 job seeker 구직 지원자

8. What probably is the result of posting writing online that is constructive?

(a) Companies will hire you without an interview.
(b) Your coworkers will stop complaining about you.
(c) Companies will think you are a good employee.
(d) You will gain a more positive outlook.

무엇이 온라인상에서 건설적인 글을 게시하는 일에 따른 결과일 것 같은가?

(a) 회사가 면접 없이 고용할 것이다.
(b) 동료직원들이 작성자에 관해 불평하는 일을 멈출 것이다.
(c) 회사가 작성자를 좋은 직원이라고 생각할 것이다.
(d) 더욱 긍정적인 관점을 얻게 될 것이다.

해설 온라인상에 게시하는 글이 건설적이어야 한다고(~ the writing you post online should be positive and constructive) 알리는 초반부에, 그러한 글을 쓴 것에 따른 결과로 고용주들이 함께 일하기 좋은 직원으로 생각할 것이라고(~ assume that you are a good person to work with) 알리고 있으므로 (c)가 정답입니다.

어휘 result 결과(물) gain ~을 얻다

9. When are employers sometimes suspicious about a candidate's social media profile?

(a) when it is a brand-new account
(b) when it lacks current information
(c) when it is updated too frequently
(d) when it contains too much work history

고용주들이 언제 때때로 지원자의 소셜 미디어 프로필에 관해 못미더워하는가?

(a) 완전히 새로운 계정일 때
(b) 현재의 정보가 부족할 때
(c) 너무 자주 업데이트될 때
(d) 너무 많은 경력을 포함하고 있을 때

해설 소셜 미디어 프로필에 관해 못미더워하는 경우가 언급되는 중반부에, 학력과 경력에 있어 차이가 존재한다면 고용 관리 책임자들이 못미더워할 수 있고, 몇 년 동안 업데이트되지 않은 소셜 미디어 프로필에 대해 그렇게 깊은 인상을 받지 못할 것이라고(~ hiring managers may be suspicious if there are gaps in your education or work history. An employer won't be very impressed by a social media profile that hasn't been updated for several years) 언급하고 있습니다. 이는 최신 정보의 부족 문제를 말하는 것이므로 (b)가 정답입니다.

어휘 brand-new 완전히 새로운 lack ⑧~이 부족하다 current 현재의 frequently 자주 contain ~을 포함하다, 담고 있다

10. What should a job candidate avoid doing on a public profile?

(a) approving all personal photos
(b) sharing about one's social life
(c) posting insensitive materials
(d) appearing overly friendly

구직 지원자는 공개적인 프로필상에서 무엇을 하는 것을 피해야 하는가?

(a) 모든 개인 사진을 승인하는 일
(b) 사회 생활에 관해 공유하는 일
(c) 무신경한 내용을 게시하는 일
(d) 지나치게 친절하게 보이는 일

해설 공개적인 프로필상의 정보가 언급되는 중반부에, 고용 관리 책임자들이 찾아낼 가능성이 있는 공적인 프로필상에 부적절한 것으로 여겨질 수 있는 행동을 포함한 사진들을 게시하는 것을 피하도록(On public profiles that hiring managers are likely to find, avoid posting photos of yourself engaging in behavior that could be seen as inappropriate) 당부하고 있습니다. 이는 무신경하게 내용물을 게시하는 일을 말하는 것이므로 (c)가 정답입니다.

어휘 insensitive 무신경한, 둔감한 material 내용, 자료 appear 형용사: ~하게 보이다 friendly 친절한

11. According to the speaker, how can recent college graduates demonstrate their readiness for a job?

(a) by contacting employers to discuss the job
(b) by writing about professional projects
(c) by expressing a desire to change positions
(d) by posting about membership in a relevant group

화자의 말에 따르면, 최근의 대학 졸업생이 어떻게 일자리에 대한 준비성을 보여줄 수 있는가?

(a) 고용주에게 연락해 일자리에 관해 이야기함으로써
(b) 전문적인 프로젝트들에 관해 글을 씀으로써
(c) 일자리를 변경하고자 하는 욕망을 나타냄으로써
(d) 관련된 단체 내의 회원 활동에 관한 글을 게시함으로써

해설 갓 대학을 졸업한 학생이 할 수 있는 일을 언급하는 중반부에, 막 대학교를 졸업해서 첫 직장을 찾는 중이라면 원하는 일자리와 관련될 수 있는 것으로서 자신이 참가했던 모든 동아리 활동들을 자랑하도록(If you just finished college and are looking for your first job, show off any club activities you were involved in that might be related to your desired job) 당부하고 있으므로 (d)가 정답입니다.

어휘 demonstrate ~을 보여주다, 입증하다 readiness 준비성, 준비된 상태 contact ~에게 연락하다 express (생각, 감정 등) ~을 나타내다, 표현하다 desire 욕망, 욕구

12. Why most likely should job seekers include

specific information about themselves in their profiles?

(a) because several people share the same content
(b) so their accounts can be easily found
(c) because employers conduct in-depth research
(d) so that their identities can be protected

구직 지원자들이 왜 프로필에 자신에 관한 구체적인 정보를 포함해야 할 것 같은가?

(a) 여러 사람들이 같은 내용을 공유하기 때문에
(b) 그래야 그들의 계정을 쉽게 찾을 수 있으므로
(c) 고용주들이 심층적인 조사를 실시하기 때문에
(d) 그래야 그들의 신분이 보호될 수 있으므로

해설   구체적인 정보를 포함하는 일이 언급되는 후반부에, 자신과 관련된 구체적인 정보와 함께 최근에 찍은 선명한 사진을 프로필에 포함해 둬야 신분과 관련된 의구심이 생기지 않을 것이라고(~ include specific information about yourself and a clear, recent photo in your profile so that there is no doubt about your identity) 알리고 있습니다. 이는 구직 지원자의 계정을 빠르게 확인하고 찾기 위한 방법에 해당되므로 **(b)**가 정답입니다.

어휘   conduct ~을 실시하다, 실행하다   in-depth 심층적인, 깊이 있는   research 조사, 연구

13. What is the speaker's last tip?

(a) Learn how to manage your information.
(b) Polish the photos you post online.
(c) Bring up social media during the interview.
(d) Take more control over other people.

화자의 마지막 팁은 무엇인가?

(a) 정보를 관리하는 방법을 배워라.
(b) 온라인상에 게시하는 사진을 다듬어라.
(c) 면접 중에 소셜 미디어를 띄워 보여줘라.
(d) 다른 사람들을 더 많이 통제해라.

해설   담화 후반부에 화자는 모든 소셜 미디어 계정에 대한 개인 정보 보호 설정 기능에 익숙해져야 한다고 말하면서, 프로필상의 어떤 내용이 공개되어야 하고 어떤 정보가 보여지지 않도록 숨겨져야 하는지 결정해야 한다고(~ familiarize yourself with the privacy settings on all of your social media accounts. You need to decide which content on your profiles should be open to the public and which information should be hidden from view) 알리고 있습니다. 이는 정보를 관리하는 방법을 익히도록 당부하는 말에 해당되므로 **(a)**가 정답입니다.

어휘   polish ~을 다듬다, 손질하다   bring up (컴퓨터 화면에) ~을 띄워 보여주다   take control over ~을 통제하다, 제어하다

DAY 18   청취 질문 유형별 공략

유형 문제 풀이

1. (c)   **2.** (d)   **3.** (a)   **4.** (b)   **5.** (b)   **6.** (a)

7. (c)   **8.** (d)   **9.** (a)   **10.** (b)

남: 안녕, 엘리! 이곳 쇼핑몰에서 만나니까 반갑다!

여: 안녕, 데니스! 난 여기 옷 쇼핑을 하러 왔어. 넌?

남: 암페어 볼링장에 가서 친구들과 경기하려고 왔어.

여: 아, 우리 가족과 난 그 볼링장이 재개장한 이후로 계속 그곳의 단골 손님이었어.

남: 정말? 난 개조 공사 후에 그곳에 오늘 처음 가는 거야. 어떻게 변해 있을지 보게 되는 게 너무 흥분돼. 그곳에 중요한 변화라도 생긴 게 있어?

---

1. What is the conversation all about?

(a) a reopened shopping mall
(b) a newly built clothing shop
(c) a renovated bowling alley
(d) a new bowling alley

대화는 모두 무엇에 관한 것인가?

(a) 재개장한 쇼핑몰
(b) 새로 지어진 의류 매장
(c) 개조된 볼링장
(d) 새로 생긴 볼링장

해설   대화 초반부에 남자가 암페어 볼링장에 친구들과 볼링 경기하러 왔다는(I'm here to visit Ampere Bowling Alley and play with my friends) 말과 개조 공사 후에 처음 간다는(It's my first time going there after its renovation) 말을 한 이후로 이 볼링장의 변화에 관해 이야기하고 있습니다. 따라서 개조된 볼링장을 의미하는 **(c)**가 정답입니다.

여: 안녕하세요, 여러분, 그리고 저희 '포에버 나이브스'의 시연 행사에 참석해 주셔서 감사 드립니다. 여러분은 가장 단단한 음식물을 다루기에 충분할 정도로 처음엔 날카롭다가 몇 달 후에는 토마토조차 거의 자를 수 없는 칼에 진절머리가 나셨나요? 대부분의 칼들, 심지어 여러분께서 자주 날카롭게 갈아 주시는 칼들도 빠르게 칼날이 무뎌진다는 점은 안타까운 사실입니다. 하지만 저희 '포에버 나이브스'는 다릅니다. 저희는 절대로 무뎌지지 않는 경량의 부식 방지 칼 브랜드를 생산합니다. 저희 칼 제품은 정말로 아주 오래 지속되도록 보장하기 위해 최신의 혁신적인 식기 제조 기술로 만들어집니다.

---

2. What is the presentation all about?

(a) a way to replace knife blades
(b) a method to sharpen knives
(c) a brand-new cutting board

(d) a set of rust-proof knives

발표는 모두 무엇에 관한 것인가?

(a) 칼날을 교체하는 방법
(b) 칼을 날카롭게 하는 방법
(c) 완전히 새로운 도마
(d) 부식 방지 칼 세트

해설　화자가 담화 중반부에 특정 칼 제품을 소개하면서 절대로 무뎌지지 않는 경량의 부식 방지 칼 브랜드라고(We produce a brand of lightweight and rust-proof knives that never dull) 설명하고 있으므로 (d)가 정답입니다.

남: 이 칼 세트는 또한 손으로 붙잡고 있기에 가장 안전한 칼들 중의 하나이기도 합니다. 티타늄 손잡이로 되어 있어, 제품의 사용 편의성을 보장하기에 충분할 정도로 가볍습니다. 인체 공학적인 디자인으로 인해, 이제 여러 다른 재료들을 정확성과 속도를 겸비해 편안하게 자르실 수 있습니다. 이 칼 제품은 손가락들이 들어맞는 울퉁불퉁한 모양의 고정 손잡이로 되어 있기 때문에, 칼이 여러분의 손에서 미끄러져 빠지는 것에 대해 걱정하실 필요가 없습니다. 그리고 이 제품의 티타늄 손잡이는 변색되거나 박테리아가 서식하지 않으므로, 오랫동안 안전하게 사용하실 수 있습니다.

3. Why most likely is the knife set safe to use?

(a) because it has a handle that prevents slipping
(b) because its handle is made of heavy material
(c) because it is designed not to cut fingers
(d) because its blade doesn't house bacteria

해당 칼 세트가 왜 사용하기에 안전할 것 같은가?

(a) 미끄러짐을 방지하는 손잡이가 있기 때문에
(b) 손잡이가 무거운 소재로 만들어지기 때문에
(c) 손가락을 베지 않도록 디자인되기 때문에
(d) 칼날에 박테리아가 서식하지 않기 때문에

해설　사용 안전성과 관련해 설명하는 중반부에, 화자가 손가락들이 들어맞는 울퉁불퉁한 모양의 고정 손잡이로 되어 있어서 칼이 손에서 미끄러져 빠지는 것에 대해 걱정할 필요가 없다고(The knives have a secured grip handle with indentations for your fingers so you won't have to worry about the knife slipping from your hands) 알리고 있으므로 이러한 특징을 언급한 (a)가 정답입니다.

여: 피부 관리를 통해 여러분의 자연미를 향상시키기 위한 또 하나의 팁은 건강에 좋은 식사를 하는 것입니다. 여러분의 피부 세포를 건강하게 유지시켜주는 여러 다른 필수 비타민을 함유하고 있는 다양한 음식을 먹도록 노력하세요. 예를 들어, 비타민 C가 풍부한 키위나 피망 같은 신선한 식품을 드시는 것이 피부 조직을 되살려주는 일종의 단백질인 콜라겐을 축적시켜 피

부를 젊게 유지하는 데 도움을 줄 수 있습니다. 충분한 비타민 C는 실제로 축 처지거나 칙칙한 피부를 방지해줄 수 있습니다.

4. Why most likely does eating healthy help with skin?

(a) Protein-rich food prevents saggy skin.
(b) Healthy food contains vitamins good for skin.
(c) Fresh food helps skin regenerate itself.
(d) Preserved food repairs skin tissues.

건강한 식사를 하는 것이 왜 피부에 도움이 될 것 같은가?

(a) 단백질이 풍부한 음식이 처진 피부를 예방해준다.
(b) 건강에 좋은 음식이 피부에 좋은 비타민을 함유하고 있다.
(c) 신선한 음식이 피부가 스스로 재생되도록 돕는다.
(d) 보존 처리된 음식이 피부 조직을 되살려준다.

해설　식사와 관련된 정보가 제시되는 중반부에, 피부 세포를 건강하게 유지시켜주는 여러 다른 필수 비타민을 함유하고 있는 다양한 음식을 먹도록 하라고(Try to eat a variety of foods that contain different essential vitamins that keep our skin cells healthy) 알리고 있습니다. 따라서 좋은 비타민 함유에 관해 언급한 (b)가 정답입니다.

5-7.

여: 시청자 여러분 안녕하세요, 그리고 오늘도 저희 '뷰티 톡스' 프로그램을 찾아 주신 것을 환영합니다! 오늘은, 피부 관리를 통해 여러분의 자연미를 향상시키는 것에 관해 이야기해 볼 예정입니다.

일상 생활을 하는 과정에서, 우리 피부는 타격을 받게 되는데, 대기 오염이나 태양의 자외선, 담배 연기, 그리고 패스트푸드 식사 등이 우리에게서 한때 탱탱했던 광채를 빼앗아갈 수 있습니다. 하지만 적절한 관리를 통해 그 광채를 되찾아오는 것이 가능합니다. 지금 손상된 피부를 되살리고 향후에 있을 피부 문제를 방지할 수 있는 몇 가지 팁과 비결을 전해 드리겠습니다.

첫 번째, 5 하루에 최소 두 번 세안하십시오. 하루가 지나면서, 먼지가 얼굴에 붙어 모공을 막게 됩니다. 모공이 먼지로 막힌 상태로 두기면 뾰루지를 유발할 수 있습니다. 항상 밤에 잠자리에 드시기 전에 세안하셔야 한다는 점을 기억하십시오. 또한 일어나자마자 세안하셔야 하는데, 침대 또는 베개의 먼지가 얼굴에 들러붙을 수 있기 때문입니다.

항상 밤에 자러가기 전에 여러분의 얼굴을 씻는 것을 기억하십시오. 또한, 여러분의 침대나 베개에서 나온 먼지가 얼굴에 붙을 수 있으므로 일어나자마자 세안해야합니다.

두 번째, 여러분의 피부 타입에 적합한 피부 관리 제품을 선택하십시오. 많은 제품들이 특정 피부 타입용으로 만들어지고 있습니다. 6 여러분의 피부 타입에 맞지 않는 제품을 바르는 것이 여드름 발생 또는 피부 자극과 같은 부작용을 초래할 수 있습니다. 여러분의 피부 타입을 비롯해 어느 로션과 크림, 그리고 세럼이 바르기 안전한지 확실히 해 두시려면, 피부과 전

문의의 상담을 받으십시오.

세 번째, 자외선 차단제를 사용하십시오. 햇빛이 있는 외부에 나가 계시거나 단순히 산책을 하러 가실 때마다, 태양의 유해 광선이 여전히 영향을 미칠 수 있습니다. **7** **햇빛에 대한 직접적인 노출은 주름을 발생시켜 피부가 빠르게 노화되도록 초래할 수 있습니다.** 햇빛에 대한 과다 노출은 또한 피부암으로 이어질 수도 있습니다. 밖에 나가시기 30분 전에 태양의 유해 광선을 차단할 수 잇는 자외선 차단제를 바르시는 것이 권장됩니다. 피부 보호를 극대화할 수 있도록 반드시 폭넓은 효능을 지닌 자외선 차단제를 사용하도록 하십시오.

5. According to the speaker, how can one remove dirt from pores?

(a) by using a special pillowcase
(b) by washing one's face
(c) by using different facial products
(d) by changing bed sheets

화자의 말에 따르면, 어떻게 모공에서 먼지를 제거할 수 있는가?

(a) 특수 베갯잇을 사용함으로써
(b) 얼굴을 씻음으로써
(c) 다른 안면 전용 제품을 사용함으로써
(d) 침대 시트를 교체함으로써

해설　담화 중반부에 하루에 최소 두 번 세안하라는 말과 함께, 먼지가 얼굴에 붙어 모공을 막게 되고 그렇게 막힌 상태로 두기면 뽀루지를 유발할 수 있다는(~ wash your face at least two times a day. Throughout the day, dirt sticks to your face and clogs your pores. Leaving your pores blocked with dirt can trigger acne) 문제점을 말하고 있습니다. 따라서 모공에서 먼지를 제거하는 방법이 세안하는 것임을 알 수 있으므로 (b)가 정답입니다.

6. Why does one need to identify his or her skin type?

(a) to know which skin product one should use
(b) to anticipate when breakouts might happen
(c) so one doesn't have to visit a dermatologist
(d) so one knows how much lotion to apply

왜 각자의 피부 타입을 확인해야 하는가?

(a) 어느 피부 제품을 사용해야 하는지 알기 위해
(b) 피부 문제가 언제 발생될지 예상하기 위해
(c) 그래야 피부과 전문의를 방문할 필요가 없으므로
(d) 그래야 얼마나 많은 로션을 발라야 하는지 알 수 있으므로

해설　피부 타입과 관련된 정보가 제시되는 중반부에, 피부 타입에 맞지 않는 제품을 바르면 여드름 발생 또는 피부 자극과 같은 부작용을 초래할 수 있다고(Applying a product that is incompatible with your skin type may result in

adverse effects, ~) 알리고 있습니다. 이는 자신의 피부 타입과 어느 제품을 사용해야 하는지 알아야 한다는 말이므로 (a)가 정답입니다.

7. According to the presentation, what do the sun's rays do to the skin?

(a) They protect skin from developing wrinkles.
(b) They cause skin irritation.
(c) They accelerate the skin's aging.
(d) They maintain the skin's glow.

발표에 따르면, 태양 광선이 피부에 어떤 작용을 하는가?

(a) 주름이 생기지 않도록 피부를 보호한다.
(b) 피부 자극을 초래한다.
(c) 피부 노화를 가속화한다.
(d) 피부의 광채를 유지해준다.

해설　태양 광선의 영향이 언급되는 후반부에, 햇빛에 대한 직접적인 노출은 주름을 발생시켜 피부가 빠르게 노화되도록 초래할 수 있다고(Direct exposure to sunlight can cause your skin to age fast by developing wrinkles) 설명하고 있습니다. 따라서 피부 노화를 가속화한다는 의미로 쓰인 (c)가 정답입니다.

8-10.

여: 안녕하세요, 존슨 씨! 다시 만나 뵙게 되어서 반갑습니다! 학부모와 교사 간담회 때문에 이곳에 오셨나요?

남: 네, 리 씨. 제 딸이 이제 이곳에서 3학년입니다.

여: 아, 제가 작년에 가르쳤기 때문에 따님을 잘 기억하고 있습니다. 잘 지내고 있나요?

남: 저, 요즘 그녀가 바이올린 연주하는 법을 배우고 싶어해요. 그래서 **8** 바이올린 수업에 등록시켜야 하는지 아니면 개인 지도 교사를 고용해야 하는지 궁금합니다.

여: 아, 어려운 선택인 것 같네요. 어쩌면 우리가 두 가지 선택권 모두의 장단점을 이야기해 보실 수 있을 것 같은데요?

남: 좋습니다! **9** 개인 지도 교사를 고용하는 것의 장점들 중 하나가 레슨이 저희 집에서 이뤄지기 때문에 훨씬 더 편리하다는 점이라고 생각하고 있어요.

여: 네. 그리고 따님이 익숙한 환경에서 배운다면 더 편안하게 느낄 수도 있습니다.

남: 아주 좋은 지적입니다.

여: 또 다른 장점은 일대일 교습이기 때문에 그 지도 교사가 따님의 수준에 어울리도록 자신의 교습 방식을 조정할 수 있다는 점입니다.

남: 네, 제 딸이 전에 바이올린을 한 번도 연주해 본 적이 없기 때문에 경험이 더 많은 다른 학생들 때문에 주눅들지도 모른다고 걱정했어요.

여: 개인 지도 교사는 따님에게 모든 주의를 기울여 더 많은 자신감을 느끼는 데 도움이 되도록 성원해줄 수 있습니다.

남: 네, 그것도 좋은 지적이십니다. 지금 얘기한 것들은 모두 아주 좋은 장점들입니다. 하지만 개인 지도 교사를 고용하는 건 정말

로 비용이 많이 들 수 있어요. 경력이 더 많은 개인 지도 교사들은 아마 더 높은 비용을 요구할 수도 있고요.

여: 아, 네. 비용과 품질 사이에서의 선택은 전형적인 고민거리죠.

남: 그 말씀보다 더 잘 표현할 방법은 없을 거예요, 리 씨. 음, **10** 또 다른 단점은 제가 아는 좋은 바이올린 개인 지도 교사가 한 명도 없다는 점이에요.

8. What does Mr. Johnson need Ms. Lee's help with?

(a) finding a musical instrument for his daughter

(b) locating the parent-teacher conference room

(c) choosing an extracurricular activity for his daughter

(d) deciding how his daughter will learn violin

존슨 씨는 무엇에 대해 리 씨의 도움이 필요한가?

(a) 자신의 딸에게 필요한 악기를 찾는 것

(b) 학부모와 교사 간담회 장소를 찾는 것

(c) 자신의 딸에게 필요한 방과 후 활동을 선택하는 것

(d) 자신의 딸이 어떻게 바이올린을 배워야 할지 결정하는 것

해설 대화 초반부에 남자가 바이올린 수업에 등록시켜야 하는지 아니면 개인 지도 교사를 고용해야 하는지 궁금하다고(I'm wondering if I should enroll my daughter in a violin class or hire a private tutor) 언급하고 있습니다. 이는 딸이 바이올린을 배우는 방식을 결정하는 문제를 말하는 것이므로 (d)가 정답입니다.

9. According to Mr. Johnson, how can one-on-one tutorials be convenient?

(a) His daughter won't have to leave their house.

(b) He can supervise the tutor's teaching style.

(c) He can learn how to play violin as well.

(d) Tutors can establish their own methods of teaching.

존슨 씨의 말에 따르면, 일대일 교습이 어떻게 편리할 수 있는가?

(a) 딸이 집 밖으로 나갈 필요가 없다.

(b) 개인 지도 교사의 수업 방식을 감독할 수 있다.

(c) 자신도 바이올린 연주법을 배울 수 있다.

(d) 개인 지도 교사들이 자신만의 교습 방식을 확립할 수 있다.

해설 대화 초반부에 남자가 개인 지도 교사를 고용하는 것의 장점으로 처음 언급하는 내용이 레슨이 집에서 진행되기 때문에 훨씬 더 편리하다는 것(~ one of the advantages of hiring a tutor is that it's much more convenient because the lessons will happen in our house)을 언급하였습니다. 즉 딸이 레슨을 받기 위해 다른 곳으로 가지 않아도 된다는 뜻

이므로 이와 같은 내용인 (a)가 정답입니다.

10. Why is finding a good violin teacher a problem for Mr. Johnson?

(a) because tutors with low fees are rare

(b) because he doesn't know any violin tutors

(c) because nobody is able to recommend a tutor

(d) because most violin teachers prefer group classes

왜 좋은 바이올린 교사를 찾는 일이 존슨 씨에게 문제인가?

(a) 비용이 적게 드는 개인 지도 교사가 드물기 때문에

(b) 아는 바이올린 개인 지도 교사가 전혀 없기 때문에

(c) 개인 지도 교사를 추천해줄 수 있는 사람이 아무도 없기 때문에

(d) 대부분의 바이올린 교사들이 그룹 수업을 선호하기 때문에

해설 대화 중반부에 남자가 개인 지도 교사를 고용하는 일의 단점으로 언급하는 내용 중에 좋은 바이올린 개인 지도 교사를 한 명도 알지 못한다는(~ another disadvantage is that I don't know any good violin tutors) 내용이 있습니다. 따라서 이와 같은 내용을 언급한 (b)가 정답입니다.

DAY 19 PART 1, 2 공략하기

PART 1 문제 풀이 연습

1. (a) **2.** (d) **3.** (c) **4.** (b) **5.** (b) **6.** (a)

7. (c)

남: 미셸? 너 맞지?

여: 아, 스티븐! 어떻게 이런 우연이 있지! **1** 너도 이 체육관에서 운동해?

남: 응. **1** 난 막 운동을 끝내서 사실 집으로 가려던 참이었는데, 네가 들어오는 걸 본 거야.

여: 알겠어. 보통 이 시간쯤에 운동해?

남: 사실, **2** 오전에 자주 운동해. 오늘은 그냥 늦게 온 거야. 저녁 식사하기 조금 전에 운동하고 싶었거든.

여: **2** 내 생각엔 그게 바로 우리가 이곳에서 한번도 만나지 못한 이유 같아. 여기에 누군가 내가 아는 사람이 있다니까 너무 반갑다. 난 전에 집에서 혼자 운동했었기 때문에 이곳 분위기에 여전히 적응하는 중이야.

남: 그런 거였어? 음, 지금까지 이 체육관에서 운동해 보니까 어때?

여: 동기 부여가 아주 잘돼. **3** 운동하는 데 아주 전념하는 사람들을 보고 만나니까 더 열심히 운동하도록 자극이 돼. 우리

가 비슷한 목표를 갖고 있기 때문에, 그것들을 달성하기 위해 더 굳은 마음가짐을 갖게 되는 느낌이야.

남: 이해해. 내가 이곳에 처음 왔을 때, 내 트레이너가 내가 일상적인 운동 과정을 제대로 하고 있는지 확인하려고 항상 내 옆에 있곤 했어. 나에게 단체 강좌에도 참가하도록 권해 주기도 했어.

여: 그게 내가 이 체육관이 마음에 드는 것들 중의 하나인데, **4** 트레이너들이 정말 많은 도움이 돼. 개별화된 일상 운동을 제시해 주는 것뿐만 아니라, 항상 인내심 있게 우리를 이끌어 주는데, 특히 특정 운동을 하는 데 어려움을 겪을 때 그래.

남: 동의해, 미셸! 그러니까, 내 경우를 보면, 난 코치님께 내 몸을 탄탄하게 만들고 싶다고 말씀 드렸어. 그랬더니 내가 그것을 달성하는 데 도움이 되는 운동 과정을 제시해 주셨어. 그분은 내가 사용해야 하는 다른 기계들과 내가 해야 하는 운동들, 그리고 이것들이 어떻게 도움이 될 수 있는지 설명해 주셨거든.

여: 내 코치님도 나에게 똑같이 하셨어. 내 목표가 체중을 감량하는 거라고 말씀 드렸더니 그렇게 하는 데 도움이 되는 운동 계획을 제안해 주셨어. 그리고 식사와 관련된 추천 사항들도 말씀해 주셨어!

남: 잘 됐다. 그리고 신체적인 상태 개선과 함께, **5** 내 전반적인 건강 상태도 향상되었다고 말할 수 있어. 집에서 일상적인 활동을 할 때 덜 피곤하게 느껴지거든.

여: 아주 잘 됐다, 스티븐! 언젠가 나도 이곳에서 충분히 시간을 들여 운동하고 나서 같은 말을 할 수 있기를 바라. 지금까지, 내가 알게 된 건 내가 좀 더 체계적인 상태가 되었다는 거야.

남: 흠, 왜 그렇게 생각하는 거야?

여: 내가 체육관에 가입하기 전에는 식사에 관해 덜 신경 쓰곤 했거든. **6** 하지만 지금은, 내가 먹는 것을 더 많이 의식하고 있어. 확실히 패스트푸드를 덜 먹고 있거든. 그리고 내가 섭취하는 칼로리 양을 관리하는 방법도 서서히 배우고 있어.

남: 맞아, 나도 체육관 회원이 되기 전에는 매일 아침에 도넛을 먹곤 했지, 하하! 하지만 이곳에 오니까 우리는 지금 훨씬 더 건강해지고 행복해졌어.

여: 사실이야! 난 진정으로 운동하는 걸 즐기고 있고, 내 건강에 좋기 때문에 아주 기분이 좋아. **7** 성취감과 자기 만족감도 내 기분을 많이 나아지게 해줬어.

남: 저, 난 이만 가봐야겠어. 함께 그 동안의 얘기를 나눌 수 있어서 즐거웠어. 오늘 운동 잘하기 바라, 미셸!

여: 곧 함께 운동할 수 있기를 바랄게. 또 보자, 스티븐!

1. Where did Michelle and Stephen see each other?

(a) at the gym
(b) in front of Stephen's house
(c) at Michelle's workplace
(d) along the jogger's trail

미셸과 스티븐은 어디에서 서로 만났는가?

(a) 체육관에서
(b) 스티븐의 집 앞에서

(c) 미셸의 직장에서
(d) 조깅 코스에서

해설 대화 시작 부분에 여자가 이 체육관에서 운동하는지 묻자(You work out in this gym too?), 남자가 막 운동을 끝냈다고(I just finished exercising) 대답하는 것으로 볼 때, 두 사람이 현재 한 체육관에 있다는 것을 알 수 있으므로 (a)가 정답입니다.

2. When most likely does Michelle usually exercise?

(a) early mornings
(b) before noon
(c) after lunchtime
(d) before dinnertime

미셸은 보통 언제 운동하는 것 같은가?

(a) 매일 아침 일찍
(b) 정오 전에
(c) 점심 시간 후에
(d) 저녁 식사 시간 전에

해설 대화 초반부에 남자가 자신은 보통 오전에 운동하지만 오늘은 늦게 와서 저녁 식사 전에 운동하고 싶었다고(I often work out in the morning. I just came in late today. I wanted to exercise a bit before dinner) 알리고 있습니다. 이에 대해 여자가 그래서 한번도 만나지 못한 것 같다고(I guess that's why we've never met here before) 말하고 있어서 여자가 보통 저녁 식사 시간 전에 운동하는 것으로 생각할 수 있으므로 (d)가 정답입니다.

3. What motivates Michelle to work out harder?

(a) having her own trainer
(b) meeting people with different goals
(c) seeing others exercising hard
(d) knowing Stephen works out at the same gym

무엇이 미셸에게 더 열심히 운동하도록 동기를 부여해 주었는가?

(a) 개인 트레이너를 둔 것
(b) 다른 목표를 지닌 사람들을 만난 것
(c) 열심히 운동하는 다른 사람들을 보는 것
(d) 스티븐이 같은 체육관에서 운동한다는 사실을 안 것

해설 동기 부여와 관련해 말하는 대화 초반부에, 여자가 운동하는 데 아주 전념하는 사람들을 보고 만나는 게 더 열심히 운동하도록 자극을 준다고(Seeing and meeting people who are very dedicated to exercising inspires me to work out harder) 말하고 있습니다. 따라서 이러한 사실을 언급한 (c)가 정답입니다.

4. Why did Michelle say that the trainers are helpful?

(a) because they focus on a few customers

**(b) because they provide customized
exercise routines**

(c) because they let customers do hard
exercises

(d) because they recommend a strict diet

미셸은 왜 트레이너들이 도움이 된다고 말했는가?

(a) 몇몇 고객들에게 초점을 맞춰주기 때문에

(b) 맞춤 운동 과정을 제공하기 때문에

(c) 고객들에게 힘든 운동을 하게 해주기 때문에

(d) 엄격한 식단을 권장하기 때문에

해설 트레이너들이 도움이 된다고 말하는 중반부에, 여자가 개별화된 일상 운동을 제시해 주는 것을(~ the trainers are really helpful. Besides coming up with individualized routines ~) 한 가지 이유로 언급하고 있습니다. 즉 각자에게 맞춤 운동 과정을 제공한다는 뜻이므로 **(b)**가 정답입니다.

5. Why does Stephen feel that his overall health is better now?

(a) He feels less tired when hiking.

(b) He performs daily activities easily.

(c) He doesn't get tired at all.

(d) He feels that his energy level stays the same.

스티븐은 왜 자신의 전반적인 건강이 지금 더 낫다고 생각하는가?

(a) 등산할 때 덜 피곤하게 느낀다.

(b) 일상 활동을 쉽게 하고 있다.

(c) 전혀 피곤해지지 않는다.

(d) 에너지 수준이 동일하게 유지되고 있다고 느낀다.

해설 남자가 자신의 건강 상태 개선과 관련해 언급하는 중반부에, 집에서 일상적인 활동을 할 때 덜 피곤하게 느껴진다고(~ I can tell that my overall health has been enhanced too. I feel less tired when I'm doing regular activities at home) 말하고 있습니다. 이는 일상 활동을 하는 것이 더 쉬워졌다는 말과 같으므로 **(b)**가 정답입니다.

6. How did Michelle show that she is more disciplined now?

**(a) She limits the amount of junk food she
eats.**

(b) She always cooks instead of buying food.

(c) She keeps a record of the foods she has
eaten.

(d) She has mastered how to manage calories.

미셸은 어떻게 자신이 지금 더 체계적이라는 점을 보여주는가?

(a) 자신이 먹는 패스트푸드 양을 제한하고 있다.

(b) 음식을 구입하는 대신 항상 요리를 한다.

(c) 자신이 먹은 음식을 기록한다.

(d) 칼로리를 관리하는 법을 완벽히 터득했다.

해설 미셸이 자신의 습관 변화와 관련해 언급하는 후반부에, 먹는 것을 더 많이 의식하고 있다는 말과 함께 확실히 패스트푸드를 덜 먹는다고(But now, I'm more conscious of what I eat. I definitely consume less junk food) 알리고 있습니다. 따라서 이러한 사실을 말한 **(a)**가 정답입니다.

7. How has exercising helped improve Michelle's mood?

(a) by making her care less about what she eats

(b) by making her sweat profusely

(c) by giving her a sense of achievement

(d) by providing her an opportunity to meet
people

운동을 하는 것이 어떻게 미셸의 기분을 낫게 하는 데 도움이 되었는가?

(a) 먹는 것을 덜 신경 쓰게 만듦으로써

(b) 땀을 흠뻑 흘리도록 만듦으로써

(c) 성취감을 제공해 줌으로써

(d) 사람들을 만날 기회를 제공해 줌으로써

해설 대화 마지막 부분에 운동하는 것의 장점을 말하면서 성취감과 자기 만족감이 기분을 많이 나아지게 해주었다고(The sense of accomplishment and self-satisfaction improved my mood a lot too) 알리고 있으므로 **(c)**가 정답입니다.

PART 2 문제 풀이 연습

8. (d) **9.** (c) **10.** (d) **11.** (b) **12.** (b) **13.** (a)

여: 안녕하세요, 여러분, 그리고 여러분의 생활을 분명 더욱 편리하게 만들어 드릴 기기인 저희 타임 테크의 최신 제품 공식 출시 행사에 오신 것을 환영합니다. 시작하기에 앞서, 여쭤보고 싶은 것이 있습니다. 침대에 누워 잠들 준비가 되어 있는데 갑자기 알람 시계를 여전히 맞춰야 한다는 사실이 기억난 경우가 한 번이라도 있으신가요? 이는 꽤 성가신 일일 수 있습니다, 그렇죠?

손으로 직접 알람 시계를 맞추고 끄는 일이 지겨우시다면, 이 제품은 여러분의 침대 옆 탁자에 놓을 제품으로 완벽합니다! **8** **9** 음성 명령을 따를 수 있는 사상 최초의 스마트 시계인 '크로노스 스마트 시계'를 소개해 드리겠습니다! 이 제품은 겉으로 보기에는 일반적인 디지털 시계처럼 보일 수 있지만, 그 주목할 만한 기능들이 놀라움을 선사해 드릴 것입니다.

크로노스는 견고한 플라스틱으로 만들어진 정육면체 시계입니다. **10** 이 제품은 정면 디스플레이에 시간과 날짜를 나타내는 새까만 글자체를 강조하는 단순한 흰색 겉면으로 되어 있습니다. 이 시계의 표면에는 또한 동작 감지 배경 조명도 장착되어 있습니다. 아래쪽을 보시면, 배터리가 위치해 있는 곳도 확인하실 수 있습니다.

이제, 이 제품의 주요 장점인 음성 명령 기능을 말씀 드리겠습니다. 이 기능은 다른 알람 시계에서 보실 수 없는 것인데, 저희 회사가 이 혁신적인 기능을 처음 성공적으로 완성해 제공해 드리는 것이기 때문입니다.

이 기능을 활용하시면, 잠자리에 드시기 전에 더 이상 수동으로 알람을 맞추실 필요가 없습니다. 이제 심지어 누워 계시는 중에도 하실 수 있습니다! 그저 크로노스에게 말로 지시를 해 알람을 맞추시기만 하면 됩니다. 예를 들어, "크로노스, 5시 30분으로 알람 맞춰줘"와 같이 말이죠. 그럼 크로노스가 "알람이 5시 30분으로 설정됩니다"와 같이 알려 드릴 것입니다. 마찬가지로, 그 시간에 알람이 울릴 때, 크로노스에게 명령을 내려 울림 소리를 멈추거나 몇 분 더 지연시키실 수 있습니다.

[11] 크로노스는 오직 등록된 목소리로 된 명령만 따르기 때문에, 동시에 여러 사람이 말하더라도 방해를 받지 않습니다.

아침에 깨워 드리는 데 도움을 드리는 것뿐만 아니라, 크로노스는 전등으로서의 역할도 합니다. [12] "전등 좀 켜줘"라고 말씀하시면, 시계 전체가 눈에 너무 밝지 않은 은은한 흰색 빛을 발산하는데, 이는 멋진 야간등이 되기도 합니다. 이 조명도 음성 메시지로 끄실 수 있습니다.

크로노스를 놀라운 제품으로 만들어주는 또 다른 요소는 내장 동작 감지 센서가 있다는 점입니다. 이 제품이 놓여 있는 방에 누군가 있을 때 감지할 수 있습니다. 이 제품을 침대 옆 탁자에 놓아두시고 방에서 나가시면, 자동으로 조명과 시계 디스플레이를 끕니다. 하지만 여러분 또는 다른 누구든 그 방에 들어가자마자, 즉시 동작을 감지해 시계 표면이 자동으로 빛을 냅니다.

크로노스에 관해 들으시고 나면, 여러분 모두가 이 제품을 손에 넣을 수 있는 방법을 간절히 알고 싶어하실 거라는 사실을 압니다. 이 발표회 후에, 얼마든지 무대 위로 올라오셔서 아주 가까이서 제품을 확인해 보시고 직접 시험해 보셔도 좋습니다. 모든 크로노스 제품 패키지에는 기본적으로 추가 충전용 배터리와 전용 충전기, 그리고 제품 작동 방법에 관한 상세 설명이 들어 있는 사용자 설명서가 포함되어 있습니다.

오늘 행사에 참석하신 분들을 위한 독점 제공 서비스로, [13] 오늘 오후 7시 전에 이 제품을 구입하시는 분들께 30퍼센트 할인을 제공해 드리겠습니다. 그 후에 크로노스는 도시 전역에 위치한 주요 백화점에서 구매 가능합니다. 오늘은 여기까지입니다, 여러분. 들어주셔서 감사합니다!

8. What is the presentation all about?

(a) a digital clock ideal for the living room
(b) a bed with a built-in alarm clock
(c) a wall clock with unlimited battery
(d) a device that follows verbal instructions

발표가 모두 무엇에 관한 것인가?

(a) 거실에 이상적인 디지털 시계
(b) 내장된 알람 시계가 있는 침대
(c) 무제한 배터리가 있는 벽시계
(d) 음성 지시를 따르는 기기

해설 담화 초반부에 한 제품을 언급하면서 음성 명령을 따를 수 있는

사상 최초의 스마트 시계인 '크로노스 스마트 시계'를 소개한다고 (Introducing the Chronos Smart Clock—the first-ever smart clock that can obey voice commands!) 알리고 있으므로 (d)가 정답입니다.

9. What makes Chronos unique?

(a) It is the only manually operated alarm clock.
(b) It is the only device to offer motion-sensitive light.
(c) It is the first clock that obeys voice commands.
(d) It is the first device powered with smart technology.

무엇 때문에 크로노스가 특별한가?

(a) 오직 수동으로만 작동되는 알람 시계이다.
(b) 동작 감지 조명을 제공하는 유일한 기기이다.
(c) 음성 명령을 따르는 첫 번째 시계이다.
(d) 스마트 기술로 동력이 제공되는 첫 번째 기기이다.

해설 담화 초반부에 '크로노스 스마트 시계'를 소개하면서 음성 명령을 따를 수 있는 사상 최초의 스마트 시계라는(Introducing the Chronos Smart Clock—the first-ever smart clock that can obey voice commands!) 특징을 언급하는 것으로 특별함을 말하고 있습니다. 따라서 이러한 특징에 해당되는 (d)가 정답입니다.

10. Why probably was Chronos designed to have a white exterior?

(a) so that it will match any room
(b) so that it looks neat and sophisticated
(c) so that one can easily find where to put batteries
(d) so that the time and date are seen effortlessly

왜 크로노스가 흰색 표면을 가지도록 디자인되었을 것 같은가?

(a) 어느 방에도 어울리도록 하기 위해
(b) 깔끔하고 세련되어 보이도록 하기 위해
(c) 배터리 넣는 곳을 쉽게 찾을 수 있도록 하기 위해
(d) 시간과 날짜가 수월하게 보이도록 하기 위해

해설 흰색 표면과 관련된 정보가 제시되는 초반부에, 정면 디스플레이에 시간과 날짜를 나타내는 새까만 글자체를 강조하는 단순한 흰색 겉면으로 되어 있다고(It has a simple white exterior that emphasizes the pitch black font of the time and date at the front display) 설명하고 있습니다. 이는 시간과 날짜가 잘 보이도록 하려는 것이므로 (d)가 정답입니다.

11. How most likely will Chronos respond to instructions from an unregistered voice?

(a) It will automatically shut down.

(b) It will ignore these commands.

(c) It will repeat the given instructions.

(d) It will execute the directions immediately.

크로노스는 등록되지 않은 목소리로 된 지시에 어떻게 반응할 것 같은가?

(a) 자동으로 정지한다.

(b) 그 명령을 무시한다.

(c) 주어진 지시를 반복한다.

(d) 즉시 그 명령을 실행한다.

해설   등록되지 않은 목소리와 관련해 언급하는 중반부에, 오직 등록된 목소리로 된 명령만 따르기 때문에 동시에 여러 사람이 말하더라도 방해를 받지 않는다고(Chronos only obeys the directions of registered voices, so it doesn't get sidetracked when there are multiple people speaking at the same time) 설명하고 있습니다. 이는 등록되지 않은 목소리로 말하는 명령을 무시한다는 뜻이므로 (b)가 정답입니다.

12. When does the whole body of Chronos light up?

(a) once a person leaves the room

(b) when it hears "open lamp"

(c) as soon as nighttime comes

(d) when someone enters the room

언제 크로노스 전체가 빛을 내는가?

(a) 사람이 방에서 나가자마자

(b) "전등 좀 켜줘"라는 말을 들을 때

(c) 야간 시간대가 시작되는 대로

(d) 누군가가 방에 들어갈 때

해설   크로노스가 빛을 발하는 경우와 관련해 말하는 중반부에, "전등 좀 켜줘"라고 말하면 시계 전체가 눈에 너무 밝지 않은 은은한 흰색 빛을 발산한다고(When you say, "open lamp," the whole body of the clock will emit a subdued white light that's not too bright for the eyes ~) 알리고 있으므로 (b)가 정답입니다.

13. When can one buy Chronos at a discounted price?

(a) when one buys before 7 p.m.

(b) when one buys the next day

(c) when one buys after 7 p.m.

(d) when one buys at a department store

언제 할인된 가격에 크로노스를 구입할 수 있는가?

(a) 오후 7시 전에 구입할 때

(b) 다음 날 구입할 때

(c) 오후 7시 후에 구입할 때

(d) 백화점에서 구입할 때

해설   가격 할인과 관련된 정보는 마지막 부분에 언급되는데, 오늘 오후 7시 전에 이 제품을 구입하는 사람들에게 30퍼센트 할인을 제

공한다고(~ we will be giving a 30% discount to those who buy the product before 7 p.m. today) 알리고 있으므로 (a)가 정답입니다.

DAY 20   PART 3, 4 공략하기

PART 3 문제 풀이 연습

1. (d)   **2.** (c)   **3.** (a)   **4.** (b)   **5.** (d)   **6.** (d)

남: 안녕하세요, 그리고 어센드 사운드 스토어에 오신 것을 환영합니다! 저는 루크이며, 이곳 매장 점원 중 한 명입니다. 제가 도와 드릴 일이라도 있을까요?

여: 아, 안녕하세요. 저는 메리입니다. **1** 제가 품질 좋은 이어폰을 좀 찾고 있어요. 제 통근 시간이 최소 1시간은 걸리는데, 지하철에 앉아 있기가 종종 지루해요.

남: 그러시면, 고객님, 제대로 찾아 오셨습니다. 저희는 아주 다양한 이어폰 제품을 제공합니다. 먼저 여쭤보고 싶은 것이 있는데, 유선 이어폰을 원하시나요, 아니면 무선 이어폰을 원하시나요?

여: 흠… 솔직히, 제가 둘 사이의 차이점을 꽤 잘 아는 것이 아니기 때문에, 딱히 선호하는 것은 없어요. 어느 것을 추천해 주시겠어요?

남: 알겠습니다. 저, 정보를 알고 선택하실 수 있도록 이 두 가지 선택권의 장단점들을 이야기해 보면 가장 좋을 것이라고 생각합니다.

여: 좋아요. 저, 유선 이어폰은, 그 이름에서 드러나듯이, 우리가 기기에 꽂는 연결 코드와 잭이 있는 제품이라는 걸 알아요. 무선 이어폰은 어떤가요? 어떻게 작동하는 거죠?

남: 무선 이어폰은 케이블에 대한 필요성 없이 기기에 직접 연결하도록 해주는 스마트 기술을 활용합니다. **2** **6** 이것이 제공해 주는 한 가지 이점은 사용하기 매우 편하다는 점입니다. 기기에 선이 부착되지 않은 채로, 원하시는 만큼 자유롭게 움직이실 수 있다는 점이죠!

여: 아주 좋네요, 루크 씨. 아마 심지어 지하철에서 춤을 출 수도 있을 것 같은데요?

남: 저, 그건 얼마나 붐비는지에 따라 다릅니다. 하하.

여: 있잖아요, 제가 생각할 수 있는 또 다른 이점은 일단 제 귀에 꽂으면, 거의 인식되지 않는다는 것이에요. 제 옷이나 액세서리에 방해가 되지 않아서, 세련된 모습을 갖출 수 있죠.

남: 맞습니다, 메리 씨. 반면에, **3** 유선 이어폰은 음악이 선을 통해 직접적으로 전송되기 때문에 우수한 음질을 제공해 줍니다. 그래서, 집중에 흐트러뜨리는 잡음이나 윙윙거림, 또는 기타 유형의 오디오 관련 방해 요소가 없습니다.

여: 그렇다면 제가 좋아하는 노래들을 분명하게 즐길 수 있겠네요. 그리고 여기 있는 제품 종류들을 보니까, 유선 이어폰은 제 예산 범위 내에 있다는 것도 알 수 있네요. 이건 확실히 저에게 장점이에요!

남: 맞습니다. 하지만 기억하셔야 하는 점은, 모든 선택권에 단점이 있다는 사실입니다. 예를 들어, **4** 유선 이어폰의 단점은 선들이 얽힐 수 있다는 점입니다. 얽힌 부분들을 푸는 일은 시간이 걸릴 수 있고 성가신 일이 될 수도 있죠.

여: 그게 왜 번거로운 일이 될 수 있는지 알아요. 또 다른 단점은 그 이어폰이 연결되어 있는 기기를 계속 들고 있어야 하거나 최소한 항상 저와 가까이 두어야 한다는 거죠.

남: 바로 그렇습니다. 말씀하신 김에, **5** 무선 이어폰도 부정적인 측면이 있습니다. 한 가지 말씀 드리자면, 배터리에 의존하는 제품입니다. 배터리가 다 떨어지면, 다시 충전하신 후에야 사용하실 수 있습니다.

여: 일리 있는 말씀이네요. 또 다른 단점은 크기가 작아서 귀에서 빠질 수 있기 때문에 분실할 위험성이 높다는 점이에요. 사용하지 않을 때 케이스에 넣어 보관한다 하더라도, 케이스 자체도 너무 작기 때문에 그것도 쉽게 잃어버릴 수 있죠.

남: 그럼, 여기까지 각 선택권에 대한 장단점을 이야기했습니다. 어느 유형의 이어폰이 더 적합할지 결정하셨나요?

여: 흠… 그런 것 같아요. **6** 제가 멋지게 보이고 싶어하는 만큼, 어떠한 방해도 없이 좋은 음악을 들을 수 있다면 더 좋을 것 같아요.

남: 알겠습니다, 메리 씨. 나머지 저희 제품 종류를 보여 드릴 수 있도록 재고 보관실에 다녀 오겠습니다. 여기서 기다려 주십시오.

여: 그럴게요. 도와주신 것에 대해 전부 감사 드려요, 루크 씨!

1. Why most likely is Mary looking to buy earphones?

(a) because she lost her old pair on the subway
(b) so she doesn't have to hear other commuters
(c) because her current earphones are low quality
(d) so she can have a source of entertainment

메리는 왜 이어폰을 구입하려는 것 같은가?

(a) 지하철에서 기존의 것을 분실했기 때문에
(b) 그래야 다른 통근자들의 말을 들을 필요가 없으므로
(c) 현재 사용 중인 이어폰이 품질이 낮기 때문에
(d) 그래야 오락거리를 가질 수 있게 되므로

해설　대화 초반부에 여자가 이어폰 구입 목적을 말하면서 통근 시간이 최소 1시간은 걸리는데 지하철에 앉아 있기가 종종 지루하다고 (I'm looking for some quality earphones. My work commute takes at least an hour and I often get bored sitting on the subway) 알리고 있습니다. 이는 통근 시간을 즐겁게 보낼 오락거리를 필요로 한다는 뜻이므로 **(d)**가 정답입니다.

2. According to Luke, why are wireless earphones comfortable to use?

(a) because they are made of comfortable materials
(b) because they are hidden inside one's clothes
(c) because they allow one to move freely
(d) because they use convenient cables

루크의 말에 따르면, 왜 무선 이어폰이 사용하기 편한가?

(a) 편한 소재로 만들어지기 때문에
(b) 옷 속에 감춰지기 때문에
(c) 자유롭게 움직일 수 있게 해주기 때문에
(d) 편리한 케이블을 사용하기 때문에

해설　무선 이어폰의 장점을 처음 언급하기 시작하는 중반부에, 남자가 사용하기 매우 편하다는 말과 함께 기기에 선이 부착되지 않은 채로 원하는 만큼 자유롭게 움직일 수 있다고(One benefit they offer is that they are very comfortable to use. Without wires attached to your device, you are free to move around as much as you like!) 알리고 있습니다. 따라서 이러한 특징을 말한 **(c)**가 정답입니다.

3. How do wired earphones produce good sound quality?

(a) by using wires to directly transmit music
(b) by playing music continuously
(c) by restricting sound travel
(d) by relying on smart technology to play music

유선 이어폰이 어떻게 좋은 음질을 만들어내는가?

(a) 선을 이용해 직접 음악을 전송함으로써
(b) 끊임없이 음악을 재생함으로써
(c) 소리 이동을 제한함으로써
(d) 스마트 기술에 의존해 음악을 재생함으로써

해설　유선 이어폰과 좋은 음질 사이의 관계를 말하는 중반부에, 유선 이어폰은 음악이 선을 통해 직접적으로 전송되기 때문에 우수한 음질을 제공한다고(~ wired earphones produce good sound quality since the music is directly transmitted through the wires) 남자가 말하고 있습니다. 따라서 이러한 방식을 언급한 **(a)**가 정답입니다.

4. Why did Mary say that wired earphones can be a hassle?

(a) because they get in the way of other commuters
(b) because their wires usually get entangled
(c) because they take a long time to play songs
(d) because they only connect to certain devices

메리는 왜 유선 이어폰이 번거로운 것이 될 수 있다고 말했는가?

(a) 다른 통근자들에게 방해가 되기 때문에
(b) 선들이 일반적으로 얽히기 때문에
(c) 음악을 재생하는 데 오랜 시간이 걸리기 때문에
(d) 특정 기기에만 연결되기 때문에

해설 대화 중반부에 남자가 유선 이어폰의 단점이 선들이 얽히는 것이라고 말하면서 그것을 푸는 일이 시간이 걸리고 귀찮을 수 있다고(~ a disadvantage of wired earphones is that the wires can get entangled. Undoing the knots can take time and can be bothersome) 설명하고 있습니다. 따라서 이러한 단점을 언급한 (b)가 정답입니다.

5. What is a downside of using wireless earphones?

(a) They don't come with a case.
(b) They are attached to a device.
(c) They can break too easily.
(d) They run on battery.

무선 이어폰을 사용하는 것의 부정적인 측면은 무엇인가?

(a) 케이스가 딸려 있지 않다.
(b) 한 가지 기기에 연결된다.
(c) 너무 쉽게 고장 난다.
(d) 배터리로 작동된다.

해설 무선 이어폰의 단점이 언급되는 후반부에, 남자가 무선 이어폰은 배터리에 의존하는 것이라서 배터리를 충전해줘야 한다고 (~ wireless earphones also have downsides. For one, they are battery-dependent. When you've drained their battery, you would need to charge them again) 설명하고 있습니다. 이는 배터리로 작동된다는 말과 같으므로 (d)가 정답입니다.

6. What most likely will Mary do?

(a) buy wired earphones
(b) visit another store
(c) ask for another option
(d) get wireless earphones

메리는 무엇을 할 것 같은가?

(a) 유선 이어폰을 구입하는 일
(b) 다른 매장을 방문하는 일
(c) 다른 선택권을 요청하는 일
(d) 무선 이어폰을 구입하는 일

해설 대화 후반부에 여자는 멋져 보이고 싶다는 말과 함께 어떠한 방해도 받지 않고 음악을 듣는 게 좋다고(As much as I want to look stylish, I think it's better if I can listen to good music without any interruptions) 말하고 있습니다. 이는 남자가 대화 중반부에 선이 부착되지 않은 채로 원하는 만큼 자유롭게 움직일 수 있다고(Without wires attached to your device, you are free to move around as much as you like!) 말한 무선 이어폰의 장점에 해당되는 것이므로 (d)가 정답입니다.

PART 4 문제 풀이 연습

7. (b)　**8.** (c)　**9.** (d)　**10.** (c)　**11.** (a)　**12.** (c)
13. (a)

남: 안녕하세요, 시청자 여러분, 그리고 '타이디 홈 핵스' 채널에 오신 것을 환영합니다! 여러분께서는 오래된 영수증이나 고지서, 또는 편지들을 보관하시나요? 많은 분들에게 있어, 문서 자료를 갖고 있는 것은 하나의 중요한 보증 수단의 형태인데, 필요할 수도 있는 어떤 기록에 대한 것이든 항상 사본을 갖고 있도록 보장해 줌으로써, 논란이 발생될 경우에 스스로를 보호할 수 있기 때문입니다.

하지만, 문서는 빠르게 축적됩니다. 눈 깜짝할 사이에, 종이 몇 장이 빠르게 우뚝 치솟은 잡동사니 뭉치가 될 수 있습니다. 이 문제를 피하기 위해, **7** 문서 파일을 정리하는 6단계 가이드를 지금 말씀 드리겠습니다.

1단계 - 모든 문서를 모으십시오. 문서가 있을 수도 있는 모든 곳, 즉 가방, 책상 서랍, 또는 심지어 책 페이지들 사이를 확인하십시오. 모든 종류의 영수증, 품질 보증서, 계약서, 그리고 기타 문서를 모으시는 대로, 모든 것을 신중하게 살펴볼 수 있는 널찍한 자리에 모두 갖다 놓으십시오.

2단계 - 분류 과정을 통해 문서 더미를 만드십시오. 무엇에 관한 것인지 알 수 있도록 각 문서를 훑어보십시오. 꼼꼼하게 읽어보실 필요는 없습니다. **8** 제목 또는 처음 몇 줄 정도만 간단히 훑어보는 정도면 충분합니다. 이 과정을 거치시면서, 관련된 문서들을 한데 모아 한 가지 범주 하에 놓아두실 수 있을 것입니다. 그런 다음, 각 범주에 대해 문서 더미를 만드십시오.

예를 들어, 모든 가정용 고지서들을 한 가지 더미로 만들어놓는다거나, 의료 관련 기록을 또 다른 더미로 만들어놓는 것 등등입니다. 이는 또한 다른 것들과 서로 관련되지 않는다고 생각하시는 문서들에 대한 더미를 만드는 데에도 도움이 될 수 있습니다. **9** 범주마다 제목을 지으실 때 너무 구체적으로 정하는 것을 피하십시오. 그렇지 않으면, 나중에 너무 많은 범주들이 생기면서 어떤 문서가 어디로 가야 하는지 결정하시는 데 어려움을 겪게 됩니다.

3단계 - 만들어놓은 더미들을 자세히 살펴보십시오. 이때, 각 문서 더미에 달라붙어 각 문서의 중요성을 결정하십시오. 예를 들어, 가장 최근의 것이 맨 위에 놓이도록 시간 순으로 고지서 더미를 정리하실 수 있습니다. 또한 달마다, 또는 해마다 등등과 같이 필요로 하는 빈도를 바탕으로 문서를 분류하실 수도 있습니다. 여러분께서 가장 편리하다고 생각하시는 대로 하십시오.

4단계 - **10** 불필요한 파일들은 폐기하십시오. 나중에 더 이상 필요하지 않은 종이들은 재활용하시거나 처분하셔야 하는데, 그것들은 이미 오래된 것이거나 그저 더 이상 보관해야 할 만큼 중요하지 않기 때문입니다. 어수선한 종이를 감소시키기는 것뿐만 아니라, 이 단계는 나중에 쓸 파일들을 위한 공간도 만들 수 있습니다.

5단계 - 파일 관리 방식을 정하십시오. 불필요한 종이들을 버리신 후, 이미 여러 다른 범주로 분류해 두신 남은 파일들은 이

제 파일 관리 방식에 맞춰 정리하시면 됩니다. 이렇게 하는 한 가지 방법은 파일들을 분리된 여러 폴더에 보관하는 것입니다. 예를 들어, 고지서 범주에 속하는 모든 문서들을 하나의 폴더에, 의료 기록에 해당되는 것들을 또 다른 폴더 등등에 넣는 것입니다. 이를 위해 봉투를 사용하셔도 됩니다.

그런 다음, **11** 각 폴더 또는 봉투에 라벨을 부착하십시오. 혼란을 피할 수 있도록 반드시 이 라벨들이 그 내용물에 해당되어야 합니다. 그래서, 특정 문서가 필요하실 때, 어디서 찾아야 하는지 아실 수 있게 됩니다. 라벨 부착에 대한 대안으로, 각 범주에 대해 색상을 지정하실 수도 있습니다.

6단계 – 파일들을 보관하십시오. **12** 이 마지막 단계를 위해, 간단하면서 내구성이 좋은 보관용품 해결책을 선택하셔야 합니다. 이렇게 하시면, 파일들이 오랜 시간 안전하게 유지될 것입니다. 그냥 가장 가까운 사무용품점으로 가시면 정리용 받침대나 파일 캐비닛, 보관용 상자 등등과 같은 다양한 선택권을 확인해 보실 수 있을 것입니다.

13 문서를 정리해 둠으로써, 여러분께서는 시간과 에너지를 절약하실 수 있을 뿐만 아니라 문서를 분실하시는 것에 대해 걱정하실 필요도 없게 되실 것입니다. 여기까지가 오늘 저희 '타이디 홈 핵스'에서 준비한 방송 내용입니다. 저희가 늘 말씀 드리듯이, 행복한 집은 깔끔한 집입니다!

7. What is the main idea of the talk?

(a) types of paperwork
(b) arranging one's documents
(c) how to recycle paper
(d) importance of keeping old files

담화의 주제는 무엇인가?

(a) 문서의 종류
(b) 문서 정리하기
(c) 종이 재활용 방법
(d) 오래된 파일 보관의 중요성

해설   화자가 담화 초반부에 약간의 배경 설명과 함께, 문서 파일을 정리하는 6단계 가이드를 알려주겠다고(~ here's a six-step guide on organizing paper files) 말한 뒤로 각 단계를 차례대로 설명하는 것으로 담화가 진행되고 있으므로 **(b)**가 정답입니다.

8. Why most likely does one need to read only a few lines of a document when categorizing it?

(a) so that one has time to skim the rest of it
(b) so that one does not get tired easily
(c) because one can soon determine its content
(d) because the heading is printed in a larger size

문서를 분류할 때 왜 몇 줄만 읽어야 할 것 같은가?

(a) 나머지 부분을 훑어볼 시간을 갖기 위해
(b) 쉽게 지치지 않기 위해

(c) 금방 그 내용을 결정할 수 있기 때문에
(d) 제목이 더 크게 인쇄되어 있기 때문에

해설   문서 분류 시에 몇 줄만 읽는 일이 언급되는 초반부에, 제목 또는 처음 몇 줄 정도만 간단히 훑어보는 정도면 충분하다는 말과 함께 그 과정을 거치면서 관련된 문서들을 한데 모아 한 가지 범주 하에 놓아둘 수 있다고(A brief skim of the heading or the first few lines will do. As you do this, you'll be able to keep related documents together and place them under one category) 알리고 있습니다. 이는 제목 또는 첫 몇 줄만 봐도 무슨 내용으로 된 문서인지 바로 알 수 있다는 뜻이므로 (c)가 정답입니다.

9. What type of categories did the speaker say that one should avoid using?

(a) general categories
(b) those that are commonly used
(c) frequency-based categories
(d) those that are too specific

화자는 무슨 종류의 범주를 활용하는 것을 피해야 한다고 말하는가?

(a) 일반적인 범주들
(b) 흔히 활용되는 것들
(c) 빈도를 바탕으로 하는 범주들
(d) 너무 구체적인 것들

해설   분류 범주를 활용하는 일과 관련해 설명하는 중반부에, 범주마다 제목을 지을 때 너무 구체적으로 정하는 것을 피하라고 (Avoid being too specific when giving titles to your categories) 알리고 있으므로 이를 언급한 (d)가 정답입니다.

10. Based on the talk, what should one do with outdated files?

(a) File them in the "outdated" category
(b) Put them in a storage container
(c) Throw them away
(d) Place them at the pile's bottommost part

담화 내용에 따르면, 오래된 파일들에 대해 무엇을 해야 하는가?

(a) "오래된" 범주에 넣어 정리하는 일
(b) 보관용 용기에 넣어두는 일
(c) 버리는 일
(d) 더미의 가장 아래쪽 부분에 놓아두는 일

해설   오래된 문서의 처리 방법을 말하는 중반부에, 나중에 더 이상 필요하지 않은 종이들은 재활용하거나 처분해야 한다는 말과 함께, 그것들은 이미 오래된 것이거나 그저 더 이상 보관해야 할 만큼 중요하지 않기 때문이라고(Discard unnecessary files. Recycle or dispose of papers you'll no longer need in the future—either because they are already outdated or just not important to keep anymore) 알리고 있습니다. 따라서 버리는 일을 뜻하는 (c)가

정답입니다.

11. How can one easily find a particular document?

(a) by labeling the folders or envelopes
(b) by using a few folders or envelopes
(c) by assigning one color for all envelopes
(d) by keeping the contents free of any markings

어떻게 특정 문서를 쉽게 찾을 수 있는가?

(a) 폴더 또는 봉투에 라벨을 붙임으로써
(b) 몇몇 폴더 또는 봉투를 사용함으로써
(c) 모든 봉투에 대해 한 가지 색상을 부여함으로써
(d) 어떠한 표기도 하지 않은 채로 내용물을 보관함으로써

해설 분류한 문서를 찾는 방법과 관련해, 담화 후반부에 폴더 또는 봉투에 라벨을 부착하라는 말과 함께 특정 문서가 필요할 때 어디서 찾아야 하는지 아실 수 있게 된다고(~ put a label on each folder or envelope. ~ So, when you need a particular document, you'll know where to locate it) 설명하고 있습니다. 따라서 이 라벨 부착 방식을 언급한 (a)가 정답입니다.

12. How can one avoid having his or her documents damaged?

(a) by storing the files in an open space
(b) by bringing them to an office supply store
(c) by using a durable storage option
(d) by ironing out wrinkled documents

어떻게 문서들이 손상되는 것을 피할 수 있는가?

(a) 파일들을 개방된 곳에 보관함으로써
(b) 사무용품점으로 가져감으로써
(c) 내구성이 좋은 보관용품 선택권을 활용함으로써
(d) 주름진 문서들을 다림질함으로써

해설 문서 보관 방법을 설명하는 후반부에, 간단하면서 내구성이 좋은 보관용품을 선택하면 파일들이 오랜 시간 안전하게 유지될 것이라고(~ you'll choose simple and durable storage solutions. This way, your files will remain safe for a long time) 알리고 있으므로 (c)가 정답입니다.

13. According to the talk, why should viewers be more organized?

(a) so that they can keep track of paperwork
(b) so that no energy is spent locating documents
(c) so that their files can be pleasing to look at
(d) so that they can save money on paper

담화 내용에 따르면, 시청자들은 왜 더욱 정리된 상태가 되어야 하는가?

(a) 문서를 파악할 수 있도록 하기 위해서
(b) 문서를 찾는 데 어떤 에너지도 소비되지 않도록 하기 위

해서
(c) 파일들이 보기 좋은 상태가 될 수 있도록 하기 위해서
(d) 종이에 들어가는 돈을 아낄 수 있도록 하기 위해서

해설 담화 맨 마지막에 문서를 정리해 둠으로써 시간과 에너지를 절약하고 문서를 분실하는 것에 대해 걱정할 필요도 없게 된다고 **(By having organized paperwork, not only can you save time and energy, but you also won't have to worry about misplacing documents)** 알리고 있습니다. 이는 보관하는 문서를 파악할 수 있는 상태가 되는 것을 의미하므로 **(a)**가 정답입니다.

DAY 01

지텔프 보카 맛보기 퀴즈

1.

정답   known

해석   그는 그 도시에서 최고의 페이스트리를 판매하는 것으로 알려져 있다.

어휘   sell 판매하다   pastry 페이스트리, 작은 케이크

2.

정답   has suffered

해석   터너 씨는 오랜 시간 동안 만성적인 요통으로 고통을 겪어 왔다.

어휘   chronic 만성적인   back pain 요통

3.

정답   talented

해석   우리는 우리의 웹사이트를 관리할 재능이 있는 웹개발자를 찾고 있다.

어휘   seek 구하다, 추구하다   manage 관리하다

4.

정답   former

해석   회사의 전 대표이사 위버 씨는 새로운 투자사를 찾았다.

어휘   chief executive officer 대표이사, 최고경영인(=CEO) investment 투자

5.

정답   reputation

해석   김 씨는 성공적인 피겨 스케이터로서의 명성을 얻었다.

어휘   gain 얻다   successful 성공적인

6.

정답   undergo

해석   그 복사기는 정기적인 유지보수를 받을 필요가 있다.

어휘   regular 규칙적인, 정기적인   maintenance 유지, 유지보수

DAY 02

지텔프 보카 맛보기 퀴즈

1.

정답   prefers

해석   내 여동생은 혼자 여행하는 것을 선호한다.

어휘   travel 여행하다

2.

정답   handle

해석   직원들은 고객 불평을 효율적으로 처리하라고 지시 받았다.

어휘   be instructed to do ~하라고 지시 받다   complaint 불평 efficiently 효율적으로

3.

정답   available

해석   서버 정기점검으로 인하여, 브로드 커넥션의 모든 웹사이트는 오전 8시까지 이용할 수 없을 것이다.

어휘   regular checkup 정기점검

4.

정답   refrain

해석   승무원은 승객들에게 비행기가 이륙하는 동안 자리를 뜨지 않도록 주의해달라고 요청했다.

어휘   flight crew 승무원   take off 이륙하다

5.

정답   arranged

해석   로건 씨는 재고를 확인한 뒤, 분실 상품의 배송 일정을 잡았다.

어휘   inventory 재고, 물품목록   shipment 수송, 배송

6.

정답   encouraged

해석   경영진은 직원들이 인터넷 회의를 이용하도록 권장했다.

어휘   management 경영진

지텔프 보카 맛보기 퀴즈

1.

정답　match

해석　그 영수증은 실제 청구 금액과 일치하지 않는다.

어휘　receipt 영수증

2.

정답　deserves

해석　쉬머 씨는 그 프로젝트에 큰 공헌을 했기 때문에 승진할 만하다.

어휘　contribution 공헌, 기여

3.

정답　impressive

해석　권 씨는 인상적인 이력서를 가지고 있다.

어휘　résumé 이력서

4.

정답　release

해석　시원스쿨은 다음 달에 새로운 제품인 시원 펜을 출시한다고 발표했다.

어휘　announce 발표하다, 알리다.

5.

정답　convinced

해석　나의 트레이너는 내가 일주일에 세 번 체육관에 오도록 설득했다.

어휘　gym 체육관

6.

정답　ensures

해석　그 보호 포장재는 상품이 손상되지 않고 배달될 수 있도록 보장한다.

어휘　deliver 배달하다 damage 손상, 피해

지텔프 보카 맛보기 퀴즈

1.

정답　environment

해석　그 관리자는 업무 환경을 개선하는데 대단한 헌신을 보였다.

어휘　remarkable 대단한, 놀랄 만한 commitment 헌신

2.

정답　temperature

해석　그 수영장의 온도는 쾌적한 26도로 유지되어진다.

어휘　comfortable 편안한, 쾌적한

3.

정답　pollution

해석　공기오염에 장기적으로 노출되는 것은 많은 건강의 문제가 있다.

어휘　long-term 장기적인 exposure 노출

4.

정답　disposed

해석　플라스틱 병들은 제대로 폐기되어야 한다.

어휘　properly 제대로, 적절히

5.

정답　regulations

해석　공사현장에서 일 할 때는, 너는 반드시 모든 안전규정을 준수해야 한다.

어휘　construction site 공사현장 observe 준수하다

6.

정답　beneficial

해석　일부 곤충들은 환경을 깨끗하게 유지하는데 있어서 유익하다.

어휘　environment 환경

지텔프 보카 맛보기 퀴즈

1.

정답   discovered

해석   한 채굴 회사가 1910년에 치와와에서 120미터 깊이의 동굴을 발견했다.

어휘   mining 채굴, 채광   cave 동굴

2.

정답   charge

해석   네가 구입한 가구는 추가 요금 없이 배달될 것이다.

어휘   additional 추가의

3.

정답   integrated

해석   AG엔지니어링과 AG모터스는 점차적으로 하나의 거대한 자동차 기업으로 통합될 것이다.

어휘   gradually 점차적으로, 점점   automobile 자동차

4.

정답   source

해석   책을 읽는 것은 나의 영감을 주는 주요 원천이다.

어휘   inspiration 영감

5.

정답   investigated

해석   그 조사팀은 공장 폐쇄가 지역 경제에 미치는 영향을 조사했다.

어휘   closure 폐쇄

6.

정답   durable

해석   새로 출시된 가방은 환경 친화적인, 내구력이 매우 좋은 물질로 만들어졌다.

어휘   launch 출시하다

지텔프 보카 맛보기 퀴즈

1.

정답   analyzed

해석   마케팅 팀은 고객의 설문조사 응답을 분석했다.

어휘   survey 설문조사   response 응답

2.

정답   expertise

해석   급여는 전문성과 경력을 기반으로 달라질 것이다.

어휘   salary 급여   differ 다르다   based on ~을 기반으로

3.

정답   rapidly

해석   그 오래된 기계들은 가능한 빠르게 교체되어야 한다.

어휘   replace 바꾸다, 교체하다

4.

정답   reveals

해석   최근의 한 연구에서 아침을 정기적으로 먹는 사람들이 아침을 거르는 사람들보다 더 건강한 경향이 있다는 것을 보여주었다.

어휘   regularly 정기적으로   tend to do ~하는 경향이 있다

5.

정답   feasibility

해석   스미스 씨는 연구센터에 새 부속건물을 추가할 가능성을 검토하기 위해 오늘 오후에 건축가들과 회의를 가지기로 예정되어 있다.

어휘   architecture 건축가   wing 부속건물

6.

정답   prove

해석   당신은 그 결함상품이 보증수리 기간이라는 것을 증명하기 위해서 원본 영수증을 가지고 와야 합니다.

어휘   defective 결함이 있는   warranty 품질보증서

DAY 07

지텔프 보카 맛보기 퀴즈

1.
정답 species
해석 많은 곤충의 종들이 그들의 서식지와 먹을 것들을 잃음으로써 멸종의 위기에 처해있다.
어휘 in danger 위험에 처한 habitat 서식지

2.
정답 characteristics
해석 마주보는 엄지를 가진 것은 다른 영장류와 비교했을 때 인간의 독특한 특성 중 하나이다.
어휘 opposable thumbs 마주보는 엄지

3.
정답 consists
해석 그린 에코시스템 협회는 25개 이상의 지역 기업과 단체들로 구성되어 있다.
어휘 organization 단체

4.
정답 evidence
해석 매출액 증가는 우리 제품들에 대한 인기상승의 증거이다.
어휘 sales figures 매출액

5.
정답 disperse
해석 곤충들은 식물의 씨앗들이 이리저리 흩어지고 번식할 수 있도록 한다.
어휘 reproduce 번식하다

6.
정답 vulnerable
해석 구피는 열대어라서, 낮은 온도에 취약하다.
어휘 temperature 온도

DAY 08

지텔프 보카 맛보기 퀴즈

1.
정답 hatch
해석 알들이 부화하면, 어린 거북이들은 남쪽으로 180 마일을 헤엄쳐 간다.
어휘 egg 알 turtle 거북 south 남쪽으로

2.
정답 infested
해석 그 기지의 병원은 전쟁 동안 쥐와 곤충들이 들끓었다.
어휘 base hospital (군사) 기지 병원 rat 쥐 insect 곤충

3.
정답 prey
해석 보브캣은 은밀한 사냥꾼이며, 10 피트까지 뛰어올라 그들의 먹이를 치명적으로 공격한다.
어휘 stealthy 은밀한 leap 뛰어 오르다 up to ~까지 lethally 치명적으로

4.
정답 subject
해석 상품 추첨일은 공지 없이 변경될 수 있습니다.
어휘 prize drawing 상품 추첨 notice 공지, 알림

5.
정답 selective
해석 잠재적으로 후보가 될 사람을 고려할 때는 꼼꼼하게 따지세요.
어휘 potential 잠재적인 candidate 후보자

6.
정답 distinguished
해석 저희 건강식품 제품들은 녹색의 정부인증 상표를 통해 쉽게 구분될 수 있습니다.
어휘 healthy food 건강식품 easily 쉽게 government 정부 certified 인증을 받은, 공인의, 증명된

지텔프 보카 맛보기 퀴즈

1.
정답 field

해석 에이햄 씨는 기계 공학 분야에서 3년의 경력을 가지고 있다.

어휘 mechanical engineering 기계공학

2.
정답 demand

해석 보고서는 유기농 식품의 수요가 지난 5년 동안 30% 이상 증가했음을 보여준다.

어휘 organic food 유기농 식품

3.
정답 initiative

해석 모든 주민들이 카운티 내 공공학교들에게 무료 광대역 인터넷 서비스를 제공하려는 계획에 대한 지지를 보여주었다.

어휘 resident 주민 broadband Internet service 광대역 인터넷 서비스

4.
정답 deliberated

해석 대통령은 제넷 씨를 새로운 참모총장으로 임명하기 전에 일주일 이상을 숙고했다.

어휘 appoint 임명하다

5.
정답 imposed

해석 도서관에서 대여한 어떤 책에 대해서도 반납일을 일주일 넘기면 연체료가 부과될 것이다.

어휘 fine 벌금 impose (벌금을) 부과하다 past 지나간 due 반납일

6.
정답 entitled

해석 귀하는 유급 휴가를 받을 권리를 지닐 것이다.

어휘 paid holidays 유급 휴가

지텔프 보카 맛보기 퀴즈

1.
정답 negotiated

해석 ELP 전자는 시원스쿨과 장기 계약을 성공적으로 협상하였다.

어휘 long-term 장기의, 장기간의 contract 계약

2.
정답 announced

해석 식품 안전국은 현행의 보건 안전 규정들을 변경할 계획이 없다고 발표했다.

어휘 regulation 규정, 규제

3.
정답 transformed

해석 건물 옥상에 새로 설치된 화단들은 사무 복합단지의 외형을 크게 변모시켰다.

어휘 rooftop 옥상 significantly 상당히, 크게 appearance 외형

4.
정답 downsizing

해석 더블 텔레콤은 구조 조정 중이고 내년에는 자사의 서비스를 중단할 것이다.

어휘 discontinue 중단하다

5.
정답 administrative

해석 리처 씨는 3년간의 행정 업무 경력이 있다.

어휘 experience 경력, 경험

6.
정답 endorse

해석 유명 야구선수 류현진은 우리 상품을 홍보하기로 합의했다.

어휘 agree 동의하다, 합의하다

DAY 11

지텔프 보카 맛보기 퀴즈

1.

정답 fits

해석 나는 나의 흥미와 능력에 더 잘 맞는 직업을 찾고 싶다.

어휘 interest 흥미 ability 능력

2.

정답 routine

해석 틸러 제조사에서는 한 달에 한 번 기계들에 대한 정기 점검을 실시한다.

어휘 carry out 실시하다, 수행하다

3.

정답 usage

해석 아크레이 사는 지난 달과 비교해서 에너지 사용량을 거의 20퍼센트 정도 줄였다.

어휘 reduce 줄이다 compared to ~에 비해서, ~와 비교해서

4.

정답 steady

해석 코든 헬스 푸드는 약 10년 전 과일 음료를 생산하기 시작한 이후로 꾸준한 성장을 이루었다.

어휘 growth 성장 beverage 음료 decade 10년

5.

정답 adequately

해석 콜브 사는 자사가 최근에 출시한 토스터 오븐 제품군의 안전성에 대한 우려에 적절히 대처하기 위해 기자회견 일정을 잡았다.

어휘 schedule 일정을 잡다, 계획하다 press conference 기자회견 address 대처하다, 처리하다 concern 우려, 걱정 safety 안전 line 제품군, 상품 종류

6.

정답 patience

해석 악천후로 지연이 발생할 수도 있습니다. 그럴 경우에 참고 기다려주시면 고맙겠습니다.

어휘 delay 지연 due to ~때문에

DAY 12

지텔프 보카 맛보기 퀴즈

1.

정답 essential

해석 다른 종류의 필수 비타민들을 포함한 다양한 음식을 먹으려고 노력하세요.

어휘 contain ~이 들어있다

2.

정답 affected

해석 환자의 회복은 환경에 의해 크게 영향을 받는다.

어휘 patient 환자 greatly 대단히, 크게

3.

정답 prohibited

해석 승인되지 않은 직원들은 위험 물질이 사용되고 있는 실험실 출입이 금지된다.

어휘 unauthorized 승인되지 않은 laboratory 실험실 hazardous 위험한

4.

정답 delicate

해석 고객불만처리부 책임자로서, 샤프 씨는 고객과 관련된 민감한 문제를 처리하는 데 능숙하다.

어휘 experienced 능숙한, 경험이 풍부한 handling 처리, 다루기

5.

정답 prevent

해석 근무 책임자들은 반드시 필요하다고 여겨지는 경우가 아니면, 직원들이 지나치게 긴 휴식을 취하지 못하도록 해야 한다.

어휘 supervisor 책임자 excessively 지나치게 deem ~로 여기다

6.

정답 unprecedented

해석 익스프레스 브로드밴드 사는 자사의 고속인터넷 서비스 지역에 대해 전례 없는 확장을 계획하고 있다.

어휘 expansion 확장 coverage 범위

지텔프 보카 맛보기 퀴즈

1.

정답   **terms**

해석   곤충들은 식품 생산의 관점에서 인간들에게 직접적인 혜택을 준다.

어휘   direct 직접적인   benefit 혜택

2.

정답   **facility**

해석   알람이 울리면, 많은 학생들은 시설물을 탈출하려고 노력한다.

어휘   go off (경보 등이)울리다, 자리를 뜨다

3.

정답   **setback**

해석   최근의 재정 문제에도 불구하고, 대학은 여전히 학문적으로 뛰어난 고등학교 졸업생들의 마음을 끄는 것에 낙관하고 있다.

어휘   attract 마음을 끌다   academically 학문적으로

4.

정답   **noteworthy**

해석   실내장식 분야에서 40년간 일한 끝에, 갬블 씨는 많은 주목할 만한 성과에 대해 공로를 인정받고 있다.

어휘   achievement 성과   be honored for ~에 대해 공로를 인정받다

5.

정답   **demonstrate**

해석   선생님은 그 장비를 사용하는 방법을 보여줄 수 있다.

어휘   equipment 장비

6.

정답   **reunion**

해석   리사는 그녀의 10주년 동창회를 위해 남색 실크 드레스를 구입했다.

어휘   indigo 남색

지텔프 보카 맛보기 퀴즈

1.

정답   **potential**

해석   콜러 키친웨어 사는 500개가 넘는 상품의 목록을 그 지역의 잠재 고객들에게 배포하였다.

어휘   distribute 배포하다, 나누어 주다 catalog 상품 목록

2.

정답   **instructed**

해석   그 학생들은 짝을 이루어 줄을 서라고 지시 받았다.

어휘   make a pair 짝을 이루다   in line 줄지어

3.

정답   **motivate**

해석   어린이들이 학습을 서로 더 잘하려고 하는 것이 동기부여가 되는 것은 사실이다.

어휘   learning 학습

4.

정답   **relevant**

해석   존스 씨는 대학 입학에 관련된 서류를 취합하는 일을 맡고 있다.

어휘   in charge of ~을 맡은, ~을 담당하는   compile 취합하다, 엮다   admission 입학

5.

정답   **academic**

해석   독서는 학생들이 더 나은 학문적인 결과를 이루도록 돕는다.

어휘   achieve 성취하다

6.

정답   **strives**

해석   팀버레이크 씨는 항상 교실에서 그녀의 학생들의 요구를 알아내기 위해서 노력한다.

어휘   identify 찾다, 발견하다

지텔프 보카 맛보기 퀴즈

1.

정답 opening

해석 대표이사는 롱빌 지사의 공석에 대해 캐런 바인즈 씨를 추천했다.

어휘 chief executive officer 대표이사, 최고경영인 recommend 추천하다 branch 지사

2.

정답 candidate

해석 라인하트 텔레콤의 새로운 지사의 보조감독직의 성공적인 후보자가 되려면 최소 6년의 고객서비스 경험이 있어야 할 것이다.

어휘 assistant 조수, 보조 supervisor 감독관, 관리자

3.

정답 subsequent

해석 향후 저희 지역 매장들을 방문하실 때 언제나 이 쿠폰을 사용하실 수 있습니다.

어휘 local 지역의

4.

정답 notify

해석 케이트 씨는 그녀가 직책에서 물러날 계획임을 부서장에서 알릴 것이다.

어휘 resign 사직, 사임하다

5.

정답 procedures

해석 실험 장비 기사들은 깨진 유리나 위험한 액체를 처리할 때 적절한 절차를 따라야 한다.

어휘 proper 적절한 dispose of ~을 처리하다 hazardous 위험한 liquid 액체

6.

정답 vacant

해석 재무팀에서 고위 직원들 몇 명이 다음 달 퇴직하면, 네 개의 자리가 비게 된다.

어휘 senior 고위의, 상급의 finance team 재무팀

지텔프 보카 맛보기 퀴즈

1.

정답 contract

해석 계약서에 사인하기 전에 용어와 조건들을 매우 주의 깊게 읽으세요.

어휘 term 용어

2.

정답 incorporating

해석 시원전자는 고객 의견을 제품 개발 과정에 반영하기로 유명하다.

어휘 be known for ~로 유명하다 feedback 의견

3.

정답 attached

해석 모든 휴가 신청서에는 여러분의 사원증 사본이 첨부되어야 합니다.

어휘 request 요구, 신청, 요청

4.

정답 replacements

해석 배송 제품 파손에 대해 진심으로 사과 드리며, 즉시 교체품을 보내 드리겠습니다.

어휘 sincere 진실된, 진심 어린 immediately 즉시

5.

정답 schedule

해석 쿼츠 피트니스에서 더 많은 개인 훈련 서비스를 찾으신다면, 운동 강사들 중 한 명과 상담 일정을 잡아보세요.

어휘 consultation 상담

6.

정답 enclosed

해석 편지와 함께 동봉된 무료 할인 상품권을 찾아주세요.

어휘 complimentary 무료 discount 할인 voucher 상품권

지텔프 보카 맛보기 퀴즈

1.

정답 **revenue**

해석 모두의 노고와 협력이 없었다면, 우리가 올해 두 배의 수익을 거두지 못했을 것입니다.

어휘 hard work 노력, 노고 cooperation 협력, 협동 double 두 배로 만들다

2.

정답 **proceed**

해석 사소한 기술적인 결함들에 대해 몇 차례 보고가 있었지만, 헨리 테크놀로지 사는 새로운 냉장고 제품군의 출시를 계속 진행할 것이다.

어휘 report 보고 minor 사소한 release 출시 line 제품군, 상품의 종류 refrigerator 냉장고

3.

정답 **valid**

해석 그 상품권은 일주일 전에 기한이 만료되어서, 더 이상 유효하지 않습니다.

어휘 gift voucher 상품권 expire 기한이 만료되다 no longer 더 이상 ~않다

4.

정답 **attract**

해석 내년에 앨런비 시리얼스 사는 더 많은 고객들을 유치하기 위해 자사의 제품 종류를 확장할 것이다.

어휘 expand 확장하다 range 종류, 범위

5.

정답 **transaction**

해석 구매가 확정된 후에, 그 거래는 귀하의 은행 기록에 실모어 인터내셔널이라는 이름으로 나타날 것입니다.

어휘 purchase 구매 confirm 확인하다, 확정하다 appear 나타나다 record 기록 under the name ~라는 이름으로

6.

정답 **delegate**

해석 각 대표는 도착하자마자 그들의 지정된 좌석으로 안내되어야 한다.

어휘 upon ~하자마자 escort 호위하다, 안내하다 designated 지정된

지텔프 보카 맛보기 퀴즈

1.

정답 **meet**

해석 헌츠 출판사는 직원들이 마감기한을 준수하도록 격려하기 위해서 휴가 연장 및 기타 장려책들을 제공한다.

어휘 offer 제공하다 extra 여분의, 별도의 encourage A to do: A가 ~하도록 격려하다 deadline 마감기한

2.

정답 **purchase**

해석 30 달러 이상의 구매를 하시면 무료 배송을 받으실 자격을 갖추게 됩니다.

어휘 free shipping 무료 배송

3.

정답 **cover**

해석 존스 씨는 직무 예비교육 시간에 자신이 다룰 주요 주제들에 대해 간략히 설명하는 유인물을 각 신입직원들에게 나눠 주었다.

어휘 handout 유인물 outline 간략히 설명하다, 개요를 서술하다 orientation 예비 교육

4.

정답 **refunded**

해석 그 비행기 예약 인원이 정원 이상이 되면서 블랙 씨의 항공권 비용이 환불되었다.

어휘 cost 비용 overbook 초과 예약하다, 정원 이상 예약하다

5.

정답 **access**

해석 GT 사는 자사의 신형 태블릿 컴퓨터 제품군을 통해 유럽 시장에 진입하기를 희망한다.

어휘 line 제품군, 상품의 종류

6.

정답 **consistent**

해석 우리의 제품 품질은 20년 전 창업 이래로 변함없는 수준을 유지하고 있다.

어휘 quality 품질 remain + 형용사: ~한 상태로 남아 있다, ~한 상태를 유지하다 establishment 창업, 설립

지텔프 보카 맛보기 퀴즈

1.

정답   classical

해석   바이올린 연주자 빈센트 응구옌이 최근 한 영화음악에 참여한 것은 그가 평소에 하던 클래식 음악을 벗어난 대단한 일탈이었다.

어휘   contribution 기여, 참여   major 주요한, 대단한   departure 벗어남, 일탈

2.

정답   modify

해석   라르소 가구는 다음 달에 고객들의 요구에 맞추기 위해 시스템을 수정할 계획을 세우고 있다.

어휘   suit ~에 맞추다, ~에 적합하게 하다   needs 요구(복수형)

3.

정답   appearance

해석   배우 데니스 스닙스는 지난 주에 벤트우드 시네마플렉스에 깜짝 등장했다.

어휘   made a surprise appearance 깜짝 등장하다

4.

정답   adopt

해석   일류의 자동차 제조업체는 내년에 제품 개발의 혁신적인 접근법을 채용할 것이라고 발표하였다.

어휘   leading 일류의, 뛰어난   automaker 자동차 제조업체   innovative 혁신적인   approach 접근법

5.

정답   accurate

해석   사실주의는 예술적 방법들 중에 정밀하고, 상세한, 그리고 정확한 묘사이다.

어휘   precise 정밀한, 정확한   detailed 상세한   artistic 예술의, 예술적인   method 방법

6.

정답   critics

해석   티모시 핀은 대부분의 미술 평론가들과는 달리 제니퍼 고든의 사진 작품들이 매력적이라고 생각했다.

어휘   find ~하다고 여기다, ~하다고 생각하다   fascinating 매력적인, 매료시키는   unlike ~와 달리

지텔프 보카 맛보기 퀴즈

1.

정답   implications

해석   저희는 현재의 경기 침체와 그것이 가져올 저희 해외 지사 몇 개소의 폐쇄 필요에 대해 우려하고 있습니다.

어휘   be concerned about ~에 대해 우려하다   economic 경제의   slowdown 둔화, 침체   foreign 외국의, 해외의

2.

정답   presence

해석   당신의 온라인상의 존재는 창의성과 의사 소통 능력을 필요로 하는 분야에서 일하기를 바란다면 특히 중요합니다.

어휘   presence 존재감   especially 특히   field 분야   require 필요로 하다, 요구하다   creativity 창의성   communication skill 의사 소통 능력

3.

정답   mandatory

해석   전 직원은 월례 워크숍에 의무적으로 참석해야 합니다.

어휘   employee 직원   attend 참석하다   monthly 월 마다의, 월례의

4.

정답   elected

해석   윌셔 씨는 두번째 임기로 시의회에 근무하도록 당선될 것이 분명하다.

어휘   be sure to do: ~하는 것이 분명하다   serve 근무하다, 봉사하다   city council 시 의회   term 임기, 기간

5.

정답   justification

해석   보건 검열관은 13번가에 있는 모리스 피자리아의 문을 닫아야 하는 강력한 이유를 제시했다.

어휘   provide 제공하다   shut down 문을 닫다, 폐쇄하다

6.

정답   strictly

해석   방문객들은 애버딘 역사 박물관 안으로 음식이나 음료를 반입하는 것이 엄격히 금지됩니다.

어휘   visitor 방문객   be forbidden 금지되다   beverage 음료

문법

1.	2.	3.	4.	5.
(b)	(c)	(c)	(a)	(d)
6.	7.	8.	9.	10.
(a)	(a)	(d)	(c)	(b)
11.	12.	13.	14.	15.
(b)	(d)	(a)	(b)	(a)
16.	17.	18.	19.	20.
(c)	(d)	(c)	(c)	(a)
21.	22.	23.	24.	25.
(d)	(c)	(b)	(b)	(a)
26.				
(d)				

청취

27.	28	29.	30.	31
(b)	(a)	(d)	(c)	(a)
32.	33.	34.	35.	36.
(c)	(b)	(d)	(b)	(a)
37.	38.	39.	40.	41.
(d)	(b)	(c)	(c)	(a)
42.	43.	44.	45.	46.
(b)	(d)	(c)	(a)	(a)
47.	48.	49.	50.	51.
(d)	(b)	(c)	(d)	(a)
52.				
(c)				

독해 및 어휘

53.	54.	55.	56.	57.
(b)	(d)	(a)	(c)	(b)
58.	59.	60.	61.	62.
(a)	(d)	(c)	(a)	(d)
63.	64.	65.	66.	67.
(b)	(b)	(a)	(c)	(c)
68.	69.	70.	71.	72.
(a)	(b)	(d)	(c)	(b)
73.	74.	75.	76.	77.
(a)	(d)	(b)	(a)	(c)
78.	79.	80.		
(b)	(c)	(d)		

문법

1.

정답 (b)

해석 소피아는 때때로 변상증, 또는 추상적인 패턴에서 익숙한 이미지가 보이는 경향을 경험한다. 예를 들어, 어제, 그녀는 일정하지 않은 구름 형상 속에서 노인 남성의 얼굴을 인식할 수 있었다.

해설 문장의 의미에 어울리는 조동사를 고르는 문제입니다. 빈칸이 속한 문장은 과거 시점 표현 Yesterday와 함께 앞 문장에 때때로 경험한다고 언급된 특정 증상을 과거 시점에 한 차례 겪을 수 있었던 상황을 나타내야 하므로 '~할 수 있었다'라는 의미로 쓰이는 (b) could가 정답입니다.

어휘 experience ~을 경험하다, 겪다 tendency to do ~하는 경향 familiar 익숙한, 잘 아는 abstract 추상적인 perceive ~을 인식하다 random 일정하지 않은, 무작위의 formation 형상, 형성 must (강한 의무) 반드시 ~해야 하다, (강한 추정) ~임에 틀림없다 would ~일 것이다, ~하겠다, (과거에) 흔히 ~했다 might ~할 수도 있다, ~일지도 모른다

2.

정답 (c)

해석 조이가 DSLR 카메라를 구입했는데, 지금은 어디를 가든 그 기기를 챙겨간다. 그는 참지 못하고 거의 모든 것을 사진으로 촬영하고 있다. 실제로, 그는 어젯밤에 슈퍼문의 놀라운 사진을 찍었다!

해설 동사 take의 알맞은 형태를 고르는 문제입니다. 빈칸 앞에 위치한 동사 stop은 동명사를 목적어로 취하므로 (c) taking이 정답입니다. 이때 (b) having taken과 같은 형태는 사용하지 않습니다.

어휘 take ~을 가져가다 gadget 기기, 장치 wherever ~하는 어디든 take a picture of ~의 사진을 촬영하다 in fact 실제로, 사실은 amazing 놀라운 supermoon 슈퍼문(달이 지구와 가까워지면서 평소보다 커 보이는 현상)

3.

정답 (c)

해석 백신 발명은 인류 복지에 상당히 기여해왔다. 백신이 발명되지 않았다면, 인류는 수 세기 전에 수백만 명의 사람들을 죽인 전염병을 극복하지 못했을 것이다.

해설 동사 overcome의 알맞은 형태를 고르는 문제입니다. 빈칸이 속한 문장의 시작 부분을 보면, 「Had + 주어 + p.p.」 구조로 되어 있습니다. 이는 가정법 과거완료 문장에서 If가 생략되고 had가 주어와 자리를 바꿔 도치된 구조입니다. 따라서 If절의 동사가 가정법 과거완료를 나타내는 「had p.p.」일 때, 주절의 동사는 「would[could/should/might] + have p.p.」와 같은 형태가 되는 규칙이 그대로 적용되어야 하므로 (c) would not have overcome이 정답입니다.

어휘 invention 발명 vaccine 백신, 예방 접종 contribute to ~에 기여하다, 공헌하다 significantly 상당히 welfare 복지, 안

녕, 행복 invent ~을 발명하다 infectious 전염성의 disease 질병 overcome ~을 극복하다

4.

정답 (a)

해석 세레나는 봄맞이 대청소를 하느라 꽤 바쁘다. 오늘 오후에 그녀의 집에 들르면, 일반 곰팡이와 흰곰팡이로 얼룩져 있는 커튼과 장식용 천을 세탁하고 있을 것이다.

해설 동사 wash의 알맞은 형태를 고르는 문제입니다. 빈칸이 속한 주절 앞에 현재시제 동사 drop을 포함한 When절이 쓰여 있는데, 시간이나 조건을 나타낼 때 When절의 동사가 현재시제이면, 주절의 동사는 미래진행시제가 되어야 합니다. 즉 이 When절이 가리키는 특정 시점에 한해 세탁하는 행위가 진행된 것을 나타내야 알맞으므로 미래진행시제인 (a) will be washing이 정답입니다.

어휘 be busy -ing ~하느라 바쁘다 quite 꽤, 상당히 spring cleaning 봄맞이 대청소 drop by ~에 들르다 drapery (의자, 소파, 벽 등에 사용하는) 장식용 천 stained 얼룩진 mold 곰팡이 mildew 흰곰팡이

5.

정답 (d)

해석 "해골화"의 흰 꽃잎들은 물을 맞으면 투명하게 변한다. 물에 젖을 때 그 꽃잎들이 투명해 보이는 이유는 물이 세포 내부를 가득 채울 수 있게 해주는 촘촘하지 않은 세포 조직 때문이다.

해설 빈칸 앞에 위치한 복합명사(선행사) cell structure를 부연 설명할 관계대명사절로 적절한 것을 고르는 문제입니다. 따라서 사물명사를 수식할 수 있는 관계대명사 which와 that이 각각 이끄는 (a)와 (d) 중에서 하나를 골라야 하는데, which나 that이 이끄는 관계대명사절은 주어 또는 목적어 등이 빠진 불완전한 구조여야 하므로 주어가 없는 불완전한 구조인 (d) that permits water to fill in the cells가 정답입니다. (a)에서 it은 which가 가리키는 것과 중복되므로 문법적으로 어순이 맞지 않기 때문에 (a)는 오답입니다.

어휘 petal 꽃잎 turn 형용사: ~한 상태로 변하다 transparent 투명한(= clear) strike ~에 충돌하다, 부딪히다 appear 형용사: ~한 상태로 보이다, ~한 것 같다 loose 촘촘하지 않은, 느슨한, 헐거운 cell 세포 structure 조직(체) permit A to do: A가 ~할 수 있게 해주다 fill in ~을 가득 채우다

6.

정답 (a)

해석 브라이언은 도시 경관을 선호하기 때문에 자신의 집이 그림 같은 강을 내려다보고 있다는 점을 인식하지 못하고 있다. 하지만, 난 자연을 사랑하기 때문에, 만일 내가 브라이언이라면, 난 반짝반짝 빛나는 강을 바라보는 모든 순간을 소중히 여길 것이다.

해설 동사 cherish의 알맞은 형태를 고르는 문제입니다. if절의 동사가 가정법 과거를 나타내는 과거시제(were)일 때, 주절의 동사는 「would[could/should/might] + 동사원형」과 같은 형태가 되어야 알맞으므로 (a) would cherish가 정답입니다.

어휘 appreciate that ~임을 인식하다 overlook (건물 등이) ~을 내려다보다 picturesque 그림 같은 prefer ~을 선호하다, 더 좋아하다 scenery 경관, 풍경 though (문장 중간이나 끝에서) 하지만 glistening 반짝반짝 빛나는 cherish ~을 소중히 여기다

7.

정답 (a)

해석 현존하는 가장 오래된 피아노는 1720년에 바르톨로메오 크리스토포리에 의해 만들어졌다. 메트로폴리탄 미술관은 "시간 속의 음악 예술"이라는 이름의 특별 소장품들 중 하나로 2018년부터 이 크리스토포리 피아노를 계속 전시해오고 있다.

해설 동사 exhibit의 알맞은 형태를 고르는 문제입니다. 빈칸 뒤에 위치한 「since + 과거시점」 전치사구는 해당 과거 시점 이후로 지금까지 계속 이어져온 일을 나타낼 수 있는 현재완료진행시제와 어울려 쓰이므로 현재완료진행시제인 (a) has been exhibiting이 정답입니다.

어휘 surviving 현존하는, 살아 있는 create ~을 만들어내다 since ~ 이후로 collection 소장(품), 수집(품) through ~을 지나, 거쳐, 통해 exhibit ~을 전시하다

8.

정답 (d)

해석 케이트는 지원서가 브라운 대학교에 의해 받아들여졌다는 내용의 이메일을 막 받았다. 안타깝게도, 그녀는 이미 다른 대학교에 다니기로 합의한 상태였다. 케이트가 조금만 더 기다렸더라면, 그 대신 아이비 리그 학교에 등록할 수 있었을 것이다.

해설 동사 enroll의 알맞은 형태를 고르는 문제입니다. 빈칸이 속한 문장의 시작 부분을 보면, 「Had + 주어 + p.p.」 구조로 되어 있습니다. 이는 가정법 과거완료 문장에서 If가 생략되고 had가 주어와 자리를 바꿔 도치된 구조입니다. 따라서 If절의 동사가 가정법 과거완료를 나타내는 「had p.p.」일 때, 주절의 동사는 「would[could/should/might] + have p.p.」와 같은 형태가 되는 규칙이 그대로 적용되어야 하므로 (d) would have enrolled가 정답입니다.

어휘 application 지원(서), 신청(서) accept ~을 받아들이다, 수락하다 unfortunately 안타깝게도, 아쉽게도 agree to do ~하기로 합의하다 attend ~에 다니다, 참석하다 a little 조금, 약간 enroll in ~에 등록하다 instead 대신

9.

정답 (c)

해석 리틀 트리즈 방향제는 상한 우유의 악취를 감추기 위해 발명되었다. 화학자 줄리우스 샤먼은 우유 트럭 내에서 엎질러진 음료의 냄새를 맡는 것을 더 이상 견딜 수 없었던 한 운전기사를 돕기 위해 이 제품을 만들어냈다.

해설 동사 smell의 알맞은 형태를 고르는 문제입니다. 빈칸 앞에 위치한 동사 tolerate은 동명사를 목적어로 취하므로 (c) smelling이 정답입니다. 이때 (b) having smelled와 같은 형태는 사용하지 않습니다.

어휘 air freshener 방향제 invent ~을 발명하다 mask ~을 감추다, 가리다 odor 악취, 냄새 spoiled 상한 create ~을 만들어 내다 not ~ anymore 더 이상 ~ 않다 tolerate -ing ~하는 것을 견디다, 참다 spilled 엎질러진 beverage 음료

10.

정답 (b)

해석 1800년대에, 요리사의 모자가 지위와 경력을 나타냈으며, 주방장은 가장 높은 모자를 착용했다. 게다가, 모자의 주름 숫자를 늘려 요리사가 완벽히 터득한 조리법의 가짓수를 나타냈다.

해설 동사 represent의 알맞은 형태를 고르는 문제입니다. 빈칸이 속한 문장에서, 빈칸 앞부분을 보면 주어와 전치사구, 그리고 수동태 동사로 이어지는 완전한 구조로 되어 있습니다. 따라서 빈칸 이하 부분은 부가적인 요소로서 모자의 주름 숫자가 늘어나는 목적을 나타내는 to부정사구가 구성되어야 알맞으므로 (b) to represent가 정답입니다. 이때 (c) to have represented와 같은 형태는 사용하지 않습니다.

어휘 indicate ~을 나타내다, 가리키다 rank 지위, 등급 with A -ing: A가 ~하면서, A가 ~한 채로 in addition 더욱이, 게다가 pleat 주름 increase ~을 증가시키다, 늘리다 recipe 조리법 master ~을 완벽히 터득하다 represent ~을 나타내다, 표현하다, 대표하다

11.

정답 (b)

해석 시험 기간이 다가오고 있어서, 학생들이 공부하기 위해 도서관을 가득 메우기 시작하고 있다. 따라서 총장은 도서관이 더 많은 학생들을 수용할 수 있게 운영시간을 연장하도록 권하고 있다.

해설 동사 extend의 알맞은 형태를 고르는 문제입니다. 빈칸은 동사 advises의 목적어 역할을 하는 that절의 동사 자리인데, advise와 같이 주장/요구/명령/제안 등을 나타내는 동사의 목적어 역할을 하는 that절의 동사는 should가 생략되어 동사원형만 사용합니다. 따라서 동사원형인 (b) extend가 정답입니다.

어휘 exam 시험 crowd ~을 가득 메우다 principal 총장, 교장 operating hours 운영시간, 영업시간 accommodate ~을 수용하다 extend ~을 연장하다

12.

정답 (d)

해석 리차드는 컴퓨터 기술에 대해 깊은 관심을 지니고 있기 때문에, 대학교에서 컴퓨터 공학 프로그램을 등록했다. 졸업할 때쯤이면, 리차드는 4년 동안 여러 컴퓨터 언어와 소프트웨어 개발을 비롯한 유사 학과목들을 계속 공부하게 될 것이다.

해설 동사 study의 알맞은 형태를 고르는 문제입니다. 빈칸 앞에 「By the time + 주어 + 현재시제 동사」의 구조로 된 절이 쓰여 있는데, By the time이 이끄는 절에 현재시제 동사가 쓰이면 주절의 동사로 미래완료진행시제 「will have been -ing」가 사용되어야 하므로 미래완료진행시제인 (a) will have been working이 정답입니다. 참고로, By the time이 이끄는 절의 동사가 과거시제이면 주절의 동사로 과거완료시제가 짝을 이뤄

쓰여야 합니다.

어휘 have a keen interest in ~에 깊은 관심을 지니고 있다 sign up for ~에 등록하다, ~을 신청하다 by the time ~할 때까지, ~할 때쯤이면 graduate 졸업하다 development 개발 similar 유사한 subject 학과목

13.

정답 (a)

해석 황동으로 된 문 손잡이는 우아할 뿐만 아니라 자체적인 살균 특성도 지니고 있다. 황동은 구리와 아연의 합금으로서, 문 손잡이를 만지는 손에 의해 남겨진 세균에 유독한 것으로 알려져 있다.

해설 주어 Brass와 동사 is known 사이에 콤마와 함께 삽입되어 주어를 부연 설명할 관계대명사절로 적절한 것을 고르는 문제입니다. 따라서 콤마와 함께 삽입되는 구조에 쓰일 수 있는 관계대명사 which과 who가 각각 이끄는 (a)와 (d) 중에서 하나를 골라야 하는데, Brass가 사물명사이므로 (a) which is a combination of copper and zinc가 정답입니다. that과 what이 각각 이끄는 (b)와 (c)는 콤마와 함께 삽입되는 구조에 쓰이지 않습니다.

어휘 brass 황동, 놋쇠 knob 손잡이 not only A (but) also B: A뿐만 아니라 B도 self-disinfecting 자체적으로 살균하는 property 특성, 속성 be known to do ~하는 것으로 알려져 있다 toxic 유독한, 독성의 germ 세균 combination 화합(물), 조합, 결합 copper 구리 zinc 아연

14.

정답 (b)

해석 조지는 졸업 기념으로 부모님께서 주신 새 차를 받았을 때 너무 기뻤다. 그는 이 선물을 받기 전까지 2년 동안 아버지의 낡은 픽업 트럭을 운전해 대학교를 다녀오고 있었다.

해설 동사 drive의 알맞은 형태를 고르는 문제입니다. 아버지의 픽업 트럭을 운전해 2년 동안 학교를 다닌 일은 before절에서 과거시제 동사 got을 통해 졸업 선물을 받았다고 말한 시점보다 더 이전의 일이라는 것을 알 수 있습니다. 따라서 과거보다 더 이전의 과거를 나타낼 때 사용하는 과거완료진행시제 (b) had been driving이 정답입니다.

어휘 receive ~을 받다 graduation 졸업 pickup truck 픽업 트럭(적재함 뚜껑이 없는 소형 트럭)

15.

정답 (a)

해석 장난감 회사 레고는 점자와 인쇄 글자 둘 모두를 특징으로 하는 새로운 버전의 레고 블록을 출시했다. 이 혁신적인 제품은 눈이 보이지 않는 학생들과 보이는 학생들이 함께 특별한 상호 작용 놀이를 할 수 있게 해준다.

해설 동사 play의 알맞은 형태를 고르는 문제입니다. 빈칸 앞부분을 보면, 동사 allows와 명사구 목적어가 쓰여 있습니다. allow는 「allow + 목적어 + to부정사」의 구조로 쓰여 '~에게 …할 수 있게 해주다'라는 의미를 나타내므로 목적어 뒤에 위치한 빈칸에 to부정사가 쓰여야 알맞습니다. 따라서 (a) to play가 정답입니다.

이때 (d) to have played와 같은 형태는 사용하지 않습니다.

어휘 release ~을 출시하다, 공개하다 feature ~을 특징으로 하다 braille 점자 printed letter 인쇄된 글자 innovation 혁신 (적인 것) allow A to do: A에게 ~할 수 있게 해주다 blind 눈이 먼 sighted 앞을 볼 수 있는 interactive 상호 작용의, 쌍방향의

16.

정답 (c)

해석 로즈는 오늘 거의 사고를 당할 뻔 했지만, 행운이 그녀의 편이었던 것이 틀림없다. 그녀가 출근하던 도중에 길을 건너고 있을 때 자동차 한 대가 쌩하고 그녀 앞을 지나가 가로등을 들이받았다.

해설 동사 cross의 알맞은 형태를 고르는 문제입니다. 빈칸 뒤를 보면 과거시제동사 zoomed를 포함한 when절이 있으므로 이 when절이 가리키는 특정 과거 시점에 한해 길을 건너는 행위가 진행 중이었던 것을 나타내야 알맞습니다. 따라서 과거진행시제인 (c) was crossing이 정답입니다.

어휘 get into an accident 사고를 당하다 on one's side ~의 편인 on one's way to ~로 가는 도중에 zoom (아주 빨리) 쌩하고 지나가다 past ~을 지나 crash into ~을 들이받다, ~와 충돌하다 cross ~을 건너다, 가로지르다

17.

정답 (d)

해석 스미스 씨는 역사 과제물에 대해 학생들에게 각자 주제를 선택하게 하였다. 스미스 씨는 중세 시대에 발생된 것이기만 하면 흑사병 또는 그 외의 다른 무엇에 관해 써도 좋다고 말했다.

해설 문장의 의미에 어울리는 조동사를 고르는 문제입니다. 빈칸 앞에 위치한 대명사 they는 앞 문장에 쓰인 her students를 가리키며, 문장 뒤쪽에 '~하기만 하면, ~하는 한'이라는 뜻으로 조건을 나타내는 접속사 as long as가 이끄는 절이 있습니다. 따라서 빈칸이 속한 문장은 해당 조건을 충족하기만 하면 그 학생들이 '~해도 좋다'와 같은 뜻으로 허락을 나타내야 알맞으므로 이러한 의미로 쓰이는 (d) may가 정답입니다.

어휘 let A do: A에게 ~하게 해주다 choose ~을 선택하다 report 과제물 Black Death 흑사병 anything else 다른 무엇이든 as long as ~하기만 하면, ~하는 한 Medieval Period 중세 시대

18.

정답 (c)

해석 엘리베이터들이 시설 관리 작업으로 인해 이틀 동안 이용할 수 없을 것이다. 고층의 주민들을 크게 당황시킨 것은, 건물 관리 책임자가 입주자들에게 그 사이에 계단을 이용하도록 권했다는 점이었다.

해설 동사 use의 알맞은 형태를 고르는 문제입니다. 빈칸은 동사 suggested의 목적어 역할을 하는 that절의 동사 자리인데, suggest와 같이 주장/요구/명령/제안 등을 나타내는 동사의 목적어 역할을 하는 that절의 동사는 should를 생략하여 동사원형만 사용합니다. 따라서 동사원형인 (c) use가 정답입니다.

어휘 available 이용 가능한 due to ~로 인해, ~ 때문에 maintenance 시설 관리, 유지 보수 much to the dismay of ~에게 크게 당황스럽게도, 크게 실망스럽게도 administrator (행정) 관리 책임자 suggest that ~하도록 권하다, 제안하다 occupant 입주자 in the meantime 그 사이에, 그 동안에

19.

정답 (c)

해석 엘 니뇨는 적도 부근의 태평양 바닷물이 더 따뜻해지는 기상 현상이다. 그에 반해, 라 니냐는 그 지역의 바닷물 온도가 낮아지는 상태이다.

해설 빈칸에 알맞은 접속부사를 고르는 문제이므로 앞뒤 문장들의 의미 관계를 확인해야 합니다. 빈칸 앞에는 엘 니뇨가 무엇인지 설명하는 문장이 쓰여 있고, 빈칸 뒤에는 엘 니뇨와 반대되는 기상 현상인 라 니냐를 설명하는 문장이 쓰여 있습니다. 이 두 문장은 서로 대조를 이루는 두 가지 기상 현상을 말하고 있으므로 '그에 반해, 대조적으로'라는 의미로 대조 또는 반대 등을 나타낼 때 사용하는 (c) In contrast가 정답입니다.

어휘 phenomenon 현상 near ~ 근처의 equator 적도 get 형용사: ~한 상태가 되다 condition 상태, 조건, 환경 cool down 온도가 낮아지다, 서늘해지다 in fact 실제로, 사실은 besides 게다가, 뿐만 아니라 in contrast 그에 반해, 대조적으로 therefore 따라서, 그러므로

20.

정답 (a)

해석 다른 영장류와 달리, 인간은 마주보는 엄지 손가락을 지니고 있어서, 물체를 붙잡는 데 도움이 된다. 우리 선조들이 이러한 특징을 얻지 못했다면, 우리는 도구 및 기타 유용한 것들을 만들어낼 수 있게 해주는 손재주를 발전시키지 못했을 것이다.

해설 동사 develop의 알맞은 형태를 고르는 문제입니다. 빈칸이 속한 문장의 시작 부분을 보면, 「Had + 주어 + p.p.」 구조로 되어 있습니다. 이는 가정법 과거완료 문장에서 If가 생략되고 had가 주어와 자리를 바꿔 도치된 구조입니다. 따라서 If절의 동사가 가정법 과거완료를 나타내는 「had p.p.」일 때, 주절의 동사는 「would[could/should/might] + have p.p.」와 같은 형태가 되는 규칙이 그대로 적용되어야 하므로 (a) wouldn't have developed가 정답입니다.

어휘 primates 영장류 opposable thumbs 마주보는 엄지 손가락 help in -ing ~하는 데 도움이 되다 grasp ~을 붙잡다 object 물체, 물건 ancestor 선조, 조상 acquire ~을 얻다, 획득하다 characteristic 특징 manual dexterity 손재주 enable A to do: A에게 ~할 수 있게 해주다 create ~을 만들어내다 tool 도구, 공구 useful 유용한 develop ~을 발전시키다, 개발하다

21.

정답 (d)

해석 새로운 업무 문화에 녹아 드는 일은 적응을 필요로 한다. 적절하게 행동하는 법을 배우려면, 신입직원은 직원들이 서로 얼마나 격

식 없이 또는 격식을 갖춰 대하는지와 같은 기존의 사무실 내 교류 방식을 관찰하는 것이 권장된다.

해설 동사 observe의 알맞은 형태를 고르는 문제입니다. 빈칸은 동사 is recommended의 목적어 역할을 하는 that절의 동사 자리인데, recommend와 같이 주장/요구/명령/제안 등을 나타내는 동사의 목적어 역할을 하는 that절의 동사는 should를 생략하고 동사원형만 사용합니다. 따라서 동사원형인 (d) observe가 정답입니다.

어휘 fit into ~에 잘 어울리다, 적응하다 require ~을 필요로 하다 adjustment 적응, 조정 learn to do ~하는 법을 배우다 behave 행동하다 accordingly 적절하게 it is recommended that ~하도록 권장되다, 추천되다 existing 기존의 interaction 상호 교류, 상호 작용 casually 격식 없이 formally 격식을 갖춰, 정식으로 treat ~을 대하다 observe ~을 관찰하다

22.

정답 (c)

해석 제레미는 토론을 지켜보는 것을 좋아하며, 언젠가 토론 동아리에 가입할 수 있기를 갈망하고 있다. 하지만, 사람들 앞에서 이야기할 때 불안해한다. 만일 그가 더 많은 자신감을 얻게 된다면, 학교 토론 대표팀에 지원해볼 수 있을 것이다.

해설 동사구 try out의 알맞은 형태를 고르는 문제입니다. If절의 동사가 가정법 과거를 나타내는 과거시제(were)일 때, 주절의 동사는 「would[could/should/might] + 동사원형」과 같은 형태가 되어야 알맞으므로 (c) would try out이 정답입니다.

어휘 debate 토론, 토의 aspire to do ~하기를 갈망하다 join ~에 가입하다, 합류하다 however 하지만, 그러나 get 형용사: ~한 상태가 되다 anxious 불안한 crowd 사람들, 군중 be to do ~하게 되다 gain ~을 얻다 confidence 자신감 try out for ~에 지원하다

23.

정답 (b)

해석 엠마는 보통 친구들과 함께 주말을 보낸다. 이들은 쇼핑몰에 가서 쇼핑하고 외식도 하며, 영화도 관람한다. 하지만 그 모든 활동들 중에서, 그녀는 풋 스파에서 편하게 쉬는 것을 가장 많이 즐긴다.

해설 동사 relax의 알맞은 형태를 고르는 문제입니다. 빈칸 앞에 위치한 동사 enjoy는 동명사를 목적어로 취하므로 (B) relaxing이 정답입니다. 이때 (d) having relaxed와 같은 형태는 사용하지 않습니다.

어휘 usually 보통, 일반적으로 activity 활동 the most 가장 많이 relax 편하게 쉬다, 긴장을 풀다

24.

정답 (b)

해석 스칸디나비아 국가들의 국기에 나타나 있는 노르딕 십자가는 덴마크에 의해 처음 사용되었다. 덴마크 사람들은 하늘에서 흰색 십자가가 들어있는 깃발 하나가 떨어진 후에 한 전투에서 승리했기 때문에 이 상징을 채택했다.

해설 문장에 알맞은 접속사를 고르는 문제입니다. 선택지가 모두 접속사이므로 의미를 확인해야 합니다. '하늘에서 흰색 십자가가 들어 있는 깃발 하나가 떨어진 후에 한 전투에서 승리했기 때문에 그 상징을 채택했다'와 같은 의미가 되어야 자연스러우므로 '~하기 때문에'를 뜻하는 (b) because가 정답입니다.

어휘 Nordic cross 노르딕 십자가 flag 기, 깃발 Danes 덴마크 사람들 adopt ~을 채택하다 battle 전투, 싸움 fall from ~에서 떨어지다 even if 설사 ~라 하더라도 so that (목적) ~할 수 있도록, (결과) 그래서, 그러므로 unless ~하지 않는다면, ~가 아니라면

25.

정답 (a)

해석 제니는 항상 요크셔 테리어를 한 마리 갖고 싶어했다. 하지만, 아파트 소유주가 건물 내에서 반려동물을 엄격히 금지하고 있다. 만일 집주인이 세입자들에게 반려동물을 기르도록 허용하기 시작한다면, 그녀는 "요키" 한 마리를 즉시 살 것이다.

해설 동사 buy의 알맞은 형태를 고르는 문제입니다. If절의 동사가 가정법 과거를 나타내는 과거시제(started)일 때, 주절의 동사는 「would[could/should/might] + 동사원형」과 같은 형태가 되어야 알맞으므로 (a) would buy가 정답입니다.

어휘 Yorkshire terrier 요크셔 테리어 however 하지만, 그러나 owner 소유주 strictly 엄격히 prohibit ~을 금지하다 landlord 집주인 give permission 허용해주다 tenant 세입자 Yorkie 요키(요크셔 테리어의 약칭) right away 즉시

26.

정답 (d)

해석 마스던 박사는 오후 2시부터 4시까지 회의에 가 있을 것이라고 쓴 메모를 문에 붙여놓았다. 현재 시간이 3시 15분이므로, 마스던 박사는 지금 여전히 회의 시간에 참여하는 중이다.

해설 동사 participate의 알맞은 형태를 고르는 문제입니다. 빈칸이 속한 so절 끝부분에 현재 시점 표현 at the moment가 쓰여 있어 현재 회의에 참여 중인 상태를 나타내야 알맞으므로 현재진행시제인 (d) is still participating이 정답입니다.

어휘 leave ~을 남기다, 두다, 놓다 note 메모, 쪽지 quarter past 3: 3시 15분 participate in ~에 참여하다, 참가하다 at the moment 지금, 현재

청취

PART 1

F: Hey, Andy! You seem busy.

안녕, 앤디! 바빠 보이네

M: Hi, Miranda. I'm just cleaning my camera lens for a photo shoot.

안녕, 미란다. 사진 촬영을 위해서 내 카메라 렌즈들을 막 닦는 중이야.

F: What is the shoot for?

사진 촬영은 왜 하는데?

M: **27** I need to complete my photography portfolio, since I'm applying for a university scholarship for photography majors. The problem is the portfolio is due tomorrow afternoon, and I don't have a location for the photo shoot yet.

내 사진 작품 포트폴리오를 완성해야 하는데, 사진 전공자들을 위한 대학 장학금에 지원하기 때문이야. 문제는 이 포트폴리오가 내일 오후에 제출 마감인데, 아직 사진 촬영할 장소도 없어.

F: I see… So, what concept are you required to present? Maybe I can suggest a location.

알겠어… 그럼, 무슨 컨셉트를 보여줘야 하는 거야? 아마 내가 장소를 추천해줄 수도 있을 지도 모르잖아.

M: Oh, the scholarship office is fine with any concept. **28** I'm planning to go somewhere I can take photos of nature because I want to depict a feeling of peace and calm.

아, 장학금 관리처에 어떤 컨셉트로 된 것을 내도 괜찮아. 난 평화와 평온함을 담은 느낌을 묘사하기를 원하기 때문에 자연의 모습을 찍을 수 있는 곳으로 갈 계획이야.

F: Well, maybe you can try Central Forest Park. It's very accessible from your place.

그럼, 아마 센트럴 포레스트 파크에 한번 가볼 수 있을 것 같아. 네 집에서 가기 아주 좋아.

M: **29** I've considered that park since it boasts of a nice little forest. However, I've noticed that it's too crowded. It will be hard to find a spot where I can avoid having people in my photos.

그 공원이 아주 훌륭하고 작은 숲을 자랑하는 곳이기 때문에 고려해 본 적은 있어. 하지만, 너무 붐빈다는 것을 알게 되었어. 내 사진에 사람들이 들어가는 것을 피할 수 있는 장소를 찾기가 어려울 거야.

F: You're right. Have you considered Mount Caldwell?

네 말이 맞아. 콜드웰 산은 생각해봤어?

M: I'm not very familiar with the place. Can you tell me more about it?

그곳은 아주 잘 알지 못해. 그곳에 관해서 좀 더 얘기해줄 수 있어?

F: Well, Mount Caldwell is a beautiful mountain in the countryside. Not too many people visit it, so you can definitely capture a serene view from the top of the mountain.

음, 콜드웰 산은 시골 지역에 위치한 아름다운 산이야. 그렇게 많은 사람들이 방문하지는 않기 때문에, 산 정상에서 보이는 평화로운 경관을 분명 담아낼 수 있을 거야.

M: Won't it be difficult to climb?

오르기 어렵지는 않을까?

F: No. It's actually easy to climb since the summit is not that high.

아냐. 정상이 그렇게 높지 않기 때문에 사실 올라가기 쉬운 곳이야.

M: That seems a good option. Maybe I can go to Mount Caldwell this afternoon and complete the shoot before sunset.

좋은 선택인 것 같아. 아마 오늘 오후에 콜드웰 산으로 사서 해가 지기 전에 사진 촬영을 끝낼 수도 있을 지도 모르겠네.

F: **30** Oh, there's one problem. It would take three hours to drive to the base of Mount Caldwell and back, plus the time you'd spend hiking up and taking pictures.

아, 한 가지 문제점이 있어. 콜드웰 산 아래쪽으로 차를 운전해 갔다가 돌아오는 데 3시간은 걸릴 수 있고, 게다가 네가 산을 올라가서 사진을 찍는 시간도 있잖아.

M: Hmm… Do you know of other places nearby? Traveling to Mount Caldwell would eat up a lot of my time. I still have other things to do after the shoot.

흠… 근처에 다른 곳들도 알아? 콜드웰 산으로 이동하는 게 시간을 많이 잡아먹을 것 같아. 사진 촬영 후에 해야 할 다른 일들도 여전히 있어.

F: Like what?

예를 들면?

M: **31** Well, I'll have to select and edit the photos before printing and compiling them in my portfolio. That will take some time.

음, 사진을 골라서 편집한 다음에 출력하고 정리해서 포트폴리오에 넣어야 해. 이 일도 시간이 좀 걸릴 거야.

F: I see... Hmm, maybe you can try visiting North

정답 및 해설 **111**

Lake. The lake is surrounded by a lot of trees, and there are benches on the lakeshore where visitors can spend some quiet time.

알겠어… 흠, 아마 노스 레이크에 한번 방문해볼 수도 있을 것 같아. 이 호수는 많은 나무들로 둘러싸여 있고, 호숫가에서 방문객들이 조용한 시간을 보낼 수 있는 벤치들도 있어.

M: That's right! And I think North Lake is just twenty minutes away by bus.

맞아! 그리고 노스 레이크는 버스로 20분 밖에 걸리지 않는 곳에 있는 것 같아.

F: Correct, but when you arrive at the bus stop, you still need to walk for another twenty minutes to reach the lake since it's quite secluded.

그렇지, 하지만 그쪽 버스 정류장에 도착해도, 그곳이 꽤 한적한 곳에 있기 때문에 호수에 다다르는 데 여전히 20분은 더 걸어가야 해.

M: Well, I think that'd still be better than spending three hours on the road. **32** I hope North Lake isn't crowded.

음, 그래도 도로에서 3시간을 소비하는 것보다는 더 나을 것 같아. 노스 레이크는 붐비지 않았으면 좋겠다.

F: **32** No, it isn't. Not too many people even know about the place.

아냐, 그렇지 않아. 심지어 그곳을 아는 사람들이 그렇게 많지도 않아.

M: That's perfect. By the way, do you have anything to do this afternoon? I was thinking maybe you could accompany me to my shoot.

아주 좋아. 그건 그렇고, 오늘 오후에 할 일 있어? 사진 촬영하러 가는 데 아마 네가 동행해줄 수도 있을 거라고 생각하고 있었거든.

F: Okay, as long as you'll show me your portfolio once you've completed it.

좋아, 포트폴리오를 완성하는 대로 나에게 보여주기만 한다면.

M: Sure thing! Thanks a lot, Miranda!

물론이지! 정말 고마워, 미란다!

F: You're welcome, Andy. When do you want to get started? Oh, it's already noon!

천만에, 앤디. 언제 출발하고 싶어? 아, 벌써 12시네!

M: **33** Let's grab a bite to eat first and then catch the bus.

우선 간단히 뭐 좀 먹고 난 다음에 버스 타러 가자.

어휘   seem 형용사: ~한 것 같다, ~한 것처럼 보이다 photo shoot 사진 촬영 What is A for?: A는 왜 하는 거야?, A를 하는 이유가 뭐야? complete ~을 완성하다, 완료하다 portfolio 포트폴리오(제출용 작품 모음집) apply for ~에 지원하다, ~을 신청하다 scholarship 장학금 major ⑱ 전공자 due 시점: ~

가 기한인 location 장소, 위치, 곳 be required to do ~해야 하다 present ~을 보여주다, 제시하다 suggest ~을 추천하다, 권하다 plan to do ~할 계획이다 take a photo of ~을 사진 촬영하다 depict ~을 묘사하다 calm 평온함, 고요함 accessible 접근할 수 있는, 이용할 수 있는 consider ~을 고려하다 boast of ~을 자랑하다 notice that ~임을 알게 되다, 알아차리다 crowded (사람들로) 붐비는 spot 위치, 자리 avoid -ing ~하는 것을 피하다 be familiar with ~을 잘 알다, ~에 익숙하다 countryside 시골 지역 definitely 분명히, 확실히 capture (사진 등에) ~을 담아내다, 포착하다 serene 평화로운 view 경관, 전망 climb ~을 오르다 actually 실은, 사실은 summit 정상, 꼭대기 base 맨 아래 부분, 기반, 토대 plus ~도, ~뿐만 아니라 spend time -ing ~하는 데 시간을 소비하다 nearby 근처에 eat up a lot of time 시간을 많이 잡아먹다 select ~을 선택하다 edit ~을 편집하다 compile (자료 등을 모아) ~을 정리하다 try -ing 한번 ~해보다 be surrounded by ~로 둘러싸여 있다 away 떨어져 있는 arrive 도착하다 reach ~에 다다르다, 이르다 secluded 한적한 by the way (화제 전환 시) 그건 그렇고 accompany ~와 동행하다 as long as ~하는 한, ~하기만 하면 once ~하는 대로, 일단 ~하면 get started 출발하다, 시작하다 grab a bite to eat 간단히 먹다 catch (교통편) ~을 타다, 이용하다

27. What does Andy tell Miranda that he needs to do?

앤디는 무엇을 해야 한다고 미란다에게 말하는가?

(a) apply for a university photography course
(b) submit his collection of photos by the next afternoon
(c) start a good photography portfolio
(d) clean his camera by the following day

(a) 대학교 사진 촬영 학업 과정에 지원하는 일
(b) 내일 오후까지 사진 모음집을 제출하는 일
(c) 좋은 사진 촬영 포트폴리오를 시작하는 일
(d) 다음날까지 자신의 카메라를 닦아놓는 일

해설   대화 초반부에 남자가 장학금에 지원하기 위해 사진 작품 포트폴리오를 완성해야 한다는 말과 함께 내일 오후가 제출 마감이라고(I need to complete my photography portfolio, since I'm applying for a university scholarship for photography majors. The problem is the portfolio is due tomorrow afternoon ~) 알리고 있습니다. 따라서 사진 모음집을 제출하는 일을 언급한 **(b)**가 정답입니다.

어휘   photography 사진 촬영(술) submit ~을 제출하다 collection 모음(집) following 다음의

28. Why has Andy chosen to photograph a natural setting for his portfolio?

앤디는 왜 자신의 포트폴리오를 위해 자연 환경을 촬영하기로 결정했는가?

(a) He wants to present calming scenery.
(b) He is following the scholarship office's guidelines.

(c) He finds peace of mind when doing so.
(d) He lives near many accessible parks.

(a) 평온한 풍경을 보여주고 싶어한다.
(b) 장학금 관리처의 가이드라인을 따르고 있다.
(c) 그렇게 할 때 마음의 평온을 찾는다.
(d) 접근 가능한 많은 공원들 근처에 살고 있다.

해설   자연 환경을 촬영하려는 이유가 언급되는 초반부에, 남자가 평화와 평온함을 담은 느낌을 묘사하기를 원하기 때문에 자연의 모습을 찍을 수 있는 곳으로 갈 계획이라고(I'm planning to go somewhere I can take photos of nature because I want to depict a feeling of peace and calm) 말하고 있으므로 (a)가 정답입니다.

어휘   choose to do ~하기로 결정하다   setting 환경, 배경   calming 평온하게 하는   scenery 풍경, 경치   follow ~을 따르다   do so (앞선 언급된 일을 가리켜) 그렇게 하다   near ~ 근처에

29. What makes Andy reluctant to choose Central Forest Park for his photo shoot?

앤디는 무엇 때문에 사진 촬영을 위해 센트럴 포레스트 파크를 선택하기를 주저하는가?

(a) the small size of the park's forest
(b) the distance of the park from his home
(c) his unfamiliarity with the place
(d) the high number of park visitors

(a) 그 공원 산림의 작은 규모
(b) 집에서 공원까지의 거리
(c) 그 장소에 대한 익숙하지 않음
(d) 많은 수의 공원 방문객

해설   센트럴 포레스트 파크가 언급되는 초반부에 남자는 그 공원을 고려해 보기는 했지만 사람들로 너무 많이 붐빈다는(I've considered that park since it boasts of a nice little forest. However, I've noticed that it's too crowded) 문제점을 언급하고 있습니다. 이는 방문객 숫자가 많다는 뜻이므로 (d)가 정답입니다.

어휘   What makes ~? 무엇 때문에 ~인가?   reluctant to do ~하기를 주저하는, 꺼리는   distance 거리   unfamiliarity with ~에 대해 익숙하지 않음, 잘 알지 못함   the high number of ~의 높은 숫자, 많은 수의 ~

30. According to Miranda, what is the problem with going to Mount Caldwell?

미란다의 말에 따르면, 콜드웰 산으로 가는 것의 문제점은 무엇인가?

(a) The peak is difficult to reach by hiking.
(b) The summit is not high enough for a good view.
(c) The drive would take a lot of time.

(d) The sunset will not be easy to see from the mountain.

(a) 산 정상까지 등산으로 다다르기 어렵다.
(b) 산 꼭대기가 좋은 경관을 제공하기에 충분히 높지 않다.
(c) 운전해서 가면 시간이 많이 걸릴 것이다.
(d) 일몰이 그 산에서 쉽게 볼 수 있지 않을 것이다.

해설   콜드웰 산이 언급되는 중반부에, 여자가 문제점이 있음을 말하면서 콜드웰 산 아래쪽으로 차를 운전해 갔다가 돌아오는 데 3시간은 걸릴 수 있고, 산을 올라가서 사진을 찍는 시간도 더해야 한다고(Oh, there's one problem. It would take three hours to drive to the base of Mount Caldwell and back, plus the time you'd spend hiking up and taking pictures) 알리고 있습니다. 따라서 이동 시간과 관련된 문제점을 언급한 (c)가 정답입니다.

어휘   peak 정상, 꼭대기(= summit)   drive 몡 운전(해서 가기)

31. Why does Andy need to get back from the photo shoot early?

앤디는 왜 사진 촬영에서 일찍 돌아와야 하는가?

(a) so he can prepare the photos to be compiled
(b) so he can go to another location to shoot
(c) so he can take care of other personal errands
(d) so he can ask his friends to select the best photos

(a) 사진들이 편집되도록 준비할 수 있으므로
(b) 사진 촬영할 다른 곳에 갈 수 있도록 하기 위해서
(c) 개인적인 다른 볼일을 처리할 수 있도록 하기 위해서
(d) 친구들에게 최고의 사진들을 선택하도록 요청할 수 있도록 하기 위해서

해설   사진 촬영에서 일찍 돌아와야 하는 이유가 언급되는 중반부에, 남자가 사진을 골라서 편집한 다음에 출력하고 정리해서 포트폴리오에 넣어야 한다고 알리면서 그 일도 시간이 좀 걸릴 거라고(Well, I'll have to select and edit the photos before printing and compiling them in my portfolio. That will take some time) 밝히고 있습니다. 이는 사진을 정리하는 과정을 말하는 것이므로 (a)가 정답입니다.

어휘   prepare A to do: ~하도록 A를 준비하다   take care of ~을 처리하다, 다루다   errand 볼일, 심부름   ask A to do: A에게 ~하도록 요청하다

32. How most likely will choosing North Lake for the photo shoot benefit Andy?

사진 촬영을 위해 노스 레이크를 선택하는 것이 앤디에게 어떻게 유익할 것 같은가?

(a) by not requiring transportation to the place
(b) by offering a scenic walk

(c) by not having many people around

(d) by providing benches to rest on

(a) 그곳으로 가는 교통편을 필요로 하지 않음으로써
(b) 경치가 좋은 산책로를 제공함으로써
(c) 주변에 사람들이 많이 있지 않음으로써
(d) 앉아서 쉴 수 있는 벤치들을 제공해줌으로써

해설   대화 후반부에 남자가 노스 레이크는 붐비지 않았으면 좋겠다는 **(I hope North Lake isn't crowded)** 바람을 나타내자, 여자가 붐비지 않는다는 말과 함께 그곳을 아는 사람이 많지 않다고 **(No, it isn't. Not too many people even know about the place)** 알리고 있습니다. 따라서 사람이 많지 않다는 이점을 말한 **(c)**가 정답입니다.

어휘   benefit ~에게 유익하다, 이득이 되다   require ~을 필요로 하다   transportation 교통편   offer ~을 제공하다(= provide)   scenic 경치가 좋은   have A around: A가 주변에 있다   rest 쉬다, 휴식하다

33. What will Andy and Miranda probably do immediately after the conversation?

대화 직후에 앤디와 미란다는 무엇을 할 것 같은가?

(a) They will take a bus to the lake.
(b) They will eat lunch together.
(c) They will walk to the shore.
(d) They will look at his portfolio.

(a) 호수로 가는 버스를 탈 것이다.
(b) 함께 점심 식사를 할 것이다.
(c) 호숫가로 걸어갈 것이다.
(d) 앤디의 포트폴리오를 볼 것이다.

해설   대화 맨 마지막에 남자가 함께 간단히 식사한 후에 버스 타러 가자고**(Let's grab a bite to eat first and then catch the bus)** 제안하고 있으므로 **(b)**가 정답입니다.

어휘   immediately after ~ 직후에   shore 호숫가, 해안, 연안

PART 2

Hello, everybody. Welcome to tonight's episode of Cool Home Television. Does your laundry not smell quite as fresh as you'd like? Or do you worry about your clothes' fabric getting weaker and thinner after each washing?

안녕하세요, 여러분. 오늘 저녁의 쿨 홈 텔레비전 방송을 찾아주신 것을 환영합니다. 빨래가 원하시는 만큼 아주 산뜻한 향이 나지 않고 있나요? 아니면 옷의 섬유가 매번 빨래 후에 더 약해지고 가늘어지는 것에 대해 걱정하고 계신가요?

34 The problem might not be the laundry detergent you're using or your garments' fabric: it might be the way you're drying your clothes. Today, I'm going to talk about why you should consider line drying your clothes.

문제는 여러분께서 사용하시는 세탁용 세제 또는 옷의 섬유가 아니라, 여러분께서 옷을 건조하는 방법일 수도 있습니다. 오늘, 왜 여러분께서 빨랫줄을 이용해 옷을 건조하는 것을 고려해보셔야 하는지 관해 이야기해보겠습니다.

Line drying is simply hanging your laundry on a clothesline outside where the sun and air can dry them. Now you might be wondering what's so special about line drying.

빨랫줄을 이용한 건조는 햇빛과 공기로 건조할 수 있는 바깥 공간에 있는 빨랫줄에 그저 세탁물을 넣어놓는 것입니다. 이제 여러분께서는 빨랫줄을 이용한 건조가 왜 그렇게 특별한지 궁금하실 수도 있습니다.

First, drying your clothes on a clothesline saves money. The electric dryer is one of the appliances that consumes the most electricity, and using one means higher energy bills. **35** Once you start line drying your laundry, you will notice a significant drop in your next electric bill. After all, sunlight and air are absolutely free.

첫째, 빨랫줄에 옷을 넣어 건조하면 돈을 아낄 수 있습니다. 전기 건조기는 가장 많은 전기를 소비하는 가전제품들 중의 하나이며, 이것을 이용한다면 더 많은 전기세가 나온다는 것을 의미합니다. 빨래를 빨랫줄에 넣어 건조하기 시작하기만 하면, 다음 번 전기세 고지서의 상당한 요금 감소를 확인해보실 수 있게 될 것입니다. 어차피, 햇빛과 공기는 전적으로 무료입니다.

Next, line drying your clothes is good for the environment. As I've just mentioned, using a machine to dry garments uses energy, which is mostly generated by burning fossil fuels. **36** This releases harmful gases into the air and contributes to pollution. Switching to a natural option to dry laundry helps minimize environmental pollution.

다음으로, 빨랫줄을 이용해 옷을 건조하면 환경에도 좋습니다. 제가 방금 언급해드린 바와 같이, 옷을 말리기 위해 기계를 이용하는 것은 에너지를 사용하는 것인데, 이 에너지는 대부분 화석 연료를 태워 생산됩니다. 이는 공기 중에 유해 가스를 방출하게 되고 오염의 원인이 됩니다. 빨래는 건조하는 데 있어 자연적인 선택사항으로 전환하면 환경 오염을 최소화하는 데 도움이 됩니다.

The third benefit of line drying is that it is gentle on the clothes. Have you ever seen the accumulation of fibers and thread left in your dryer? Those are materials from your clothes that get scraped off as the garments are getting thrown around inside the machine's tumbler. Meanwhile, **37** hanging your clothes on a clothesline helps save the fabric from damage because the clothes are simply left out to dry in the sun and air. This also makes your clothes last longer.

빨랫줄을 이용한 건조의 세 번째 혜택은 의류에 순한 영향을 미친다는 점입니다. 건조기 안에 남아 쌓인 섬유와 실을 보신 적이 있으

신가요? 이것들은 옷이 건조기의 회전식 통 내부의 사방으로 내동 댕이쳐지면서 긁혀 옷에서 떨어져 나온 소재입니다. 반면에, 빨랫줄에 옷을 넣어 놓는 것은 섬유가 손상되지 않도록 하는 데 도움이 되는데, 옷이 그저 햇빛과 공기로 건조되도록 바깥에 놓여 있기 때문입니다. 이는 또한 옷이 더 오래 지속되도록 해주기도 합니다.

The fourth benefit you can enjoy from line drying your laundry is it enhances the clothes' fragrance. Drying clothes under the sun gives a fresher and cleaner smell to your clothes. **38** The sun works as a natural disinfectant, which gets rid of bacteria and any other microorganisms that leave an unpleasant smell on your laundry.

빨래를 빨랫줄에 넣어 건조하는 것으로부터 즐길 수 있는 네 번째 혜택은 옷이 지닌 향을 한층 더 좋게 해준다는 점입니다. 햇빛에 옷을 건조하면 옷에서 더 산뜻하고 깨끗한 냄새가 나게 해줍니다. 햇빛은 자연적인 살균제로서 작용하므로, 빨래에 불쾌한 냄새를 남기는 박테리아와 다른 어떤 미생물이든 제거해줍니다.

Another advantage of line drying is that it helps your white clothes stay bright. The sun's UV rays act as bleach, so exposing your white laundry to direct sunlight can remove any discoloration that has built up. However, be careful not to expose colored fabrics too directly to sunlight to maintain their vibrant colors.

빨랫줄을 이용한 건조의 또 다른 장점은 흰색 옷을 밝은 상태로 유지하는 데 도움을 준다는 점입니다. 햇빛의 자외선이 표백제의 역할을 하므로, 직사광선에 흰색 빨래를 노출시키면 형성되어 있던 어떤 변색 부분이든 없앨 수 있습니다. 하지만, 선명한 색을 유지할 수 있도록 색이 있는 섬유를 너무 직접적으로 햇빛에 노출시키지 않게 주의하시기 바랍니다.

The last advantage of line drying is it has therapeutic benefits for you. Going outside on a sunny day to hang the laundry will give you the chance to bask in the sunshine. **39** Sunlight allows the body to produce vitamin D, whose health benefits include reducing stress and improving our general well-being. Hanging the clothes out in the sun also gives you a chance to breathe some fresh air.

빨랫줄을 이용한 건조의 마지막 장점은 치료와 관련된 혜택이 있다는 점입니다. 화창한 날에 빨래를 널기 위해 밖으로 나가면 햇빛을 쪼일 기회를 가지실 수 있습니다. 햇빛은 신체가 비타민 D를 생성할 수 있게 해주는데, 그 건강상의 이점에 스트레스 감소와 전반적인 행복 증진이 포함됩니다. 햇빛이 있는 바깥에 옷을 널어두는 일은 신선한 공기를 마실 수 있는 기회도 제공해줍니다.

Now you can make the experience of line drying your laundry more convenient by using the products from our sponsor: Sun Fresh Clotheslines. The company offers all types of products, including their bestselling retractable clotheslines, which you can stretch out to use and roll up to store.

이제 여러분께서는 저희 후원업체인 '선 프레쉬 클로즈라인즈' 사의 제품을 활용해 빨래를 빨랫줄에 건조하는 경험을 더욱 편리하게 만드실 수 있습니다. 이 업체에서는 모든 종류의 제품을 제공해 드리고 있으며, 여기에는 이 회사의 베스트셀러 제품으로서 사용을 위해 펼쳤다가 말아서 보관하실 수 있는 접이식 빨랫줄도 포함되어 있습니다.

So, start line drying your laundry, and take advantage of all the benefits that come with it.

자, 여러분의 빨래를 빨랫줄에 건조하는 일을 시작하셔서 그 모든 이점들을 활용해 보시기 바랍니다.

어휘   episode (방송의) 1회분 laundry 빨래, 세탁(물) smell 형용사: ~한 냄새가 나다 quite 아주, 꽤, 상당히 as A as B: B만큼 A한 fabric 섬유, 직물 get 형용사: ~한 상태가 되다 thin 가는, 얇은 detergent 세제 garment 옷, 의류 the way 주어 동사: ~가 …하는 방법 consider ~을 고려하다 line dry ~을 빨랫줄에 건조하다 hang ~을 걸다, 매달다 clothesline 빨랫줄 wonder ~을 궁금해하다 appliance 가전제품 consume ~을 소비하다 bill 고지서, 청구서 once 일단 ~하면, ~하는 대로 notice ~을 알아차리다, 인식하다 significant 상당한 drop in ~의 감소 after all 어차피, 결국 absolutely 전적으로, 완전히 free 무료인 environment 환경 mention 언급하다 generate ~을 생산하다, 만들어내다 fossil fuel 화석 연료 release ~을 배출하다, 방출하다 harmful 유해한 contribute to ~의 원인이 되다 pollution 오염 switch to ~로 전환하다, 바꾸다 minimize ~을 최소화하다 benefit 이점, 혜택 gentle 순한 (영향을 미치는) accumulation 쌓인 것, 축적 fiber 섬유 thread 실 material 소재, 재료 get scraped off 긁혀 떨어져 나오다 get thrown around 사방으로 내동댕이쳐지다 tumbler 회전용 통 meanwhile 반면에, 한편 help do ~하는 데 도움이 되다 save A from B: A가 B를 피하게 해주다 damage 손상, 피해 be left out 밖에 놓여있다 make A do: A가 ~하게 만들다 last 지속되다 enhance ~을 향상시키다, 강화하다 fragrance 향, 냄새 work as ~로서 작용하다 disinfectant 살균제 get rid of ~을 제거하다, 없애다 microorganisms 미생물 leave ~을 남기다 unpleasant 불쾌한 advantage 장점, 이점 help A do: A가 ~하는 데 도움을 주다 stay 형용사: ~한 상태로 유지되다 UV rays 자외선 act as ~의 역할을 하다 bleach 표백제 expose A to B: A를 B에 노출시키다 remove ~을 제거하다, 없애다 discoloration 변색, 퇴색 build up 형성되다 be careful (not) to do ~하도록(하지 않도록) 주의하다 maintain ~을 유지하다 vibrant 선명한, 생생한 therapeutic 치료의 bask in the sunshine 햇빛을 쬐다 allow A to do: A가 ~할 수 있게 해주다 include ~을 포함하다 reduce ~을 감소시키다, 줄이다 improve ~을 향상시키다, 개선하다 general 전반적인 well-being 행복, 안녕 breathe ~을 들이마시다 make A 형용사: A를 ~하게 만들다 convenient 편리한 sponsor 후원업체 offer ~을 제공하다 including ~을 포함해 retractable 접이식의 stretch out ~을 펼쳐놓다 roll up (돌돌) 말다 store ~을 보관하다 take advantage of ~을 활용하다, 이용하다 come with ~에 딸려 있다, ~에 포함되다

정답 및 해설 **115**

34. According to the talk, what is a major source of laundry-related problems?

담화에 따르면, 빨래와 관련된 문제점의 주된 원인은 무엇인가?

(a) the laundry not being dried sufficiently
(b) the laundry soap being of poor quality
(c) the clothes not being made of durable fabric
(d) the clothes not being dried the best way

(a) 빨래가 충분히 건조되지 않는 것
(b) 빨래 비누의 품질이 좋지 못한 것
(c) 의류가 내구성이 뛰어난 섬유로 만들어지지 않는 것
(d) 의류가 최선의 방법으로 건조되지 않는 것

해설　빨래와 관련된 문제점의 원인이 언급되는 초반부에, 화자는 그 원인으로 세탁용 세제 또는 옷의 섬유가 아니라 옷을 건조하는 방법일 수 있다고(The problem might not be the laundry detergent you're using or your garments' fabric: it might be the way you're drying your clothes) 알리고 있습니다. 이는 가장 좋은 방법으로 건조하지 않는 문제점을 말하는 것이므로 (d)가 정답입니다.

어휘　major source 주된 원인　related 관련된　sufficiently 충분히　of poor quality 품질이 좋지 못한　be made of ~로 만들어지다　durable 내구성이 뛰어난　the best way 최선의 방법으로

35. Which significant change can one notice as a result of line drying clothes?

옷을 빨랫줄에 건조하는 것에 따른 결과로 어떤 상당한 변화를 확인할 수 있는가?

(a) a decrease in total water bills
(b) a drop in overall electricity costs
(c) an increase in energy consumption
(d) a reduction in the need for detergent

(a) 전체 수도세 요금의 감소
(b) 전반적인 전기세 요금의 감소
(c) 에너지 소비의 증가
(d) 세제에 대한 필요성의 감소

해설　옷을 빨랫줄에 건조하는 것의 장점 중 하나가 언급되는 초반부에, 전기세 고지서의 상당한 요금 감소를 확인해볼 수 있을 것이라고(Once you start line drying your laundry, you will notice a significant drop in your next electric bill) 알리는 내용이 있으므로 이에 해당되는 (b)가 정답입니다.

어휘　as a result of ~에 따른 결과로　decrease 감소, 하락　overall 전반적인　consumption 소비, 소모

36. What causes an electric clothes dryer to harm the environment?

무엇으로 인해 전기 건조기가 환경을 해치는 일이 초래되는가?

(a) the use of energy that can pollute the air
(b) its use of harmful gases to dry clothes

(c) the need for natural resources to manufacture it
(d) its turning the clothes' fibers into waste products

(a) 공기를 오염시킬 수 있는 에너지의 사용
(b) 옷을 건조시키기 위한 유해 가스의 사용
(c) 그것을 제조하기 위한 천연 자원의 필요성
(d) 옷의 섬유를 폐기물로 변화시키는 것

해설　전기 건조기가 환경에 미치는 영향을 설명하는 초반부에, 화석 연료 사용으로 인해 공기 중에 유해 가스를 방출하게 되고 오염의 원인이 된다고(This releases harmful gases into the air and contributes to pollution. Switching to a natural option to dry laundry helps minimize environmental pollution) 알리고 있으므로 이를 언급한 (a)가 정답입니다.

어휘　A cause B to do: A로 인해 B가 ~하는 일이 초래되다　harm ~을 해치다　pollute ~을 오염시키다　natural resources 천연 자원　manufacture ~을 제조하다　turn A into B: A를 B로 변모시키다, 탈바꿈시키다　waste products 폐기물

37. Why most likely does line drying make clothes last longer?

빨랫줄을 이용한 건조가 왜 옷을 더 오래 지속되도록 만드는 것 같은가?

(a) The air prevents clothes from shrinking.
(b) The sunlight makes the clothes stronger.
(c) The wind can repair minor damage.
(d) The clothes are treated more gently.

(a) 공기가 옷이 줄어드는 것을 막아준다.
(b) 햇빛이 옷을 더 튼튼하게 만들어준다.
(c) 바람이 경미한 손상을 복구해줄 수 있다.
(d) 옷이 더욱 조심스럽게 다뤄진다.

해설　옷이 더 오래 지속되는 장점이 언급되는 중반부에, 빨랫줄에 옷을 널어 놓는 것은 섬유가 손상되지 않도록 하는 데 도움이 된다는 말과 함께 옷이 그저 햇빛과 공기로 건조되도록 바깥에 놓여 있기 때문에 옷이 더 오래 지속되도록 해준다고(~ hanging your clothes on a clothesline helps save the fabric from damage because the clothes are simply left out to dry in the sun and air. This also makes your clothes last longer) 설명하고 있습니다. 즉 옷이 자연 건조되는 과정에서 더 조심스럽게 다뤄지는 장점을 말하는 것이므로 (d)가 정답입니다.

어휘　prevent A from -ing: A가 ~하는 것을 막다, 방지하다　shrink 줄어들다　repair ~을 복구하다, 수리하다　minor 경미한, 작은, 사소한　treat ~을 다루다　gently 조심스럽게

38. According to the talk, how can drying clothes under the sun improve their smell?

담화에 따르면, 햇빛에 옷을 건조하는 것이 어떻게 옷 냄새를 개

선해줄 수 있는가?

(a) by enhancing the clothes' natural fragrance
(b) by killing organisms that leave unpleasant smells
(c) by infusing the fabric with the scent of fresh air
(d) by removing the scent of detergent

(a) 옷의 자연적인 향을 강화해줌으로써
(b) 불쾌한 냄새를 남기는 미생물을 죽임으로써
(c) 섬유에 산뜻한 공기 냄새를 불어넣음으로써
(d) 세제 냄새를 제거해줌으로써

해설 빨래의 냄새와 관련해 설명하는 중반부에, 햇빛이 자연적인 살균제로서 작용해 빨래에 불쾌한 냄새를 남기는 박테리아와 다른 어떤 미생물이든 제거해준다고(The sun works as a natural disinfectant, which gets rid of bacteria and any other microorganisms that leave an unpleasant smell on your laundry) 알리고 있으므로 이를 언급한 (b)가 정답입니다.

어휘 fragrance 향, 냄새 infuse A with B: A에 B를 불어넣다 scent 냄새, 향내

39. How does being outside benefit people while they are hanging clothes on a line?

빨랫줄에 빨래는 널어놓는 동안 바깥에 나가 있는 것이 어떻게 사람들에게 유익한가?

(a) It can help treat one's illness.
(b) It can give one more physical energy.
(c) It can make one feel relaxed.
(d) It can help to increase one's appetite.

(a) 질병을 치료하는 데 도움이 될 수 있다.
(b) 사람에게 더 많은 신체 에너지를 줄 수 있다.
(c) 느긋해지는 기분을 느끼도록 만들어줄 수 있다.
(d) 식욕을 돕게 하는 데 도움을 줄 수 있다.

해설 빨랫줄에 빨래는 널어놓는 동안 바깥에 나가 있는 것의 장점이 언급되는 후반부에, 햇빛은 신체가 비타민 D를 생성할 수 있게 해주는데, 그 건강상의 이점에 스트레스 감소와 전반적인 행복 증진이 포함된다고(Sunlight allows the body to produce vitamin D, whose health benefits include reducing stress and improving our general well-being) 알리고 있습니다. 즉 마음의 여유를 갖는 일과 관련된 것이므로 이에 해당되는 (c)가 정답입니다.

어휘 benefit ~에게 유익하다, 도움이 되다 treat ~을 치료하다 illness 질병 physical 신체적인 relaxed 느긋한, 여유 있는 increase ~을 증가시키다, 높이다 appetite 식욕

PART 3

M: Hey, Rachel! I haven't seen you around lately. How's life in your new home?

안녕, 레이첼! 요즘 얼굴 보기 힘드네. 새 집에서의 생활은 어때?

F: Oh hi, Alex! It's nice to see you. My family is doing great and we all love the new house.

아, 안녕, 알렉스! 만나서 반가워. 우리 가족은 잘 지내고 있고, 모두 새 집을 아주 마음에 들어 해.

M: That's good to hear. Are there any repairs you need to make on the house now that you're all moved in?

그 얘기를 들어서 다행이야. 이제 너희 가족이 모두 이사했는데 그 집에 뭐든 수리해야 하는 거라도 있어?

F: The house is in great condition, but **40** we have started thinking about our options for fire safety.

집은 아주 좋은 상태인데, 우리는 화재 안전에 대한 선택사항에 관해 생각해보기 시작했어.

M: That's great. As the saying goes, better safe than sorry.

잘됐다. 나중에 후회하는 것보다 조심하는 게 더 낫다는 속담도 있잖아.

F: I agree. My husband and I are choosing between using a fire extinguisher and installing a fire sprinkler system to protect against fire in the house.

동의해. 우리 남편과 난 집을 화재로부터 보호하기 위해 소화기를 사용하는 것과 화재용 스프링클러 시스템을 설치하는 것 중에서 선택하려고 해.

M: Well, why don't we discuss the advantages and disadvantages of each option? Perhaps it will help you make a decision.

음, 각각의 선택사항이 지닌 장점과 단점에 관해 이야기해보면 어떨까? 아마 네가 결정을 내리는 데 도움이 될 수도 있을 거야.

F: Sure, why not? Let's see… I'm considering a fire extinguisher because I can easily buy one from any home improvement store.

그래, 그거 좋지. 어디 보자… 난 소화기를 고려해보는 중인데, 어느 주택 개조용품 전문점에서든 쉽게 구입할 수 있기 때문이야.

M: You're right. Fire extinguishers are very easy to get. You can even order one online and have it delivered to you. Another advantage is that the device is portable. **41** A fire extinguisher is ideal for households because it can be placed at any spot in the house. You just need to bring it to wherever the fire is.

네 말이 맞아. 소화기는 아주 쉽게 구입할 수 있어. 심지어 온라인으로 주문해서 배송 받을 수도 있으니까. 또 다른 장점은 그 기구가 휴대 가능하다는 점이야. 소화기는 가정에서 사용하기에 이상적인데, 집안 어느 곳이든 놓아둘 수 있기 때문이지. 불이 난 곳이면 어디든 가져가기만 하면 돼.

F: You have a point. But one thing that worries me about fire extinguishers is **42** they can be difficult to use, especially for children. Our kids are still young, and the device can be heavy for them to carry.

일리 있는 말이야. 하지만 소화기와 관련해서 내가 걱정하는 한 가지는 사용하기 어려울 수도 있다는 점인데, 특히 아이들에게 있어서 그래. 우리 아이들이 여전히 어리기 때문에, 그 기기를 옮기기엔 무거울 수 있거든.

M: I agree. Another problem is that fire extinguishers have a limited capacity. The firefighting agent inside the tank may not be enough to put out a big fire. So, is there anything about fire sprinkler systems that you like?

동의해. 또 다른 문제점은 소화기가 용량이 제한되어 있다는 거야. 통 안에 들어있는 소화용 물질이 큰 화재를 진압하는 데 충분하지 않을 수도 있어. 그럼, 화재용 스프링클러 시스템과 관련해서 네 마음에 드는 점이라도 있어?

F: Yes, there is. I think they're pretty convenient. There's no need to turn the sprinklers on whenever a fire starts. The system automatically works once it detects smoke.

응, 있어. 내 생각에 꽤 편리한 것 같아. 화재가 시작될 때마다 스프링클러를 틀 필요가 없어. 이 시스템은 연기를 감지하자마자 자동으로 작동돼.

M: That's true. And **43 45** that automated feature of fire sprinklers can give one peace of mind. Even if the whole family leaves the house, you don't have to worry because the sprinkler system itself will put out the fire.

사실이야. 그리고 화재용 스프링클러의 자동화된 기능이 마음에 안정을 줄 수 있어. 만약 가족 모두가 집 밖에 나가 있다 하더라도, 스프링클러 시스템 자체가 화재를 진압해주기 때문에 걱정할 필요가 없어.

F: You're right. But a sprinkler system has its disadvantages, too. And **44** what makes me hesitate to install a sprinkler system is its high cost.

맞는 말이야. 하지만 스프링클러 시스템에도 단점은 있어. 그리고 스프링클러 시스템을 설치하는 것을 주저하게 만드는 이유가 높은 비용이야.

M: That's true. Installing sprinklers can be expensive because it involves a complex system of pipes and plumbing as well as alarms and sensors.

사실이야. 스프링클러를 설치하는 일은 비용이 많이 들 수 있는데, 경보 장치와 센서뿐만 아니라 파이프와 배관 작업의 복잡한 시스템과 관련되어 있기 때문이지.

F: Yes. Another disadvantage I'm thinking of is that a fire sprinkler system requires regular maintenance. Otherwise, leaks from pipes and other issues could develop.

응. 내가 생각하는 또 다른 단점은 화재용 스프링클러 시스템이 주기적인 유지 관리를 필요로 한다는 점이야. 그렇지 않으면, 파이프에서의 누수나 다른 문제들이 생겨날 수 있어.

M: Correct. A fire sprinkler system should be checked and tested at least once a year to ensure that it will work in case of a fire.

맞아. 화재용 스프링클러 시스템은 화재가 발생되는 경우에 작동되도록 보장하기 위해 최소한 1년에 한번은 점검하고 시험해봐야 해.

F: Hmm… It's been really helpful talking to you, Alex. I actually had a hard time sleeping last night because I kept worrying that something might happen to our new home, so it will be nice to finally put my mind at ease.

흠… 함께 얘기한 게 정말로 도움이 된 것 같아, 알렉스. 사실 우리 새 집에 무슨 일이라도 일어날지 몰라서 계속 걱정하느라 어젯밤에 잠들기 어려웠는데, 드디어 마음이 놓이게 되는 것 같아서 정말 다행이야.

M: Happy to be of service, Rachel. So, have you come up with a decision?

도움이 될 수 있어서 기뻐, 레이첼. 그럼, 결정을 내린 거야?

F: Well, I think I'd rather go the safer way of protecting against fire. **45** Since my husband and I are at work and the kids are in school during the day, we want to know the house is safe even when we're not there.

음, 화재로부터 보호 받을 수 있는 더 안전한 방법을 택할 생각이야. 낮 시간에 우리 남편과 난 직장에 가 있고 아이들은 학교에 있기 때문에, 우린 우리가 집에 있지 않을 때도 그곳이 안전하다는 걸 알고 싶거든.

어휘　I haven't seen you around lately 요즘 얼굴 보기 힘드네, 요즘 통 안 보이던데　do great 잘 지내다　make a repair 수리하다　now that 이제 ~이므로　in great condition 아주 상태가 좋은　fire safety 화재 안전　As the saying goes 속담에서 말하듯이　better safe than sorry 나중에 후회하는 것보다 조심하는 게 더 낫다　choose 선택하다　between A and B: A와 B 사이에서　fire extinguisher 소화기　install ~을 설치하다　protect against ~로부터 보호하다　why don't we ~? ~하는 게 어때　discuss ~을 이야기하다, 논의하다　advantage 장점, 이점(↔ disadvantage)　help A do: A가 ~하는 것을 돕다　make a decision 결정을 내리다　why not? (동의

를 나타내어) 그거 좋지, 왜 안되겠어? consider ~을 고려하다 home improvement store 주택 개조용품 전문점 order ~을 주문하다 have A p.p.: A가 ~되게 하다 device 기구, 장치 portable 휴대 가능한 ideal 이상적인 place ~을 놓다, 두다 spot 자리, 장소 wherever ~하는 어디든 You have a point 일리 있는 말이야 worry ~을 걱정시키다 especially 특히 carry ~을 옮기다, 갖고 다니다 limited 제한된 capacity 용량, 수용력 firefighting agent 소화용 물질 put out (불 등) ~을 끄다 convenient 편리한 There's no need to do ~할 필요가 없다 turn A on: A를 켜다, 틀다 whenever ~할 때마다, ~할 때는 언제든 automatically 자동으로 work 작동되다 once 일단 ~하는 대로, ~하자마자 detect ~을 감지하다 automated 자동화된 feature 기능, 특징 peace of mind 마음의 안정 even if 설사 ~한다 하더라도 whole 모든, 전체의 leave ~에서 나가다, ~을 떠나다 itself (사물 명사 뒤에서) ~ 자체 make A do: A가 ~하게 만들다 hesitate to do ~하기를 주저하다 involve ~와 관련되다, ~을 수반하다 complex 복잡한 plumbing 배관 as well as ~뿐만 아니라 …도 require ~을 필요로 하다 regular 주기적인, 정기적인 maintenance 유지 관리, 시설 관리 otherwise 그렇지 않으면 leak 누수, 누출 issue 문제, 사안 develop 생겨나다, 발생되다 at least 최소한, 적어도 ensure that ~임을 보장하다 in case of ~의 경우에 helpful 도움이 되는, 유익한 actually 실은, 사실은 have a hard time -ing ~하는 데 어려움을 겪다 keep -ing 계속 ~하다 put one's mind at ease 마음을 안정시키다 of service 도움이 되는 I'd rather do ~하고 싶다 go the way of ~하는 방법을 택하다

40. What is Rachel trying to decide about her family's new house?

레이첼은 가족의 새 집과 관련해 무엇을 결정하려 하는가?

(a) if the house is safe enough to move into
(b) which repairs need to be made first
(c) **the best type of fire safety system**
(d) if the house's security system needs to be replaced

(a) 그 집이 이사하기에 충분히 안전한지
(b) 가장 먼저 어떤 수리 작업이 필요한지
(c) **가장 좋은 화재 안전 시스템의 종류**
(d) 그 집의 보안 시스템이 교체되어야 하는지

해설 대화 초반부에 여자가 화재 안전에 대한 선택사항에 관해 생각해 보기 시작했다는(~ we have started thinking about our options for fire safety) 말과 함께 두 가지 다른 화재 안전 관리 방법에 관해 이야기하기 시작하고 있으므로 (c)가 정답입니다.

어휘 enough to do ~하기에 충분히 security 보안 replace ~을 교체하다

41. According to Alex, how does being portable make a fire extinguisher ideal for household use?

알렉스의 말에 따르면, 휴대 가능하다는 점이 어떻게 소화기를 가

정용으로 사용하기에 이상적인 것으로 만들어주는가?

(a) **It can be brought directly to the fire.**
(b) It can be carried effortlessly from the store.
(c) It can be used by all members of the family.
(d) It can be delivered without extra fees.

(a) **화재가 있는 곳으로 곧장 가져갈 수 있다.**
(b) 매장으로부터 힘들이지 않고 가져올 수 있다.
(c) 모든 가족 구성원에 의해 사용될 수 있다.
(d) 별도의 요금 없이 배송될 수 있다.

해설 소화기 사용의 장점을 설명하는 중반부에, 남자가 소화기는 가정에서 사용하기에 이상적이라는 말과 함께 집안 어느 곳이든 놓아 둘 수 있어서 불이 난 곳이면 어디든 가져가기만 하면 된다고(A fire extinguisher is ideal for households because it can be placed at any spot in the house. You just need to bring it to wherever the fire is) 알리고 있습니다. 따라서 이러한 장점에 해당되는 (a)가 정답입니다.

어휘 make A 형용사: A를 ~하게 만들다 household 가정 directly 곧장, 직접적으로 effortlessly 힘들이지 않고 without ~ 없이 extra 별도의, 추가의 fee 요금

42. What probably is Rachel's concern about having a fire extinguisher at home?

집에 소화기를 두는 것에 관한 레이첼의 우려는 무엇일 것 같은가?

(a) that it is only useful for putting out large fires
(b) **that it is hard for her children to use**
(c) that it is difficult to regularly refill the tank
(d) that it takes up a lot of space in the room

(a) 대형 화재를 진압하는 데에만 유용하다는 점
(b) **그녀의 아이들이 사용하기 힘들다는 점**
(c) 주기적으로 통을 다시 채우기 어렵다는 점
(d) 방 안의 많은 공간을 차지한다는 점

해설 소화기와 관련된 우려를 말하는 중반부에, 여자가 특히 아이들이 사용하기 어려울 수도 있다는 점과 함께 자신의 아이들이 여전히 어리기 때문에 소화기를 옮기기에 무거울 수 있다고(~ they can be difficult to use, especially for children. Our kids are still young, and the device can be heavy for them to carry) 언급하고 있습니다. 따라서 이러한 문제점을 말한 (b)가 정답입니다.

어휘 concern 우려, 걱정 useful 유용한 refill ~을 다시 채우다 take up ~을 차지하다

43. Why does Alex say that a sprinkler system can give one peace of mind?

알렉스는 왜 스프링클러 시스템이 마음의 안정을 줄 수 있다고 말하는가?

(a) because it can be activated remotely
(b) because it prevents fires before they start
(c) because it is easy for the whole family to

operate

(d) **because it works even when no one is home**

(a) 원격으로 작동될 수 있기 때문에
(b) 화재가 시작되기 전에 방지해주기 때문에
(c) 가족 전체가 작동하기 쉽기 때문에
(d) **집에 아무도 있지 않을 때조차도 작동되기 때문에**

해설   스프링클러의 장점을 말하는 중반부에, 남자가 스프링클러가 마음에 안정을 줄 수 있다면서 가족 모두가 집 밖에 나가 있어도 스프링클러 시스템 자체가 화재를 진압해주기 때문에 걱정할 필요가 없다고(~ that automated feature of fire sprinklers can give one peace of mind. Even if the whole family leaves the house, you don't have to worry because the sprinkler system itself will put out the fire) 밝히고 있습니다. 따라서 이러한 장점을 언급한 **(d)**가 정답입니다.

어휘   activate ~을 작동시키다, 활성화하다 remotely 원격으로 whole 전체의, 모든 operate ~을 작동하다, 가동하다

44. Why is Rachel unsure about having a sprinkler system installed?

레이첼은 왜 스프링클러 시스템이 설치되는 것에 대해 확신이 없는가?

(a) It needs to be checked every month.
(b) The pipes will likely leak quite often.
(c) **The cost of installation is significant.**
(d) It requires extra money for the sensors to be installed.

(a) 매달 점검되어야 한다.
(b) 파이프들이 꽤 자주 샐 가능성이 있다.
(c) **설치 비용이 상당히 많이 든다.**
(d) 센서들을 설치하는 데 추가 비용을 필요로 한다.

해설   대화 후반부에 여자는 스프링클러 시스템 설치를 주저하게 만드는 이유로 높은 비용을 언급하고 있습니다(~ what makes me hesitate to install a sprinkler system is its high cost). 따라서 높은 설치 비용으로 인해 확신하지 못하므로 **(c)**가 정답입니다.

어휘   be unsure about ~에 대해 확신이 없다 likely 가능성 있는 leak ⑧ 새다, 누출되다 quite often 꽤 자주 installation 설치 significant 상당한, 많은 require ~을 필요로 하다

45. What will Rachel most likely do after the conversation?

레이첼은 대화 후에 무엇을 할 것 같은가?

(a) **have a fire sprinkler system installed**
(b) get a good night's sleep and decide tomorrow
(c) consult with her husband and children
(d) purchase a fire extinguisher

(a) **화재용 스프링클러 시스템을 설치하는 일**
(b) 하룻밤 푹 자고 내일 결정하는 일
(c) 남편 및 아이들과 상의하는 일
(d) 소화기를 구입하는 일

해설   대화 맨 마지막에 여자는 낮 시간에 남편과 자신은 직장에 가 있고 아이들은 학교에 있기 때문에 집에 있지 않아도 안전하다는 걸 알고 싶다고(Since my husband and I are at work and the kids are in school during the day, we want to know the house is safe even when we're not there) 말하고 있습니다. 이는 대화 중반부에 남자가 설명한 스프링클러 시스템의 장점(Even if the whole family leaves the house, you don't have to worry ~)이므로 **(a)**가 정답입니다.

어휘   decide 결정하다 consult with ~와 상의하다 purchase ~을 구입하다

PART 4

Good morning, everyone. This is Health Corner, your partner in health on television. It's wintertime once again, and the cold weather makes it easier for cold and flu viruses to spread. Though helpful, avoiding interaction with sick people and staying at home do not completely assure that you will not contract these cold-weather illnesses.

안녕하세요, 여러분. 여러분의 텔레비전 건강 도우미 '헬스 코너'입니다. 또 다시 겨울철이 찾아왔으며, 추운 날씨는 더욱 쉽게 감기 및 독감 바이러스가 퍼지도록 만들어줍니다. 도움이 되는 것이기는 하지만, 몸이 아픈 사람들과의 접촉을 피하고 집에 머물러 있는다고 해서 추운 날씨에 발생되는 이러한 병에 걸리지 않도록 완전히 보장해주지는 않습니다.

It is best to prepare your body so it can defend itself once you are exposed to these diseases. This can be done by boosting your immune system, which helps fight off germs that cause us to get sick. **46** Here are some tips on how to improve our disease-fighting abilities and deal with the winter cold and flu season better.

이러한 질병에 노출되는 대로 스스로 방어할 수 있도록 여러분의 신체를 준비시키는 것이 최선입니다. 이는 우리를 아프게 만드는 세균들과 싸워 물리치는 데 도움을 주는 면역 체계를 증진함으로써 하실 수 있습니다. 우리의 질병 퇴치 능력을 향상시키고 겨울철 감기 및 독감에 더 잘 대처하는 방법에 관한 몇 가지 팁을 말씀 드리겠습니다.

Tip number 1: eat healthy foods. We need nutrients to improve our immune system. For example, **47** foods rich in vitamin C help the body produce white blood cells, which defend the body against infection. It is therefore important that we eat fruits and vegetables, which are rich in vitamins and minerals, to fight off diseases this wintertime.

1번 팁: 건강에 좋은 음식을 섭취하십시오. 우리는 면역 체계를 개선하는 데 영양분이 필요합니다. 예를 들어, 비타민 C가 풍부한 음식은 감염으로부터 신체를 방어해주는 백혈구를 만들어내는 데 도움을 줍니다. 따라서 이번 겨울철에 질병을 퇴치할 수 있도록 비타민과 미네랄이 풍부한 과일과 채소를 먹는 것이 중요합니다.

Tip number 2: get some exercise. We gain a lot of physical benefits from exercising, like losing weight, having clearer skin, and developing a fitter body. But exercise can help us fight diseases, too. **48** One theory is that exercise increases blood flow, which means that more immune cells are circulating throughout the body. This can strengthen the immune system so it fights off illnesses more easily. However, be careful not to work out too hard, as over-exercising can actually weaken your body's defenses.

2번 팁: 운동을 하십시오. 우리는 운동을 통해 체중 감량, 더 깨끗한 피부 유지, 그리고 더 건강한 신체 발달 같은 많은 신체적 혜택을 얻습니다. 하지만 운동은 우리가 질병과 싸우는 데 도움을 주기도 합니다. 운동이 혈액 순환을 늘려준다는 이론이 있는데, 이는 신체 전반에 걸쳐 더 많은 면역 세포가 순환된다는 것을 의미합니다. 이는 면역 체계를 강화시켜 더 쉽게 질병을 퇴치할 수 있게 해줍니다. 하지만, 너무 심하게 운동하지 않도록 주의하셔야 하는데, 과도한 운동은 실은 신체 방어 능력을 약화시킬 수 있기 때문입니다.

Tip number 3: go outside. Get out of the house and get some sunlight. **49** Sunshine helps the body produce vitamin D, which gives us stronger bones and muscles. Moreover, vitamin D promotes the production of antibodies that help us combat respiratory infections. It is recommended that one regularly receive morning sunlight for around 10 to 20 minutes to develop the immune system.

3번 팁: 밖으로 나가십시오. 집 밖으로 나가셔서 햇빛을 즐기십시오. 햇빛은 몸이 비타민 D를 생성하는 데 도움을 주는데, 이것이 뼈와 근육을 더욱 튼튼하게 만들어줍니다. 게다가, 비타민 D는 호흡기 감염을 방지하는 데 도움을 주는 항체 생성을 촉진해줍니다. 면역 체계를 발달시킬 수 있도록 약 10~20분 정도 아침에 주기적으로 햇빛을 받는 것이 권장됩니다.

Tip number 4: sleep well. Getting a good night's sleep greatly contributes to our overall health. Our muscles are repaired and our cells are regenerated when we sleep. It is also while sleeping that we replace the energy we spend during the day. Moreover, **50** sleep improves our immune system by resetting our defense mechanisms to fight diseases. On the other hand, lack of sleep often results in a reduced ability to ward off infections.

4번 팁: 숙면하십시오. 밤에 잠을 푹 자는 것이 전반적인 건강에 크게 도움이 됩니다. 우리가 잠을 잘 때 근육이 복구되고 세포가 재생

됩니다. 우리가 낮 시간 중에 소비하는 에너지를 대체하는 것도 수면 중에 일어나는 일입니다. 게다가, 잠은 질병과 싸우는 우리의 방어 기제를 다시 설정해줌으로써 면역 체계를 향상시켜줍니다. 반면에, 수면 부족은 흔히 감염을 물리치는 능력의 하락이라는 결과를 초래합니다.

Tip number 5: reduce stress levels. Worrying too much weakens our immune system's ability to fight off harmful foreign bodies. That's why **51** stressed people are more prone to catch a cold, flu, or other illness. So, whenever you're feeling frustrated, scared, or angry, do something relaxing to help you relieve stress. This way, you can minimize the possibility of getting sick.

5번 팁: 스트레스 수준을 낮추십시오. 너무 많이 걱정하는 것은 해로운 이물질을 퇴치하는 면역 체계의 능력을 약화시킵니다. 이것이 바로 스트레스를 받은 사람들이 감기나 독감, 또는 기타 질병에 걸릴 가능성이 더 높은 이유입니다. 따라서, 좌절감이나 두려움, 또는 화난 기분이 느껴지실 때마다, 스트레스를 해소하는 데 도움이 될 수 있도록 마음을 느긋하게 해주는 일을 하십시오. 이렇게 하시면, 몸이 아파질 가능성을 최소화하실 수 있습니다.

Tip number 6: practice proper hygiene. Proper hygiene, such as washing our hands regularly and cleaning our living spaces, contributes greatly to the prevention of diseases. **52** Another aspect of hygiene, and one that people often overlook, is food handling. We can avoid disease-causing bacteria from entering our body by preparing our food properly.

6번 팁: 적절한 위생 관리를 실천하십시오. 주기적으로 손을 씻고 거주 공간을 청소하는 일과 같은 적절한 위생 관리는 질병 예방에 크게 도움이 됩니다. 위생 관리의 또 다른 측면이자 사람들이 흔히 간과하는 한 가지가 음식물 취급입니다. 음식을 적절히 준비함으로써 질병을 유발하는 박테리아가 우리 몸에 유입되지 못하도록 피할 수 있습니다.

Well, that's the end of the talk, everyone. Remember the simple but effective tips I've given, and you won't have to spend winter feeling unwell because of sickness. Thank you for listening, and stay healthy.

자, 여기까지가 오늘의 이야기입니다, 여러분. 제가 제공해드린 간단하면서도 효과적인 팁을 기억해 두시면, 질병 때문에 몸이 편치 않은 느낌으로 겨울을 보내실 필요가 없을 것입니다. 들어주셔서 감사 드리며, 건강 유지하시기 바랍니다.

어휘　make it 형용사 to do: ~하는 것을 …하게 만들다 flu 독감 spread 퍼지다, 확산되다 though (비록) ~하기는 하지만 avoid ~을 피하다 interaction 접촉, 상호 작용, 교류 completely 완전히 assure that ~임을 보장하다 contract (질병 등) ~에 걸리다 illness 병, 질환 prepare ~을 준비하다 defend ~을 방어하다 be exposed to ~에 노출되다 disease 질병 boost ~을 증진하다, 촉진하다 immune system 면역 체계 help do ~하는 데 도움이 되다 fight off ~을 퇴치하다 germ 세균 cause A to do: A에게 ~하도록 초래하다 how to do ~하는 법 improve ~을 개선하다, 향

상시키다 disease-fighting ability 질병 퇴치 능력 deal with ~에 대처하다, ~을 다루다 nutrient 영양(분) rich in ~가 풍부한 help A do: A가 ~하는 데 도움이 되다 produce ~을 만들어내다 white blood cells 백혈구 infection 감염 therefore 따라서, 그러므로 exercise 운동 gain ~을 얻다 physical 신체적인 benefit 혜택, 이점 lose weight 체중을 감량하다 develop ~을 발달시키다 fitter 더 건강한 theory 이론 increase ~을 증가시키다, 높이다 blood flow 혈액 순환, 혈류 circulate 순환하다 throughout ~ 전체에 걸쳐 strengthen ~을 강화하다 be careful (not) to do ~하도록(하지 않도록) 주의하다 work out 운동하다 over-exercising 과도한 운동 actually 실은, 실제로 weaken ~을 약화시키다 moreover 더욱이, 게다가 promote ~을 촉진하다 antibody 항체 combat ~을 방지하다, ~와 싸우다 respiratory 호흡기의 It is recommended that ~하는 것이 권장되다 regularly 주기적으로 receive ~을 받다 greatly 크게, 매우, 대단히 contribute to ~에 도움이 되다 overall 전반적인 repair ~을 복구하다, 수리하다 regenerate ~을 재생시키다 replace ~을 대체하다 reset ~을 재설정하다, 다시 맞추다 defense mechanisms 방어 기제 on the other hand 반면에, 한편 lack 부족 result in ~의 결과를 초래하다 reduced 낮아진, 줄어든, 감소된 ward off ~을 물리치다 harmful 유해한 foreign body 이물질 be prone to do ~하기 쉽다 catch (질병 등) ~에 걸리다 whenever ~할 때마다, ~할 때는 언제든 frustrated 좌절한, 불만스러운 scared 무서워하는 relaxing 느긋하게 만들어주는 relieve ~을 덜어주다, 완화하다 this way 이렇게 하면, 이런 방법으로 minimize ~을 최소화하다 possibility 가능성 practice ~을 실천하다, 실행하다 proper 적절한 hygiene 위생 prevention 방지, 예방 aspect 측면, 양상 overlook ~을 간과하다 handling 취급, 처리 avoid A from -ing: A가 ~하는 것을 피하다 disease-causing 질병을 유발하는 properly 적절히, 제대로 effective 효과적인 spend A -ing: ~하면서 A를 보내다 unwell 몸이 편치 않은 stay 형용사: ~한 상태를 유지하다

46. What is the topic of the talk?
담화의 주제는 무엇인가?

(a) how to boost one's defenses against illness
(b) tips on keeping warm during the winter
(c) how to avoid interacting with sick people
(d) tips on recovering from the flu more quickly

(a) 질병에 대한 방어 능력을 증진하는 방법
(b) 겨울철에 따뜻함을 유지하는 팁
(c) 아픈 사람들과 접촉을 피하는 방법
(d) 독감에서 더욱 빠르게 회복하는 팁

해설 담화 초반부에 화자가 질병 퇴치 능력을 향상시키고 겨울철 감기 및 독감에 더 잘 대처하는 방법에 관한 몇 가지 팁을 얘기해주 겠다고(Here are some tips on how to improve our disease-fighting abilities and deal with the winter cold and flu season better) 언급한 뒤로, 여러 가지 팁을 차례대로 알려주고 있습니다. 이는 질병을 막는 능력을 키우는 방법에 해당되는 것이므로 (a)가 정답입니다.

어휘 how to do ~하는 방법 keep 형용사: ~한 상태를 유지하다 recover from ~에서 회복하다 quickly 빠르게

47. Why are foods rich in vitamin C helpful in improving the immune system?
비타민 C가 풍부한 음식들이 면역 체계를 향상시키는 데 있어 왜 도움이 되는가?

(a) They fight the blood cells that harm the body.
(b) They prevent diseases from entering the body.
(c) They shield the immune system from nutrients.
(d) They create blood components that fight diseases.
(a) 몸에 해를 끼치는 혈액 세포들과 싸운다.
(b) 질병이 몸 속에 들어가는 것을 방지해준다.
(c) 영양분으로부터 면역 체계를 보호해준다.
(d) 질병과 싸우는 혈액 성분을 만들어준다.

해설 1번 팁에서 비타민 C가 풍부한 음식은 감염으로부터 신체를 방어해주는 백혈구를 만들어내는 데 도움을 준다고(~ foods rich in vitamin C help the body produce white blood cells, which defend the body against infection) 밝히고 있으므로 (d)가 정답입니다.

어휘 blood cells 혈액 세포, 혈구 세포 harm ~에 해를 끼치다 shield ~을 보호하다 create ~을 만들어내다 component 성분, 요소

48. According to the talk, how can exercise protect one against infection?
담화에 따르면, 운동이 어떻게 감염으로부터 사람을 보호할 수 있는가?

(a) by stopping infected blood from circulating
(b) by carrying immune cells to all parts of the body
(c) by keeping bacteria off the skin
(d) by weakening the virus with body heat

(a) 감염된 혈액이 순환하지 못하게 함으로써
(b) 면역 세포를 몸의 모든 부분으로 실어 나름으로써
(c) 박테리아를 피부에 가까이 오지 못하게 함으로써
(d) 체온으로 바이러스를 약화시킴으로써

해설 2번 팁에서 운동이 혈액 순환을 늘려준다는 이론이 있다는 말과 함께 그것이 신체 전반에 걸쳐 더 많은 면역 세포가 순환된다는 것을 의미한다고(One theory is that exercise increases blood flow, which means that more immune cells are circulating throughout the body) 알리고 있습니다. 따라서 면역 세포의 순환에 관한 내용과 일치하는 (b)가 정답입니다.

어휘 stop A from -ing: A가 ~하지 못하게 하다 carry ~을 실어 나르다, 옮기다 keep A off B: A를 B에 가까이오지 못하게 하다 weaken ~을 약화시키다

49. What does exposure to sunlight do to enhance the immune system?

햇빛에 대한 노출이 면역 체계를 강화하기 위해 무엇을 하는가?

(a) It combats the power of antibodies.
(b) It cures diseases in the respiratory system.
(c) It produces a vitamin that is key to fighting infection.
(d) It develops the muscles and bones.

(a) 항체가 지닌 힘과 싸운다.
(b) 호흡기 계통의 질병을 치료한다.
(c) 감염과 싸우는 데 핵심인 비타민을 생성한다.
(d) 근육과 뼈를 발달시킨다.

해설   3번 팁에서 햇빛은 몸이 비타민 D를 생성하는 데 도움을 주고 뼈와 근육을 더욱 튼튼하게 만들어준다는 말과 함께, 비타민 D가 호흡기 감염을 방지하는 데 도움을 주는 항체 생성을 촉진한다고(Sunshine helps the body produce vitamin D, which gives us stronger bones and muscles. Moreover, vitamin D promotes the production of antibodies that help us combat respiratory infections) 알리고 있습니다. 항체 생성이 곧 감염과 싸우는 것이므로 (c)가 정답입니다. (d)는 비타민 D의 효능으로 언급되었지만, 질문에서 언급된 '면역 체계 강화' (enhance the immune system)와 직접적으로 연관이 있다고 언급되지 않았으므로 오답입니다.

어휘   cure ~을 치료하다   key 핵심적인, 가장 중요한

50. What will most likely happen if we don't get enough sleep?

우리가 잠을 충분히 자지 못하면 무슨 일이 생길 것 같은가?

(a) The cells will gradually expire.
(b) The muscles will get damaged.
(c) The reserved energy will be used up.
(d) The immune system will weaken.

(a) 세포들이 점차적으로 죽을 것이다.
(b) 근육이 손상될 것이다.
(c) 저장된 에너지가 바닥날 것이다.
(d) 면역 체계가 약화될 것이다.

해설   4번 팁에서 잠은 질병과 싸우는 우리의 방어 기제를 다시 설정해줌으로써 면역 체계를 향상시켜주지만, 수면 부족은 흔히 감염을 물리치는 능력의 하락이라는 결과를 초래한다고(~ sleep improves our immune system by resetting our defense mechanisms to fight diseases. On the other hand, lack of sleep often results in a reduced ability to ward off infections) 설명하고 있습니다. 이는 수면 부족이 면역 체계의 약화를 초래할 수 있다는 뜻이므로 (d)가 정답입니다.

어휘   gradually 점차적으로   expire 죽다   get p.p. ~한 상태가 되다   damaged 손상된, 피해를 입은   reserved 저장된   used up 바닥난, 고갈된

51. Based on the talk, who is more prone to sicknesses?

담화에 따르면, 누가 아플 가능성이 더 큰가?

(a) people who often experience anxiety
(b) people who spend too much time relaxing
(c) people who like to watch scary movies
(d) people who have already had the flu

(a) 불안감을 자주 겪는 사람들
(b) 휴식하는 데 너무 많은 시간을 보내는 사람들
(c) 무서운 영화를 보는 것을 좋아하는 사람들
(d) 이미 독감에 걸린 사람들

해설   5번 팁에서 스트레스를 받은 사람들이 감기나 독감, 또는 기타 질병에 걸릴 가능성이 더 높다고 알리면서 좌절감이나 두려움, 또는 화난 기분이 느껴질 때마다 스트레스를 해소하도록(~stressed people are more prone to catch a cold, flu, or other illness. So, whenever you're feeling frustrated, scared, or angry, do something relaxing to help you relieve stress) 권하고 있습니다. 따라서 불안한 기분을 잘 겪는 사람은 스트레스를 받는 사람이기 때문에 쉽게 아플 수 있다는 것을 알 수 있으므로 (a)가 정답입니다.

어휘   anxiety 불안감   spend time -ing ~하는 데 시간을 보내다   relax 휴식하다, 쉬다   scary 무서운

52. What is an aspect of hygiene that people often overlook?

사람들이 흔히 간과하는 위생 관리의 한 측면은 무엇인가?

(a) washing one's hands frequently
(b) keeping one's surroundings clean
(c) the importance of dealing with food safely
(d) the need to eliminate bacteria from the body

(a) 자주 손을 씻는 것
(b) 주변 환경을 깨끗하게 유지하는 것
(c) 음식을 안전하게 처리하는 일의 중요성
(d) 몸에서 박테리아를 없애는 일의 필요성

해설   6번 팁에서 위생 관리의 또 다른 측면이자 사람들이 흔히 간과하는 한 가지가 음식물 취급이라고 밝히면서 음식을 적절히 준비해 질병을 유발하는 박테리아가 몸에 유입되지 못하도록 피할 수 있다고(Another aspect of hygiene, and one that people often overlook, is food handling. We can avoid disease-causing bacteria from entering our body by preparing our food properly) 알리고 있습니다. 따라서 음식물을 안전하게 처리하는 일의 중요성을 의미하는 (c)가 정답입니다.

어휘   frequently 자주   keep A 형용사: A를 ~하게 유지하다   surroundings 주변 환경   importance 중요성   deal with ~을 처리하다, 다루다   eliminate ~을 없애다, 제거하다

PART 1

플로렌스 나이팅게일

플로렌스 나이팅게일은 영국의 간호사이자 사회 개혁가였다. **53** 나이팅게일은 간호업계에서 의료 서비스 개혁과 간호 업무의 현대화라는 결과를 낳은 선구적인 아이디어들을 도입한 것으로 가장 잘 알려져 있다.

플로렌스 나이팅게일은 1820년 5월 12일, 이탈리아 플로렌스의 한 부유한 영국인 가정에서 태어났다. 어린 나이에, 나이팅게일은 자신의 천직이 간호사로서 사람들을 돕는 것이라고 **58** 확신했다. 하지만, **54** 그녀의 가족은 이러한 관심에 찬성하지 않았는데, 집안의 사회적 지위에 대한 자부심이 있었기 때문이었다. 당시에, 간호직은 사회 내에서 가난한 사람들을 위한 하찮은 직업으로 여겨졌으며, 대신 지위가 있는 여성들은 상위 계층의 남성들과 결혼할 것으로 기대되었다.

많은 설득 끝에, 나이팅게일의 부모님은 결국 독일에 있는 한 병원에서 간호학을 공부하도록 허락해주었다. 그 후 나이팅게일은 유럽 전역에 위치한 다른 의료 시설에서 간호사로서 일자리를 얻었다. 런던에 위치한 한 병원에서 그녀가 보여준 능력이 매우 인상적이어서 1년 동안 그곳에서 근무한 후에 관리자 직책을 맡게 되었다. **55** 훌륭한 의료 업무 종사자로서 나이팅게일의 명성이 퍼지게 되었고, 1854년에는 영국 정부가 크림 전쟁에서 자국의 병사들을 치료할 의료팀을 이끌도록 그녀에게 요청했다.

나이팅게일의 팀이 부대 막사에 도착해 보게 된 것은 폐수가 넘쳐나고 쥐와 곤충들이 들끓는 기지 병원이었다. 이 비위생적인 환경은 다른 여러 의료 기관에서도 다양한 수준으로 만연해 있었으며, 수천 명의 부상 당한 병사들을 감염으로 **59** 죽게 만들었다. **56** 환자의 회복이 주변 환경에 크게 영향 받는다고 생각하여, 나이팅게일은 침상마다 3피트 간격을 두고 정렬함과 동시에 그 시설을 청소하고 제대로 환기되도록 명령했다.

56 그녀는 또한 병사들에게 영양가가 높은 음식과 청결한 옷을 제공함으로써 제대로 된 식사 및 위생 상태의 부족 문제도 해결했다. 이러한 개선 사항들이 감염 확산은 급격히 낮추면서 환자들의 회복 가능성은 높여주었다. 나이팅게일의 행동들은 전쟁 중에 곧 다른 여러 병원에서도 시행되었다.

나이팅게일이 집으로 돌아갔을 때 영웅과 같은 대접을 받았다. 또한 **57** 상당한 금전적인 보상도 받았는데, 나이팅게일은 그 보상금을 나이팅게일 간호학교를 설립하는 데 사용했다. 그 후 나이팅게일은 자신의 개혁을 국가의 군대에, 그리고 나중에는 여러 민간 병원에 적용하는 데 있어 정부와 협력했다. 나이팅게일은 1920년에 90세의 나이로 사망했지만, 그녀의 영향력은 미국 내에서 졸업하는 간호사들이 맹세하는 것으로서 간호 분야의 직업 윤리와 원칙을 지키겠다는 약속인 '나이팅게일 성사'에서 여전히 확인할 수 있다.

어휘   reformer 개혁가   be best known for ~로 가장 잘 알려져 있다   introduce ~을 도입하다, 소개하다   pioneering 선구적인   nursing profession 간호업계, 간호 분야   result in ~의 결과

를 낳다   healthcare 의료 서비스   reform 개혁, 개선   modernization 현대화   be convinced that ~임을 확신하다   calling 천직, 소명   serve ~을 돕다, ~에게 봉사하다   approve of ~을 찬성하다   interest 관심   take pride in ~에 자부심을 갖다   social standing 사회적 지위   at the time 당시에   be viewed as ~로 여겨지다   lowly 하찮은   the poor 가난한 사람들   of status 지위가 있는   be expected to do ~할 것으로 기대되다   upper-class 상위 계층의   instead 대신   persuasion 설득   eventually 결국, 마침내   give A permission: A에게 허락해주다   facility 시설(물)   throughout ~ 전체에 걸쳐   performance 능력, 성과   so A that B: 너무 A해서 B하게 되다   impressive 인상적인   earn ~을 얻다   superintendent 관리자   reputation 명성, 평판   spread ⑤ 퍼지다, 확산되다 ⑩ 퍼짐, 확산   request A to do: A에게 ~하도록 요청하다   lead ~을 이끌다   treat ~을 치료하다, 처치하다   arrive 도착하다   barrack 막사   base hospital 기지 병원   flooded with ~로 넘쳐나다   ingested with ~로 들끓다   insect 곤충   unhygienic 비위생적인   condition 환경, 조건   prevail 만연하다   institution 기관, 단체   in varying degrees 다양한 수준으로, 다양한 정도로   cause A to do: A가 ~하게 만들다, A가 ~하도록 초래하다   wounded 부상 당한   perish from ~로 죽다   infection 감염   patient 환자   recovery 회복   affect ~에 영향을 미치다   order that ~하도록 명령하다   properly 제대로, 적절히   ventilate ~을 환기시키다   with A p.p.: A가 ~된 채로, A가 ~되면서   apart 떨어져, 따로   address ⑤ (문제 등) ~을 해결하다, 처리하다   lack 부족   proper 제대로 된, 적절한   hygiene 위생   provide A with B: A에게 B를 제공하다   nutritious 영양가가 높은   improvement 개선, 향상   drastically 급격히   lower ~을 낮추다   increase ~을 높이다, 증가시키다   chance 가능성   recuperation 회복, 만회   practice 행동, 실천   implement ~을 시행하다   hero's welcome 영웅과 같은 대접   receive ~을 받다   substantial 상당한   monetary reward 금전적 보상   found ~을 설립하다   coordinate with ~와 협력하다   apply A to B: A를 B에 적용하다   civilian 민간의   influence 영향(력)   promise 약속   uphold ~을 지키다, 유지하다   ethics 윤리   principle 원칙   graduating 졸업하는

53. What is Florence Nightingale most known for?
플로렌스 나이팅게일은 무엇으로 가장 잘 알려져 있는가?

(a) founding the nursing profession in Great Britain
(b) initiating improvements in healthcare
(c) introducing new ideas about mental health
(d) being a pioneer for social reforms

(a) 영국에서 간호업계를 설립한 것
(b) 의료 서비스의 개선을 시작한 것
(c) 정신 건강에 관한 새로운 생각을 소개한 것
(d) 사회적 개혁에 대한 선구자가 된 것

해설   첫 단락에 간호업계에서 의료 서비스 개혁과 간호 업무의 현대화라는 결과를 낳은 선구적인 아이디어들을 도입한 것으로 가장 잘 알려져 있다고(She is best known for introducing pioneering ideas in the nursing profession that resulted in healthcare reforms and the modernization of nursing) 쓰여 있으므로 이러한 의료 서비스 개선을 언급한 **(b)**가 정답입니다.

어휘 initiate ~을 시작하다, ~에 착수하다 improvement 개선, 향상 pioneer 선구자

54. Why most likely did Nightingale's parents disagree with her interest in nursing?

나이팅게일의 부모는 간호직에 대한 그녀의 관심에 대해 왜 반대했을 것 같은가?

(a) They had arranged a marriage for her.
(b) They did not believe in her calling.
(c) They wanted her to manage the family's riches.
(d) They did not want her to take a low-status job.

(a) 그녀를 위해 결혼을 준비했다.
(b) 그녀의 천직이라는 것에 대한 믿음이 없었다.
(c) 그녀에게 가족의 재물을 관리하기를 원했다.
(d) 그녀가 지위가 낮은 직업을 갖기를 원하지 않았다.

해설 가족이 간호직에 대해 찬성하지 않은 이유가 언급된 두 번째 단락에, 집안의 사회적 지위에 대한 자부심이 있었다는 말과 함께 간호직은 사회 내에서 가난한 사람들을 위한 하찮은 직업으로 여겨졌다고(~ they took pride in their social standing. At the time, nursing was viewed as a lowly job for the poor in society ~) 쓰여 있으므로 이러한 배경이 언급된 **(d)**가 정답입니다.

어휘 disagree with ~에 반대하다, 동의하지 않다 arrange ~을 준비하다, 마련하다 want A to do: A에게 ~하기를 원하다 manage ~을 관리하다 riches 부, 재물 low-status 지위가 낮은

55. What prompted the British government to ask Nightingale to head a medical team?

무엇으로 인해 영국 정부가 나이팅게일에게 의료팀을 이끌도록 요청하게 되었는가?

(a) her repute as a competent nurse
(b) her quick promotion to head of the hospital
(c) her education in a German nursing school
(d) her experience working all over Europe

(a) 유능한 간호사로서 지닌 명성
(b) 빠르게 병원장으로 승진한 것
(c) 독일 간호학교에서 받은 교육
(d) 유럽 전역에서 일한 경험

해설 영국 정부가 나이팅게일에게 의료팀을 이끌도록 요청한 일이 언급된 세 번째 단락에, 훌륭한 의료 업무 종사자로서 나이팅게일의 명성이 퍼지면서 영국 정부가 크림 전쟁에서 자국의 병사들을 치료할 의료팀을 이끌도록 요청했다는(Nightingale's reputation as an excellent health worker spread,

and in 1854, the British government requested her to lead a medical team ~) 말이 쓰여 있으므로 **(a)**가 정답입니다.

어휘 A prompt B to do: A로 인해 B가 ~하게 되다 ask A to do: A에게 ~하도록 요청하다 head ~을 이끌다, ~의 책임자가 되다 repute 명성, 평판 competent 유능한 promotion 승진, 진급 all over ~ 전역에서

56. How did Nightingale improve the recuperation rate of the soldiers?

나이팅게일은 어떻게 병사들의 회복률을 향상시켰는가?

(a) by moving them to a cleaner facility
(b) by having them follow a strict diet
(c) by reducing the agents of infection
(d) by providing adequate beds for them

(a) 더 깨끗한 시설로 옮김으로써
(b) 엄격한 식단을 따르게 함으로써
(c) 감염 요인을 줄임으로써
(d) 병사들을 위해 충분한 침상을 제공함으로써

해설 병사들의 회복과 관련된 정보가 제시되는 네 번째 단락과 다섯 번째 단락에, 침상 사이의 간격 조절, 시설 청소 및 환기(~ the facility be cleaned and properly ventilated with the beds lined up three feet apart), 영양가가 높은 음식과 청결한 옷 제공(~ providing soldiers with nutritious food and clean clothes)을 통한 개선 사항들을 바탕으로 감염 확산은 급격히 낮추면서 환자들의 회복 가능성은 높여주었다고 쓰여 있습니다. 즉 감염 요인을 줄임으로써 회복률을 높인 것이므로 **(c)**가 정답입니다.

어휘 have A do : A에게 ~하게 하다 follow ~을 따르다 strict 엄격한 reduce ~을 줄이다, 감소시키다 agent 요인, 동인 adequate 충분한

57. What did Nightingale do with the reward money she received?

나이팅게일은 자신이 받은 보상금으로 무엇을 했는가?

(a) founded an aid group for the country's military
(b) started an educational center for nurses
(c) donated it to graduating nurses in the U.S.
(d) built hospitals around the nation

(a) 나라의 군대를 위해 구호 단체를 설립했다.
(b) 간호사들을 위한 교육 센터를 시작했다.
(c) 미국 내에서 졸업하는 간호사들에게 기부했다.
(d) 전국적으로 여러 병원을 지었다.

해설 보상금이 언급된 마지막 단락에, 자신이 받은 보상금을 나이팅게일 간호학교를 설립하는 데 사용했다고(She also received a substantial monetary reward, which she used to found the Nightingale Training School for Nurses) 쓰여 있으므로 **(b)**가 정답입니다.

어휘 **aid group** 구호 단체 **donate** ~을 기부하다 **around** ~ 전역에서

58. In the context of the passage, <u>convinced</u> means _____.

해당 단락의 문맥에서, <u>convinced</u>가 의미하는 것은?

(a) confident
(b) strict
(c) capable
(d) accurate

(a) 확신하는
(b) 엄격한
(c) 할 수 있는
(d) 정확한

해설 해당 문장에서 convinced 뒤에 이어지는 **that**절을 보면, 당시에 나이팅게일이 했던 생각, 즉 자신의 천직이 간호사로 일하는 것이라는 말이 쓰여 있습니다. 이는 나이팅게일이 그러한 확신을 가진 것으로 볼 수 있는 내용이므로 '확신하는'을 뜻하는 또 다른 형용사 **(a) confident**가 정답입니다.

59. In the context of the passage, <u>perish</u> means _____.

해당 단락의 문맥에서, <u>perish</u>가 의미하는 것은?

(a) cease
(b) vanish
(c) finish
(d) die

(a) 중단되다
(b) 사라지다
(c) 끝나다
(d) 죽다

해설 해당 문장에서 perish 앞뒤 부분의 내용을 읽어보면, 감염으로 인해 부상 당한 병사들에게 초래된 일을 나타내기 위해 perish가 쓰였음을 알 수 있습니다. 따라서 매우 부정적인 신체 상태에 이른 것으로 판단할 수 있는데, 그에 해당되는 동사로서 '죽다'를 뜻하는 **(d) die**가 정답입니다.

PART 2

곤충의 멸종은 자연의 붕괴로 이어질 수 있다

한때 전 세계에서 날아다니거나 뛰어오르고, 심지어 물 위를 걸어 다니기까지 하는 곤충들을 더 많이 찾아볼 수 있었다. 하지만, **60** 지구의 많은 육지가 산업용으로 그리고 주거용으로 전환되면서, 많은 곤충 종이 서식지 및 먹을 것을 잃고 멸종될 위기에 처해 있다. 곤충은 지구의 생물 다양성에 상당히 기여하고 있으며, 이들의 멸종은 자연의 붕괴로 이어질 수 있다.

약 1백만 종의 동물과 식물이 오늘날 멸종 위기에 직면해 있으며, 그들 중 약 절반이 곤충이다. 이 수치가 **65** 적게 잡은 추정치이기

는 하지만, 수천 가지의 곤충들이 아직도 발견되지 않았을 가능성이 있기 때문에, 그 감소율은 지구의 생태계에 엄청난 변화들을 초래하기에 충분히 높은 수준이다. **61** 조류와 포유류, 그리고 어류 같은 많은 종이 식량 공급원으로 곤충에 의존하고 있다. 곤충의 멸종으로 인해, 이 동물들의 개체수도 마찬가지로 흔들릴 수 있다. 이러한 추이는 뱀이나 들고양이 같이 새나 포유류를 먹이로 삼는 동물 종에도 추가적으로 영향을 미칠 수 있다.

곤충은 또한 식물과 대단히 상호 의존적인 관계이다. **62** 이들은 씨를 퍼트리는 데 도움을 주고 식물이 번식할 수 있게 해주는 꽃가루 매개자의 역할을 함으로써 식물의 증식에 있어 중요한 존재이다. 그 대가로, 식물은 꽃가루와 꿀을 먹는 꿀벌이나 말벌 같은 곤충에게 있어 공급원의 역할을 한다. 곤충은 또한 식품 생산의 측면에서 인간에게 더욱 직접적인 혜택을 준다. **63** 일부 종류의 곤충들은 식물을 파괴하는 다른 외래 유입 종을 먹이로 삼기 때문에 농작물을 위한 활동적인 병충해 방제자의 역할을 한다. 유익한 곤충들의 숫자 감소는 결국 인간에게 필요한 식품 공급량의 엄청난 감소로 이어질 수 있다.

특정 곤충들은 또한 인간이 만든 쓰레기를 정화하고 분해하는 데에도 도움이 되며, 그로 인해 청정 상태를 유지하는 데 있어 유익하다. 다른 곤충들은 죽은 식물 조직을 먹고 살면서, 식물체를 빠르게 부패시켜 토양을 비옥하게 하는 데 도움을 준다.

연구에 따르면 곤충의 지속적인 존재에 대해 손꼽히는 위협 요소가 인간에 의해 초래되고 있는 것으로 나타났다. 여기에는 **64(d)** 서식지 파괴, **64(c)** 광공해 현상을 비롯해 **64(a)** 엄청난 살충제 사용도 포함된다. 환경 보존 전문가들은 곤충들을 살리기 위해 그리고 지구상의 생명체를 **66** 생존 가능한 상태로 만들어주는 민감한 생태 균형을 유지하기 위해 그러한 위협 요소들이 제거되도록 권고하고 있다.

어휘 **extinction** 멸종 **insect** 곤충 **lead to** ~로 이어지다 **collapse** 붕괴 **used to do** 한때 ~했다 **in larger numbers** 더 많이, 더 많은 숫자로 **throughout** ~ 전역에 걸쳐 **hop** 뛰어 오르다 **convert** ~을 전환하다, 변모시키다 **industrial** 산업의 **residential** 주거의 **species** (동식물의) 종 **in danger of** ~하는 위험에 처한 **extinct** 멸종된 **habitat** 서식지 **source** 공급원, 원천 **contribute to** ~에 기여하다, 공헌하다 **significantly** 상당히 **biodiversity** 생물 다양성 **face** ~에 직면하다 **conservative** (수치 등이) 적게 잡은 **estimate** 추정(치) **be yet to do** 아직 ~하지 않다 **discover** ~을 발견하다 **rate of loss** 감소율 **enough to do** ~하기에 충분히 **bring A to B** B에 A를 초래하다 **massive** 엄청난, 거대한 **ecosystem** 생태계 **mammals** 포유류 **depend on** ~에 의존하다 **population** 개체수 **likewise** 마찬가지로 **falter** 흔들리다 **development** (사건 등의) 추이, 전개 **further** 추가적으로, 더욱 더 **affect** ~에 영향을 미치다 **feed on** ~을 먹이로 삼다, ~을 먹고 살다 **highly** 매우, 대단히, 크게 **co-dependent with** ~와 상호 의존적인 관계인 **instrumental** 중요한 **propagation** 증식, 번식 **act as** ~의 역할을 하다(= serve as) **pollinator** 꽃가루 매개자 **help do** ~하는 데 도움이 되다 **disperse** ~을 퍼트리다 **seed** 씨, 씨앗 **allow A to do** A가 ~할 수 있게 해주다 **reproduce** 번식하다 **in return** 그 대가로 **pollen** 꽃가루, 화분 **nectar** 꿀 **benefit** 혜택, 이점 **in terms of** ~의 측면에서, ~와 관련해서 **active** 활동적인 **pest control** 병충해 방제 **agricultural crops** 농작물 **invasive** species 외래 유입 종 destroy ~을 파괴하다 decline in ~의 감소(= decrease in) eventually 결국, 마침내 huge 엄청난 supply 공급 certain 특정한, 일정한 clean up ~을 정화하다 decompose ~을 분해하다, 부패시키다 therefore 그러므로, 따라서 beneficial 유익한, 이득이 되는 maintain ~을 유지하다 cleanliness 청정, 청결 tissue (생물체의) 조직 plant materials 식물체 decay 부패되다 enrich ~을 비옥하게 하다, 풍부하게 하다 soil 토양 identify ~을 확인하다, 발견하다 leading 손꼽히는, 선도적인 threat 위협 continued 지속적인 existence 존재 cause ~을 초래하다, 야기하다 include ~을 포함하다 light pollution 광공해 as well as ~을 비롯해, ~뿐만 아니라 heavy 심한, 많은 pesticide 살충제 expert 전문가 eliminate ~을 제거하다, 없애다 delicate 민감한, 섬세한, 취약한 ecological balance 생태 균형 make A 형용사: A를 ~하게 만들다 feasible 가능한, 그럴 듯한

60.
What is the current concern regarding insects?
곤충과 관련된 현재의 우려는 무엇인가?

(a) They are adopting unusual ways to move.
(b) They are invading commercial lands.
(c) They are losing their homes and food.
(d) They are destroying their surroundings.

(a) 흔치 않은 이동 방법을 택하고 있다.
(b) 상업용지에 침입하고 있다.
(c) 서식지와 먹이를 잃고 있다.
(d) 주변 환경을 파괴하고 있다.

해설 곤충과 관련된 현재의 상황을 언급한 첫 번째 단락에, 지구의 많은 육지가 산업용으로 그리고 주거용으로 전환되면서 많은 곤충 종이 서식지 및 먹을 것을 잃고 멸종될 위기에 처해 있다고(~ many species of bugs are in danger of becoming extinct by losing their habitats and sources of food) 알리고 있으므로 이러한 문제점을 언급한 (c)가 정답입니다.

어휘 current 현재의 concern 우려 regarding ~와 관련된 adopt ~을 채택하다 unusual 흔치 않은 way to do ~하는 방법 invade ~을 침입하다 commercial 상업의 surroundings 주변 환경

61.
What will most likely happen if insects were to become extinct?
곤충이 멸종된다면 무슨 일이 일어날 것 같은가?

(a) The number of snakes will continue to decline.
(b) The population of birds will be on the rise.
(c) Exactly half of all species will die out.
(d) The breeding grounds of fish will disappear.

(a) 뱀의 숫자가 지속적으로 감소할 것이다.
(b) 조류 개체수가 증가세를 이룰 것이다.
(c) 정확히 모든 종의 절반이 멸종될 것이다.
(d) 어류 번식지가 사라질 것이다.

해설 곤충이 멸종되는 경우에 미치는 영향이 언급된 두 번째 단락에, 조류와 포유류, 그리고 어류 같은 많은 종이 먹을 것을 위해 곤충에 의존하고 있다는 점과 함께 곤충의 멸종으로 인해 뱀이나 들고양이 같이 새나 포유류를 먹이로 삼는 동물 종에도 추가적으로 영향을 미칠 수 있다고(Many species, like birds, mammals, and fish, depend on insects for their source of food. With the insects' extinction, ~ Such development can further affect the species that feed on birds and mammals, such as snakes and wild cats) 알리고 있습니다. 따라서 뱀의 숫자 감소를 언급한 (a)가 정답입니다.

어휘 be to do ~하게 되다, ~할 예정이다 continue to do 지속적으로 ~하다 on the rise 증가세에 있는 exactly 정확히 die out 멸종되다 breeding grounds 번식지 disappear 사라지다

62.
Why are insects important to plants?
곤충이 왜 식물에게 중요한가?

(a) because they produce food for plants
(b) because they help plants produce pollen
(c) because they serve as sources of nectar
(d) because they help plants reproduce

(a) 식물을 위해 먹을 것을 만들어내기 때문에
(b) 식물이 꽃가루를 만드는 데 도움을 주기 때문에
(c) 꿀 공급원의 역할을 하기 때문에
(d) 식물이 번식하는 데 도움을 주기 때문에

해설 곤충과 식물의 관계를 설명한 세 번째 단락에, 씨를 퍼뜨리는 데 도움을 주고 식물이 번식할 수 있게 해주는 꽃가루 매개자의 역할을 함으로써 식물의 증식에 있어 중요한 존재라고(They are instrumental in the plants' propagation by acting as pollinators that help disperse seeds and allow plants to reproduce) 알리고 있습니다. 즉 식물 번식에 도움이 된다는 뜻이므로 이를 언급한 (d)가 정답입니다.

어휘 help A do: A가 ~하는 데 도움을 주다

63.
How do certain insects help in agricultural production?
곤충이 어떻게 농작물 생산에 도움을 주는가?

(a) by spreading crop seeds
(b) by checking the increase of destructive pests
(c) by destroying invasive plants
(d) by fertilizing the soil when they decompose

(a) 작물 씨앗을 퍼트림으로써
(b) 파괴적인 해충의 증가를 억제함으로써
(c) 외래 유입 식물을 파괴함으로써
(d) 분해되면서 토양을 비옥하게 함으로써

해설 곤충이 농작물 생산이 도움이 되는 이유를 설명한 세 번째 단락에, 일부 곤충들이 식물을 파괴하는 다른 외래 유입 종을 먹이로

삼기 때문에 농작물을 위한 활동적인 병충해 방제자의 역할을 한다고(Some types of insects serve as active pest controls for agricultural crops since they feed on other invasive species that destroy plants) 알리고 있습니다. 이는 해충 증가를 억제하는 역할을 한다는 뜻이므로 (b)가 정답입니다.

어휘   check ~을 억제하다 destructive 파괴적인 destroy ~을 파괴하다 fertilize ~을 비옥하게 하다, ~에 비료를 주다

64. According to the article, what most likely is NOT a threat to the continuation of insect species?

기사 내용에 따르면, 곤충 종의 지속에 대한 위협 요소가 아닌 것은 무엇일 것 같은가?

(a) the extensive use of chemicals in agricultural production
(b) the frequent occurrence of earthquakes and volcanoes
(c) the excessive use of artificial light at night
(d) the conversion of natural lands into homes

(a) 농작물 생산에 있어 광범위한 화학 물질 사용
(b) 지진과 화산 폭발의 잦은 발생
(c) 야간의 과도한 인공 조명 사용
(d) 자연 부지의 주택 전환

해설   인간에 의해 초래되는 위협 요소들이 언급된 마지막 단락에, 서식지 파괴와 광공해 현상, 그리고 엄청난 살충제 사용(These include habitat loss, light pollution, as well as heavy use of pesticides)이 언급되어 있으므로 (a)와 (c), 그리고 (d)가 그 요소들에 해당됩니다. 하지만 지진 및 화산과 관련된 문제점으로 언급된 것은 없으므로 (b)가 정답입니다.

어휘   continuation 지속 extensive 광범위한, 폭넓은 chemical 화학 물질 frequent 잦은, 빈번한 occurrence 발생 earthquake 지진 volcano 화산 excessive 과도한 artificial 인공적인 conversion of A into B: A를 B로 전환

65. In the context of the passage, conservative means _____.

해당 단락의 문맥에서, conservative가 의미하는 것은?

(a) cautious
(b) traditional
(c) unchanging
(d) accurate

(a) 조심스러운
(b) 전통적인
(c) 변치 않는
(d) 정확한

해설   해당 문장에서 주어는 곤충의 숫자를 의미하는 the number이고 그 뒤에 보어로 '추정된 수치'라는 의미의 명사 estimate를 수식하는 형용사로 형용사 conservative가 사용되었습니다. 여기서 conservative는 '실제보다 적게 잡은'이라는 의미로

쓰였으므로, 문맥상 실제 수보다 적게 잡은 숫자는 과도하지 않도록 조심하며 신중하게 수치를 추정했다는 의미가 포함되어 있습니다. 따라서 보기 중에 '조심스러운', '신중한'이라는 의미를 가진 (a) cautious가 정답입니다.

66. In the context of the passage, feasible means _____.

해당 단락의 문맥에서, feasible이 의미하는 것은?

(a) rational
(b) equal
(c) possible
(d) eligible

(a) 합리적인
(b) 동일한
(c) 가능한
(d) 자격 있는

해설   해당 문장에서 형용사 feasible은 동사 make의 목적어 life on Earth를 설명하는 목적보어로 쓰였습니다. 그리고 feasible이 속한 that절은 생태 균형을 뜻하는 ecological balance를 수식하므로 feasible은 생태 균형이 지구의 생명체에 미치는 영향과 관련된 의미를 지니고 있음을 알 수 있습니다. 즉 생태 균형이 생명체를 생존 가능하게 만든다는 의미를 나타내는 것으로 볼 수 있으므로 '가능한'을 뜻하는 또 다른 형용사 (c) possible이 정답입니다.

PART 3

수정 동굴

'수정 동굴'은 멕시코 치와와 주의 나이카 광산 지하에 형성된 수정 결정체들로 이뤄진 동굴이다. 300미터 아래의 지하에 위치한, 이 동굴은 몇몇 세계에서 가장 큰 자연 수정으로 여겨지고 있는 거대 투명석고 결정체들로 잘 알려져 있다.

1910년에, 한 광업 회사가 나이카 광산을 탐사하고 있었을 때 투명석고 수정들로 가득한 120미터 깊이의 동굴 하나를 발견했다. 투명석고는 무색 투명한 유형의 석고이며 표면에 빛이 난다. 이 동굴은 "검의 동굴"이라고 이름 지어졌는데, **67** 그 벽과 바닥에 보통 1미터 길이의 검을 닮은 수정들이 여기저기 박혀 있었기 때문이었다. 90년이 지난 후에야 더 장관을 이루는 동굴인 '수정 동굴'이 발견되었다.

68 2000년에, 그 광업 회사는 은과 기타 금속 물체를 찾아내겠다는 희망을 안고 더 깊은 곳에 연결된 한 동굴에서 물을 퍼내고 있었다. 광부들이 그 동굴 안으로 들어갔을 때, 사방에서 돌출되어 대략 전신주만한 크기로 우뚝 솟은 수정 기둥들로 가득 차 있었다는 사실을 알게 되었다. '수정 동굴'에 사람을 왜소해 보이게 만들 정도로 엄청난 크기의 투명석고 결정체들이 들어 있었으며, 이 수정들 중에서 가장 큰 것은 길이가 11미터에 지름이 4미터나 되었다.

투명석고는 광물인 칼슘과 황산염이 오랫동안 높은 온도의 물 속에서 **72** 융합될 때 형성된다. 이 동굴은 뜨거운 물로 가득했는데, 이곳이 그 산의 마그마, 즉 용융 암석이 고여 있는 공간 위에 자리잡고 있기 때문이다. **69** 이 수정들이 자라는 데 안정된 상태로 50만

년의 침수 기간이 걸렸던 것으로 추정되고 있다.

가혹한 환경으로 인해 사람이 이 동굴 내부에서 보낼 수 있는 시간은 **73** 제한되어 있다. 섭씨 40도에 이르는 온도와 거의 100퍼센트 수준의 습도로 인해, **70** 내부에서 오직 몇 분 동안만 버틸 수 있는데, 수증기가 호흡을 방해하기 때문이다. 과학자들은 시원함을 유지해주는 보호복과 인공 호흡기를 착용한 채로 오직 최대 1시간 동안만 이 동굴을 탐사하도록 허용되었다.

71 위험한 환경 때문에, 그 광업 회사는 2015년에 '수정 동굴'을 폐쇄했다. 그 수정들이 다시 자라기 시작할 것이라는 기대 속에 동굴을 물로 다시 채우도록 허용되었다.

어휘　cave 동굴　crystal 수정　cavern (큰) 동굴　formation 형성(물)　located 위치한　below ~ 아래에, 밑에　be known for ~로 잘 알려져 있다　gigantic 거대한　selenite 투명석고　be believed to do ~하는 것으로 여겨지다　mining 광업　explore ~을 탐사하다, 탐험하다　discover ~을 발견하다　filled with ~로 가득한　colorless 무색의　transparent 투명한　gypsum 석고　shiny 빛나는　facet 면, 측면　be named A: A라고 이름 지어지다　be studded with ~가 여기저기 박혀 있다　typically 보통, 일반적으로　resemble ~을 닮다　sword 검, 칼　not until A that B: A가 지나서야 B하다　decade 10년　spectacular 장관을 이루는　connected 연결된　in hopes of -ing ~하려는 희망으로　towering 우뚝 솟은　pillar 기둥　around the size of 대략 ~만한 크기의　telephone post 전신주　jut from ~에서 돌출되어 있다　contain ~이 들어 있다, ~을 포함하다　enormous 엄청난　dwarf ~을 왜소해 보이게 만들다　diameter 지름　mineral 광물　sulfate 황산염　merge 융합되다　be situated 자리잡고 있다　magma chamber 마그마가 모여 있는 공간　molten rock 용융 암석　It is estimated that ~인 것으로 추정되다　submersion 침수　in stable conditions 안정된 상태로　grow 자라다　restricted 제한된　due to ~로 인해, ~ 때문에　harsh 가혹한　conditions 환경, 조건　Celsius 섭씨　humidity 습도　last ⓥ 견디다, 지속되다　water vapor 수증기　hinder ~을 방해하다　breathing 호흡　be permitted to do ~하도록 허용되다 (= be allowed to do)　probe ~을 탐사하다　respirator 인공 호흡기　a maximum of 최대 ~의　refill ~을 다시 채우다　with the expectation that ~할 것이라는 기대를 갖고

67. Which is true about the underground cave discovered in 1910?

1910년에 발견된 지하 동굴에 관해 어느 것이 사실인가?

(a) It was filled with colorful crystals.
(b) It took several decades to uncover.
(c) It had crystals that were long and thin.
(d) It held the world's largest crystals.

(a) 화려한 색깔의 수정들로 가득 차 있었다.
(b) 발견하는 데 수십 년이 걸렸다.
(c) 길고 가느다란 수정들이 있었다.
(d) 세계에서 가장 큰 수정들이 들어 있었다.

해설　1910년에 발견된 지하 동굴에 관한 정보가 제시되는 두 번째 단락에, 벽과 바닥에 보통 1미터 길이의 검을 닮은 수정들이 여기저기

박혀 있었다는(~ its walls and floor were studded with typically one-meter-long crystals that resembled swords) 말이 있으므로 이러한 수정의 형태를 언급한 (c)가 정답입니다.

어휘　colorful 색이 화려한, 다채로운　several 여럿의, 몇몇의　uncover ~을 발견하다, 알아내다　thin 가느다란, 얇은　hold ~을 갖고 있다, 보유하다

68. Why was the mining company draining water out of a deeper cave in 2000?

해당 광업 회사는 2000년에 왜 더 깊은 동굴에서 물을 빼내고 있었는가?

(a) to extract various types of metal
(b) to increase their water supply
(c) to find human fossils in caves
(d) to look for more selenite

(a) 다양한 종류의 금속을 추출하기 위해
(b) 물 공급량을 늘리기 위해
(c) 동굴 속에서 인간 화석을 찾아내기 위해
(d) 더 많은 투명석고를 찾아보기 위해

해설　2000년에 있었던 일이 언급된 세 번째 단락에, 2000년에 특정 광업 회사가 은과 기타 금속 물체를 찾아내겠다는 희망을 안고 더 깊은 곳에 연결된 한 동굴에서 물을 퍼내고 있었다는(In 2000, the mining company was pumping water from a connected but deeper cave in hopes of finding silver and other metals) 말이 쓰여 있으므로 (a)가 정답입니다.

어휘　drain (물 등) ~을 빼내다　extract ~을 추출하다　various 다양한　increase ~을 늘리다, 증가시키다　supply 공급(량)　fossil 화석

69. How most likely did the crystal formations in the Cave of the Crystals attain their massive sizes?

수정 동굴의 수정 결정체들이 어떻게 그렇게 엄청난 크기를 이룰 수 있었을 것 같은가?

(a) The draining of water helped them grow faster.
(b) The crystals grew undisturbed for half a million years.
(c) The chamber kept the water temperature low.
(d) Molten rocks mixed with the minerals.

(a) 더 빨리 자라도록 배수 작업이 도움을 주었다.
(b) 수정들이 50만 년 동안 방해 받지 않고 자랐다.
(c) 그 공간이 물 온도를 낮게 유지해주었다.
(d) 용융 암석이 광물들과 혼합되었다.

해설　수정 결정체들이 엄청난 크기로 자란 이유가 설명된 네 번째 단락에, 그 수정들이 자라는 데 안정된 상태로 50만 년의 침수 기간이 걸렸던 것으로 추정된다는(It is estimated that it took

500,000 **years of submersion in stable conditions for the crystals to grow**) 말이 쓰여 있습니다. 이는 50만 년 동안 누군가의 방해 없이 발견되지 않은 채로 있었다는 뜻이므로 **(b)**가 정답입니다.

어휘   attain ~을 이루다, 달성하다 draining of water 배수 help A do: A가 ~하도록 도움을 주다 undisturbed 방해 받지 않는 keep A 형용사: A를 ~한 상태로 유지하다 mix with ~와 혼합되다

---

70. What makes breathing difficult inside the Cave of the Crystals?

무엇 때문에 수정 동굴 안에서 호흡하는 것이 어려운가?

(a) the gypsum dust in the cave
(b) the extreme depth of the cave
(c) the sudden changes in temperature
(d) the water particles entering the lungs

(a) 동굴 내의 석고 먼지
(b) 동굴의 극단적인 깊이
(c) 온도의 갑작스러운 변화
(d) 폐 속으로 들어가는 수분 입자

해설   수정 동굴 내의 환경에 관해 설명하는 다섯 번째 단락을 보면, 내부에서 오직 몇 분 동안만 버틸 수 있다는 말과 함께 수증기가 호흡을 방해하기 때문이라고(~ **one can only last a few minutes inside because water vapor will hinder breathing**) 설명하고 있습니다. 즉 호흡할 때 들이마시게 되는 수분 입자로 인해 호흡이 어렵다는 것을 알 수 있으므로 **(d)**가 정답입니다.

어휘   make A 형용사: A를 ~하게 만들다 dust 먼지, 티끌 extreme 극단적인, 극심한 depth 깊이 sudden 갑작스러운 particle 입자 lung 폐

---

71. Why probably was the cave shut down?

동굴이 왜 폐쇄되었을 것 같은가?

(a) because the crystals were being stolen
(b) because it drew too many visitors
(c) to prevent the occurrence of injuries
(d) to let the crystals continue growing

(a) 수정들이 도난 당하고 있었기 때문에
(b) 너무 많은 방문객을 끌어들였기 때문에
(c) 부상 발생을 방지하기 위해
(d) 수정들이 계속 자라도록 하기 위해

해설   마지막 단락을 보면, 위험한 환경 때문에 2015년에 수정 동굴을 폐쇄했다는(Because of its dangerous environment, the mining company closed ~) 말이 쓰여 있는데, 이는 사람들의 부상 등과 같은 사고 발생 위험을 줄이기 위한 것이므로 **(c)**가 정답입니다.

어휘   shut down ~을 폐쇄하다 draw ~을 끌어들이다 prevent ~을 방지하다, 예방하다 occurrence 발생 injury 부상 let A do: A에게 ~하게 하다 continue -ing 계속 ~하다

---

72. In the context of the passage, merge means _____.

해당 단락의 문맥에서, merge가 의미하는 것은?

(a) remain
(b) combine
(c) appear
(d) socialize

(a) 남아 있다
(b) 결합되다
(c) 나타나다
(d) 어울리다

해설   해당 문장에서 merge가 속한 when절은 투명석고가 형성되는 방식을 아주 간단하게 설명하고 있으므로 merge는 두 가지 광물인 칼슘(calcium)과 황산염(sulfate)이 물 속에서 함께 작용하는 방식과 관련되어 있음을 알 수 있습니다. 즉 두 광물이 서로 합쳐져 투명석고라는 하나의 물체가 만들어지는 것으로 생각할 수 있으므로 '결합되다'를 뜻하는 **(b) combine**이 정답입니다.

---

73. In the context of the passage, restricted means _____.

해당 단락의 문맥에서, restricted가 의미하는 것은?

(a) limited
(b) prevented
(c) distributed
(d) arranged

(a) 제한된
(b) 방지된
(c) 나눠진
(d) 준비된

해설   해당 문장에서 restricted는 동굴 내에 있을 수 있는 시간 길이와 관련된 의미를 나타내는데, 바로 뒤에 '가혹한 환경으로 인해'라는 말이 쓰여 있는 것으로 볼 때 그 시간 길이가 한정적임을 알 수 있습니다. 따라서 동사 limit의 과거분사로서 '제한된'을 뜻하는 **(a) limited**가 정답입니다.

PART 4

애런 맥킨리
마케팅부장
프라임 웍스 마케팅

맥킨리 씨께,

74 귀하께서 6월 6일부로 마케팅부장으로 승진되신다는 사실을 알려 드리기 위해 이 편지를 씁니다. 축하 드립니다!

귀하께서 우리 프라임 웍스 마케팅 사에서 근무해오신 지난 3년 동안, 칭찬해 드릴 만한 귀하의 업무 능력에 주목하게 되었습니다. 귀하께서는 유용한 제품 마케팅 제안서들을 제출해주셨으며, 프로젝트들을 시행하는 데 있어 소중한 통찰력을 공유해주셨습니다. 그렇긴 해도, **75** 귀하의 승진을 승인하도록 저희를 납득시킨 공헌

은 지난 분기에 귀하께서 진두지휘하셔서 성공을 거둔 패스트푸드 마케팅 프로젝트였습니다.

귀하께서는 또한 우리 회사의 인력 개발 노력에도 기여해주셨습니다. 교육 대상자 오리엔테이션 진행 책임자로서, **76** 귀하께서는 신입 마케팅 보조 직원들의 배정 업무에 대해 끈기 있게 그리고 효과적으로 그 직원들을 이끌어주셨습니다. 우리는 이러한 부분들이 귀하께서 신뢰할 수 있는 리더가 되실 수 있는 지표라는 점을 확신합니다.

귀하의 업무 능력을 더 깊이 있게 평가하기 위해, **77** 회사의 고위 관리자들께서 귀하의 대인 관계 능력과 관련해 중간 관리자들과 상의하셨으며, 저희 모두는 귀하께서 매력적인 인격을 지니고 계신다는 점에 **79** 동의했습니다. 더욱이, 귀하께서는 심지어 직장 밖에서조차 직원들과 관련된 문제들을 해결하는 데 있어서 신뢰성을 지니고 계십니다.

마케팅부장으로서, 귀하께서는 우리 작가들과 디자이너들이 만들어내는 모든 콘텐츠를 검토할 책임을 지시게 됩니다. 또한 **78** 우리가 향후 참고용으로 각 캠페인에 대해 가장 좋은 업무 관행 및 결점에 주목할 수 있도록 진행 중인 마케팅 프로젝트들의 성과도 관찰하시게 될 것입니다. 마케팅이사님께서 귀하의 직속 상관이 되실 것입니다.

새 직책에 대한 수락 여부를 **80** 최종 확정하기 위해, 새 연봉과 추가 혜택, 그리고 그 외에 귀하께서 갖고 계실 수 있는 모든 우려 사항들을 이야기할 수 있도록 가급적 빨리 제 사무실로 와주시기 바랍니다. 모든 부분이 상호 간에 만족스러울 경우, 새로운 근로 계약서에 서명도 하시게 될 것입니다.

안녕히 계십시오.
레베카 홀든
이사, 인사부

어휘 　inform A that: A에게 ~라고 알리다　promote ~을 승진 시키다　effective 날짜: ~부로 (발효되어)　note ~에 주목하 다　commendable 칭찬할 만한　performance 업무 능력, 성과, 실적　submit ~을 제출하다　useful 유용한　proposal 제안(서)　share ~을 공유하다　valuable 소중한, 가치 있는 insight 통찰력　implement ~을 시행하다　contribution 공헌, 기여　persuade A to do: ~하도록 A를 납득시키다, 설득하다　grant A B: A에게 B를 승인해주다　promotion 승진　successful 성공적인　spearhead ~을 진두지휘하 다　quarter 분기　contribute to ~에 기여하다, 공헌하다 manpower 인력　development 개발, 발전　effort 노력 facilitating officer 진행 책임자　trainee 교육 대상자　direct ~을 이끌다, 총괄하다　assistant 보조, 조수　assignment 배 정(된 일), 할당(된 것)　patiently 끈기 있게　effectively 효 과적으로　be certain that ~임을 확신하다　indicator 지 표, 표시　dependable 신뢰할 수 있는　evaluate ~을 평 가하다　further 추가적으로, 더욱 더　confer with ~와 상 의하다　mid-level 중간 위치의　regarding ~와 관련해 interpersonal relations 대인 관계 능력　concur that ~라 는 데 동의하다　engaging 매력적인　personality 인격, 성 격　possess ~을 소유하다, 지니고 있다　solve ~을 해결하 다　related 관련된　matter 문제, 일, 사안　be responsible for ~에 대한 책임을 지다　review ~을 검토하다, 살펴보다 content 콘텐츠, 내용(물)　ongoing 진행 중인　practice 관

행, 관례, 실천　shortcoming 결점, 단점　reference 참고 immediate supervisor 직속 상관　finalize ~을 최종 확정하 다　acceptance 수락, 수용　at your earliest convenience 가급적 빨리　discuss ~을 이야기하다, 논의하다　additional 추가적인　benefit 혜택, 이점　concern 우려, 걱정　sign ~에 서명하다　contract 계약(서)　to one's satisfaction ~가 만족 하는　mutual 상호 간의, 서로의

74. Why is Rebecca Holden sending Aaron McKinley a letter?
레베카 홀든 씨는 왜 애런 맥킨리 씨에게 편지를 보내는가?

(a) to address his request for a raise
(b) to praise his impressive work performance
(c) to inform him of a new manager
(d) to tell him about his promotion

(a) 급여 인상에 대한 그의 요청을 처리하기 위해
(b) 그의 인상적인 업무 처리 능력을 칭찬하기 위해
(c) 그에게 신임 부서장을 알리기 위해
(d) 그에게 승진에 관해 말해주기 위해

해설 　편지의 목적이 드러나는 첫 문장에, 6월 6일부로 마케팅부장으로 승진된다는 사실을 알리기 위해 편지를 쓴다고(I am sending this letter to inform you that you will be promoted to Marketing Manager effective June 6) 밝히고 있으 므로 (d)가 정답입니다.

어휘 　address ⑤ (문제 등) ~을 처리하다, 해결하다　request 요청 raise 급여 인상　praise ~을 칭찬하다　impressive 인상적인 inform A of B: A에게 B를 알리다

75. When did the company decide to advance McKinley's position?
회사에서 언제 맥킨리 씨의 직책을 승진시키기로 결정했는가?

(a) after a marketing proposal he made was implemented
(b) after a marketing campaign he led succeeded
(c) when he reached his third year in the company
(d) when he shared input on spearheading projects

(a) 그가 말한 마케팅 제안 사항이 시행된 후에
(b) 그가 이끈 마케팅 캠페인이 성공한 후에
(c) 회사에서 근무한지 3년째에 도달했을 때
(d) 프로젝트를 지휘하는 것에 대한 조언을 공유해주었을 때

해설 　승진의 결정적인 이유가 되었던 일이 언급되는 두 번째 단락 에, 승진을 승인하도록 납득시킨 공헌이 지난 분기에 상대방 에 지휘해 성공을 거둔 패스트푸드 마케팅 프로젝트였다는 (~ the contribution that persuaded us to grant you a promotion was the successful fast-food marketing project you spearheaded last quarter)

말이 쓰여 있습니다. 따라서 이 마케팅 프로젝트가 성공을 거둔 후에 승진이 결정된 것으로 생각할 수 있으므로 (b)가 정답입니다.

어휘   lead ~을 이끌다(led는 과거형)   reach ~에 도달하다, 이르다 input 조언(의 제공)

76. How most likely did the company determine that McKinley will be a reliable leader?

회사에서 어떻게 맥킨리 씨가 신뢰할 수 있는 리더가 될 것이라는 결정을 내렸을 것 같은가?

(a) **They observed him capably guiding new workers.**
(b) They witnessed him identifying manpower problems.
(c) They watched him create an orientation program.
(d) They oversaw his hiring of able employees.

(a) **회사에서 그가 신입 직원들을 유능하게 이끄는 것을 관찰했다.**
(b) 회사에서 그가 인력 관련 문제들을 확인해내는 것을 목격했다.
(c) 회사에서 그가 오리엔테이션 프로그램을 만드는 것을 봤다.
(d) 회사에서 그가 능력 있는 직원들을 고용하는 것을 감독했다.

해설   세 번째 단락을 보면, 신입 마케팅 보조 직원들의 배정 업무에 대해 끈기 있게 그리고 효과적으로 그 직원들을 이끌어주었다는 말과 함께 이러한 부분들이 신뢰할 수 있는 리더가 될 수 있는 지표라는 점을 확신한다고(~ you directed new marketing assistants with their assignments patiently and effectively. We are certain that these are indicators that you will be a dependable leader) 알리고 있습니다. 즉 신입 직원들을 잘 이끌었던 일이 신뢰할 수 있는 리더임을 알 수 있게 해준 계기가 된 것으로 볼 수 있으므로 이를 언급한 (a)가 정답입니다.

어휘   determine that ~라고 결정하다   reliable 신뢰할 수 있는 observe A -ing: A가 ~하는 것을 관찰하다   capably 유능하게   witness A -ing: A가 ~하는 것을 목격하다   identify ~을 확인하다, 발견하다   watch A do: A가 ~하는 것을 보다 create ~을 만들어내다   oversee ~을 감독하다   hiring 고용, 채용   able 능력 있는

77. What did the management do to assess McKinley's interpersonal relations?

경영진에서 맥킨리 씨의 대인 관계 능력을 평가하기 위해 무엇을 했는가?

(a) subject him to a personality test
(b) interview his office staff
(c) **consult with other officers**
(d) check his personal relationships

(a) 성격 테스트를 치르게 하였다
(b) 그의 사무실 직원들과 면담하였다
(c) **다른 책임자들과 상의하였다**
(d) 그의 개인 인간 관계를 확인하였다

해설   대인 관계 능력과 관련된 정보가 제시되는 네 번째 단락을 보면, 회사의 고위 관리자들이 편지 수신인의 대인 관계 능력과 관련해 중간 관리자들과 상의했다는(~ the company senior officers conferred with the mid-level officers regarding your interpersonal relations ~) 말이 쓰여 있으므로 (c)가 정답입니다.

어휘   management 경영진   assess ~을 평가하다   subject A to B: A를 B에 처하게 하다, 겪게 하다   consult with ~와 상의하다, 상담하다   relationship 관계

78. Why probably will McKinley be monitoring the performance of projects?

맥킨리 씨는 왜 프로젝트들의 성과를 관찰하게 될 것 같은가?

(a) so the project's contents can be revised
(b) **so the best methods can be adopted**
(c) so the writers and designers can be commended
(d) so a failed project can be corrected

(a) 그래야 프로젝트의 콘텐츠가 수정될 수 있으므로
(b) **그래야 가장 좋은 방법들이 채택될 수 있으므로**
(c) 그래야 작가들과 디자이너들이 칭찬 받을 수 있으므로
(d) 그래야 실패한 프로젝트가 바로잡힐 수 있으므로

해설   프로젝트 성과 관찰과 관련해 언급하는 다섯 번째 단락에, 향후 참고용으로 각 캠페인에 대해 가장 좋은 업무 관행 및 결점에 주목할 수 있도록 마케팅 프로젝트들의 성과도 관찰하게 될 것이라고(You will also monitor the performance of ongoing marketing projects so we can note the best practices and shortcomings ~) 알리고 있습니다. 이는 프로젝트 진행과 관련해 가장 좋은 방법을 찾기 위한 것이므로 (b)가 정답입니다.

어휘   revise ~을 수정하다, 변경하다   method 방법   adopt ~을 채택하다   commend ~을 칭찬하다   failed 실패한   correct ⓥ ~을 바로잡다, 고치다

79. In the context of the passage, concurred means _____.

해당 단락의 문맥에서, concurred가 의미하는 것은?

(a) showed
(b) approved
(c) **agreed**
(d) guessed

(a) 보여주었다
(b) 승인했다
(c) **동의했다**

(d) 추측했다

해설   concurred가 속한 and절 앞에 위치한 주절에 고위 관리자들이 중간 관리자들과 상의했다는 말이 쓰여 있고, concurred 뒤에 이어지는 that절에는 편지 수신인이 매력적인 인격을 지닌 사람이라는 말이 쓰여 있습니다. 따라서 관리자들이 함께 상의한 끝에 동의한 사실을 말하는 내용임을 알 수 있으므로 '동의했다'를 뜻하는 또 다른 동사 (c) agreed가 정답입니다.

80. In the context of the passage, _finalize_ means _____.

해당 단락의 문맥에서, _finalize_가 의미하는 것은?

(a) solve
(b) arrange
(c) support
(d) complete

(a) 해결하다
(b) 마련하다
(c) 지지하다
(d) 완료하다

해설   해당 문장에서 finalize의 목적어로 '수락, 수용' 등을 뜻하는 acceptance가 쓰여 있고, 그 뒤로 승진에 따라 달라지는 연봉 및 혜택 등을 논의하자는 말이 쓰여 있습니다. 이는 승진 수락 여부를 최종 확정하기 위한 과정에 해당되며, 그 과정을 완료한다는 의미를 나타내기 위해 finalize가 사용된 것으로 볼 수 있으므로 '완료하다'를 뜻하는 (d) complete이 정답입니다.

[부록] 실전 모의고사2

문법

1.	2.	3.	4.	5.
(b)	(c)	(d)	(a)	(b)
6.	7.	8.	9.	10.
(c)	(d)	(c)	(c)	(a)
11.	12.	13.	14.	15.
(b)	(a)	(c)	(d)	(a)
16.	17.	18.	19.	20.
(c)	(a)	(b)	(b)	(d)
21.	22.	23.	24.	25.
(c)	(d)	(d)	(b)	(a)
26.				
(a)				

청취

27.	28	29.	30.	31
(b)	(d)	(a)	(b)	(d)
32.	33.	34.	35.	36.
(c)	(a)	(c)	(a)	(d)
37.	38.	39.	40.	41.
(c)	(b)	(b)	(b)	(c)
42.	43.	44.	45.	46.
(b)	(d)	(a)	(a)	(c)
47.	48.	49.	50.	51.
(a)	(b)	(d)	(c)	(a)
52.				
(d)				

독해 및 어휘

53.	54.	55.	56.	57.
(c)	(b)	(d)	(b)	(a)
58.	59.	60.	61.	62.
(d)	(a)	(b)	(d)	(d)
63.	64.	65.	66.	67.
(c)	(a)	(a)	(c)	(b)
68.	69.	70.	71.	72.
(d)	(c)	(b)	(a)	(c)
73.	74.	75.	76.	77.
(d)	(c)	(a)	(c)	(b)
78.	79.	80.		
(d)	(a)	(a)		

문법

1.

정답 (b)

해석 엠마는 동물 보호소에서 근무하는 자원 봉사 수의사가 되고 싶어 한다. 그것이 바로 엠마가 대학교를 졸업하자마자 길을 잃은 개들을 구조하는 데 도움이 되기 위해 휴스턴 동물 보호소로 떠나려는 이유이며, 이는 엠마가 지닌 평생의 꿈이다.

해설 동사 leave의 알맞은 형태를 고르는 문제입니다. 빈칸 앞에 접속사 as soon as가 이끄는 절이 쓰여 있는데, as soon as처럼 시간이나 조건을 나타내는 절에 현재시제(graduates) 동사가 쓰이면 주절의 동사는 미래진행시제가 되어야 하므로 (b) will be leaving이 정답입니다.

어휘 volunteer 자원 봉사자 veterinarian 수의사 shelter 보호소, 쉼터 as soon as ~하자마자 graduate from ~을 졸업하다 help do ~하는 것을 돕다 rescue ~을 구조하다 stray 길을 잃은 lifelong 평생의, 일생의 leave 떠나다, 출발하다

2.

정답 (c)

해석 오늘 오후에 지미의 직장 근처에서 화초 세일 행사가 열린다. 하지만, 그 세일 행사는 오직 지미의 근무 시간 중에만 열린다. 만일 그가 더 일찍 퇴근할 수 있다면, 자신의 아파트에 놓을 양치식물을 하나 분명히 구입할 것이다.

해설 동사 buy의 알맞은 형태를 고르는 문제입니다. If절의 동사가 가정법 과거를 나타내는 과거시제(could leave)일 때, 주절의 동사는 「would[could/should/might] + 동사원형」과 같은 형태가 되어야 알맞으므로 (c) would definitely leave가 정답입니다.

어휘 plant 화초, 식물 workplace 직장 leave ~에서 나가다, 떠나다 fern 양치식물 definitely 분명히, 확실히

3.

정답 (d)

해석 메갈로돈은 선사 시대의 상어로서, 약 360만 년 전에 멸종되었다. 과학자들은 이 상어가 따뜻한 물 속에서 사는 것을 선호했다고 생각하고 있다. 만일 바닷물 수온 하락이 없었다면, 메갈로돈은 아마 더 오래 생존했을 것이다.

해설 동사 survive의 알맞은 형태를 고르는 문제입니다. If절의 동사가 가정법 과거완료를 나타내는 「had p.p.」일 때, 주절의 동사는 「would[could/should/might] + have p.p.」와 같은 형태가 되어야 알맞으므로 (d) would have survived가 정답입니다.

어휘 prehistoric 선사 시대의 go extinct 멸종되다 prefer to do ~하는 것을 선호하다 If it had not been for 만일 ~이 없었다면 cooling 차가워짐, 냉각 survive 생존하다

4.

정답 (a)

해석 존은 줄리아 차일드 때문에 요리하기 시작했다. 그가 차일드의 책 『프랑스 요리 기술 완벽 터득하기』를 읽는 것을 끝마친 이후로 줄곧, 그녀의 조리법을 익히느라 계속 바빴다.

해설 동사 read의 알맞은 형태를 고르는 문제입니다. 빈칸 앞에 과거형으로 쓰인 동사 finish는 동명사를 목적어로 취하므로 (a) reading이 정답입니다. 이때 (b) having read와 같은 형태는 사용하지 않습니다.

어휘 start to do ~하기 시작하다 because of ~ 때문에 ever since ~한 이후로 줄곧 finish -ing ~하는 것을 끝마치다 master v. ~을 완벽히 터득하다 art 기술, 솜씨 be busy -ing ~하느라 바쁘다 recipe 조리법

5.

정답 (b)

해석 케이트는 좋은 바이올린 연주자이지만, 무대에서 공연하기에는 너무 수줍어한다. 그녀의 무대 공포증을 완화하기 위해, 나는 그녀에게 청중 앞에서 공연할 수 있도록 교육하는 음악 프로그램에 가입하도록 제안해주었다.

해설 동사 join의 알맞은 형태를 고르는 문제입니다. 빈칸은 동사 proposed의 목적어 역할을 하는 that절의 동사 자리인데, propose와 같이 주장/요구/명령/제안 등을 나타내는 동사의 목적어 역할을 하는 that절의 동사는 should 없이 동사원형만 사용합니다. 따라서 동사원형인 (b) join이 정답입니다.

어휘 too A to do: ~하기에는 너무 A한 shy 수줍어하는 perform 공연하다, 연주하다 alleviate ~을 완화하다 stage fright 무대 공포증 propose that ~하도록 제안하다 train ~을 교육하다 in front of ~의 앞에 audience 청중, 관객 join ~에 가입하다, 합류하다

6.

정답 (c)

해석 뉴욕 지하철 시스템을 통해 통근하는 것은 흔히 불편한 일이다. 550만 명으로 추정되는 사람들이 매일 지하철을 이용한다. 이것이 바로 승객들이 대부분 열차 내에서 좌석을 절대 찾을 수 없는 이유이다.

해설 문장의 의미에 어울리는 조동사를 고르는 문제입니다. 빈칸 바로 뒤에 위치한 부정어 never와 함께 일반적으로 승객이 좌석을 찾을 수 없는 가능성에 대해 언급하므로 하므로 (c) can이 정답입니다. (a) could의 경우, can의 과거형으로서 '~할 수 있었다'를 의미하거나 실제로 발생되지 않는 일에 대해 '~할 수도 있을 것이다'와 같은 의미를 나타내므로 어울리지 않습니다.

어휘 commute 통근하다 via ~을 통해 uncomfortable 불편한 estimated 추정되는, 예상되는 most of the time 대부분(의 경우에) passenger 승객

7.

정답   (d)

해석   테렌스는 유치원에서 마사를 데리러 가기로 되어 있다는 사실이 기억 난 후에 서둘러 준비했다. 그가 이미 옷을 챙겨 입고 있었을 때 마사의 선생님께서 전화하셨다. 선생님께서는 마사가 기다리면서 1시간 동안 계속 울었다고 말씀하셨다.

해설   동사구 get dressed의 알맞은 형태를 고르는 문제입니다. 빈칸 뒤에 과거시제 동사 called를 포함한 when절이 쓰여 있어 그 특정 과거 시점에 한해 옷을 챙겨 입는 행위가 진행 중이던 것을 나타내야 알맞으므로 과거진행시제로 된 (d) was already getting dressed가 정답입니다.

어휘   hastily 서둘러, 급히 ready ⑤ ~을 준비시키다 remember that ~임을 기억하다 be supposed to do ~하기로 되어 있다, ~할 예정이다 pick up ~을 데리러 가다, 데려오다 preschool 유치원 tell A that: A에게 ~라고 말하다 get dressed 옷을 챙겨 입다

8.

정답   (c)

해석   치명적인 바이러스가 현재 전 세계적인 확산 규모에 이르렀으며, 정부는 그것을 억제하기 위해 대대적인 조치에 기대고 있다. 의료 분야에서는 시민들 사이에서 추가 확산을 방지하기 위해 자가 격리를 권장하고 있다.

해설   동사 prevent의 알맞은 형태를 고르는 문제입니다. 빈칸 앞부분을 보면 주어와 동사(encourages), 목적어, 그리고 among 전치사구까지 완전한 구조로 된 절이 쓰여 있습니다. 따라서 빈칸 이하 부분은 수식어구로서 '~하기 위해서'라는 의미로 자가 격리를 권장하는 목적을 나타내는 to부정사구가 되어야 알맞으므로 (c) to prevent가 정답입니다. 이때 (b) to have prevented와 같은 형태는 사용하지 않습니다.

어휘   deadly 치명적인 reach ~에 이르다, 도달하다 global scale 세계적인 규모 resort to ~에 기대다, 의지하다 extensive 대대적인, 폭넓은 measures 조치 in order to do ~하기 위해 contain ~을 억제하다 sector 분야, 부문 encourage ~을 권장하다, 장려하다 self-quarantine 자가 격리 among ~ 사이에서 further 추가적인, 한층 더 한 spread 확산, 퍼짐 prevent ~을 방지하다, 예방하다

9.

정답   (c)

해석   뾰루지는 깨끗하지 못한 베갯잇으로 인해 초래될 수 있다. 뾰루지 발생을 유발할 수 있는 먼지 축적을 피하기 위해 2주에 한 번씩 침대시트를 세탁하는 것이 권장된다.

해설   동사 wash의 알맞은 형태를 고르는 문제입니다. 빈칸은 동사 is recommended의 목적어 역할을 하는 that절의 동사 자리인데, recommend와 같이 주장/요구/명령/제안 등을 나타내는 동사의 목적어 역할을 하는 that절의 동사는 should 없이 동사원형만 사용합니다. 따라서 수동태 동사원형인 (c) be washed 가 정답입니다

어휘   pimple 뾰루지 cause ~을 초래하다, 야기하다 unclean 깨끗하지 못한 pillowcase 베갯잇 It is recommended that ~하는 것이 권장되다 avoid ~을 피하다 buildup 축적, 누적 trigger ~을 유발하다, 촉발하다 outbreak 발생

10.

정답   (a)

해석   오웬은 최근에 시험 공부에 집중하기 위해 소셜 미디어를 잠시 쉬었다. 그를 걱정한, 친구들이 어젯밤에 찾아갔는데, 거의 일주일 동안 어떤 메시지에도 계속 답장하지 않았기 때문이었다.

해설   동사 reply의 알맞은 형태를 고르는 문제입니다. 빈칸이 속한 because절 앞에 위치한 주절을 보면, 과거시제 동사(came)와 함께 어젯밤에 친구들이 찾아왔다는 말이 쓰여 있는데, 그 이유로서 메시지에 답장하지 않은 일은 친구들이 찾아온 것보다 더 이전의 일이어야 합니다. 과거보다 더 이전의 과거를 나타낼 때 과거완료진행시제를 사용하므로 과거완료진행시제인 (a) had not been replying이 정답입니다.

어휘   recently 최근에 take a break from ~을 잠시 쉬다, 멈추다 focus on ~에 집중하다 exam 시험 worried about ~하는 걱정하는 come over 찾아가다, 찾아오다 reply to ~에 답장하다, 대답하다

11.

정답   (b)

해석   WX3 광고회사의 진 스미스 대표이사는 매주 회의 때문에 출장을 가야 한다. 그녀는 출장을 아주 좋아하기는 하지만, 출장을 위해 짐을 꾸리는 일을 엄청난 부담으로 여긴다.

해설   동사 pack의 알맞은 형태를 고르는 문제입니다. 빈칸 앞에 위치한 동사 consider는 동명사를 목적어로 취하므로 (b) packing이 정답입니다. 이때 (a) having packed와 같은 형태는 사용하지 않습니다

어휘   be required to do ~해야 하다 travel 출장 가다 consider A B: A를 B로 여기다 huge 엄청난 burden 부담(되는 일) pack 짐을 꾸리다

12.

정답   (a)

해석   많은 토착민들이 외지인들에게 적대적인데, 자신들만 남겨져 있기를 원하기 때문이다. 예를 들어, 센티넬 섬 원주민들은 2018년에 자신들의 섬에 초대 받지 않은 채로 찾아온 한 선교사를 죽였을 때 자신들의 생활 방식을 보호하기 위해 행동한 것이었다.

해설   빈칸에 알맞은 접속부사를 고르는 문제이므로 앞뒤 문장들의 의미 관계를 확인해야 합니다. 빈칸 앞에는 토착민들이 외지인들에게 적대적이라는 말이, 빈칸 뒤에는 센티넬 섬 원주민들이 초대 받지 않은 채로 찾아온 한 선교사를 죽인 일화가 쓰여 있습니다. 이는 토착민들이 외지인들에게 적대적이라는 말에 대한 한 가지 예시에 해당되므로 '예를 들어'를 뜻하는 (a) For example이 정답입니다.

어휘   indigenous 토착의 hostile 적대적인 outsider 외지인 be left alone 홀로 남겨지다 act 행동하다 defend ~을 보호하다, 방어하다 one's way of lie 생활 방식 missionary 선교사 uninvited 초대 받지 않은 for example 예를 들어

nonetheless 그럼에도 불구하고 however 하지만, 그러나
in addition 추가로, 덧붙여

13.

정답 (c)

해석 제이슨에게 월요일이 마감기한인 영어 과제물이 하나 있다. 그것을 아직 시작하지 않았기 때문에, 그는 잃어버린 시간을 만회하기 위해 빨래하는 날을 건너뛰고 주말 동안에 걸쳐 자신의 과제를 완료할 생각이다.

해설 동사 make의 알맞은 형태를 고르는 문제입니다. 빈칸이 속한 주절에서 빈칸 앞부분을 보면 주어와 동사(is thinking), 그리고 about 전치사구와 over 전치사구까지 완전한 구조로 된 절이 쓰여 있습니다. 따라서 빈칸 이하 부분은 수식어구로서 '~하기 위해서'라는 의미로 빨래를 건너뛰고 주말 동안 과제를 완료하려는 목적을 나타내는 to부정사구가 되어야 알맞으므로 (c) to make가 정답입니다. 이때 (b) to be making과 같은 형태는 사용하지 않습니다.

어휘 due ~가 기한인 skip ~을 건너뛰다 laundry 빨래, 세탁물 complete ~을 완료하다 over ~ 동안에 걸쳐 make up for ~을 만회하다, 벌충하다

14.

정답 (d)

해석 지구 궤도를 공전하는 아주 작은 두 번째 달이 발견되었다. 천문학자들은 이 소행성이 결국 태양 주위의 원래 공전 궤도로 다시 이동할 것이라고 생각하고 있지만, 현재 네티즌들은 달의 새로운 동반자를 위해 그 명칭으로 사용 가능한 아이디어를 내고 있다.

해설 동사구 pitch in의 알맞은 형태를 고르는 문제입니다. 빈칸 앞에 위치한 현재 시점 표현 currently와 어울리는 시제로서 현재 일시적으로 진행 중인 일을 나타내야 알맞으므로 현재진행시제인 (d) are pitching in이 정답입니다.

어휘 discover ~을 발견하다 orbit ⑤ ~의 궤도를 공전하다 ⑧ 궤도 astronomer 천문학자 asteroid 소행성 eventually 결국, 마침내 jump back to ~로 다시 이동하다 original 원래의, 애초의 currently 현재 possible 가능한 companion 동반자 pitch in (돕기 위해 서로) ~을 내다, 지원하다

15.

정답 (a)

해석 퀸이 가장 좋아하는 밴드가 작년에 그녀의 고향에서 공연을 했지만, 그녀는 아파서 가지 못했다. 만일 그녀가 그 당시에 건강했다면, 그 공연을 관람할 수 있었을 것이다.

해설 be동사의 알맞은 형태를 고르는 문제입니다. If절의 동사가 가정법 과거완료를 나타내는 「had p.p.」일 때, 주절의 동사는 「would[could/should/might] + have p.p.」와 같은 형태가 되어야 알맞으므로 (a) would have been이 정답입니다.

어휘 favorite 가장 좋아하는 miss ~을 놓치다, 지나치다 back then 그 당시에 be able to do ~할 수 있다 gig 공연

16.

정답 (c)

해석 빅터는 매년 여름에 이탈리아에 있는 할아버지의 포도원을 방문한다. 상을 받은 적이 있는 포도주 양조장 또한 특징인 그 건물은 지하 저장고에 판매되지 않은 아주 다양한 와인이 있으며, 빅터는 집이 있는 뉴욕으로 마음대로 한 병 가져올 수 있다.

해설 주어 The property와 동사 has 사이에 콤마와 함께 삽입되어 주어를 부연 설명할 관계대명사절로 적절한 것을 고르는 문제입니다. 따라서 콤마와 함께 삽입되는 구조에 쓰일 수 있는 관계대명사 who과 which가 각각 이끄는 (b)와 (c) 중에서 하나를 골라야 하는데, The property가 사물명사이므로 (c) which also features an award-winning winery가 정답입니다. what과 that이 각각 이끄는 (a)와 (d)는 콤마와 함께 삽입되는 구조에 쓰이지 않습니다.

어휘 vineyard 포도원 property 건물, 부동산 a large collection of 아주 다양한 unsold 판매되지 않은 cellar 지하 저장고 be free to do 마음대로 ~하다, feature ~을 특징으로 하다 award-winning 상을 받은 winery 포도주 양조장

17.

정답 (a)

해석 뉴질랜드는 꼭대기가 눈으로 덮인 산맥과 길게 늘어선 해안선, 그리고 어마어마한 초원으로 잘 알려져 있다. 이것들은 그저 많은 관광객들이 그곳에 가는 것을 즐기는 이유들 중의 일부에 불과하다.

해설 동사 go의 알맞은 형태를 고르는 문제입니다. 빈칸 앞에 쓰인 동사 enjoy는 동명사를 목적어로 취하므로 (a) going이 정답입니다. 이때 (c) having gone과 같은 형태는 사용하지 않습니다.

어휘 be known for ~로 잘 알려져 있다 snowcapped 꼭대기가 눈으로 덮인 mountain range 산맥 coastline 해안선 vast 어마어마한, 방대한 grassland 초원 enjoy -ing ~하는 것을 즐기다

18.

정답 (b)

해석 나는 다음 달에 열리는 미술 박람회에 낼 작품을 만들 시간이 나지 않는다. 만일 내가 앞으로 몇 주 동안 회사에서 그렇게 바쁘지 않다면, 그 행사에 어울리는 그림을 하나 만들 것이다.

해설 동사 create의 알맞은 형태를 고르는 문제입니다. If절의 동사가 가정법 과거를 나타내는 과거시제(were)일 때, 주절의 동사는 「would[could/should/might] + 동사원형」과 같은 형태가 되어야 알맞으므로 (b) would create이 정답입니다.

어휘 can't find the time to do ~할 시간이 나지 않다 create ~을 만들다 piece (글, 그림, 음악 등의) 작품 fair 박람회 painting 그림 suitable for ~에 어울리는, 적합한

19.

정답 (b)

해석　테드는 빈털터리가 되어 추수감사절에 혼자 있었는데, 로스앤젤레스에 있는 집으로 가는 항공편을 위해 돈을 모으는 대신 지난달에 모두 써버렸기 때문이었다. 그가 금전적으로 책임감이 있었다면, 집에 갈 수 있었을 것이다.

해설　동사 go의 알맞은 형태를 고르는 문제입니다. 빈칸이 속한 문장의 시작 부분을 보면, 「Had + 주어 + p.p.」 구조로 되어 있습니다. 이는 가정법 과거완료 문장에서 If가 생략되고 had가 주어와 자리를 바꿔 도치된 구조입니다. 따라서 If절의 동사가 가정법 과거완료를 나타내는 「had p.p.」일 때, 주절의 동사는 「would[could/should/might] + have p.p.」와 같은 형태가 되는 규칙이 그대로 적용되어야 하므로 (b) could have gone이 정답입니다.

어휘　broke 빈털터리인, 무일푼인 Thanksgiving 추수감사절 instead of ~하는 대신, ~하지 않고 save up 돈을 모으다 flight 항공편 financially 금전적으로, 재정적으로 responsible 책임감 있는, 책임지는

20.

정답　(d)

해석　도서관 방문 주간을 위해, 프리다 씨는 자신의 학생들을 데리고 공공 도서관 견학을 갔다. 입장하기 전에 프리다 씨가 정한 규칙들 중의 한 가지는 반드시 항상 정숙한 상태가 지켜져야 한다는 것이었다.

해설　문장의 의미에 어울리는 조동사를 고르는 문제입니다. 빈칸이 속한 that절은 하나의 규칙으로서 도서관 내에서 항상 지켜져야 하는 일을 나타냅니다. 따라서 '반드시 ~해야 하다'와 같은 강한 의무를 나타내는 의미가 되어야 알맞으므로 (d) must가 정답입니다.

어휘　take A on a tour of B: A를 데리고 B로 견학을 가다 public 공공의, 일반 대중의 set a rule 규칙을 정하다 silence 정숙, 침묵, 고요 observe (규칙 등) ~을 지키다, 준수하다 at all times 항상

21.

정답　(c)

해석　물리 치료사들의 말에 따르면, 척추 만곡이 극심한 성인들에게 자세 교정 운동은 좀처럼 효과를 내지 못한다. 하지만, 아무런 조치도 취하지 않는 것보다는, 환자들은 수영이나 전기 요법, 그리고 요가 같은 근육 강화 활동을 선택할 수 있다.

해설　문장의 의미에 어울리는 전치사를 고르는 문제입니다. 빈칸 뒤에 위치한 동명사구 taking no action은 '아무런 조치도 취하지 않는 것'을 의미합니다. 따라서 '아무런 조치도 취하지 않는 것보다는, 환자들은 수영 등등의 근육 강화 활동을 선택할 수 있다'와 같은 의미가 되어야 알맞으므로 '~보다는, ~하지 않고' 등을 나타내는 (c) rather than이 정답입니다.

어휘　according to ~에 따르면 physical therapist 물리 치료사 corrective 교정의 exercise 운동 rarely 좀처럼 ~ 않다 work 효과가 있다 severe 심각한, 극심한 spinal curvatures 척추 만곡 take action 조치를 취하다 patient 환자 opt for ~을 선택하다 muscle-strengthening 근육을 강화하는 activity 활동 electrotherapy 전기 요법 until ~

할 때까지 unlike ~와 달리 rather than ~보다는, ~하지 않고 along with ~와 함께

22.

정답　(d)

해석　책에 대한 열정을 되찾기 위해, 데니스는 『해리 포터』 시리즈를 다시 읽기 시작했다. 다음 달 말쯤이면, 그는 그 책들을 100시간 넘게 읽게 될 것이다.

해설　동사 read의 알맞은 형태를 고르는 문제입니다. 빈칸 앞에 「By + 미래 시점 표현」으로 된 전치사구가 쓰여 있는데, 「By + 미래 시점 표현」이 쓰이면 주절의 동사로 미래완료진행시제 「will have been -ing」가 사용되어야 하므로 미래완료진행시제인 (d) will have been reading이 정답입니다.

어휘　in order to do ~하기 위해 regain ~을 되찾다, 회복하다 passion 열정 re-read ~을 다시 읽다 by ~쯤이면, ~무렵 more than ~을 넘어

23.

정답　(d)

해석　연례 제빵 콘테스트가 월요일로 예정되어 있기 때문에, 칼라는 주말 동안 내내 그 준비하느라 계속 압박을 받아온 느낌이다. 토니는 칼라가 스트레스를 풀 수 있도록 단 2시간만이라도 휴식을 취해야 한다고 주장하고 있다.

해설　동사 take의 알맞은 형태를 고르는 문제입니다. 빈칸은 동사 insist의 목적어 역할을 하는 that절의 동사 자리인데, insist와 같이 주장/요구/명령/제안 등을 나타내는 동사의 목적어 역할을 하는 that절의 동사는 should 없이 동사원형만 사용합니다. 따라서 부사 just와 동사원형으로 구성된 (d) just take가 정답입니다.

어휘　annual 연례적인 bake-off 제빵 콘테스트 be scheduled for 시점: ~로 예정되어 있다 pressured 압박을 받은 prepare for ~을 준비하다 insist that ~라고 주장하다 break 휴식 ease ⑧ (고통, 불편 등) ~을 덜어주다, 완화시키다

24.

정답　(b)

해석　유행을 선도하는 팝스타 제일라가 집에서 대황 파이를 굽는 자신을 모습을 보여주는 동영상을 소셜 미디어에 올렸다. 이 동영상의 공개 이후로, 팬들은 그 파이가 정말로 맛있는지 확인해보기 위해 그 조리법에 대해 각자 자신만의 버전을 계속 만들고 있다.

해설　동사 make의 알맞은 형태를 고르는 문제입니다. 빈칸 앞에 Since 전치사구가 쓰여 있는데, Since의 목적어 the video's release는 앞 문장에서 과거시제동사(uploaded)와 함께 과거 시점에 올렸다고 언급한 동영상을 가리킵니다. 따라서 빈칸 앞에 위치한 Since 전치사구는 「Since + 과거시점」인 것과 마찬가지이며, 「Since + 과거시점」 전치사구는 해당 과거 시점 이후로 지금까지 계속 이어져온 일을 나타내는 현재완료진행시제와 어울려 쓰이므로 현재완료진행시제인 (b) have been making이 정답입니다.

어휘　trendsetting 유행을 선도하는 show oneself -ing ~하는

자신의 모습을 보여주다 bake ~을 굽다 since ~ 이후로 release 공개, 발표, 출시 one's own 자신만의 recipe 조리법 see if ~인지 확인하다

25.

정답　(a)

해석　지구는 생명체를 지탱하기에 태양으로부터 이상적인 거리에 위치해 있다. 만일 태양이 지구와 더 가까이 이동하게 된다면, 지구는 생물체가 살기에 부적합한 곳이 될 것이다.

해설　be동사의 알맞은 형태를 고르는 문제입니다. If절의 동사가 가정법 과거를 나타내는 과거시제(were)일 때, 주절의 동사는 「would[could/should/might] + 동사원형」과 같은 형태가 되어야 알맞으므로 (a) would be가 정답입니다.

어휘　be located at ~에 위치해 있다 ideal 이상적인 distance 거리 support ~을 지탱하다, 지원하다 be to do ~하게 되다 close to ~와 가까이 planet 행성 uninhabitable for ~가 살기에 부적합한

26.

정답　(a)

해석　많은 사람들이 에너지 수준을 높이기 위해 잠에서 깬 후에 커피를 마신다. 하지만, 과학자들은 물을 마시는 것이 실제로 더 효과적이라고 말한다. 이것이 바로 전문가들이 아침에 커피를 마시는 것을 아주 좋아하는 사람들에게 대신 물을 마시도록 권하는 이유이다.

해설　빈칸에 알맞은 관계대명사절을 고르는 문제입니다. 빈칸에 쓰일 관계대명사절은 바로 앞에 위치한 명사(선행사) people을 부연 설명하는 역할을 해야 하므로 사람명사를 수식할 수 있는 관계대명사 who가 이끄는 (a) who love drinking coffee in the morning이 정답입니다.

어휘　increase ~을 높이다, 증가시키다 however 하지만, 그러나 actually 실제로, 사실은 effective 효과적인 expert 전문가 suggest that ~하도록 권하다, 제안하다 instead 대신 love -ing ~하는 것을 아주 좋아하다

청취

PART 1

F:　Ralph, you're back! I've been worried about you.

　　랄프, 돌아왔구나! 계속 네 걱정했어.

M:　Hey, Claire. I had the flu so the doctor told me to stay home for a few days until I recovered.

　　안녕, 클레어. 독감에 걸리는 바람에 의사선생님께서 회복할 때까지 며칠 동안 집에 머물러 있으라고 말씀하셨어.

F:　Well, I hope you feel better now. We missed you in English class yesterday.

　　음, 지금은 더 좋아졌기를 바라. 우린 어제 영어 수업 시간에 네가 그리웠어.

M:　What did you do in English class?

　　영어 수업 시간에 뭘 했길래?

F:　We went on a poetry walk!

　　시 창작을 위한 산책을 하러 갔었어!

M:　What's a poetry walk? I've never done that before.

　　시 창작을 위한 산책이 뭐야? 난 전에 한 번도 해본 적이 없어서.

F:　Me neither, until yesterday. Basically, **27** **28** we walked around the campus to look for something that could be the topic of our next poem. We could write about anything that we saw!

　　어제까진 나도 그랬지. 기본적으로, 우리의 다음 시에 대한 주제가 될 수 있는 뭔가를 찾기 위해 캠퍼스 곳곳을 걸어 다닌 거야. 무엇이든 우리가 본 것에 관해 쓸 수 있어!

M:　So, you went out looking for inspiration for your poem? That sounds really refreshing. Most of the time, the teacher just assigns a writing topic, and it's not always something I'm excited to write about.

　　그럼, 시에 영감을 주는 것을 찾으러 밖으로 나갔다는 거야? 그거 정말 참신한 것 같아. 대부분, 그 선생님께서는 그저 글쓰기 주제만 정해주시는데, 항상 그 주제가 내가 즐겁게 쓰고 싶은 것이 아니었어.

F:　Yes, **29** I really loved having the freedom to write about whatever I wanted. I could make my poem feel more personal.

　　응, 무엇이든 내가 원한 것에 관해 쓸 수 있는 자유가 있어서 정말 마음에 들었어. 내 시를 더 개인적인 느낌이 들도록 만들 수 있었어.

M: So how did it work? Were you given a time limit?

그럼, 그 시간이 어떻게 진행된 거었어? 제한 시간이 있었던 거야?

F: Yeah. We needed to find a subject, write the poem, and then submit the final product by the end of the class.

응. 주제를 찾아서 시를 쓴 다음, 수업이 끝날 때까지 최종 결과물을 제출해야 했어.

M: Ah, I see. I bet you went to the school's garden. I know how much you like that place.

아, 알겠어. 네가 학교에 있는 뜰에 갔을 것 같아. 네가 그곳을 얼마나 좋아하는지 알거든.

F: You're right, Ralph! **30** I particularly like the big sycamore tree there because it creates the most beautiful shadows when the sun sets. So I wrote about that.

네 말이 맞아, 랄프! 특히 그곳에 있는 큰 플라타너스 나무를 좋아하는데, 해가 질 때 가장 아름다운 그늘을 만들어주거든. 그래서 그것에 관해서 썼어.

M: I like that tree, too. I go there when I need to think about things or when I just want to enjoy a peaceful atmosphere away from the pressures of school.

나도 그 나무를 좋아해. 뭔가에 관해 생각해봐야 하거나 그저 학교 생활의 압박감에서 벗어나 평화로운 분위기를 즐기고 싶을 때 그곳에 가거든.

F: Sounds like you should write a poem about the tree, too!

너도 그 나무에 관한 시를 써봐야 할 것 같네!

M: Maybe, ha-ha. Anyway, I'm guessing not everybody went to the garden.

아마도, 하하. 어쨌든, 모두가 그 뜰에 갔을 것 같진 않네.

F: Yeah, **31** the class scattered around the campus. Some went to the library; some went to the computer room. There were even a few that went to the cafeteria.

응, 반 친구들이 캠퍼스 곳곳으로 흩어졌어. 일부는 도서관으로 갔고, 또 일부는 컴퓨터실에 갔어. 심지어 구내식당으로 간 친구들도 몇몇 있었어.

M: Wow! The class really used the entire campus. **31** I imagine the themes of the poems turned out to be quite varied.

와우! 수업 시간에 정말로 캠퍼스 모든 곳을 활용했구나. 시 주제들이 꽤 다양하게 나타났을 것 같아.

F: Yeah. How about you? If you were to go on a poetry walk around the campus, where would you go and what would you write about?

응. 넌 어때? 만일 네가 캠퍼스에서 시 창작을 위한 산책을 간다면, 어디로 가서 무엇에 관해 썼을 것 같아?

M: Since you already wrote about the sycamore tree, I think I'd like to pick something different. Ah, I know! **32** I would go to the tennis court and write about it.

네가 이미 그 플라타너스 나무에 관해 썼으니까, 난 뭔가 다른 걸 선택하고 싶을 것 같아. 아, 알았다! 난 테니스장으로 가서 그곳에 관해 썼을 거야.

F: That's interesting, Ralph. A sports-themed poem would be unique. I don't think anybody in our class wrote about the tennis court.

그거 흥미롭다, 랄프. 스포츠를 주제로 한 시는 독특할 거야. 우리 반에서 누구도 테니스장에 관해 쓰진 않았을 거야.

M: And my poem would be personal since I have a lot of great memories of playing tennis there. Too bad I missed the class. It sounds like I would've really enjoyed the poetry walk.

그리고 내가 그곳에서 테니스를 친 것에 대해 아주 좋은 기억이 많기 때문에 내 시는 개인적일 거야. 그 수업을 듣지 못해서 너무 아쉬워. 시 창작을 위한 산책을 정말로 즐겼을 것 같은데.

F: Oh, don't worry. You could always do it on your own.

아, 걱정하지마. 언제든지 혼자서 할 수 있으니까.

M: That's a great idea, Claire. Actually, **33** I have some free time now before my next class, so I'll just gather my things and be on my way.

아주 좋은 생각이야, 클레어. 실은, 다음 수업이 시작하기 전까지 지금 여유 시간이 좀 있기 때문에, 내 물건들을 챙겨서 가볼 거야.

F: All right, Ralph. Enjoy!

좋아, 랄프. 즐거운 시간이 되길 바라!

어휘　be worried about ~에 대해 걱정하다　flu 독감　tell A to do: A에게 ~하라고 말하다　recover 회복하다　miss ~을 그리워하다, ~을 놓치다, ~에 빠지다　go on a walk 산책하러 가다　poetry (집합적으로) 시　Me neither (앞선 언급된 부정문에 대해) 나도 그래　basically 기본적으로　look for ~을 찾다　poem (한 편의) 시　refreshing 참신한　most of the time 대부분, 대체로　assign ~을 배정하다, 할당하다　have the freedom to do 자유롭게 ~하다　whatever ~하는 무엇이든　make A do: A를 ~하게 만들다　work 진행되다, 되어 가다　time limit 제한 시간　subject 주제　submit ~을 제출하다　final product 최종 결과물　by (기한) ~까지　particularly 특히　sycamore tree 플라타너스 나무　create ~을 만들어내다　shadow 그늘　atmosphere 분위기　away from ~에서 벗어나　pressure 압박(감)　anyway 어쨌든　scatter 흩어지

다 cafeteria 구내식당 entire 모든, 전체의 turn out to be A: A인 것으로 드러나다, 판명되다 quite 꽤, 상당히 varied 다양한 How about ~? ~는 어때? pick ~을 선택하다, 고르다 unique 독특한, 특별한 memory 기억 on one's own 혼자서 actually 실은, 사실은 gather ~을 챙기다, 모으다 on one's way 가는 중인, 오는 중인

27. What did Claire and her classmates do for English class?

클레어와 반 친구들은 영어 수업 시간을 위해 무엇을 했는가?

(a) They wrote poems for a sick classmate.
(b) They did a writing activity outside the classroom.
(c) They read poems about nature.
(d) They went on a tour of the campus.

(a) 아픈 친구를 위해 시를 썼다.
(b) 교실 밖에서 글쓰기 활동을 했다.
(c) 자연에 관한 시를 읽었다.
(d) 캠퍼스를 견학하러 갔다.

해설 영어 수업 시간에 한 일을 밝히는 초반부에, 여자가 시에 대한 주제가 될 수 있는 뭔가를 찾기 위해 캠퍼스 곳곳을 걸어 다녔다는 말과 함께 무엇이든 직접 본 것에 관해 쓸 수 있었다고(~ we walked around the campus to look for something that could be the topic of our next poem. We could write about anything that we saw!) 알리고 있습니다. 이는 교실이 아닌 밖에서 글쓰기를 했음을 말하는 것이므로 (b)가 정답입니다.

어휘 activity 활동 outside ~ 밖에서 go on a tour of ~을 견학하러 가다

28. What does one do during a poetry walk?

시 창작을 위한 산책 시간 중에는 무엇을 하는가?

(a) compose a poem about walking
(b) listen to a lecture while walking
(c) discuss the poem's topic with a classmate
(d) explore the surroundings for a poetry topic

(a) 산책에 관한 시를 짓는 일
(b) 산책하는 동안 강의를 듣는 일
(c) 반 친구와 시 주제를 이야기하는 일
(d) 시 주제를 위해 주변을 탐방하는 일

해설 시 창작을 위한 산책 시간 중에 한 일을 밝히는 초반부에, 여자가 시에 대한 주제가 될 수 있는 뭔가를 찾기 위해 캠퍼스 곳곳을 걸어 다녔다고(~ we walked around the campus to look for something that could be the topic of our next poem) 밝히고 있는데, 이는 시를 짓기 위한 주제를 찾기 위해 주변을 돌아다닌 것을 의미하므로 (d)가 정답입니다.

어휘 compose (글, 음악 등) ~을 짓다, 쓰다, 작곡하다 while ~하는 동안 discuss ~을 이야기하다, 논의하다 explore ~을 탐방하다, 탐사하다 surroundings 주변

29. How is the poetry walk different from the usual writing activities?

시 창작을 위한 산책이 보통의 글쓰기 활동과 어떻게 다른가?

(a) Everyone can choose their own subject.
(b) The teacher gives everyone a topic.
(c) The teacher does not impose a time limit.
(d) Everyone can submit their poem after class.

(a) 모두 각자의 주제를 선택할 수 있다.
(b) 선생님께서 모두에게 주제를 정해주신다.
(c) 선생님께서 제한 시간을 부과하시지 않는다.
(d) 모두 수업 후에 각자의 시를 제출할 수 있다.

해설 시 창작을 위한 산책이 지니는 특징을 설명하는 초반부에, 여자가 무엇이든 자신이 원한 것에 관해 쓸 수 있는 자유가 있어서 정말 마음에 들었다고(I really loved having the freedom to write about whatever I wanted) 밝히고 있습니다. 이는 각자 원하는 주제를 선택한 것을 의미하므로 (a)가 정답입니다.

어휘 different from ~와 다른 usual 보통의, 평상시의 choose ~을 선택하다 one's own 자신만의, 각자의 impose ~을 부과하다

30. Why did Claire choose to go to the garden?

클레어는 왜 뜰에 가기로 결정했는가?

(a) because she has not been there for a while
(b) because she likes the big tree there
(c) because that's where she goes to think about things
(d) because she likes the peacefulness of that place

(a) 한동안 그곳에 가지 않았기 때문에
(b) 그곳에 있는 큰 나무를 좋아하기 때문에
(c) 뭔가에 관해 생각하기 위해 가는 곳이기 때문에
(d) 그 장소의 평화로움을 좋아하기 때문에

해설 여자가 학교의 뜰을 좋아하는 이유가 언급되는 중반부에, 그곳에 있는 큰 플라타너스 나무를 좋아한다고(I particularly like the big sycamore tree there ~) 알리고 있으므로 이를 언급한 (b)가 정답입니다.

어휘 choose to do ~하기로 결정하다 for a while 한동안 peacefulness 평화로움

31. Why most likely did Ralph say that the poems would have different themes?

랄프가 왜 시마다 주제가 달랐을 것이라고 말한 것 같은가?

(a) because only one person was allowed to visit each site
(b) because some people went to places off-campus
(c) because everyone scattered around the garden

(d) because the students went to various places

(a) 오직 한 사람만 각 장소를 방문하도록 허용되었기 때문에
(b) 몇몇 사람들이 캠퍼스 밖에 있는 장소로 갔기 때문에
(c) 모두가 뜰 곳곳으로 흩어졌기 때문에
(d) 학생들이 다양한 장소로 갔기 때문에

해설   대화 중반부에 여자가 친구들이 캠퍼스 곳곳으로 흩어졌다는 말과 함께 도서관과 컴퓨터실, 그리고 구내식당을 언급하자(~ the class scattered around the campus. Some went to the library: some went to the computer room. There were even a few that went to the cafeteria), 남자가 시 주제가 꽤 다양했겠다고(I imagine the themes of the poems turned out to be quite varied) 말하고 있습니다. 즉 다양한 장소로 흩어져 갔던 것이 시 주제가 달랐던 이유이므로 (d)가 정답입니다.

어휘   be allowed to do ~하도록 허용되다 site 장소, 현장, 부지 off-campus 캠퍼스 밖에 있는 various 다양한

32. Which topic does Ralph say he would choose for his poem?

랄프는 자신의 시에 대해 어떤 주제를 선택할 것이라고 말하는가?

(a) his personal feelings about sports
(b) his friend he used to play tennis with
(c) his experiences at the tennis court
(d) his memories of the sycamore tree

(a) 스포츠에 대한 개인적인 감정
(b) 한때 함께 테니스를 쳤던 친구
(c) 테니스장에서의 경험
(d) 플라타너스 나무에 대한 기억

해설   남자가 자신이 원할 것 같은 시 주제를 언급하는 후반부에, 자신이라면 테니스장에서 가서 그곳에 관한 시를 썼을 거라고(I would go to the tennis court and write about it) 알리고 있으므로 (c)가 정답입니다.

어휘   used to do 한때 ~했다

33. What will Ralph probably do after the conversation?

랄프는 대화 후에 무엇을 할 것 같은가?

(a) walk around the campus
(b) spend free time playing tennis
(c) head to the cafeteria for lunch
(d) go directly to his next class

(a) 캠퍼스 곳곳을 걸어 다니는 일
(b) 테니스를 치면서 여유 시간을 보내는 일
(c) 점심 식사를 위해 구내식당으로 가는 일
(d) 곧장 다음 수업을 들으러 가는 일

해설   대화 마지막 부분에 남자가 다음 수업이 시작하기 전까지 지금 여유 시간이 좀 있다는 말과 함께 자신의 물건들을 챙겨서 가겠다고 (I have some free time now before my next class, so I'll just gather my things and be on my way) 알리고 있습니다. 이는 바로 앞서 언급한 시 창작을 위한 산책을 가는 일을 의미하므로 그 방법에 해당되는 (a)가 정답입니다.

어휘   spend time -ing ~하면서 시간을 보내다 head to ~로 가다, 향하다 directly 곧장, 곧바로

PART 2

Good morning, Livingdale High! **34** To kick off our annual Science Week, I'm pleased to announce that the Science Club will be hosting the Eureka Overnight Camp next month! Last year we took you to the city for a weekend at the National Science Complex, but this time we are bringing you closer to nature.

안녕하세요, 리빙데일 고등학교 학생 여러분! 우리의 연례 과학 행사 주간을 시작하기 위해, 과학 동아리에서 다음 달에 유레카 야간 캠프를 주최할 예정이라는 사실을 알려드리게 되어 기쁩니다! 작년에, 우리는 여러분을 데리고 국립 과학 단지에서 주말을 보낼 수 있도록 도시로 갔지만, 이번에는 자연과 더 가까운 곳으로 여러분을 데리고 갈 예정입니다.

The event will be a two-night gathering at the Lake House in Hemphrey Woods, from Friday night until Sunday morning. It will be a weekend filled with fun and exploration while enjoying nature.

이번 행사는 금요일 밤부터 일요일 아침까지 헴프리 우즈에 위치한 레이크 하우스에서 2박을 하는 모임이 될 예정입니다. 자연을 즐기는 동안 즐거움과 탐험으로 가득한 주말이 될 것입니다.

A camp-wide scavenger hunt will be held throughout the entire weekend. Participants will be divided into teams and **35** must collect items that can be found in the areas surrounding the lake house. At the end of the weekend, the first team to finish wins an amazing prize: each member will receive their own brand new telescope courtesy of the school's Parent-Teacher Association. Don't worry, there will be other prizes for all who finish the scavenger hunt.

캠프장 전역에서 이뤄지는 보물찾기가 주말 동안 내내 개최됩니다. 참가자들은 여러 팀으로 나눠 반드시 이 레이크 하우스를 둘러싼 여러 구역에서 찾을 수 있는 물품들을 모아야 합니다. 주말이 끝날 때, 가장 먼저 완료하는 팀이 놀라운 상품을 받게 되는데, 각 구성원이 사친회에서 제공하는 완전히 새로운 망원경을 각자 받습니다. 걱정하지 마십시오, 보물찾기를 끝낸 사람 모두를 위한 다른 상품들도 있습니다.

36 The first scheduled event on Friday night is a film screening that will take place after dinner. We will be showing two documentaries on astronomy from the COSMOS Research

Facility. You can watch the documentaries and learn new information about the universe while hanging out with your friends in the warm, cozy lounge and drinking a cup of cocoa fresh from the kitchen.

금요일 밤에 첫 번째로 예정된 행사는 저녁 식사 후에 진행되는 영화 상영 시간입니다. 우리는 코스모스 연구소에서 제작한 천문학에 관한 두 가지 다큐멘터리를 상영할 예정입니다. 여러분은 따뜻하고 아늑한 라운지에서 친구들과 어울리고 주방에서 갓 만든 코코아를 한 잔 마시면서 이 다큐멘터리들을 시청하고 우주에 관한 새로운 정보를 배울 수 있습니다.

For those of you who want an action-packed adventure, then the camp's hiking activity is for you! Hemphrey Woods is known for being a nature preserve, home to many protected plants and animals. Join the morning hike and discover the forest and its inhabitants with the help of the resident forest guide. The call time for the morning hike is Saturday at 5:00 a.m.

흥미진진한 모험을 원하는 분이라면, 캠프장의 하이킹 활동이 여러분을 위한 것입니다! 헴프리 우즈는 보호 받고 있는 많은 식물과 동물의 서식지인 자연 보호 구역으로 잘 알려져 있습니다. 오전 하이킹 행사에 함께 하셔서 그곳에 상주하는 산림 가이드의 도움을 받아 그 숲과 서식 동물들에 대한 정보를 알아보십시오. 오전 하이킹 행사 소집 시간은 토요일은 오전 5시입니다.

But if the idea of getting up before the crack of dawn does not excite you, **37** another option is to hang out and relax by the lake. You can enjoy a peaceful stroll around the lake and watch the sunrise or ride a boat and go fishing.

하지만 동이 트기 전에 일어나는 아이디어에 흥미를 느끼지 못하신다면, 또 다른 선택사항은 호수 옆에서 시간을 보내면서 느긋하게 쉬는 것입니다. 호수 주변에서 평화로운 산책을 즐기면서 일출을 감상하거나 보트를 타고 낚시도 할 수 있습니다.

We will also have a photo exhibition and special lecture on Saturday evening featuring the works of our very own Mr. Nick Hart from his trip to Norway. After you see his captivating shots of the Northern Lights, you might be inspired to go on a Scandinavian tour yourself!

우리는 또한 바로 우리 학교의 닉 하트 씨가 노르웨이 여행에서 촬영한 작품을 특징으로 하는 사진 전시회와 특별 강연을 토요일 저녁에 개최합니다. 이분께서 북극광을 담으신 매혹적인 사진들을 보고 나면, 직접 스칸디나비아 지역으로 여행을 떠나고 싶은 영감을 받을 수도 있습니다!

38 To cap the event off, you can watch the meteor shower happening on Saturday night. We scheduled the camp for the last weekend in May specifically for this reason. Sleep outside in the field with your friends on our final night and

enjoy the cool night breeze and spectacular sky view. So don't forget to bring your cameras and capture this special moment.

행사를 마무리하면서, 토요일 밤에 일어나는 유성우도 보실 수 있습니다. 우리는 이것 때문에 특별히 5월 마지막 주로 캠프장을 예약했습니다. 마지막 날 밤에 친구들과 함께 외부의 들판에서 자면서 시원한 밤 바람과 장관을 이루는 하늘 경관을 즐겨 보십시오. 따라서 잊지 말고 카메라를 지참해 이 특별한 순간을 담아 가시기 바랍니다.

The cost for participating in the science camp is $180 per person, and that includes lodging and all meals. However, **39** those who sign up before May 1st will get a $20 "Early Bird" discount. You can sign up at our booth inside the cafeteria today. Hurry because slots may run out fast! For more information, visit the school website.

이번 과학 캠프 참가 비용은 1인당 180달러이며, 여기에는 숙박과 모든 식사가 포함됩니다. 하지만, 5월 1일 전에 신청하시는 분들은 20달러의 "조기 신청" 할인을 받으시게 됩니다. 오늘 구내식당 안에 위치한 우리 부스에서 신청하실 수 있습니다. 자리가 빠르게 모두 채워질 수 있으므로 서두르십시오! 추가 정보를 원하시면, 학교 웹사이트를 방문하시기 바랍니다.

That's it. Thanks for listening, and we hope to see you at this year's Eureka Overnight Camp!

여기까지입니다. 들어주셔서 감사 드리며, 올해의 유레카 야간 캠프에서 만날 수 있기를 바랍니다!

어휘   kick off ~을 시작하다   annual 연례적인, 해마다의   announce that ~임을 알리다, 공지하다   host ~을 주최하다   take A to B: A를 B로 데려가다   close to ~와 가까운   gathering 모임   filled with ~로 가득한   exploration 탐험, 탐사   while ~하면서, ~하는 동안   camp-wide 캠프장 전역에서 일어나는   scavenger hunt 보물찾기   hold ~을 개최하다   throughout ~ 동안 내내   entire 전체의, 모든   participant 참가자   be divided into ~로 나뉘다   collect ~을 모으다, 수거하다   surrounding ~을 둘러싼   win a prize 상품을 타다   receive ~을 받다   brand new 완전히 새로운   telescope 망원경   courtesy of ~가 제공하는   schedule ~의 일정을 잡다   screening 상영(회)   take place (일, 행사 등이) 진행되다, 발생되다   astronomy 천문학   universe 우주   hang out with ~와 어울리다, 함께 시간을 보내다   cozy 아늑한   fresh from ~에서 갓 만든   those of you who ~하는 사람들   action-packed 흥미진진한   be known for ~로 잘 알려져 있다   preserve ⑲ 보호 구역   home 서식지   protected 보호받는   discover ~에 대한 정보를 알아보다, ~을 찾아내다   inhabitant 서식 동물   resident 상주하는   call time 소집 시간   crack of dawn 새벽녘, 이른 아침   excite ~을 즐겁게 하다, 흥분시키다   relax 느긋하게 쉬다   stroll 산책, 거닐기   exhibition 전시(회)   feature ~을 특징으로 하다   work 작품   captivating 매혹적인   shot 사진 (촬영)   be inspired to do ~하도록 영감을 받다   oneself (부사처럼 쓰여) 직접   cap A off: A를 마무리하다, 끝마치다   meteor shower 유성우   specifically 특별히, 특히   breeze 산들바람   spectacular 장관을 이루는   forget to do ~하는 것을 잊다   capture (사진 등으로) ~을 담다, 포착하다   participate in ~에 참가하다

include ~을 포함하다 lodging 숙박 (시설) sign up 신청
하다, 등록하다 booth 부스, 칸막이 공간 cafeteria 구내식당
slot 자리, 시간대 run out 다 떨어지다, 다 쓰다

34. What is the talk all about?

담화는 모두 무엇에 관한 것인가?

(a) hosting a party for a new school club
(b) introducing the annual science fair
(c) inviting students to join the science camp
(d) announcing a field trip to the city

(a) 새로운 학교 동아리를 위한 파티를 개최하는 것
(b) 연례 과학 박람회 행사를 소개하는 것
(c) 과학 캠프에 참가하도록 학생들에게 요청하는 것
(d) 도시로 떠나는 현장 학습을 알리는 것

해설   담화 시작 부분에 과학 동아리에서 다음 달에 유레카 야간 캠프
를 주최할 예정이라는 사실을(I'm pleased to announce
that the Science Club will be hosting the Eureka
Overnight Camp next month) 알린 뒤로 행사 일정 및 세
부 활동, 그리고 참가 신청 방법 등을 설명하는 것으로 담화가 진
행되고 있습니다. 이는 학생들에게 참가하도록 요청하는 것이 목
적이므로 (c)가 정답입니다.

어휘   introduce ~을 소개하다 fair 박람회 invite A to do: A에게
~하도록 요청하다 join ~에 참가하다, 함께 하다 field trip 현
장 학습

35. According to the speaker, how can the
participants win a telescope?

화자의 말에 따르면, 참가자들은 어떻게 망원경을 받을 수 있는
가?

**(a) by being the first team to find all hidden
items**
(b) by participating in the game until the end
(c) by being the first to collect five items
(d) by visiting all areas of the lake house

(a) 숨겨진 모든 물품을 찾아내는 첫 번째 팀이 됨으로써
(b) 끝날 때까지 게임에 참가함으로써
(c) 다섯 가지 물품을 모으는 첫 번째 사람이 됨으로써
(d) 레이크 하우스의 모든 구역을 방문함으로써

해설   담화 초반부에 보물찾기 활동을 언급하면서 물품들을 가장
먼저 찾는 팀의 구성원들에게 망원경을 상품으로 준다고(~
must collect items that can be found in the areas
surrounding the lake house. At the end of the
weekend, the first team to finish wins an amazing
prize: each member will receive their own brand
new telescope ~) 알리고 있으므로 (a)가 정답입니다.

어휘   hidden 숨겨진

36. What can campers learn after dinner on Friday?

캠프 참가자들은 금요일 저녁 식사 후에 무엇을 배울 수 있는가?

(a) how to make a documentary about science
(b) chemistry lessons by using the kitchen
(c) how to research information about the
universe
(d) astronomy lessons by watching films

(a) 과학에 관한 다큐멘터리를 만드는 방법
(b) 주방을 활용한 화학 수업
(c) 우주에 관한 정보를 찾는 방법
(d) 영화 시청을 통한 천문학 수업

해설   담화 중반부로 넘어가면서 금요일 밤에 첫 번째로 예정된 행
사가 저녁 식사 후에 진행되는 영화 상영 시간이라고 말하
면서 천문학에 관한 두 가지 다큐멘터리를 상영한다고(The
first scheduled event on Friday night is a film
screening that will take place after dinner. We will
be showing two documentaries on astronomy ~)
알리고 있습니다. 이는 다큐멘터리 영화를 통한 천문학 공부를 뜻
하는 것이므로 (d)가 정답입니다.

어휘   how to do ~하는 법 chemistry 화학
research information 정보를 찾다

37. Why most likely does the speaker suggest
spending time by the lake?

화자가 왜 호숫가에서 시간을 보내도록 제안하는 것 같은가?

(a) because the forest is crowded with hikers
(b) because the forest has dangerous wildlife
**(c) because the lake offers a calmer
atmosphere**
(d) because the lake has more action-packed
activities

(a) 숲이 등산객들로 붐비기 때문에
(b) 숲에 위험한 야생 동물이 있기 때문에
(c) 호수가 더 평온한 분위기를 제공해주기 때문에
(d) 호수에 흥미진진한 활동들이 더 많기 때문에

해설   호수에서 시간을 보내는 일이 언급되는 중반부에, 호수 옆에서 시
간을 보내면서 느긋하게 쉬는 일을 말하면서 호수 주변에서 평화
로운 산책을 즐길 수 있다고(~ another option is to hang
out and relax by the lake. You can enjoy a peaceful
stroll around the lake ~) 알리고 있습니다. 이는 호수 주변
에서 평온한 시간을 갖는 것을 의미하므로 (c)가 정답입니다.

어휘   suggest -ing ~하도록 권하다, 제안하다 be crowded
with ~로 붐비다 offer ~을 제공하다 calm 평온한, 차분한
atmosphere 분위기

38. Why is the camp happening on that specific
weekend?

해당 캠프 행사가 왜 그 특정한 주말에 진행되는가?

(a) That weekend will have clear skies.

(b) There will be a meteor shower on Saturday.
(c) There will be a natural light display on Saturday.
(d) The venue is only available on that weekend.

(a) 그 주말에 하늘이 맑을 것이다.
(b) 토요일에 유성우가 있을 것이다.
(c) 토요일에 자연광이 비칠 것이다.
(d) 행사장이 오직 그 주말에만 이용 가능하다.

해설 담화 후반부에 화자가 토요일 밤에 일어나는 유성우도 볼 수 있다고 알리면서 이것 때문에 특별히 5월 마지막 주로 캠프장을 예약했다고(To cap the event off, you can watch the meteor shower happening on Saturday night. We scheduled the camp for the last weekend in May specifically for this reason) 언급하고 있습니다. 따라서 토요일 밤에 있을 유성우를 말한 (b)가 정답입니다.

어휘 specific 특정한, 구체적인 natural light 자연광 display 보여짐, 드러남 venue 행사장 available 이용 가능한

39. How can participants get a discount?
참가자들이 어떻게 할인을 받을 수 있는가?

(a) by adding a meal option to the application
(b) by signing up before a specific deadline
(c) by signing up on the school's website
(d) by arriving early on the day of the camp

(a) 신청서에 식사 선택권을 추가함으로써
(b) 특정 기한이 되기 전에 신청함으로써
(c) 학교 웹사이트에서 신청함으로써
(d) 캠프 행사 당일에 일찍 도착함으로써

해설 할인 방법이 언급되는 후반부에 5월 1일 전에 신청하면 20달러를 할인해 준다고(~ those who sign up before May 1st will get a $20 "Early Bird" discount) 알리고 있으므로 특정 기한이 되기 전에 등록하는 것을 의미하는 (b)가 정답입니다.

어휘 add A to B: A를 B에 추가하다 deadline (마감) 기한 arrive 도착하다

PART 3

M: Hey, Dana! How are things at the new apartment coming along?
안녕, 데이나! 새 아파트에서의 일은 어떻게 되어 가고 있어?

F: It's going great, Jack! The moving trucks arrived yesterday, so I'm nearly settled in.
아주 잘 되어 가고 있어, 잭! 이삿짐 트럭들이 어제 도착했기 때문에, 거의 자리 잡은 상태야.

M: That's good. Have you encountered any issues?
잘됐다. 어떤 문제라도 생긴 게 있어?

F: Not many. But **40** I'm planning to update the walls this weekend because they look worse than I realized. Some of the wallpaper is peeling off, and I need to remove all of it before I can do anything else.
별로 많지는 않아. 하지만 이번 주말에 벽들을 좀 새롭게 단장할 계획인데, 내가 알고 있던 것보다 더 좋지 않아 보이는 상태거든. 일부 벽지가 벗겨지고 있어서, 전부 제거해야 어떤 다른 일이든 할 수 있을 거야.

M: Redoing walls can be time consuming. Are you going to put up new wallpaper or paint the walls?
벽들을 새롭게 바꾸는 일은 시간이 소모될 수 있어. 새로운 벽지를 붙일 거야, 아니면 페인트칠을 할 거야?

F: That's what I've been trying to decide.
그게 바로 내가 결정하려고 계속 노력 중인 부분이야.

M: Then why don't we talk about the advantages and disadvantages of both options before you make your decision?
그럼 네가 결정을 내리기 전에 두 가지 선택사항 모두가 지닌 장단점에 관해 얘기해보면 어떨까?

F: Sure, let's do it. I'm considering using wallpaper because it lasts longer than paint. I heard that **45** you can keep the same wallpaper for at least fifteen years.
좋아, 해보자. 난 벽지를 활용하는 것을 고려하고 있는데, 페인트보다 오래 지속되기 때문이야. 같은 벽지를 적어도 15년은 유지할 수 있다고 들었거든.

M: You're right. **41** Another advantage of using wallpaper is that it can be fun because there's a large selection of colors and patterns. You'll have no problem finding a style that fits your taste.
네 말이 맞아. 벽지를 활용하는 것의 또 다른 장점은 재미가 있을 수 있다는 점인데, 아주 다양한 색상과 무늬가 있기 때문이지. 네 취향에 맞는 스타일을 하나 찾는 게 어렵진 않을 거야.

F: I see. But I've heard that putting up wallpaper properly is extremely difficult, and doubly so if you ever decide to change it. In that case, I would need to take down the old paper before putting up something new.

알겠어. 하지만 벽지를 제대로 붙이는 일이 대단히 어려운데다 언젠가 그걸 바꾸려고 결정하는 경우에는 두 배로 어렵다는 얘기를 들었어. 그럴 경우에, 새로운 벽지를 붙이기 전에 기존의 것을 뜯어내야 할 거야.

M: That sounds like it would require a lot of time and energy.

많은 시간과 에너지가 필요한 것처럼 들리네.

F: It sure does, Jack. **42** Another disadvantage I can think of is that wallpaper is so much more expensive than paint.

분명 그래, 잭. 내가 생각할 수 있는 또 다른 단점은 벽지가 페인트보다 훨씬 더 비싸다는 점이야.

M: Oh, that's true, Dana. And the more rooms you have, the more you need to pay.

아, 사실이야, 데이나. 그리고 방이 더 많으면 많을수록, 더 많은 돈을 지불해야 해.

F: **42** I have three rooms and they're all quite big. I would need to buy a lot of wallpaper to cover everything.

우리 집에 방이 세 개 있고, 전부 꽤 커. 모든 곳을 포함하려면 벽지를 많이 사야 할 거야.

M: So what would be the advantages of painting the walls instead?

그럼, 대신 벽에 페인트칠을 하는 것의 장점이 뭐가 있을까?

F: Well, I read that wall paint is less affected by humidity or leaks than wallpaper.

음, 벽에 칠하는 페인트가 벽지보다 습도나 누수에 덜 영향을 받는다는 글을 읽은 적이 있어.

M: You have a point. Paint can be a better choice for rooms like bathrooms or kitchens because you don't have to worry about excess moisture causing water damage.

일리 있는 말이야. 페인트가 욕실이나 주방 같은 공간에 대해 더 나은 선택일 수 있는데, 물로 인한 손상을 초래하는 과도한 습기에 대해 걱정할 필요가 없기 때문이야.

F: I agree. **43** Another benefit is that painting is relatively easy and can be done by anyone. You don't need to be a professional house painter to make your walls look nice.

동의해. 또 다른 이점은 페인트 작업이 비교적 손쉽고 누구든 할 수 있다는 점이야. 벽을 멋져 보이게 만드는 데 있어서 페인트 전문 작업자일 필요가 없다는 거지.

M: However, one disadvantage of painting is that it would need to be redone more frequently. Your paint job might only last ten years—or less depending on the amount of wear and tear.

하지만, 페인트 작업의 한 가지 단점은 더 자주 다시 작업해야 할 수도 있다는 점이야. 마모 정도에 따라 페인트칠한 것이 불과 10년 이하로 지속될 수도 있거든.

F: Right. And it seems like painted walls do get chipped or scratched really easily. **44** If I need to touch up the paint job, I might have a hard time buying new paint that exactly matches the original color.

맞아. 그리고 페인트칠한 벽은 정말 쉽게 벗겨지거나 긁히는 것 같아. 페인트칠한 부분을 손봐야 한다면, 원래의 색상과 정확히 일치하는 새 페인트를 사는 데 어려움을 겪을 지도 몰라.

M: Painting could end up being more work in the long run. Well, it sounds like the decision is really tough considering the advantages and disadvantages of each.

페인트칠은 장기적으로 볼 때 결국 더 많은 일을 만들 수 있어. 음, 각각의 장단점을 고려하면 결정을 내리는 일이 정말 어려운 것 같아.

F: It sure is. But I think I already know what I want to do with my apartment.

정말 그래. 하지만 난 내 아파트에 뭘 하고 싶은지 이미 알고 있는 것 같아.

M: So what approach will you be taking then?

그럼 무슨 방식을 택할 생각이야?

F: Well, Jack, I'm not the kind of person who likes to make dramatic changes very often. **45** I'd rather just have pretty designs that I can live with for a long time.

음, 잭, 난 급격한 변화를 아주 자주 만드는 것을 좋아하는 유형의 사람이 아냐. 그냥 오랫동안 해놓고 살 수 있는 예쁜 디자인이 있는 게 좋아.

M: That sounds like a good choice, Dana. Let me know if you need any more help!

좋은 선택인 것 같아, 데이나. 어떤 도움이든 더 필요하면 알려 줘!

어휘   How is A coming along?: A는 어떻게 되어 가고 있어? be going great 아주 잘 되고 있다 arrive 도착하다 nearly 거의 be settled in 자리 잡다, 정착하다 encounter ~와 직면하다, 맞닥뜨리다 issue 문제, 사안 plan to do ~할 계획이다 look 형용사: ~하게 보이다, ~한 것 같아 worse 더 좋지 않은 realize 알아차리다 peel off 벗겨지다 remove ~을 제거하다 time consuming 시간이 소모되는 put up ~을 붙이다, 부착하다 try to do ~하려 노력하다 decide ~을 결정하다 advantage 장점(↔ disadvantage) make one's decision 결정을 내리다 consider -ing ~하는 것을 고려하다

last v. 지속되다 at least 적어도, 최소한 a large selection of 아주 다양한 fit ~에 어울리다, 적합하다 taste 취향, 입맛 properly 제대로, 적절히 extremely 매우, 대단히 doubly 두 배로 ever 언젠가 decide to do ~하기로 결정하다 in that case 그럴 경우에 take down ~을 뜯어내다, 철거하다 That sounds like ~하는 것 같다 require ~을 필요로 하다 much (비교급 수식) 훨씬 quite 꽤, 상당히 cover (범위 등) ~을 포함하다 instead 대신 affect ~에 영향을 미치다 humidity 습도 leak 누수, 누출 You have a point 일리 있는 말이야 worry about ~에 대해 걱정하다 excess 과도한 moisture 습기 cause ~을 초래하다, 야기하다 damage 피해, 손상 benefit 이점, 혜택 relatively 비교적, 상대적으로 make A do: A를 ~하게 만들다 frequently 자주, 빈번히 depending on ~에 따라, ~에 달려 있는 amount 정도, 양 wear and tear 마모 it seems like ~인 것 같다(= it sounds like) get chipped 벗겨지다 get scratched 긁히다, 흠집이 나다 touch up ~을 손보다, 보수하다 have a hard time -ing ~하는 데 어려움을 겪다 exactly 정확히 match ~와 일치하다, 어울리다 original 기존의, 원래의 end up -ing 결국 ~하게 되다 in the long run 장기적으로 tough 어려운, 힘든 approach (접근) 방식 then 그럼, 그렇다면 make a change 변경하다 dramatic 급격한 I'd rather do ~하고 싶다 let A know: A에게 알리다

40. What will Dana do over the coming weekend?

데이나는 다가오는 주말 동안에 걸쳐 무엇을 할 것인가?

(a) tear down the damaged walls
(b) improve her walls' appearance
(c) paint the floors of all her rooms
(d) move into a new apartment

(a) 손상된 벽을 철거하는 일
(b) 벽의 외관을 개선하는 일
(c) 모든 방의 바닥을 페인트칠하는 일
(d) 새로운 아파트로 이사하는 일

해설 대화 초반부에 여자가 이번 주말에 벽들을 좀 새롭게 단장할 계획임을 언급하면서 자신이 알고 있던 것보다 더 좋지 않아 보이는 상태라고(~ I'm planning to update the walls this weekend because they look worse than I realized) 말하고 있습니다. 이는 벽 외관을 개선하는 일을 의미하므로 (b)가 정답입니다.

어휘 improve ~을 개선하다, 향상시키다 appearance 모습, 외관

41. According to Jack, why is wallpaper an appealing choice?

잭의 말에 따르면, 왜 벽지가 매력적인 선택사항인가?

(a) Wallpaper is easy to change.
(b) Wallpaper lasts a long time.
(c) There are many designs to choose from.
(d) There is wallpaper for every occasion.
(a) 벽지가 바꾸기 쉽다.
(b) 벽지가 오랫동안 지속된다.
(c) 선택할 수 있는 디자인이 많다.

(d) 모든 경우에 맞는 벽지가 있다.

해설 대화 중반부로 넘어가면서 잭이 벽지를 활용하는 것의 장점과 관련해 아주 다양한 색상과 무늬가 있고, 쉽게 취향에 맞는 것을 찾을 수 있다고(Another advantage of using wallpaper is ~ there's a large selection of colors and patterns. You'll have no problem finding a style that fits your taste) 알리고 있으므로 이러한 다양한 선택사항에 대해 말한 (c)가 정답입니다.

어휘 appealing 매력적인 choose from ~에서 선택하다 occasion 경우, 때, 일, 행사

42. Why most likely would the size of Dana's apartment cause a problem when applying wallpaper?

데이나의 아파트 크기가 벽지를 붙일 때 왜 문제를 야기할 것 같은가?

(a) because it would require too much energy
(b) because it would increase the cost of wallpaper
(c) because it would take too much time
(d) because it would be hard to cover everything

(a) 너무 많은 에너지를 필요로 할 것이기 때문에
(b) 벽지 비용을 늘어나게 할 것이기 때문에
(c) 너무 많은 시간이 걸릴 것이기 때문에
(d) 모든 곳을 포함하기 어려울 것이기 때문에

해설 대화 중반부에 여자가 벽지 활용의 단점과 관련해 페인트보다 비싸다는 점을(Another disadvantage I can think of is that wallpaper is so much more expensive than paint) 언급하고 있고, 큰 방이 세 개가 있어서 벽지를 많이 사야 할 것이라는(I have three rooms and they're all quite big. I would need to buy a lot of wallpaper to cover everything) 말도 덧붙이고 있습니다. 이는 벽지를 구입하는 데 비용이 많이 들 것이라는 뜻이므로 (b)가 정답입니다.

어휘 apply ~을 적용하다 increase ~을 늘리다, 증가시키다 take too much time 너무 많은 시간이 걸리다

43. What is one advantage of using paint to cover the walls?

페인트를 사용해 벽을 칠하는 것의 한 가지 장점은 무엇인가?

(a) Wall paint can make rooms seem bigger.
(b) Wall paint absorbs moisture.
(c) Painted walls usually look nicer.
(d) Painting requires less skill.

(a) 벽에 칠하는 페인트가 방을 더 커 보이게 만들 수 있다.
(b) 벽에 칠하는 페인트가 습기를 흡수한다.
(c) 페인트칠된 벽이 일반적으로 더 멋져 보인다.
(d) 페인트 작업이 기술을 덜 필요로 한다.

해설 대화 후반부로 넘어가면서 여자가 페인트칠을 하는 것의 장점

146 시원스쿨 지텔프 65+

과 관련해 비교적 손쉽고 누구든 할 수 있다는 말과 함께 전문 페인트 작업자가 아니어도 할 수 있다는(Another benefit is that painting is relatively easy and can be done by anyone. You don't need to be a professional house painter to make your walls look nice) 말을 하고 있습니다. 따라서 이러한 작업상의 수월함을 언급한 (d)가 정답입니다.

어휘   make A do: A를 ~하게 만들다   absorb ~을 흡수하다
usually 일반적으로, 보통   skill 기술, 능력

44. According to the conversation, what could be a problem when one needs to repaint the chipped parts?

대화 내용에 따르면, 벗겨진 부분은 다시 페인트칠해야 할 때 무엇이 문제일 수 있는가?

(a) getting the exact same color as before
(b) looking for a new painter to do the job
(c) buying the same tools used the last time
(d) finding the right material to fill in gaps

(a) 이전과 정확하게 동일한 색상을 구입하는 일
(b) 해당 작업을 할 새로운 페인트 작업자를 찾는 일
(c) 마지막으로 사용된 것과 동일한 도구들을 구입하는 일
(d) 틈새를 메우기 위해 제대로 된 소재를 찾는 일

해설   대화 후반부에 여자가 페인트칠의 단점을 말하면서 페인트칠한 부분을 손봐야 할 때 원래의 색상과 정확히 일치하는 새 페인트를 사는 데 어려움을 겪을 수 있다고(If I need to touch up the paint job, I might have a hard time buying new paint that exactly matches the original color) 알리고 있습니다. 따라서 이러한 색상 문제를 언급한 (a)가 정답이다.

어휘   exact 정확한   look for ~을 찾다   tool 도구, 공구   material 소재, 재료, 자재   fill in ~을 메우다   gap 틈, 간격

45. What has Dana probably decided to do after the conversation?

데이나는 대화 후에 무엇을 하기로 결정한 것 같은가?

(a) apply wallpaper in her apartment
(b) paint her apartment walls
(c) leave the walls in their original state
(d) get expert advice on her decision

(a) 자신의 아파트에 벽지를 붙이는 일
(b) 자신의 아파트 벽에 페인트를 칠하는 일
(c) 원래의 상태로 벽들을 내버려두는 일
(d) 자신의 결정에 대해 전문가의 조언을 구하는 일

해설   대화 맨 마지막에 여자는 오랫동안 해놓고 살 수 있는 것이 좋다는(I'd rather just have pretty designs that I can live with for a long time) 말로 오래 지속되는 것을 선택하겠다고 알리고 있습니다. 이는 대화 초반부에 벽지가 적어도 15년만큼이나 오래 지속될 수 있다고(~ you can keep the same wallpaper for at least fifteen years) 언급한 것에 해당되는 말입니다. 따라서 벽지를 구입해 붙일 것으로 생각할 수 있으

므로 (a)가 정답입니다.

어휘   leave ~을 내버려두다   state 상태   expert ⓐ 전문가의

PART 4

Welcome back to Wellness Matters! First, I'd like to thank all of you for attending our seminar last week. Our weight loss seminar was a success because of your participation. So, to continue our quest for ways to keep the body and mind healthy and energized, **46** today we shall be discussing how to improve digestion.

웰니스 매터스를 다시 찾아주신 여러분을 환영합니다! 지난 주에 열린 저희 세미나에 참석해주신 것에 대해 여러분 모두에게 감사의 말씀 드리고자 합니다. 저희 체중 감량 세미나는 여러분의 참가로 인해 성공적이었습니다. 따라서, 몸과 마음을 건강하고 에너지 넘치는 상태로 유지할 수 있는 방법을 찾기 위한 탐구를 지속하기 위해, 오늘은 음식 소화력을 향상시키는 법을 이야기해볼 예정입니다.

46 Keeping our digestive system, or gut, healthy is very important. Experts say that our body's daily performance is heavily dependent on lifestyle, especially diet. When not taken care of, our digestion may not work properly. This could be bothersome and lead to problems like an upset stomach, indigestion—or worse—diarrhea. So today, I will be sharing with you some tips on keeping the gut healthy.

우리의 소화기, 즉 내장을 건강하게 유지하는 것은 매우 중요합니다. 전문가들은 우리 신체의 일상 활동 능력이 생활 습관, 특히 식사에 따라 크게 좌우된다고 말합니다. 주의를 기울이지 않을 경우, 우리의 소화력은 제대로 작용하지 않을 수도 있습니다. 이는 골치 아픈 일이 될 수 있으며, 배탈이나 소화 불량, 또는 더 심하면 설사 같은 문제로 이어질 수 있습니다. 따라서 오늘, 내장을 건강하게 유지하는 일에 관한 몇 가지 팁을 여러분께 공유해 드리겠습니다.

47 The first tip is to eat food that's rich in fiber. Fiber consists of the parts of plant-based food that your body cannot digest. It absorbs extra water in your body and helps the movement of food through your digestive system. Some foods that are rich in fiber are fruits and vegetables, beans, nuts, and whole grains. Including these foods in your diet will help ease food through your digestive tract and absorb the excess oils from food in your stomach.

첫 번째 팁은 섬유질이 풍부한 음식을 섭취하는 것입니다. 섬유질은 사람의 몸이 소화할 수 없는 식물 기반 음식물의 일부를 구성합니다. 사람의 몸 속에서 추가로 수분을 흡수하며, 소화기를 거치는 음식물의 움직임을 도와줍니다. 섬유질이 풍부한 일부 식품에는 과일과 채소, 콩, 견과류, 그리고 정제되지 않은 곡물이 있습니다. 여러분의 식사에 이러한 식품을 포함하면 음식물이 몸 속의 소화관을 거쳐가는 것을 수월하게 하고 위장 속의 음식물에서 많은 유분을 흡수하는 데 도움을 줄 것입니다.

The second tip is to increase your water intake. Water is a better replacement for the unhealthy liquids that fiber absorbs from your body. **48** Water thoroughly cleanses the food pathways in your digestive system. Foods high in water content, such as cucumbers, tomatoes, and strawberries, work just as well as drinking water, so take note of that.

두 번째 팁은 물 섭취량을 늘리는 것입니다. 물은 섬유질이 사람의 몸으로부터 흡수하는 건강하지 않은 액체에 대한 더 좋은 대체물입니다. 물은 사람의 소화기 속에 존재하는 음식물 이동로를 완전히 깨끗하게 만들어줍니다. 오이나 토마토, 그리고 딸기 같이 수분 함량이 높은 식품은 마치 물을 마시는 것만큼 좋은 효과를 내므로, 이 부분에 주목하시기 바랍니다.

The third tip is to include good bacteria in your daily meals. Research shows that **49** certain kinds of bacteria are actually healthy bacteria. They promote better immunity and break down food that is otherwise difficult for the body to absorb. These good bacteria also minimize the presence of gas in the stomach and, in turn, reduce the discomfort that gas brings, such as stomach pain and bloating. You can get good bacteria from yogurt and fermented foods like kimchi.

세 번째 팁은 일상의 식사에 좋은 박테리아를 포함하는 것입니다. 연구에 따르면 특정한 종류의 박테리아는 실제로 건강에 좋은 박테리아입니다. 이들은 더 나은 면역력을 갖도록 촉진하며, 우리 몸이 다른 방법으로는 흡수하기 어려운 음식물을 분해해줍니다. 이 좋은 박테리아는 또한 위장 속에 존재하는 가스도 최소화 해주며, 그 결과로 복통이나 복부 팽창 같이 가스로 인해 초래되는 불편함도 줄여줍니다. 요거트로부터 그리고 김치 같은 발효 식품으로부터 좋은 박테리아를 얻으실 수 있습니다.

The fourth tip in keeping your digestive system healthy is to make it a habit to chew food thoroughly. Chewing breaks down food into smaller pieces that make it easier for the stomach to digest. **50** Whenever you take time eating your meals and chew properly, you are already doing half of your digestive system's work!

소화기를 건강하게 유지하는 네 번째 팁은 음식을 꼭꼭 씹는 습관을 들이는 것입니다. 꼭꼭 씹으면 위장이 더 쉽게 소화시킬 수 있는 더 작은 조각으로 음식물이 분해됩니다. 시간을 갖고 식사를 하면서 제대로 씹을 때마다, 여러분은 소화기가 하는 일의 절반을 이미 하고 계시는 것입니다!

51 The fifth tip is to exercise. Simple exercises help prevent digestion problems. Just by walking, you will improve the passage of food in your body significantly. **51** You can start small. Doing some stretches in the morning counts as exercise. You can also take a short walk after every meal.

다섯 번째 팁은 운동하는 것입니다. 간단한 운동들이 소화 문제를

예방하는 데 도움을 줍니다. 그저 걷기만 하는 것으로도, 몸 속의 음식물 이동이 상당히 개선됩니다. 작은 것부터 시작하시면 됩니다. 아침에 약간의 스트레칭을 하시는 것도 운동으로 여겨집니다. 또한 매번 식사 후에 간단히 걸으셔도 됩니다.

The last tip is to focus on the act of eating while you eat. If you're distracted with other things, like work or television, you don't fully enjoy the taste of your food. **52** You might also end up eating too much or too quickly because you're not paying attention to what goes into your mouth. So during meal times, take the time to rest your mind and simply enjoy your meal.

마지막 팁은 식사하시는 동안 먹는 행위에 집중하는 것입니다. 일이나 텔레비전 시청 등과 같이 다른 일들로 방해를 받으시게 되면, 음식의 맛을 제대로 즐기실 수 없습니다. 또한 결국 너무 많이 또는 빨리 드시게 될 수도 있는데, 입 안으로 무엇이 들어가는지에 대해 주의를 기울이시지 않기 때문입니다. 따라서 식사 시간 중에는, 시간을 갖고 마음을 느긋하게 하셔서 그저 식사만 즐기도록 하십시오.

Follow these tips and your digestion will improve greatly, leading to a healthier and more satisfying life.

이 팁들을 따르시면 소화력이 대단히 향상되어, 더 건강하고 만족스러운 삶으로 이어질 수 있습니다.

어휘 attend ~에 참석하다 weight loss 체중 감량 success 성공 participation 참가 continue ~을 지속하다, 계속하다 quest 탐구 way to do ~하는 방법 keep A 형용사: A를 ~한 상태로 유지하다 energized 에너지 넘치는 discuss ~을 이야기하다, 논의하다 how to do ~하는 법 improve ~을 개선하다, 향상시키다 digestion 소화(력) digestive system 소화기 gut 내장 performance 수행 능력 heavily 크게, 대단히 be dependent on ~에 달려 있다, ~에 따라 다르다 especially 특히 take care of ~에 주의를 기울이다, 관리하다, 처리하다 work 작용하다, 효과를 내다 properly 제대로, 적절히 bothersome 골치 아픈, 성가신 lead to ~로 이어지다 upset stomach 배탈 indigestion 소화 불량 diarrhea 설사 rich in ~가 풍부한 fiber 섬유질 consist of ~을 구성하다 plant-based 식물을 기반으로 하는 digest ~을 소화하다 absorb ~을 흡수하다 extra 별도의, 추가적인 movement 움직임, 이동 whole grains 정제되지 않은 곡물 include ~을 포함하다 help do ~하는 데 도움이 되다 ease ~을 수월하게 하다 digestive tract 소화관 excess 많은, 과도한 increase ~을 높이다, 증가시키다 intake 섭취 replacement 대체(하는 것) liquid 액체 thoroughly 철저히, 완전히 cleanse ~을 깨끗하게 하다 pathway 이동로, 통로 content 함량 take note of ~에 유의하다 certain 특정한, 일정한 actually 실제로, 사실은 promote ~을 촉진하다 immunity 면역력 break down ~을 분해하다 otherwise 달리, 그렇지 않으면 minimize ~을 최소화하다 presence 존재, 있음 in turn 그 결과로 reduce ~을 줄이다, 감소시키다 discomfort 불편함 bloating 팽창, 붓기 fermented 발표된 make it a habit to do ~하는 습관을 들이다 chew ~을 씹다 make it A for B to do: B가 ~하는 것을 A하게 만들다 whenever ~할 때마다 take time -ing 시간을 들여 ~하다 exercise ⑧ 운동하다

영 운동 prevent ~을 예방하다, 방지하다 passage 통과, 통
해 significantly 상당히 start small 작은 것부터 시작하다
count as ~로 여겨지다 focus on ~에 집중하다 distracted
방해를 받은 fully 제대로, 온전히, 전적으로 end up -ing 결
국 ~하게 되다 pay attention to ~에 주의를 기울이다 rest
one's mind 마음을 느긋하게 하다 greatly 크게, 대단히
satisfying 만족을 주는

46. What is the speaker mainly talking about?
화자는 주로 무엇에 관해 이야기하고 있는가?

(a) choosing the best new diet
(b) introducing the latest lifestyle trend
(c) ways to improve one's gut health
(d) how to lose weight successfully

(a) 가장 좋은 새로운 다이어트를 선택하는 일
(b) 최근의 생활 방식 경향을 소개하는 일
(c) 내장 건강을 향상시키는 방법들
(d) 성공적으로 체중을 감량하는 방법

해설 담화 시작 부분에 음식 소화력을 향상시키는 방법을 이야기
하겠다고(~ today we shall be discussing how to
improve digestion) 언급하면서 소화기, 즉 내장을 건강한
상태로 유지하는 것이 중요하다고(Keeping our digestive
system, or gut, healthy is very important) 알리고 있습
니다. 이는 내장 건강을 향상시키는 방법을 이야기하겠다는 뜻이
므로 (c)가 정답입니다.

어휘 choose ~을 선택하다 introduce ~을 소개하다 trend 경
향, 추세 way to do ~하는 방법 how to do ~하는 방법
successfully 성공적으로

47. According to the speaker, which type of food
helps the movement of the digestive system?
화자의 말에 따르면, 어떤 종류의 음식물이 소화기의 움직임에 도
움이 되는가?

(a) food that is high in fiber
(b) food that makes excess water
(c) food that has extra oil
(d) food that is rich in minerals

(a) 섬유질이 많은 음식
(b) 많은 수분을 만드는 음식
(c) 여분의 유분이 있는 음식
(d) 무기질이 풍부한 음식

해설 첫 번째 팁으로 섬유질이 많은 음식물 섭취를 언급하면서 사
람 몸 속의 소화기를 통해 내려가는 음식물의 움직임에 도움
을 준다고(The first tip is to eat food that's rich in
fiber. ~ helps the movement of food through your
digestive system) 알리고 있으므로 (a)가 정답입니다.

어휘 high in ~가 많은, 높은 mineral 무기질

48. Why most likely does the speaker suggest
eating cucumbers?
화자는 왜 오이를 먹도록 제안하는 것 같은가?

(a) because they replace the fiber in one's body
**(b) because they can clean out the digestive
system**
(c) because they make one want to drink more
water
(d) because they can absorb unhealthy liquids

(a) 사람 몸 속의 섬유질을 대체해주기 때문에
(b) 소화기를 깨끗하게 해줄 수 있기 때문에
(c) 더 많은 물을 마시고 싶어하게 만들기 때문에
(d) 건강에 좋지 않은 액체를 흡수할 수 있기 때문에

해설 두 번째 팁에서 물이 사람의 소화기 속에 존재하는 음식물 이동
로를 완전히 깨끗하게 만들어준다는 말과 함께 오이나 토마토, 그
리고 딸기 같이 수분 함량이 높은 식품이 물을 마시는 것만큼 좋
은 효과를 낸다고(Water thoroughly cleanses the food
pathways in your digestive system. Foods high in
water content, such as cucumbers, tomatoes, and
strawberries, work just as well as drinking water
~) 알리고 있습니다. 따라서 소화기를 깨끗하게 해주는 것을 말한
(b)가 정답입니다.

어휘 clean out ~을 깨끗하게 하다, 말끔히 씻어내다 make A do:
A가 ~하게 만들다

49. Based on the talk, how can one develop better
immunity?
담화 내용에 따르면, 어떻게 더 나은 면역력을 발전시킬 수 있는
가?

(a) by eating food that is bacteria-free
(b) by avoiding food that causes gas
(c) by breaking down food before eating it
(d) by eating food with beneficial bacteria

(a) 박테리아가 없는 음식을 먹음으로써
(b) 가스를 유발하는 음식을 피함으로써
(c) 먹기 전에 음식물을 분해함으로써
(d) 유익한 박테리아가 있는 음식을 먹음으로써

해설 세 번째 팁에서 건강에 좋은 박테리아가 더 나은 면역력을 갖도록
촉진시킨다고(~ certain kinds of bacteria are actually
healthy bacteria. They promote better immunity ~)
알리고 있으므로 (d)가 정답입니다.

어휘 develop ~을 발전시키다 free 없는 avoid ~을 피하다
cause ~을 유발하다, 초래하다 beneficial 유익한

50. Why is it a good habit to chew food properly?
음식을 제대로 씹는 것이 왜 좋은 습관인가?

(a) It reduces the time one spends eating.
(b) It allows one to eat smaller pieces of food.

(c) **It lessens the work of one's digestive system.**

(d) It gives one the sensation of eating more.

(a) 먹는 데 소비되는 시간을 줄여준다.
(b) 더 작은 음식 조각들을 먹을 수 있게 해준다.
(c) 소화기가 하는 일을 줄여준다.
(d) 더 많이 먹고 싶은 기분을 만들어준다.

해설 음식을 잘 씹어먹는 것의 장점을 언급한 네 번째 팁에, 시간을 갖고 식사를 하면서 제대로 씹을 때마다 소화기가 하는 일의 절반을 이미 하고 있는 것이라고(Whenever you take time eating your meals and chew properly, you are already doing half of your digestive system's work) 알리고 있습니다. 따라서 이러한 장점을 말한 (c)가 정답입니다.

어휘 properly 적절히, 제대로 reduce ~을 줄이다, 감소시키다 spend time -ing ~하는 데 시간을 소비하다 allow A to do: A에게 ~할 수 있게 해주다 lessen ~을 줄이다 sensation 기분, 느낌, 감각

51. What is the fifth tip in the talk?
담화에서 다섯 번째 팁은 무엇인가?

(a) start doing simple exercises
(b) take a long walk in the morning
(c) do yoga stretches after dinner
(d) relax after eating a large meal

(a) 간단한 운동을 하는 것을 시작하는 일
(b) 아침에 오랜 시간 걷는 일
(c) 저녁 식사 후에 요가 스트레칭을 하는 일
(d) 많은 양의 식사를 한 후에 느긋하게 쉬는 일

해설 담화 후반부에 제시되는 다섯 번째 팁의 핵심은 운동을 하는 것이며(The fifth tip is to exercise), 작은 것부터 시작하라고 (You can start small) 알리고 있으므로 간단한 운동을 시작하는 일을 언급한 (a)가 정답입니다.

어휘 relax 느긋하게 쉬다

52. Why most likely is it a good idea to focus on one's food while eating?
식사하는 동안 음식에 집중하는 일이 왜 좋은 생각일 것 같은가?

(a) to make food taste better
(b) to take a break from watching television
(c) to relieve the stress of work
(d) to keep from accidentally overeating

(a) 음식이 더 좋은 맛이 나도록 만들 수 있으므로
(b) 텔레비전을 시청하는 것을 잠시 쉴 수 있으므로
(c) 일로 인한 스트레스를 완화할 수 있으므로
(d) 뜻하지 않게 과식하는 것을 막을 수 있으므로

해설 식사 중에 음식에 집중해야 하는 이유를 설명하는 마지막 팁에,

너무 많이 또는 빨리 먹게 될 수도 있다는 말과 함께 입 안으로 무엇이 들어가는지에 대해 주의를 기울이지 않기 때문이라고(You might also end up eating too much or too quickly because you're not paying attention to what goes into your mouth) 설명하고 있습니다. 따라서 음식에 집중하면 뜻하지 않은 과식을 막을 수 있는 것으로 볼 수 있으므로 (d)가 정답입니다.

어휘 make A do: A를 ~하게 만들다 taste 형용사: ~한 맛이 나다 take a break from -ing ~하는 것을 잠시 쉬다 relieve ~을 완화하다, 덜다 keep from -ing ~하는 것을 막다, ~하지 못하게 하다 accidentally 뜻하지 않게, 우연히 overeat 과식하다

독해 및 어휘

PART 1

셀레나 페레즈

셀레나 페레즈는 수상 경력이 있는 미국의 가수로서, **53** 1990년 대에 텍사스에 거주하던 멕시코계 미국인들 사이에서 인기 있던 음악 장르인 테하노를 전 세계의 음악 팬들에게 소개했다. 그녀는 라틴 음악을 주류로 끌어올린 것뿐만 아니라 전통적으로 남성이 중심이었던 장르에서 처음 성공을 거둔 여성 아티스트들 중의 한 명이 된 것으로 인해 우상으로 여겨졌다.

1971년 4월 16일에 텍사스 주, 레이크 잭슨에서 태어난, 페레즈는 음악에 둘러싸인 삶을 살았다. **54** 그녀의 아버지는 1981년에 10살 난 페레즈에게 리드 보컬을 맡긴 가족 밴드 '셀레나 이 로스 디노스'를 결성했다. 지역 사람들 사이에서 인기를 얻자, 이 밴드는 텍사스 주 전역에 걸쳐 투어를 시작했으며, 1984년에 첫 앨범을 녹음했다. 이들은 팝과 록, 그리고 폴카가 섞여 있는 스타일인 테하노 음악을 연주했다.

이 밴드는 지속적으로 앨범을 발표했지만, 많은 주목을 받지는 못했다. **55** 테하노 음악 공연 행사장의 프로모터들은 페레즈의 성공 가능성에 대해 회의적이었는데, 그녀가 어린 여자였기 때문이었다. 그 후, 1987년에 그녀는 테하노 음악 시상식에서 '올해의 여성 보컬리스트'로 첫 번째 주요 상을 수상했다. 2년 후에, 페레즈는 대형 음반사와 계약을 맺고 솔로 데뷔 앨범을 출시했다. 그녀는 자신의 모국어가 아니었음에도 대부분 스페인어로 노래를 불렀다.

페레즈의 첫 두 솔로 앨범들은 멕시코에서 평범한 성적을 거뒀다. 세 번째 앨범인 <앙트레 아 미 문도>의 출시가 돌파구가 되었다. **56** 사랑 및 여성의 권리에 관한 곡들이 실려 있는 이 정통 팝 앨범은 멕시코와 미국 국경 인근 및 그 너머에 있는 양쪽 팬들 모두에게서 뜨거운 반응을 얻었다. 이 앨범을 홍보하기 위한 한 콘서트에서는 7만 명의 사람들을 **58** 끌어 모았는데, 이는 당시 테하노 연주 그룹으로서는 놀라운 업적이었다.

1994년에, 페레즈는 부티크 매장을 열고 자신의 무대 의상에서 영감을 받은 자신만의 현대적인 라틴 아메리카 의류 라인을 판매하기 시작했다. 하지만, 페레즈 팬클럽 회장이었던 율란다 살디바르가 부티크 매장 관리 책임자로도 **59** 선임되었을 때 문제가 시작되었다. 회사의 돈을 횡령한 혐의로 고소 당한 후, 살디바르는 1995년 3월 31일에 페레즈를 총으로 쏴 죽였다.

전 세계의 팬들은 젊은 팝 가수의 죽음에 슬퍼했다. 페레즈의 사망 후 불과 몇 달 만에, 영어와 스페인어로 쓰인 마지막 앨범 <드리밍 오브 유>가 출시되었다. 이 앨범은 대성공을 거뒀고, **57** 이후 다른 라틴 아메리카 음악인들에게 미국의 주류 음악계에 들어설 수 있는 토대를 마련해 주었다.

어휘 award-winning 수상 경력이 있는 introduce ~을 소개 하다, 도입하다 popular 인기 있는 among ~ 사이에서 audiences 팬들, 청중, 관객, 시청자 be considered A: A 로 여겨지다 not only A but also B: A뿐만 아니라 B도 mainstream 주류 successful 성공적인 traditionally 전 통적으로 male-oriented 남성 중심의 surrounded by ~

에 둘러싸인 form ~을 형성하다, 구성하다 with A -ing: A가 ~하는 채로, A가 ~하면서 gain popularity 인기를 얻다 all over ~ 전역에 걸쳐 blend ~을 섞다, 혼합하다 continue to do 지속적으로 ~하다 release ⑧ ~을 출시하다, 발표하다, 공 개하다 ⑲ 출시, 발표, 공개 receive ~을 받다 attention 주목, 관심 promoter (행사 등의) 프로모터, 기획자 venue 행사장 skeptical 회의적인 chance 가능성 success 성공 sign a contract 계약을 맺다 label 음반사 mostly 대부분 native language 모국어 modestly 보통으로, 그리 대단하지 않게 provide one's breakthrough ~에게 돌파구가 되다 pop-savvy 정통 팝의 empowerment 권리 부여 embrace ~을 받아들이다, 수용하다 border 국경 beyond 너머에, 건너편에 promote ~을 홍보하다 draw ~을 끌어들이다 remarkable 놀라운, 주목할 만한 feat 업적 act 공연 밴드 at the time 당 시에 boutique 부티크, 양품점 line 제품 라인 apparel 의 류 inspired by ~에서 영감을 얻은 outfit 의상, 의복 be appointed as ~로 선임되다, 임명되다 be accused of ~로 인해 고소 당하다 grieve ~을 슬퍼하다 feature ~을 특징으로 하다, 포함하다 smash hit 대성공, 대히트 pave the way 토 대를 마련하다, 기초를 닦다 following 이후의, 다음의

---

53. Why was Perez credited as a groundbreaking singer in the 1990s?

페레즈는 왜 1990년대에 획기적인 가수로서의 공을 인정 받는 가?

(a) She invented a new musical genre.
(b) She was the first Mexican-American pop star.
(c) She popularized a genre unfamiliar to most Americans.
(d) She revived a forgotten style of traditional music.

(a) 새로운 음악 장르를 만들어냈다.
(b) 최초의 멕시코계 미국인 팝 스타였다.
(c) 대부분의 미국인들에게 생소한 장르를 대중화시켰다.
(d) 잊혀진 전통 음악 스타일을 되살렸다.

해설 첫 번째 단락에 1990년대에 텍사스에 거주하던 멕시코계 미국 인들 사이에서 인기 있던 음악 장르인 테하노를 전 세계의 음 악 팬들에게 소개했다고 알리고 있으므로(~ introduced Tejano, a musical genre popular among Mexican-Americans living in Texas, to international audiences in the 1990s) 이를 언급한 (c)가 정답입니다.

어휘 be credited as ~로서 공을 인정 받다 groundbreaking 획 기적인 invent ~을 만들어내다, 발명하다 popularize ~을 대 중화시키다 unfamiliar 익숙하지 않은, 잘 알지 못하는 revive ~을 되살리다, 부흥시키다 forgotten 잊혀진 traditional 전 통적인

---

54. How did young Perez get her start in the music business?

어린 페레즈는 어떻게 음악계에 첫 발을 내딛게 되었는가?

(a) by making home recordings
(b) by singing with her family's band
(c) by forming a band with her classmates
(d) by joining a popular band on their U.S. tour

(a) 집에서 녹음함으로써
(b) 가족 밴드와 노래함으로써
(c) 반 친구들과 밴드를 결성함으로써
(d) 미국 투어 중이던 인기 밴드에 합류함으로써

해설 페레즈가 음악을 시작하게 된 계기가 언급된 두 번째 단락에, 아버지가 1981년에 10살 난 페레즈에게 리드 보컬을 맡긴 가족 밴드 '셀레나 이 도스 디노스'를 결성했다고(Her father formed the family band Selena y Los Dinos in 1981, with 10-year-old Perez taking the lead vocals) 알리고 있으므로 (b)가 정답입니다.

어휘 make a recording 녹음하다 join ~에 합류하다, ~와 함께 하다

55. Why most likely were people doubtful that Perez could become a star?

왜 사람들이 페레즈가 스타가 될 수 있을지를 의심스러워했을 것 같은가?

(a) Spanish songs were unpopular.
(b) She was already too old to make a debut.
(c) She had not won any awards.
(d) Female Tejano singers were uncommon.

(a) 스페인어 노래들이 인기가 없었다.
(b) 데뷔하기에 이미 너무 나이가 많았다.
(c) 어떠한 상도 받은 적이 없었다.
(d) 여성 테하노 가수들이 흔하지 않았다.

해설 페레즈가 스타가 되는 것에 대한 의구심이 언급된 세 번째 단락에, 테하노 음악 공연 행사장의 프로모터들이 페레즈의 성공 가능성에 대해 회의적인 이유로 그녀가 어린 여자였기 때문이라는(~ were skeptical about Perez's chances for success because she was a young woman) 말이 쓰여 있습니다. 따라서 여성 테하노 가수로서의 어려움과 관련된 (d)가 정답입니다.

어휘 doubtful 의심스러운 unpopular 인기가 없는 too A to do: ~하기에 너무 A한 make a debut 데뷔하다 uncommon 흔치 않은

56. What happened after Perez released her third solo album?

페레즈가 세 번째 솔로 앨범을 발표한 후에 무슨 일이 있었는가?

(a) She initiated several feminist movements.
(b) Her songs became popular in several countries.
(c) She faced controversy over her lyrics.
(d) All of her concerts were quickly sold out.

(a) 여러 가지 페미니스트 운동을 시작했다.
(b) 노래들이 여러 국가에서 인기를 얻었다.
(c) 가사에 대한 논란에 직면했다.
(d) 모든 콘서트가 빠르게 매진되었다.

해설 페레즈의 세 번째 앨범이 언급된 네 번째 단락에, 사랑 및 여성의 권리에 관한 곡들이 실려 있는 세 번째 앨범이 멕시코와 미국 국경 인근 및 그 너머에 있는 양쪽 팬들 모두에게서 뜨거운 반응을 얻었다고(~ was embraced by fans on both sides of the Mexico-United States border and beyond) 쓰여 있습니다. 이는 여러 국가에서 인기를 얻었음을 의미하는 말이므로 (b)가 정답입니다.

어휘 initiate ~을 시작하다 several 여럿의, 몇몇의 feminist 페미니스트, 여성주의자 movement (조직적으로 벌이는) 운동 face ⓥ ~에 직면하다 controversy 논란 over (대상) ~에 대해, ~을 두고 lyrics 가사 sold out 매진된

57. According to the article, what was Perez's legacy after her death?

기사 내용에 따르면, 페레즈가 남긴 사후 유산은 무엇이었는가?

(a) making stardom possible for other Latin singers
(b) paving the way for female singers all over the world
(c) bringing Latin clothing lines to the American market
(d) changing U.S. mainstream music completely

(a) 다른 라틴 가수들에게 스타덤에 오르는 일을 가능하게 만든 것
(b) 전 세계 여성 가수들을 위한 토대를 마련해준 것
(c) 라틴 의류 제품 라인을 미국 시장에 들여온 것
(d) 미국의 주류 음악계를 완전히 뒤바꿔놓은 것

해설 마지막 단락에 페레즈의 마지막 앨범이 발표되고 이후 다른 라틴 아메리카 음악인들에게 미국의 주류 음악계로 들어설 수 있는 토대를 마련해 주었다는(~ paved the way for other Latin American musical artists to enter the U.S. mainstream in the following years) 말이 쓰여 있습니다. 즉 다른 라틴 가수들도 유명해질 수 있는 길이 만들어졌다는 뜻이므로 이에 해당되는 (a)가 정답입니다.

어휘 legacy 유산 make A possible: A를 가능하게 만들다 stardom 스타덤, 스타의 반열 completely 완전히, 전적으로

58. In the context of the passage, <u>drew</u> means _____.

해당 단락의 문맥에서, **drew**가 의미하는 것은?

(a) influenced
(b) gained
(c) invited
(d) attracted

(a) 영향을 미쳤다

(b) 얻었다
(c) 초대했다
(d) 끌어들였다

해설 해당 문장에서 동사 drew의 주어가 concert이고 목적어로 70,000 people이 쓰여 있습니다. 즉 해당 콘서트에서 7만 명의 사람들을 끌어들였다는 의미를 나타내는 것으로 생각할 수 있으므로 '~을 끌어들이다'를 뜻하는 또 다른 동사 (d) attracted가 정답입니다.

59. In the context of the passage, appointed means _____.
해당 단락의 문맥에서, **appointed**가 의미하는 것은?

(a) hired
(b) styled
(c) scheduled
(d) organized

(a) 고용된
(b) 스타일을 맞춘
(c) 예정된
(d) 정리된, 조직된

해설 해당 문장에서 동사 was appointed의 주어는 팬 클럽 회장 이름인 Yolanda Saldivar이고, 바로 뒤에는 매장 관리 책임자라는 직책을 나타내는 as 전치사구가 쓰여 있습니다. 따라서 이 사람이 매장 관리 책임자로 정해졌다는 의미인 것으로 볼 수 있는데, 이는 그 직책에 고용된 것과 같으므로 '~을 고용하다'를 뜻하는 hire의 과거분사 (a) hired가 정답입니다.

PART 2

일반 우유에 대한 인기 대체품이 되고 있는 귀리 우유

슈퍼마켓을 찾는 소비자들은 유제품이 아닌 두유, 아몬드 우유, 쌀 우유, 그리고 코코넛 우유가 선반마다 모두 나란히 자리잡고 앉아 정렬되어 제공되는 것을 보고 당황스러워 할지도 모릅니다. 이 제품들은 시간이 흐름에 따라 일반 우유에 대한 식물 기반 대체품으로서 수요를 충족하기 위해, 그리고 개개인의 선호도 및 식사 필요성에 따라 건강에 더 좋고 더 좋은 맛이 나는 우유를 제공하기 위해 선보여져 왔습니다. 하지만, **60** 최근 자체적으로 유명세를 얻은 한 가지 대체품이 바로 귀리 우유입니다.

귀리 우유는 1990년 이후로 존재해 왔지만, 효과적인 마케팅 부족으로 인해 오랫동안 인기를 얻지 못했습니다. 이러한 상황은 귀리 우유가 흔히 묽고 연한 맛이 나는 다른 식물 기반 우유들과 달리, **61** 풍부하고 크림 같은 느낌으로 인해 유가공 우유에 대한 우수한 대체품으로서 커피 매장마다 **65** 지지를 받으면서 바뀌게 되었습니다. 얼마 지나지 않아, 매장 및 온라인 소매점의 귀리 우유 판매량은 급증했습니다.

현재 귀리 우유가 많은 곳에서 판매되고 있지만, 그 높은 수요 때문에 흔히 공급이 **66** 부족한 상태가 되고 있습니다. 시중에서 가장 인기 있는 귀리 우유를 만드는 스웨덴 회사인 오틀리는 생산량을 늘리기 위해 미국과 캐나다에 여러 지사를 열었습니다. **62** 물품 부

족으로 인해, 소비자들은 통 귀리를 물에 담가두었다가 귀리 액체를 걸러내 섞는 방법으로 집에서 귀리 우유를 쉽게 만드는 방법을 알아냈습니다.

건강상의 이점과 관련해, 귀리 우유는 비타민 D와 칼슘을 함유하고 있다는 점에 일반 우유와 비슷합니다. 하지만, 귀리 우유는 일반 우유보다 탄수화물이 더 많이 들어 있는데다 섬유질도 포함하고 있는데, 이는 일반 우유에는 전혀 들어 있지 않은 것입니다. 더욱이, **63** 대부분의 유제품이 아닌 우유들과 마찬가지로, 귀리 우유는 일부 사람들이 알레르기 반응을 보이는 당분인 젖당을 포함하고 있지 않습니다.

다른 우유들에 비해 귀리 우유가 지닌 또 다른 장점 한 가지는 지속 가능성입니다. 예를 들어, **64** 아몬드 우유를 만드는 데 사용되는 아몬드를 기르는 데는 귀리를 기르는 데 드는 물보다 여섯 배나 많은 양을 필요로 합니다. 또한 귀리를 기르는 일은 유가공 우유 생산과 관련된 과정보다 온실 가스 배출물을 더 적게 만들어냅니다.

귀리 우유가 인기 있는 이유는 분명한데, 바로 맛과 영양, 그리고 지속 가능성 때문입니다. 소비자들의 마음 속에 존재하는 유일한 주요 단점은 높은 가격표입니다.

어휘 popular 인기 있는 alternative 대체(품), 대안(= substitute, replacement) consumer 소비자 overwhelmed 당황한, 압도 당한 array 정렬, 배열 non-dairy 유제품이 아닌 on offer 제공되는 side-by-side 서로 나란히 shelf 선반 appear 나타나다, 모습을 보이다 over time 시간이 흐름에 따라 meet ~을 충족하다 demand for ~에 대한 수요 plant-based 식물을 기반으로 하는 better-tasting 더 좋은 맛이 나는 depending on ~에 따라 다른, ~에 달려 있는 individual 개개인의, 각자의 preference 선호(하는 것) dietary 식사의 recently 최근에 make a name 유명해지다 exist 존재하다 due to ~로 인해, ~ 때문에 lack ⑱ 부족, 결핍 ⑤ 부족하다 effective 효과적인 champion ⑤ ~을 지지하다, 옹호하다 superior 우수한, 우월한 rich 풍부한 creamy 크림 같은 thin 묽은 watery 연한, 물기가 많은 sales 판매(량), 매출(액) retailer 소매점 surge 급증하다 establishment (학교, 병원, 회사, 호텔 등의) 시설 short 부족한 supply 공급(량) on the market 시중에서 branch 지사, 지점 increase ~을 늘리다, 증가시키다 production 생산(량) scarcity 부족 figure out ~을 알아내다 how to do ~하는 법 by (방법) ~해서, ~함으로써 blend ~을 섞다, 혼합하다 whole oat 통 귀리 soak ~을 담그다, 흠뻑 적시다 strain the liquid 액체를 걸러내다 when it comes to ~와 관련해서 benefit 이점, 혜택 similar to ~와 비슷한, 유사한 in that ~라는 점에서 contain ~을 함유하다, 담고 있다 carbohydrate 탄수화물 include ~을 포함하다 fiber 섬유질 completely 완전히, 전적으로 moreover 더욱이, 게다가 lactose 젖당 allergic to ~에 알레르기가 있는 advantage 장점 sustainability 지속 가능성 compared with ~에 비해, ~와 비교해 require ~을 필요로 하다 greenhouse gas emissions 온실 가스 배출물 process 과정 related to ~와 관련된 nutrition 영양 major 주요한 drawback 단점, 결점

60. What is the article about?
기사는 무엇에 관한 것인가?

(a) reasons for the decline in dairy milk's sales

(b) how oat milk stands apart from other milks

(c) how to choose the best brand of oat milk

(d) the benefits of consuming a plant-based diet

(a) 유가공 우유 판매량의 감소 원인

(b) 귀리 우유가 다른 우유들과 어떻게 다른가

(c) 가장 좋은 귀리 우유 브랜드를 선택하는 방법

(d) 식물을 기반으로 하는 식사를 하는 것의 이점

해설 첫 단락에 일반 우유에 대한 대체품으로 유명해진 귀리 우유를 언급한 뒤로(~ one substitute that has recently made a name for itself is oat milk) 귀리 우유의 특성과 판매량 증가, 그리고 장점 등을 설명하고 있습니다. 이는 귀리 우유가 어떻게 다른지 알리는 것에 해당되므로 (b)가 정답입니다.

어휘 decline in ~의 감소 stand apart from ~와 다르다, 차이가 나다 choose ~을 선택하다 consume ~을 먹다, 소비하다

61. Why did coffee shops start using oat milk as a non-dairy alternative?

커피 매장들이 왜 유제품에 대한 대안으로 귀리 우유를 사용하기 시작했는가?

(a) because it had an effective marketing strategy

(b) because it was rising in popularity

(c) because it was less expensive than soy milk

(d) because its texture is similar to dairy milk

(a) 효과적인 마케팅 전략이 있기 때문에

(b) 인기가 높아지고 있었기 때문에

(c) 두유보다 더 비쌌기 때문에

(d) 질감이 유가공 우유와 비슷하기 때문에

해설 커피 매장들이 귀리 우유를 선택하게 된 계기가 설명된 두 번째 단락에, 풍부하고 크림 같은 느낌으로 인해 유가공 우유에 대한 우수한 대체품으로서 커피 매장마다 지지 받으면서 상황이 변한(~ oat milk was championed by coffee shops as a superior replacement for dairy milk because of its rich, creamy feel ~) 사실이 쓰여 있습니다. 이는 귀리 우유가 지닌 질감의 특성을 설명하는 것이므로 (d)가 정답입니다.

어휘 strategy 전략 rise 높아지다, 오르다, 상승하다 texture 질감

62. According to the article, why most likely would someone drink homemade oat milk?

기사 내용에 따르면, 사람들이 왜 집에서 만든 귀리 우유를 마실 것 같은가?

(a) because it tastes better than factory-made milk

(b) because it is safer than store-bought milk

(c) because the price is too high for the quality

(d) because the stores are sold out

(a) 공장에서 제조한 우유보다 맛이 더 좋기 때문에

(b) 매장에서 구입한 우유보다 더 안전하기 때문에

(c) 품질에 비해 가격이 너무 비싸기 때문에

(d) 매장마다 품절되고 있기 때문에

해설 집에 귀리를 만드는 방법이 언급된 세 번째 단락에, 물품 부족으로 인해 소비자들이 집에서 귀리 우유를 만드는 방법을 알아냈다는(Due to the scarcity, consumers figured out how to easily make oat milk at home ~) 말이 쓰여 있습니다. 물품이 부족하다는 말은 품절되어 구입할 수 없다는 뜻이므로 이를 언급한 (d)가 정답입니다.

어휘 factory-made 공장에서 제조한 store-bought 매장에서 구입한 quality sold out 품절된, 매진된

63. What is a potential danger of drinking cow's milk?

일반 우유를 마시는 것의 잠재적인 위험성은 무엇인가?

(a) It contains excessive amounts of fiber.

(b) It is completely lacking in carbohydrates.

(c) It can cause an allergic reaction.

(d) It can lead to a vitamin deficiency.

(a) 과도한 양의 섬유질을 함유하고 있다.

(b) 탄수화물이 전적으로 부족하다.

(c) 알레르기 반응을 유발할 수 있다.

(d) 비타민 결핍으로 이어질 수 있다.

해설 일반 우유와의 차이점을 설명한 네 번째 단락에, 귀리 우유는 일부 사람들이 알레르기 반응을 보이는 당분인 젖당을 포함하고 있지 않다고(~ like most non-dairy milks, oat milk contains no lactose, a sugar that some people are allergic to) 설명하고 있습니다. 이는 반대로, 일반 우유에 일부 사람들에게 알레르기를 유발하는 성분이 들어 있다는 뜻이므로 그에 따른 반응을 언급한 (c)가 정답입니다.

어휘 potential 잠재적인 excessive 과도한 cause ~을 유발하다, 초래하다 reaction 반응 lead to ~로 이어지다 deficiency 결핍, 부족

64. According to the text, why probably is oat milk more environmentally friendly than almond milk?

지문 내용에 따르면, 귀리 우유가 왜 아몬드 우유보다 더 환경 친화적인가?

(a) Oat farming uses less water.

(b) Oat farming produces harmless gas.

(c) Oat farming creates less waste.

(d) Oat farming uses fewer chemicals.

(a) 귀리 농사가 물을 덜 사용한다.

(b) 귀리 농사가 유해한 가스를 만들어낸다.

(c) 귀리 농사가 쓰레기를 덜 만들어낸다.

(d) 귀리 농사가 화학 물질을 덜 사용한다.

해설 귀리 우유의 지속 가능성과 관련된 정보가 제시된 다섯 번째 단

락에, 아몬드 우유를 만드는 데 사용되는 아몬드를 기르는 데는 귀리를 기르는 데 드는 물보다 여섯 배나 많은 양을 필요로 한다고(~ growing the almonds used to make almond milk requires six times the amount of water to grow oats) 알리고 있습니다. 즉 귀리를 기르는 데 물이 훨씬 더 적게 들어간다는 뜻이므로 이를 언급한 (a)가 정답입니다.

어휘 environmentally friendly 환경 친화적인 farming 농사, 농업 harmless 유해한 create ~을 만들어내다 chemical n. 화학 물질

65. In the context of the passage, championed means _____.

해당 단락의 문맥에서 championed가 의미하는 것은?

(a) supported
(b) announced
(c) defended
(d) criticized

(a) 지지를 얻은
(b) 알려진
(c) 방어된
(d) 비난 받은

해설 해당 문장에서 동사 was championed의 주어로 oat milk 가, 행위 주체를 나타내는 by 전치사구에 coffee shops가 쓰여 있습니다. 그리고 뒤에 이어지는 내용을 보면 귀리 우유가 지닌 장점이 언급되어 있습니다. 따라서 귀리 우유의 장점으로 인해 커피 매장들에 선택되었다거나 판매되었다는 등의 의미를 유추해 볼 수 있는데, 이는 결과적으로 커피 매장들의 지지를 받은 것과 같으므로 '지지를 얻은'을 뜻하는 (a) supported가 정답입니다.

66. In the context of the passage, short means _____.

해당 단락의 문맥에서 short가 의미하는 것은?

(a) brief
(b) inferior
(c) limited
(d) abrupt

(a) 간단한
(b) 열등한
(c) 한정된
(d) 갑작스런

해설 해당 문장에서 short는 '공급(량)'을 뜻하는 명사 supply를 수식하고 있고, 이유를 나타내는 전치사 because of와 함께 높은 수요를 뜻하는 high demand가 쓰여 있습니다. 따라서 공급과 수요 사이의 관계를 나타낸다는 것을 알 수 있는데, 수요가 높으면 공급이 부족한 상황이 되므로 '부족한'과 유사한 의미인 '한정된'을 뜻하는 (c) limited가 정답입니다.

PART 3

영춘권

영춘권은 자기 방어에 쓰이는 중국 무술의 한 가지 유형이다. **67** 영춘권의 주요 목표들 중 하나는 상대방에게 최소한의 힘을 들여 최대한의 충격을 이뤄내는 것이다. 이 무술은 지난 300년 사이에 개발되었기 때문에, 다른 전통 무술들보다 훨씬 더 새로운 것이다.

영춘권의 정확한 기원은 명확하지 않지만, 한 가지 전설에 다르면, 영춘권은 응무이라는 이름의 한 비구니에 의해 처음 만들어진 것으로 전해진다. **68** 수행자의 크기나 체형과 상관없이 신체적인 힘을 필요로 하지 않으면서 효과적으로 사용될 수 있는 자기 방어 수단을 만들고 싶어했다. 그녀는 임영춘이라는 이름의 한 젊은 여성에게 **72** 가르침을 전했는데, 임영춘은 자신과 강제로 결혼하려 시도했던 한 남성으로부터 보호하기 위해 자신이 배운 기술을 활용했다. 응무이로부터 엄격한 수련을 받았던, 임영춘은 그 구혼자보다 더 작고 약했음에도 불구하고 쉽게 제압할 수 있었다.

영춘권은 작고 빠른 움직임을 우선시하는 근거리 싸움 방식을 특징으로 한다. 이는 여러 가지 중요한 장점을 제공한다. 첫째, **69** 작은 움직임은 수행자가 싸움 중에 에너지를 아껴 쓰도록 도움을 준다. 몇 가지 방어 동작을 하는 대신, 영춘권 수행자는 반드시 방어와 공격을 동시에 할 수 있도록 끊임없이 움직여야 한다. 영춘권은 또한 비좁거나 붐비는 공간에서의 싸움에 이상적인 스타일이기도 하다. 수행자가 상대방과 가까이 붙어, 약점과 공격 기회를 찾는다.

상대방과 마주할 때 옆서기를 활용하는 다른 무술들과 달리, 영춘권은 앞서기를 활용한다. 이 서기 자세는 영춘권 무술가가 상대방에게 등과 같은 약점을 노출하는 것을 피하도록 도움을 준다. **70** 팔꿈치는 신체의 모든 중요 기관을 관통하는 가상의 선인 "중심선"을 보호하는 방어 자세로 일반적으로 신체와 가깝게 유지한다. 수행자는 상대방의 중심선을 타격하도록 시도함과 동시에 자신의 중심을 보호하는 데 초점을 맞춘다. 높은 발차기와 같이 폭이 넓고 힘있는 동작들은 일반적으로 피하는데, 공격에 **73** 취약한 상태로 만들 수 있기 때문이다.

71 영춘권에 대한 일반 대중의 관심은 1970년대에 대련 스타일로 많은 문하생들을 수련시킨 일대종사 엽문으로 인해 세계적으로 확산되었다. 그의 가장 유명한 제자가 바로 전설적인 유명 영화 배우이자 무술가였던 이소룡이었다.

어휘 form 유형, 종류, 방식, 형태 martial arts 무술 self-defense 자기 방어 achieve ~을 이루다, 달성하다 maximum 최대한의 impact 충격, 영향 least amount 최소 수준의, 최소량의 effort 수고, 노력 against ~을 상대로 opponent 상대, 반대자 practice 행위, 관례, 관습, 연습 develop ~을 개발하다 within ~ 이내에 make A 형용사: A를 ~하게 만들다 traditional 전통적인 exact 정확한 origin 기원, 유래 according to ~에 따르면 legend 전설 create ~을 만들어내다 Buddhist nun 비구니 method 방법 require ~을 필요로 하다 brute strength 신체적인 힘, 완력 effectively 효과적으로 regardless of ~에 상관없이 practitioner 수행자, 수련인 mentor ~에게 가르침을 전하다, ~을 지도하다 apply ~을 적용하다, 응용하다 protect ~을 보호하다 attempt to do ~하려 시도하다 force ~에게 강요하다, 강제하다 rigorous 엄격한 training 수련, 훈련 defeat ~을 물

리치다, 이기다 suitor 구혼자 despite ~에도 불구하고 be characterized by ~을 특징으로 하다, ~으로 특징지어지다 close-range 근거리의 combat 싸움, 전투 prioritize ~을 우선시하다 movement 움직임 provide ~을 제공하다 several 여럿의, 몇몇의 advantage 장점 help A do: A가 ~하는 데 도움이 되다 conserve ~을 아껴 쓰다, 보존하다 rather than ~하는 것이 아니라, ~하는 대신 defensive 방어의 maneuver 동작, 움직임 continuously 끊임없이 in order to do ~하기 위해 block 막다, 차단하다 attack 공격하다 at the same time 동시에 ideal 이상적인 compact 비좁은, 조밀한 crowded 붐비는 stick close to ~와 가까이 붙어 있다 look for ~을 찾다 weakness 약점 opportunity 기회 unlike ~와 달리 side stance 옆서기 face ~와 마주하다, 맞닥뜨리다 front stance 앞서기 avoid -ing ~하는 것을 피하다 expose ~을 노출하다 blind spot 약점, 사각 지대 elbow 팔꿈치 usually 일반적으로, 보통 guard ~을 보호하다 imaginary 가상의, 상상에만 존재하는 pass through ~을 통과해 지나다 vital organ (신체의) 중요 기관 focus on ~에 초점을 맞추다 broad 폭이 넓은 forceful 힘있는, 강력한 high kick 높은 발차기 generally 일반적으로 leave A 형용사: A를 ~한 상태로 만들다 vulnerable to ~에 취약한 public 일반 대중의 interest in ~에 대한 관심 spread 확산되다, 퍼지다 globally 세계적으로 grandmaster 일대종사(무술 문파의 위대한 스승) scores of 많은 pupil 제자 legendary 전설적인

67. According to the text, what is a major characteristic of Wing Chun?

지문 내용에 따르면, 무엇이 영춘권의 주요 특징인가?

(a) It is the oldest martial art.
(b) It does not require great force.
(c) It is the most difficult martial art.
(d) It is focused on attack.

(a) 가장 오래된 무술이다.
(b) 아주 큰 힘을 필요로 하지 않는다.
(c) 가장 어려운 무술이다.
(d) 공격에 초점이 맞춰져 있다.

해설 영춘권의 가장 큰 핵심 요소를 설명하는 첫 단락에, 상대방에게 최소한의 힘을 들여 최대한의 충격을 이뤄내는 것이라고(~ to achieve the maximum impact by using the least amount of effort against one's opponent) 언급하고 있으므로 이에 해당되는 **(b)**가 정답입니다.

어휘 characteristic 특징 require ~을 필요로 하다 force 힘 be focused on ~에 초점이 맞춰져 있다

68. Why did Ng Mui develop the earliest form of Wing Chun?

응무이는 왜 영춘권의 초기 형태를 개발했는가?

(a) to protect herself from an aggressive suitor
(b) to show off her impressive strength
(c) to make a combat style only for women
(d) to make a fighting style that anyone

could use

(a) 공격적인 구혼자로부터 자신을 보호하기 위해
(b) 자신의 인상적인 힘을 과시하기 위해
(c) 오직 여성만을 위한 싸움 스타일을 만들기 위해
(d) 누구나 활용할 수 있는 싸움 스타일을 만들기 위해

해설 응무이가 영춘권을 개발할 계기를 설명하는 두 번째 단락에, 수행자의 크기나 체형과 상관없이 신체적인 힘을 필요로 하지 않으면서 효과적으로 사용될 수 있는 자기 방어 수단을 만들고 싶어했다는(~self-defense that did not require brute strength but could be used effectively regardless of the practitioner's size or body type) 말이 쓰여 있으므로 이러한 이유와 가장 가까운 의미를 지닌 **(d)**가 정답입니다.

어휘 aggressive 공격적인 show off ~을 과시하다 impressive 인상적인

69. How does one maintain stamina during a Wing Chun fight?

영춘권을 이용한 싸움 중에 어떻게 체력을 유지하는가?

(a) by focusing only on defense
(b) by making very few movements
(c) by limiting the range of motion
(d) by fighting in a compact space

(a) 오직 방어에만 초점을 맞춤으로써
(b) 아주 거의 움직이지 않음으로써
(c) 동작의 범위를 제한함으로써
(d) 비좁은 공간에서 싸움으로써

해설 영춘권의 장점을 설명하는 세 번째 단락에, 그 첫 번째로 작은 움직임이 수행자가 싸움 중에 에너지를 아껴 쓰도록 도움을 준다는(~ the small movements help the practitioner conserve energy during a fight) 말이 쓰여 있는데, 이는 동작을 작게 해 체력을 아낀다는 뜻이므로 이러한 동작 범위의 제한을 언급한 **(c)**가 정답입니다.

어휘 maintain ~을 유지하다 stamina 체력 make a movement 움직이다 very few 거의 없는 limit ~을 제한하다 range 범위 motion 동작, 몸짓, 움직임

70. Why should a Wing Chun practitioner keep one's arms close to the body?

영춘권 수행자는 왜 자신의 팔을 몸과 가까이 유지해야 하는가?

(a) to cover up a blind spot
(b) to protect important organs
(c) to avoid the opponent's high kick
(d) to allow for more powerful attacks

(a) 약점을 감추기 위해
(b) 중요한 신체 기관을 보호하기 위해
(c) 상대방의 높은 발차기를 피하기 위해
(d) 더욱 강력한 공격을 감안하기 위해

해설 팔꿈치의 위치가 언급된 네 번째 단락에, 팔꿈치는 신체의 모든 중요 기관을 관통하는 가상의 선인 "중심선"을 보호하는 방어 자세로 일반적으로 신체와 가깝게 유지한다고(Elbows are usually held close to the body in a defensive position to guard the "centerline," an imaginary line that passes through all of the body's vital organs) 쓰여 있습니다. 따라서 중요한 신체 기관의 보호를 언급한 (b)가 정답입니다.

어휘 keep A 형용사: A를 ~한 상태로 유지하다 cover up ~을 감추다, 가리다 allow for ~을 감안하다

71. Based on the article, what most likely happened to Wing Chun in the 1970s?

기사 내용에 따르면, 1970년에 영춘권에 무슨 일이 있었을 것 같은가?

(a) The practice was learned by more people.
(b) It slowly faded from the public eye.
(c) Schools for the martial art were built globally.
(d) It only appeared in famous movies.

(a) 더 많은 사람들이 그 무술을 배웠다.
(b) 일반 대중의 눈에서 서서히 사라졌다.
(c) 그 무술을 가르치는 학교가 전 세계에 세워졌다.
(d) 오직 유명한 영화들 속에서만 보여졌다.

해설 1970년대에 있었던 일이 언급된 마지막 단락에, 영춘권에 대한 일반 대중의 관심이 1970년대에 대련스타일로 많은 문하생들을 수련시킨 일대종사 엽문으로 인해 세계적으로 확산되었다는(Public interest in Wing Chun spread globally during the 1970s because of grandmaster Ip Man, who trained scores of students ~) 말이 쓰여 있으므로 (a)가 정답입니다.

어휘 fade 사라지다 appear 보여지다, 나타나다

72. In the context of the passage, mentored means _____.

해당 단락의 문맥에서, mentored가 의미하는 것은?

(a) sponsored
(b) cautioned
(c) taught
(d) employed

(a) 후원했다
(b) 주의를 주었다.
(c) 가르쳤다
(d) 고용했다

해설 해당 문장에서 동사 mentored 앞에 쓰인 주어 She는 앞 문장에서 영춘권을 만들었다고 설명한 응무이(Ng Mui)를 가리키며, mentored 뒤로 임영춘(Yim Wing Chun)이 자신이 배울 기술을 활용한 일화가 소개되고 있습니다. 따라서 mentored가 '~을 가르쳤다'라는 의미로 쓰였다는 것을 알 수 있으므로 같은

의미를 지니는 동사 teach의 과거형인 (c) taught가 정답입니다.

73. In the context of the passage, vulnerable means _____.

해당 단락의 문맥에서, vulnerable이 의미하는 것은?

(a) unprepared
(b) emotional
(c) powerless
(d) exposed

(a) 준비되지 않은
(b) 감정적인
(c) 무력한
(d) 노출된

해설 해당 문장에서 vulnerable은 영춘권에서 크고 힘있는 발차기를 하지 않는 이유가 설명된 because절에 속해 있고, 그 뒤에 to attack이라는 전치사구가 있는 것으로 볼 때 공격과 관련된 부정적인 이유를 나타낸다는 것을 알 수 있습니다. 즉 큰 동작이 오히려 상대방의 공격을 받는 약점이 될 수 있다는 의미로 생각할 수 있는데, 이는 상대방의 공격에 노출되는 것과 같으므로 '노출된'을 뜻하는 (d) exposed가 정답입니다.

PART 4

폴 리드
시설 관리 책임자
포트 리지 운영팀
리디 애비뉴 26번지
솔즈베리, MD 21858

리드 씨께,

안녕하세요! 저희는 쉼터와 상담을 비롯해 크게 필요로 하는 그 외의 자원을 제공함으로써 위험한 환경에 처한 아이들이 거리로 내몰리지 않도록 하는 것을 목표로 하는 비영리 단체 '내일의 씨앗 재단'입니다.

75 매년 휴가 시즌에, 저희는 저희 단체를 위한 기금 마련 행사로 연극 공연을 무대에 올립니다. 이 연극은 또한 아이들에게 각자의 재능을 선보일 기회를 제공합니다. 올해는, 아이들이 "두 북극곰 이야기"라는 제목의 창작 뮤지컬을 공연하며, 이 뮤지컬은 휴가 시즌 중의 사랑과 동료애에 관한 마음 따뜻해지는 이야기입니다.

많은 장소를 살펴본 끝에, **76** 저희 팀은 포트 리지의 공연장이 겨울을 주제로 한 저희 작품에 적합하다는 것을 알게 되었는데, 이 행사장에 눈으로 덮인 산이 보이는 아주 멋진 경관을 제공하는 대형 유리 창문들이 있기 때문입니다. 저희는 이곳이 저희 뮤지컬에 완벽한 배경이 되어줄 것이라고 생각합니다. **74** 가능하다면, 저희는 12월 12일 오후 3시부터 8시까지 이 행사장을 예약하고 싶습니다.

이 공연은 2시간 길이가 될 것이며, 오후 5시에 시작됩니다. **79** 여분의 시간은 공연 전후의 준비 및 마무리 작업에 쓰일 것입니다. 저희 팀이 무대 조명과 의자, 그리고 음향 시스템을 제공합니다.

77 저희는 100명의 사람들이 이 행사에 참석할 것으로 추정하고 있습니다. 이로 인해, 저희는 귀하의 건물에서 추가로 몇몇 의자를 대여하고자 합니다.

화장실이나 주차 공간 같이 **80** 주변에 있는 다른 시설물들을 포함해, 전반적인 준비 상황을 추가로 논의할 수 있도록, 귀하와 회의 시간을 마련하고자 합니다. **78** 285-7347번 또는 제 이메일 주소를 통해 저희 사무실로 연락 주시기 바랍니다.

답변 주실 수 있기를 바라며 기다리겠습니다!

안녕히 계십시오.

Lana James
라나 제임스
대외 업무 책임자
내일의 씨앗 재단

어휘   facility 시설(물) administration 운영(팀), 행정(팀) non-profit 비영리의 organization 단체, 기관 aim to do ~하는 것을 목표로 하다 keep A off the streets: A를 거리로 내몰리지 않게 하다 at-risk 위험에 처한 by (방법) ~함으로써, ~해서 provide ~을 제공하다 shelter 쉼터, 보호소 counseling 상담 much-needed 크게 필요로 하는 resource 자원, 재원 stage ⑤ ~을 무대에 올리다 play ⑲ 연극 fundraiser 기금 마련 행사 showcase ~을 선보이다 perform ~을 공연하다 original 원래의, 원본의, 독창적인 entitled A: A라는 제목의 uplifting 마음을 따뜻하게 하는, 행복감을 주는 companionship 동료애, 우정 venue 행사장 find A to be B: A가 B하다는 것을 알게 되다, A가 B하다고 생각하다 pavilion 공연장, 경기장 fit 적합한, 알맞은 production (제작된) 작품 striking 아주 멋진 if possible 가능하다면 would like to do ~하고 싶다, ~하고자 하다 reserve ~을 예약하다 extra 여분의, 별도의 pre- ~ 전의 post- ~ 후의 estimate that ~라고 추정하다 attend ~에 참석하다 rent ~을 대여하다, 임대하다 complex (복합) 건물, 건물 단지 further 추가로, 한층 더 discuss ~을 논의하다 overall 전반적인 setup 준비, 설치, 설정, 구성 including ~을 포함해 vicinity 주변, 부근 arrange ~을 마련하다, 조치하다 contact ~에게 연락하다 through ~을 통해 hopefully 바라건대, 희망하여 await ~을 기다리다 response 답변, 반응

74. What is the purpose of the letter?

편지의 목적은 무엇인가?

(a) to ask for help in organizing a holiday party
(b) to ask for donations for a fundraiser
(c) to request to rent an event space
(d) to invite people to a children's event

(a) 휴가 파티를 마련하는 데 있어 도움을 요청하는 것
(b) 기금 마련 행사를 위한 기부를 요청하는 것
(c) 행사장을 대여하도록 요청하는 것
(d) 아이들을 위한 행사에 사람들을 초대하는 것

해설   초반부의 배경 설명에 이어, 편지를 쓴 실제 목적이 언급되는 세 번째 단락에 12월 12일 오후 3시부터 8시까지 상대방 측이 운영 주체로 있는 행사장을 예약하고 싶다고(If possible, we

would like to reserve the venue on December 12 from 3 p.m. to 8 p.m.) 알리고 있습니다. 이는 행사장 대여 요청에 해당되는 것이므로 (c)가 정답입니다.

어휘   ask for ~을 요청하다 organize ~을 마련하다, 조직하다 donation 기부(금) request to do ~하도록 요청하다 invite ~을 초대하다

75. According to Ms. James, what is true about the event?

제임스 씨의 말에 따르면, 행사에 관해 무엇이 사실인가?

(a) It is held to raise money for the organization.
(b) It presents the best rising young talent.
(c) It offers a chance to see professional actors perform.
(d) It showcases a new holiday song each year.

(a) 소속 단체에 필요한 돈을 마련하기 위해 개최된다.
(b) 떠오르는 가장 유망한 젊은 인재를 소개한다.
(c) 전문 배우들이 공연하는 것을 볼 기회를 제공한다.
(d) 매년 새로운 휴가철 노래를 선보인다.

해설   매년 휴가 시즌에 행사를 개최하는 목적이 언급된 두 번째 단락에, 소속 단체를 위한 기금 마련 행사로 연극 공연을 무대에 올린다고(~ we stage a play as a fundraiser for our organization) 쓰여 있으므로 이러한 행사 개최 목적을 말한 (a)가 정답입니다.

어휘   hold ~을 개최하다 raise money 돈을 마련하다 present ~을 소개하다, 출연시키다, 제공하다 talent 인재 offer ~을 제공하다 see A do: A가 ~하는 것을 보다

76. Why most likely has Ms. James chosen to hold the event at the pavilion?

제임스 씨가 왜 해당 공연장에서 행사를 개최하기로 결정했을 것 같은가?

(a) It is near their organization's headquarters.
(b) The venue can fit hundreds of people.
(c) The location is thematically appropriate.
(d) It is the only place available on the date.

(a) 소속 단체의 본사와 가까운 곳에 있다.
(b) 그 행사장이 100명의 사람들을 수용할 수 있다.
(c) 그 장소가 공연 주제상 적합하다.
(d) 그 날짜에 이용 가능한 유일한 곳이다.

해설   세 번째 단락을 보면, 상대방 측이 운영 주체로 있는 포트 리지의 공연장이 겨울을 주제로 자신들의 작품에 적합하다는 것을 알게 되었다는(~ our team has found Fort Ridge's pavilion to be fit for our winter-themed production ~) 말이 쓰여 있으므로 이에 해당되는 의미를 지닌 (c)가 정답입니다.

어휘   choose to do ~하기로 결정하다 near ~와 가까운 headquarters 본사 fit ~에 적합하다, 어울리다 location

장소, 위치, 지점 thematically 주제상, 주제적으로
appropriate 적합한 available 이용 가능한

77. Why most likely is the organization requesting to rent chairs for the event?

해당 단체가 왜 행사를 위해 의자를 대여하도록 요청하는 것 같은가?

(a) because they want to invite more people than allowed
(b) because they do not have enough chairs
(c) because they do not have any chairs
(d) because they want more comfortable chairs

(a) 허용 수준보다 더 많은 사람들을 초대하고 싶기 때문에
(b) 의자를 충분히 갖고 있지 않기 때문에
(c) 의자를 하나도 갖고 있지 않기 때문에
(d) 더 편안한 의자를 원하고 있기 때문에

해설 의자 대여 문제가 언급된 네 번째 단락을 보면, 100명의 사람들이 행사에 참석할 것으로 추정한다는 말과 함께 추가로 몇몇 의자를 대여하고 싶다고 알리고(We estimate that 100 people will be attending the event. Because of this, we would like to rent a few more chairs ~) 있습니다. 이는 의자를 충분히 보유하고 있지 않은 것에 따른 조치로 볼 수 있으므로 (b)가 정답입니다.

어휘 than allowed 허용되는 것보다 comfortable 편안한

78. How can Mr. Reed contact Ms. James?
리드 씨는 어떻게 제임스 씨에게 연락할 수 있는가?

(a) by visiting the organization's website
(b) by calling her personal number
(c) by going directly to her office
(d) by sending her an email

(a) 해당 단체의 웹사이트를 방문함으로써
(b) 개인 번호로 전화함으로써
(c) 사무실에 직접 찾아감으로써
(d) 이메일을 보냄으로써

해설 연락 방법이 언급된 다섯 번째 단락에, 285-7347번 또는 이메일 주소를 통해 사무실로 연락해 달라고 부탁하고 있으므로(Please contact our office at 285-7347 or through my email address) 이 둘 중 하나에 해당되는 (d)가 정답입니다. 언급된 전화번호는 사무실의 전화번호이므로 (b)는 오답입니다.

어휘 directly 직접, 곧장

79. In the context of the passage, extra means _____.

해당 단락의 문맥에서, **extra**가 의미하는 것은?

(a) additional
(b) increased
(c) following
(d) adjoining

(a) 추가적인
(b) 증가된
(c) 다음의
(d) 인접한

해설 해당 문장은 extra time이 공연 전 준비와 공연 후 마무리 작업에 쓰인다는 의미를 지니고 있습니다. 이는 앞서 말한 대여 시간(오후 3시부터 8시)에서 공연 시간으로 언급된 2시간을 뺀 여분의 시간을 가리킵니다. 즉 실제 공연 시간 외의 추가 시간을 가리킨다는 것을 알 수 있으므로 '추가적인'을 뜻하는 또 다른 형용사 (a) additional이 정답입니다.

80. In the context of the passage, vicinity means _____.

해당 단락의 문맥에서, **vicinity**가 의미하는 것은?

(a) area
(b) room
(c) town
(d) period

(a) 구역
(b) 방
(c) 마을
(d) 기간

해설 해당 문장에서 vicinity는 범위를 나타내는 전치사 within의 목적어로 쓰여 있고, 바로 앞뒤 부분의 내용으로 볼 때 화장실이나 주차 공간 같은 시설물이 있는 공간 범위를 가리킨다는 것을 알 수 있습니다. 따라서 어떤 구역을 가리키는 명사인 것으로 생각할 수 있으므로 '구역'을 뜻하는 (a) area가 정답입니다.